2차 [실기합격]

임상심리사
2급 단기완성 한권으로 끝내기

2025 임상심리사 2급 2차 실기합격 단기완성 한권으로 끝내기

Always with you

사람의 인연은 길에서 우연하게 만나거나 함께 살아가는 것만을 의미하지는 않습니다.
책을 펴내는 출판사와 그 책을 읽는 독자의 만남도 소중한 인연입니다.
시대에듀는 항상 독자의 마음을 헤아리기 위해 노력하고 있습니다. 늘 독자와 함께하겠습니다.

자격증 · 공무원 · 금융/보험 · 면허증 · 언어/외국어 · 검정고시/독학사 · 기업체/취업
이 시대의 모든 합격! 시대에듀에서 합격하세요!
www.youtube.com ➡ 시대에듀 ➡ 구독

머리말

임상심리사란 개인이나 집단이 경험하는 심리·생리적 문제나 정신건강과 관련된 다양한 영역의 문제를 이해·평가·치료하는 전문인력입니다.

임상심리사는 정신적 문제를 예방하기 위한 활동과 정신적 어려움을 겪은 사람이 사회에 적응할 수 있도록 돕는 재활활동을 중심으로, 정신건강 분야의 관계자나 기타 산업체 및 정부기관 관계자 등에게 필요한 심리상담 자문을 제공하기도 하며 우리 사회 곳곳에 공헌하고 있습니다.

최근에는 정신건강에 대한 개인·사회적 관심이 높아지면서 관련 분야의 자격시험 응시인원 역시 증가하였고, 그중에서도 임상심리사 자격시험은 한국산업인력공단에서 발표하는 종목별 자격시험 접수 건수 통계에서 매년 상위 10위 안에 들고 있습니다.

현대에는 정신질환이 아니어도 학교폭력 등의 사회적 문제로 인하여 극심한 스트레스를 경험하거나 심리적 고통을 호소하는 사람이 점차 증가하고 있으며, 이에 따른 심리상담 전문인력에 대한 사회적 요구 역시 급증하고 있습니다. 이러한 흐름 속에서 임상심리 분야의 시장은 더욱 성장할 것으로 보이며, 고용 규모 역시 더욱 확대될 것으로 전망됩니다.

특히 임상심리사는 개별 심리센터를 개업하여 상담서비스를 제공하는 것도 가능하기 때문에 상대적으로 연령 등의 제한 없이 오래 종사하는 것이 가능한 직군입니다. 최근에는 다양한 심리 관련 지식을 알려주는 임상심리사들의 유튜브 채널이 많은 구독자의 관심을 얻으며, 그 활동 범위를 점점 더 넓혀가고 있기도 합니다.

이처럼 새로운 가능성으로 떠오른 임상심리사 자격시험을 준비하는 수험생분들을 위해, 본 교재에서는 그동안 축적된 임상심리사 2급 실기시험 기출문제를 모두 분석하였습니다. 이를 기반으로 충실한 기초학습이 가능한 과목별 핵심이론과 기출복원예제, 실전을 대비할 수 있는 기출복원문제 그리고 각 문항에 대한 명쾌한 해설을 수록하였고, 이 교재만으로도 수험생 여러분이 임상심리사 2급 실기시험에 관한 모든 내용을 학습하실 수 있도록 구성하였습니다.

본 교재를 선택하여 주신 여러분이 꼭 합격하기를 기원합니다.

편저자 일동

시험안내

임상심리사 개요

임상심리사는 인간의 심리적 건강 및 효과적인 적응을 다루어 궁극적으로는 심신의 건강 증진을 돕고, 심리적 장애가 있는 사람에게 심리평가와 심리검사, 개인 및 집단 심리상담, 심리재활 프로그램의 개발과 실시, 심리학적 교육, 심리학적 지식을 응용해 자문을 한다.

임상심리사는 주로 심리상담에서 인지, 정서, 행동적인 심리상담을 하지만 정신과 의사들이 행하는 약물치료는 하지 않는다.

정신과병원, 심리상담기관, 사회복귀시설 및 재활센터에서 주로 근무하며 개인이 혹은 여러 명이 모여 심리상담센터를 개업하거나 운영할 수 있다. 이 외에도 사회복지기관, 학교, 병원의 재활의학과나 신경과, 심리건강 관련 연구소 등 다양한 사회기관에 진출할 수 있다.

시험일정

구 분	제1회	제2회	제3회
1차 필기	2월 7일 ~ 3월 4일	5월 10일 ~ 5월 30일	8월 9일 ~ 9월 1일
2차 실기	4월 19일 ~ 5월 9일	(미정) 8월 초 ~ 중	(미정) 11월 중 ~ 말

※ 2025년 제2회, 제3회 2차 실기 시험일정은 아직 발표되지 않아 2024년 시험일정을 기준으로 예상하여 수록하였습니다.
※ 자세한 내용은 큐넷 홈페이지(www.q-net.or.kr)를 확인하십시오.

시험형식

구 분	시험과목	문항수	시험방법	시험시간
1차 필기	• 심리학개론 • 이상심리학 • 심리검사 • 임상심리학 • 심리상담	100문항 (각 20문항)	객관식	2시간 30분
2차 실기	• 기초심리평가 • 기초심리상담 • 심리치료 • 자문 · 교육 · 심리재활	18 ~ 20문항	필답형	3시간

합격기준

구 분	합격기준
1차 필기	100점을 만점으로 하여 과목당 40점 이상 / 전과목 평균 60점 이상
2차 실기	100점을 만점으로 하여 60점 이상

응시현황

연 도	필 기			실 기		
	응시(명)	합격(명)	합격률(%)	응시(명)	합격(명)	합격률(%)
2023	7,941	5,833	73.5	7,521	2,965	39.4
2022	5,915	4,574	77.3	6,792	2,054	30.2
2021	6,469	5,465	84.5	6,461	2,614	40.5
2020	5,032	3,948	78.5	6,081	1,220	20.1
2019	6,016	3,947	65.6	5,858	1,375	23.5
2018	5,621	3,885	69.1	6,189	1,141	18.4
2017	5,294	4,360	82.4	6,196	1,063	17.2
소 계	42,288	32,012	75.8	45,098	12,432	27

필기 출제항목

1과목 심리학개론	2과목 이상심리학	3과목 심리검사	4과목 임상심리학	5과목 심리상담
심리학의 역사와 개관	이상심리학의 기본개념	심리검사의 기본개념	임상심리학의 역사와 개관	상담의 기초
발달심리학		지능검사	심리평가 기초	심리상담의 주요 이론
성격심리학		표준화된 성격검사	심리치료의 기초	심리상담의 실제
학습 및 인지 심리학		신경심리검사	임상심리학의 자문, 교육, 윤리	중독상담
심리학의 연구 방법론	이상행동의 유형	기타 심리검사	임상 특수분야	특수문제별 상담유형
사회심리학				
동기와 정서				

시험안내

실기 출제항목

주요항목	세부항목	세세항목
기초심리평가	기초적인 심리검사 실시/채점 및 적용하기	• 지능검사를 지침에 맞게 실시 · 채점하고 해석할 수 있다. • 표준화된 성격검사를 지침에 맞게 실시 · 채점하고 해석할 수 있다. • 투사 검사를 지침에 맞게 실시 · 채점할 수 있다. • 신경심리검사를 지침에 맞게 실시 · 채점할 수 있다. • 다양한 행동 평가 방법을 활용하여 목표행동을 규정하고 자료를 수집할 수 있다.
기초심리상담	심리상담하기	• 내담자와 관계형성을 할 수 있다. • 내담자의 심리적 특성을 평가할 수 있다. • 상담 목표와 계획을 수립할 수 있다. • 수퍼비전하에 상담을 진행할 수 있다.
심리치료	심리치료하기	• 내담자와 치료관계를 형성할 수 있다. • 기초 행동수정법을 적용할 수 있다. • 대인관계증진법을 적용할 수 있다. • 아동지도법을 적용할 수 있다. • 아동청소년 스트레스 관리 프로그램을 실시할 수 있다.
자문 · 교육 · 심리재활	자문하기	기초적인 자문을 할 수 있다.
	교육하기	• 심리교육프로그램을 개발할 수 있다. • 심리교육을 시행할 수 있다. • 심리건강을 홍보할 수 있다.
	심리재활하기	• 심리사회적 기능을 평가할 수 있다. • 심리재활 계획을 수립할 수 있다. • 심리재활 프로그램을 실시할 수 있다. • 사례관리를 할 수 있다.

이 책의 구성과 특징

STRUCTURES

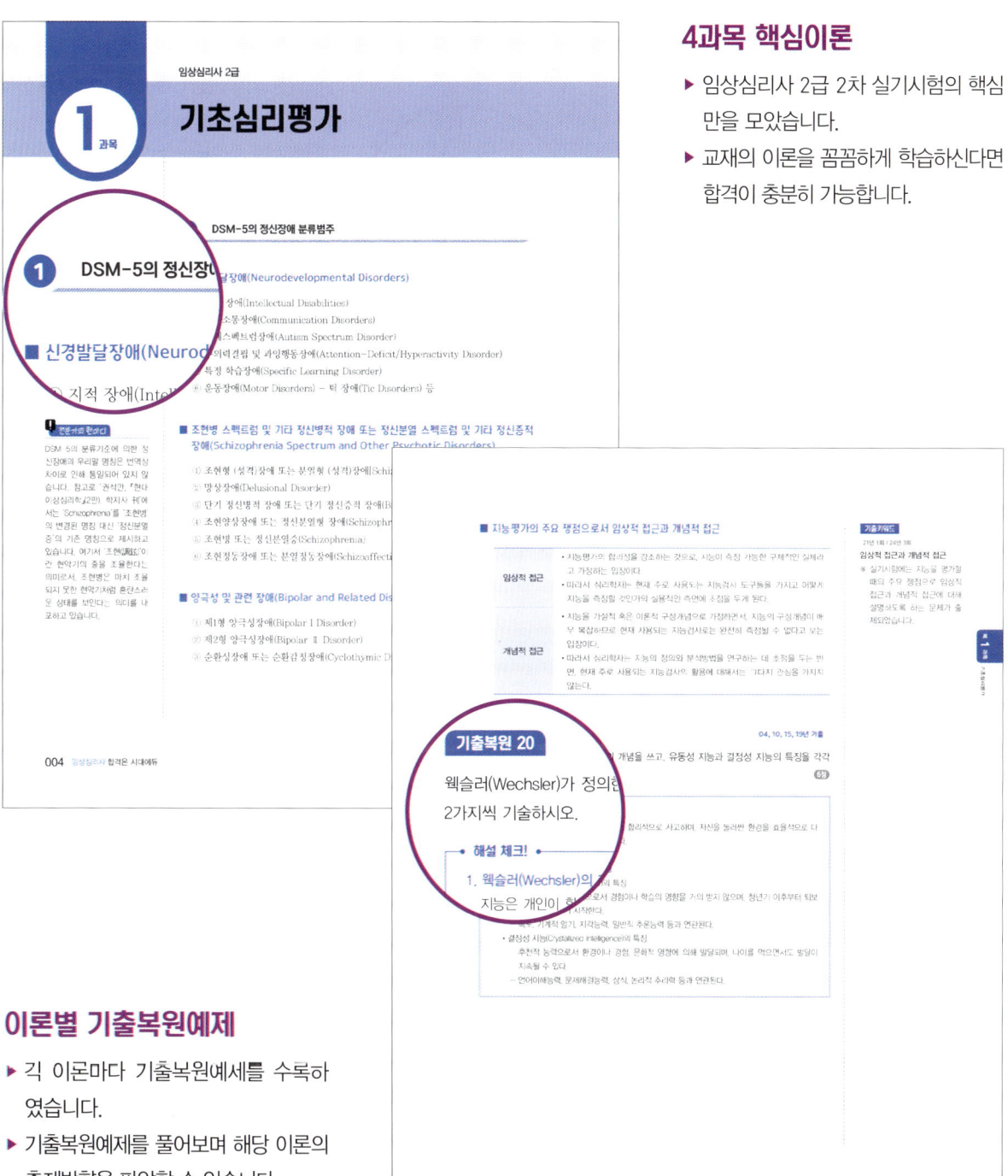

4과목 핵심이론

▶ 임상심리사 2급 2차 실기시험의 핵심만을 모았습니다.
▶ 교재의 이론을 꼼꼼하게 학습하신다면 합격이 충분히 가능합니다.

이론별 기출복원예제

▶ 각 이론마다 기출복원예제를 수록하였습니다.
▶ 기출복원예제를 풀어보며 해당 이론의 출제방향을 파악할 수 있습니다.

이 책의 구성과 특징

STRUCTURES

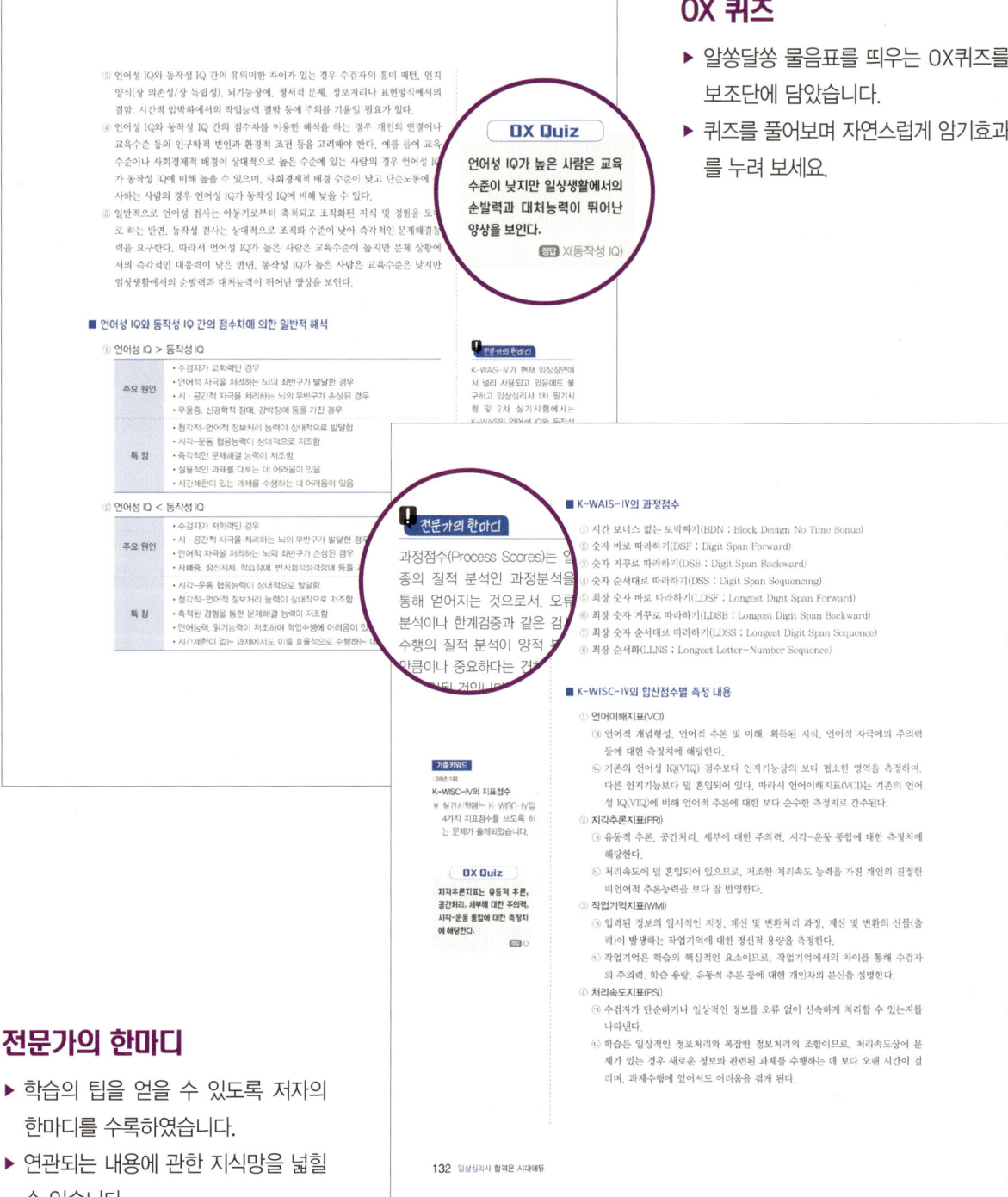

OX 퀴즈

▶ 알쏭달쏭 물음표를 띄우는 OX퀴즈를 보조단에 담았습니다.
▶ 퀴즈를 풀어보며 자연스럽게 암기효과를 누려 보세요.

전문가의 한마디

▶ 학습의 팁을 얻을 수 있도록 저자의 한마디를 수록하였습니다.
▶ 연관되는 내용에 관한 지식망을 넓힐 수 있습니다.

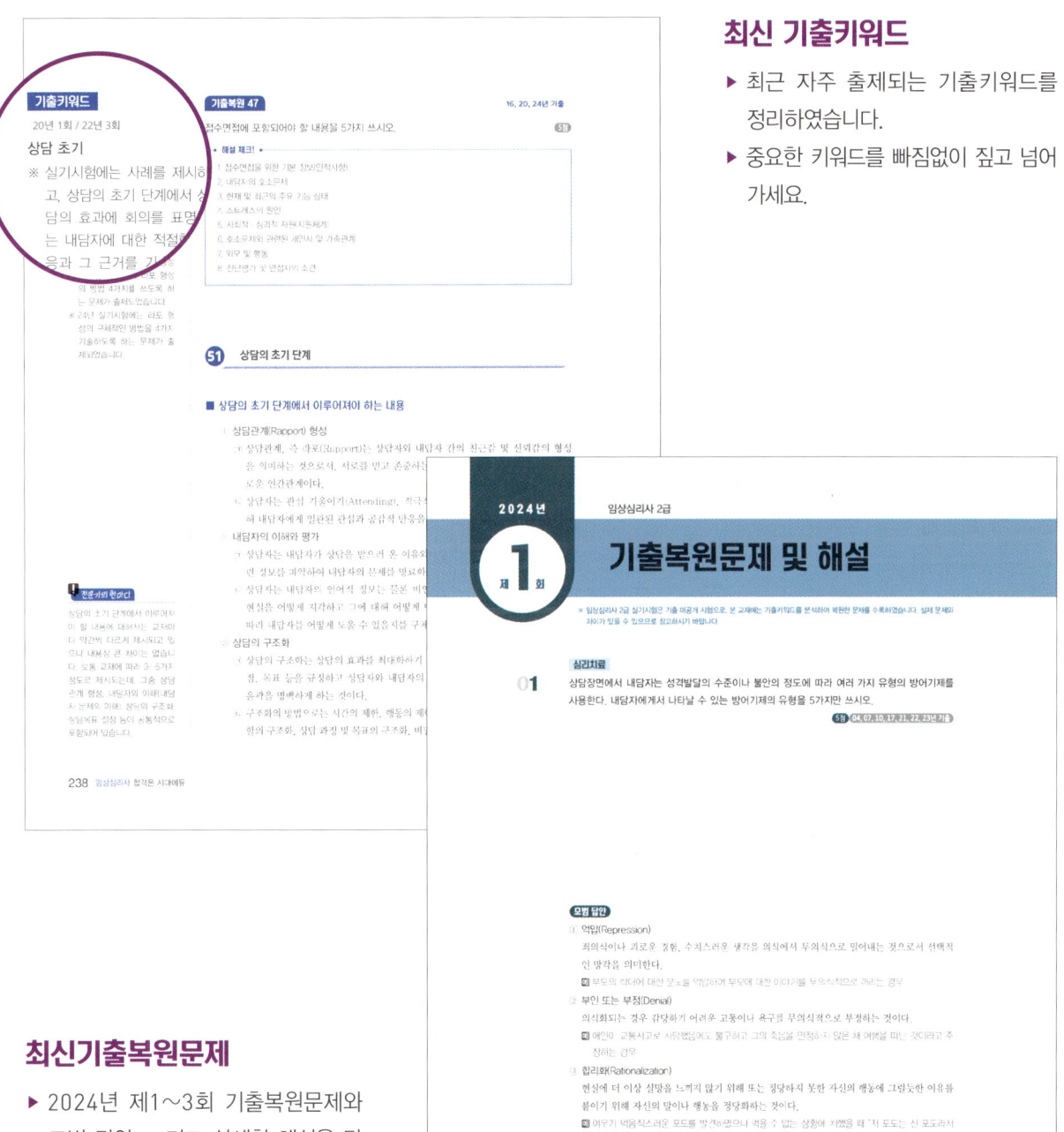

최신 기출키워드
- 최근 자주 출제되는 기출키워드를 정리하였습니다.
- 중요한 키워드를 빠짐없이 짚고 넘어가세요.

최신기출복원문제
- 2024년 제1~3회 기출복원문제와 모범 답안, 그리고 상세한 해설을 담았습니다.
- 급변하는 출제경향을 파악하고 미리 대비하세요.

과목별 학습공략

STRATEGY

제1과목　기초심리평가

평균 7문제 정도의 가장 많은 문제가 출제되는 영역인 만큼 비중을 두어 학습해야 하는 과목입니다. 기존에 자주 출제되었던 MMPI 척도 분석 문제와 TCI의 하위척도 기질 문제는 올해에도 출제되었습니다. 대부분의 문제가 오래된 기출문제를 변형하여 출제되었고 TAT의 개념 및 해석 방식과 같은 신출 유형도 있었습니다. 여러 심리평가의 목적이나 특징 등의 전체적인 구조를 정확히 파악하고 각 심리평가의 세부내용을 꼼꼼히 암기해야 합니다.

제2과목　기초심리상담

평균적으로 5~6문제가 출제되었습니다. 얄롬의 집단상담의 치료적 요인, 자기표현훈련 등 이미 자주 출제된 익숙한 키워드의 문제가 유사한 유형으로 출제되었습니다. 상대적으로 큰 어려움은 없었으리라고 생각하지만, 기출문제와 같은 내용을 묻되 더 상세하거나 긴 답안을 요구하는 방식으로 변형된 문제들로 구성되어 배점은 큰 과목이었습니다. 아깝게 한두 문제에서 감점되지 않도록, 기출키워드에 관련된 내용을 교재에서 꼼꼼히 확인하고 기출문제보다 확장된 답안을 요구하는 문제에도 막힘없이 답안을 쓸 수 있도록 암기하시기 바랍니다.

제3과목　심리치료

작년과 달리 이번 2024년 시험에서는 출제비중이 크지 않았던 영역입니다. 기본적으로 방어기제, 인간중심상담, 로저스 관련 문제와 같은 빈출유형이 올해도 어김없이 출제되었습니다. 해당 문제의 모범 답안을 꼼꼼하게 암기하여, 개념을 이해하고 숙지해두실 것을 추천드립니다. 실전에서 답안 작성에 막힘이 없도록, 교재의 내용을 자신의 언어로 정리할 수 있을 정도의 명확한 개념 숙지가 필요합니다.

제4과목　자문·교육·심리재활

4과목에서는 상대적으로 적은 수의 문제가 출제되었습니다. 그중에서도 심리재활 관련 문제는 매회 1문제 이상 출제되었지만, 자문과 교육 관련한 문제는 2회차 시험을 제외하고는 출제되지 않았습니다. 재활치료의 주요 개념으로 손상, 핸디캡 등을 설명하라는 문제는 자주 출제되어 답안을 작성하는 데 어려움이 없었을 거라 사료됩니다. 제4과목에서는 이러한 경향이 거의 유지되고 있으므로, 본 교재에 수록된 기출복원문제와 최신 기출키워드를 다시 한번 눈여겨보시기 바랍니다.

최신 빈출키워드

KEYWORD

제1과목 기초심리평가

#K-WAIS-Ⅳ #지표점수 #투사기법 #토큰 이코노미 #심리검사 결과 해석 #MMPI #타당도척도 #4-9척도 #기질 및 성격검사(TCI) #로샤검사 #엑스너 종합체계방식 #사회성숙도검사 #특정공포증 #BDI #카우프만 #리히텐베르거 #형태질 #주제통각검사(TAT) #심리평가의 목적 #심리검사 도구 선정 #지능평가 #9번 척도 #바이너 #틱 장애 #아동인성평정척도

제2과목 기초심리상담

#집단상담 #얄롬 #상담의 기술 #집단구성 #접수면접 #슈퍼비전 #비밀보장 #윤리원칙 #라포 #임상적 면접 #SOLER #상담 종결의 상황 #행동치료 #자기표현훈련 #사회기술훈련 #자기노출

제3과목 심리치료

#방어기제 #인지적오류 #백 #행동치료 #파괴적 행동문제 #정신분석적 치료 #인간중심상담 #로저스 #실존치료 #정상적 불안 #아동상담 #놀이치료 #저항 #아동심리치료 #가족치료

제4과목 자문·교육·심리재활

#재활치료 #병리 #손상 #장애 #핸디캡 #건강심리학 #프로차스카 #변화단계모델 #재활모형 #재활 #환자교육방법 #직업재활 #자문 #아동문제

이 책의 목차

PART 1　핵심이론

제1과목 기초심리평가 ··· **004**

제2과목 기초심리상담 ··· **228**

제3과목 심리치료 ··· **326**

제4과목 자문 · 교육 · 심리재활 ······························ **414**

PART 2　최신기출복원문제

2024년 제1회 기출복원문제 및 해설 ························ **450**

2024년 제2회 기출복원문제 및 해설 ························ **488**

2024년 제3회 기출복원문제 및 해설 ························ **520**

PART 1
핵심이론

과목별 핵심이론 및 기출복원문제

시험에 꼭 나올만한 중요한 이론들만 모은 핵심이론을 먼저 학습하고 관련된 복원문제로 한 번 더 정리할 수 있도록 구성하였습니다.

철저히 학습하고 이해하여 임상심리사2급 실기시험에 반드시 합격합시다.

제 1 과목
기초심리평가

> **학습공략**

1과목은 다른 과목에 비해 핵심이론의 수가 많고 심리평가의 해석에 대한 개념이 매우 복잡하여, 수험생 여러분들이 어려움을 겪을 것으로 사료됩니다. 하지만 고득점을 위해서는 1과목을 포기해서는 안 됩니다. 각 심리평가의 목적과 개정된 평가의 내용 및 해석방법까지 완벽하게 이해하고 숙지해야만 풀 수 있는 문제들이 출제되므로, 특히 시간을 투자하고 집중하여 학습하는 것을 추천드립니다.

임상심리사 2급

01 DSM-5의 정신장애 분류범주
02 조현병(정신분열증)
03 주요우울장애, 신체증상장애, 범불안장애, 적응장애
04 양극성장애와 순환성장애
05 특정공포증과 공황장애
06 강박장애
07 외상후스트레스장애, 외상성 뇌손상으로 인한 신경인지장애, 전환장애
08 기억장애와 신경인지장애
09 반응성애착장애와 탈억제성 사회적 유대감장애
10 주의력결핍 및 과잉행동장애(ADHD)
11 자폐스펙트럼장애
12 심리평가 Ⅰ
13 심리평가 Ⅱ
14 심리평가 Ⅲ
15 심리검사에 대한 이해
16 객관적 검사와 투사적 검사
17 검사도구의 조건 Ⅰ - 표준화
18 검사도구의 조건 Ⅱ - 규준
19 신뢰도와 타당도 Ⅰ
20 신뢰도와 타당도 Ⅱ
21 지능에 대한 이해
22 한국판 웩슬러성인용지능검사(K-WAIS)의 언어성 소검사
23 한국판 웩슬러성인용지능검사(K-WAIS)의 동작성 소검사
24 한국판 웩슬러성인용지능검사 제4판(K-WAIS-Ⅳ)의 구성
25 한국판 웩슬러아동용지능검사(K-WISC-Ⅲ)의 구성
26 한국판 웩슬러아동용지능검사 제4판(K-WISC-Ⅳ)의 구성
27 웩슬러 지능검사의 분석과 해석(K-WAIS & K-WISC-Ⅲ)
28 웩슬러 지능검사의 분석과 해석(K-WAIS-Ⅳ & K-WISC-Ⅳ)
29 웩슬러 지능검사의 일반적인 진단
30 지능과 학습문제
31 성격에 대한 이해
32 미네소타 다면적 인성검사 제2판(MMPI-2)의 타당도척도
33 미네소타 다면적 인성검사 제2판(MMPI-2)의 임상척도
34 MMPI-2의 내용척도, 보충척도, 성격병리 5요인척도
35 MMPI(MMPI-2)의 시행, 채점, 해석
36 MMPI(MMPI-2)의 주요 상승척도쌍 유형에 대한 해석
37 기질 및 성격검사(TCI)
38 로샤검사(Rorschach Test) Ⅰ
39 로샤검사(Rorschach Test) Ⅱ
40 로샤검사(Rorschach Test) Ⅲ
41 집-나무-사람 그림검사(HTP)
42 홀랜드유형 직업적성검사(CAT)
43 아동·청소년행동평가척도(K-CBCL)
44 한국아동인성평정척도(KPRC)와 사회성숙도검사(SMS)
45 신경심리검사 및 신경심리평가 Ⅰ
46 신경심리검사 및 신경심리평가 Ⅱ
47 종합심리검사(Full Battery)

합격의 공식 시대에듀

자격증・공무원・금융/보험・면허증・언어/외국어・검정고시/독학사・기업체/취업
이 시대의 모든 합격! 시대에듀에서 합격하세요!
www.youtube.com → 시대에듀 → 구독

임상심리사 2급

1과목 기초심리평가

1 DSM-5의 정신장애 분류범주

■ 신경발달장애(Neurodevelopmental Disorders)

① 지적 장애(Intellectual Disabilities)
② 의사소통장애(Communication Disorders)
③ 자폐스펙트럼장애(Autism Spectrum Disorder)
④ 주의력결핍 및 과잉행동장애(Attention-Deficit/Hyperactivity Disorder)
⑤ 특정 학습장애(Specific Learning Disorder)
⑥ 운동장애(Motor Disorders) - 틱 장애(Tic Disorders) 등

■ 조현병 스펙트럼 및 기타 정신병적 장애 또는 정신분열 스펙트럼 및 기타 정신증적 장애(Schizophrenia Spectrum and Other Psychotic Disorders)

① 조현형 (성격)장애 또는 분열형 (성격)장애[Schizotypal (Personality) Disorder]
② 망상장애(Delusional Disorder)
③ 단기 정신병적 장애 또는 단기 정신증적 장애(Brief Psychotic Disorder)
④ 조현양상장애 또는 정신분열형 장애(Schizophreniform Disorder)
⑤ 조현병 또는 정신분열증(Schizophrenia)
⑥ 조현정동장애 또는 분열정동장애(Schizoaffective Disorder) 등

■ 양극성 및 관련 장애(Bipolar and Related Disorders)

① 제1형 양극성장애(Bipolar I Disorder)
② 제2형 양극성장애(Bipolar II Disorder)
③ 순환성장애 또는 순환감정장애(Cyclothymic Disorder) 등

> **전문가의 한마디**
>
> DSM-5의 분류기준에 의한 정신장애의 우리말 명칭은 번역상 차이로 인해 통일되어 있지 않습니다. 참고로 '권석만, 『현대이상심리학』(2판), 학지사 刊'에서는 'Schizophrenia'를 '조현병'의 변경된 명칭 대신 '정신분열증'의 기존 명칭으로 제시하고 있습니다. 여기서 '조현(調絃)'이란 현악기의 줄을 조율한다는 의미로서, 조현병은 마치 조율되지 못한 현악기처럼 혼란스러운 상태를 보인다는 의미를 내포하고 있습니다.

■ 우울장애(Depressive Disorders)

① 주요우울장애(Major Depressive Disorder)
② 지속성 우울장애(Persistent Depressive Disorder) 또는 기분부전증(Dysthymia)
③ 월경 전 불쾌감장애(Premenstrual Dysphoric Disorder)
④ 파괴적 기분조절곤란 장애 또는 파괴적 기분조절부전장애(Disruptive Mood Dysregulation Disorder) 등

> **OX Quiz**
> DSM-5의 정신장애 분류범주에서 월경 전 불쾌감장애는 신경발달장애의 하위유형이다.
> 정답 X(우울장애의 하위유형임)

■ 불안장애(Anxiety Disorders)

① 분리불안장애(Separation Anxiety Disorder)
② 선택적 함구증 또는 선택적 무언증
③ 특정공포증(Specific Phobia)
④ 사회불안장애 또는 사회공포증(Social Anxiety Disorder or Social Phobia)
⑤ 공황장애(Panic Disorder)
⑥ 광장공포증(Agoraphobia)
⑦ 범불안장애(Generalized Anxiety Disorder) 등

■ 강박 및 관련 장애(Obsessive-Compulsive and Related Disorders)

① 강박장애(Obsessive-Compulsive Disorder)
② 신체변형장애 또는 신체이형장애(Body Dysmorphic Disorder)
③ 저장장애 또는 수집광(Hoarding Disorder)
④ 발모증(Trichotillomania) 또는 모발뽑기장애(Hair-Pulling Disorder)
⑤ 피부벗기기장애 또는 피부뜯기장애[Excoriation(Skin-Picking) Disorder] 등

■ 외상- 및 스트레스 사건-관련 장애(Trauma- and Stressor-Related Disorders)

① 반응성애착장애(Reactive Attachment Disorder)
② 탈억제성 사회적 유대감장애 또는 탈억제 사회관여장애(Disinhibited Social Engagement Disorder)
③ 외상후스트레스장애(Posttraumatic Stress Disorder)
④ 급성 스트레스장애(Acute Stress Disorder)
⑤ 적응장애(Adjustment Disorder) 등

> **OX Quiz**
> DSM-5에서 적응장애는 외상 및 스트레스사건 관련 장애에서부터 독립적 분류 범주로 구분되었다.
> 정답 X(외상 및 스트레스 사건 관련 장애의 하위유형임)

■ 해리성장애 또는 해리장애(Dissociative Disorders)

① 해리성정체감장애(Dissociative Identity Disorder)
② 해리성 기억상실증(Dissociative Amnesia)
③ 이인증/비현실감 장애(Depersonalization/Derealization Disorder) 등

■ 신체증상 및 관련 장애(Somatic Symptom and Related Disorders)

① 신체증상장애(Somatic Symptom Disorder)
② 질병불안장애(Illness Anxiety Disorder)
③ 전환장애(Conversion Disorder)
④ 허위성(가장성 또는 인위성) 장애(Factitious Disorder) 등

■ 급식 및 섭식장애(Feeding and Eating Disorders)

① 이식증(Pica)
② 반추장애 또는 되새김 장애(Rumination Disorder)
③ 회피적/제한적 음식섭취 장애(Avoidant/Restrictive Food Intake Disorder)
④ 신경성 식욕부진증(Anorexia Nervosa)
⑤ 신경성 폭식증(Bulimia Nervosa)
⑥ 폭식장애(Binge-Eating Disorder) 등

■ 배설장애(Elimination Disorders)

① 유뇨증(Enuresis)
② 유분증(Encopresis) 등

■ 수면-각성 장애(Sleep-Wake Disorders)

① 불면장애(Insomnia Disorder)
② 과다수면 장애(Hypersomnolence Disorder)
③ 수면발작증 또는 기면증(Narcolepsy)
④ 호흡 관련 수면장애(Breathing-Related Sleep Disorders)
⑤ 일주기 리듬 수면-각성 장애(Circadian Rhythm Sleep-Wake Disorders)
⑥ 수면이상증 또는 사건수면(Parasomnias)
⑦ 초조성 다리 증후군 또는 하지불안 증후군(Restless Legs Syndrome) 등

전문가의 한마디

'신체증상 및 관련 장애'는 DSM-5에서 새로운 장애범주로 제시된 것으로, DSM-Ⅳ의 분류기준상 '신체형 장애(Somatoform Disorders)'를 재구성한 것입니다. DSM-5에서는 특히 환자의 기초진료와 비정신과적 임상의들에게 보다 유용하도록 구성되었습니다.

기출키워드
21년 3회
신경성 식욕부진증
※ 실기시험에는 신경성 식욕부진증 사례를 제시하고, 진단기준을 기술하도록 하는 문제가 출제되었습니다.

OX Quiz
수면-각성 장애에는 하지불안 증후군도 포함된다.
정답 O

■ **성기능장애 또는 성기능부전(Sexual Dysfunctions)**

① 지루증 또는 사정지연(Delayed Ejaculation)
② 발기장애(Erectile Disorder)
③ 여성 절정감장애 또는 여성 극치감장애(Female Orgasmic Disorder)
④ 여성 성적 관심/흥분장애(Female Sexual Interest/Arousal Disorder)
⑤ 생식기(성기)-골반 통증/삽입장애(Genito-Pelvic Pain/Penetration Disorder)
⑥ 남성 성욕감퇴장애(Male Hypoactive Sexual Desire Disorder)
⑦ 조루증 또는 조기사정[Premature (Early) Ejaculation] 등

■ **성불편증 또는 성별불쾌감(Gender Dysphoria)**

① 아동의 성불편증(Gender Dysphoria in Children)
② 청소년 및 성인의 성불편증(Gender Dysphoria in Adolescents and Adults) 등

■ **파괴적, 충동조절 및 품행장애(Disruptive, Impulse-Control, and Conduct Disorders)**

① 적대적 반항장애 또는 반항성장애(Oppositional Defiant Disorder)
② 간헐적 폭발성장애 또는 간헐적 폭발장애(Intermittent Explosive Disorder)
③ 품행장애(Conduct Disorder)
④ 반사회성성격장애(Antisocial Personality Disorder)
⑤ 병적 방화 또는 방화증(Pyromania)
⑥ 병적 도벽 또는 도벽증(Kleptomania) 등

■ **물질-관련 및 중독장애(Substance-Related and Addictive Disorders)**

① 물질-관련 장애(Substance-Related Disorders)
  ㉠ 알코올-관련 장애(Alcohol-Related Disorders)
  ㉡ 카페인-관련 장애(Caffeine-Related Disorders)
  ㉢ 칸나비스(대마)-관련 장애(Cannabis-Related Disorders)
  ㉣ 환각제-관련 장애(Hallucinogen-Related Disorders)
  ㉤ 흡입제-관련 장애(Inhalant-Related Disorders)
  ㉥ 아편류(아편계)-관련 장애(Opioid-Related Disorders)
  ㉦ 진정제, 수면제 또는 항불안제-관련 장애(Sedative-, Hypnotic-, or Anxiolytic-Related Disorders)
  ㉧ 흥분제(자극제)-관련 장애(Stimulant-Related Disorders)
  ㉨ 타바코(담배)-관련 장애(Tobacco-Related Disorders) 등

OX Quiz

물질 관련 및 중독장애에 카페인 관련 장애는 포함되지 않는다.

정답 X(포함됨)

② 비물질-관련 장애(Non-Substance-Related Disorders)
　　도박장애(Gambling Disorder)

■ 신경인지장애(Neurocognitive Disorders)

① 섬망(Delirium)
② 주요 및 경도 신경인지장애(Major and Mild Neurocognitive Disorders) 등

■ 성격장애(Personality Disorders)

① A군 성격장애(Cluster A Personality Disorders)
　㉠ 편집성성격장애(Paranoid Personality Disorder)
　㉡ 조현성(분열성)성격장애(Schizoid Personality Disorder)
　㉢ 조현형(분열형)성격장애(Schizotypal Personality Disorder)
② B군 성격장애(Cluster B Personality Disorders)
　㉠ 반사회성성격장애(Antisocial Personality Disorder)
　㉡ 연극성(히스테리성)성격장애(Histrionic Personality Disorder)
　㉢ 경계선성격장애(Borderline Personality Disorder)
　㉣ 자기애성성격장애(Narcissistic Personality Disorder)
③ C군 성격장애(Cluster C Personality Disorders)
　㉠ 회피성성격장애(Avoidant Personality Disorder)
　㉡ 의존성성격장애(Dependent Personality Disorder)
　㉢ 강박성성격장애(Obsessive-Compulsive Personality Disorder)

■ 성도착장애 또는 변태성욕장애(Paraphilic Disorders)

① 관음장애(Voyeuristic Disorder)
② 노출장애(Exhibitionistic Disorder)
③ 접촉마찰장애 또는 마찰도착장애(Frotteuristic Disorder)
④ 성적 피학장애(Sexual Masochism Disorder)
⑤ 성적 가학장애(Sexual Sadism Disorder)
⑥ 아동성애장애 또는 소아애호장애(Pedophilic Disorder)
⑦ 성애물장애 또는 물품음란장애(Fetishistic Disorder)
⑧ 의상전환장애 또는 복장도착장애(Transvestic Disorder) 등

전문가의 한마디

최근 '정신분열증' 혹은 '정신분열병'의 명칭 대신 '조현병(調絃病)'의 명칭을 사용함에 따라, A군 성격장애 중 '분열성성격장애'와 '분열형성격장애'의 명칭도 각각 '조현성성격장애'와 '조현형성격장애'로 부르는 경향이 있습니다.

OX Quiz

강박성성격장애는 B군 성격장애에 해당된다.

정답 X(C군 성격장애에 해당됨)

■ 기타 정신장애(Other Mental Disorders)

① 다른 의학적 상태에 기인한 달리 명시된 정신장애(Other Specified Mental Disorder Due to Another Medical Condition)
② 다른 의학적 상태에 기인한 명시되지 않는 정신장애(Unspecified Mental Disorder Due to Another Medical Condition)
③ 달리 명시된 정신장애(Other Specified Mental Disorder)
④ 명시되지 않는 정신장애(Unspecified Mental Disorder)

기출복원 01 15년 기출

자폐스펙트럼장애의 진단 기준 중 사회적 의사소통 및 사회적 상호작용상의 결함 기준을 2가지 쓰고, 자폐스펙트럼장애로 통합된 DSM-Ⅳ 분류기준상의 진단명 2가지를 쓰시오.

해설 체크!

1. 사회적 의사소통 및 사회적 상호작용상의 결함 기준(DSM-5 진단 기준)
   - 사회적-정서적 상호작용에 있어서 결함을 나타낸다.
   - 사회적 상호작용을 위해 사용되는 비언어적 의사소통 행동에 있어서 결함을 나타낸다.
   - 대인관계의 발전, 유지, 이해에 있어서 결함을 나타낸다.

2. 자폐스펙트럼장애로 통합된 DSM-Ⅳ 분류기준상의 진단명
   - 아동기붕괴성장애(Childhood Disintegrative Disorder)
   - 아스퍼거장애(Asperger's Disorder)
   - 자폐성장애(Autistic Disorder)

심화학습 DSM-IV에서 DSM-5로의 개정

■ **DSM-IV 및 DSM-5에 의한 정신장애의 주요 범주 비교**

① DSM-IV에 포함된 정신장애의 주요 범주
  ⓐ 유아기, 아동기 또는 청소년기에 통상 처음 진단되는 장애(Disorders Usually First Diagnosed in Infancy, Childhood, or Adolescence)
  ⓑ 섬망, 치매, 기억상실장애 및 기타 인지장애(Delirium, Dementia and Amnestic and Other Cognitive Disorders)
  ⓒ 일반 의학적 상태로 인한 정신장애(Mental Disorders due to a General Medical Condition)
  ⓓ 물질 관련 장애(Substance-Related Disorders)
  ⓔ 정신분열증과 기타 정신증적 장애(Schizophrenia and Other Psychotic Disorders)
  ⓕ 기분장애(Mood Disorders)
  ⓖ 불안장애(Anxiety Disorders)
  ⓗ 신체형장애(Somatoform Disorders)
  ⓘ 허위성장애(Factitious Disorders)
  ⓙ 해리성장애(Dissociative Disorders)
  ⓚ 성장애 및 성정체감장애(Sexual and Gender Identity Disorders)
  ⓛ 섭식장애(Eating Disorders)
  ⓜ 수면장애(Sleep Disorders)
  ⓝ 다른 곳에 분류되지 않는 충동조절장애(Impulse-Control Disorders Not Elsewhere Classified)
  ⓞ 적응장애(Adjustment Disorders)
  ⓟ 성격장애(Personality Disorders)
  ⓠ 임상적 관심의 초점이 될 수 있는 기타 상태(Other Conditions That May Be a Focus of Clinical Attention)

② DSM-5에 포함된 정신장애의 주요 범주
  ⓐ 신경발달장애(Neurodevelopmental Disorders)
  ⓑ 조현병 스펙트럼 및 기타 정신병적 장애(Schizophrenia Spectrum and Other Psychotic Disorders)
  ⓒ 양극성 및 관련 장애(Bipolar and Related Disorders)
  ⓓ 우울장애(Depressive Disorders)

ⓔ 불안장애(Anxiety Disorders)
ⓕ 강박 및 관련 장애(Obsessive-Compulsive and Related Disorders)
ⓖ 외상- 및 스트레스 사건-관련 장애(Trauma- and Stressor-Related Disorders)
ⓗ 해리성장애 또는 해리장애(Dissociative Disorders)
ⓘ 신체증상 및 관련 장애(Somatic Symptom and Related Disorders)
ⓙ 급식 및 섭식장애(Feeding and Eating Disorders)
ⓚ 배설장애(Elimination Disorders)
ⓛ 수면-각성장애(Sleep-Wake Disorders)
ⓜ 성기능장애 또는 성기능부전(Sexual Dysfunctions)
ⓝ 성불편증 또는 성별불쾌감(Gender Dysphoria)
ⓞ 파괴적, 충동조절 및 품행장애(Disruptive, Impulse-Control, and Conduct Disorders)
ⓟ 물질-관련 및 중독장애(Substance-Related and Addictive Disorders)
ⓠ 신경인지장애(Neurocognitive Disorders)
ⓡ 성격장애(Personality Disorders)
ⓢ 성도착장애 또는 변태성욕장애(Paraphilic Disorders)
ⓣ 기타 정신장애(Other Mental Disorders)

■ DSM-5의 일반적인 개정사항

① 개정판 숫자의 변경

기존의 'DSM-Ⅳ-TR'까지는 개정판의 순서를 나타내는 숫자를 로마자로 표기하였다. 그러나 'DSM-5'에서는 로마자 'Ⅴ'가 아닌 아라비아숫자 '5'를 사용하였다. 이는 새로운 임상적 발견에 따른 개정을 보다 쉽게 하기 위한 의도를 가지고 있다.

② 다축체계의 폐지

DSM-Ⅳ에서 사용하는 다축진단체계가 실제 임상 현장에서 유용하지 못하며, 진단의 객관성 및 타당성이 부족하다는 비판에 따라 이를 폐지하였다. 다만, 이는 표기 방식을 폐지하는 것일 뿐 내용 전체를 폐기한 것은 아니며, 일부(특히 Axis Ⅲ의 경우)는 진단 내에 포함시키거나 진단별 예로 전환하였다.

> **전문가의 한마디**
>
> DSM-Ⅳ는 정신장애와 관련된 5가지 종류의 정보, 즉 임상적 증후군, 성격장애, 일반적인 의학적 상태, 심리사회적 및 환경적 문제, 현재의 적응적 기능수준에 관한 정보를 수집하여 진단하도록 되어 있는 다축진단체계로 구성되어 있었습니다.

③ 차원적 평가의 도입

범주적 분류의 한계를 보완하기 위해 차원적 평가방식을 도입함으로써 이른바 '하이브리드 모델(Hybrid Model)'을 제안하였다. 차원적 분류는 이상행동과 정상행동을 단지 부적응성의 정도 차이일 뿐 이들 간의 질적인 차이를 인정하지 않는다.

■ DSM-5의 기억해둘 만한 개정사항

① 정신분열증(조현병)의 하위유형, 즉 '망상형 또는 편집형(Paranoid Type)', '해체형 또는 혼란형(Disorganized Type)', '긴장형(Catatonic Type)', '감별불능형 또는 미분화형(Undifferentiated Type)', '잔류형(Residual Type)' 등의 분류가 폐지되었다.
② '불안장애(Anxiety Disorders)'의 하위유형으로 분류되었던 '강박장애(Obsessive-Compulsive Disorder)'와 '외상후스트레스장애(Posttraumatic Stress Disorder)'가 불안장애에서 분리되어 각각 '강박 및 관련 장애(Obsessive-Compulsive and Related Disorders)'와 '외상- 및 스트레스 사건-관련 장애(Trauma- and Stressor-Related Disorders)'의 독립된 장애범주로 분류되었다.
③ '기분장애(Mood Disorders)'의 하위유형으로 분류되었던 '우울장애(Depressive Disorders)'와 '양극성장애(Bipolar Disorders)'가 기분장애에서 분리되어 각각 독립된 장애범주로 분류되었다.
④ DSM-Ⅳ의 분류기준에서 '유아기, 아동기 또는 청소년기에 통상 처음 진단되는 장애(Disorders Usually First Diagnosed in Infancy, Childhood, or Adolescence)'의 하위유형으로 분류된 '배설장애(Elimination Disorders)'가 독립된 장애범주로 분류되었다.
⑤ DSM-Ⅳ의 분류기준에서 '광범위한 발달장애(Pervasive Developmental Disorders)'의 하위유형으로 분류된 '자폐성 장애(Autistic Disorder)'가 '자폐스펙트럼장애(Autism Spectrum Disorder)'로 명칭이 변경되어 DSM-5에서 새롭게 제시된 '신경발달장애(Neurodevelopmental Disorders)'의 하위유형으로 분류되었다. 특히 기존의 자폐성장애에 대한 차원적 접근이 이루어짐으로써 '아스퍼거 장애(Asperger's Disorder)', '아동기 붕괴성장애(Childhood Disintegrative Disorder)' 등이 자폐스펙트럼장애로 통합되었다.

전문가의 한마디

DSM-Ⅳ에서 정신분열증(조현병)의 하위유형을 묻는 문제가 1차 필기시험의 단골문제였으며, 최근에는 DSM-5 개정에 따른 하위유형을 묻는 문제도 출제되고 있습니다.

⑥ 기존의 강박장애 및 그와 관련된 장애를 포함하는 '강박 및 관련 장애'가 새로운 장애범주로 제시됨으로써 '저장장애(Hoarding Disorder)', '피부 벗기기 장애[Excoriation(Skin-Picking) Disorder]' 등 새로운 하위 장애의 진단이 가능하게 되었다.

⑦ DSM-Ⅳ에서 종종 만성적인 짜증이나 간헐적인 분노를 표출하는 아동 및 청소년에 대해 내려졌던 '양극성장애'의 진단 대신, '우울장애'의 하위유형으로서 '파괴적 기분조절곤란 장애(Disruptive Mood Dysregulation Disorder)'의 새로운 진단 기준이 마련됨으로써 보다 정확한 진단이 가능하게 되었다. 또한 '우울장애'의 하위유형으로 '월경 전 불쾌감장애(Premenstrual Dysphoric Disorder)'가 추가되었다.

⑧ DSM-Ⅳ의 분류기준에서 '주요우울증 삽화(Major Depressive Episode)'의 진단 기준에는 사랑하는 사람과의 사별 후 2개월까지 나타나는 우울 증상을 진단 기준에서 제외하는 항목이 있었다. 그러나 DSM-5에서는 2개월이라는 기간이 어떠한 과학적인 근거를 가지고 있지 않으며, 사랑하는 사람과의 사별로 인한 상실감이 심각한 심리사회적 스트레스 요인으로 작용할 수 있다는 의견을 반영하여 사별 배제 항목을 삭제하였다.

⑨ DSM-Ⅳ의 분류기준에서 '유아기, 아동기 또는 청소년기에 통상 처음 진단되는 장애'의 하위 유형으로 분류된 '주의력결핍 및 과잉행동장애(Attention-Deficit/Hyperactivity Disorder)'가 DSM-5에서 새롭게 제시된 '신경발달장애(Neurodevelopmental Disorders)'의 하위유형으로 분류되었다. 이는 ADHD가 성인기까지 지속될 수 있다는 사실을 반영하여 성인에 대한 ADHD의 진단 기준을 제공하기 위함이다. 그에 따라 증상의 발현시기 또한 기존의 '7세 이전'에서 '12세 이전'으로 조정되었다.

⑩ DSM-Ⅳ의 분류기준에서 '섬망, 치매, 기억상실장애 및 기타 인지장애(Delirium, Dementia and Amnestic and Other Cognitive Disorders)'의 하위유형으로 분류된 '치매(Dementia)'가 그 심각도에 따라 '주요신경인지장애(Major Neurocognitive Disorder)' 및 '경도신경인지장애(Mild Neurocognitive Disorder)'로 명명되어 DSM-5에서 새롭게 제시된 '신경인지장애(Neurocognitive Disorders)'의 하위유형으로 분류되었다.

⑪ DSM-Ⅳ의 분류기준에서 '물질 관련 장애(Substance-Related Disorders)'는 '물질-관련 및 중독장애(Substance-Related and Addictive Disorders)'로 확장되었다. '물질-관련 및 중독장애'는 크게 '물질-관련 장애(Substance-Related Disorders)'와 '비물질-관련 장애(Non-Substance-Related Disorders)'로 구분되며, 특히 DSM-Ⅳ에서의 '병적 도박(Pathological Gambling)'이 '도박장애(Gambling Disorder)'로 명칭이 변경되어 '비물질 관련 장애'로 분류되었다. 또한 DSM-Ⅳ에서 '물질의존(Substance Dependence)'과 '물질남용(Substance Abuse)'에 대한 개별적인 진단 기준이 제시되었던 것과 달리, DSM-5에서는 물질의존과 물질남용이 매우 높은 상관관계를 가진다는 의견을 반영하여 이들을 통합하였다. 다만, 그 심각도를 세 등급, 즉 '경도(Mild)', '중(등)도(Moderate)', '고도 또는 중증도(Severe)'로 구분하도록 하였다.

⑫ DSM-Ⅳ의 분류기준에서 부록 목록(Appendix B)에 포함되었던 '폭식장애(Binge-Eating Disorder)'의 경우, 최근 늘고 있는 과식과 비만에 대한 사회적인 관심과 함께 과식과 폭식의 차이를 부각시킬 필요성이 있다는 의견을 반영하여 DSM-5에서 '급식 및 섭식장애(Feeding and Eating Disorders)'의 하위유형으로서 정식 진단명을 부여하였다.

2 조현병(정신분열증)

■ DSM-5에 의한 조현병 또는 정신분열증(Schizophrenia)의 진단 기준

① 다음 중 2가지 이상이 1개월의 기간(또는 성공적으로 치료된 경우 그 이하의 기간) 동안 상당 부분의 시간에 나타난다. 다만, 이들 중 하나는 망상, 환각 또는 와해된 언어여야 한다.

  ㉠ 망 상
  ㉡ 환 각
  ㉢ 와해된 언어(예 빈번한 주제의 이탈이나 지리멸렬함)
  ㉣ 심하게 와해된 행동 또는 긴장증적 행동
  ㉤ 음성증상들(예 정서적 둔마 또는 무욕증)

② 장해가 시작된 후 상당 부분의 시간 동안 직업, 대인관계 혹은 자기관리와 같은 주요 영역 중 1가지 이상에서 기능 수준이 장해 이전 성취된 수준보다 현저히 저하되어 있다.

③ 장해의 징후가 최소 6개월 동안 지속된다. 이러한 6개월의 기간에는 최소 1개월(또는 성공적으로 치료된 경우 그 이하의 기간)의 진단 기준 ①을 충족시키는 증상들(즉, 활성기 증상들)을 포함해야 하며, 전구기 또는 잔류기를 포함할 수 있다. 이 경우 전구기 또는 잔류기 동안 장해의 징후는 음성증상만 있거나 진단 기준 ①의 증상들 중 2가지 이상의 증상이 약화된 형태(예 기이한 믿음, 흔치 않은 지각적 경험들)로 나타날 수 있다.

④ 조현정동장애(분열정동장애)와 정신병적 특성을 가진 우울 또는 양극성장애는 배제된다. 그 이유는 첫째, 주요우울증 삽화나 조증 삽화가 활성기 증상들과 동시에 나타나지 않거나, 둘째, 기분 삽화가 활성기 증상 동안 일어난다고 해도 병의 활성기와 잔류기의 전체 기간 중 짧은 기간 동안에만 존재하기 때문이다.

⑤ 이러한 장해는 물질(예 남용약물, 치료약물)이나 다른 의학적 상태의 생리적 효과에 기인한 것이 아니다.

⑥ 아동기에 발병한 자폐스펙트럼장애나 의사소통장애의 병력이 있는 경우, 조현병의 진단에 요구되는 다른 증상에 더해 현저한 망상이나 환각이 최소 1개월(또는 성공적으로 치료된 경우 그 이하의 기간) 이상 나타날 경우에만 조현병의 추가적인 진단이 내려진다.

> **전문가의 한마디**
>
> 조현병은 증상이 나타나는 양상에 따라 '전구기', '활성기', '잔류기(회복기)'의 3단계로 구분합니다. '전구기'는 발병 또는 재발의 조짐을 보이는 시기, '활성기'는 조현병의 주요 증상이 심한 양상을 보이는 시기, '잔류기(회복기)'는 정신병 증상이 다소 남아 있으나 그 정도가 비교적 경미한 시기를 말합니다.

■ 조현병(정신분열증)의 원인적 요인

① 생물학적 요인
　㉠ 부모나 형제자매 등이 조현병을 가지고 있는 경우
　㉡ 6번, 22번 유전자의 이상 또는 유전자와 환경적 요인 간의 상호작용에 의한 경우
　㉢ 뇌의 구조적 이상으로 정상인에 비해 뇌실의 크기가 크고 뇌 피질의 양이 적은 경우
　㉣ 뇌의 기능적 이상으로 뇌의 전두엽 피질에 신진대사 저하가 나타나는 경우
　㉤ 뇌의 신경전달물질 이상으로 도파민(Dopamine)이 과다 분비되는 경우
　㉥ 태내 조건이나 출생 시 또는 출생 직후 문제가 있는 경우

② 심리적 요인
　㉠ 지적 활동을 위한 주의 기능에 장애가 있는 경우
　㉡ 정보의 과다로 부적절한 정보를 제대로 처리하지 못함으로써 심리적인 혼란을 경험하는 경우
　㉢ 주의의 폭을 과도하게 확대하거나 반대로 축소함으로써 외부자극에 적절하게 반응하지 못하게 된 경우
　㉣ 인지적 기능에 결함이 있거나 작업기억이 손상된 경우
　㉤ 자아가 통합되기 이전에 자아경계가 붕괴되거나 자폐적 단계로의 퇴행이 이루어지는 경우

③ 가족 및 사회환경적 요인
　㉠ 부모가 자녀의 감정적 태도에 무감각하거나 거부적인 태도를 보임으로써 문제증상을 유발하는 경우
　㉡ 부모가 자녀에게 과잉보호나 자기희생의 태도를 보임으로써 문제증상을 유발하는 경우
　㉢ 부모가 동일한 사안에 대해 서로 상반된 의사나 지시를 표명하여 문제증상을 유발하는 경우
　㉣ 가족 내 불분명하거나 비논리적인 의사소통으로 인해 정상적인 사고 과정을 방해하는 경우
　㉤ 가족 간 갈등이 심하거나 부정적인 감정표현이 잦은 경우
　㉥ 부부관계가 편향적이거나 조현적(분열적)인 양상을 보임으로써 부모 일방이 자녀에게 과도하게 집착하거나 자녀를 자신의 편으로 만들기 위해 경쟁하는 경우
　㉦ 사회·경제적으로 열악한 계층이 사회적인 스트레스와 부당한 대우 등으로 인해 좌절을 경험하는 경우

OX Quiz
조현병의 원인적 요인에는 심리적 요인도 포함된다.
정답 O

OX Quiz
가족 간 갈등이 심하거나 부정적인 감정표현이 잦은 경우도 조현병의 원인적 요인이 될 수 있다.
정답 O

■ 조현병(정신분열증)의 근본증상으로서 4A(Bleuler)

① 연상의 장해 또는 연상의 결함(Association Disturbance)
　개념을 연결시키는 연상 과정이 논리적이지 못하고 이완되거나 이탈되는 사고상의 결함
　　예 사고 형태 및 조직화의 장해, 연상의 이완 또는 탈선, 와해된 언어 등

② 정서의 장애 또는 정동의 결함(Affective Impairment)
　정서적 무감동이나 무관심, 부적절한 정서 반응을 나타내는 정서상의 결함
　　예 부적절한 정서, 둔마된 감정, 무감동, 무욕증 등

③ 양가성(Ambivalence)
　긍정적 요소와 부정적 요소가 혼재하여 이러지도 저러지도 못하는 긴장 혹은 갈등 상태
　　예 감정 · 의지 · 사고의 양가성, 사고와 충동 간의 내적 갈등, 혼란스러운 행동 등

④ 자폐증(Autism)
　내면적 세계에 몰두하면서 사회적 고립을 초래하고 공상에 빠져드는 상태
　　예 현실에서의 철수, 자폐적 고립, 비현실적 공상 등

■ 조현병(정신분열증)의 양성증상과 음성증상

구 분	양성증상(Positive Symptom)	음성증상(Negative Symptom)
주요 원인	신경전달물질의 이상	유전 또는 뇌세포의 상실
기능적 양상	정상적 · 적응적 기능의 과잉 또는 왜곡	정상적 · 적응적 기능의 결여
진행 속도	스트레스 사건에 의한 급격한 진행	스트레스 사건과 특별한 연관성 없이 서서히 진행
치료 효과	약물치료로 비교적 원활한 호전 양상	약물치료로도 쉽게 호전되지 않음
인지적 손상	손상 정도가 적음	손상 정도가 큼
구체적 증상	망상, 환각, 환청, 와해된 언어나 행동 등	정서적 둔마, 무논리증 또는 무언어증, 무욕증, 대인관계의 무관심 등

> **참고**
> - 정서적 둔마 또는 둔마된 정동(Affective Flattening) : 정서표현이 거의 없거나 아주 드문 경우 또는 부적절한 정서를 보이는 경우
> - 무논리증 또는 무언어증(Alogia) : 말을 할 때 극히 제한된 단어만 사용하며, 말하는 방식에 있어서 자발성이 부족한 경우
> - 무욕증(Avolition) : 과제를 지속적으로 추진해 나가는 데 있어서 의지의 부족 또는 흥미와 욕구의 결핍

> **전문가의 한마디**
>
> 일반적으로 조현병 환자들에게서 나타나는 증상들은 양성증상과 음성증상으로 대별됩니다. 그러나 최근 임상장면에서는 그 2가지 증상 구분에 '파과(破瓜)증상(Hebephrenic Symptom)'을 추가하여 삼분하는 경향이 있습니다. 파과증상(* 주의 : '파괴증상'이 아님)은 지각과 행동이 현실과 괴리가 있는 경우의 증상으로, 망상, 환각, 환청 등의 양성증상과 다른 양상을 보이는 조현(분열)증상, 비논리적 · 비체계적인 언어와 사고(와해된 언어 포함), 체계적이지 못한 행동 등을 포함합니다.

■ 음성증상의 일반적인 특징

① 인지증상
  ㉠ 대화가 필요한 상황에서 아무런 반응을 보이지 않거나 상대방의 질문에 응답하지 않는다.
  ㉡ 질문에 응답을 하더라도 비정상적으로 시간이 오래 걸린다거나 말에 내용이 없다.
  ㉢ 말이 중간에 끊기는 등 대화를 지속적으로 유지하기 어렵다.

② 감정증상
  ㉠ 감정표현능력의 감퇴 또는 상실로 인해 감정 표현이 매우 단조롭고 제한되어 있다.
  ㉡ 무표정한 얼굴, 자발적 운동의 감소, 몸짓이나 눈 마주침의 결핍 등의 양상으로 나타난다.
  ㉢ 감정표현능력의 결여는 대인관계에 대한 무관심, 여가활동이나 취미활동에 대한 무반응으로 인해 환자의 사회성 향상을 방해한다.

③ 운동증상
  ㉠ 말이나 동작의 속도가 현저하게 느리다.
  ㉡ 긴장형(DSM-Ⅳ 기준) 환자의 경우 자세 변화에 대한 극단적인 거부반응과 함께 강직증 또는 부동증을 보이기도 한다.
  ㉢ 언어표현이나 운동능력의 저하로 인해 요구되는 작업량을 채울 수 없다.

④ 행동증상
  ㉠ 옷차림이 서투르며 위생상태가 불결하다.
  ㉡ 일을 지속적으로 수행할 수 있는 능력이 부족하므로 사회적 활동이 위축된다.
  ㉢ 뚜렷한 이유 없이 지시에 저항하며 반항적인 모습을 보이기도 한다.

■ 양성증상을 보이는 환자를 대상으로 임상심리사가 수행할 수 있는 대처방법

① 환각이나 환청이 있을 경우의 대처방법
  ㉠ 차분하면서 이해하는 태도로 환자에게 방금 무엇을 보았거나 들었는지, 그것이 어떤 내용인지를 구체적으로 물어본다.
  ㉡ 환자가 자신의 환각이나 환청에 대해 어떻게 생각하고 느끼는지, 즉 환각이나 환청으로 인해 불안감을 느끼는지, 자신의 행동을 조절할 수 있는지 등의 여부를 물어본다.
  ㉢ 환각이나 환청이 정상이냐 비정상이냐를 놓고 따지거나 논쟁하지 않으며, 이를 극복할 수 있는 실질적인 조언을 해 준다.
  예 친구와 대화하기, 음악 듣기, 평소 좋아하는 활동하기 등

전문가의 한마디

DSM-Ⅳ에서는 조현병(정신분열증)의 하위유형으로 '망상형(편집형)', '해체형(혼란형)', '긴장형', '감별불능형(미분화형)', '잔류형' 등을 구분하여 제시하였으나, DSM-5에서는 이와 같은 하위유형의 구분이 모호하다는 의견을 받아들여 기존의 하위유형을 폐지하였습니다.

OX Quiz

조현병 음성증상의 일반적인 특징 중 감정표현능력의 결여는 환자의 사회성 향상을 방해하기도 한다.

정답 O

② 망상이 있을 경우의 대처방법
　㉠ 아주 강한 망상적 믿음에 대해서는 논쟁을 피하도록 한다. 만약 환자가 자신의 생각이 옳다고 계속 주장하는 경우, 그것에 대해서는 논쟁하고 싶지 않다고 말한다.
　㉡ 환자가 제시하는 망상의 내용에 대해 동의하지 않는다. 만약 환자가 망상적 믿음에 대해 그것이 사실인지 여부를 물어올 경우, 솔직하면서도 조심스럽게 "나는 그렇게 생각하지 않는다"라고 간단히 답하도록 한다.
　㉢ 일상적·건설적인 다른 화제로 바꾼다. 즉, 가능한 한 화제를 다른 쪽으로 바꾸어 망상적인 내용에서 벗어나도록 유도한다.
　㉣ 망상 그 자체보다는 동반되는 감정에 대해 이야기를 나눈다. 망상의 내용보다는 그로 인해 발생하는 공포, 불안, 초조 등 정서적 불편감에 관심을 가지고 대화를 나눔으로써 환자를 안심시킬 수 있다.

③ 와해된 언어나 행동이 있을 경우의 대처방법
　㉠ 가족 내에서 환자가 지켜야 할 행동한계를 미리 설정해 놓는다. 가족이 모두 모인 자리에서 가장 문제시되는 환자의 행동이 무엇인지를 파악한 후, 가족이 견딜 수 있는 한계와 함께 그 한계를 넘을 경우 어떤 조치를 취할 것인지를 구체적으로 정하도록 한다. 이때 환자의 의견을 충분히 반영하여야 하며, 가족 내에서 결정된 사항을 환자가 충분히 이해하였는지의 여부도 확인하도록 한다.
　㉡ 와해된 행동의 위험성 여부를 판단한다. 만약 위험하다고 판단되는 경우, 환자에게 접근하는 것을 피하고 안전한 환경을 조성하도록 한다. 반면에 위험하지 않다고 판단되는 경우, 와해된 언어나 행동이 아닌 적응적인 언어나 행동에만 관심을 보이고 칭찬을 해 주도록 한다.
　㉢ 환자에게 그와 같은 말이나 행동을 하는 이유와 함께 스스로 이를 조절할 수 있는지의 여부를 물어본다. 가족으로서는 환자의 행동을 이해하기 어려우나 환자 나름대로 어떤 특별한 이유가 있을 수 있기 때문이다. 다만, 와해된 언어나 행동이 망상이나 환각에 의한 것인 경우 그 현실성 여부에 대해 논쟁을 벌여서는 안 된다.

전문가의 한마디

조현병 양성증상을 보이는 환자를 대상으로 임상심리사가 수행할 수 있는 대처방법에 관한 문제가 2017년 1회 실기시험에 출제된 바 있습니다. 이 경우 조현병의 주요 양성증상에 초점을 두어 그에 대한 적절한 대처방법을 답안으로 작성하도록 합니다. 참고로 약물치료나 입원치료 등은 임상심리사가 직접 수행할 수 있는 치료방법으로 볼 수 없습니다.

OX Quiz

상담자는 조현병 양성증상 환자의 망상 내용에 대해 일단 동의하는 것이 원칙이다.

정답 X(동의하지 않아야 함)

OX Quiz

조현병 환자의 와해된 언어나 행동이 망상에 의한 것인 경우 그 현실성 여부에 대해 논쟁을 벌이는 것은 옳지 않다.

정답 O

기출복원 02

09, 11, 15년 기출

다음 보기의 사례를 읽고 물음에 답하시오.

> 인천광역시에 사는 A씨는 올해 28세로서 고등학교를 중퇴한 이후 뚜렷한 사회활동을 하고 있지 않은 상태이다. 평소 잠자는 시간이 불규칙하며, 공상에 사로잡혀 기이한 생각을 하는 경우가 많다. 최근에는 자신이 신의 계시를 받아 세상을 구원할 수 있다고 믿고 있다. A씨의 말에 따르면 자신이 "내가 너희를 구원하리라"라는 간판이 있는 곳에서 뛰어내리면, 자신과 세상이 구원된다는 것이다. A씨는 자신의 거사를 방해하려는 악의 세력이 곳곳에 퍼져있다고 주장하며, 특히 병원 직원들이 악을 추종하는 정부요원이므로 반드시 따돌려야 한다고 믿고 있다.

(1) 보기에서 내담자 A씨의 증상 및 징후를 3가지 기술하시오.

• 해설 체크! •

1. 외부세계에 대한 잘못된 추론과 불합리한 추상적·주관적 신념에서 비롯된 망상
2. 개인의 행동이나 생각에 지속적으로 영향을 미치는 환각 및 환청
3. 사고가 목표를 향하지 못한 채 비논리적이고 엉뚱한 방향으로 전개되는 와해된 언어(혼란스러운 언어)

(2) A씨에게 가능한 진단명을 제시하시오.

• 해설 체크! •

조현병 또는 정신분열증(Schizophrenia)

3 주요우울장애, 신체증상장애, 범불안장애, 적응장애

■ **DSM-5에 의한 주요우울장애(Major Depressive Disorder)의 진단 기준**

① 다음의 증상들 중 5가지 이상이 2주 연속으로 지속되며, 그러한 상태가 이전의 기능 상태와 비교할 때 변화를 보인다. 다만, 해당 증상들 중 ㉠의 우울한 기분이나 ㉡의 흥미 또는 즐거움의 상실을 반드시 하나 이상 포함해야 한다.

> ㉠ 우울한 기분이 거의 매일, 하루 중 대부분의 시간에 주관적인 보고(예 슬픈 느낌, 공허감 또는 절망감)나 객관적인 관찰(예 울 것 같은 표정)에 의해 나타난다(* 주의 : 아동 및 청소년의 경우 과민한 기분으로 나타날 수 있음).
> ㉡ 모든 또는 거의 모든 일상 활동에서 거의 매일, 하루 중 대부분, 흥미나 즐거움이 현저히 저하되어 있다.
> ㉢ 체중조절을 하지 않음에도 불구하고 체중에 의미 있는 감소(예 1개월 이내에 신체의 5% 이상 체중 변화가 나타남)가 나타나거나, 거의 매일 식욕 감소 또는 증가를 느낀다(* 주의 : 아동의 경우 체중 증가가 기대치에 미치지 못한 것에 주의할 것).
> ㉣ 거의 매일 불면에 시달리거나 과도한 수면을 한다.
> ㉤ 거의 매일 정신운동성의 초조나 지체가 나타난다(이는 객관적으로 관찰 가능하며, 단지 주관적인 좌불안석이나 침체감이 아님).
> ㉥ 거의 매일 피로를 느끼며 활력을 상실한다.
> ㉦ 거의 매일 자신이 무가치하다고 느끼거나 부적절한 죄책감(이는 망상적일 수 있음)을 느낀다 (단지 병에 걸린 것에 대한 자책이나 죄책감이 아님).
> ㉧ 거의 매일 사고력이나 집중력이 감소되거나 우유부단함을 보인다(주관적인 호소나 객관적인 관찰로도 가능함).
> ㉨ 죽음에 대한 반복적인 생각(단지 죽음에 대한 공포가 아님), 구체적인 계획 없이 반복되는 자살 생각, 자살 시도나 자살 수행을 위한 구체적인 계획을 떠올린다.

② 이러한 증상들이 사회적·직업적 기능 또는 다른 중요한 기능 영역에서 임상적으로 유의미한 고통이나 손상을 초래한다.
③ 이러한 삽화는 물질이나 다른 의학적 상태의 생리적 효과에 기인한 것이 아니다.

> * 주의 : 진단 기준 ①~③은 주요우울증 삽화를 구성하고 있다.

④ 주요우울증 삽화가 조현정동장애(분열정동장애), 조현병(정신분열증), 조현양상장애(정신분열형 장애), 망상장애, 달리 분류된 혹은 분류되지 않는 조현병 스펙트럼 및 기타 정신병적 장애(정신분열 스펙트럼 및 기타 정신증적 장애)로 더 잘 설명되지 않는다.
⑤ 조증 삽화 혹은 경조증 삽화가 존재한 적이 없다.

전문가의 한마디

본문의 ①~③으로 제시된 주요우울장애의 진단 기준은 DSM-5의 '주의' 항목에도 나와 있듯이 주요우울증 삽화(Major Depressive Episode)의 진단 기준과 동일한 구성을 보이고 있습니다.

OX Quiz

체중에 의미 있는 감소가 나타나지 않더라도 주요우울장애 진단을 받을 수 있다.

정답 O

OX Quiz
신체증상장애는 DSM-5에서 주요우울장애에 포함된다.

정답 X(독립적 범주)

■ **DSM-5에 의한 신체증상장애(Somatic Symptom Disorder)의 진단 기준**

① 1가지 이상의 신체 증상이 고통을 유발하거나 일상생활에서 유의미한 지장을 초래한다.
② 신체 증상 혹은 건강염려와 관련된 과도한 사고, 감정 또는 행동이 다음 중 최소 1가지 이상의 방식으로 나타난다.
  ㉠ 자신의 증상의 심각성에 대한 부적합하고 지속적인 생각
  ㉡ 긴장이나 증상에 대한 지속적으로 높은 수준의 불안
  ㉢ 이와 같은 증상이나 건강염려에 대해 과도한 시간과 에너지를 소모함
③ 어느 하나의 신체 증상이 계속적으로 나타나지 않더라도 증상이 있는 상태가 지속된다(보통 6개월 이상).

> 현재의 심각도를 명시할 것 :
> • 경도(Mild) : 진단 기준 ②의 구체적인 증상들 중 단 1가지만 충족된다.
> • 중(등)도(Moderate) : 진단 기준 ②의 구체적인 증상들 중 2가지 이상 충족된다.
> • 고도 또는 중증도(Severe) : 진단 기준 ②의 구체적인 증상들 중 2가지 이상 충족되며, 그와 함께 다양한 신체 증상(혹은 하나의 매우 심한 신체 증상) 호소가 있다.

전문가의 한마디
불안장애의 대표적인 하위유형으로서 범불안장애(GAD)는 '일반불안장애', '일반화된 불안장애', '전반적 불안장애'로도 불려 왔습니다.

■ **DSM-5에 의한 범불안장애(Generalized Anxiety Disorder)의 진단 기준**

① 여러 사건이나 활동(일 또는 학업)에 대해 과도한 불안과 걱정을 하며, 그 기간이 최소 6개월 동안 그렇지 않은 날보다 그런 날이 더 많다.
② 자기 스스로 걱정을 통제하는 것이 어렵다고 느낀다.
③ 불안과 걱정은 다음의 6가지 증상 중 3개 이상과 연관된다(지난 6개월 동안 몇몇 증상들이 있는 날이 그렇지 않은 날보다 더 많다).

> * 주의 : 아동의 경우 1가지 증상만 충족해도 된다.
> ㉠ 안절부절못함 또는 긴장이 고조되거나 가장자리에 선 듯한 느낌
> ㉡ 쉽게 피로해짐
> ㉢ 주의집중이 어렵거나 정신이 멍한 듯한 느낌
> ㉣ 과민한 기분상태
> ㉤ 근육긴장
> ㉥ 수면 장해(잠들기 어렵거나 수면상태를 유지하기 어렵거나 또는 밤새 뒤척이거나 만족스럽지 못한 수면 상태)

전문가의 한마디
갑상선 호르몬은 우리 몸의 대사를 조절하는 역할을 합니다. 참고로 갑상선기능저하증(Hypothyroidism)은 갑상선 호르몬의 과소분비, 갑상선기능항진증(Hyperthyroidism)은 갑상선 호르몬의 과다분비를 특징으로 합니다.

④ 불안이나 걱정 또는 신체 증상이 사회적·직업적 기능 또는 다른 중요한 기능 영역에서 임상적으로 유의미한 고통이나 손상을 초래한다.
⑤ 이러한 장해는 물질(예 남용약물, 치료약물)이나 다른 의학적 상태(예 갑상선기능저하증)의 생리적 효과에 기인한 것이 아니다.
⑥ 이러한 장해는 다른 정신장애에 의해 더 잘 설명되지 않는다(예 공황장애에서 공황발작을 일으키는 것, 사회불안장애에서 부정적인 평가, 강박장애에서 오염이나 다

른 강박적 사고, 분리 불안장애에서 애착대상으로부터의 분리, 외상후스트레스장애에서 외상적 사건의 기억단서, 신경성 식욕부진증에서 체중 증가, 신체증상장애에서 신체적 불편, 신체변형장애에서 지각된 신체적 결함, 질병불안장애에서 심각한 질병, 조현병(정신분열증) 혹은 망상장애에서 망상적 믿음의 내용에 대한 불안 또는 걱정).

■ DSM-5에 의한 적응장애(Adjustment Disorder)의 진단 기준

① 명확히 인식할 수 있는 스트레스 요인(들)에 대한 반응으로서 정서적 또는 행동적 증상들이 스트레스 요인(들)이 발생한 지 3개월 이내에 발달한다.
② 이러한 증상 혹은 행동들은 임상적으로 유의미하며, 다음 중 1가지 혹은 2가지 모두에서 명백히 나타난다.

> ⊙ 증상의 심각도와 발현에 영향을 미치는 외적 맥락 및 문화적 요인들을 고려할 때 스트레스 정도가 그 요인의 심각도 혹은 강도에 비해 현저히 심하다.
> ⓒ 사회적·직업적 기능 또는 다른 중요한 기능 영역에서 유의미한 손상을 초래한다.

③ 스트레스 관련 장해는 다른 정신장애의 기준에 부합하지 않으며, 이미 존재하는 정신장애가 단순히 악화된 것이 아니다.
④ 그 증상들은 정상적인 애도 반응을 나타내는 것이 아니다.
⑤ 스트레스 요인 혹은 그로 인한 결과가 종료된 후, 그 증상들이 추가적으로 6개월 이상 지속되지 않는다.

기출복원 03
03, 07, 08, 17년 기출

다음 보기의 사례를 읽고 물음에 답하시오. **10점**

> A씨는 20세 남성으로, 재수를 하여 올해 3월 대학에 입학했다. 재수를 시작한지 한 달 만에 기분이 우울하고 가슴이 두근거리며, 두통, 소화불량, 불면증을 보였다. 또한 매사에 짜증이 나고 집중력이 저하되어 공부를 하는 데 지장이 초래되었다. 올해 자신이 원하던 대학교에 입학해서도 그와 같은 증상이 지속되었고, 동네 의원을 방문하였으나 별다른 내과적 이상소견이 발견되지 않았다. 의사의 추천으로 심리상담소를 찾게 되어 MMPI, BDI, K-WAIS 검사를 받게 되었고, MMPI에서 L(52), F(58), K(60), Hs(59), D(75), Hy(58), Pd(62), Mf(35), Pa(54), Pt(66), Sc(46), Ma(48), Si(59), BDI에서 23점, K-WAIS의 언어성 IQ 125, 동작성 IQ 94, 전체 IQ 114의 결과점수를 보였다.

보기에서 내담자의 정신장애 및 감별진단을 요하는 정신장애 유형을 제시하고, 각각의 장애에 대한 임상적 양상을 기술하시오.

전문가의 한마디

DSM-5 진단 기준에서는 주요우울장애(Major Depressive Disorder)와 관련된 주요 감별진단으로 다음을 제시하고 있습니다.

- 과민한 기분을 동반한 조증 삽화 혹은 혼재성 삽화(Manic Episodes with Irritable Mood or Mixed Episodes)
- 다른 의학적 상태로 인한 기분장애(Mood Disorder due to Another Medical Condition)
- 물질/약물로 유도된 우울장애 혹은 양극성장애(Substance/Medication-Induced Depressive or Bipolar Disorder)
- 주의력결핍 및 과잉행동장애(Attention-Deficit/Hyperactivity Disorder)
- 우울 기분을 동반한 적응장애(Adjustment Disorder with Depressed Mood)
- 슬픔(Sadness)

참고로, 이 문제의 해설은 DSM-5 진단 기준에 부합하도록 기술된 것입니다.

해설 체크!

1. **정신장애 유형**
   - 주요우울장애(Major Depressive Disorder)
     - 보기의 사례 내용에서 내담자 A씨가 나타내 보이는 평상시의 우울감, 가슴 두근거림, 짜증스러움(흥미 또는 활력의 상실), 불면증, 집중력 감소 등은 주요우울증 삽화(Major Depressive Episode)의 증상에 해당하는 것으로서, 해당 증상들의 심각성이 명확히 제시되어 있지 않지만 공부를 하는 데 있어서 지장을 초래하는 것으로 제시되어 있다.
     - 또한 MMPI의 척도 2D(Depression, 우울증)가 다른 소척도에 비해 높은 수준을 나타내 보인다는 점, K-WAIS에서 언어성 지능이 높은 데 비해 동작성 지능이 상대적으로 매우 낮은 양상을 나타내 보인다는 점, BDI(Beck Depression Inventory) 우울증 테스트에서 23점의 '중한 우울 상태'를 나타내 보인다는 점에서 내담자 A씨의 우울한 기분상태를 짐작할 수 있다.

2. **감별진단을 요하는 정신장애 및 임상적 양상**
   - 신체증상장애(Somatic Symptom Disorder)
     - 신체증상장애는 1가지 이상의 신체적 증상으로 고통을 호소하거나 그로 인해 일상생활이 현저히 방해를 받는 경우를 말한다. 자신의 증상의 심각성에 대한 부적합하고 지속적인 생각, 건강이나 증상에 대한 지속적으로 높은 수준의 불안, 그리고 그와 같은 증상이나 건강염려로 인한 과도한 시간과 에너지 소모 등을 특징적인 증상으로 한다.
     - 내담자 A씨의 경우 문제증상의 지속으로 인해 동네 의원을 방문하였으나, 그것이 신체 증상이나 그와 결부된 건강에 대한 과도한 사고, 감정 또는 행동에서 비롯된 것인지는 명확하지 않다. 다만, 신체증상장애가 우울장애와 연관되어 있으며, 그 증상이 두통, 복통과 같은 통증이나 막연한 피로감 등으로 나타날 수 있음을 주목할 필요가 있다.
   - 범불안장애(Generalized Anxiety Disorder)
     - 범불안장애는 과도한 불안과 긴장을 지속적으로 경험하는 상태를 말한다. 불안의 대상이 분명하지 않지만, 만성적인 불안으로 인한 긴장의 고조, 피로감, 주의집중의 어려움, 과민한 기분상태, 근육 긴장, 수면 장해 등을 특징적인 증상으로 한다.
     - 내담자 A씨의 경우 신체 증상과 함께 만성적인 기분 장해를 나타내 보이지만, 그것이 자기 스스로 통제할 수 없는 과도한 불안이나 걱정에서 비롯된 것인지는 명확하지 않다.
   - 적응장애(Adjustment Disorder)
     - 적응장애는 심리사회적 스트레스 사건에 대한 반응으로 정서적 또는 행동적 부적응 증상을 나타내는 장애를 말한다. 적응장애의 핵심요인이 주요한 생활사건(Major Life Event)인 만큼 가장 흔하게 관찰되는 정신장애로서, 특히 DSM-5 진단 기준에서는 '우울 기분을 동반한 적응장애(Adjustment Disorder with Depressed Mood)'의 세부 진단을 통해 적응장애가 우울감과 함께 나타날 수 있음을 강조하고 있다.
     - 내담자 A씨의 경우 재수 경험에 의한 심리사회적 스트레스로 인해 부적응적인 증상들이 나타난 것으로 볼 수도 있다. 다만, DSM-5 진단 기준에서는 개인의 스트레스 요인에 대한 반응으로 주요우울장애의 기준을 충족하는 경우 적응장애의 진단을 적용할 수 없도록 하고 있음을 유의해야 한다.

4 양극성장애와 순환성장애

■ 조증 삽화(Manic Episode)의 진단 기준

① 비정상적이고 지속적인 의기양양함, 자신만만함, 또는 과민한 기분, 목표 지향적 행동이나 에너지의 지속적인 증가가 최소 일주일 간 거의 매일, 하루 중 대부분의 시간에 나타난다(만약 입원이 필요한 경우 기간과 상관없음).

② 기분 장해 및 증가된 에너지 또는 활동이 있는 기간 동안 다음의 증상들 중 3가지(단지 기분이 과민한 경우 4가지) 이상이 유의미한 정도로 나타나며, 평상시의 행동과 비교하여 현저히 변화된 양상을 보인다.

> ㉠ 자기존중감의 팽창 또는 과장된 자신감
> ㉡ 수면에 대한 욕구 감소(예 단 3시간의 수면으로도 충분하다고 느낌)
> ㉢ 평소보다 말이 많아지거나 말을 끊임없이 계속함
> ㉣ 사고의 비약 또는 사고가 연이어 나타나는 주관적인 경험
> ㉤ 보고된 혹은 관찰된 주의산만(즉, 중요하지 않거나 관련 없는 외부자극에 너무 쉽게 주의를 빼앗김)
> ㉥ 목표 지향적 활동의 증가 또는 정신 운동성의 초조
> ㉦ 고통스러운 결과를 초래할 가능성이 매우 높은 활동에의 과도한 몰두(예 무분별한 과소비, 무분별한 성적 행동 혹은 어리석은 사업투자에의 이끌림)

③ 이러한 기분 장해가 사회적 또는 직업적 기능에서의 현저한 손상을 야기할 정도로 충분히 심각하거나, 자해 혹은 타해를 예방하기 위해 입원을 필요로 하거나, 또는 정신병적 특징들을 동반한다.

④ 이러한 삽화는 물질(예 남용약물, 치료약물, 기타 치료)이나 다른 의학적 상태의 생리적 효과에 기인한 것이 아니다.

> * 주의 : 제1형 양극성장애로 진단되기 위해서는 일생 동안 최소 1회 이상 조증 삽화가 있어야 한다.

■ 경조증 삽화(Hypomanic Episode)의 진단 기준

① 비정상적이고 지속적인 의기양양함, 자신만만함, 또는 과민한 기분, 활동 혹은 에너지의 지속적인 증가가 최소 4일 연속으로 거의 매일, 하루 중 대부분의 시간에 나타난다.

② 기분 장해 및 증가된 에너지 또는 활동이 있는 기간 동안 다음의 증상들 중 3가지(단지 기분이 과민한 경우 4가지) 이상이 지속되어 왔고, 평상시의 행동과 비교하여 현저히 변화된 양상을 보이며, 현재까지 유의미한 수준으로 남아있다.

전문가의 한마디

조증의 변화는 개인에게는 정상적이지 않고, 보통 다른 사람들(예 애인, 가족)에게 관찰 가능한 품행과 행동상의 변화를 나타냅니다.

> ⊙ 자기존중감의 팽창 또는 과장된 자신감
> ⓒ 수면에 대한 욕구 감소(예 단 3시간의 수면으로도 충분하다고 느낌)
> ⓒ 평소보다 말이 많아지거나 말을 끊임없이 계속함
> ② 사고의 비약 또는 사고가 연이어 나타나는 주관적인 경험
> ⓜ 보고된 혹은 관찰된 주의산만(즉, 중요하지 않거나 관련 없는 외부자극에 너무 쉽게 주의를 빼앗김)
> ⓑ 목표 지향적 활동의 증가 또는 정신 운동성의 초조
> ⊙ 고통스러운 결과를 초래할 가능성이 매우 높은 활동에의 과도한 몰두(예 무분별한 과소비, 무분별한 성적 행동 혹은 어리석은 사업투자에의 이끌림)

③ 삽화는 증상이 없을 때의 특성과는 명백히 다른 기능상의 변화를 동반한다.
④ 이러한 기분상의 장해와 기능상의 변화는 객관적으로 관찰된다.
⑤ 이러한 삽화는 사회적 또는 직업적 기능에서의 현저한 손상을 야기하거나 입원이 필요할 정도로 심각하지 않다. 만약 정신병적 특징이 있다면, 이는 정의상 조증 삽화이다.
⑥ 이러한 삽화는 물질(예 남용약물, 치료약물, 기타 치료)의 생리적 효과에 기인한 것이 아니다.

> * 주의 : 경조증 삽화는 제1형 양극성장애에서 흔히 나타나지만, 제1형 양극성장애로의 진단을 위해 반드시 필요한 것은 아니다.

전문가의 한마디

경조증은 '경미한 형태의 조증', 즉 조증 상태의 증상이 상대적으로 미약한 경우를 말하므로, 증상의 유형 자체에서 큰 차이를 보이지 않습니다.

전문가의 한마디

주요우울증 삽화(Major Depressive Episode)의 진단 기준은 주요우울장애(Major Depressive Disorder)의 ①~③까지의 진단 기준과 동일한 구성을 보이고 있으므로, 앞선 주요우울장애의 진단 기준을 살펴보시기 바랍니다.

■ 제1형 양극성장애(Bipolar I Disorder)의 진단 기준

① 최소 1회 이상 조증 삽화의 기준(조증 삽화의 진단 기준 ①~④까지)을 충족한다.
② 조증과 주요우울증 삽화의 발생이 조현정동장애(분열정동장애), 조현병(정신분열증), 조현양상장애(정신분열형 장애), 망상장애, 달리 분류된 혹은 분류되지 않는 조현병 스펙트럼 및 기타 정신병적 장애(정신분열 스펙트럼 및 기타 정신증적 장애)로 더 잘 설명되지 않는다.

■ 제2형 양극성장애(Bipolar II Disorder)의 진단 기준

① 최소 1회 이상 경조증 삽화(경조증 삽화의 진단 기준 ①~⑥까지)의 기준과 함께 최소 1회 이상 주요우울증 삽화(주요우울증 삽화의 진단 기준 ①~③까지)의 기준을 충족한다.
② 조증 삽화는 단 1회도 없어야 한다.
③ 경조증 삽화와 주요우울증 삽화의 발생이 조현정동장애(분열정동장애), 조현병(정신분열증), 조현양상장애(정신분열형 장애), 망상장애, 달리 분류된 혹은 분류되지 않는 조현병 스펙트럼 및 기타 정신병적 장애(정신분열 스펙트럼 및 기타 정신증적 장애)로 더 잘 설명되지 않는다.

④ 우울증의 증상들 혹은 우울증과 경조증 기간의 잦은 교체로 인한 예측 불가능성이 사회적·직업적 기능 또는 다른 중요한 기능 영역에서 임상적으로 유의미한 고통이나 손상을 초래한다.

■ 순환성장애(Cyclothymic Disorder)의 진단 기준

① 기분 삽화에 해당하지 않는 경조증 증상과 우울 증상이 최소 2년 동안(아동 및 청소년의 경우 최소 1년 동안) 다수의 기간에 걸쳐 나타난다.
② 2년 이상의 기간 동안(아동 및 청소년의 경우 1년 이상의 기간 동안) 경조증 기간과 우울증 기간이 절반 이상을 차지하며, 아무런 증상이 없는 기간이 2개월 이상 지속되지 않는다.
③ 주요우울증 삽화, 조증 삽화, 경조증 삽화를 한 번도 경험한 적이 없다.
④ 진단 기준 ①의 증상들이 조현정동장애(분열정동장애), 조현병(정신분열증), 조현양상장애(정신분열형 장애), 망상장애, 달리 분류된 혹은 분류되지 않는 조현병 스펙트럼 및 기타 정신병적 장애(정신분열 스펙트럼 및 기타 정신증적 장애)로 더 잘 설명되지 않는다.
⑤ 이러한 증상들은 물질(예 남용약물, 치료약물)이나 다른 의학적 상태(예 갑상선기능항진증)의 생리적 효과에 기인한 것이 아니다.
⑥ 이러한 증상들은 사회적·직업적 기능 또는 다른 중요한 기능 영역에서 임상적으로 유의미한 고통이나 손상을 초래한다.

기출복원 04 18년 기출

순환성장애(Cyclothymic Disorder)의 진단 기준을 3가지 쓰시오. **6점**

● 해설 체크! ●

1. 기분 삽화에 해당하지 않는 경조증 증상과 우울 증상이 최소 2년 동안(아동 및 청소년의 경우 최소 1년 동안) 다수의 기간에 걸쳐 나타난다.
2. 2년 이상의 기간 동안(아동 및 청소년의 경우 1년 이상의 기간 동안) 경조증 기간과 우울증 기간이 절반 이상을 차지하며, 아무런 증상이 없는 기간이 2개월 이상 지속되지 않는다.
3. 주요우울증 삽화, 조증 삽화, 경조증 삽화를 한 번도 경험한 적이 없다.

전문가의 한마디

순환성장애는 기분 삽화(이 경우 경조증 삽화와 주요우울증 삽화)의 진단 기준을 충족하지 않지만, 경조증 증상과 우울 증상이 장기간에 걸쳐서 경미하게 오는 경우를 말합니다.

전문가의 한마디

순환성장애 또는 순환감정장애(Cyclothymic Disorder)는 DSM-5 분류기준에서 양극성 및 관련 장애(Bipolar and Related Disorders)의 하위유형으로 분류됩니다. DSM-5에서는 순환성장애의 진단기준을 A~F(위의 이론에서 ①~⑥)까지 제시하고 있는데, 이와 같이 정신장애의 진단기준을 기술하는 문제에서는 가급적 순서대로(위의 해설에서 ①~③) 답안을 작성하도록 합니다.

5 특정공포증과 공황장애

■ DSM-5에 의한 특정공포증(Specific Phobia)의 진단 기준

① 특정 대상이나 상황(예 비행, 고공, 동물, 주사 맞기, 피를 봄)에 대해 현저한 공포나 불안을 느낀다(* 주의 : 아동에게 있어서 공포나 불안은 울기, 짜증, 얼어붙음, 매달림으로 표현될 수 있음).
② 공포 대상이나 상황은 거의 항상 즉각적인 공포나 불안을 야기한다.
③ 이러한 공포 대상이나 상황이 유발하는 극심한 공포나 불안을 회피하거나 견디어 내려는 모습을 보인다.
④ 공포나 불안은 특정 대상이나 상황에 의한 실제적인 위험과 사회문화적 맥락을 고려할 때 과도한 양상을 보인다.
⑤ 공포나 불안 혹은 회피는 보통 6개월 이상 지속된다.
⑥ 공포나 불안 혹은 회피는 사회적·직업적 기능 또는 다른 중요한 기능 영역에서 임상적으로 유의미한 고통이나 손상을 초래한다.
⑦ 이러한 장해는 광장공포증에서 공황유사 증상이나 다른 무능력 증상과 연결된 상황, 강박장애에서 강박 관련 대상이나 상황, 외상후스트레스장애에서 외상사건의 암시, 분리불안장애에서 집이나 애착대상으로부터의 분리, 사회불안장애에서 사회적 상황과 연관된 공포, 불안, 회피를 포함한 다른 정신장애의 증상들에 의해 더 잘 설명되지 않는다.

■ 특정공포증의 하위유형

① 동물형(Animal Type)
  ㉠ 거미, 곤충, 개 등 동물이나 곤충에 대해 공포감을 느낀다.
  ㉡ 이 유형의 공포증을 가진 환자는 가고자 하는 많은 장소를 포기해야만 한다. 예를 들어, 뱀을 두려워하는 환자는 산이나 숲 등에 가지 못한다.
② 자연환경형(Natural Environment Type)
  ㉠ 고공(높은 장소), 폭풍, 물 등 자연환경에 대해 공포감을 느낀다.
  ㉡ 이 유형에 속하는 대다수 상황들은 어느 정도 위험의 요소를 내재하고 있기 때문에 적당한 정도의 공포는 적응적이라 할 수 있으나, 그것이 개인의 기능에 지속적으로 심각한 지장을 줄 때 병리적이라 할 수 있다.
③ 혈액-주사-상처형(Blood-Injection-Injury Type)
  ㉠ 바늘, 침습적인 의학적 시술 등 피를 보거나 주사를 맞는 것에 대해 공포감을 느낀다.

ⓒ 다른 공포증에서는 공포상황에서 교감신경계의 활동이 증가하고 심박과 혈압이 상승하는 생리적 반응을 보이는 반면, 이 유형에서는 그와 반대로 심박과 혈압이 현저히 저하되는 양상을 보인다.

④ **상황형(Situational Type)**
  ㉠ 비행기, 엘리베이터, 밀폐된 장소 등 폐쇄된 공간에 대해 공포감을 느낀다.
  ㉡ 광장공포증이 언제 어디서 예기치 못한 공황발작으로 나타날 수 있는 반면, 특정공포증의 상황형은 특정 상황이 즉각적인 공포를 유발한다.

> **전문가의 한마디**
> 임상적 장면에 찾아오는 성인들이 나타내 보이는 특정공포증의 하위유형으로는 '상황형 〉 자연환경형 〉 혈액-주사-상처형 〉 동물형' 순으로 많은 것으로 알려져 있습니다.

■ 특정공포증의 치료에 널리 사용되는 행동치료의 노출치료 방법

① **실제적 노출법(In Vivo Exposure)**
  환자를 실제 공포유발자극에 노출시키는 방식이다.
② **심상적 노출법(Imaginal Exposure)**
  환자에게 공포유발자극을 상상하도록 유도하는 방식이다.
③ **점진적 노출법(Graded Exposure)**
  공포유발자극의 강도를 점진적으로 높이는 방식이다.
④ **홍수법(Flooding)**
  단번에 강한 공포유발자극에 노출시키는 방식이다.

> **전문가의 한마디**
> 행동치료는 특정공포증의 치료에 효과적인 방법으로 알려져 있으며, 특히 체계적 둔감법을 비롯하여 다양한 노출치료 방법들이 실제 치료장면에 널리 사용되고 있습니다.

■ DSM-5에 의한 공황장애(Panic Disorder)의 진단 기준

① 예상치 못한 공황발작이 반복적으로 엄습한다. 공황발작(Panic Attack)으로 극심한 공포나 불편이 급작스럽게 발생하여 수분 이내에 최고조에 이르며, 그 시간 동안 다음의 증상들 중 4가지 이상이 나타난다.

> * 주의 : 급작스러운 증상의 발현은 평온한 상태에서도 불안한 상태에서도 나타날 수 있다.
> ㉠ 가슴이 두근거리거나 심장박동이 강렬하거나 또는 급작스럽게 빨라짐
> ㉡ 땀 흘림
> ㉢ 몸 떨림 또는 손발 떨림
> ㉣ 숨이 가쁘거나 막히는 느낌
> ㉤ 질식할 것 같은 느낌
> ㉥ 가슴 통증 또는 답답함
> ㉦ 구토감 또는 복부통증
> ㉧ 현기증, 비틀거림, 몽롱함, 기절 상태의 느낌
> ㉨ 몸에 한기나 열기를 느낌
> ㉩ 감각 이상(마비감이나 저린 느낌)
> ㉪ 비현실감 또는 이인감(자기 자신으로부터 분리된 느낌)
> ㉫ 자기통제를 상실하거나 미칠 것 같은 두려움
> ㉬ 죽을 것 같은 두려움

> **전문가의 한마디**
> 공황장애는 공황발작을 주요 증상으로 합니다. 공황발작은 급작스러운 강한 공포감(혹은 불안감)이 시작되어 일정 시간(대략 10~20분 정도, 보통 1시간 이내) 지속되었다가 빠르게 혹은 서서히 사라지는 것인데, 그동안 특징적인 신체적·인지적 증상들이 수반됩니다.

> **OX Quiz**
> 축삭종말에서 신경전달물질인 노르에피네프린과 세로토닌의 재흡수를 막는 고전적 항우울제는 삼환식 항우울제이다.
> 정답 O

② 최소 1회 이상의 발작 이후 1개월 이상 다음 중 1가지 혹은 2가지 모두의 양상이 나타난다.
　㉠ 추가적인 공황발작이나 그로 인한 결과들(예 통제 상실, 심장발작, 미쳐감)에 대한 지속적인 염려나 걱정
　㉡ 공황발작과 관련된 행동에서의 유의미한 부적응적 변화(예 공황발작을 피하기 위해 운동을 삼가거나 낯선 상황을 피하는 등의 행동)
③ 이러한 장해는 물질(예 남용약물, 치료약물)이나 다른 의학적 상태(예 갑상선기능저하증, 심폐질환)의 생리적 효과에 기인한 것이 아니다.
④ 이러한 장해는 다른 정신장애에 의해 더 잘 설명되지 않는다(예 공황발작은 사회불안장애에서 공포스러운 사회적 상황에 대한 반응, 특정공포증에서 공포 대상이나 상황에 대한 반응, 강박장애에서 강박적 사고에 대한 반응, 외상후스트레스장애에서 외상적 사건의 기억에 대한 반응, 분리불안장애에서 애착대상과의 분리에 대한 반응에 국한되어 나타나지 않는다).

> **전문가의 한마디**
> 축삭(Axon)은 신경세포의 세포체에서 길게 뻗어 나온 가지를 말하며, 축삭종말은 축삭이 다른 신경세포나 근육세포 등과 맞닿는 곳의 커진 끝부분을 말합니다.

■ **공황장애의 약물치료**

① 세로토닌 재흡수 억제제
　㉠ 세로토닌(Serotonin)은 시상하부 중추에 존재하는 신경전달물질로서, 특히 우울증 및 불안증과 밀접한 연관이 있는 것으로 알려져 있다.
　㉡ 과도한 불안감이나 우울감을 보이는 환자에게서는 세로토닌 수준이 낮게 나타나며, 이러한 증상을 완화하기 위해 세로토닌의 재흡수를 막고 기능을 활성화하기 위한 약물이 사용된다.
　㉢ 다만, 세로토닌 재흡수 억제제는 성기능장애의 부작용 가능성이 매우 높은 것으로 보고되고 있다.
② 삼환식 항우울제
　㉠ 축삭종말(Axon Terminal)에서 신경전달물질인 노르에피네프린(Norepinephrine)과 세로토닌의 재흡수를 막는 고전적인 항우울제이다.
　㉡ 이미프라민(Imipramine), 아미트립틸린(Amitriptyline), 데시프라민(Desipramine) 등의 화합물을 포함한다.
　㉢ 다만, 동공 확대, 시야 흐림, 입 마름, 어지러움, 환각, 경련, 혼수, 변비, 성기능 저하 등의 부작용이 있는 것으로 보고되고 있다.
③ 벤조디아제핀(Benzodiazepine)계 약물
　㉠ 벤조디아제핀계 약물은 신경전달물질인 감마-아미노뷰테릴산(GABA ; γ-AminoButyric Acid)의 기능을 향상시킴으로써 항불안, 항경련, 근육이완, 진정작용 등의 효과를 가진다.
　㉡ 일반적으로 안전하고 치료효과가 빠른 것으로 알려져 있다.
　㉢ 다만, 중독에 의한 금단증상의 부작용이 있는 것으로 보고되고 있다.

> **전문가의 한마디**
> 공황장애에는 약물치료 외에도 공황통제치료(PCT ; Panic Control Treatment)와 같은 인지행동치료가 효과적인 것으로 알려져 있습니다. 공황통제치료(PCT)는 환자로 하여금 '작은 공황발작'을 경험하게 하는 것으로, 고양된 신체감각에 노출시켜 그것에 익숙해지도록 하는 동시에 다양한 불안통제기술을 적용하여 파국적 오해석을 방지하도록 훈련시키는 것입니다.

기출복원 05
19, 24년 기출

DSM-5 진단 기준에 따른 특정공포증(Specific Phobia)의 하위유형을 3가지만 쓰고, 각각에 대해 간략히 설명하시오. `6점`

> **● 해설 체크! ●**
>
> 1. **동물형(Animal Type)**
>   거미, 곤충, 개 등 동물이나 곤충에 대해 공포감을 느낀다.
> 2. **자연환경형(Natural Environment Type)**
>   고공(높은 장소), 폭풍, 물 등 자연환경에 대해 공포감을 느낀다.
> 3. **혈액-주사-상처형(Blood-Injection-Injury Type)**
>   바늘, 침습적인 의학적 시술 등 피를 보거나 주사를 맞는 것에 대해 공포감을 느낀다.
> 4. **상황형(Situational Type)**
>   비행기, 엘리베이터, 밀폐된 장소 등 폐쇄된 공간에 대해 공포감을 느낀다.

6 강박장애

■ DSM-5에 의한 강박장애(Obsessive-Compulsive Disorder)의 진단 기준

① 강박사고 혹은 강박행동 중 어느 하나가 존재하거나 둘 다 존재한다.

강박사고(Obsessions)는 다음의 ㉠과 ㉡으로 정의된다.

> ㉠ 반복적이고 지속적인 사고, 충동 또는 심상이 장해가 진행되는 어느 순간에 침입적이고 원치 않게 경험되며, 대다수에게 현저한 불안과 고통을 유발한다.
> ㉡ 개인은 그와 같은 사고, 충동 또는 심상을 무시 또는 억압하려고 하거나 다른 사고 또는 행동(즉, 강박행동의 수행)으로써 이를 중화시키려고 한다.

강박행동(Compulsions)은 다음의 ㉠과 ㉡으로 정의된다.

> ㉠ 반복적인 행동(예 손 씻기, 정리하기, 확인하기 등) 또는 정신적인 활동(예 기도하기, 숫자 세기, 마음속으로 단어 반복하기 등)으로서, 개인은 그와 같은 행동이 강박사고에 대한 반응으로 혹은 엄격히 적용되어야 하는 규칙에 따라 수행해야만 하는 것으로 느낀다.
> ㉡ 그와 같은 행동이나 정신적 활동은 불안이나 고통을 예방 또는 감소하고, 어떤 두려운 사건이나 상황을 방지하기 위한 것이다. 그러나 그러한 행동이나 정신적 활동은 중화하거나 방지하려는 것과 실제적으로 연결되어 있지 않거나 혹은 명백히 지나친 것이다.

! 전문가의 한마디

'중화(Neutralization)'는 특히 강박장애나 공황장애에서 중요하게 언급되는 개념으로서, 개인이 특정 사고나 충동 또는 심상을 무시하거나 억압하기 위해 다른 생각이나 행동을 수행하는 것을 말합니다. 예를 들어, 오염물에 대해 부적절한 불안감을 느끼는 강박장애 환자의 경우 손을 과도하게 씻는 경향이 있습니다. 즉, 손을 씻는 강박적 행동이 강박적 사고에서 비롯되는 불안감을 중화시키는 것입니다.

② 강박사고나 강박행동이 많은 시간을 소모하게 하거나(예 하루 1시간 이상을 차지함), 사회적·직업적 기능 또는 다른 중요한 기능 영역에서 임상적으로 유의미한 고통이나 손상을 초래한다.
③ 강박 증상들은 물질(예 남용약물, 치료약물)이나 다른 의학적 상태의 생리적 효과에 기인한 것이 아니다.
④ 이러한 장해는 다른 정신장애의 증상들에 의해 더 잘 설명되지 않는다(예 범불안장애에서 과도한 걱정, 신체변형장애에서 외모에 대한 집착, 저장장애에서 불필요한 물건의 처분 곤란, 발모증에서 머리카락 뽑기, 피부벗기기 장애에서 피부벗기기, 정형적 동작 장애에서 상동증적 행동 등).

■ 강박장애 발생의 사고 양상

침투적 사고 (Intrusive Thoughts)	• 우연히 의식 속에 떠오르는 원치 않는 불쾌한 생각을 의미한다. • 일종의 내면적 자극으로서 그에 대한 의미를 부여하는 자동적 사고를 유발한다. • 침투적 사고 자체가 강박행동을 유발하는 것은 아니다.
자동적 사고 (Automatic Thoughts)	• 침투적 사고에 대한 사고를 의미한다. • 거의 자동적으로 일어나고 잘 의식되지 않으며, 자아동조적 속성으로 인해 별다른 저항을 일으키지 않은 채 강박사고를 지속시킨다. • 침투적 사고의 속성을 왜곡함으로써 불안과 강박행동을 유발한다.

■ 강박장애 환자에게서 나타나는 인지적 특성(Salkovskis et al.)

① 침투적 사고의 위협에 대한 과대평가
 강박장애 환자는 침투적 사고에 대한 위협을 과대평가할 뿐만 아니라 자신의 책임감 또한 과도하게 평가한다.
② 사고-행위 융합(Thought-Action Fusion)
 침투적 사고를 과도하게 중요한 것으로 인식하는 과정에서 '사고-행위 융합'의 인지적 오류가 개입된다.
③ 완벽함 및 완전함의 추구
 강박장애 환자는 불확실성이나 불완전함(예 실수, 오류 등)을 참지 못하며, 완벽함과 완전함을 추구하는 경향이 있다.

전문가의 한마디

우연히 어떤 금기적 사고(예 가학적 성행위 등)가 떠올랐다고 해서 그것이 곧 병은 아닙니다. 그런데 "그런 비윤리적인 생각을 한 것은 나의 책임이야. 그런 생각이 절대로 떠오르지 않도록 해야 해!"라는 내용의 자동적 사고를 통해 침투적 사고를 억제하려고 노력하는 것이 역설적이게도 병리적 상태를 유발합니다.

전문가의 한마디

'사고-행위 융합'은 사고와 행위를 연결함으로써, 사고한 바의 것이 직접적인 행위와 다르지 않다고 믿는 경향을 말합니다. 강박장애를 가진 환자는 단순히 생각하는 것, 그것이 바로 중요하며 의미 있다고 믿습니다.

■ 강박사고를 줄이기 위한 효과적인 치료기법

사고중지 (Thought Stopping)	• 강박사고가 떠오를 때마다 중지를 지시하는 치료기법이다. • 환자는 "그만(Stop)!"이라고 외침으로써 자신을 괴롭히는 생각과 집착을 차단할 수 있으며, 자신의 주의를 보다 적응적인 생각에 기울일 수 있게 된다.
역설적 의도 (Paradoxical Intention)	• 강박행동을 오히려 과장된 방식으로 하도록 지시하는 치료기법이다. • 강박사고에 의한 불안을 완화시키는 것은 물론 강박행동을 해야 한다는 심리적 압박감에서 벗어나도록 돕는다.
자기주장훈련 (Self-Assertion Training)	• 감정을 과도하게 억제하지 않도록 유도하는 치료기법이다. • 적절한 표현방법을 익혀서 지나친 자기억제를 줄이도록 하며, 상대방을 공격하지 않으면서 자신의 감정과 의견을 솔직하게 표현하도록 돕는다.

■ 강박장애의 심리적 치료방법으로서 노출 및 반응방지법(ERP)

① 원리
  ㉠ 노출 및 반응방지법(ERP ; Exposure and Response Prevention)은 학습이론을 토대로 한 행동치료기법으로서, 강박장애의 증상으로 나타나는 강박적 사고 및 강박적 행동을 제지하기 위한 것이다.
  ㉡ 증상을 가진 환자에게 두려움과 거부감의 대상이 되는 자극을 체계적이고 반복적으로 노출시킴으로써 환자는 자신의 강박적 사고가 근거 없는 것이며, 따라서 강박적 행동에 의한 중화(Neutralization) 또한 불필요하다는 사실을 깨닫게 된다.

② 시행순서

노출 (제1단계)	• 강박적 사고를 유발하는 자극에 대해 충분한 시간 동안 직면하도록 하는 것이다. • 예를 들어, 더러움 또는 더러운 물질에 대한 강박적 사고에 의해 손 씻기의 강박적 행동을 보이는 환자에게 치료자가 의도적으로 더러운 물질을 만져보도록 요구할 수 있다. • 노출에 소요되는 시간은 과제의 양 및 질적 수준에 따라 차이가 있으나, 일반적으로 90분 혹은 그 이상의 시간이 적절한 것으로 보고되고 있다.
행동방지 (제2단계)	• 강박적 사고에 의해 나타나는 강박적 행동을 제지하는 것이다. • 예를 들어, 더러운 물질에 노출된 환자로 하여금 손을 씻지 못하게 한 채 더러움을 견디어보도록 요구할 수 있다. • 행동방지에는 수 시간이 소요되며, 그 시간은 점차적으로 늘리는 것이 효과적이다. 이 과정에서 환자는 처음 불안과 공포를 느끼게 되지만, 이를 견디어내는 경험을 통해 강박적 사고를 유발하는 자극에 대해 체계적으로 둔감해진다.

전문가의 한마디

노출 및 반응방지법(ERP)은 불안증상을 제거하기 위한 체계적 둔감법, 혐오치료, 홍수법 등의 행동치료기법들과 밀접하게 연관됩니다.

기출키워드

23년 3회

강박장애 치료기법

※ 실기시험에는 사례를 제시하고, 주요 증상을 토대로 진단명과 적절한 치료기법을 쓰도록 하는 문제가 출제되었습니다.

OX Quiz

강박장애의 치료방법으로서 노출 및 반응방지법의 시행순서는 행동방지 → 노출 순으로 이루어진다.

정답 X(노출 → 행동방지)

> **전문가의 한마디**
>
> 노출 및 반응방지법(ERP)은 일반적으로 '노출'과 '행동방지'의 2단계로 치료과정을 설명합니다. 다만, 임상심리사 시험에서는 그 구체적인 치료과정을 4단계로 약술하도록 요구할 수 있으므로, 이 2가지를 함께 학습할 필요가 있습니다.

③ 치료과정

> **예** 40대 남성인 A씨는 오염에 대한 생각으로 반복적인 손 씻기 행동을 보이고 있다. A씨도 그와 같은 생각이 부적절하다는 것을 인식하고 있지만 잘 통제되지 않은 채 반복적으로 의식에 떠올라 고통을 호소하고 있다.

노출 (제1단계)	강박적 사고를 유발하는 자극에 대해 충분한 시간 동안 직면하도록 한다. A씨의 경우 오염에 대한 강박적 사고에 의해 반복적인 손 씻기 행동을 보이고 있으므로, 치료자가 의도적으로 더러운 물질을 만져보도록 요구한다.
상상 (제2단계)	강박적 행동을 하지 않으면 발생할 것이라고 생각하는 비극적인 결말에 대해 상상하게 한다. A씨는 더러운 물질을 만짐으로써 손에 병균이 묻었을 것이고, 그로 인해 질병에 걸릴 것이라 생각할 수 있다.
행동방지 (제3단계)	강박적 사고에 의해 나타나는 강박적 행동을 제지한다. A씨는 오염에 대한 강박을 가지고 있으므로, 치료자는 A씨로 하여금 과도한 손 씻기 행동을 금지시킨다.
치료유지 (제4단계)	약 10회 내외의 내원이나 전화상담을 통해 환자가 그와 같은 치료효과를 지속시키도록 고무한다.

기출복원 06
11, 16, 19년 기출

강박장애의 심리적 치료방법으로서 노출 및 반응방지법(ERP)의 원리 및 시행순서를 기술하시오. `6점`

(1) 원리

> **해설 체크!**
>
> 노출 및 반응방지법(ERP ; Exposure and Response Prevention)은 학습이론을 토대로 한 행동치료기법으로서, 강박장애의 증상으로 나타나는 강박적 사고 및 강박적 행동을 제지하기 위한 것이다. 증상을 가진 환자에게 두려움과 거부감의 대상이 되는 자극을 체계적이고 반복적으로 노출시킴으로써 환자는 자신의 강박적 사고가 근거 없는 것이며, 따라서 강박적 행동에 의한 중화(Neutralization) 또한 불필요하다는 사실을 깨닫게 된다. 이러한 노출 및 반응방지법은 불안증상을 제거하기 위한 체계적 둔감법, 혐오치료, 홍수법 등의 행동치료기법들과 밀접하게 연관된다.

(2) 시행순서

> **해설 체크!**
>
> **1. 제1단계 – 노출**
> 강박적 사고를 유발하는 자극에 대해 충분한 시간 동안 직면하도록 하는 것이다. 예를 들어, 더러움 또는 더러운 물질에 대한 강박적 사고에 의해 손 씻기의 강박적 행동을 보이는 환자에게 치료자가 의도적으로 더러운 물질을 만져보도록 요구할 수 있다. 노출에 소요되는 시간은 과제의 양 및 질적 수준에 따라 차이가 있으나, 일반적으로 90분 혹은 그 이상의 시간이 적절한 것으로 보고되고 있다.

2. 제2단계 – 행동방지

강박적 사고에 의해 나타나는 강박적 행동을 제지하는 것이다. 예를 들어, 더러운 물질에 노출된 환자에게 손을 씻지 못하게 한 채 더러움을 참아 보도록 요구할 수 있다. 행동방지에는 수 시간이 소요되며, 점차적으로 그 시간을 늘리는 것이 효과적이다. 이 과정에서 환자는 처음 불안과 공포를 느끼게 되지만, 이를 견디는 경험을 통해 강박적 사고를 유발하는 자극에 대해 체계적으로 둔감해진다.

7 외상후스트레스장애, 외상성 뇌손상으로 인한 신경인지장애, 전환장애

■ 외상후스트레스장애(Posttraumatic Stress Disorder)의 의의 및 특징

① DSM-Ⅳ의 분류기준에서 외상후스트레스장애는 불안장애(Anxiety Disorders)의 하위유형으로 분류되었다. 그러나 DSM-5에서는 불안장애에서 분리되어 '외상- 및 스트레스 사건-관련 장애(Trauma-and Stressor-Related Disorders)'의 독립된 장애범주로 분류된다.
② 외상후스트레스장애는 충격적인 외상 사건을 경험하고 난 후 다양한 심리적 부적응 증상이 나타나는 장애이다.
③ 충격적인 경험을 한 후 예민한 각성 상태가 지속되고 고통스런 기억에서 완전히 벗어나지 못하며, 그로 인해 그와 관련된 생각을 회피하려고 한다.
④ 외상후스트레스장애를 가진 사람은 재현성 환각이나 악몽을 통해 과거의 외상 사건에 대한 생각에서 쉽게 벗어나지 못하며, 사건 당시의 경험을 회상하도록 하는 다양한 자극들에 대해 극도의 불안과 두려움을 느낀다.
⑤ 장애의 징후는 외상 사건 직후부터 나타나는 경우가 대부분이지만, 수개월이 지난 후에 혹은 몇 해가 지난 후에 나타나기도 한다.
⑥ 외상후스트레스장애는 다른 정신장애와의 공병률이 매우 높으며, 특히 외상후스트레스장애 환자의 약 50%에서 주요우울장애가 나타나는 것으로 보고되고 있다.
⑦ 공황장애와 마찬가지로 약물치료와 인지행동치료가 활용된다. 특히 포아(Foa)에 의해 개발된 지속적 노출치료(PE; Prolonged Exposure)가 가장 효과적인 것으로 보고되고 있다.

> **전문가의 한마디**
>
> 지속적 노출치료(PE)는 외상 사건을 단계적으로 떠올리게 하여 불안한 기억에 반복적으로 노출시킴으로써 궁극적으로 외상 사건을 큰 불안 없이 직면할 수 있도록 유도하는 방법입니다.

OX Quiz
부모나 양육자에 의한 주기적인 신체적·정서적 학대는 인간 외적 외상에 해당한다.
정답 X(반복적 외상 or 애착 외상)

■ 외상의 구분

① 외상의 발생 횟수에 따른 구분

일회적 외상	자연재해, 건물 붕괴, 비행기 추락 등의 기술적 재해, 폭행, 강도, 강간 등의 폭력적 범죄 등
반복적 외상	부모나 양육자에 의한 주기적인 신체적·정서적 학대, 전쟁터나 감옥에서의 장기간에 걸친 공포 경험 등

② 외상의 대인관계 관여도에 따른 구분

인간 외적 외상	지진, 태풍, 산사태, 홍수 등 인간이 개입되지 않은 자연의 우발적 작용에 의한 외상
대인관계적 외상	타인의 고의적 행동에서 비롯된 상처 및 피해에 의한 외상
애착 외상	부모나 양육자와 같이 정서적으로 긴밀한 관계에서 비롯된 심리적 상처에 의한 외상

전문가의 한마디
외상후스트레스장애(PTSD)는 그와 같은 장애를 유발한 외적 사건이 분명히 존재하기 때문에 보통 연구의 초점은 외적 사건의 특성을 밝히기보다는 그와 같은 장애를 나타내기 쉬운 사람들의 특성을 밝히는 데 모아지고 있습니다.

■ 외상후스트레스장애를 유발하는 위험요인(Davidson & Foa)

① 외상 전 위험요인(Pretraumatic Risk Factors)
외상 사건 이전 외상의 과거력, 우울증이나 불안장애 등 정신장애의 가족력, 의존성이나 정서적 불안정성 등의 성격 특성, 사건의 발생이나 그 결과가 기회나 운 등 외적 요인의 강력한 영향력에 의해 결정된다는 통제 소재(Locus of Control)의 외부성 등이 해당된다.

② 외상 중 위험요인(Peritraumatic Risk Factors)
외상 사건 자체의 요인으로서 외상 사건의 양태 및 강도와 연관된다. 일반적으로 외상 사건의 강도가 높고 노출 횟수가 많을수록 외상후스트레스장애의 발병 가능성이 높다. 또한 외상 사건이 가까운 사람에게서 유발되거나 타인의 악의에 의한 것일수록 증상이 더욱 심하고 오랫동안 지속된다.

③ 외상 후 위험요인(Posttraumatic Risk Factors)
사회적 지지망의 기능 및 형태, 경제적 자원, 부가적 스트레스 원인 등이 해당한다. 일반적으로 사회적 지지망이 부족하거나 결혼생활 혹은 직장생활이 불안정한 경우, 다른 생활스트레스를 경험하고 있는 경우 외상후스트레스장애의 증상을 더욱 악화시키게 된다.

OX Quiz
외상 사건 자체의 요인으로서 외상 사건의 양태 및 강도와 연관된 것은 외상 중 위험요인이다.
정답 O

■ DSM-5에 의한 외상후스트레스장애의 진단 기준

① 실제적 혹은 위협에 의한 죽음에의 노출, 심각한 상해 또는 성폭력에의 노출을 다음의 어느 1가지 이상의 방식으로 경험한다.

㉠ 외상 사건을 직접 경험한다.
㉡ 외상 사건이 다른 사람에게서 일어나는 것을 목격한다.
㉢ 외상 사건이 가까운 가족성원이나 친구에게 일어난 것을 알게 된다. 실제적 혹은 위협에 의한 죽음에의 노출의 경우 그 외상 사건은 폭력적이거나 불의의 사고에 의한 것이어야 한다.
㉣ 외상 사건의 혐오스러운 세부 내용에 반복적 혹은 극단적으로 노출된다(* 주의 : 전자매체, TV, 영화 또는 사진을 통한 노출에 대해서는 이 기준이 적용되지 않음).

② 외상 사건이 일어난 이후 외상 사건과 관련된 침투 증상이 다음 중 1가지 이상으로 나타난다.

㉠ 외상 사건의 고통스러운 기억을 자신의 의지와 상관없이 반복적이고 침투적으로 경험한다 (* 주의 : 만 6세 이상 아동에게는 외상적 사건의 주제나 국면이 반복적인 형태의 놀이로 표출될 수 있음).
㉡ 외상 사건과 관련된 내용 및 정서가 포함된 고통스러운 꿈들을 반복적으로 경험한다(* 주의 : 아동의 경우 내용을 알 수 없는 무서운 꿈을 꾸기도 함).
㉢ 외상 사건이 마치 되살아나는 듯한 행동이나 느낌이 포함된 해리 반응을 경험한다. 그와 같은 반응은 극단적인 표현과 함께 현재 상황에 대한 인식의 완전한 상실로 나타날 수 있다(* 주의 : 아동의 경우 외상 특유의 재현이 놀이로 나타날 수 있음).
㉣ 외상 사건의 특징과 유사하거나 이를 상징화한 내적 혹은 외적 단서에 노출되는 경우 강렬한 혹은 장기적인 심리적 고통을 경험한다.
㉤ 외상 사건의 특징과 유사하거나 이를 상징화한 내적 혹은 외적 단서에 대해 현저한 생리적 반응을 나타낸다.

③ 외상 사건이 일어난 이후 외상 사건과 관련된 지속적인 자극 회피가 다음 중 한 가지 이상의 방식으로 나타난다.

㉠ 외상 사건에 대한 혹은 그것과 밀접하게 연관된 고통스러운 기억, 생각, 감정을 회피하거나 이를 회피하려고 노력한다.
㉡ 외상 사건에 대한 혹은 그것과 밀접하게 연관된 고통스러운 기억, 생각, 감정을 유발하는 외적인 단서들(사람, 장소, 대화, 활동, 대상, 상황)을 회피하거나 이를 회피하려고 노력한다.

④ 외상 사건이 일어난 이후 혹은 악화된 이후 외상 사건과 관련된 인지와 기분의 부정적인 변화가 다음 중 2가지 이상으로 나타난다.

㉠ 외상 사건의 중요한 측면을 기억하지 못한다(전형적으로 해리성 기억상실에 기인하며, 두부 외상이나 알코올 또는 약물과 같은 다른 요인들에 기인하지 않는다).
㉡ 자기 자신, 타인 혹은 세상에 대한 과장된 부정적 신념이나 기대를 지속적으로 나타낸다(예 "나는 나쁜 사람이다", "세상에 그 누구도 믿을 수 없다", "이 세계는 위험천만하다", "나의 전체 신경체계가 영구히 파괴되었다").
㉢ 외상 사건의 원인이나 결과에 대한 왜곡된 인지를 지속적으로 나타내며, 이러한 인지가 그 자신이나 타인을 책망하도록 이끈다.
㉣ 부정적인 정서 상태(예 두려움, 공포, 분노, 죄책감 혹은 수치심)를 지속적으로 나타낸다.
㉤ 중요한 활동에 대한 관심이나 참여가 현저히 감소한다.
㉥ 다른 사람으로부터 거리감 혹은 소외감을 느낀다.
㉦ 긍정적인 감정(예 행복감, 만족감 혹은 사랑의 감정)을 지속적으로 느끼지 못한다.

전문가의 한마디

행동주의적 입장에서는 조건형성의 원리를 통해 외상후스트레스장애를 설명합니다. 즉, 외상 사건은 무조건 자극이 되고 외상과 관련된 단서들은 조건 자극이 되어 불안 반응이 조건형성된 것으로 봅니다. 또한 외상 사건의 단서를 회피하는 행동은 불안 감소를 위한 부적 강화 효과를 지닌다고 봅니다.

⑤ 외상 사건이 일어난 이후 혹은 악화된 이후 외상 사건과 관련된 각성 및 반응성에서의 현저한 변화가 다음 중 2가지 이상으로 나타난다.

> ㉠ 사람이나 사물에의 언어적 혹은 물리적 공격으로 나타나는 짜증스러운 행동과 분노 폭발
> ㉡ 무모한 행동 혹은 자기파괴적 행동
> ㉢ 과도한 경계
> ㉣ 과도한 놀람 반응
> ㉤ 주의집중 곤란
> ㉥ 수면 장해(예 수면을 취하거나 수면 상태를 유지하는 것의 어려움 또는 불안정한 수면)

⑥ 위에 제시된 장해(②, ③, ④, ⑤의 진단 기준)가 1개월 이상 나타난다.
⑦ 이러한 장해가 사회적 · 직업적 기능 또는 다른 중요한 기능 영역에서 임상적으로 유의미한 고통이나 손상을 초래한다.
⑧ 이러한 장해는 물질(예 치료약물, 알코올)이나 다른 의학적 상태의 생리적 효과에 기인한 것이 아니다.

> * 주의 : 위의 진단 기준은 성인, 청소년, 만 6세 이상 아동에게 적용된다. 만 6세 미만의 아동에 대해서는 별도의 진단 기준을 적용한다.

전문가의 한마디

환자의 뇌손상으로 인한 신경인지장애를 진단하기 위해 널리 사용되는 검사도구로 '위스콘신 카드검사 또는 위스콘신 카드분류검사(WCST ; Wisconsin Card Sorting Test)가 있습니다. 이 검사도구는 본래 뇌전증(간질) 발작으로 인해 측두엽(관자엽) 적제술을 받은 환자들을 대상으로 측두엽 손상 효과를 연구하기 위한 과정에서 개발되었습니다.

■ DSM-5에 의한 외상성 뇌손상으로 인한 신경인지장애(Neurocognitive Disorder due to Traumatic Brain Injury)의 진단 기준

① 주요 혹은 경도 신경인지장애의 기준을 충족한다.
② 외상성 뇌손상의 증거가 있다. 즉, 두부에의 충격 혹은 두개골 내에서 뇌의 급격한 움직임이나 전위의 다른 기전이 있으며, 다음 중 1가지 이상을 동반한다.

> ㉠ 의식상실
> ㉡ 외상 후 기억상실
> ㉢ 지남력 장애와 혼돈
> ㉣ 신경학적 징후(예 손상을 입증하는 뇌영상, 새로 발생한 발작, 이미 존재하는 발작장애의 현저한 악화, 시야 결손, 후각상실증, 반신부전마비)

③ 신경인지장애는 외상성 뇌손상의 발생 직후 혹은 의식의 회복 직후에 나타나며, 손상 후 급성기가 지나서도 지속된다.

■ DSM-5에 의한 전환장애(Conversion Disorder)의 진단 기준

① 1가지 또는 여러 가지의 수의적 운동 기능이나 감각 기능상의 변화를 나타내는 증상이 있다.
② 그 증상과 확인된 신경학적 혹은 의학적 상태 간의 불일치를 보여주는 임상적 증거가 있다.
③ 이러한 증상 혹은 결함이 신체장애나 정신장애에 의해 더 잘 설명되지 않는다.
④ 이러한 증상 혹은 결함이 사회적·직업적 기능 또는 다른 중요한 기능 영역에서 임상적으로 유의미한 고통이나 손상을 초래하며, 의학적 평가를 필요로 한다.

* 다음 중 하나를 명시할 것
  • 급성 삽화 : 증상이 6개월 이내로 존재함
  • 지속성 : 증상이 6개월 이상 지속됨

기출복원 07 04, 06, 14년 기출

다음 보기의 사례를 읽고 물음에 답하시오. 8점

> 박모 씨는 올해 52세로 중졸이며, 목수일로 생계를 유지하고 있다. 박모 씨는 몇 달 전 오토바이를 타고 가다가 승용차와 충돌하여 의식을 잃고 병원으로 후송되었다. 다행히 40여일 만에 의식을 회복했으나 이후로 어깨가 결리고, 사지가 아프며, 좀처럼 깊이 잠을 들 수 없다고 호소하였다.

(1) 박모 씨에게 나타날 수 있는 또 다른 증상들을 2가지 제시하시오.

● 해설 체크! ●

[답안 1]
1. 외상적 사건에 대한 기억상실 혹은 외상의 중요한 부분에 대한 회상 불능
2. 불안, 공포, 무력감
3. 두부외상에 의한 뇌기능장애 혹은 일반적인 지적능력 손상
4. 주의집중력 저하
5. 운동기능 저하 등

[답안 2]
1. 외상성 사건과 관련된 반복적이고 고통스러운 회상, 꿈 등의 지속적인 재경험
2. 외상과 연관된 자극에 대한 지속적인 회피 및 고립감, 정서 범위의 제한 등 일반적인 반응상의 마비
3. 과민성, 주의집중 곤란, 과도한 경계심 등 증폭된 각성반응

전문가의 한마디

[답안 1]은 사례의 내담자에게서 일반적으로 나타날 수 있는 가능성 차원에서의 다양한 제 증상을 기술한 것이고, [답안 2]는 '외상후스트레스장애'를 염두에 두고 그에 따른 증상을 기술한 것입니다. 출제자 혹은 채점자의 의도에 따라 달리 채점될 수 있으므로, 이 점 감안하여 학습하시기 바랍니다.

> **전문가의 한마디**
>
> 감별진단은 특수한 경우에 한해 『정신장애의 진단 및 통계편람(DSM)』에 별도로 제시되기도 하지만, 사실상 그 이외의 경우를 제외하고는 명확히 규정되어 있지 않으므로 다양하게 나타날 수 있습니다.

(2) 감별진단 2가지를 제시하시오.

• **해설 체크!**

1. **외상후스트레스장애(Posttraumatic Stress Disorder)**
   외상후스트레스장애는 외상 사건과 관련된 기억이나 감정이 의식 속에 침투하여 재경험되는 침투 증상(Intrusion Symptoms), 외상 사건과 관련된 자극에 대한 회피(Avoidance)를 특징적 증상으로 하며, 그 밖에 외상 사건과 관련된 각성 및 반응성에서의 현저한 변화, 즉 과도한 경계나 놀람, 주의집중 곤란, 수면 장해 등의 증상을 나타내 보인다.
2. **외상성 뇌손상으로 인한 신경인지장애(Neurocognitive Disorder due to Traumatic Brain Injury)**
   외상후스트레스장애와 외상성 뇌손상으로 인한 신경인지장애의 증상들은 서로 겹칠 수 있으나, 외상성 뇌손상으로 인한 신경인지장애의 경우 외상후스트레스장애의 특징적 증상으로서 침투 증상과 회피를 나타내 보이지 않는다.
3. **전환장애(Conversion Disorder)**
   전환장애는 의도적인 운동 기능이나 감각 기능상의 변화, 그와 같은 증상과 확인된 신경학적 혹은 의학적 상태 간의 불일치 등을 특징적 증상으로 하지만, 신체 증상의 시작이 외상 후 고통의 맥락 내에 있는 경우 전환장애보다는 외상후스트레스장애의 징후일 가능성이 높다.

> **전문가의 한마디**
>
> 이 문제는 보기의 사례 내용에 대한 완벽한 복원이 이루어지지 않아 실제 문제와 약간의 차이가 있을 수 있습니다. 다만, 보기의 사례에 핵심적인 내용들이 모두 포함되어 있고 4가지 하위문제들의 경우 비교적 정확한 것으로 보이므로, 이 점 감안하여 학습하시기 바랍니다.

(3) 심리검사 중 위스콘신 카드분류검사가 포함되었다. 이는 무엇을 확인하기 위한 것인지 2가지 제시하시오.

• **해설 체크!**

1. 개념 형성 및 문제해결 능력
2. 추상적 사고력 및 추론 능력
3. 목표 설정 및 계획 수립 능력
4. 목표 혹은 계획에 맞게 행동을 이행하는 능력
5. 인지적 융통성 등

(4) 예후와 관련된 요인을 2가지 제시하시오.

• **해설 체크!**

1. 의식상실의 유무 및 의식회복 기간
2. 연령과 직업에 따른 감각운동기능
3. 노화에 의한 인지 기능의 쇠퇴
4. 대뇌피질에서 기억, 언어, 청각 등을 담당하는 측두엽의 손상 정도
5. 처방 약물의 적절한 사용 및 약물 사용에 따른 부작용

8. 기억장애와 신경인지장애

■ 기억장애의 의의 및 특징

① 기억이란 개체의 정신활동에 필요한 정보를 받아들여서 이를 뇌 속에 입력, 저장했다가 필요한 때에 의식세계로 꺼내어 적절히 사용할 수 있는 능력을 말한다.
② 기억장애는 입력 또는 기명(Registration), 파지(Retention), 저장(Storage), 회상(Recall) 등 기억 과정에서의 장해로 나타나며, 그 형태에 따라 기억과잉(Hypermnesia), 기억착오(Paramnesia), 기억상실(Amnesia)로 구분할 수 있다.

기억과잉 (Hypermnesia)	• 과거에 지각된 인상을 지엽적인 것까지도 상세히 기억해 내는 경우이다. • 조증 환자나 편집증 환자에게서 볼 수 있으며, 환자의 정신병리를 강화시킴으로써 사회생활의 적응을 어렵게 만든다.
기억착오 (Paramnesia)	• 과거에 없었던 일들을 마치 있었던 것처럼 기억하거나 사실과 다르게 기억해 내는 경우이다. • 결손된 기억을 메우기 위한 방편으로 일어나는 현상으로, 흔히 작화증(Confabulation)을 수반한다.
기억상실 (Amnesia)	• 자신이 경험한 일들에 대한 기억이 상실되는 경우로, 이는 광범위하게 혹은 특정 사물이나 시기에 국한되어 나타날 수 있다. • 기억상실을 일으키는 원인에 따라 기능성(심인성) 기억상실증(Functional Amnesia)과 기질성 기억상실증(Organic Amnesia)으로 구분할 수 있다.

> **전문가의 한마디**
> '작화증(Confabulation)'은 기억 손실을 메우기 위해 사실을 꾸며내는 증상을 말합니다. 특히 치매 환자나 코르사코프 증후군(Korsakoff's Syndrome) 환자에게서 나타나는 증상으로 널리 알려져 있습니다.

■ 기능성 기억장애와 기질성 기억장애

① 기능성 기억장애(기능적 기억장애)
  ㉠ 뇌손상이나 뇌기능장애와 같은 뇌의 병변이 아닌 심리적인 요인에 의해 기억기능이 억제되거나 기억력이 저하되는 것이다. 즉, 기억이 불안과 두려움을 야기하는 경우 이를 망각을 통해 방어함으로써, 견디기 힘든 경험에 대한 기억 및 그로 인해 발생할 수 있는 결과로부터 도피하는 과정으로 볼 수 있다.
  ㉡ 충격적인 사건이나 내면적인 고통을 경험하여 중요한 개인적 정보를 회상하는 능력을 상실하는 해리성 기억상실증(Dissociative Amnesia)이 대표적인 기능성 기억장애에 해당한다.
  ㉢ 기능성 기억장애는 급작스럽고 완전하게 기억이 회복되는 경우가 많으며, 심리치료나 최면술 등에 의한 효과적인 치료가 가능하다.

> 예 친구가 교통사고를 당하는 광경을 목격한 후 당시의 사고 장면에 대한 기억을 일시적으로 잊는다.

> **전문가의 한마디**
> 기능성 기억장애는 심리적인 요인에서 비롯된 것이므로 '심인성(心因性) 기억장애'라고도 부릅니다.

OX Quiz

기질성 기억장애는 기억 및 회상에 관계하는 뇌세포나 신경세포의 병변 또는 감각기관의 장애 등으로 인해 기억력이 저하되는 것을 말한다.

정답 O

전문가의 한마디

기능성 기억장애는 재생 혹은 회상의 장애로 볼 수 있는 반면, 기질성 기억장애는 기명, 파지, 저장의 장애로 볼 수 있습니다. 다만, 이 둘을 엄격하게 구분할 수 없는 경우도 많습니다.

② 기질성 기억장애(기질적 기억장애)
  ㉠ 기억 및 회상에 관계하는 뇌세포나 신경세포의 병변 또는 감각기관의 장애 등으로 인해 기억력이 저하되는 것이다.
  ㉡ 기억은 시각, 청각, 후각 등 감각시스템을 통해 감지된 정보를 등록하고, 해당 정보를 일시적 또는 장기적으로 보관·보존하며, 필요한 때에 선택적으로 재생하여 활용하는 과정으로 전개된다. 이와 같은 3단계의 기억 과정에서 감각기관이 손상을 입어 입력 과정상에 문제가 발생하거나 뇌세포의 손상으로 정보를 보존하기 어려운 경우, 외상이나 질병, 약물중독, 노화 등으로 인해 신경세포 수가 감소하여 회상에 어려움을 보이는 경우 기억장애가 발생한다.
  ㉢ 기질성 기억장애는 기억이 회복되더라도 그 속도가 느리고 불완전한 경우가 대부분이며, 이후 기능성 기억장애를 수반할 수도 있다.

  예 교통사고로 뇌손상을 입은 환자가 심각한 기억 손실과 함께 주의집중 곤란, 정서적 증상을 보인다.

■ **신경인지장애(Neurocognitive Disorders)의 의의 및 특징**

① DSM-Ⅳ의 분류기준에서 '치매(Dementia)'는 '섬망, 치매, 기억상실장애 및 기타 인지장애(Delirium, Dementia and Amnestic and Other Cognitive Disorders)'의 하위유형으로 분류된다. 그러나 DSM-Ⅳ에서 '치매'로 지칭되던 장애가 DSM-5에서는 '신경인지장애(Neurocognitive Disorders)'로 명칭이 변경되어 독립된 장애범주로 제시되고 있다.

② DSM-5의 분류기준에서 '신경인지장애'는 '주요신경인지장애(Major Neurocognitive Disorder)', '경도신경인지장애(Mild Neurocognitive Disorder)', '섬망(Delirium)'의 하위유형으로 분류된다. 특히 '주요신경인지장애'와 '경도신경인지장애'는 기존의 치매에 해당하는 신경인지장애를 증상의 심각도에 따라 구분한 것이다.

③ '주요신경인지장애'는 인지적 영역, 즉 복합주의력(Complex Attention), 실행기능(Executive Function), 학습 및 기억력(Learning and Memory), 언어능력(Language), 지각-운동기능(Perceptual Motor), 사회인지(Social Cognition) 등에서 1가지 이상 과거 수행 수준에 비해 심각한 인지적 저하가 나타나 일상생활을 독립적으로 영위하기 힘든 경우 진단된다. 반면, '경도신경인지장애'는 '주요신경인지장애'에 비해 증상의 심각도가 비교적 경미하여 일상생활을 독립적으로 영위할 수 있는 경우 진단된다.

전문가의 한마디

'복합주의력', '실행기능', '학습 및 기억력', '언어능력', '지각-운동기능', '사회인지'는 DSM-5 진단 기준에 따른 신경인지장애의 인지적 영역에 해당합니다.

④ '주요신경인지장애'는 인지적 결함이 일상 활동의 독립성을 방해하는 경우이다. 그로 인해 물건 값 지불하기, 투약 관리하기 등과 같은 복합적인 일상의 도구적 활동에서 최소한의 도움을 필요로 한다. 반면, '경도신경인지장애'는 인지적 결함이 일상 활동의 독립적 능력을 방해하지 않는 경우이다. 그로 인해 물건 값 지불하기, 투약 관리하기 등과 같은 복합적인 일상의 도구적 활동이 보존되지만, 더 많은 노력, 보상 전략 혹은 조정이 필요할 수 있다.

■ DSM-5에 의한 주요신경인지장애의 진단 기준

① 1가지 이상의 인지 영역(복합주의력, 실행기능, 학습 및 기억력, 언어능력, 지각-운동기능 또는 사회인지)에서 이전의 수행 수준보다 현저한 인지기능상의 저하가 다음에 근거하여 명백히 나타난다.

> ㉠ 인지기능상의 현저한 저하가 나타난 것에 대한 자기 자신, 정보제공자, 임상가의 관심
> ㉡ 표준화된 신경심리검사도구 혹은 그것이 없는 경우 정량적인 임상 사정도구에 의해 입증된 인지 수행상의 실질적인 손상

② 인지적 결함이 일상 활동의 독립성을 방해한다(예 물건 값 지불하기, 투약 관리하기와 같은 복합적인 일상의 도구적 활동에서 최소한의 도움이 필요함).
③ 인지적 결함이 섬망의 맥락에 한정하여 발생하지 않는다.
④ 인지적 결함이 다른 정신장애(예 주요우울장애, 조현병)로 더 잘 설명되지 않는다.

■ DSM-5에 의한 경도신경인지장애의 진단 기준

① 1가지 이상의 인지 영역(복합주의력, 실행기능, 학습 및 기억력, 언어능력, 지각-운동기능 또는 사회인지)에서 이전의 수행 수준보다 경미한 인지기능상의 저하가 다음에 근거하여 명백히 나타난다.

> ㉠ 인지기능상의 경미한 저하가 나타난 것에 대한 자기 자신, 정보제공자, 임상가의 관심
> ㉡ 표준화된 신경심리검사도구 혹은 그것이 없는 경우 정량적인 임상 사정도구에 의해 입증된 인지 수행상의 약화된 손상

② 인지적 결함이 일상 활동의 독립적 능력을 방해하지 않는다. 즉, 물건 값 지불하기, 투약 관리하기와 같은 복합적인 일상의 도구적 활동이 보존되지만, 더 많은 노력, 보상 전략 혹은 조정이 필요할 수 있다.
③ 인지적 결함이 섬망의 맥락에 한정하여 발생하지 않는다.
④ 인지적 결함이 다른 정신장애(예 주요우울장애, 조현병)로 더 잘 설명되지 않는다.

> **전문가의 한마디**
>
> '주요신경인지장애'와 '경도신경인지장애'는 인지적 결함으로 인해 일상 활동을 독립적으로 영위할 수 있는 능력이 어느 정도인가로 구분할 수 있습니다.

> **전문가의 한마디**
>
> 'HIV'는 인체면역결핍바이러스 또는 인간면역결핍바이러스(Human Immunodeficiency Virus)를 말합니다.

■ **DSM-5에 의한 주요 및 경도신경인지장애의 병인(하위유형)**

① 알츠하이머 질환(Alzheimer's Disease)
② 전측두엽퇴행증(Frontotemporal Lobar Degeneration)
③ 루이체병(Lewy Body Disease)
④ 혈관 질환(Vascular Disease)
⑤ 외상성 뇌손상(Traumatic Brain Injury)
⑥ 물질 및 약물사용(Substance/Medication Use)
⑦ HIV 감염(HIV Infection)
⑧ 프리온병(Prion Disease)
⑨ 파킨슨병(Parkinson's Disease)
⑩ 헌팅턴병(Huntington's Disease) 등

기출복원 08   17, 20년 기출

기능성 기억장애와 기질성 기억장애의 예를 1가지씩 쓰고 차이점을 설명하시오. **5점**

• 해설 체크!

1. 기능성 기억장애와 기질성 기억장애의 예
- 기능성 기억장애의 예 : 친구가 교통사고를 당하는 광경을 목격한 후 당시의 사고 장면에 대한 기억을 일시적으로 잊는다.
- 기질성 기억장애의 예 : 교통사고로 뇌손상을 입은 환자가 심각한 기억 손실과 함께 주의집중 곤란, 정서적 증상을 보인다.

2. 차이점
- 기능성 기억장애는 뇌의 병변이 아닌 심리적 요인에 의해 기억기능이 억제되거나 기억력이 저하되는 것인 반면, 기질성 기억장애는 뇌의 병변이나 감각기관의 장애 등으로 인해 기억력이 저하되는 것이다.
- 기능성 기억장애는 급작스럽고 완전하게 기억이 회복되는 경우가 많은 반면, 기질성 기억장애는 기억이 회복되더라도 그 속도가 느리고 불완전한 경우가 대부분이다.

9 반응성애착장애와 탈억제성 사회적 유대감장애

■ 반응성애착장애(Reactive Attachment Disorder)의 의의 및 특징

① DSM-Ⅳ의 분류기준에서 '유아기 또는 초기아동기의 반응성애착장애'는 '유아기, 아동기 또는 청소년기의 기타 장애(Other Disorders of Infancy, Childhood, or Adolescence)'의 하위유형으로 분류되었다. 그러나 DSM-5에서는 '외상-및 스트레스 사건-관련 장애(Trauma-and Stressor-Related Disorders)'의 하위유형으로 분류된다.

② 대략 생후 9개월 이상 만 5세 이전의 아동에게서 주로 발병하며, 아동이 양육자와의 애착 외상(Attachment Trauma)으로 인해 부적절하고 위축된 대인관계 패턴을 나타낸다.

③ 유아기 및 초기아동기에 특정 양육자와 일관성 있고 안정된 애착형성이 중요함에도 불구하고 양육자에게서 충분한 애정을 받지 못하거나 학대 혹은 방임 상태로 양육되면서 애착 외상이 발생한다.

④ 반응성애착장애를 가진 아동은 부모를 비롯하여 타인과의 접촉을 두려워하고 이를 회피하므로 사회성 발달에 어려움을 경험하게 된다.

⑤ 흔히 인지발달, 언어발달이 늦어지거나 상동증적 행동을 보이는 경우도 있다.

⑥ 자폐스펙트럼장애가 정상적인 양육을 받았음에도 불구하고 나타나는 것과 달리, 반응성애착장애는 생애 초기 양육 결핍에서 비롯된다. 또한 자폐스펙트럼장애가 기이한 언어를 사용하거나 특정 영역에 고착된 관심을 보이는 것과 달리, 반응성애착장애는 그와 같은 모습을 보이지 않는다.

⑦ 반응성애착장애의 치료에는 아동의 흥미를 유발하고 쉽게 몰입할 수 있도록 하는 놀이치료가 효과적인 것으로 알려져 있다.

■ DSM-5에 의한 반응성애착장애의 진단 기준

① 성인 양육자에 대해 시종일관 정서적으로 억제되고 위축된 행동이 다음의 2가지 양상으로 나타난다.

　㉠ 아동이 스트레스를 느낄 때 거의 위안을 구하지 않거나 최소한의 위안만을 구한다.
　㉡ 아동이 스트레스를 느낄 때 위안에 거의 반응하지 않거나 최소한의 반응만을 나타낸다.

OX Quiz

DSM-5에서 '유아기 또는 초기 아동기의 반응성애착장애'는 '유아기, 아동기 또는 청소년기의 기타 장애'의 하위유형으로 분류되었다.

정답 X(DSM-Ⅳ)

전문가의 한마디

애착 외상(Attachment Trauma)을 경험한 아동에게서 나타나는 애착장애의 유형은 크게 다른 사람과의 관계를 두려워하거나 이를 회피하려고 하는 '억제형(Inhibited Type)', 반대로 다른 사람과의 관계에서 부적절하게 친밀감을 나타내는 '탈억제형(Disinhibited Type)'으로 구분됩니다. 특히 DSM-5 분류기준에서는 전자를 '반응성애착장애(Reactive Attachment Disorder)', 후자를 '탈억제성 사회적 유대감장애(Disinhibited Social Engagement Disorder)'로 지칭합니다.

② 지속적인 사회적·정서적 장해가 다음의 사항들 중 최소 2가지 이상으로 나타난다.

> ㉠ 다른 사람에 대해 최소한의 사회적·정서적 반응만을 보인다.
> ㉡ 긍정적인 정서가 제한적으로 나타난다.
> ㉢ 성인 양육자와의 비위협적인 상호작용 중에도 이유 없이 짜증이나 슬픔 혹은 두려움을 나타낸다.

③ 아동의 불충분한 양육으로 인한 극단적인 형태의 경험이 다음의 사항들 중 최소 1가지 이상으로 나타난다.

> ㉠ 위안, 자극, 애정에 대한 기본적인 욕구가 성인 양육자에 의해 지속적으로 결핍되어 사회적 방임이나 박탈의 형태로 나타난다.
> ㉡ 주된 양육자의 반복된 변경으로 인해 안정적인 애착을 형성할 기회가 극히 제한된다.
>   예 위탁가정의 잦은 교체
> ㉢ 비정상적인 환경에서 선택적인 애착을 형성할 기회가 극히 제한된다(보육자 수에 비해 아동의 수가 많은 기관).

④ 진단 기준 ③(불충분한 양육)이 진단 기준 ①의 장해 행동(위축된 행동)을 초래한 것으로 추정된다.
⑤ 진단 기준이 자폐스펙트럼장애에 해당하지 않는다.
⑥ 이러한 장해가 5세 이전에 현저히 나타난다.
⑦ 아동의 발달연령은 최소 9개월 이상이다.

■ 탈억제성 사회적 유대감장애(Disinhibited Social Engagement Disorder)의 의의 및 특징

① '탈억제성 사회적 유대감장애' 또는 '탈억제 사회관여장애'는 반응성애착장애와 마찬가지로 DSM-5의 분류기준에서 '외상-및 스트레스 사건-관련 장애(Trauma- and Stressor-Related Disorders)의 하위유형으로 분류된다.
② 대략 생후 9개월부터 진단되며, 양육자와의 애착 외상을 경험한 아동이 낯선 성인에게 아무런 주저 없이 과도한 친밀감을 표현하면서 접근하는 경우이다.
③ 반응성애착장애와 마찬가지로 양육자로부터의 학대 혹은 방임의 경험을 가지고 있지만, 탈억제성 사회적 유대감장애를 가진 아동의 경우 위축된 반응 대신 무분별한 사회성 및 과도한 친밀감을 나타낸다.
④ 만 2세 이전 유아의 경우 낯선 사람에게 주저 없이 다가가서 상호작용을 하고 그를 따라나서며, 만 2~5세 아동의 경우 모든 사람에게 매달리면서 주의를 끌려는 행동을 보인다. 또한 5세 이상 아동의 경우 낯선 사람에게 과도한 신체적 친밀감을 표시하거나, 지나치게 사적인 질문을 하거나, 불쑥 공격적인 방식으로 접근한다.
⑤ 반응성애착장애와 마찬가지로 흔히 인지발달, 언어발달이 늦어지거나 상동증적 행동을 보이는 경우도 있다.

> **전문가의 한마디**
>
> 친부모의 심각한 학대나 방임으로 인해 입양되거나 보육원에서 성장한 아동의 약 20% 정도가 탈억제성 사회적 유대감장애(DSED)를 나타내는 것으로 보고되고 있습니다.

⑥ 탈억제성 사회적 유대감장애는 사회적 충동성을 나타내는 점에서 주의력결핍 및 과잉행동장애(ADHD)와 유사하지만, 그와 달리 특징적인 주의집중상의 어려움이나 과잉행동을 나타내지 않는다는 점에서 차이가 있다.

⑦ 반응성애착장애는 우울 정서와 밀접하게 연관되므로 양육환경을 개선함으로써 증상이 호전될 수 있는 반면, 탈억제성 사회적 유대감장애는 우울 정서보다는 오히려 주의력결핍 및 과잉행동장애(ADHD)와 연관되므로 양육환경을 개선하는 것만으로 증상이 쉽게 개선되지 않는 경향이 있다.

■ 탈억제성 사회적 유대감장애의 진단 기준

① 아동이 낯선 성인들에게 활발히 접근하고 상호작용을 하는 행동 양상이 다음 중 최소 2가지 이상으로 나타난다.

> ㉠ 낯선 성인에게 접근하고 상호작용을 하는 데 있어서 조심성이 부족하거나 아예 없다.
> ㉡ 과도하게 친숙한 언어적 혹은 신체적 행동을 나타내 보인다(이는 문화적으로 용인되고 동일 연령대의 사회적 범위 수준에 부합한 것이 아님).
> ㉢ 낯선 환경에서 제법 멀리 떨어져 있을 때도 성인 양육자가 뒤를 따르는지 거의 혹은 아예 확인하지 않는다.
> ㉣ 낯선 성인을 따라가는 데 있어서 주저함이 거의 혹은 아예 없다.

② 진단 기준 ①의 행동은 (주의력결핍 및 과잉행동장애와 같은) 충동성에 국한된 것이 아닌 사회적으로 탈억제된 행동을 포함하는 것이다.

③ 아동이 불충분한 양육의 극단적인 양상을 경험했다는 사실이 다음 중 최소 1가지 이상으로 명확히 드러난다.

> ㉠ 위안, 자극, 애정에 대한 기본적인 욕구가 성인 양육자에 의해 지속적으로 결핍되어 사회적 방임이나 박탈의 형태로 나타난다.
> ㉡ 주된 양육자의 반복된 변경으로 인해 안정적인 애착을 형성할 기회가 극히 제한된다.
>   예 위탁가정의 잦은 교체
> ㉢ 비정상적인 환경에서 선택적인 애착을 형성할 기회가 극히 제한된다(보육자 수에 비해 아동의 수가 많은 기관).

④ 진단 기준 ③의 양육이 진단 기준 ①의 장해 행동에 대한 원인으로 추정된다.
   예 진단 기준 ①의 장해들은 진단 기준 ③의 문제적 양육이 있은 후 비로소 나타남

⑤ 아동의 발달연령은 최소 9개월 이상이다.

기출복원 09   09, 14년 기출

다음 보기의 사례를 읽고 물음에 답하시오.

> 올해 10세로 초등학교 3학년인 A군은 부모나 또래친구들과의 사회적 관계에서 문제증상을 나타내 보이고 있다. A군의 부모는 A군이 부모인 자신들을 회피하려는 모습을 보인다고 주장하면서, A군의 사회성에 문제가 있는 것은 아닌지 알아보고자 내원하였다. 면담과정에서 A군의 부모가 A군이 어렸을 때부터 맞벌이를 하였고, 그로 인해 A군이 할머니에게서 양육되었다는 사실이 알려졌다. A군에 대한 검사 결과 반응성애착장애의 진단이 내려졌다.

(1) DSM-5 진단 기준에 의한 반응성애착장애의 2가지 양상을 기술하시오.

- **해설 체크!**
    1. 성인 양육자에 대해 시종일관 정서적으로 억제되고 위축된 행동 양상을 보인다. 이는 아동이 스트레스를 느낄 때 성인 양육자에게 위안을 구하지 않거나, 성인 양육자의 위안에 대해 거의 반응을 보이지 않는 형태로 나타난다.
    2. 지속적인 사회적·정서적 장해 양상을 보인다. 이는 다른 사람에 대해 최소한의 사회적·정서적 반응을 보이거나, 긍정적 정서가 제한적으로 나타나거나, 성인 양육자에 대한 이유 없는 짜증이나 슬픔 혹은 두려움의 형태로 나타난다.

(2) 양육의 병리성 여부를 판단하는 기준 3가지를 기술하시오.

- **해설 체크!**
    1. 위안, 자극, 애정 등 기본적 욕구의 지속적 결핍으로 인한 사회적 방임이나 박탈
    2. 주된 양육자의 반복된 변경으로 인한 애착 형성의 제한
    3. 비정상적인 환경으로 인한 선택적 애착 형성의 제한

10 주의력결핍 및 과잉행동장애(ADHD)

■ 주의력결핍 및 과잉행동장애(Attention-Deficit/Hyperactivity Disorder)의 의의 및 특징

① DSM-Ⅳ의 분류기준에서 '주의력결핍 및 과잉행동장애(ADHD)'는 '유아기, 아동기 또는 청소년기에 통상 처음 진단되는 장애(Disorders Usually First Diagnosed in Infancy, Childhood, or Adolescence)' 중 '주의력결핍 및 파괴적 행동장애(Attention-Deficit and Disruptive Behavior Disorders)'의 하위유형으로 분류되었다. 그러나 DSM-5에서는 '신경발달장애(Neurodevelopmental Disorders)'의 하위분류에 포함된다. 이는 성인에 대한 ADHD의 진단기준을 제공하기 위한 것으로서, ADHD가 성인기까지 지속될 수 있다는 사실을 반영한다.

② ADHD는 주의력결핍 또는 부주의(Inattention), 과잉행동과 충동성(Hyperactivity and Impulsivity)을 핵심증상으로 한다.

③ 2가지 핵심증상은 대부분 어린 아동에게서 일반적으로 나타는 특성들을 포함하고 있다. 그러나 그와 같은 특성들이 성장하면서 줄어들지 않은 채 부적응적 행동 특성으로 나타나는 경우 ADHD로 진단된다.

④ DSM-5의 진단 기준에서는 ADHD를 주의력결핍 우세형(Predominantly Inattentive Presentation), 과잉행동/충동 우세형(Predominantly Hyperactive/Impulsive Presentation), 혼합형(Combined Presentation)의 세 하위유형으로 구분하고, 증상의 심각도에 따라 '경도(Mild)', '중(등)도(Moderate)', '고도 또는 중증도(Severe)'로 명시하도록 하고 있다.

⑤ ADHD를 가진 아동은 지능수준에 비해 학업성취도가 저조하며, 또래아이들에게서 거부당하거나 소외될 가능성이 높다. 또한 학습장애나 의사소통장애 또는 운동장애를 동반하는 경우가 많다.

⑥ ADHD를 가진 아동은 정서적으로 불안정하고 공격적·반항적인 행동을 나타내기도 한다. 그로 인해 ADHD를 가진 아동 중 약 40~50% 정도는 이후 청소년기에 품행장애의 진단을 받으며, 품행장애를 나타내는 청소년의 약 50% 정도는 이후 성인기에 반사회성성격장애를 나타낸다는 연구결과도 있다.

⑦ ADHD는 남아에게서 더 많이 나타나며, 여아보다 약 6~9배 정도 높은 것으로 보고되고 있다.

■ DSM-5에 의한 주의력결핍 및 과잉행동장애(ADHD)의 진단 기준

① 주의력결핍(부주의) 및(혹은) 과잉행동-충동성의 지속적인 패턴이 개인의 기능 또는 발달을 저해하며, 이는 다음의 ㉠ 및(혹은) ㉡의 특징적 양상을 나타내 보인다.

㉠ 주의력결핍(부주의) : 다음 중 6가지 이상의 증상들이 최소 6개월 이상 지속된다. 그와 같은 증상들은 발달 수준에 적합하지 않으며, 사회적·학업적·직업적 활동에 직접적으로 부정적인 영향을 미친다.

- 종종 세밀하게 주의를 기울이지 못하거나 학업, 직업 또는 다른 활동에서 빈번히 실수를 저지른다.
- 종종 과제를 하거나 놀이를 할 때 지속적으로 주의를 집중하지 못한다.
- 종종 다른 사람이 직접 말을 할 때 경청하지 않는 것처럼 보인다.
- 종종 주어진 지시를 수행하지 못하며, 학업, 잡일, 작업장에서의 임무들을 완수하지 못한다.
- 종종 과업과 활동을 체계화하지 못한다.
- 종종 지속적인 정신적 노력을 요구하는 과업들에 참여하기를 회피하거나 싫어하거나 혹은 마지못해 한다.
- 종종 과제나 활동을 하는 데 필요한 물건들을 잃어버린다.
- 종종 외부 자극에 의해 쉽게 산만해진다.
- 종종 일상적인 활동을 잊어버린다.

㉡ 과잉행동-충동성 : 다음 중 6가지 이상의 증상들이 최소 6개월 이상 지속된다. 그와 같은 증상들은 발달 수준에 적합하지 않으며, 사회적·학업적·직업적 활동에 직접적으로 부정적인 영향을 미친다.

- 종종 손발을 가만히 두지 못하거나 의자에 앉아서도 몸을 꼼지락거린다.
- 종종 가만히 앉아 있어야 할 상황에서 자리를 떠나 돌아다닌다.
- 종종 상황에 부적절하게 뛰어다니거나 높은 곳을 기어오른다(* 주의 : 청소년이나 성인의 경우 좌불안석을 경험하는 것으로 제한될 수 있음).
- 종종 조용한 여가활동에 참여하거나 놀지 못한다.
- 종종 끊임없이 활동하거나 자동차에 쫓기는 것처럼 행동한다.
- 종종 지나칠 정도로 수다스럽게 말을 한다.
- 종종 질문이 채 끝나기도 전에 성급히 대답한다.
- 종종 줄서기 상황에서 자신의 차례를 기다리지 못한다.
- 종종 다른 사람의 활동을 방해하거나 간섭한다.

② 심각한 부주의 또는 과잉행동-충동성의 증상들이 12세 이전에 나타났다.
③ 심각한 부주의 또는 과잉행동-충동성의 증상들이 2가지 이상의 장면(예 가정, 학교 혹은 직장, 친구들 또는 친척들과 함께 있는 자리, 다른 활동 상황)에서 나타난다.
④ 이러한 증상들이 사회적·학업적·직업적 기능의 질을 간섭하거나 저하시킨다는 명백한 증거가 있다.
⑤ 이러한 증상들이 조현병(정신분열증)이나 다른 정신증적 장애의 경과 중에만 나타나는 것이 아니며, 다른 정신장애(예 기분장애, 불안장애, 해리성장애, 성격장애, 물질중독 또는 금단)에 의해 더 잘 설명되지 않는다.

전문가의 한마디

DSM-5에 의한 주의력결핍 및 과잉행동장애(ADHD)는 주의력결핍(부주의), 과잉행동과 충동성을 핵심증상으로 제시한다는 점에서는 DSM-Ⅳ의 진단기준과 차이가 없으나, 12세 이상 아동 및 청소년의 경우 최소 6개 이상의 증상을, 17세 이상 청소년 및 성인의 경우 최소 5개 이상의 증상을 보일 때 ADHD로 진단하도록 하고 있다는 점, 증상의 발현시기를 '7세 이전'에서 '12세 이전'으로 확대하고 있다는 점에서 차이가 있습니다.

■ **아동의 ADHD 진단을 위한 주요 고려사항**

① 아동의 행동이 극단적이고 장기적이며 광범위한 양상을 보이는가?
② 동일한 연령대 및 성별의 다른 아동에 비해 더욱 빈번히 발생하는가?
③ 증상이 일시적이 아닌 지속적인 문제 양상으로 나타나는가?
④ 한 장소에서만이 아닌 여러 상황에 걸쳐서 발생하는가?
⑤ 아동의 사회적 혹은 학업적 기능에 심각한 결함을 가져오는가?
⑥ 정신지체, 뇌전증(간질), 자폐증과 같은 다른 장애로 더 잘 설명될 수 있는가?

■ **ADHD를 가진 아동의 주요 임상적 특징**

① 주의력결핍 또는 부주의
　㉠ ADHD를 가진 아동은 과제를 수행하거나 놀이를 할 때 주의를 지속시키지 못한다.
　㉡ 지속적인 주의력결핍은 자기지시(Self-Direction)와 자기지속(Self-Sustained)을 요하는 비교적 간단한 과제에서부터 보다 다양하고 복잡한 과제에 이르기까지 수행에 영향을 미친다.
　㉢ ADHD를 가진 아동은 주의의 선택적 측면에 결함이 있다고 하기보다는 주의의 지속성을 유지하는 데 결함이 있는 것으로 보고되고 있다.

② 과잉행동
　㉠ 주의력결핍(부주의)이나 충동성이 비교적 오래 지속되는 경향이 있는 반면, 과잉행동은 연령이 증가함에 따라 점차적으로 개선되는 양상을 보인다.
　㉡ 과잉행동은 행동을 조절하거나 억제력이 부족하다는 점에서 충동성과 공통점을 가진다.
　㉢ 특히 요인분석적 연구에서는 과잉행동을 충동성과 함께 군집화하여 포괄적으로 다루며, 이러한 것이 주의력결핍보다 더욱 ADHD의 특성을 잘 반영한다고 본다.

③ 충동성
　㉠ ADHD를 가진 아동은 행동에 앞서 보고, 듣고, 생각하지 못한다.
　㉡ ADHD를 가진 아동은 마음에 떠오르는 첫 번째 생각을 그대로 실천하고자 하며, 그것이 최선인지의 여부를 고려하지 않는다.
　㉢ ADHD를 가진 아동은 탐색 책략이 부족하며, 억제 결함을 보인다.

> **전문가의 한마디**
>
> ADHD는 상황을 종합적으로 분석하고, 목표를 계획하고, 실행하는 기능에 결함을 보인다는 점에서 대뇌의 전두엽(이마엽) 손상과 관련이 있는 것으로 보고 있습니다.

OX Quiz

ADHD 아동의 주요 임상적 특징에 충동성은 포함되지 않는다.
정답 X(충동성도 포함)

OX Quiz
ADHD를 가진 아동의 주의력은 싫증을 느낄만한 상황에서 감소한다.

정답 O

■ ADHD를 가진 아동의 주의력에 영향을 미치는 요인(Barkley)

① 싫 증
  ADHD를 가진 아동의 주의력은 장시간 쉬지 않고 과업을 완성해야 하는 경우와 같이 싫증을 느낄만한 상황에서 현저히 감소한다.

② 과제의 난이도 또는 복잡성
  과제가 복잡한 여러 단계들로 이루어져 체계적인 계획과 조직화를 요구하는 경우 주의력은 현저히 감소한다.

③ 억압 또는 구속
  수업시간에 제자리에서 꼼짝하지 않은 채 앉아있어야 하는 경우와 같이 자신의 행동이 다른 누군가에 의해 억압 또는 구속되었다고 느끼는 경우 주의력은 현저히 감소한다.

④ 자극의 양상
  자극이 게임이나 만화처럼 흥미를 유발할 만한 것인 경우 보통의 아동과 유사한 수준의 주의력을 보이지만, 학교수업과 같이 흥미를 유발하기에 어려운 것인 경우 주의력은 현저히 감소한다.

⑤ 보상의 즉각성과 빈도
  보상이 컴퓨터 게임과 같이 즉각적이고 빈번하게 이루어지는 경우 양호한 주의력을 보이지만, 학교성적 평가에 따른 보상과 같이 보상 자체가 명료하지 않고 지연되는 경우 주의력은 현저히 감소한다.

⑥ 성인의 존재 유무
  성인이 가까이에 있는 경우 아동의 주의가 다른 방향으로 향하는 것을 적절히 수정하고 주의력을 고무시킬 수 있지만, 주변에 성인이 없는 경우 긍정적인 영향력이 미치지 못하므로 주의력은 현저히 감소한다.

■ ADHD에 대한 행동치료기법

① 타임아웃(Time-Out)
  문제행동을 중지시킬 목적으로 문제가 일어나는 상황으로부터 내담자를 일정 시간 분리시키는 기법이다. 내담자의 바람직하지 못한 행동에 강화를 주지 않음으로써 반응의 강도 및 출현 빈도를 감소시키는 일종의 소거(Extinction) 기술에 해당한다.

기출키워드

21년 3회

행동치료기법

※ 실기시험에는 주의력결핍 및 과잉행동장애(ADHD)의 치료방법 중 행동치료의 기법을 3가지 쓰고, 각각에 대해 설명하도록 하는 문제가 출제되었습니다.

② 토큰경제(Token Economy)

내담자와 행동계약을 체결하여 적응적 행동을 하는 경우 토큰(보상)을 주어 강화하는 기법이다. 특히 물리적 강화물(토큰)과 사회적 강화물(칭찬)을 연합함으로써 내적 동기의 가치를 학습하도록 유도한다.

③ 반응대가(Response Cost)

내담자가 특정 행동을 한 것에 대해 대가를 지불하도록 하는 기법이다. 내담자가 감소 표적행동을 한 경우 내담자가 가치 있다고 여기는 중요한 물건을 치료자에게 맡기도록 하거나, 내담자가 좋아하는 행동에 대해 제약을 가한다.

④ 과잉교정(Overcorrection)

잘못된 행동이 과도한 양상을 보이는 경우 또는 강화로 제공될 대안행동이 거의 없거나 효과적인 강화인자가 없는 경우 유용한 기법이다. 예를 들어 한 아동이 물건을 부수거나 친구를 때리는 등의 폭력적인 행동을 하는 경우 즉각적으로 자연스러운 상황을 재구성하도록 요구하면서, 그와 같은 행동을 한 것에 대해 상대방 또는 집단성원들에게 사과를 하도록 요구할 수 있다.

⑤ 조건부 계약(Contingency Contract)

조건부 계약은 내담자의 표적행동과 그에 따른 결과의 관계를 구체화한 문서화된 동의서에 해당한다. 표적행동, 표적행동의 수행결과, 그리고 각 표적행동과 그 결과에 대한 명확한 조건이 명료하게 정의되어 계약 참여자의 서명을 거치게 되므로, 참여자로서 내담자는 계약서의 내용대로 역할을 잘 수행하기 위해 노력하게 된다.

전문가의 한마디

반응대가(반응가)는 강화인자가 부적절한 경우 또는 행동이 바람직하지 않은 방향으로 전개되는 경우 부여하는 일종의 벌에 해당합니다. 보통 입원한 환자를 대상으로 토큰법(토큰경제)과 함께 병행하여 사용하는데, 환자가 건설적인 행동을 나타내 보이는 경우 그 대가로 어떤 물건이나 이권 등의 토큰을 부여하는 반면, 부적절한 행동이나 위반행동을 나타내 보이는 경우 토큰을 수거합니다.

기출키워드

21년 3회 / 24년 1회

토큰 이코노미

※ 실기시험에는 행동치료기법 중 토큰 이코노미(Token Economy)의 장점을 5가지 쓰도록 하는 문제가 출제되었습니다.

기출복원 10 03년 기출

다음 보기의 사례를 읽고 물음에 답하시오. 10점

> 인천의 한 초등학교에 다니는 A군은 올해 3학년이 되었다. A군은 평소 주의가 산만하여 가만히 책상에 앉아 있지 못하며, 학습에 대한 이해능력이 부족하여 낮은 학업성취도를 보이고 있다. 더욱이 부모의 말을 잘 듣지 않는데다가 친구들과도 원만한 관계를 유지하지 못하고 있다.

(1) A군의 심리적 기능 전반을 탐색하는 데 유효한 검사를 5가지 제시하시오.

● 해설 체크! ●
1. 한국판 웩슬러아동용지능검사(K-WISC-IV ; Korean Wechsler Intelligence Scale for Children IV)
2. 한국아동인성평정척도(KPRC ; Korean Personality Rating Scale for Children)
3. 시각-운동 통합발달검사(VMI ; Developmental Test of Visual-Motor Integration)
4. 한국판 아동·청소년 행동평가척도(K-CBCL ; Korean-Child Behavior CheckList)
5. 연속수행검사(CPT ; Continuous Performance Test)
6. 한국판 ADHD 진단검사(K-ADHD-SC4 ; Korean ADHD Symptom Checklist-4)
7. 한국판 아동용 주제통각검사(K-CAT ; Korean Children's Apperception Test)
8. 벤더게슈탈트검사(BGT ; Bender Gestalt Test) 등

(2) 필수적으로 확인해야 할 사항은?

● 해설 체크! ●
1. 주의력 및 주의집중력
2. 학습장애 및 학업성취도
3. 학교 및 가정에서의 생활태도
4. 부모 및 교사의 관찰 내용
5. 개인력 및 가족력
6. 가족관계 및 친구관계
7. 과잉행동의 양상 등

(3) 적절한 진단을 내린다면?

● 해설 체크! ●
주의력결핍 및 과잉행동장애(ADHD)

(4) 적절한 치료방법은?

● 해설 체크! ●
1. 약물치료 : 리탈린(Ritalin), 덱세드린(Dexedrine), 콘서타(Concerta), 페몰린(Pemoline) 등
2. 행동치료 : 타임아웃, 토큰경제, 반응대가, 과잉교정, 조건부 계약 등
3. 인지행동치료 : 자기관찰, 자기강화, 자기지시 등
4. 그 외 사회기술훈련, 부모훈련 등

11 자폐스펙트럼장애

■ 자폐스펙트럼장애(Autism Spectrum Disorder)의 의의 및 특징

① 자폐스펙트럼장애는 DSM-Ⅳ의 분류기준상 '자폐성장애(Autistic Disorder)', '아스퍼거장애(Asperger's Disorder)', '아동기 붕괴성장애(Childhood Disintegrative Disorder)'를 비롯하여 그 밖의 달리 분류되지 않는 광범위한 발달장애를 통합한 것이다. 이와 같은 통합은 해당 장애들이 증상의 심각도에서 차이가 있을 뿐 동일 연속선상에 존재하는 하나의 장애로 간주될 수 있다는 연구 결과에서 비롯된다. 다만, '레트장애(Rett's Disorder)'는 고유한 유전적 원인이 밝혀짐에 따라 자폐스펙트럼장애에서 제외되었다.

② 자폐스펙트럼장애는 사회적 의사소통 및 사회적 상호작용상의 지속적인 결함과 함께 행동, 흥미 또는 활동에 있어서 제한적이고 반복적인 패턴을 2가지 핵심증상으로 한다.

③ 자폐스펙트럼장애는 2가지 핵심증상의 심각도(Severity Levels)에 따라 각각 '지원이 필요한(Requiring Support)' 수준 1, '실질적 지원이 필요한(Requiring Substantial Support)' 수준 2, '실질적이고 전반적인 지원이 필요한(Requiring Very Substantial Support)' 수준 3의 3단계로 진단이 이루어진다.

④ 자폐스펙트럼장애를 가진 아동은 대인관계 형성 및 의사소통이 이루어지지 않으며, 그로 인해 부모를 비롯하여 형제자매나 또래들과 적절한 인간관계를 형성하지 못한다.

⑤ 부모와의 관계형성이 이루어지지 못하므로 나이에 알맞은 언어를 습득하지 못하며, 음성의 고저, 억양, 속도, 리듬, 강도 등이 비정상적이다.

⑥ 아동의 관심사는 매우 좁으며, 그와 같은 관심사에 몰두하거나 반복적인 행동을 나타내는 경향이 있다.

⑦ 대부분 지적 장애에 해당하는 지적 기능 및 적응기능을 보인다. 다만, 지적 장애를 가진 아동의 경우 전반적인 지적 기능이 저조한 데 반해, 자폐스펙트럼장애를 가진 아동의 경우 자신의 관심 영역에 대해 놀라운 기억력이나 우수한 지적 능력을 보이는 경우도 있다.

⑧ 유병률은 아동과 성인을 포함하여 전체 인구의 약 1% 정도이며, 특정 문화에 상관없이 상당히 일정한 빈도로 보고되고 있다.

⑨ 대부분 3세 이전에 발병하며, 여아보다 남아에게서 3~4배 정도 높게 발병하는 것으로 보고되고 있다.

전문가의 한마디

자폐스펙트럼장애는 기존의 자폐성장애, 아스퍼거장애, 아동기 붕괴성장애 등을 통합한 것이나, 레트장애를 포함하지는 않습니다. 그 이유는 레트장애의 경우 결손유전자에 의해 발달상 장애가 나타나는 것이 확인됨에 따라, 정신장애의 원인이 아닌 증상을 기준으로 진단하는 것을 원칙으로 하는 DSM-5에서 삭제된 것입니다.

전문가의 한마디

자폐스펙트럼장애(ASD)는 언어기술과 전반적 지적 수준이 예후와 밀접한 관계가 있습니다.

OX Quiz

자폐스펙트럼장애 아동의 관심사는 매우 좁으며, 그 관심사에 몰두하거나 반복적인 행동을 나타내는 경향이 있다.

정답 O

■ DSM-5에 의한 자폐스펙트럼장애의 진단 기준

① 다양한 맥락에 걸쳐 사회적 의사소통 및 사회적 상호작용에 지속적인 결함을 보이며, 이는 현재 또는 과거에 다음과 같이 나타난다.

> ㉠ 사회적-정서적 상호작용에 있어서 결함을 나타낸다.
> ㉡ 사회적 상호작용을 위해 사용되는 비언어적 의사소통 행동에 있어서 결함을 나타낸다.
> ㉢ 대인관계의 발전, 유지, 이해에 있어서 결함을 나타낸다.

② 행동, 흥미 또는 활동에 있어서 제한적이고 반복적인 패턴을 보이며, 이는 현재 또는 과거에 다음 중 최소 2가지 이상으로 나타난다.

> ㉠ 운동 동작, 물체 사용 또는 언어 사용에 있어서 정형화된 또는 반복적인 패턴을 나타낸다.
> ㉡ 동일성에 대한 고집, 일상적인 것에의 완고한 집착 또는 언어적 혹은 비언어적 행동의 의식화된 패턴을 나타낸다.
> ㉢ 매우 제한적이고 고정된 흥미를 보이는데, 그 강도나 초점이 비정상적이다.
> ㉣ 감각적 자극에 대해 과도한 또는 과소한 반응을 나타내 보이거나, 주변 환경의 감각적 측면에 대해 비정상적인 흥미를 보인다.

③ 이러한 증상들은 초기 발달기에 나타난다.
④ 이러한 증상들은 사회적·직업적 기능 또는 다른 중요한 기능 영역에서 임상적으로 유의미한 손상을 초래한다.
⑤ 이러한 장해들은 지적 장애(지적발달장애)나 전반적 발달 지연에 의해 더 잘 설명되지 않는다.

> *주의 : DSM-Ⅳ의 진단 기준상 자폐성장애(Autistic Disorder), 아스퍼거장애(Asperger's Disorder) 혹은 달리 분류되지 않는 광범위한 발달장애(Pervasive Developmental Disorder Not Otherwise Specified)로 진단된 경우 자폐스펙트럼장애의 진단이 내려져야 한다. 사회적 의사소통상 현저한 결함이 있으나 그 증상들이 자폐스펙트럼장애의 진단 기준을 충족하지 않는 경우 사회적(실용적) 의사소통 장애로 평가되어야 한다.

■ 주의력결핍 및 과잉행동장애(ADHD)와의 변별진단

① 자폐스펙트럼장애는 주의력결핍 및 과잉행동장애(ADHD)와 마찬가지로 주의력 이상이나 과잉행동을 나타내 보인다. 만약 이와 같은 주의력 이상이나 과잉행동이 비슷한 연령대에 비해 일반적인 수준을 초과하여 나타나는 경우 ADHD의 진단을 고려해야 한다.
② 자폐스펙트럼장애는 ADHD와 마찬가지로 부주의, 사회적 기능 이상 등 다루기 힘든 행동이 나타난다. 다만, ADHD에서 나타나는 사회적 기능 이상과 또래의 배척은 자폐스펙트럼장애에서 나타나는 사회적 이탈이나 고립, 의사소통 신호에 대한 무관심 등과 구별되어야 한다.

OX Quiz

자폐스펙트럼장애는 ADHD와 달리 주의력 이상이나 과잉행동은 나타나지 않는다.

정답 X(모두 나타남)

③ 자폐스펙트럼장애는 ADHD와 마찬가지로 분노발작을 보이기도 한다. 그러나 ADHD에서 나타나는 분노발작이 충동성과 자기조절력 부족에서 비롯된 것인 반면, 자폐스펙트럼장애에서 나타나는 분노발작은 어떤 사건이 기대하던 경과로부터 변화하는 것에 대한 인내력 부족에서 비롯된다.
④ 자폐스펙트럼장애와 ADHD의 진단 기준을 모두 충족하는 경우 2가지 진단을 모두 내려야 한다.

OX Quiz

자폐스펙트럼장애는 분노발작을 나타내 보이기도 한다.

정답 O

■ 자폐스펙트럼장애를 가진 아동의 주요 임상적 특징

① 사회적 상호작용에서의 질적인 장해
  ㉠ 사회적 상호작용의 조절을 위한 눈 맞춤, 얼굴 표정, 자세, 몸짓 등의 비언어적 행동을 사용하는 데 있어서 현저한 장해가 있다.
  ㉡ 발달수준에 부합하는 또래 친구와 관계를 형성하지 못한다.
  ㉢ 자발적으로 다른 사람과 기쁨, 관심, 성취감을 나누는 데 있어서 현저한 장해가 있다.
  ㉣ 사회적·정서적 상호교류가 결여되어 있다.

② 사회적 의사소통에서의 질적인 장해
  ㉠ 구두 언어 발달이 지연되거나 발달이 완전히 결여되어 있다(몸짓이나 흉내 내기 등의 의사소통 방법에 의한 보상 시도가 없음).
  ㉡ 적절하게 말을 하는 경우, 다른 사람과 대화를 시작하거나 지속하는 데 있어서 현저한 장해를 보인다.
  ㉢ 상동증적·반복적인 언어 또는 괴상한 언어를 사용한다.
  ㉣ 발달수준에 부합하는 다양한 가상놀이나 사회적 모방놀이를 자발적으로 수행하지 못한다.

③ 행동, 관심, 활동에 있어서 제한적·반복적·상동증적 양상
  ㉠ 1가지 이상의 관심에 대해 상동증적이고 비정상적으로 몰두한다.
  ㉡ 특이하고 무가치한 일상의 일이나 의식적 행위에 과도하게 집착한다.
  ㉢ 손을 흔들거나 손가락을 꼬는 행위, 전신의 특이한 움직임 등 동작성 매너리즘이 상동증적이고 반복적으로 나타난다.
  ㉣ 대상의 특정 부분에 지속적으로 집착한다.

전문가의 한마디

DSM-5에서는 자폐스펙트럼장애(ASD)와의 감별진단을 요하는 장애로 선택적 함구증(Selective Mutism)을 제시하고 있습니다. 특히 선택적 함구증은 ASD와 달리 보통 초기 발달 시기에 장애를 보이지는 않으며, 함구증(무언증)을 보이는 상황에서도 사회적 상호작용의 손상 및 제한적·반복적·상동증적 행동 양상을 보이지 않는다는 점을 지적하고 있습니다.

■ 자폐스펙트럼장애의 치료방법

① 행동치료

자폐스펙트럼장애에 대한 효과적인 치료방법은 아직 알려져 있지 않지만, 보통 자폐아동의 부적응적 행동을 개선하기 위해 행동치료가 널리 활용되고 있다. 조작적 조건형성이나 모방 학습을 통해 말하기, 다른 아이들과 놀기, 다른 사람의 말에 주의를 기울이기 등을 학습시킬 수 있으며, 공격적인 행동이나 기이한 몸동작을 수정할 수 있다.

② 정신역동치료

음악, 미술, 놀이 등의 다양한 표현매체를 활용하여 자폐아동이 자신의 감정과 정서를 표현하도록 유도하는 동시에 언어적 기술 및 상상적 활동을 증진시킨다. 이러한 방법은 자폐아동의 긴장해소 및 흥미유발에도 유효한 것으로 보고되고 있다.

③ 발달놀이치료

자폐아동에 대한 연구에 따르면, 대상에의 접촉을 통한 발달놀이치료가 자폐아동의 사회성 함양 측면에서 유효한 것으로 보고되고 있다. 특히 발달놀이치료의 방법으로서 치료적 놀이(Theraplay)는 온화하고 자발적인 분위기에서 치료자와의 신체적 접촉 등 상호작용을 통해 자폐아동의 사회성 향상에 긍정적인 변화를 가져온 것으로 알려져 있다.

④ 약물치료

자폐스펙트럼장애의 핵심 증상보다는 관련 증상들을 완화시키는 데 효과적이다. 즉, 약물치료로 자폐증을 치료할 수는 없으나 극도의 흥분 상태를 가라앉히고 공격적·파괴적인 행동이나 발작을 완화하는 데 도움을 얻을 수 있다. 그러나 이와 같은 약물이 환경 전반에 대한 반응의 저하와 함께 학습을 방해하는 것으로도 알려져 있다.

전문가의 한마디

자폐스펙트럼장애의 치료가 어려운 이유는 그 증상이 아동의 현재 기능은 물론 새로운 행동의 학습을 저해하기 때문입니다.

OX Quiz

자폐스펙트럼장애의 약물치료는 핵심 증상을 완화시키는 데 효과적이다.

정답 X(핵심 증상보다는 관련 증상들을 완화시키는 데 효과적)

기출복원 11
15년 기출

자폐스펙트럼장애의 진단기준 중 사회적 의사소통 및 사회적 상호작용상의 결함 기준을 2가지 쓰고, 자폐스펙트럼장애로 통합된 DSM-Ⅳ 분류기준상의 진단명 2가지를 쓰시오. **4점**

해설 체크!

1. 사회적 의사소통 및 사회적 상호작용상의 결함 기준(DSM-5 진단 기준)
   - 사회적-정서적 상호작용에 있어서 결함을 나타낸다.
   - 사회적 상호작용을 위해 사용되는 비언어적 의사소통 행동에 있어서 결함을 나타낸다.
   - 대인관계의 발전, 유지, 이해에 있어서 결함을 나타낸다.

2. 자폐스펙트럼장애로 통합된 DSM-Ⅳ 분류기준상의 진단명
   - 아동기 붕괴성장애(Childhood Disintegrative Disorder)
   - 아스퍼거장애(Asperger's Disorder)
   - 자폐성장애(Autistic Disorder)

12 심리평가 Ⅰ

■ 심리평가의 의의

① 심리검사와 상담(면담), 행동관찰, 전문지식 등 여러 가지 방법을 토대로 자료를 수집하고, 이를 토대로 종합적인 평가를 내리는 전문적인 작업과정이다.

② 인간에 대한 심리학적 지식, 정신병리와 진단에 대한 지식, 임상적 경험 등을 통해 이루어지는 지식과 이론의 통합과정이다.

③ 단순히 심리검사의 결과를 제시하는 것이 아닌 다양한 정보의 종합을 통해 문제해결에 도움을 제공하는 과정에 해당한다.

④ 상담에서의 평가란 상담자가 개입하기 전에 개입할 방식, 개입할 시기와 강도, 개입할 영역 등에 대해 전문적으로 판단하고 결정하기 위해 내담자의 인지적·정서적·사회적 측면에 대한 다양한 정보를 수집하고 수집된 정보를 종합하여 내담자에 대한 최종적인 해석과 판단을 내리는 과정을 의미한다.

> **전문가의 한마디**
>
> 심리평가는 심리학자들이 진단을 내리고, 치료를 계획하고, 행동을 예측하기 위해 정보를 수집하고 평가하는 과정으로 볼 수 있습니다.

> **OX Quiz**
>
> 심리평가는 다양한 정보의 통합으로 문제해결에 도움을 제공하는 과정이다.
>
> **정답** O

기출키워드
21년 1회 / 24년 3회
심리평가의 목적
※ 실기시험에는 심리평가의 목적을 3가지로 구분하도록 하는 문제가 출제되었습니다.

■ 심리평가의 일반적인 목적

① 임상적 진단
  임상적 진단을 명료화·세분화하며, 증상 및 문제의 심각성 정도를 구체화한다.
② 자아기능 평가
  성격 및 정신병리에 대한 이해를 위해 내담자의 자아기능, 자아강도, 인지기능 등을 측정 및 평가한다.
③ 치료전략 평가
  적절한 치료유형, 치료전략, 치료적 개입에 의한 효과 등을 평가한다.

■ 심리평가의 구체적인 목적(Talbott)

① 임상적 진단을 명료화·세분화한다.
② 증상 및 문제의 심각도를 구체화한다.
③ 자아강도를 평가한다.
④ 인지적 기능을 측정한다.
⑤ 적절한 치료유형을 제시한다.
⑥ 치료전략을 기술한다.
⑦ 환자를 치료적 관계로 유도한다.
⑧ 치료적 반응을 검토하고 치료효과를 평가한다.

■ 심리평가의 주요 내용

① 인지기능에 대한 평가
  ㉠ 전반적인 지적 기능에 대한 평가
  ㉡ 논리적·추상적 사고능력, 주의집중력 등에 대한 평가
  ㉢ 문제 상황이나 스트레스 상황에서의 인지적 대처양식에 대한 평가
  ㉣ 인지적 능력의 결함이나 장애, 취약성 등에 대한 평가
② 성격역동에 대한 평가
  ㉠ 불안, 우울, 충동성, 공격성 등 현재 정서 상태에 대한 평가
  ㉡ 내담자의 문제에 영향을 미치는 정서적 측면에 대한 평가
  ㉢ 내담자의 문제와 성격적인 특성의 관련성에 대한 평가
  ㉣ 자아강도, 정서조절, 충동통제력에 대한 평가
③ 대인관계에 대한 평가
  ㉠ 가족, 친구, 동료, 타인과의 상호적 대인관계에 대한 평가
  ㉡ 대인관계의 양상 및 패턴에 대한 평가
  ㉢ 대인관계에서의 기능 및 역할 수행에 대한 평가

OX Quiz
전반적인 지적 기능 평가, 논리적·추상적 사고능력 평가, 주의집중력에 대한 평가는 인지기능에 대한 평가이다.
정답 O

④ 진단 및 감별진단
  ㉠ 검사 결과 및 검사 수행 시 나타난 정서적·행동적 양상에 대한 평가
  ㉡ 생활사적 정보 등을 포함한 종합적 평가
  ㉢ 성격장애, 기분장애, 정신지체 등 정신의학적 진단분류
⑤ 예후 및 방향 제시
  ㉠ 문제의 해결을 위한 적절한 치료 유형 및 치료 전략의 제시
  ㉡ 치료적 경과 및 앞으로의 행동에 대한 예측

■ 심리평가를 위한 주요 자료

① 면 담
  ㉠ 비구조적인 특징으로 인해 구조적인 심리검사를 통해 파악하기 어려운 내담자에 대한 의미 있는 자료를 제공한다.
  ㉡ 상담자(검사자)는 면담을 통해 내담자의 방문 사유, 내담자의 태도, 내담자의 가정 또는 직장 내 생활 및 적응상태, 대인관계 양상, 개인력 등에 대한 폭넓은 정보를 얻을 수 있다.
  ㉢ 면담에 의한 자료는 자의적인 해석이나 의도적 또는 비의도적인 왜곡, 과장 또는 축소, 생략의 과정이 개입될 수 있으므로 정확성을 보장하기 어렵다.
  ㉣ 면담에 의해 수집된 자료는 충분한 검토와 함께 분석 및 추론 등에 의한 전문적인 진행 과정을 거침으로써 유효하게 활용될 수 있다.

② 행동관찰
  ㉠ 직접적인 평가 과정으로서, 평가 대상의 실제 속성에 대한 가장 근접한 자료를 제공한다는 점에서 유의미하다.
  ㉡ 면담이나 심리검사 장면에서 내담자가 보이는 행동은 내담자의 일상적인 생활 상황에서의 행동을 반영한다.
  ㉢ 상담자는 내담자의 행동을 주의 깊게 관찰함으로써 내담자의 일상생활 속에서의 긴장과 압력, 대인관계, 문제 상황에서의 행동 양상 등을 추측해 볼 수 있다.
  ㉣ 행동관찰은 그 유용성에도 불구하고 면담 및 심리검사 장면의 제한된 영역에 국한되므로 내담자의 전체 행동 영역에 대한 대표성을 보장하는 것으로 보기 어렵다.
  ㉤ 자신의 행동을 다른 누군가가 지켜보고 있다고 내담자가 인식하는 경우 실제 상황과 다른 행동을 보일 수 있다.

③ 심리검사
  ㉠ 개인의 성격 구조, 사고 및 인지기능, 정서적 양상 및 적응 상태, 강점 및 취약성 등에 대한 객관적인 정보를 제공한다.
  ㉡ 내담자의 특정 행동 및 반응 양상을 표집하여 이를 토대로 해당 영역 전체를 추정하는 방식이므로 검사 자체의 신뢰도와 타당도가 검증되어야 하며, 오류 발생 가능성을 염두에 두어야 한다.

전문가의 한마디

부처(Butcher)는 임상심리학자들이 수행하는 심리평가에 면담, 행동관찰, 심리검사 등 세 종류의 자료가 이용된다고 주장하였습니다. 사실 이들 중 어느 하나만으로도 개인에 대한 평가가 가능하겠지만, 각각 장점과 함께 한계점을 가지고 있으므로 이 3가지 자료들을 통합하여 심리평가를 수행하게 됩니다.

OX Quiz

직접적인 평가 과정으로서, 평가 대상의 실제 속성에 대한 가장 근접한 자료를 제공하는 것은 행동관찰이다.

정답 O

OX Quiz

심리검사에서는 오류 발생 가능성을 염두에 두어야 한다.

정답 O

ⓒ 내담자의 특정 상태를 직접 측정하는 것이 아닌 가정의 상황에서 내담자가 나타내기 쉬운 반응을 측정한다. 즉, 내담자의 반응을 잘 예측할 수 있을 것으로 추정되는 문항들을 유추하여 내담자의 상태를 측정하는 것이다.
　　ⓓ 보통 일회적으로 실시되므로 충분하고 정확한 정보를 얻기 어렵다.
　　ⓔ 표준화된 자극에 대한 내담자의 현재 반응을 측정하는 것이다. 따라서 내담자의 과거 및 미래에 대한 종합적인 정보를 얻기 위해 면담 및 행동관찰에서 입수한 자료들로 보충하여야 한다.

■ 심리평가에서 심리검사를 시행하는 주요 목적

① 내담자가 표면적으로 드러내지 않은 문제를 확인하고 진단하기 위해
　내담자가 표면적으로 드러내지는 않지만 정신병적 징후가 의심될 경우 심리검사를 통해 이를 확인하고 진단할 수 있다.

② 내담자의 문제증상이나 행동의 심각성 및 그 정도를 파악하기 위해
　내담자가 불안하다고 보고하고 있으나 그 정도가 어느 수준인지, 비현실적인 사고를 보이고 있으나 그 사고 수준이 망상에까지 이르고 있는지 등을 평가할 수 있다.

③ 변별진단을 위해
　내담자의 문제증상이나 행동이 신체적인 이유 때문인지, 정서적인 이유 때문인지, 성격적 특성 때문인지에 따라 치료적 접근은 달라진다. 이와 같이 그 원인에 대한 변별을 통해 올바른 치료적 개입이 이루어질 수 있도록 심리검사를 시행한다.

④ 특수한 영역에서의 기능평가를 위해
　내담자의 지능이나 적성을 파악하고자 할 경우, 교통사고로 인한 특수 영역의 손상 여부를 파악하고자 할 경우, 내담자의 장애판정이나 법적인 목적에 사용하기 위한 경우 등 내담자의 어느 특정 영역에서의 기능이나 수준을 평가해야 할 때 심리검사를 시행한다.

⑤ 내담자의 성격적인 측면이나 전반적인 기능 수준을 평가하기 위해
　심리검사 결과를 종합하여 내담자의 문제와 관련된 성격적 특성이나 역동을 이해할 수 있으며, 내담자의 전반적인 기능 수준을 평가할 수 있다.

■ 심리평가의 자료원으로서 심리검사의 장점

① 객관적이고 포괄적인 정보 제공
　심리검사는 개인의 적응기능 및 역할수행 능력, 사고-인지 기능, 주관적 고통 및 불편감, 정서, 성격구조, 대인관계, 취약성 및 자원 등에 관한 가장 객관적이고 포괄적인 정보를 제공한다.

> **OX Quiz**
> 내담자의 문제증상이나 행동의 이유가 무엇이든 치료적 접근은 동일하게 해야 한다.
> 정답 X(이유에 따라 치료적 접근은 달라짐)

② 표집자료를 통한 전체의 추정

　　심리검사는 재고자 하는 것 전체를 측정하는 것이 아니라 그중 일부, 즉 표집된 내용 및 표집된 행동을 측정하며, 이러한 표집된 자료로 전체를 추정한다.

③ 측정 영역에 대한 간접적 유추

　　심리검사는 측정하고자 하는 것을 직접 측정하는 것이 아니라 측정하고자 하는 영역이 반응 속에 잘 반영될 수 있는 질문 혹은 반응을 통해 그와 같은 영역을 잘 예측할 수 있다고 생각되는 질문을 토대로 유추한다.

■ 심리평가자에게 요구되는 자질

① 과학자로서의 자질
　㉠ 과학은 사물이나 현상에 대한 실험과 체계적인 이해를 통해 인과관계를 규명하고 반복적인 실험과 검증의 과정을 통해 이론으로 정립하며, 이를 토대로 미래를 예측하고 문제를 적절히 통제하는 것을 목표로 한다.
　㉡ 심리평가는 심리검사와 상담, 행동관찰 등을 토대로 자료를 수집하며, 이를 토대로 종합적인 평가를 내리는 전문적인 작업과정이라는 점에서 그 자체로 과학적인 방법에 해당한다고 볼 수 있다.
　㉢ 따라서 심리평가자는 과학자로서 전문적인 지식과 객관적인 실험, 논리적인 검증을 통해 내담자(수검자)에 대한 종합적이고 체계적인 해석과 판단을 내려야 한다.

② 예술가로서의 자질
　㉠ 인간의 심리는 보편적인 법칙에 따라 규명할 수 있는 성질의 것이 아니다. 이는 인간의 사고나 행동이 논리적이고 일관적인 방향으로 전개되지 않기 때문이며, 실제로 심리평가를 현실장면에 직접적으로 적용하기에는 많은 어려움이 있다.
　㉡ 동일한 문제일지라도 내담자의 특성에 따라 서로 상이한 가설에 의해 설명될 수 있으므로, 심리평가자는 다양한 평가 경험과 치료 경험에 근거하여 통찰력을 발휘해야 한다.
　㉢ 심리평가자는 내담자에 대한 해석과 판단에 앞서 내담자를 선의와 용기로써 이해하고 희망과 에너지로써 치료전략을 수립하며, 전문적인 관계 형성을 통해 내담자를 치료적인 관계로 유도해야 한다.

OX Quiz

심리평가자가 다양한 평가 경험과 치료 경험에 근거하여 통찰력을 발휘하는 것은 과학자로서의 자질에 가깝다.

정답 X(예술가로서의 자질에 가까움)

기출복원 12
11, 14, 20년 기출

심리평가자의 역할과 관련하여 심리평가자의 '과학자로서의 자질'과 '예술가로서의 자질'에 대해 설명하시오. (4점)

> **해설 체크!**
>
> 1. **과학자로서의 자질**
>   심리평가자는 과학자로서 전문적인 지식과 객관적인 실험, 논리적인 검증을 통해 내담자에 대한 종합적이고 체계적인 해석과 판단을 내려야 한다.
> 2. **예술가로서의 자질**
>   심리평가자는 예술가로서 내담자에 대한 해석과 판단에 앞서 내담자를 선의와 용기로써 이해하고 희망과 에너지로써 치료전략을 수립하며, 전문적인 관계 형성을 통해 내담자를 치료적인 관계로 유도해야 한다.

13 심리평가 II

■ 심리평가에 의한 종합적인 진단 및 평가

① 심리평가는 개인의 심리적 특성과 상태를 파악하기 위한 체계적이고 종합적인 기술 과정이다.
② 심리평가는 심리검사, 임상면접, 행동관찰, 신경학적 검사 등의 결과를 종합하여 개인의 심리에 대한 다양한 결정을 내린다.
③ 심리평가의 요소로서 심리검사를 비롯한 다양한 검사 과정도 중요하지만, 내담자의 생활사적·발달사적 정보나 면담을 통한 정보, 자연적 또는 체계적 상황에서의 행동관찰이나 내담자에 대한 기록, 관련 분야에 대한 전문적인 지식 등도 내담자의 심리 상태를 이해하기 위한 중요한 요소이다.
④ 심리검사에 의한 결과는 내담자에 대한 다양한 정보를 제공해 주지만 내담자의 검사에 대한 반응으로서 주관적인 정보에 불과하므로 그 자체로서 객관적인 비교나 검증이 불가능하다.
⑤ 내담자의 보고나 검사에 의해서가 아닌 상담자가 관찰자 또는 치료자로서 수집하는 정보는 내담자에 대한 보다 객관적인 정보를 제공한다.
⑥ 심리검사에 의한 주관적인 정보 이외에 내담자의 생활사나 발달사, 각종 기록을 통해 입수되는 객관적인 정보를 종합하여 비교함으로써 오류를 최소화하는 동시에 내담자의 장애나 문제 상황에 대한 인과관계를 보다 타당성 있게 포착할 수 있다.

> **OX Quiz**
>
> 내담자의 생활사적·발달사적 정보 또한 내담자의 심리 상태를 이해하기 위한 중요한 요소이다.
>
> 정답 O

■ 심리평가 보고서(Psychological Test Report)의 의의 및 특징

① 심리학적·임상학적 전문가가 평가에 의뢰된 내담자나 환자를 대상으로 해당 개인 및 주변인물에 대한 면담, 개인에 대한 행동관찰, 생활사적 정보와 평가 결과에 대한 통합 과정 등을 기록한 것이다.
② 내담자나 환자의 신체적·정신적·정서적 기능과 인지능력, 행동수행능력 등을 평가하여 개인의 특징적 양상을 구체적이고 명확하게 기술하며, 이를 의뢰된 문제나 치료적 목적에 결부시켜 진단에 대한 정보를 제공한다.
③ 향후 치료적 개입에 대해 건의하며, 치료적 결과에 대한 전망과 기능적 향상 가능성, 직접적인 개입에 의해 초래될 수 있는 문제점 등을 조망한다.

■ 심리평가 보고서의 구성 형식(구성 요소)

① 제목 및 내담자에 관한 정보
   제목, 작성자 및 내담자의 이름, 평가한 날짜 및 장소, 내담자의 성별, 생년월일, 결혼상태, 참고자료, 의학적 기록 등
② 의뢰된 이유 및 원천
   내담자의 의뢰와 연관된 사람, 장소(기관), 의뢰된 이유, 특별히 의뢰된 질문 등
③ 평가도구 및 절차
   사용되는 평가의 목록, 평가의 절차 등
④ 행동관찰
   내담자의 용모 및 외모, 말과 표현, 면담 태도, 언어적·비언어적 의사소통능력 등
⑤ 평가 결과에 대한 해석
   내담자의 신체적·정신적·정서적 기능, 인지능력, 행동수행능력, 대인관계능력 등
⑥ 생활사적 정보와 평가 결과의 통합
   내담자의 현재 상태에 대한 심리적 평가, 잠정적 결론을 유추하기 위한 과정
⑦ 요약 및 권고
   보고서의 중요 부분에 대한 정리·기술, 진단에 대한 정보 제공, 치료적 개입에 대한 건의 및 그로 인해 발생할 수 있는 문제 등

■ 심리평가 보고서의 작성지침

① 보고서를 읽을 사람에 대해 고려해야 한다.
② 의뢰받은 질문에 적합한 대답을 제공할 수 있어야 한다.
③ 내담자에 대한 정신병리학적 관점은 물론 내담자의 강점 및 잠재력도 제시해야 한다.

전문가의 한마디

심리평가 보고서의 구성 형식(구성 요소)은 학자마다 교재마다 다양하게 제시되고 있으며, 명확한 정답이 있는 것은 아닙니다. 다만, 본문에 제시된 7가지 요소들은 공통적으로 포함되는 내용이므로, 이를 반드시 기억해 두시기 바랍니다.

기출키워드

20년 1회 / 21년 3회 / 23년 2회
심리평가 보고서
※ 실기시험에는 심리평가의 최종보고서에 반드시 포함되어야 할 내용 5가지를 쓰도록 하는 문제가 출제되었습니다.

④ 단일검사가 아닌 2가지 이상의 검사들을 통해 서로 다른 검사에서 나타나는 측정 내용들을 종합하는 것이어야 한다.
⑤ 내담자와의 접촉을 통해 내담자의 행동을 관찰하거나, 검사에 영향을 미칠 수 있는 요인들을 사전에 면밀히 검토해야 한다.
⑥ 읽는 사람에게 별다른 의미가 없는 공식이나 수치 등을 사용하지 않아야 한다.
⑦ 길이 또는 분량, 활자체, 철자, 구문, 문법 등을 고려해야 한다.
⑧ 제3자의 입장에서 정직하게 작성해야 한다.
⑨ 정해진 기간 내에 시기적절하게 작성되어야 한다.

■ 심리평가 보고서 작성 시 유의사항

① 검사 저자가 사용한 용어만을 가지고 내담자에게 결과 피드백을 주어서는 안 된다. 즉, 검사의 전문용어들을 일반 심리학적인 용어로 해석하는 일이 선행되어야 한다.
② 해당 검사를 사용한 이유에 대한 검사자 혹은 심리평가자의 입장이 정확하고 상세하게 기술되어야 한다.
③ 검사 결과를 형식적이고 단편적으로 진술하기보다는 수검자의 성격구조에 대해 전체 그림을 보여 주듯이 일관성 있고 통합적으로 기술한다.
④ 수검자의 능력이나 성격을 개념 설명 차원에서 낱낱이 기술하기보다는 특정한 상황에서 어떻게 행동하고 어떤 수행능력을 나타내는지를 구체화시켜 설명하도록 한다.
⑤ 검사 결과가 서로 상충되거나 모순으로 보이는 결과가 나타난 경우 이를 그대로 놓아두어서는 안 되며, 모순된 결과가 나타난 이유에 대해 논의하고 분석할 필요가 있다.
⑥ 보고서에는 추측에 의한 해석이 담겨 있어서는 안 된다. 즉, 검사 결과에 대한 해석은 검사가 실제로 측정하는 것과 얼마나 정확하게 측정하는지의 범위 안에서 이루어져야 한다.
⑦ 가급적 모든 진술의 마지막에 출처를 밝힘으로써 진술의 증거와 객관성을 제시하는 것이 바람직하다.

OX Quiz
심리평가 보고서 작성 시 수검자의 능력이나 성격은 개념 설명 차원에서 낱낱이 진술하는 것이 바람직하다.
정답 X(특정 상황에서 어떻게 행동하고 어떤 수행능력을 나타내는지를 구체화시켜 설명하는 것이 바람직함)

기출복원 13
05, 12, 16, 20년 기출

심리평가 보고서를 작성할 때 심리검사 결과와 생활사적 정보를 통합하는 중요한 이유에 대해 기술하시오. 5점

● 해설 체크! ●

심리검사를 통해 얻을 수 있는 내담자에 관한 주관적인 정보와 상담자의 직접적인 관찰이나 다양한 정보자료 수집을 통해 얻을 수 있는 내담자에 관한 객관적인 정보는 서로 통합됨으로써 오류를 최소화할 수 있으며, 내담자에 대한 보다 정확한 진단 및 평가가 가능하다.

14 심리평가 Ⅲ

■ 심리평가의 전통적 모델과 치료적 모델

① 전통적 모델
  ㉠ 평가 목표 : 현존하는 문제와 관련하여 그 차원과 범주를 명확히 기술한다. 또한 환자에 대한 치료적 결정을 도우며, 전문가들 간의 의사소통을 원활히 한다.
  ㉡ 평가 절차 : 자료수집 → 평가 자료에 대한 연역적·일방적 해석 → 권고
  ㉢ 심리검사에 대한 관점 : 환자의 행동을 규준적으로 비교하며, 평가 상황 밖에서의 환자의 행동을 예측한다.
  ㉣ 평가자의 역할 : 심리평가자는 객관적인 관찰자이자 반숙련된 전문가로서 비교적 제한적인 역할을 수행한다.
  ㉤ 평가 실패 : 수집된 정보가 편향되거나 부정확할 경우, 평가 후 잘못된 결정을 내릴 경우
  ㉥ 철학적 기반 : 논리적 실증주의

② 치료적 모델
  ㉠ 평가 목표 : 환자로 하여금 자기 자신과 타인에 대해 생각하고 느끼는 새로운 방식을 학습할 수 있도록 하며, 문제에 대한 이해를 확장시켜 자신의 삶의 문제를 해결할 수 있도록 돕는다.
  ㉡ 평가 절차 : 공감적 관계형성 → 개별화된 목표를 위한 협력적 작업 → 지속적인 정보 공유 및 탐색 → 새로운 삶의 방식의 탐색을 위한 정서적 지지
  ㉢ 심리검사에 대한 관점 : 환자의 문제 상황에 반응하는 특징적 방식에 대해 대화할 수 있는 기회를 제공하며, 환자의 주관적 경험에 접근할 수 있도록 해 준다.
  ㉣ 평가자의 역할 : 심리평가자는 관찰자인 동시에 참가자로서 초기 과정에서부터 상담을 통해 핵심문제를 탐색하고 치료적인 개입을 하는 등 보다 능동적인 역할을 수행한다. 또한 심리평가자는 검사도구는 물론 인간의 성격 및 정신병리에 대한 지식과 기술을 갖춘 전문가로서의 역할을 수행한다.
  ㉤ 평가 실패 : 환자가 존중받거나 이해받지 못한다고 느끼는 경우, 새로운 이해를 얻지 못한 채 아무런 변화가 없는 경우, 평가 후 유능감을 느끼지 못하는 경우
  ㉥ 철학적 기반 : 현상학적 심리학

기출키워드

22년 1회

전통적 모델과 치료적 모델

※ 실기시험에는 심리평가에 대한 전통적 모델과 치료적 모델의 차이점을 설명하도록 하는 문제가 출제되었습니다.

전문가의 한마디

심리평가에 대한 전통적 모델의 가장 큰 문제점은 '진단'을 주된 기능으로 함으로써 평가 과정 및 효과 측면에서 환자를 비인간화시킬 수 있고, 잘못된 진단적 명명으로 인해 환자의 기본권을 침해할 가능성이 있다는 점이었습니다. 그에 대한 대안으로 제시된 치료적 모델은 전통적 모델에서 심리평가자의 제한적인 역할을 뛰어넘어 평가 방식에 있어서 협력적이고 대인관계적이며, 평가 과정에 있어서 보다 유연하면서도 도전적인 역할로서의 임상적 기술을 요구합니다.

OX Quiz
핵심 평가도구의 측정 내용에 환자의 주관적 고통의 심각도는 포함되지 않는다.

정답 X(포함됨)

■ **치료에 따른 변화를 평가하는 핵심 평가도구(Core Battery)의 측정 내용**

① 환자의 주관적 고통의 심각도
② 환자의 삶의 기능에서의 손상 정도
③ 현저한 증상 및 해당 증상의 발생빈도
④ 환자의 자기평가 및 부적응적 대인관계 패턴
⑤ 서비스의 이용 정도 등

■ **핵심 평가도구의 요건**

① 평가 시행 및 채점 방식에 대한 절차가 분명하며, 객관적으로 표준화되어야 한다.
② 환자 집단 및 비환자 집단을 구별해 줄 수 있는 규준이 이용 가능해야 한다.
③ 신뢰도와 타당도가 적절히 제시되어야 한다.
④ 효율적이고 사용이 간편하며, 비용이 저렴해야 한다.
⑤ 최소한의 훈련을 통해 사용할 수 있어야 한다.
⑥ 임상가가 사용하기 쉬우며, 임상적 필요에 적절해야 한다.
⑦ 치료 전, 중, 후에 실시할 수 있어야 한다.
⑧ 치료에 따른 변화에 민감해야 한다.

■ **치료 효과의 평가 단계(Hawkins)**

① 제1단계 – 광범위한 정보에서 몇 가지 가능성 있는 문제 영역들을 선별해 내며, 이를 통해 환자에게 치료가 필요한지의 여부를 평가한다.
② 제2단계 – 문제 영역 및 진단을 보다 세부적으로 구체화한다.
③ 제3단계 – 문제의 표적행동을 선택하며, 환자에게 가장 유용한 치료적 개입이 무엇인지를 결정한다.
④ 제4단계 – 표적행동에 대한 개입전략으로서 치료의 효과를 지속적으로 평가한다.
⑤ 제5단계 – 추후 평가를 통해 치료의 효과가 지속되고 있는지를 평가한다.

OX Quiz
치료 효과의 평가 단계 중 마지막 단계에는 추후 평가를 통해 치료의 효과가 지속되고 있는지를 평가한다.

정답 O

기출복원 14

07, 22년 기출

심리평가에 대한 전통적 모델과 치료적 모델의 차이점을 설명하시오. 단, 각 모델의 평가 목표 및 평가자의 역할에 대해서만 기술하시오. **4점**

> **해설 체크!**
>
> 1. 전통적 모델
>   - 평가 목표
>   현존하는 문제와 관련하여 그 차원과 범주를 명확히 기술한다. 또한 환자에 대한 치료적 결정을 도우며, 전문가들 간의 의사소통을 원활히 한다.
>   - 평가자의 역할
>   심리평가자는 객관적인 관찰자이자 반숙련된 전문가로서 비교적 제한적인 역할을 수행한다.
>
> 2. 치료적 모델
>   - 평가 목표
>   환자로 하여금 자기 자신과 타인에 대해 생각하고 느끼는 새로운 방식을 학습할 수 있도록 하며, 문제에 대한 이해를 확장시켜 자신의 삶의 문제를 해결할 수 있도록 돕는다.
>   - 평가자의 역할
>   심리평가자는 관찰자인 동시에 참가자로서 초기 과정에서부터 상담을 통해 핵심문제를 탐색하고 치료적인 개입을 하는 등 보다 능동적인 역할을 수행한다. 또한 검사도구는 물론 인간의 성격 및 정신 병리에 대한 지식과 기술을 갖춘 전문가로서의 역할을 수행한다.

15 심리검사에 대한 이해

■ 심리검사의 의의

① 지능, 성격, 적성, 흥미 등 인간의 지적 능력이나 심리적 특성을 파악하기 위해 양적 또는 질적으로 측정 및 평가를 수행하는 일련의 절차를 말한다.
② 심리적 현상에 있어서 개인 간의 차이를 비교·분석함으로써 개인의 인격적·행동적 측면을 이해할 수 있도록 하기 위한 심리학적 측정 과정이다.
③ 표집된 행동표본을 대상으로 과학적인 검증의 과정을 거쳐 그 결과를 수치로 나타내며, 이를 표준화된 방법에 의해 점수로써 기술하는 방법이다.
④ 제한된 규준을 통해 개인의 행동을 예측하기 위한 기술적 과정으로서, 개인의 소수 표본 행동을 측정하여 그 결과를 토대로 개인의 전체 행동을 예견할 수 있다.

■ 심리검사의 목적

① 분류 및 진단
  내담자(수검자)의 적성·흥미·동기 등 내담자에 관한 자료를 수집하여 내담자의 문제 원인을 파악하며, 이를 해결하기 위한 효과적인 도구로 활용한다.
② 자기이해의 증진
  표준화된 검사를 통해 과학적이고 객관적인 결과를 제시함으로써 내담자가 자신에 대한 올바른 이해와 더불어 현명하고 합리적인 의사결정을 내릴 수 있도록 한다.
③ 예 측
  심리검사를 통해 내담자의 특성을 밝혀냄으로써 내담자의 장래 행동이나 성취 등을 예측하며, 이를 토대로 가능한 여러 결과들을 예측하여 대안적 조치를 마련한다.

■ 심리검사의 기능

① 표준화된 검사도구를 이용한 객관적인 정보 제공
  심리검사는 표준화된 검사도구를 이용하여 표준화된 방식에 따라 검사를 시행하고 채점한 다음 규준에 근거하여 결과를 해석함으로써 객관적인 정보를 제공한다. 이와 같은 객관적인 정보는 합리적인 의사결정을 내릴 수 있도록 도우므로, 치료 과정에서 매우 중요한 역할을 한다.
② 개인 간 비교
  심리검사는 개인의 인지적·정서적·행동적·사회적 특성 등에 대한 검사 점수를 토대로 개인 간 비교를 가능하게 한다. 이와 같은 개인 간 비교는 각각의 심리검사들이 제공하는 규준을 통해 가능하다.

전문가의 한마디

심리검사 결과는 내담자를 이해할 때 대략적인 판단의 자료로 활용됩니다. 따라서 검사결과를 얻는 것 자체가 심리검사의 본질적인 목적이 될 수는 없습니다.

전문가의 한마디

심리검사의 점수는 절대성이 있는 것이 아니고 상대적으로 비교한 측정치로 상대성을 포함합니다.

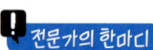

OX Quiz

심리검사는 표준화된 검사도구를 이용하여 표준화된 방식에 따라 검사를 시행한다.

정답 O

③ 개인이 의식하지 못한 심리적 특성 혹은 상태의 표출

심리검사는 개인이 자각하고 있지 못하거나 개인의 내부에 숨겨져 있는 심리적 특성 혹은 상태를 드러나게 해 준다. 특히 로샤검사 등 투사적 검사를 받는 경우, 개인이 의식하지 못한 심리적 특성과 심리적 상태가 드러나게 된다.

■ 심리검사의 일반적인 시행단계

① 제1단계 – 심리검사의 선택
  ㉠ 심리검사 사용 시 가장 중요한 단계로서, 부적절하거나 부정확한 심리검사를 사용하는 경우 그 결과는 신뢰할 수 없다.
  ㉡ 해당 검사가 사용 목적에서 벗어나는 경우 실용적 측면에서 가치가 없으며, 오래된 검사의 낡은 규준을 그대로 이용하는 경우 수검자에 대한 정확한 진단이 어렵다.
  ㉢ 검사자는 우선적으로 검사 실시의 상황 및 목적을 고려하여 검사의 시행여부를 결정한다.
  ㉣ 다양한 심리검사의 내용 및 특징 등에 대한 정확한 정보를 토대로 검사 내용상 검사 목적에 가장 잘 부합하는 심리검사를 선택한다.
  ㉤ 검사의 양호도, 즉 타당성, 신뢰성, 객관성, 경제성, 실용성 등을 고려하여 검사 방법을 선택한다.

② 제2단계 – 검사요강에 대한 이해
  ㉠ 표준화된 검사는 검사의 실시·채점·해석에 있어서 통일성을 강조한다.
  ㉡ 검사요강에는 해당 심리검사의 목적, 특징, 개발 배경 및 과정, 검사 및 문항의 형식, 검사의 실시·채점·해석에 관한 사항, 검사양호도 및 문항양호도 등에 대한 사항들이 기록되어 있다.
  ㉢ 검사의 실제 시행에 있어서 검사 개발 당시 규준 작성의 진행 과정과 동일한 조건하에서 검사가 실시·채점·해석되어야 타당성과 신뢰성이 높은 결과를 얻을 수 있다.

③ 제3단계 – 검사에 대한 동기화
  ㉠ 수검자가 심리검사를 받을 준비상태에 놓이는 것을 의미한다.
  ㉡ 심리검사는 수검자의 검사에 대한 자발적이고 적극적인 관심과 협조를 필요로 한다.
  ㉢ 수검자가 자신의 지적 능력이나 심리적 성향을 다른 사람에게 드러내고자 하지 않는 경우 또는 심리검사 자체를 무의미한 것으로 생각하는 경우 심리검사를 회피하게 된다.
  ㉣ 검사자는 수검자의 심리검사에 대한 거부감을 해소하여 수검자가 심리검사에 적극적으로 참여하도록 하기 위해, 해당 심리검사의 목적, 특징, 절차, 효과 등에 대해 충분히 설명해야 한다.

> **전문가의 한마디**
>
> 검사요강은 검사를 실시하는 사람이나 검사 점수를 해석하고 이를 여러 문제에 적용하는 사람을 위해 마련된 일종의 안내서입니다.

> **OX Quiz**
>
> 검사에 대한 동기화란 수검자가 심리검사를 받을 준비상태에 놓이는 것을 말한다.
>
> 정답 O

> **OX Quiz**
> 검사자는 수검자에게 해당 심리검사의 목적, 효과에 대해서 안내하여서는 안 된다.
> **정답** X(충분히 설명해야 함)

ⓜ 검사자는 수검자의 심리검사에 대한 두려움이나 거부감을 해소시키기 위해 노력해야 한다.

④ 제4단계 – 검사의 실시
 ㉠ 검사자는 검사요강에 제시된 검사 실시 관련 정보들을 숙지한 채 실제 검사장면에서 다양한 조건들을 정확하게 적용한다.
 ㉡ 검사 실시 과정상의 전반적인 환경에 익숙해지기 위해 검사 시행 전 검사자가 수검자의 입장에서 미리 해당 심리검사를 받아보는 것도 효과적이다.
 ㉢ 표준화된 심리검사에서 검사자는 원칙적으로 검사요강의 지시문을 그대로 따라야 하며, 검사자가 임의로 지시문을 첨가하거나 자의적으로 해석하는 태도는 삼가야 한다.
 ㉣ 검사자는 수검자의 응답에 영향을 미치지 않도록 과도한 친밀감이나 냉정함을 보이지 않도록 하며, 수검자로 하여금 어떤 특정한 방향으로 인도하려는 태도를 삼가야 한다.
 ㉤ 검사자는 최적의 환경에서 검사가 실시되도록 노력해야 한다. 적절한 채광 및 온도를 유지하고 소음이 발생하지 않도록 하며, 검사로 인한 수검자의 피로를 최소화해야 한다.

⑤ 제5단계 – 검사의 채점
 ㉠ 컴퓨터를 이용한 채점의 경우 수검자가 혹시 응답지 작성 과정에서 오류를 범한 것은 아닌지 혹은 시스템상의 오류로 인해 채점 결과가 잘못 나온 것은 아닌지 검토할 필요가 있다.
 ㉡ 단답형 문항과 자유반응형 문항이 혼용되어 있는 검사의 경우 검사자는 특히 검사요강에 제시된 기준을 충실히 이행함으로써 객관성을 유지하도록 노력해야 한다.
 ㉢ 집단을 대상으로 하는 심리검사의 경우 몇 개의 응답지를 예비적으로 채점하여 채점 기준에 익숙해지도록 하며, 채점상 나타날 수 있는 문제들을 사전에 파악하는 것이 바람직하다.

⑥ 제6단계 – 검사 결과에 대한 해석
 ㉠ 심리검사를 제작 · 판매하는 출판사는 검사 결과에 대한 해석 내용을 개괄적으로 제시할 뿐 세부적인 점수 차이에 대해 알려주지 않는다. 이 경우 검사자는 그 차이를 분명히 인지하며, 이를 수검자에게 알려줄 필요가 있다.
 ㉡ 대부분의 심리검사는 응답지의 채점에서 얻어지는 원점수를 이용하는 것이 아닌 규준집단 점수분포상에서의 상대적인 위치를 나타내는 전환점수 또는 변환점수를 사용한다.
 ㉢ 검사자는 수검자 개인의 심리검사 결과를 보다 정확하게 해석하기 위해 사전에 백분위와 표준점수 체계 등 전문적 지식을 보유하고 있어야 한다.

> **전문가의 한마디**
> 1960년대 초반 메이요 클리닉(Mayo Clinic)에서 MMPI의 채점 및 해석에 최초로 컴퓨터를 이용하였습니다.

> **OX Quiz**
> 대부분의 심리검사는 응답지의 채점에서 얻어지는 원점수를 사용한다.
> **정답** X(전환점수 또는 변환점수 사용)

■ 심리검사 도구 선정 시 주요 고려사항

① 다양한 심리검사의 내용 및 특징 등에 대한 정확한 정보를 토대로 검사 내용상 검사 목적에 가장 잘 부합하는 심리검사를 선정하여야 한다.
② 타당성, 신뢰성, 객관성, 경제성, 실용성 등을 종합적으로 고려하여 검사도구를 선정하여야 한다.
③ 검사로 인해 발생할 수 있는 결과에 대해 명확히 알고 있어야 한다.
④ 검사 사용 시 발생할 수 있는 편향을 감소시키기 위해 필요한 과정들에 대해 명확히 알고 있어야 한다.
⑤ 특정 검사의 특징과 함께 해당 검사의 사용과 관련된 폭넓은 지식을 가지고 있어야 한다.
⑥ 검사도구 선정 시 내담자를 포함시키는 것이 바람직하다.

> **전문가의 한마디**
> 검사도구 선정 시 내담자를 포함시키는 이유는 내담자로 하여금 검사의 목적이 내담자를 평가하기 위한 것이 아닌 내담자 스스로 자신을 더 잘 이해할 수 있도록 돕기 위한 것임을 알려줄 수 있기 때문입니다. 내담자는 검사의 유용성에 대해 확신을 가지게 되면서, 능력검사에서 최대한 노력하고, 성격검사에서 보다 솔직하게 응답하게 됩니다.

■ 심리검사에서 상담자(검사자)의 전문가로서의 태도

① 심리검사의 전 과정은 전문적인 과정을 통해 이루어져야 한다.
② 열정적이면서 객관적인 태도를 유지해야 한다.
③ 내담자(수검자)의 인간으로서의 존엄성을 인지하며, 심리검사의 목적이 기본적으로 내담자에 대한 이해와 내담자의 발전에 있음을 잊지 않는다.
④ 심리검사는 완벽한 도구가 아님을 인식하고, 겸허한 자세로 오류의 가능성을 인정해야 한다.
⑤ 전문가로서 상담자는 내담자의 현실을 반영하는 타당하고 세부적인 정보를 제공하도록 하며, 검사 결과에 대한 검증에 최선의 노력을 기울여야 한다.
⑥ 심리검사의 결과는 올바른 목적에 사용되어야 한다.

■ 심리검사의 올바른 해석을 위한 지침

① 해석의 기본관점의 수립
  검사 결과의 해석은 단순히 측정된 결과를 전달하는 것이 아니므로, 검사자는 검사 결과를 해석하는 기본관점을 가지고 있어야 한다. 즉, 검사자는 무엇보다도 검사 점수가 무엇을 의미하는가에 대한 자신의 입장을 분명히 수립해야 한다.
② 통계학적 해석에 대한 설명
  어떤 수검자들은 검사자가 검사 결과를 질적 혹은 서술적으로 설명해 주기보다는 수치로 말해 줄 것을 요구하기도 한다. 이때 검사자는 수검자에게 검사 점수와 함께 표준점수의 성질을 쉽게 설명해 주어 검사 결과를 정확히 이해할 수 있도록 해야 한다.

> **기출키워드**
> 20년 3회 / 23년 1회
> **해석지침**
> ※ 실기시험에는 심리검사 결과의 해석지침을 4가지 기술하도록 하는 문제가 출제되었습니다.

전문가의 한마디

'측정의 표준오차'는 수검자의 이론적 진점수를 포함하는 오차 범위를 말하는 것으로서, 어떤 검사를 매번 실시할 때마다 달라질 수 있는 오차의 범위를 제시합니다. 반면, '차이의 표준오차'는 수검자가 한 검사에서 받은 하위척도 점수 간의 차이를 말하는 것으로서, 개인 내적 차이를 제시합니다.

③ 개인 간 차이와 개인 내적 차이의 명료화

미술적성검사에서 A는 68점, B는 72점을 받았다고 가정할 때, 해당 점수만으로 B가 A보다 미술재능이 더 뛰어나다고 단언하기는 어렵다. 그 이유는 측정된 두 점수에 측정의 오차가 개입되어 있을 수 있기 때문이다. 또한 심리검사는 최소 2개 이상의 하위척도로 구성되어 있으며, 그 프로파일 형태를 보고 개인 내적인 차이를 해석할 수 있게 된다. 그러나 하위척도 점수 간의 차이를 통계적으로 밝힐 수 없다면, 그 결과를 객관적이고 정확하다고 단언하기 어렵다. 따라서 개인 간 차이를 밝히기 위해 측정의 표준오차(Standard Error of Measurement)를 사용하고, 개인 내적 차이를 밝히기 위해 차이의 표준오차(Standard Error of Difference)를 사용한다.

④ 측정오차를 고려한 해석

심리검사를 통해 얻은 점수는 측정치로서, 사실상 모든 측정치는 진점수와 함께 어느 정도 오차점수를 포함한다. 따라서 검사자는 검사 과정과 결과에서 어떤 종류의 오차가 어느 정도 개입되어 있는지를 항상 확인해야 한다.

■ 심리검사 결과 해석 상담 시 주의해야 할 사항

① 내담자가 검사 결과를 이해하고 이용할 수 있는 능력이 있음을 보여 주며, 내담자로 하여금 자신이 직면한 의사결정에 도움을 얻기 위해 검사 정보를 직접 이용하는 것이 중요하다는 사실을 강조한다.
② 해석 과정이 시작되기 전에 내담자에게 자신이 받은 검사에 대해 어떻게 느끼는지 물어보도록 한다.
③ 논의될 검사가 어떤 것인가를 내담자에게 상기시키면서 검사 결과에 대해 논의하도록 한다.
④ 검사 결과를 내담자가 가진 다른 정보와의 관계 속에서 논의하도록 한다.
⑤ 전문적인 용어 사용을 삼가고 이해하기 쉬운 용어로써 검사의 목적을 제시한다.
⑥ 검사 결과에 대한 언어적인 해석과 함께 도식적인 제시를 병행한다.
⑦ 내담자의 검사 결과를 지나치게 규정짓는 것을 삼간다.
⑧ 면접이 끝날 무렵 전체 면접의 결과를 요약하되 내담자 스스로 직접 요약해 보도록 한다.

OX Quiz

심리검사 해석 시 측정오차 또한 고려하여 해석해야 한다.

정답 O

기출복원 15

14, 20년 기출

심리검사 결과의 올바른 해석을 위한 해석지침을 4가지 쓰시오. **4점**

> **해설 체크!**
> 1. 검사자는 검사 결과를 해석하는 기본관점을 가지고 있어야 한다.
> 2. 수검자에게 검사 점수와 함께 표준점수의 성질을 쉽게 설명해 주어 검사 결과를 정확히 이해할 수 있도록 해야 한다.
> 3. 심리검사의 하위척도 점수 간 차이를 통계적으로 밝힘으로써 개인 간 차이와 개인 내적 차이를 명료화해야 한다.
> 4. 검사 과정과 결과에서 어떤 종류의 오차가 어느 정도 개입되어 있는지를 항상 확인해야 한다.

16 객관적 검사와 투사적 검사

■ 객관적 검사(자기보고형 검사)의 의의 및 특징

① 객관적 검사(Objective Tests)는 검사과제가 구조화되어 있으므로 '구조적 검사(Structured Tests)'라고도 한다.
② 검사에서 제시되는 문항의 내용이나 그 의미가 객관적으로 명료화되어 있으므로 모든 사람에게서 동일한 방식의 해석이 내려질 것을 기대하는 검사이다.
③ 검사에서 평가되는 내용이 검사의 목적에 부합하여 일정하게 준비되어 있으며, 수검자가 일정한 형식에 따라 반응하도록 되어 있다.
④ 검사 결과를 통해 나타나는 개인의 특성 및 차이는 각각의 문항들에 대한 반응 점수를 합산한 후 그 차이를 평가하는 과정으로 전개된다.
⑤ 객관적 검사의 목적은 개인의 독특성을 측정하기보다는 개인마다 공통적으로 지니고 있는 특성이나 차원을 기준으로 하여 개인들을 상대적으로 비교하는 데 있다.
⑥ 한국판 웩슬러성인용지능검사(K-WAIS), 한국판 웩슬러아동용지능검사(K-WISC) 등의 지능검사와 미네소타 다면적 인성검사(MMPI), 마이어스-브릭스 성격유형검사(MBTI), 기질 및 성격검사(TCI), 16성격요인검사(16PF) 등의 성격검사 등이 해당한다.

■ 투사적 검사의 의의 및 특징

① 투사적 검사(Projective Tests)는 비구조적 검사 과제를 제시하여 개인의 다양한 반응을 무제한적으로 허용하므로 '비구조적 검사(Unstructured Test)'라고도 한다.

전문가의 한마디

심리검사는 측정되는 내용과 검사 제작 방법에 따라 객관적 검사와 투사적 검사로 구별됩니다.

OX Quiz

검사 지시 방법이 간단하고 일반적인 방식으로 주어지는 투사적 검사는 구조적 검사라고도 한다.

정답 X(비구조적 검사)

② 투사적 검사는 검사 지시 방법이 간단하고 일반적인 방식으로 주어지며, 개인의 독특한 심리적 특성을 측정하는 데 주목적을 둔다.
③ 투사적 검사에서 수검자의 특성은 명료한 검사자극에 대한 수검자의 의도적·가장적 반응이 아닌 모호한 검사자극에 대한 수검자의 비의도적·자기노출적 반응으로 나타난다.
④ 머레이(Murray)는 검사자극 내용이 모호할수록 수검자가 지각적 자극을 인지적으로 해석하는 과정에서 심리구조의 영향을 더욱 강하게 받는다고 주장하였다.
⑤ 검사자극 내용을 불분명하게 함으로써 막연한 자극을 통해 수검자가 자신의 내면적인 욕구나 성향을 외부에 자연스럽게 투사할 수 있도록 유도한다.
⑥ 로샤검사(Rorschach Test), 주제통각검사(TAT), 집-나무-사람검사(HTP), 문장완성검사(SCT), 인물화검사(Draw-A-Person) 등이 해당한다.

■ 객관적 검사(자기보고형 검사)의 장단점

① 장 점
  ㉠ 검사 실시의 간편성 : 검사의 시행·채점·해석이 간편하며, 검사 대상 범주화에 따른 문항구성으로 응답이 용이하다.
  ㉡ 시간과 노력의 절약 : 부호화(Coding)와 분석이 용이하므로 시간과 노력이 상대적으로 절약된다.
  ㉢ 객관성의 증대 : 검사자극의 의미가 명료하므로 검사자나 상황변인의 영향을 덜 받으며, 검사자의 주관성이 배제되므로 검사 결과의 객관성이 보장된다.
  ㉣ 신뢰도 및 타당도의 확보 : 검사 제작 과정에서 신뢰도 및 타당도에 대한 증거를 확보할 수 있다.
  ㉤ 부적합한 응답의 최소화 : 민감한 주제를 다루는 경우 나타나는 무응답이나 검사 목적에 부합하지 않은 응답을 줄일 수 있다.

② 단 점
  ㉠ 사회적 바람직성 : 문항의 내용이 사회적으로 바람직한 내용인가가 문항에 대한 응답 결과에 영향을 미친다.
  ㉡ 반응 경향성 : 개인의 응답 방식에서 나타나는 일정한 흐름이 결과에 영향을 미친다.
  ㉢ 묵종 경향성 : 자기 이해와 관계없이 협조적인 대답으로 일관함으로써 결과에 영향을 미친다.
  ㉣ 문항 제한성 : 검사문항이 개인의 주요 특성을 중심으로 전개됨으로써 특정 상황에서의 특성과 상황 간의 상호작용 내용을 밝히기 어렵다.
  ㉤ 응답 제한성 : 응답의 범위가 제한되어 있으므로 개인의 독특한 문제에 대한 진술 기회가 상대적으로 적으며, 수집된 자료에 개인의 문제가 노출되지 않을 수 있다.

OX Quiz

객관적 검사는 부호화와 분석이 용이하므로 시간과 노력이 상대적으로 절약된다.

정답 O

■ 투사적 검사의 장단점

① 장 점
- ㉠ 반응의 독특성 : 개인의 독특한 투사적 검사반응이 개인에 대한 이해에 매우 효과적이다.
- ㉡ 방어의 어려움 : 자극의 내용이 불분명하므로 수검자의 의도된 방어적 반응에 적절히 대처할 수 있다.
- ㉢ 반응의 풍부함 : 자극이 모호하고 응답에 제한이 없으므로 개인의 반응이 다양하게 표현된다.
- ㉣ 무의식적 내용의 반응 : 개인의 평소 의식화되지 않던 사고나 감정을 자극함으로써 전의식적이거나 무의식적인 심리적 반응을 유도할 수 있다.

② 단 점
- ㉠ 검사의 낮은 신뢰도 : 검사의 신뢰도가 전반적으로 부족하며, 특히 검사-재검사 신뢰도는 매우 낮게 평가된다.
- ㉡ 검사 결과 해석의 타당도 검증 부족 : 검사 결과의 해석이 대부분 객관적으로 입증되는 자료가 아닌 임상적인 증거를 근거로 하므로 타당도 검증이 빈약하다.
- ㉢ 반응에 대한 상황적 영향력 : 검사자의 태도, 수검자의 선입견 등 여러 상황적 요인들이 검사반응에 강한 영향을 미친다.

■ 투사기법의 분류

① 연상기법
수검자에게 잉크반점이나 단어 등의 모호한 자극을 제시하여 해당 자극에서 연상되는 최초의 지각이나 이미지를 표현하도록 한다.
예 로샤검사, 단어연상검사 등

② 구성기법
수검자에게 그림이나 조각, 문장 등을 제시하여 순서나 이야기를 구성하도록 한다.
예 주제통각검사 등

③ 완성기법
수검자에게 미완성된 그림이나 조각, 문장 등을 제시하여 하나의 완성된 작품으로 만들도록 한다.
예 문장완성검사 등

④ 표현기법
수검자에게 몇 가지 자극을 결합하여 새로운 것을 만들도록 함으로써 수검자의 표현능력을 평가한다.
예 인물화 검사, 집-나무-사람 그림검사 등

전문가의 한마디

객관적 검사의 장단점이나 투사적 검사의 장단점은 "투사적 검사와 비교할 때 객관적 검사의 장점" 혹은 "객관적 검사와 비교할 때 투사적 검사의 장점" 등으로 변형되어 출제될 수 있습니다. 이 경우 두 검사의 상반되는 특성을 중심으로 답안을 작성할 필요가 있습니다.

OX Quiz

투사적 검사는 객관적 검사에 비해 타당도 검증에 유리하다.

정답 X(빈약함)

기출키워드
24년 1회
투사기법의 장단점

※ 실기시험에는 투사기법의 장점과 단점을 각각 4가지씩 기술하도록 하는 문제가 출제되었습니다.

전문가의 한마디

투사적 검사의 장단점과 투사기법의 장단점의 차이를 명확히 구분하기는 어렵지만, 임상심리사 시험에서는 이 2가지 내용이 서로 다른 출처를 이용하여 각각 문제로 출제되고 있는 만큼, 별도로 정리할 필요가 있습니다.

■ 투사기법의 장단점

① 장 점
  ㉠ 라포(Rapport) 형성 : 검사자와 수검자 간 라포를 형성시켜 준다.
  ㉡ 자존감 유지 : 수검자의 자존감을 저하시키지 않는다.
  ㉢ 아동 수검자에게 적합 : 아동과 같이 언어적 이해력에 제한이 있는 사람들에게 실시하기가 용이하다.
  ㉣ 제한적 언어 기능을 가진 수검자에게 적합 : 비언어적 자극을 사용함으로써 언어 기능에 제한이 있는 수검자에게도 실시하기가 용이하다.
  ㉤ 왜곡 반응 방지 : 자기보고식 검사처럼 반응을 왜곡하기가 어렵다. 더욱이 숙련된 평가자를 속인다는 것이 그리 쉬운 일은 아니다.

② 단 점
  ㉠ 표준화된 절차의 부족 : 투사기법을 사용한 투사검사들은 실시 과정에 대한 표준화된 절차가 부족하다.
  ㉡ 채점 및 해석 과정의 객관성 부족 : 채점 및 해석을 위해 자료들을 통합하고 해석하는 과정에서 검사자의 임상적 경험 및 이론적 성향이 영향을 미치게 된다.
  ㉢ 규준자료에 대한 정보 부족 : 검사자가 접한 대상이 전체 규준을 대표한다고 보기는 어렵다.
  ㉣ 신뢰도 관련 문제 : 동일한 검사 결과라 하더라도 해석자에 따라 다른 결론에 도달할 수 있다.
  ㉤ 타당도 관련 문제 : 대다수 투사검사들은 정확한 공존타당도(동시타당도 또는 공인타당도)를 제시하지 못한다.

기출복원 16
09, 17, 22, 24년 기출

MMPI나 BDI와 같은 객관적 자기보고형 검사의 장점과 단점을 3가지씩 제시하시오. **6점**

> **해설 체크!**
>
> 1. 장 점
>   - 검사의 시행·채점·해석이 간편하며, 응답이 용이하다.
>   - 부호화와 분석이 용이하므로 시간과 노력이 절약된다.
>   - 검사자나 상황변인의 영향을 덜 받으며, 검사 결과의 객관성이 보장된다.
>   - 검사 제작 과정에서 신뢰도 및 타당도에 대한 증거를 확보할 수 있다.
>   - 수검자의 무응답이나 검사 목적에 부합하지 않은 응답을 줄일 수 있다.
> 2. 단 점
>   - 수검자의 사회적 바람직성이 응답 결과에 영향을 미친다.
>   - 수검자는 일정한 흐름에 따라 응답할 수 있다.
>   - 수검자가 자기 이해와 관계없이 협조적인 대답으로 일관할 수 있다.
>   - 검사문항이 특정 상황에서의 특성과 상황 간의 상호작용 내용을 밝히기에 한계가 있다.
>   - 응답의 범위가 제한되어 있으므로 수검자의 진술 기회가 상대적으로 적다.

17 검사도구의 조건 Ⅰ – 표준화

■ 좋은 검사도구의 조건

① 타당도(Validity)
  ㉠ 측정하고자 하는 개념이나 속성을 얼마나 실제에 가깝게 정확히 측정하고 있는가를 말한다.
  ㉡ 예를 들어, 국어시험에서 독해력을 측정하려 했지만 실제로는 암기력을 측정했다면 타당도가 문제시된다.

② 신뢰도(Reliability)
  ㉠ 동일한 대상에 대해 같거나 유사한 측정도구를 사용하여 반복 측정할 경우 동일하거나 비슷한 결과를 얻을 수 있는가를 말한다. 즉, 신뢰도가 높은 검사란 측정하고자 하는 특성을 일관성 있게 측정하는 검사이다.
  ㉡ 예를 들어, 상담자가 내담자의 지능을 알아보기 위해 정확도가 보장된 체중계로 내담자의 몸무게를 측정했다면, 타당도는 낮지만 신뢰도는 높은 측정으로 볼 수 있다.

③ 객관도(Objectivity)
  ㉠ 검사자의 채점이 어느 정도 신뢰할만하고 일관성이 있는가를 말한다. 신뢰도의 일종으로 볼 수 있는 것으로, '검사자의 신뢰도'라고도 불린다.
  ㉡ 주로 채점이 객관적인 것을 말하며, 정답과 오답의 구분이 명확하고 채점이 용이한 것이 표준화 검사로서 바람직하다.

④ 실용도(Usability)
  ㉠ 검사도구가 얼마나 적은 시간과 비용, 노력을 투입하여 얼마나 많은 목표를 달성할 수 있는가를 말한다.
  ㉡ 타당도나 신뢰도가 높다고 하더라도 검사 실시나 채점이 복잡하고 어렵다면 검사의 효율성은 낮아진다.

■ 검사의 표준화(Standardization)

① 검사의 표준화는 검사의 제반 과정에 대한 일관성을 확보하기 위한 노력이다.
② '표준화 검사(Standardized Test)'는 검사의 실시에서부터 채점 및 해석에 이르기까지의 과정을 단일화·조건화하여 검사의 제반 과정에서 검사자의 주관적인 의도나 해석이 개입될 수 없도록 하는 것이다.
③ 경험적으로 제작되어 적절한 규준 및 기준점수, 타당도 및 신뢰도의 자료를 제시하며, 측정된 결과들을 상호 비교할 수 있도록 해 준다.

전문가의 한마디

타당도와 신뢰도를 한 마디로 정의하면 각각 '정확성'과 '일관성'으로 표현할 수 있습니다. 특히 신뢰도를 심리측정학 분야에서 사용할 때는 주로 '일관성(Consistency)'의 의미로 사용됩니다.

OX Quiz

신뢰도는 측정하고자 하는 특성을 일관성 있게 측정하는지의 여부와 관련 있는 것이다.

정답 O

OX Quiz

검사도구가 얼마나 적은 시간과 비용, 노력을 투입하여 얼마나 많은 목표를 달성할 수 있는가를 나타내는 조건은 '달성도'이다.

정답 X(실용도)

> **전문가의 한마디**
>
> 모든 표준화 검사는 규준(Norm)을 가지고 있으며, 검사 실시의 절차가 엄격히 통제됩니다. 표준화 검사는 규준을 통해 측정된 결과들을 상호 비교할 수 있도록 해 주지만, 수검자 반응의 자유도를 좁힘으로써 독특한 반응을 제한하는 단점을 가집니다.

④ '검사절차의 표준화'는 검사 실시 상황이나 환경적 조건에 대한 엄격한 지침을 제공하는 동시에 검사자의 질문 방식이나 수검자의 응답 방식까지 구체적으로 규정함으로써 시간 및 공간의 변화에 따라 검사 실시 절차가 달라지지 않도록 하는 것을 말한다.

⑤ '채점 및 해석의 표준화'는 검사의 최종판을 검사 예정 집단과 가능한 한 비슷하게 구성한 '규준집단(Norming Sample)'에 실시하여 채점 및 해석의 기준, 즉 '규준(Norm)'을 미리 설정하는 것을 말한다.

■ 표준화 검사의 기능

① 예언 또는 예측
  표준화 검사는 확률에 의한 잠정적 추론을 토대로 인간행동의 특성 및 장래를 예측할 수 있도록 해 준다.

② 진단
  표준화 검사는 수검자가 가지고 있는 장점과 단점, 현재 가지고 있는 능력과 특징적 양상 등 수검자에 대한 다각적인 특질을 파악하도록 함으로써, 그 속에 내재된 문제를 포착하고 그 원인을 발견할 수 있도록 해 준다.

③ 조사
  표준화 검사는 학급이나 학교의 상태, 지역적 차이나 인종적 차이의 비교 등 어떠한 집단의 일반적인 경향을 조사할 수 있도록 하며, 그 결과를 다른 집단과 비교할 수 있도록 해 준다.

④ 개성 및 적성의 발견
  표준화 검사는 수검자의 개성 및 적성을 발견하도록 하며, 이를 토대로 진학이나 직업적 선택 등의 지도 또는 배치를 가능하게 해 준다.

■ 표준화 검사의 제작 과정

① 제1단계 – 검사 목적 정의
  검사 제작자는 사전에 검사의 목적을 구체적으로 정의하여야 한다. 해당 검사를 통해 측정하고자 하는 것이 무엇인지, 주요 검사 대상자는 어떤 사람들인지, 검사는 어떤 용도로 사용되는지 등을 명확히 기술한다.

② 제2단계 – 사전 검사설계
  검사 제작자는 검사 실시 형태(개인 또는 집단), 반응 형태(선택형 또는 완성형), 검사 소요시간, 검사를 통해 산출되는 점수의 개수(양), 점수 보고 방식 등을 고려하여 검사를 설계한다. 또한 검사의 시행·채점·해석을 위해 어느 정도의 경험과 훈련, 전문성을 필요로 하는지 결정한다.

> **OX Quiz**
>
> 표준화 검사 제작자는 검사 후 검사의 목적을 구체적으로 정의하여야 한다.
>
> 정답 X(사전에 정의)

③ 제3단계 – 문항 준비

검사 제작자는 문항의 형태 및 반응의 형태, 그리고 문항의 채점 형태를 고려하여 문항을 작성한다. 이때 수검자가 올바르게 이해할 수 있도록 작성하며, 특히 완성형 문항의 경우 타당도와 신뢰도가 확보될 수 있도록 주의를 기울인다.

④ 제4단계 – 문항 분석

문항 분석은 '예비검사단계', '통계분석단계', '문항선택단계'로 이루어진다. 예비검사단계에서는 수검자의 수검 과정에서의 느낌, 예상치 못한 반응, 문항에 대한 잘못된 해석 가능성 등을 검토하고, 통계분석단계에서는 문항의 난이도, 변별도, 추측도 등에 대한 통계적 분석을 통해 구성된 문항들이 양질의 문항인지 확인한다. 또한 문항선택단계에서는 문항의 적절성 여부를 통해 수검자의 특성을 유의미하게 반영할 수 있는 문항들로 검사를 구성한다.

⑤ 제5단계 – 표준화 및 규준 작성

표준화 과정은 검사에 규준을 제공하는 것으로서, 문항의 최종적인 선택 이후 실시된다. 규준은 검사 결과 점수에 대한 객관적이고 의미 있는 해석을 위해 필요하다. 예를 들어, 지능검사에서는 연령규준을, 학습 성과를 측정하는 성취도검사에서는 학년규준을 사용한다.

⑥ 제6단계 – 최종 검사준비 및 출판

출판은 검사도구 및 검사책자를 포함하여 검사 매뉴얼, 채점 보고서 등을 제작하는 과정이다. 간단한 검사의 경우 검사 책자, 채점판, 지시사항 등을 포함하나, 복잡한 검사의 경우 부가적으로 해석지침, 특수전문보고서, 채점 및 보고를 위한 컴퓨터프로그램 등을 포함한다.

■ 문항 응답 자료 분석

① 문항의 난이도(Item Difficulty)
  ㉠ 문항의 쉽고 어려운 정도를 나타내는 것으로서, 총 수검자 중 정답을 맞힌 수검자의 비율 혹은 해당 문항에 정답을 제시할 확률을 의미한다.
  ㉡ 일반적으로 한 문항에 대해 올바르게 응답한 사례수를 총 사례수의 백분율로 표시한다.

② 문항의 변별도(Item Discrimination)
  ㉠ 어떤 평가의 개개 문항이 해당 검사에서 높은 점수를 얻은 사람과 낮은 점수를 얻은 사람을 식별 또는 구별해 줄 수 있는 변별력을 의미한다.
  ㉡ 특정 문항에 대해 총점이 높은 응답자들이 대부분 맞게 답하는 반면, 총점이 낮은 응답들이 대부분 틀리게 답을 했다면, 해당 문항은 변별력이 높다고 볼 수 있다.

> **전문가의 한마디**
>
> 검사의 문항들이 모두 난이도가 너무 높거나 반대로 너무 낮은 경우 검사의 변별력은 떨어집니다. 즉, 문항의 난이도가 높아질수록 개인의 능력을 변별할 수 있는 가능성이 높아지는 것은 아닙니다.

전문가의 한마디

일반적으로 어려운 문항일수록 수검자들이 능력보다는 추측으로 답을 할 확률이 높아지게 됩니다. 따라서 문항의 추측도가 상대적으로 높은 문항은 추후 수정되거나 제거되어야 합니다.

③ 문항의 추측도(Item Guessing)
  ㉠ 문항의 답을 맞힌 수검자 중 추측에 의해 맞힌 수검자를 나타내는 것으로서, 문항의 답을 모른 채 추측으로 답을 맞힌 비율을 의미한다.
  ㉡ 문항이 매우 어려운 경우 문항의 추측도가 문항의 난이도보다 높은 모순을 나타내 보일 수 있다.

■ 좋은 문항의 조건

① 문항이 검사 목적에 부합해야 한다.
② 문항의 내용과 측정하고자 하는 내용이 일치해야 한다.
③ 문항 내용이 복합성을 지녀야 한다. 즉, 문항 내용이 단순기억에 의한 사실보다는 고등정신기능을 측정할 수 있는 것이어야 한다.
④ 문항 내용이 요약성을 지녀야 한다. 즉, 문항 내용이 단순사실의 열거에 의한 것이 아닌 열거된 사실을 요약하고 나아가 추상화시킬 수 있는 것이어야 한다.
⑤ 문항의 내용 및 형식에 있어서 참신성을 지녀야 한다.
⑥ 문항이 체계적으로 구조화되어야 한다.
⑦ 문항의 난이도가 적절해야 한다.
⑧ 문항의 신뢰도가 높아야 한다.
⑨ 문항 편집 지침을 준수해야 한다.
⑩ 문항이 윤리적·도덕적인 문제를 지니지 않아야 한다.
⑪ 문항이 특정 집단에게 유리하거나 불리하지 않아야 한다.

OX Quiz
좋은 문항이 되려면 문항 내용이 참신해야 한다.
정답 O

■ 표준화 검사 활용 시 유의사항

① 표준화 검사는 동일한 목적이라도 그 종류가 매우 다양하므로, 검사의 양호도, 즉 타당성, 신뢰성, 객관성, 실용성 등을 고려하여 선택되어야 한다.
② 표준화 검사는 그 시행 이유와 필요성에 대한 명확한 목적의식을 가지고 실행되어야 한다.
③ 표준화 검사는 수검자의 행동 특성에 대한 참고자료로서 유효할 뿐, 그 결과 자체가 절대적인 것은 아니다.
④ 표준화 검사를 유효하게 활용하기 위해서는 검사의 시행·채점·해석에 대한 전문적인 식견과 소양이 필요하다.

OX Quiz
표준화 검사는 수검자 행동 특성에 대한 참고자료로서 유효하나 그 결과 자체가 절대적인 것은 아니다.
정답 O

적중예상 01

좋은 검사도구의 조건을 4가지 쓰고 설명하시오. `4점`

해설 체크!

1. **타당도(Validity)**
   측정하고자 하는 개념이나 속성을 얼마나 실제에 가깝게 정확히 측정하고 있는가를 말한다.
2. **신뢰도(Reliability)**
   동일한 대상에 대해 같거나 유사한 측정도구를 사용하여 반복 측정할 경우 동일하거나 비슷한 결과를 얻을 수 있는가를 말한다.
3. **객관도(Objectivity)**
   검사자의 채점이 어느 정도 신뢰할만하고 일관성이 있는가를 말한다.
4. **실용도(Usability)**
   검사도구가 얼마나 적은 시간과 비용, 노력을 투입하여 얼마나 많은 목표를 달성할 수 있는가를 말한다.

18 검사도구의 조건 Ⅱ – 규준

■ 검사 규준(Norm)

① 규준은 특정 검사 점수의 해석에 필요한 기준이 되는 자료로서, 한 특정 개인의 점수가 어떤 의미를 지니고 있는지에 관한 정보를 제공해 준다.
② 비교대상의 점수들을 연령별, 사회계층별, 직업군별로 체계적으로 정리하여 자료로 구성한 것이다.
③ 특정 집단의 전형적인 또는 평균적인 수행 지표를 제공해 준다.
④ 개인의 점수를 다른 사람들의 점수와 비교하고 해석하는 과정에서 비교대상이 되는 집단을 '규준집단' 또는 '표준화 표본집단'이라고 한다.
⑤ 규준참조검사(Norm-Referenced Test)는 개인의 점수를 해석하기 위해 유사한 다른 사람들의 점수를 비교하여 평가하는 상대평가 목적의 검사로서, 점수분포를 규준으로 하여 원점수를 규준에 따라 상대적으로 해석한다.
⑥ 규준은 절대적이거나 보편적인 것이 아니며, 영구적인 것도 아니다. 따라서 규준집단이 모집단을 잘 대표하는 것인지 확인하는 과정이 요구된다.

전문가의 한마디

규준은 대표집단의 사람들에게 실시한 검사 점수를 일정한 분포도로 작성해서 만드는 것으로, 이는 특정 검사 점수의 해석에 필요한 기준이 됩니다. 반면, 준거(Criterion)는 개인이 어떤 일을 수행할 수 있다고 대중이 확신하는 지식 또는 기술 수준을 말하는 것으로, 목표 설정에 있어서 도달하여야 할 기준을 의미합니다.

■ 발달규준의 종류

① 연령규준(정신연령규준)
   심리검사의 문항들이 연령 수준별 척도로 구성되어, 해당 검사를 통해 주어지는 결과점수가 수검자의 정신연령 수준을 반영하도록 되어 있다.
② 학년규준
   주로 학교에서 실시하는 성취도검사에 이용하기 위해 학년별 평균이나 중앙치를 이용하여 규준을 제작한다.
③ 서열규준
   발달검사 과정에서 검사자는 수검자의 행동을 관찰하여 행동의 발달단계상 어느 수준에 위치하는지 나타낼 수 있다.
④ 추적규준
   각 개인은 신체발달 및 정신발달에 있어서 독특한 양상을 보이며, 이를 발달곡선으로 표시하는 경우 연령에 따라 다른 높낮이를 보인다. 그러나 이를 동일 연령집단의 발달곡선으로 표시하는 경우 연령이 증가하더라도 일정한 범위 내에 위치하게 되며, 이를 토대로 개인의 발달양상을 연령에 따라 예측할 수 있다.

OX Quiz
발달규준의 종류에는 연령규준, 학년규준, 서열규준, 추적규준이 있다.
정답 O

전문가의 한마디
백분위와 백분율은 사용상에 있어서 매우 유사하나 동일한 것이 아닙니다. 백분위는 최댓값을 100으로 하여 특정 대상의 상대적인 위치를 수치화한 값입니다. 반면, 백분율은 최댓값이 1이며, 여기에 분모 100을 적용하여 분자의 값만을 표기한 것입니다. 따라서 백분위의 경우 산출되는 값을 그대로 사용할 수 있으나, 백분율의 경우 해당 값이 항상 1보다 작은 값을 가지게 됩니다.

■ 집단 내 규준의 종류

① 백분위 점수
   ㉠ 원점수의 분포에서 100개의 동일한 구간으로 점수들을 분포하여 변환점수를 부여한 것이다.
   ㉡ 표준화 집단에서 특정 원점수 이하인 사례의 비율이라는 측면에서 표시한 것으로서, 개인이 표준화 집단에서 차지하는 상대적인 위치를 가리킨다. 특히 최저점수에서부터 등수가 정해지므로 백분위가 낮아질수록 개인성적은 나쁘게 나온다.
   ㉢ 백분위 점수는 계산이 간편하고 이해가 쉬우며, 사실상 모든 심리검사에서 보편적으로 이용할 수 있는 장점이 있다.
② 표준점수
   ㉠ 원점수를 주어진 집단의 평균을 중심으로 표준편차 단위를 사용하여 분포상 어느 위치에 해당하는가를 나타낸 것이다.
   ㉡ 서로 다른 체계로 측정한 점수들을 동일한 조건에서 비교하기 위한 개념으로서, 원점수에서 평균을 뺀 후 표준편차로 나눈 값에 해당한다.
   ㉢ 원점수를 표준점수로 변환함으로써 상대적인 위치를 짐작할 수 있으며, 검사 결과를 비교할 수도 있다.
   ㉣ 가장 보편적인 표준점수로서 Z점수, T점수 등이 있다.

Z점수	• 원점수를 평균이 0, 표준편차가 1인 Z 분포상의 점수로 변환한 점수이다. 예를 들어, Z점수 0은 원점수가 정확히 평균값에 위치한다는 의미이며, Z점수 -1.5는 원점수가 참조집단의 평균으로부터 하위 1.5 표준편차만큼 떨어져 있다는 것이다. • Z점수는 소수점과 음수값으로 제시되기도 하는데, 이는 계산 및 해석을 어렵게 만든다. • Z점수 = (원점수 − 평균) ÷ 표준편차
T점수	• 소수점과 음수값을 가지는 Z점수의 단점을 보완하기 위해 Z점수에 10을 곱한 후 50을 더하여 평균이 50, 표준편차가 10인 분포로 전환시킨 것이다. • 가장 널리 사용되는 정규화된 표준점수로서 미네소타 다면적 인성검사(MMPI) 등이 있다. • T점수 = 10 × Z 점수 + 50

OX Quiz

T점수는 Z점수에 10을 곱한 후 50을 더한 값과 같다.

정답 O

③ 표준등급
  ㉠ '스테나인(Stanine)'이라고도 하며, 이는 'Standard'와 'Nine'의 합성어에 해당한다.
  ㉡ 원점수를 백분위 점수로 변환한 다음 비율에 따라 1~9까지의 구간으로 구분하여 각각의 구간에 일정한 점수나 등급을 부여한 것이다. 이때 평균은 5점이며, 최저점수 1점과 최고점수 9점을 제외하여 계산하는 경우 표준편차는 2점이다.
  ㉢ 특히 학교에서 실시하는 성취도검사나 적성검사의 결과를 나타낼 때 주로 사용하며, 결과 점수를 일정한 범주로 분포시킴으로써 학생들 간의 점수차가 적은 경우 발생할 수 있는 해석상의 문제를 미연에 방지할 수 있는 장점이 있다.

전문가의 한마디

스테나인 척도는 2차 세계대전 중에 미국 공군에서 개발한 것으로, 모든 원점수를 1~9까지의 한자리 숫자체계로 전환시킨 것입니다.

정규분포에서 표준등급(Stanine)에 해당하는 면적 비율

스테나인	1	2	3	4	5	6	7	8	9
백분율(%)	4	7	12	17	20	17	12	7	4

■ 중심경향치로서 대푯값

평균값 또는 평균치 (Mean)	• 어떤 분포에서 모든 점수의 합을 전체 사례 수로 나누어 얻은 값이다. • 한 집단의 특성을 가장 간편하게 표현하기 위한 개념으로서, 통계적인 조작이 쉬우며, 가장 안정되고 정확한 통계치라는 점에서 가장 널리 사용된다. 예) 주사위를 10번 던져 나온 수가 '3, 6, 4, 4, 2, 5, 1, 2, 3, 6'인 경우, 모든 점수를 합하여 이를 사례 수(10번)로 나누면 '3.6'이 평균값이 된다.
중앙값 또는 중앙치 (Median)	• 모든 점수를 크기의 순서대로 배열해 놓았을 때 위치상 가장 중앙에 있는 값이다. • 한 집단의 점수분포에서 전체 사례를 상위 1/2과 하위 1/2로 나누는 점을 말하는 것으로, 정규분포상 평균점수에 해당한다. 예) 사례가 홀수(5개)인 '12, 13, 16, 19, 20'의 경우, 그 중앙에 위치한 '16'이 중앙값이 된다. 반면, 사례가 짝수(6개)인 '12, 13, 16, 19, 20, 22'의 경우, (16 + 19) ÷ 2 = 17.5, 즉 '17.5'가 중앙값이 된다.

OX Quiz
빈도분포에서 빈도가 가장 높은 점수를 최고값이라고 한다.

정답 X(최빈값)

최빈값 또는 최빈치 (Mode)	• 빈도분포에서 빈도가 가장 높은 점수 혹은 빈도가 가장 높은 급간의 중간 점수이다. • 빈도분포에서 모든 점수나 범주의 빈도가 같은 경우에는 최빈값이 존재하지 않는다. 예 11개 사례의 값이 '12, 12, 14, 14, 18, 18, 18, 18, 19, 20, 20'인 경우, '18'은 그 빈도가 4로 가장 많으므로 '18'이 최빈값이 된다.

■ 분산 정도를 판단하기 위한 기준

범위 (Range)	• 점수분포에 있어서 최고점수와 최저점수까지의 거리를 말한다. • 범위를 'R'이라고 할 때, 'R = 최고점수 − 최저점수 + 1'의 공식으로 나타낸다. 예 '2, 5, 6, 8' 네 점수가 있는 경우 범위는 '8 − 2 + 1 = 7'이 된다.
분산 또는 변량 (Variance)	• 한 변수(변인)의 분포에 있는 모든 변숫값들을 통해 흩어진 정도를 추정하는 것이다. • 편차를 제곱하여 총합한 다음 이것을 전체 사례 수로 나눈 값으로, 표준편차를 제곱한 값에 해당한다.
표준편차 (Standard Deviation)	• 점수집합 내에서 점수들 간의 상이한 정도, 즉 평균에서 각 점수들이 평균적으로 이탈된 정도를 나타낸다. • 표준편차가 작을수록 해당 집단의 사례들이 서로 동질적인 것으로, 표준편차가 클수록 해당 집단의 사례들이 서로 이질적인 것으로 볼 수 있다.
사분편차 또는 사분위편차 (Quartile Deviation)	• 자료를 일렬로 늘어놓고 제일 작은 쪽에서 1/4 지점(제1사분위수), 3/4 지점(제3사분위수)에 있는 자료 2개를 택하여 그 차이를 2로 나눈 값이다. • 범위(Range)가 양극단의 점수에 의해 좌우되는 단점을 가지므로 점수 분포상에서 양극단의 점수가 아닌 어떤 일정한 위치에 있는 점수 간의 거리를 비교하고자 하는 것이다.

OX Quiz
사분편차는 점수 분포상에서 양극단의 점수를 비교하고자 하는 것이다.

정답 X(어떤 일정한 위치에 있는 점수 간 거리)

■ 정규분포곡선(정상분포곡선)

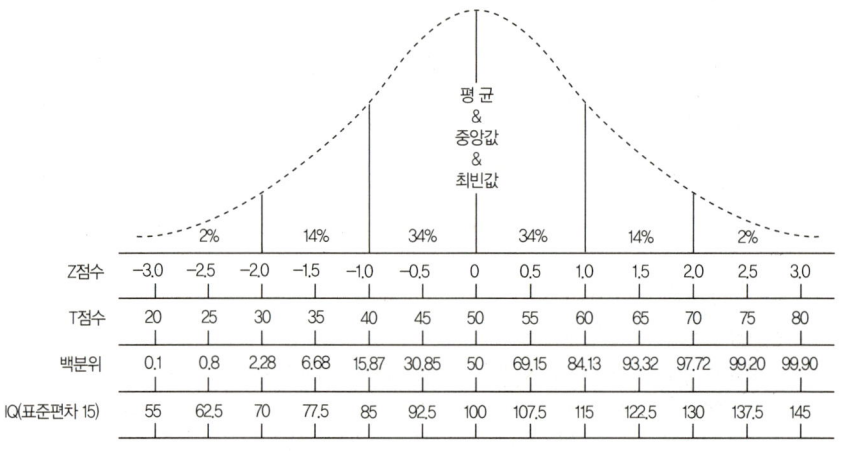

전문가의 한마디
정규분포곡선은 평균값이 중앙값 및 최빈값과 일치하는 정상분포에 해당합니다. 만약 한 수검자가 편차 지능지수를 사용하는 웩슬러 지능검사에서 지능지수(IQ) 100을 기록하였다면, 이는 그 수검자의 연령집단에 속한 개인들의 평균적인 수행 수준과 같음을 의미합니다.

기출복원 17
05년 기출

표준화 검사에서 사용되는 원점수와 백분위 점수, Z점수, T 점수 간의 관계를 중앙집중치와 분산의 관점에서 비교하시오. 또한 검사결과에서 이상으로 간주되는 수준을 기술하시오. [10점]

• **해설 체크!** •

1. 원점수와 백분위 점수, Z점수, T점수 간의 관계
- 원점수는 그 자체로 아무런 정보를 주지 못하는 실제 점수로서 개별적 채점의 결과이다.
- 백분위 점수는 원점수의 분포에서 100개의 동일한 구간으로 점수들을 분포하여 변환점수를 부여한 것이다. 정규분포곡선에서 평균(Mean), 중앙값(Median), 최빈값(Mode)은 '50'이다.
- Z점수는 원점수를 평균이 0, 표준편차가 1인 Z분포상의 점수로 변환한 점수이다. 정규분포곡선에서 평균, 중앙값, 최빈값은 '0'이다.
- T점수는 평균이 50, 표준편차가 10이 되도록 Z점수를 변환한 점수이다. 정규분포곡선에서 평균, 중앙값, 최빈값은 '50'이다.

2. 이상으로 간주되는 수준
- 백분위 점수 : 2.28 이하, 97.72 이상
- Z점수 : −2.0 이하, +2.0 이상
- T점수 : 30 이하, 70 이상

기출키워드
22년 3회

심리검사의 신뢰도

※ 실기시험에는 심리검사의 신뢰도를 추정하는 방법을 3가지 기술하도록 하는 문제가 출제되었습니다.

전문가의 한마디

동형검사 신뢰도는 새로 개발한 검사와 여러 면에서 거의 동일한 검사를 하나 더 개발해서 두 검사 점수 간의 상관계수를 구하는 방법입니다. 다만, 동등한 측정도구를 개발하는 것이 쉽지 않으므로, 이미 신뢰성이 입증된 유사한 검사 점수와의 상관계수를 검토하는 방식으로 이루어지는 경우가 많습니다.

OX Quiz

검사-재검사 신뢰도는 변동성 계수라고도 부른다.

정답 X(안정성 계수)

19 신뢰도와 타당도 Ⅰ

■ 신뢰도의 의의 및 특징

① 신뢰도(Reliability)란 측정도구가 측정하고자 하는 현상을 일관성 있게 측정하는 능력을 말한다.
② 어떤 측정도구를 사용해서 동일한 대상을 측정하였을 때 항상 같은 결과가 나온다면 이 측정도구는 신뢰도가 매우 높다고 할 수 있다.
③ 신뢰도는 연구조사 결과와 그 해석에 있어서 충분조건은 아니지만 필요조건에 해당한다고 볼 수 있다.
④ 신뢰도와 유사한 표현으로서 신빙성, 안정성, 일관성, 예측성 등이 있다.

■ 신뢰도의 종류(추정방법)

① 검사-재검사 신뢰도(Test-Retest Reliability)
  ㉠ 동일한 검사를 동일한 수검자에게 일정 시간 간격을 두고 두 번 실시하여 얻은 두 검사 점수의 상관계수에 의해 신뢰도를 추정하는 방법이다.
  ㉡ 가장 기초적인 신뢰도 추정방법으로서, 동일한 대상에 동일한 측정도구를 서로 상이한 시간에 두 번 측정한 다음 그 결과를 비교한다.
  ㉢ 검사 점수가 시간의 변화에 따라 얼마나 일관성이 있는지를 의미하므로, 시간에 따른 안정성을 나타내는 '안정성 계수(Coefficient of Stability)'라고도 부른다.

② 동형검사 신뢰도(Equivalent-Form Reliability)
  ㉠ 동일한 수검자에게 첫 번째 시행한 검사와 동등한 유형의 검사를 실시하여 두 검사 점수 간의 상관계수에 의해 신뢰도를 추정하는 방법이다.
  ㉡ 새로 개발한 검사와 여러 면에서 거의 동일한 검사를 하나 더 개발해서 두 검사 점수 간의 상관계수를 구한다.
  ㉢ 상관계수가 두 검사의 동등성 정도를 나타낸다는 점에서 '동등성(동형성) 계수(Coefficient of Equivalence)'라고도 부른다.

③ 반분신뢰도(Split-Half Reliability)
  ㉠ 전체 문항 수를 반으로 나눈 다음 상관계수를 이용하여 두 부분이 모두 같은 개념을 측정하는지 일치성 또는 동질성 정도를 비교하는 방법이다.
  ㉡ 검사를 한 번 실시한 후 이를 적절한 방법에 의해 두 부분의 점수로 분할하여 그 각각을 독립된 2개의 척도로 사용함으로써 신뢰도를 추정한다.
  ㉢ 둘로 구분된 문항들의 내용이 얼마나 일관성이 있는가를 측정한다는 점에서 '내적합치도 계수(Coefficient of Internal Consistency)'라고도 부른다.

④ 문항내적합치도(Item Internal Consistency)
  ㉠ 단일의 신뢰도 계수를 계산할 수 없는 반분법의 문제점을 고려하여, 가능한 한 모든 반분신뢰도를 구한 다음 그 평균값을 신뢰도로 추정하는 방법이다.
  ㉡ 한 검사 내에 있는 각 문항들을 독립된 별개의 검사로 간주하고, 문항들 간의 일관성이나 합치성을 신뢰도로 규정한다.
  ㉢ 한 검사에 포함된 문항들에 대한 반응의 일관성이 문항의 동질성 여부에 따라 결정되므로, 이를 흔히 '동질성 계수(Coefficient of Homogeneity)'라고도 부른다.

⑤ 채점자 간 신뢰도(Inter-Rater Reliability)
  ㉠ 채점자들의 채점을 어느 정도 믿을 수 있고 일관성이 있는가를 상관계수로 나타낸 것으로, 채점자들 간의 객관도 및 채점에 대한 일관성 정도와 연관된다.
  ㉡ 투사적 검사와 같이 채점자에게 많은 재량권이 있는 검사의 경우 채점자가 누구냐에 따라 동일한 수검자에 대해서도 다른 점수가 나타날 수 있다.
  ㉢ 채점 대상물인 한 집단의 검사용지를 두 명 이상의 채점자들이 각자 독립적으로 채점하여 어느 정도 일관된 채점이 이루어졌는지를 확인한다.

> **전문가의 한마디**
> 문항내적합치도는 문항 간 동질성을 강조한다는 점에서 반분신뢰도와 흡사하며, 그로 인해 일부 교재에서는 문항내적합치도를 반분신뢰도와 함께 설명하기도 합니다.

■ 타당도의 의의 및 특징

① 타당도는 실증적 수단인 조작적 정의나 지표가 측정하고자 하는 개념을 제대로 반영하는 정도를 의미한다.
② 측정의 타당도는 조사자가 측정하고자 한 것을 실제로 정확히 측정했는가의 문제이다.
③ 어떤 측정수단이 조사자가 의도하지 않은 내용을 측정하는 경우 이 수단은 타당하지 못한 것이 된다.
④ 사회과학 영역에서 특히 타당도가 문제시되는 이유는 보통 측정을 간접적으로 할 수밖에 없는 사회과학 고유의 특성 때문이다.

> **OX Quiz**
> 어떤 측정수단이 조사자가 의도하지 않은 내용을 측정했더라도, 올바른 값을 측정했다면 이 수단은 타당한 것이다.
> **정답** X(타당하지 못함)

■ 타당도의 종류(추정방법)

① 내용타당도(Content Validity)
  ㉠ '논리적 타당도'라고도 한다.
  ㉡ 논리적 사고와 분석과정에 입각한 주관적 타당도로서, 객관적인 자료에 근거하지 않는다.
  ㉢ 문항 구성이 그 개념을 얼마나 잘 반영하는지, 해당 문항들이 각 내용영역들의 독특한 의미를 얼마나 잘 나타내는지를 의미한다.
  ㉣ 측정도구가 측정대상이 가지고 있는 많은 속성 중의 일부를 대표성 있게 포함하는 경우 타당도가 있다고 본다.

전문가의 한마디

안면타당도는 실제로 무엇을 재는가의 문제가 아니라 검사가 잰다고 말하는 것을 재는 것처럼 보이는가의 문제입니다. 즉, 검사를 받는 사람들에게 그 검사가 타당한 것처럼 보이는가를 뜻합니다.

ⓜ '안면타당도(Face Validity)'는 내용타당도와 마찬가지로 측정항목이 연구자가 의도한 내용대로 실제로 측정을 하고 있는가 하는 것이다. 내용타당도가 전문가의 평가 및 판단에 근거한 반면, 안면타당도는 전문가가 아닌 일반인의 일반적인 상식에 준하여 분석한다.

② 준거타당도(Criterion Validity)
  ㉠ '기준관련타당도', '실용적 타당도' 또는 '경험적 타당도'라고도 한다.
  ㉡ 경험적 근거에 의해 타당도를 확인하는 방법으로서, 이미 전문가가 만들어 놓은 신뢰도와 타당도가 검증된 측정도구에 의한 측정 결과를 토대로 한다.
  ㉢ 통계적으로 타당도를 평가하는 것으로서, 사용하고 있는 측정도구의 측정값과 기준이 되는 측정도구의 측정값 간의 상관관계에 관심을 둔다.
  ㉣ 연구하려는 속성을 측정해 줄 외적변수(기준)와 측정도구의 측정 결과(척도의 점수) 간의 관계를 비교함으로써 타당도를 파악한다.
  ㉤ '동시타당도(Concurrent Validity)'와 '예언타당도(Predictive Validity)'를 포함한다.

동시타당도 (공인타당도)	새로 제작한 검사의 타당도를 위해 기존에 타당도를 보장받고 있는 검사와의 유사성 혹은 연관성에 의해 타당도를 검증하는 방법이다. 예 재직자에게 응시자용 문제를 제시하여 시험을 실시한 후 재직자의 평소 근무실적과 시험 성적을 비교하여 근무실적이 좋은 재직자가 시험에서도 높은 성적을 얻었다면, 해당 시험은 준거타당도를 갖추었다고 볼 수 있다.
예언타당도 (예측타당도)	어떠한 행위가 일어날 것이라고 예측한 것과 실제 대상자 또는 집단이 나타낸 행위 간의 관계를 측정하는 것이다. 예 신입직원 선발시험에서 높은 성적을 얻은 사람이 이후 근무실적에서도 높은 점수를 얻었다면, 해당 선발시험은 근무실적을 잘 예측한 것으로 볼 수 있다.

OX Quiz

신입직원 선발시험에서 높은 성적을 얻은 사람이 이후 근무실적에서 낮은 점수를 얻었다면, 이 선발시험의 예측타당도는 낮은 것이다.

정답 O

③ 구성타당도(Construct Validity)
  ㉠ '개념타당도', '구인타당도', '구조적 타당도'라고도 한다.
  ㉡ '개념(Construct)'이란 심리적 특성이나 행동양상을 설명하기 위해 존재를 가정하는 심리적 요인을 말하는 것으로서, 창의성 검사의 경우 이해성, 도전성, 민감성 등을 개념이라고 할 수 있다.
  ㉢ 조작적으로 정의되지 않은 인간의 심리적 특성이나 성질을 심리적 개념으로 분석하여 조작적 정의를 부여한 후, 검사 점수가 조작적 정의에서 규명한 심리적 개념들을 제대로 측정하였는가를 검증하는 방법이다.
  ㉣ 응답 자료가 계량적 방법에 의해 검증되므로, 과학적이고 객관적이라 할 수 있다.
  ㉤ '수렴타당도(Convergent Validity)', '변별타당도(Discriminant Validity)', '요인분석(Factor Analysis)'을 포함한다.

전문가의 한마디

심리검사는 추상적 구성개념들을 실제적인 수준에서 관찰 가능한 행동표본들로 구성한 것입니다. 따라서 심리검사가 포함하고 있는 행동표본들이 실제 그 검사로 측정하고자 하는 구성개념을 잘 반영하는가 하는 것이 바로 구성타당도에 해당합니다.

수렴타당도 (집중타당도)	검사 결과가 이론적으로 해당 속성과 관련 있는 변수들과 어느 정도 높은 상관관계를 가지고 있는지를 측정한다. 예 지능지수(IQ)와 학교성적과 같이 검사 결과가 이론적으로 연관되어 있는 변수들 간의 상관관계를 측정하는 경우 두 검사 간의 상관계수가 높게 나타났다면, 새로운 지능검사는 지능이라는 개념을 잘 측정한 것으로 볼 수 있다.
변별타당도 (판별타당도)	검사 결과가 이론적으로 해당 속성과 관련 없는 변수들과 어느 정도 낮은 상관관계를 가지고 있는지를 측정한다. 예 지능지수(IQ)와 외모와 같이 검사 결과가 이론적으로 연관되어 있지 않은 변수들 간의 상관관계를 측정하는 경우 두 검사 간의 상관계수가 높게 나타났다면, 새로운 지능검사는 지능이라는 개념을 잘 측정하지 못한 것으로 볼 수 있다.
요인분석	검사를 구성하는 문항들의 상관관계를 분석하여 상관이 높은 문항들을 묶어주는 통계적 방법이다. 예 수학과 과학 문항들을 혼합하여 하나의 시험으로 치르는 경우, 수학을 잘 하는 학생의 경우 수학 문항들에 대해, 과학을 잘 하는 학생의 경우 과학 문항들에 대해 좋은 결과를 나타내 보일 것이므로 해당 문항들은 2개의 군집, 즉 요인으로 추출될 것이다.

OX Quiz

수렴타당도는 검사 결과가 이론적으로 해당 속성과 관련 있는 변수들과 어느 정도 상관관계를 가지고 있는지 측정하는 개념이다.

정답 O

기출복원 18

04, 19년 기출

심리검사의 신뢰도를 추정하는 방법을 3가지 쓰고, 각각에 대해 설명하시오. 6점

해설 체크!

1. 검사–재검사 신뢰도
   동일한 검사를 동일한 수검자에게 일정 시간 간격을 두고 두 번 실시하여 얻은 두 검사 점수의 상관계수를 비교한다.
2. 동형검사 신뢰도
   동일한 수검자에게 첫 번째 시행한 검사와 동등한 유형의 검사를 실시하여 두 검사 점수 간의 상관계수를 비교한다.
3. 반분신뢰도
   전체 문항 수를 반으로 나눈 다음 상관계수를 이용하여 두 부분이 모두 같은 개념을 측정하는지 일치성 또는 동질성 정도를 비교한다.

전문가의 한마디

심리검사의 신뢰도 추정방법에 관한 문제는 임상심리사 1차 필기시험에 빈번히 등장하는 문제이기도 합니다. 이 점 유념하시어 학습하시기 바랍니다.

기출키워드
20년 2회 / 22년 3회
연구절차상의 문제점과 대안
※ 실기시험에는 실험 사례를 제시하고, 연구절차상의 문제점과 이를 해결하기 위한 대안을 기술하도록 하는 문제가 출제되었습니다.

20 신뢰도와 타당도 II

■ 신뢰도에 영향을 미치는 요인

① 개인차
   검사대상이 되는 집단의 개인차가 클수록 검사 점수의 변량은 커지며, 그에 따라 신뢰도계수도 커지게 된다.

② 문항 수
   문항 수가 많은 경우 신뢰도는 어느 정도 높아진다. 다만, 문항 수를 무작정 늘린다고 해서 검사의 신뢰도가 정비례하여 커지는 것은 아니다.

③ 문항반응 수
   문항반응 수는 적정한 크기를 유지하는 것이 바람직하며, 만약 이를 초과하는 경우 신뢰도는 향상되지 않는다. 일반적으로 리커트(Likert) 척도에서 문항반응 수가 5점 내지 7점을 초과하는 경우 신뢰도계수는 더 이상 커지지 않는 것으로 보고되고 있다.

④ 검사유형(속도검사의 신뢰도)
   문항 수가 많고 주어진 시간이 제한되어 있는 속도검사의 경우 특히 전후반분법을 이용하여 신뢰도를 추정하는 것은 바람직하지 못하다. 그 이유는 응답자가 후반부로 갈수록 문항에 답할 충분한 시간이 없으므로 상대적으로 낮은 점수를 받게 되기 때문이다.

⑤ 신뢰도 추정방법(검증법)
   신뢰도를 추정하는 각 방법은 오차를 포함하는 내용이 서로 다르므로 동일한 검사에 여러 가지 방법을 동시에 사용하여 얻어진 신뢰도계수는 서로 다를 수밖에 없다. 특히 측정오차가 클수록 신뢰도계수는 그만큼 작게 계산될 가능성이 높다.

■ 검사-재검사 신뢰도에 영향을 미치는 요인

① 검사요인(테스트 효과)
   검사 간 시간 간격이 짧은 경우 앞선 검사에서 응답했던 내용을 반복함으로써 검사 결과에 영향을 미칠 수 있다.

   예 동일한 수검자를 대상으로 유사한 시험문제나 조사도구로 반복 측정하는 경우, 보통 처음의 결과보다 나중의 결과가 좋게 나올 가능성이 높다.

전문가의 한마디
'전후반분법(전후절반법)'은 전체 검사를 문항 순서에 따라 전반부와 후반부로 반분하는 것을 말합니다.

OX Quiz
문항 수가 많은 경우 신뢰도가 높은 경향이 있다.
정답 O

② 성숙요인(시간의 경과)

검사 간 시간 간격이 긴 경우 측정대상의 속성이나 특성이 변화하여 검사 결과에 영향을 미칠 수 있다.

> 예 아동을 대상으로 한 운동프로그램이 성장에 미치는 영향을 측정하는 경우, 아동은 운동에 의해 성장한 것일 수도, 자연적인 발달에 의해 성장한 것일 수도 있다.

③ 역사요인(우연한 사건)

측정기간 중에 검사자의 의도와는 상관없이 일어난 통제 불가능한 사건이 검사 결과에 영향을 미칠 수 있다.

> 예 직업훈련과 취업률 간의 상관관계를 측정하는 경우, 직업훈련 기간 중 우연히 경기침체 현상이 발생되었다면 취업률은 직업훈련과 관계없이 낮게 나타날 수 있다.

④ 물리적 환경의 변화

두 검사 시기의 물리적인 환경 변화(온도, 날씨 등)가 검사 결과에 영향을 미칠 수 있다.

> 예 검사 상황이 처음 편안한 분위기에서 이후 위협적인 분위기로 변하게 되는 경우, 수검자의 응답 태도 또한 변하게 된다.

OX Quiz

검사 시 물리적 환경의 변화는 검사 결과에 영향을 미치지 않는다.

정답 X(영향을 미칠 수 있음)

■ **신뢰도 제고를 위한 방법**

① 측정상황의 분석 및 일관성 유지

어떠한 요인이 측정의 신뢰도를 떨어뜨리는가를 결정하기 위해 측정상황 자체에 대한 분석을 하도록 한다. 또한 측정도구는 항상 표준화되고 잘 통제되며, 최대한 동일한 조건하에서 적용되도록 한다.

② 표준화된 지시와 설명

측정도구의 사용이나 응답에 있어서 가능한 한 분명하고 표준화된 지시나 설명을 함으로써 측정오차를 줄이도록 해야 한다.

③ 문항(항목)의 추가적 사용

측정도구가 충분히 믿을 만한 것이 못될 경우 동일한 종류와 질을 가진 문항(항목)을 추가로 사용하도록 한다.

④ 문항(항목)의 명확한 구성

측정도구가 되는 문항은 누구에게나 동일하게 이해되도록 명백하게 구성해야 한다.

⑤ 대조적인 문항(항목)들의 비교·분석

측정도구가 되는 각 문항의 성격을 비교하여 서로 대조적인 문항들을 비교·분석하도록 한다.

> **전문가의 한마디**
>
> 내적 타당도(Internal Validity)는 연구과정 중 종속변수에서 나타나는 변화가 독립변수의 변화에 의한 것임을 확신할 수 있는 정도, 즉 인과관계에 대한 확신의 정도를 말합니다.

■ 내적 타당도를 저해하는 요인

① 성숙요인(시간의 경과)

　시간의 흐름에 따른 조사대상 집단의 신체적·심리적 특성의 변화 또는 실험기간 동안 나타나는 실험집단의 성숙이 결과변수(종속변수)에 영향을 미친다.

② 역사요인(우연한 사건)

　조사기간 중에 연구자의 의도와는 상관없이 일어난 통제 불가능한 사건이 결과변수에 영향을 미친다.

③ 선별요인(선택요인)

　프로그램 집행 후 실험집단과 통제집단 간의 결과변수에 대한 측정값의 차이가 프로그램 집행의 차이라기보다 단지 두 집단성원들이 다르기 때문에 나타난다.

④ 상실요인(실험대상의 탈락)

　프로그램 집행 기간 중 관찰대상 집단 일부의 탈락 또는 상실로 인해 남아있는 대상이 처음의 관찰대상 집단과 다른 특성을 갖게 된다.

⑤ 통계적 회귀요인

　극단적인 측정값을 갖는 사례들을 재측정할 때, 평균값으로 회귀하여 처음과 같은 극단적인 측정값을 나타내지 않는다.

⑥ 검사요인(테스트 효과)

　프로그램의 실시 전과 실시 후에 유사한 검사를 반복하는 경우 프로그램 참여자들의 시험에 대한 친숙도가 높아져서 측정값에 부적절한 영향을 미친다.

⑦ 도구요인

　프로그램 집행 전과 집행 후에 측정자의 측정기준이 달라지거나 측정수단이 변화함에 따라 정책효과가 왜곡된다.

⑧ 모방(개입의 확산)

　분리된 집단들을 비교하는 조사연구에서 적절한 통제가 이루어지지 않은 경우 실험집단과 통제집단의 상호 교류에 의해 실험집단의 영향이 통제집단에 이식될 수 있다.

⑨ 인과적 시간-순서(인과관계 방향의 모호성)

　변수들 간의 시간적 우선성이 모호한 경우, 원인변수와 결과변수 사이의 인과관계의 방향을 결정하기가 곤란하다.

■ 외적 타당도를 저해하는 요인

① 연구표본의 대표성

조사연구의 제반 조건들이 모집단의 일반적인 상황과 유사해야 실험 결과를 일반화할 수 있다.

② 조사반응성(반응효과)

연구자가 관찰하는 동안 조사대상자가 연구자의 바람에 따라 반응하거나 스스로 조사대상임을 의식하여 평소와 다른 반응을 보이는 경우 일반화의 정도는 낮아진다.

■ 타당도의 제고방법

① 내적 타당도의 제고방법

㉠ 무작위할당(Random Assignment) : 연구대상을 실험집단과 통제집단으로 무작위로 배치함으로써 두 집단이 동질적이도록 한다.

㉡ 배합(Matching) : 연구주제에 영향을 미칠 수 있는 주요 변수들을 미리 알아내어 이를 실험집단과 통제집단에 동일하게 분포되도록 한다.

㉢ 통계적 통제(Statistical Control) : 실험설계를 통해 통제할 필요성이 있는 변수들을 독립 변수로 간주하여 실험을 실시한 다음, 그 결과를 통계적으로 분석하여 해당 변수의 영향을 통제한다.

② 외적 타당도의 제고방법

㉠ 모집단에 대한 타당성(Population Validity) : 표본의 대표성을 높이는 방법으로서, 표본 자료가 모집단의 특성을 충분히 반영하고 있는지 파악한다.

㉡ 환경에 의한 타당성(Ecological Validity) : 연구 결과가 연구 환경을 벗어나 보다 현실적이면서 다양한 환경에서도 적용될 수 있는지 검토한다.

> **전문가의 한마디**
>
> 외적 타당도(External Validity)는 연구결과에 의해 기술된 인과관계가 연구대상 이외의 경우로 확대 · 일반화될 수 있는 정도를 말합니다. 예를 들어, 동일한 프로그램의 효과성이 서울과 제주에서 같지 않은 것은 외적 타당도의 문제입니다.

기출복원 19   11, 13, 20, 22년 기출

다음 보기의 사례를 읽고 물음에 답하시오.   [6점]

> 한 임상심리학자는 최근 자신이 개발한 사회공포증 치료법의 효과성 여부를 검증하기 위한 실험을 실시하였다. 사회공포증이 의심되는 20명의 인원을 대상으로 5회기에 걸쳐 치료를 시행한 후 그 변화를 살펴보았다. 치료 효과를 검증하기 위한 방법으로 치료 시작 전과 치료 종료 후 실험대상자들에게 자신의 증상에 대한 심각성 수준을 7점 척도상에 평정하도록 하였다. 임상심리학자는 치료 종료 후 실험대상자들에 의한 척도상의 평정점수가 유의미하게 낮게 나왔다는 사실을 토대로 자신의 치료법이 효과가 있다고 주장하였다.

보기의 임상심리학자가 수행한 실험에서 절차상의 문제점과 이를 해결하기 위한 대안을 3가지 제시하시오.

> **OX Quiz**
>
> 조사대상자가 스스로 조사대상임을 의식하여 평소와 다른 반응을 보이는 경우 일반화 정도가 낮아지는 것을 조사반응성이라고 한다.
>
> 정답 O

● 해설 체크! ●

1. 집단 설정 과정 및 표본의 대표성 문제

임상심리학자는 사회공포증이 의심되는 20명을 실험대상자로 선정하였다. 그러나 비교적 소수의 인원으로 실험을 하는 만큼 통계적 검증력이 결여될 수밖에 없다. 더욱이 실험대상자들의 연령이나 성별, 증상의 심각성 정도 및 주 호소 불안의 유형(발표불안 또는 대인불안)에 대한 구체적인 기준도 없이 막연히 사회공포증 의심자들을 실험대상자로 선정함으로써 실험 결과를 일반화하는 데 한계를 보인다.

> 해결 대안 : 임상심리학자는 집단 설정 과정에서 표본의 크기 및 표본의 대표성에 문제가 없는지 확인해야 한다. 동일한 주제에 대해 서로 다른 연구자들이 시행한 2개 이상의 집단설계 연구로서 집단당 30명 이상을 대상으로 적절한 통계적 검증력을 가진 치료방법과 동등한 효능을 보인다면 이를 잘 확립된 치료(Well-Established Treatments)로 볼 수 있다.

2. 통제집단의 결여

보기의 사례에서는 임상심리학자가 사회공포증이 의심되는 사람들을 대상자로 선정하면서 이들을 실험집단과 통제집단으로 나누지 않은 것으로 보인다. 요컨대, 실험설계는 기본적으로 실험집단, 통제집단, 자극의 3요소로 이루어진다. 집단을 실험집단과 통제집단으로 나누는 것은 보다 정확한 인과관계의 추리를 위한 것이므로 반드시 필요한 과정이라고 할 수 있다.

> 해결 대안 : 임상심리학자는 집단을 실험집단과 통제집단으로 나누고 가급적 둘 이상의 연구에서 실험집단이 대기자 통제집단보다 우수한 효능을 보이는지를 검증해야 한다. 다만, 실험대상자들을 두 집단으로 구분할 때 이들을 무작위로 배치함으로써 두 집단을 동질적으로 구성하며, 실험 과정에서 두 집단에 대한 적절한 통제가 이루어지도록 주의해야 한다.

3. 조사반응성(반응효과)과 위약효과(가실험효과)

실험대상자들은 제한된 실험 환경에서 자신이 연구자나 다른 실험대상자들의 관찰 대상이 된다는 사실을 인식함으로써 평소 자신의 모습과 다르게 반응할 수 있다. 이때 문제시되는 것이 조사반응성과 위약효과이다.

> 해결 대안 : 임상심리학자는 연구 결과가 제한된 연구 환경을 벗어나 보다 현실적이면서 다양한 환경에서도 적용될 수 있는지 검토해야 한다. 특히 서로 다른 연구자들이 시행한 2개 이상의 집단설계 연구로서 위약 혹은 다른 치료에 비해 우수한 효능을 보이는지 충분히 검토해야 한다.

4. 비교 및 검증 과정의 결여

실험설계는 사전·사후 검사 결과 변수 간 의미 있는 변화를 비교·검토하는 과정이 요구된다. 실험 결과에 따른 치료적 효과는 단순히 자기보고식 평정척도만으로 검증될 수 있는 것이 아니다.

> 해결 대안 : 임상심리학자는 객관적 관찰자로서의 진단, 실험 과정상 포착된 실험대상자의 생리적·행동적 반응의 변화, 치료적 효과의 임상적 유의성에 대한 판단 등을 종합적으로 고려하여 치료법의 효과성 여부를 판단해야 한다. 해당 치료법에 관한 연구가 엄정한 실험설계를 거치고 다른 치료와 비교하여 우수한 효능을 보인다면 이를 잘 확립된 치료로 볼 수 있다.

전문가의 한마디

본문의 해설은 보다 명확한 이해를 위해 비교적 상세한 내용을 소개한 것인 만큼, 실제 시험에서는 이를 간략히 정리하여 답안으로 작성하시기 바랍니다.

21 지능에 대한 이해

■ 지능에 대한 학자들의 정의

① 웩슬러(Wechsler)
지능은 개인이 합목적적으로 행동하고 합리적으로 사고하며, 자신을 둘러싼 환경을 효율적으로 다룰 수 있는 총체적인 능력이다.

② 비네(Binet)
지능은 일정한 방향을 설정하고 이를 유지하는 경향성, 자신이 소망하는 바를 성취하기 위해 순응하는 능력, 자신이 도달한 목표를 아는 능력이다.

③ 터만(Terman)
지능은 추상적 사고를 하는 능력, 즉 다양한 문제들을 해결하기 위해 추상적 상징을 사용하는 능력이다.

④ 스피어만(Spearman)
지능은 사물의 관련성을 추출할 수 있도록 하는 정신작용이다.

⑤ 서스톤(Thurstone)
지능은 추상적 개념과 구체적 사실을 연관시킬 수 있는 능력이다.

⑥ 피아제(Piaget)
지능은 단일형식의 조직이 아닌 적응 과정을 통해 동화와 조절이 균형을 이루는 형태를 말한다.

⑦ 스턴(Stern)
지능은 사고를 작동시켜 새로운 요구에 의식적으로 적응하는 일반적 능력이다.

⑧ 핀트너(Pintner)
지능은 새로운 환경에 자신을 적응시키는 능력이다.

⑨ 게이츠(Gates)
지능은 학습해 가는 능력 또는 다양하고 광범위한 사실들을 파악하는 복합화된 능력이다.

⑩ 디어본(Dearborn)
지능은 학습된 능력, 즉 경험에 의해 습득되는 능력이다.

⑪ 프리만(Freeman)
지능은 지능검사에 의해 측정된 것이다.

⑫ 게이지와 버라이너(Gage & Berliner)
지능은 구체적인 것보다 추상적인 것을 다루는 능력, 익숙한 사건에 대한 연습된 반응이 아닌 새로운 사건에 대한 취급능력, 언어 및 상징 등 추상적인 것에 대한 학습능력을 말한다.

전문가의 한마디

'지능(Intelligence)'이라는 심리학적 구성개념은 이론적 입장과 임상적 입장에 따라 서로 다른 방향으로 발전되어 왔다고 볼 수 있습니다. 이론적 입장은 스피어만(Spearman), 서스톤(Thurstone), 카텔(Cattell) 등을 중심으로, 임상적 입장은 웩슬러(Wechsler), 비네(Binet), 터만(Terman) 등을 중심으로 전개되었습니다. 특히 지능의 구성요소에 대한 가설을 토대로 지능검사를 제작한 것은 임상적 입장의 업적이기도 합니다.

OX Quiz

프리만은 지능은 추상적 개념과 구체적 사실을 연관시킬 수 있는 능력이라고 정의하였다.

정답 X(서스톤)

■ 지능의 일반적 정의

① 학습능력
  ㉠ 지능은 교육을 받을 수 있는 능력 또는 유익한 것을 학습할 수 있는 능력이다.
  ㉡ 지능이 높은 사람은 학습할 수 있는 능력이 높은 반면, 지능이 낮은 사람은 학습할 수 있는 능력이 낮다.
  ㉢ 주요 학자 : 게이츠(Gates), 디어본(Dearborn) 등

② 적응능력
  ㉠ 지능은 전체 환경에 대한 적응력이자, 생활상의 새로운 문제와 상황에 대처하는 정신적 적응력이다.
  ㉡ 지능이 높은 사람은 새로운 환경의 변화에 비교적 잘 적응하는 반면, 지능이 낮은 사람은 잘 적응하지 못하는 양상을 보인다.
  ㉢ 주요 학자 : 피아제(Piaget), 스턴(Stern), 핀트너(Pintner) 등

③ 추상적 사고능력
  ㉠ 지능은 추상적인 사고를 할 수 있는 능력이자, 이를 구체적인 사실과 연관시킬 수 있는 능력이다.
  ㉡ 지능이 높은 사람은 자신이 소유한 지식을 통해 구체화된 현상을 파악하는 동시에 이를 서로 연관시킬 수 있다.
  ㉢ 주요 학자 : 터만(Terman), 스피어만(Spearman), 서스톤(Thurstone) 등

④ 종합적 · 전체적 능력(포괄적 정의)
  ㉠ 지능은 어떠한 목적을 향해 합리적으로 행동하고 체계적으로 사고하며, 환경을 효과적으로 다루는 유기체의 종합적인 능력이다.
  ㉡ 지능이 높은 사람은 학습능력, 적응능력, 추상적 사고능력 등을 통해 성공적인 생활을 영위할 수 있다.
  ㉢ 주요 학자 : 웩슬러(Wechsler) 등

⑤ 조작적 정의
  ㉠ 지능은 지능검사에 의해 측정된 것이다.
  ㉡ 이것은 정의로서는 명확하나 지능의 정신적인 본질에 대한 내용을 담고 있지는 못하다.
  ㉢ 주요 학자 : 프리만(Freeman) 등

전문가의 한마디

웩슬러는 이전에 제안되었던 지능에 관한 여러 가지 정의들을 종합적으로 받아들여 지능의 다요인적 · 중다결정적 측면을 강조하였습니다. 즉, 지능에 지적 요소는 물론 성격적 요소, 정서, 사회성, 운동능력, 감각 등을 포함시킴으로써 이를 폭넓게 개념화하였습니다.

OX Quiz

웩슬러는 지능을 종합적 · 전체적 능력으로 보았다.

정답 O

■ 지능에 대한 주요 연구

① 비네(Binet) – 일반지능설

지능은 개인의 판단 또는 양식, 실용적 감각, 창의력, 상황에 대한 적응능력과 연관되며, 이해력, 판단력, 논리력, 추리력, 기억력 등 다양한 요소들 간의 포괄적인 관계로 구성된다.

② 스피어만(Spearman) – 2요인설

지능은 모든 개인이 공통적으로 가지고 있는 일반요인(General Factor)과 함께 언어나 숫자 등 특정한 부분에 대한 능력으로서 특수요인(Special Factor)으로 구분된다.

③ 손다이크(Thorndike) – 다요인설

지능은 진리 또는 사실의 견지에서 올바른 반응을 행하는 능력으로서, 추상적 지능(Abstract Intelligence), 구체적(실제적) 지능(Concrete Intelligence), 사회적 지능(Social Intelligence)으로 구성된다.

④ 서스톤(Thurstone) – 다요인설

지능은 언어이해(Verbal Comprehension), 수(Numerical), 공간시각(Spatial Visualization), 지각속도(Perceptual Speed), 기억(Memory), 추리(Reasoning), 단어유창성(Word Fluency) 등 7가지 요인으로 구분된다.

⑤ 길포드(Guilford) – 복합요인설(입체모형설)

지능의 구조는 내용(Content), 조작(Operation), 결과(Product)의 3차원적 입체모형으로 이루어지며, 이들의 상호작용에 의한 180개의 조작적 지적 능력으로 구성된다.

⑥ 카텔과 혼(Cattell & Horn) – 위계적 요인설

지능은 유동성 지능(Fluid Intelligence)과 결정성 지능(Crystallized Intelligence)으로 구분된다.

⑦ 가드너(Gardner) – 다중지능이론

지능은 언어지능(Linguistic Intelligence), 논리-수학지능(Logical-Mathematical Intelligence), 공간지능(Spatial Intelligence), 신체-운동지능(Bodily-Kinesthetic Intelligence), 음악지능(Musical Intelligence), 대인관계지능(Interpersonal Intelligence), 개인 내적 지능(Intra Personal Intelligence)을 포함하여 다양한 독립된 지능으로 구성된다.

⑧ 스턴버그(Sternberg) – 삼원지능이론

지능은 개인의 내부세계와 외부세계에서 비롯되는 경험의 측면에서 성분적 지능(Componential Intelligence), 경험적 지능(Experiential Intelligence), 상황적 지능(Contextual Intelligence)으로 구분된다.

> **전문가의 한마디**
>
> 스피어만(Spearman) 2요인설의 2가지 요인을 쓰고 설명하는 문제가 직업상담사 2차 실무시험에 출제된 바 있습니다. 참고로 일반요인(G 요인)은 일반적인 정신작용, 추론능력, 기억력 등 여러 가지 지적 활동에 공통적으로 작용하는 요인을 말하는 반면, 특수요인(S 요인)은 언어능력, 수리능력, 기계적 능력 등 어떤 특정한 상황이나 과제에서만 발휘되는 요인을 말합니다.

■ 카텔(Cattell)의 지능에 대한 범주적 구분 – 유동성 지능과 결정성 지능

① 유동성 지능 또는 유동적 지능(Fluid Intelligence)
   ㉠ 유전적·선천적으로 주어지는 능력으로서 경험이나 학습의 영향을 거의 받지 않으며, 뇌와 중추신경계의 성숙에 비례하여 발달하다가 청년기 이후부터 퇴보 현상이 나타나기 시작한다.
   ㉡ 속도(Speed), 기계적 암기(Rote Memory), 지각능력(Perception), 일반적 추론능력(General Reasoning) 등과 같이 새로운 상황에서의 문제해결능력으로 잘 나타난다.

② 결정성 지능 또는 결정적 지능(Crystallized Intelligence)
   ㉠ 환경이나 경험, 문화적 영향에 의해 발달되는 지능으로서, 유동성 지능을 토대로 후천적인 발달이 이루어진다.
   ㉡ 언어이해능력(Verbal Comprehension), 문제해결능력(Problem Solving), 상식(Common Sense), 논리적 추리력(Logical Reasoning) 등과 같이 나이를 먹으면서도 계속 발달할 수 있는 능력으로 잘 나타난다.

■ 혼(Horn)의 유동성 지능과 결정성 지능에 대한 연구

① 카텔(Cattell)은 인간의 지능을 유동성 지능과 결정성 지능으로 구분하였으며, 혼(Horn)은 이를 토대로 각 지능별 특징적 양상에 대해 연구하였다.
② 일반적으로 웩슬러 지능검사의 언어성 소검사들은 결정성 지능과 연관된다. 반면, 동작성 소검사들은 유동성 지능과 관련되며, 문제해결능력을 측정한다고 볼 수 있다.
③ 혼은 변형된 지능 모델을 통해 웩슬러 지능검사의 소검사들을 다음과 같이 4개의 범주로 분류하였다.

결정성(Crystallized)	유동성(Fluid)	기억(Retrieval)	속도(Speed)
• 기본지식 • 어휘문제 • 이해문제 • 공통성 문제	• 빠진곳찾기 • 차례 맞추기 • 토막짜기 • 모양 맞추기 • 공통성 문제 • 숫자 외우기	• 기본지식 • 산수문제 • 숫자 외우기	바꿔쓰기

④ 환경의 영향을 받는 결정성 지능에는 언어성 소검사 4개가 포함되며, 유동성 지능에는 공통성 문제와 숫자 외우기의 2개 언어성 소검사와 함께 동작성 소검사들이 포함된다.
⑤ 공통성 문제는 결정성 지능과 유동성 지능 모두와 관계가 있으며, 기억과 관련된 소검사로서 기본지식은 결정성 지능, 숫자 외우기는 유동성 지능과 연관된다.
⑥ 소검사 특유의 변량이 큰 바꿔쓰기는 운동속도와 연관된다.

OX Quiz
가드너는 지능을 유동성 지능과 결정성 지능으로 구분하였다.
정답 X(카텔)

전문가의 한마디
웩슬러 지능검사의 각 소검사들이 유동성 지능 혹은 결정성 지능의 어느 한쪽 특성만을 배타적으로 측정하는 것은 아닙니다. 예를 들어, '공통성 문제'의 경우 기본적으로 언어적 이해력을 측정하는 소검사이나 특정 학습, 정규교육, 경험에 의한 영향을 가장 적게 받으므로 결정성 지능과 유동성 지능 모두와 관련이 있습니다.

■ 지능평가의 주요 쟁점으로서 임상적 접근과 개념적 접근

임상적 접근	• 지능평가의 합리성을 강조하는 것으로, 지능이 측정 가능한 구체적인 실체라고 가정하는 입장이다. • 따라서 심리학자는 현재 주로 사용되는 지능검사 도구들을 가지고 어떻게 지능을 측정할 것인가의 실용적인 측면에 초점을 두게 된다.
개념적 접근	• 지능을 가설적 혹은 이론적 구성개념으로 가정하면서, 지능의 구성개념이 매우 복잡하므로 현재 사용되는 지능검사로는 완전히 측정될 수 없다고 보는 입장이다. • 따라서 심리학자는 지능의 정의와 분석방법을 연구하는 데 초점을 두는 반면, 현재 주로 사용되는 지능검사의 활용에 대해서는 그다지 관심을 가지지 않는다.

기출키워드
21년 1회 / 24년 3회

임상적 접근과 개념적 접근

※ 실기시험에는 지능을 평가할 때의 주요 쟁점으로 임상적 접근과 개념적 접근에 대해 설명하도록 하는 문제가 출제되었습니다.

기출복원 20
04, 10, 15, 19년 기출

웩슬러(Wechsler)가 정의한 지능의 개념을 쓰고, 유동성 지능과 결정성 지능의 특징을 각각 2가지씩 기술하시오. **6점**

● 해설 체크! ●

1. **웩슬러(Wechsler)의 지능의 개념**
   지능은 개인이 합목적적으로 행동하고 합리적으로 사고하며, 자신을 둘러싼 환경을 효율적으로 다룰 수 있는 종합적·전체적인 능력이다.

2. **유동성 지능과 결정성 지능의 특징**
   • 유동성 지능(Fluid Intelligence)의 특징
     - 유전적·선천적 능력으로서 경험이나 학습의 영향을 거의 받지 않으며, 청년기 이후부터 퇴보 현상이 나타나기 시작한다.
     - 속도, 기계적 암기, 지각능력, 일반적 추론능력 등과 연관된다.
   • 결정성 지능(Crystallized Intelligence)의 특징
     - 후천적 능력으로서 환경이나 경험, 문화적 영향에 의해 발달되며, 나이를 먹으면서도 발달이 지속될 수 있다.
     - 언어이해능력, 문제해결능력, 상식, 논리적 추리력 등과 연관된다.

22 한국판 웩슬러성인용지능검사(K-WAIS)의 언어성 소검사

기출키워드
19년 1회
병전 지능 추정
※ 실기시험에는 병전 지능 추정을 위해 사용하는 소검사를 3가지 쓰고, 이를 사용하는 이유를 설명하도록 하는 문제가 출제되었습니다.

전문가의 한마디
임상심리사 2차 실기시험은 최근에 이르기까지 웩슬러 지능검사 원판인 K-WAIS와 개정판인 K-WAIS-Ⅳ를 함께 출제하고 있습니다. 이는 임상심리사 시험의 특징으로, 일부 문제들을 기존 기출문제에서 그대로 다시 출제하는 과정에서 변경되어야 할 사항들을 적용하지 않기 때문입니다. 물론 K-WAIS-Ⅴ를 포함하여 향후 어느 특정 기준을 적용한 문제들만을 출제할지 알 수 없으나, 만약을 대비하여 원판과 개정판을 가급적 함께 학습하시기를 권장합니다.

■ 기본지식(Information)

① 주요 측정 측면
　㉠ 일상의 사실적 지식의 범위
　㉡ 과거의 학습 및 학교 교육
　㉢ 지적 호기심 혹은 지식추구 충동
　㉣ 일상생활에서의 기민성 혹은 일상세계에 대한 관심
　㉤ 장기기억

② 소검사의 특징
　㉠ 총 29문항으로, 수검자 개인이 소유한 일반적인 지식의 정도를 측정한다.
　㉡ 기억의 인출 및 장기기억, 언어적·청각적 이해력, 결정성 지능, 지적 호기심, 폭넓은 독서 경험 등과 연관된다.
　㉢ 교육적 기회, 문화적 노출, 환경의 영향을 많이 받으므로, 수검자의 지적 능력, 학력, 생활 여건을 고려해야 한다.
　㉣ 문항들은 정서적 중립성으로 인해 정서를 유발하지 않으므로, 수검자의 정서적 응답은 유의미한 분석대상이 된다.
　㉤ 쉬운 문항에서 실패하고 오히려 어려운 문항에서 성공하는 경우 수검자의 기억 인출 과정에서의 문제를 시사한다.
　㉥ 기괴한 응답의 경우 성격적·병리적 문제를 시사하는 한편, 지나치게 세부적이고 자세한 대답은 강박증을 시사한다.
　㉦ 병전 지능 추정에 사용되며, 특히 좌반구 손상 환자에게서 낮은 수행이 나타난다.
　㉧ 높은 점수는 지적인 야심이나 주지화의 방어기제를 반영하기도 한다.
　㉨ 낮은 점수는 만성적인 불안이나 갈등, 억압의 방어기제를 반영하기도 한다.

■ 숫자 외우기(Digit Span)

① 주요 측정 측면
　㉠ 즉각적인 기계적 회상
　㉡ 사고패턴을 전환할 수 있는 능력
　㉢ 주의집중력
　㉣ 청각적 연속능력
　㉤ 기계적 학습

② 소검사의 특징
- ㉠ 총 14문항으로, 검사자가 불러주는 숫자열을 처음 단계에서는 바로 따라 외우다가, 다음 단계에서는 거꾸로 따라 외우도록 과제가 구성되어 있다.
- ㉡ 문화적 영향을 거의 받지 않으나, 언어성 소검사 중 수검자의 상태에 따른 변동이 가장 심하다.
- ㉢ 청각적 단기기억, 주의력 및 주의집중력, 유동성 지능, 학습장애 등과 연관된다.
- ㉣ 바로 따라 외우기가 거꾸로 따라 외우기에 비해 아동 및 청소년의 경우 평균적으로 2자리 정도, 성인의 경우 1자리 정도 반응이 더 길게 나타난다. 만약 평균적인 기준에서 훨씬 벗어나 5자리 이상 길게 나타나는 경우 뇌손상을 시사한다.
- ㉤ 거꾸로 따라 외우기가 바로 따라 외우기보다 뇌손상에 더욱 민감하다.
- ㉥ 검사 상황에 민감하게 영향을 받는 검사로서, 특히 청각적인 문제를 가진 수검자에게 불리한 검사이기도 하다.
- ㉦ 검사자가 문항을 다 읽기도 전에 반응하기 시작하거나 숫자를 매우 빠르게 열거하는 경우 충동성을 의심해 볼 수 있다.
- ㉧ 높은 점수는 오히려 수검자의 조현성(분열성) 성격을 반영하기도 한다.
- ㉨ 낮은 점수는 정신병적 우울이나 상태불안, 주의력결핍, 학습장애 등의 문제를 반영하기도 한다.

■ 어휘문제(Vocabulary)

① 주요 측정 측면
- ㉠ 언어 발달의 정도
- ㉡ 단어 지식 및 언어적 개념형성
- ㉢ 언어사용 및 축적된 언어 학습 능력
- ㉣ 우수한 학업성취 및 교육적 배경
- ㉤ 수검자의 최상의 지적 능력 추론
- ㉥ 수검자가 획득한 사고, 경험, 관심의 범위

② 소검사의 특징
- ㉠ 총 35문항으로, 검사자가 불러주는 여러 낱말들의 뜻을 구체적으로 설명하도록 하는 과제들로 구성되어 있다.
- ㉡ 가장 안정적인 검사로서 정신장애에 의한 기능의 손상 및 퇴화가 적으므로, 병전 지능 추정에 사용된다.
- ㉢ 일반지능을 나타내는 중요한 지표로서, 특히 전체 IQ(FIQ)와 가장 높은 상관관계를 가지고 있다.
- ㉣ 언어적 이해력 및 표현력, 어의적 수준의 인지능력, 획득된 지식과 축적된 상식, 장기기억, 결정성 지능, 지적 호기심, 폭넓은 독서경험 등과 연관된다.

전문가의 한마디

'숫자 외우기(Digit Span)'는 바로 따라 외우기 7문항과 거꾸로 따라 외우기 7문항으로 구성되어 있으며, 각 문항에는 제1시행과 제2시행이 있습니다.

OX Quiz

바로 따라 외우기보다 거꾸로 따라 외우기가 뇌손상에 더욱 민감하다.

정답 X(거꾸로 따라 외우기가 더 민감)

ⓜ 시간이 많이 소요되는 소검사이므로, 검사 상황에 의해 쉽게 피로해지는 뇌손상 환자들에게는 적합하지 않다.
ⓑ 소검사들 중 뇌손상과 사고장애를 가장 잘 구분해 줄 수 있다.
ⓢ 높은 점수는 기본지식 소검사와 마찬가지로 지적인 야심이나 주지화의 방어기제를 반영하기도 한다.
ⓞ 낮은 점수는 기억이나 학습상의 문제, 억압의 방어기제를 반영하기도 한다.

■ 산수문제(Arithmetic)

① 주요 측정 측면
  ㉠ 청각적 기억
  ㉡ 연속적 능력
  ㉢ 수리적 추론, 계산능력 및 계산의 속도
  ㉣ 주의집중력 및 낮은 주의산만
  ㉤ 현실접촉 및 정신적 기민성, 외부세계와의 능동적 관계
  ㉥ 학업능력(산수문제의 전반부) 및 획득된 지식
  ㉦ 논리적 추론, 추상화, 수리적 문제 분석력(산수문제의 후반부)

② 소검사의 특징
  ㉠ 총 16문항으로, 간단한 계산문제를 종이와 연필을 사용하지 않은 채 암산으로 푸는 과제로 구성되어 있다.
  ㉡ 청각적 기억, 주의력 및 주의집중력, 숫자를 다루는 능력, 언어적 지시의 이해, 상징적 내용의 기억, 시간적 압박하에서의 작업능력, 학습장애 등과 연관된다.
  ㉢ 숫자 외우기 소검사에 비해 보다 높은 수준의 주의집중력이 요구된다.
  ㉣ 과제에서 요구하는 계산 기술은 초등학생 수준에 해당한다.
  ㉤ 과제 수행에서의 실패는 주의력 및 주의집중력 부족, 계산 과정에서 종이와 연필을 사용하지 못하는 것에 대한 불안감, 반항심이나 패배주의적 태도에 의한 것일 수 있다.
  ㉥ 검사가 끝난 후 수검자에게 종이와 연필을 주어 시간제한 없이 과제를 다시 해 보도록 함으로써 수검자의 불안이나 주의집중력이 검사에 미친 영향에 대해 평가할 수 있다.
  ㉦ 좌측 측두엽, 두정엽 손상 환자에게서 낮은 수행이 나타난다.
  ㉧ 높은 점수는 주지화 방어기제와 연관되며, 경우에 따라 조현성(분열성) 성격을 반영하기도 한다.
  ㉨ 낮은 점수는 불안 성향, 주의집중에의 어려움, 학습장애 등의 문제를 반영하기도 한다.

> **OX Quiz**
> 산수문제 소검사는 청각적 기억과 연속적 능력, 계산능력 및 논리적 추론 등을 측정한다.
> 정답 O

> **OX Quiz**
> 산수문제 소검사 과제에서 요구하는 계산 기술은 일반 성인 수준에 해당한다.
> 정답 X(초등학생 수준)

■ 이해문제(Comprehension)

① 주요 측정 측면
  ㉠ 실제적 지식의 표명
  ㉡ 사회성숙도
  ㉢ 행동의 보편적 기준에 대한 지식
  ㉣ 적절한 선택, 조직화, 사실과 관계의 강조 등 과거 경험의 평가능력
  ㉤ 추상적 사고와 일반화
  ㉥ 사회적 판단력, 일반상식, 실제 사회적 상황에 대한 판단력
  ㉦ 사회적 환경에 대한 이해력
  ㉧ 현실 자각, 일상생활의 기민성

② 소검사의 특징
  ㉠ 총 16문항으로, 일상생활에서의 사회적 상황과 관련된 여러 가지 문항들에 대해 답하는 과제들로 구성되어 있다.
  ㉡ 사회적 지능 및 사회적 이해력, 도덕적 판단 및 양심, 언어적 개념화, 결정성 지능 등과 연관된다.
  ㉢ 다른 소검사들에 비해 지적 영역과 정서적 영역이 서로 결부되어 있다.
  ㉣ 정보의 적절한 선택과 반응의 적절한 표출을 위한 안정적인 정서-태도 경향성이 요구된다.
  ㉤ 수검자의 문제 상황에 대한 능동적/수동적 대처, 사회적/반사회적 행동 등이 임상적으로 유의미한 가치를 가진다.
  ㉥ 지나치게 길고 세부적인 반응은 강박적 성향을 시사한다.
  ㉦ 좌반구 손상에 민감한 소검사이다. 우반구 손상 환자의 경우 높은 점수를 얻을 수 있으나 실제 행동은 비합리적일 수 있다.
  ㉧ 높은 점수는 수검자의 사회적·도덕적 판단력, 관습적인 문제해결 방식을 반영하기도 한다.
  ㉨ 낮은 점수는 사회적 관심에 대한 저항, 대인관계에 대한 무관심, 판단력 손상을 반영하기도 한다.

OX Quiz
이해문제는 다른 소검사들에 비해 지적 영역과 정서적 영역이 서로 결부되어 있다.
정답 O

전문가의 한마디
'이해문제'에서는 창조적이기보다는 보편적·관습적 문제해결 방식을 사용하는 경우 보다 높은 점수를 얻는 것으로 알려져 있습니다.

■ 공통성 문제(Similarity)

① 주요 측정 측면
  ㉠ 논리적·추상적 추론능력
  ㉡ 언어적 개념형성 또는 개념적 사고
  ㉢ 본질과 비본질을 구분하는 능력
  ㉣ 언어적 유창성과 관련된 연합능력

전문가의 한마디
기질적 뇌손상 환자는 개념적 사고의 손상으로 인해 공통성 문제 소검사의 점수가 상대적으로 낮게 나타납니다.

② 소검사의 특징
　㉠ 총 14문항으로, 검사자가 2개의 단어를 말하고 수검자에게 두 단어의 공통점에 대해 말하도록 하는 과제로 구성되어 있다.
　㉡ 언어적 이해력, 논리적·추상적 사고, 연합적 사고, 폭넓은 독서경험 등과 연관된다.
　㉢ 수검자의 응답 내용은 구체적 개념형성, 기능적 개념형성, 추상적 개념형성의 양상으로 나타난다.
　㉣ 언어적 이해력을 평가하는 소검사들 가운데 정규 교육이나 특정 학습, 교육적 배경 등의 영향을 가장 적게 받는다.
　㉤ 응답이 1점에 편향되어 나타나는 경우 수검자의 잠재력이 제한적임을 나타내는 반면, 2점과 0점으로 분산되어 나타나는 경우 잠재력이 비교적 크다는 사실을 반영한다.
　㉥ 좌측 측두엽과 전두엽 손상에 민감하며, 특히 뇌손상 환자의 경우 2점에 해당하는 추상적 반응을 하는 데 어려움을 나타낸다.
　㉦ 이해문제 소검사와 달리 창의적인 응답이 부정적인 것은 아니다.
　㉧ 반응 내용에 성격적 경향성이 드러날 수 있으며, 특히 개인적 사고의 집착이 나타나는 경우 임상적으로 유의미한 것으로 볼 수 있다.
　㉨ 높은 점수는 오히려 수검자의 강박적·편집증적 성향을 반영하기도 한다.
　㉩ 낮은 점수는 사고장애나 중추신경계 손상을 반영하기도 한다.

OX Quiz

공통성 문제 소검사는 검사자가 2개의 단어를 말하고 수검자에게 두 단어의 공통점을 말하게 하도록 되어 있다.

정답 O

기출복원 21

14, 20년 기출

웩슬러 지능검사(K-WAIS)의 언어성 소검사 중 기본지식(Information)이 측정하는 측면 5가지를 쓰시오. 〔5점〕

> **해설 체크!**
> 1. 일상의 사실적 지식의 범위
> 2. 과거의 학습 및 학교 교육
> 3. 지적 호기심 혹은 지식추구 충동
> 4. 일상생활에서의 기민성 혹은 일상세계에 대한 관심
> 5. 장기기억

23 한국판 웩슬러성인용지능검사(K-WAIS)의 동작성 소검사

■ 빠진곳찾기(Picture Completion)

① 주요 측정 측면
- ㉠ 시각적 기민성
- ㉡ 시각적 재인 및 동일시(시각적 장기기억)
- ㉢ 환경의 세부사항에 대한 인식
- ㉣ 부분에 대한 전체의 인식(시각적 인식능력)
- ㉤ 본질과 비본질을 구분하는 능력
- ㉥ 시각적 조직화 능력과 연결된 시각적 주의집중력

② 소검사의 특징
- ㉠ 총 20문항으로, 검사자가 특정 부분이 생략된 그림카드를 제시하여 수검자에게 해당 부분을 찾도록 하는 과제로 구성되어 있다.
- ㉡ 시각적 기민성, 시각적 조직화, 시각적 장기기억, 시간적 압박하에서의 작업능력, 유동성 지능 등과 연관된다.
- ㉢ 수검자가 그림의 어떤 측면에 초점을 맞추는지를 통해 수검자의 현실감각 유지 상태에 대한 정보를 얻을 수 있다. 즉, 그림의 선에 있는 지극히 작은 결함을 지적한다거나 기괴한 사고로 전혀 예상치 못한 부분을 지적하는 경우 수검자의 현실 왜곡적 성향을 의심할 수 있다.
- ㉣ 20초의 시간제한을 초과하는 경우 정신지체나 뇌손상을 의심할 수 있다.
- ㉤ 수검자의 반응속도가 지나치게 빠른 경우 충동성을 시사하는 반면, 쉬운 문항에 서조차 반응속도가 지나치게 느린 경우 진단적으로 주목할 필요가 있다.
- ㉥ 여러 문항에서 빠진 곳이 없음을 주장하는 경우 반항심이나 공포심, 적대감을 가진 것으로 의심할 수 있다.
- ㉦ 언어능력이 극히 제한된 좌반구 손상 환자에게 좋은 병전 지능의 지표가 될 수 있다.
- ㉧ 높은 점수는 고도의 주의집중력, 강박적 · 현학적 성향을 반영하기도 한다.
- ㉨ 낮은 점수는 논리성 결여나 주의집중력 부족을 반영하기도 한다.

■ 차례 맞추기(Picture Arrangement)

① 주요 측정 측면
- ㉠ 계획하는 능력
- ㉡ 시간 순서 및 시간 개념
- ㉢ 비언어적 대인관계 상황에 대한 정확한 이해

OX Quiz

K-WAIS의 동작성 소검사 중 빠진곳찾기는 언어능력이 극히 제한된 좌반구 손상 환자에게 좋은 병전 지능의 지표가 될 수 있다.

정답 O

② 전체적인 상황에 대한 이해 및 평가 능력
   ⑪ 시각적 조직화 및 중요 시각적 단서에 대한 인식
   ⑭ 정보의 연합 및 계획의 속도
② 소검사의 특징
   ⑦ 총 10문항으로, 10벌의 그림카드 세트를 도구로 사용하여 수검자가 각각의 그림들을 순서대로 잘 맞추어 줄거리가 있는 이야기로 꾸미도록 되어 있다.
   ⑥ 사회적 지능 및 사회적 이해력, 전체 상황에 대한 이해능력, 계획능력, 시간적 압박하에서의 작업능력, 유동성 지능 등과 연관된다.
   ⑤ 그림의 차례를 제대로 맞추든 잘못 맞추든 간에, 수검자가 그림의 순서에 따라 이야기를 엮어나가는 것이 중요한 해석적 가치를 지닌다.
   ② 수검자가 그림 카드를 다루는 방식을 통해 충동성/조심성, 시행착오적 접근/통찰적 접근 등 수검자의 사고 과정과 관련된 정보를 입수할 수 있다.
   ⑪ 수검자의 시각적 지각능력 부족이나 문화적 배경으로 인해 반응에 실패하는 경우도 있다.
   ⑭ 일반적으로 뇌손상에 취약하며, 특히 전두엽 손상 환자의 경우 카드 순서를 약간 옮겨 놓은 후 정답이라고 반응하기도 한다.
   ⓢ 높은 점수는 수검자의 사회적 상황에서의 민감성, 편집증적 성향을 반영하기도 한다.
   ⓞ 낮은 점수는 사회적 상황에 대한 이해력 부족, 대인관계상의 어려움을 반영하기도 한다.

■ 토막짜기(Block Design)

① 주요 측정 측면
   ⑦ 전체를 구성요소로 분석하는 능력
   ⑥ 공간적 시각화 능력
   ⑤ 비언어적 개념형성
   ② 지속적 노력 및 주의집중력
   ⑪ 시각-운동 협응 및 지각적 조직화
   ⑭ 시각-운동-공간 협응, 조작적 지각 속도
② 소검사의 특징
   ⑦ 총 9문항으로, 모형이 그려진 9장의 카드와 함께 빨간색과 흰색이 칠해진 9개의 나무토막을 도구로 사용하여 이를 맞추어 보도록 하는 과제로 구성되어 있다.

ⓒ 시각-운동 협응능력, 지각적 조직화, 공간적 표상능력, 장 의존적 또는 장 독립적 인지유형, 시간적 압박하에서의 작업능력, 유동성 지능 등과 연관된다.
　　ⓒ 수검자의 과제 수행 과정을 통해 주의산만/주의집중력, 충동성/조심성, 시행착오적 접근/통찰적 접근, 운동협응능력 등에 대한 정보를 입수할 수 있다.
　　ⓔ 수검자의 시지각상의 문제가 한계검증의 과정을 통해 드러날 수 있다.
　　ⓜ 대뇌 손상에 취약하며, 병전 지능 추정에 사용된다.
　　ⓑ 예상치 못한 기괴한 반응을 나타내는 경우 수검자의 현실검증력 장애나 전두엽의 손상 등을 의심할 수 있다.
　　ⓢ 우반구 손상 환자로서 시각-공간 기능 영역에 이상이 있는 경우 지남력 장애나 지각 왜곡으로 인해 검사에 실패할 가능성이 있다.
　　ⓞ 높은 점수는 수검자의 양호한 형태지각, 문제해결능력, 시각-운동 협응능력을 반영하기도 한다.
　　ⓩ 낮은 점수는 강박성, 정서불안, 뇌손상 또는 뇌기능장애를 반영하기도 한다.

■ 모양 맞추기(Object Assembly)

① 주요 측정 측면
　　㉠ 각 부분들 간의 관계 예측
　　㉡ 시각-운동 협응능력
　　㉢ 동시적 처리능력
　　㉣ 익숙한 형태로의 종합능력
　　㉤ 익숙한 형태를 구별하는 능력
　　㉥ 어떤 것과 관련된 미지의 물체에 대한 인식적 조작능력 및 지각속도

② 소검사의 특징
　　㉠ 총 4문항으로, 4개의 상자에 들어있는 모양 맞추기 조각들을 도구로 사용하여 해당 조각들을 특정 모양이 되도록 하는 과제로 구성되어 있다.
　　㉡ 시각-운동 협응능력, 지각적 조직화, 공간적 표상능력, 형태 관계의 평가, 장 의존적 또는 장 독립적 인지유형, 시간적 압박하에서의 작업능력, 유동성 지능 등과 연관된다.
　　㉢ 토막짜기 소검사에서는 전체를 부분으로 분석하는 능력이 강조되는 반면, 모양 맞추기에서는 부분을 전체로 통합하는 능력이 강조된다.
　　㉣ 토막짜기와 마찬가지로 수검자의 과제 수행 과정을 통해 주의산만/주의집중력, 충동성/조심성, 시행착오적 접근/통찰적 접근, 운동협응능력 등에 대한 정보를 입수할 수 있다.
　　㉤ 검사자가 조각을 배열하는 과정을 들여다보려는 수검자의 경우 불안 성향, 충동성, 도덕성의 결여 등을 의심할 수 있다.

OX Quiz

토막파기 소검사에서는 부분을 전체로 통합하는 능력이, 모양 맞추기에서는 전체를 부분으로 분석하는 능력이 강조된다.

정답 X(반대)

ⓑ 우반구 후반부에 손상이 있는 경우 보통 점수가 낮게 나타나며, 전두엽 손상 환자의 경우 과제 수행 속도가 느리므로 역시 낮은 점수를 보인다.
ⓢ 좌반구 손상 환자의 경우 전체적인 윤곽은 파악하나 세부적인 부분에서 실수를 하는 경향이 있다.
ⓞ 높은 점수는 오히려 수검자의 만성 조현병을 반영하기도 한다.
ⓩ 낮은 점수는 강박성, 정서불안, 우울 성향, 조현성(분열성) 성격을 반영하기도 한다.

■ 바꿔쓰기(Digit Symbol)

① 주요 측정 측면
  ㉠ 정신운동 속도 및 사무적 속도
  ㉡ 지시를 정확히 따르는 능력
  ㉢ 지필 기술
  ㉣ 익숙하지 않은 과제에 대한 학습능력
  ㉤ 인지적 유연성
  ㉥ 지속적 노력 및 주의집중력
  ㉦ 연합 학습 및 새로 습득한 시각적 자료에 대한 모방능력
  ㉧ 순차적 능력

② 소검사의 특징
  ㉠ 총 93문항으로, 1에서 9까지의 숫자가 적힌 칸과 숫자에 대응하는 기호(예 2/ㄴ, 4/ㄴ, 8/x)가 있으며, 수검자는 제한시간 내에 각 숫자 밑에 숫자에 대응하는 기호를 그려 넣는다.
  ㉡ 시각-운동 협응능력, 시각-운동 기민성, 시각적 단기기억, 정확성, 쓰기 속도, 시간적 압박하에서의 작업능력, 주의산만, 학습장애 등과 연관된다.
  ㉢ 검사 수행 전 수검자의 문맹이나 시지각상의 문제 여부를 살펴보아야 한다.
  ㉣ 강박적 성향을 보이는 수검자에게는 기호를 읽을 수 있을 정도로만 쓰면 된다는 점을 알려 주어야 한다.
  ㉤ 수행 과정에서 수검자의 피로도, 주의산만, 기호에 대한 암기여부 등을 주의 깊게 살펴보아야 한다.
  ㉥ 좌우반구 영역에 관계없이 대뇌 손상에 취약하므로 뇌의 특정 부위에 대한 손상을 밝힐 수는 없으나, 손상의 유무를 판단하기 위한 좋은 지표로 활용된다.
  ㉦ 높은 점수는 수검자의 과도한 성취욕구, 순응적 경향을 반영하기도 한다.
  ㉧ 낮은 점수는 강박성, 주의력 분산, 학습장애, 뇌손상 및 뇌기능장애를 반영하기도 한다.

> **전문가의 한마디**
> 바꿔쓰기는 7개의 연습문항과 93개의 본 문항으로 구성되어 있습니다. 검사는 연필과 지우개를 사용하여 검사용지에 실시합니다.

> **OX Quiz**
> 바꿔쓰기 검사 수행 전에는 수검자의 문맹이나 시지각상의 문제 여부를 살펴보아야 한다.
> 정답 O

적중예상 02

웩슬러 지능검사(K-WAIS)의 동작성 소검사 중 빠진곳찾기(Picture Completion)가 측정하는 측면 6가지를 쓰시오. 6점

> • 해설 체크! •
>
> 1. 시각적 기민성
> 2. 시각적 재인 및 동일시(시각적 장기기억)
> 3. 환경의 세부사항에 대한 인식
> 4. 부분에 대한 전체의 인식(시각적 인식능력)
> 5. 본질과 비본질을 구분하는 능력
> 6. 시각적 조직화 능력과 연결된 시각적 주의집중력

24 한국판 웩슬러성인용지능검사 제4판(K-WAIS-Ⅳ)의 구성

■ **언어이해(Verbal Comprehension)**

① 공통성(Similarity)
  ㉠ 총 18문항으로, 쌍으로 짝지어진 낱말들을 제시하여 그들 간의 공통점이 무엇인지 찾도록 한다.
  ㉡ 특히 이 소검사는 유동성 지능을 잘 반영하는 소검사로 간주되고 있다.
  ㉢ 공통성 소검사에 의해 측정되는 주요 내용은 다음과 같다.

  > • 언어적 개념형성능력
  > • 논리적·추상적 추론능력
  > • 연합 및 범주적 사고력
  > • 본질과 비본질을 구분하는 능력 등

② 어휘(Vocabulary)
  ㉠ 총 30문항으로, 27개의 어휘문항과 3개의 그림문항으로 구성되어 있다.
  ㉡ 어휘문항에서 수검자는 인쇄된 글자와 함께 구두로 제시되는 단어의 뜻을 말하며, 그림문항에서 수검자는 시각적으로 제시되는 물체의 이름을 말한다.
  ㉢ 반응 내용은 매우 중요한 질적 분석의 기초로서, 수검자의 공포, 흥미, 배경, 사고 집착, 기괴한 사고 등을 분석할 수 있게 한다.
  ㉣ 일반지능을 나타내는 중요한 지표로 간주되어 수검자의 병전 지능을 추정할 때 사용된다.

OX Quiz

공통성 소검사에 의해 측정되는 주요 내용에는 언어적 개념형성능력, 본질과 비본질을 구분하는 능력 등이 있다.

정답 O

⑩ 어휘 소검사에 의해 측정되는 주요 내용은 다음과 같다.

- 언어발달 정도
- 단어지식 및 언어적 개념형성능력
- 언어 사용 및 축적된 언어학습능력
- 우수한 학업성취 및 교육적 배경
- 장기기억 등

③ 상식(Information)
㉠ 총 26문항으로, 개인이 평균적으로 획득할 수 있는 지식을 요구하는 문항으로 구성되어 있다.
㉡ 개인이 소유한 기본지식, 즉 개인이 소유한 일반적인 지식의 정도를 측정한다.
㉢ 일반지능의 가장 좋은 측정치 중 하나로서, 전체지능지수(FSIQ)와 높은 상관을 보인다.
㉣ 상식 소검사에 의해 측정되는 주요 내용은 다음과 같다.

- 일반적·실제적 지식의 범위
- 과거의 학습 또는 학교교육
- 지적 호기심 또는 지식을 얻고자 하는 욕구
- 장기기억과 정보축적
- 결정성 지능, 획득된 지식 등

④ 이해-보충(Comprehension)
㉠ 총 18문항으로, 대부분 개방형 질문으로 구성되어 있어 수검자가 다양한 반응을 할 수 있도록 되어 있다.
㉡ 일상생활에서의 사회적 상황과 관련된 여러 가지 문항들에 대해 자신의 이해를 토대로 답하도록 한다.
㉢ 반응을 정확히 채점하기 위해 실시 단계에서 중립적인 태도로 추가적인 탐색질문을 할 필요가 있다.
㉣ 이해 소검사에서의 낮은 점수는 빈약한 사회적 판단력, 초자아의 약화 등을 시사한다.
㉤ 이해 소검사에 의해 측정되는 주요 내용은 다음과 같다.

- 사회적 상황의 이해력 및 사회적 성숙도
- 관습적 행동규준에 관한 지식 정도
- 과거 경험을 평가하고 사용하는 능력
- 실질적 지식과 판단력
- 언어적 추론 및 개념화
- 언어적 이해와 표현 등

OX Quiz
어휘 소검사에서는 개인이 소유한 기본지식, 즉 개인이 소유한 일반적인 지식의 정도를 측정한다.
정답 X(상식 소검사)

전문가의 한마디
소검사 명칭에서 '-보충'은 '보충 소검사'를 말합니다. 보충 소검사는 임상적인 정보를 제공하기 위해 사용할 수도, 핵심 소검사를 대체하기 위해 사용할 수도 있습니다. 다만, 각 지수점수에 대해 단 하나의 소검사 대체만이 허용됩니다. 즉, 이해 소검사는 언어이해(Verbal Comprehension)에 속해 있는 핵심 소검사에 한 번만 대체할 수 있습니다.

기출키워드

21년 1회
이해 소검사
※ 실기시험에는 이해 소검사의 주요 내용을 5가지 쓰도록 하는 문제가 출제되었습니다.

23년 3회
상식 소검사
※ 실기시험에는 상식 소검사가 측정하는 측면 5가지를 쓰도록 하는 문제가 출제되었습니다.

■ 지각추론(Perceptual Reasoning)

① 토막짜기(Block Design)
　㉠ 총 14문항으로, 모형이 그려진 카드를 보고 빨간색과 흰색이 칠해진 나무토막을 도구로 사용하여 이를 맞추어 보도록 한다.
　㉡ 과제를 수행하는 데 시간제한이 있으며, 수검자가 빠르고 정확하게 과제를 수행할 경우 추가점수를 받게 된다.
　㉢ 일반지능과 상관이 높으므로 상식(Information), 어휘(Vocabulary) 소검사와 더불어 병전 지능을 추정하는 데 사용된다.
　㉣ 특히 뇌의 우반구 손상에 민감하며, 알츠하이머병 환자들이 가장 낮은 수행을 보이는 것으로 알려져 있다.
　㉤ 토막짜기 소검사에 의해 측정되는 주요 내용은 다음과 같다.

- 시각적 자극의 분석 및 통합능력
- 시각-운동 협응능력
- 지각적 조직화 능력
- 비언어적 개념형성능력
- 시간적 압박하에서의 작업능력 등

② 행렬추론(Matrix Reasoning)
　㉠ 총 26문항으로, 일부가 누락된 행렬을 보고 이를 완성할 수 있는 반응선택지를 고르도록 한다.
　㉡ 수검자가 약 30초 이내에 반응을 하지 않는 경우 검사자는 단지 반응을 촉구할 뿐 시간제한을 하지 않는다.
　㉢ 행렬추론 소검사에 의해 측정되는 주요 내용은 다음과 같다.

- 광범위한 시각적 지능
- 부분과 전체의 관계를 파악하는 능력
- 지각적 조직화 능력
- 시공간 정보에 대한 동시적 처리능력
- 유동성 지능 등

③ 퍼즐(Visual Puzzles)
　㉠ 총 26문항으로, 완성된 퍼즐을 모델로 하여 제한된 시간 내에 해당 퍼즐을 만들 수 있는 3개의 조각을 찾도록 한다.
　㉡ 이 소검사는 퍼즐 맞추기와 유사하지만 수검자가 실제로 퍼즐 조각을 조작하거나 맞춰볼 수는 없다.

> **전문가의 한마디**
> 웩슬러 지능검사의 소검사 중 어휘, 상식, 토막짜기 소검사는 일반지능 또는 병전 지능(발병 전 지능)을 추정하는 데 사용됩니다.

> **OX Quiz**
> 알츠하이머병 환자들은 토막짜기 소검사에서 낮은 수행을 보인다.
>
> 정답 O

> **전문가의 한마디**
> '퍼즐'은 K-WAIS-IV에 새롭게 추가된 검사로, 기존 K-WAIS의 '모양 맞추기'와 유사한 영역을 측정합니다.

> **OX Quiz**
> 퍼즐 소검사에서는 실제로 퍼즐 조각을 조작하고 맞춰보는 과제를 수행하게 된다.
> **정답** X(실제 조작이 이루어지지 않음)

ⓒ 퍼즐 소검사에 의해 측정되는 주요 내용은 다음과 같다.

> - 광범위한 시각적 지능
> - 부분들 간의 관계를 예상할 수 있는 능력
> - 시각적·지각적 조직화 능력
> - 시각적 기억능력
> - 공간적 표상능력 등

④ 무게비교-보충(Figure Weights)
  ㉠ 총 27문항으로, 양쪽 무게가 달라 불균형 상태에 있는 저울 그림을 보고 균형을 맞추는 데 필요한 반응선택지를 고르도록 한다.
  ㉡ 이 소검사는 수학적 추론을 비언어적으로 측정하며, 귀납적 및 연역적 추론이 강조된다.
  ㉢ 지속적 주의집중력을 필요로 한다는 점에서 산수(Arithmetic) 소검사와 유사하나, 산수 소검사가 작업기억과 연관된 반면, 이 소검사는 문항이 시각적으로 제시되므로 기억의 영향력이 최소화된다.
  ㉣ 무게비교 소검사에 의해 측정되는 주요 내용은 다음과 같다.

> - 양적·수학적 추론능력
> - 유추적 추론능력
> - 시각적 조직화 및 주의집중력 등

⑤ 빠진곳찾기-보충(Picture Completion)
  ㉠ 총 24문항으로, 특정 부분이 생략된 그림을 보고 해당 부분을 찾도록 한다.
  ㉡ 수검자의 시각적 예민성과 연관된 것으로서, 수검자의 특이한 반응이나 오류에 대한 내용 분석이 중요하며, 반응시간이 지나치게 길거나 짧은 경우에 주목해야 한다.
  ㉢ 빠진곳찾기 소검사에 의해 측정되는 주요 내용은 다음과 같다.

> **OX Quiz**
> 빠진곳찾기 소검사는 수검자의 시각적 예민성과 관련 있는 검사이다.
> **정답** O

> - 시각적·지각적 조직화 능력
> - 대상의 핵심적인 세부사항을 시각적으로 인식해내는 능력
> - 본질과 비본질을 구분하는 능력
> - 시각적 기억능력
> - 환경적 세부사항에 대한 인식 등

> **전문가의 한마디**
> '숫자'의 '순서대로 따라하기'에서 수검자는 검사자가 읽어준 일련의 숫자를 작은 숫자부터 순서대로 기억해내야 합니다. 이는 작업기억능력이나 정신적 조작능력을 보다 잘 측정하기 위해 K-WAIS-IV에 새롭게 고안된 것입니다.

■ 작업기억(Working Memory)

① 숫자(Digit Span)
  ㉠ '바로 따라하기', '거꾸로 따라하기', '순서대로 따라하기'의 3가지 과제로 구성되며, 문항당 두 번의 시행이 포함된 각 8문항으로 이루어져 있다.

ⓛ '바로 따라하기'는 자릿수가 점차적으로 증가하는 일련의 숫자를 듣고 동일한 순서로 따라하는 즉각적인 회상과제이며, '거꾸로 따라하기'는 이를 역순으로 반복하여 집중력의 범위를 측정하는 과제이다.
ⓒ 수검자의 작업기억과 연관된 것으로서, 특히 수검자의 불안이나 긴장의 증가로 인해 저하될 수 있다.
ⓔ 특히 알츠하이머병과 외상성 뇌손상의 영향에 민감한 소검사로 알려져 있다.
ⓜ 숫자 소검사에 의해 측정되는 주요 내용은 다음과 같다.

- 청각적 단기기억능력
- 즉각적인 기계적 회상능력
- 연속적 정보처리능력
- 암기학습능력
- 주의력 및 주의집중력
- 정신적 조작능력 등

② 산수(Arithmetic)
ⓐ 총 22문항으로, 제한된 시간 내에 간단한 계산문제를 암산으로 풀도록 한다.
ⓑ 모든 문항에 시간제한이 있으며, 특히 수검자의 반응시간을 측정하고 오답을 기록하는 것이 질적 분석에서 매우 중요하다.
ⓒ 충동적이고 성급한 수검자, 집중력이 부족한 수검자, 산수 공포증이 있는 수검자의 경우 좋은 점수를 받기 어렵다.
ⓓ 산수 소검사에 의해 측정되는 주요 내용은 다음과 같다.

- 청각적 단기기억능력
- 연속적 정보처리능력
- 주의력 및 주의집중력
- 수리적 추론능력
- 계산능력
- 단기 및 장기기억 등

③ 순서화-보충(Letter-Number Sequencing)
ⓐ 숫자와 요일을 지시에 따라 순서대로 암기하도록 하는 과제로 구성되며, 문항당 세 번의 시행이 포함된 10문항으로 이루어져 있다.
ⓑ 본래 WAIS-Ⅳ의 경우 알파벳을 글자로 사용하였으나, K-WAIS-Ⅳ에서는 영어 알파벳에 상응하는 한글 자음의 발음이 변별하기 어렵고, 순서가 알파벳만큼 보편적이지 않으므로 요일 이름으로 대체한 것이다.
ⓒ 순서화 소검사에 의해 측정되는 주요 내용은 다음과 같다.

- 청각적 단기기억능력
- 주의력 및 주의집중력
- 정신적 조작능력
- 순차적 처리능력 등

OX Quiz

산수 소검사는 제한된 시간 내에 간단한 계산문제를 암산으로 풀도록 하는 것이다.

정답 O

■ 처리속도(Processing Speed)

① 동형 찾기(Symbol Search)
  ㉠ 총 60문항으로, 쌍으로 이루어진 도형이나 기호들이 표적부분과 반응부분으로 제시되며, 해당 두 부분을 훑어본 후 표적모양이 반응부분에 있는지 여부를 지적하도록 한다.
  ㉡ 수검자의 처리속도를 측정하기 위해 고안된 소검사로서, 수검자의 완벽주의적 성향이나 강박적 문제해결양식 등을 반영하기도 한다.
  ㉢ 동형 찾기 소검사에 의해 측정되는 주요 내용은 다음과 같다.

> • 정보처리속도
> • 시각-운동 협응능력
> • 시각적 단기기억능력
> • 시각적 변별력
> • 주의력 및 주의집중력 등

② 기호쓰기(Coding)
  ㉠ 총 135문항으로, 제한된 시간 내에 기호표를 사용하여 숫자와 짝지어진 기호를 그려 넣도록 한다.
  ㉡ 이 소검사는 읽기 및 쓰기 경험이 풍부한 수검자에게 유리한 반면, 불안이나 우울, 우유부단, 완벽주의 등에 의해 저하될 수 있다.
  ㉢ 지속적인 집중력, 빠르고 기민한 반응, 양호한 미세운동 조절력 등이 요구되는 과제로서, 특히 뇌손상에 가장 민감한 소검사로 알려져 있다.
  ㉣ 기호쓰기 소검사에 의해 측정되는 주요 내용은 다음과 같다.

> • 정보처리속도
> • 시각-운동 협응능력
> • 시각적 단기기억능력
> • 시각적 지각능력 및 탐색능력
> • 주의력 및 주의집중력
> • 사무적 과제의 속도 및 정확성
> • 친숙하지 않은 과제를 학습하는 능력
> • 새로운 시각적 학습자극에 대한 모방능력 및 연합능력 등

③ 지우기-보충(Cancellation)
  ㉠ 제한된 시간 내에 조직적으로 배열된 도형들 속에서 표적대상과 색깔 및 모양이 동일한 도형을 찾도록 한다.
  ㉡ 이 소검사의 과제는 본래 반응 억제나 운동 보속증 등을 측정하는 신경심리검사에서 널리 사용되어 왔다.

OX Quiz
동형 찾기 소검사는 총 50문항으로 이루어져 있다.
정답 X(60문항)

OX Quiz
기호쓰기 소검사는 읽기 및 쓰기 경험이 풍부한 수검자에게 유리한 경향이 있다.
정답 O

ⓒ 특히 주의력결핍 및 과잉행동장애(ADHD), 외상성 뇌손상에서 나타나는 주의산만을 측정하는 데 유효한 것으로 알려져 있다.
ⓓ 지우기 소검사에 의해 측정되는 주요 내용은 다음과 같다.

- 정보처리속도
- 시각-운동 협응능력
- 시각적 단기기억능력
- 선택적 주의력
- 속도와 정확성 등

OX Quiz

지우기 소검사는 정보처리속도, 선택적 주의력, 속도와 정확성 등을 측정한다.

정답 O

적중예상 03

K-WAIS-Ⅳ의 척도별 구성으로서 언어이해, 지각추론, 작업기억, 처리속도에 각각 포함되는 핵심 소검사 항목을 모두 쓰시오. 8점

— • 해설 체크! • —

1. **언어이해(Verbal Comprehension)**
   공통성(Similarity), 어휘(Vocabulary), 상식(Information)
2. **지각추론(Perceptual Reasoning)**
   토막짜기(Block Design), 행렬추론(Matrix Reasoning), 퍼즐(Visual Puzzles)
3. **작업기억(Working Memory)**
   숫자(Digit Span), 산수(Arithmetic)
4. **처리속도(Processing Speed)**
   동형 찾기(Symbol Search), 기호쓰기(Coding)

25 한국판 웩슬러아동용지능검사(K-WISC-Ⅲ)의 구성

■ 언어성(Verbal) 소검사

① 상식(Information) - 30문항
  ㉠ 일상적인 사물과 사건, 장소, 사람 등에 대한 아동의 지식수준을 알아보기 위해 구두로 질문한다.
  ㉡ 아동의 선천적 능력, 학교 교육에 의해 누적된 지식, 환경적 조건 및 문화적 경험 등을 측정한다.
  ㉢ 연령에 따라 시작 문항을 달리 하며, 아동이 5문항 연속해서 실패하는 경우 중지한다.
  ㉣ 이 소검사는 아동의 지적 호기심, 초기 경험의 양, 학교 학습, 학습장애 등에 의해 영향을 받는다.

② 공통성(Similarities) - 19문항
  ㉠ 쌍으로 짝지어진 낱말들을 제시하여 그들 간의 공통점이 무엇인지 찾도록 한다.
  ㉡ 언어적 개념형성능력, 추상적·논리적 사고력 등을 측정한다.
  ㉢ 아동이 4문항 연속해서 실패하는 경우 중지한다.
  ㉣ 이 소검사는 다른 언어성 검사들에 비해 학교 학습이나 교육 경험의 영향을 덜 받는다.

③ 산수(Arithmetic) - 24문항
  ㉠ 일련의 간단한 산수문제를 제시하여 암산으로 풀도록 한 후 답하도록 요구한다.
  ㉡ 사고력, 수리능력, 학습능력, 주의집중력 등을 측정한다.
  ㉢ 시간제한은 문항에 따라 다르며, 16~24번 문항에서는 시간-보너스 점수를 부여한다.
  ㉣ 이 소검사는 특히 주의력결핍 및 과잉행동장애(ADHD), 학습장애의 진단에 유효하며, 수검자의 주의력상의 문제나 불안 수준, 시간적 압박하에서의 작업능력 등에 의해 영향을 받는다.

④ 어휘(Vocabulary) - 30문항
  ㉠ 일련의 어휘들을 제시하여 그것의 의미에 대해 말로 설명하도록 요구한다.
  ㉡ 문화적 경험 및 교육적 환경과 밀접하게 연관된 학습능력, 언어적 개념형성능력, 기억력 등을 측정한다.
  ㉢ 아동이 4문항 연속해서 실패하는 경우 중지한다.
  ㉣ 이 소검사는 수검자의 지적 호기심, 독서량, 학교 학습 등에 의해 영향을 받는다.

전문가의 한마디

주의력결핍 및 과잉행동장애(ADHD)를 가진 아동은 산수, 숫자 소검사에서 낮은 수행을 보이는 것으로 알려져 있습니다.

OX Quiz

학습장애 아동은 산수 소검사에서 낮은 수행을 보인다.

 정답 O

⑤ 이해(Comprehension) – 18문항
  ㉠ 일상적인 문제해결, 사회적 규칙에 관한 질문에 답하도록 요구한다.
  ㉡ 일상생활에서의 문제해결능력, 도덕적·윤리적 판단능력 등을 측정한다.
  ㉢ 아동이 3문항 연속해서 실패하는 경우 중지한다.
  ㉣ 이 소검사는 특히 품행장애의 진단에 유효하며, 수검자의 언어적 이해력 및 표현력, 문화적 경험 및 도덕성 수준 등에 의해 영향을 받는다.

⑥ 숫자-보충검사(Digit Span) – 15문항
  ㉠ 검사자가 숫자들을 열거하여 아동에게 해당 숫자들을 순서대로 또는 역순으로 따라하도록 요구한다.
  ㉡ 청각적 단기기억능력, 주의력 등을 측정한다.
  ㉢ 아동이 '바로 따라 외우기'와 '거꾸로 따라 외우기' 모두에서 실패하는 경우 중지한다.
  ㉣ 이 소검사는 특히 주의력결핍 및 과잉행동장애(ADHD), 학습장애, 불안장애의 진단에 유효하며, 수검자의 주의력상의 문제나 불안 수준 등에 의해 영향을 받는다.

> **OX Quiz**
> 이해 소검사는 아동이 5문항 연속해서 실패하는 경우 중지한다.
> 정답 X(3문항)

■ 동작성(Performance) 소검사

① 빠진곳찾기(Picture Completion) – 30문항
  ㉠ 검사자가 어떤 사물이나 장면이 그려진 그림을 제시하여 아동에게 해당 그림에서 빠져있는 중요한 부분을 찾아보도록 요구한다.
  ㉡ 본질과 비본질을 구분하는 능력, 집중력, 시각적 구성력 및 시각적 기억력, 지각적 예민성 등을 측정한다.
  ㉢ 시간제한은 문항에 따라 다르며, 아동이 5문항 연속해서 실패하는 경우 중지한다.
  ㉣ 이 소검사는 수검자의 주의력 및 현실 검증력을 평가하는 데에도 유효하다.

② 기호쓰기(Coding) – A : 59문항, B : 119문항
  ㉠ A유형은 6~7세를 대상으로 간단한 형태의 문항으로 되어 있고, B유형은 8~16세를 대상으로 숫자와 기호가 짝지어진 문항으로 구성되어 있다.
  ㉡ 검사자는 아동에게 제한시간 내에 대응되는 기호를 그려 넣도록 요구한다.
  ㉢ 시각-운동 협응능력, 시각적 단기기억능력, 주의집중력, 정신적 작업의 민첩성 등을 측정한다.
  ㉣ 제한시간은 120초까지이며, 교정은 연습문항에만 허용된다.
  ㉤ 이 소검사는 수검자의 과제에 대한 강박적 경향, 주의력, 학습장애 등에 의해 영향을 받는다.

> **OX Quiz**
> 기호쓰기 소검사는 A, B, C유형으로 구별된다.
> 정답 X(A, B유형)

③ 차례 맞추기(Picture Arrangement) - 14문항
  ㉠ 검사자는 그림들의 순서를 뒤섞은 상태로 제시하여 아동에게 해당 그림들을 논리적인 순서로 재배열하도록 요구한다.
  ㉡ 사회적 상황에 대한 이해력 및 판단력, 시각조직능력 등을 측정한다.
  ㉢ 연습문항에서부터 시작하며, 시작점은 연령에 따라 다르다.
  ㉣ 이 소검사는 시간제한 상황에서의 문제해결능력, 계획 수립 능력 등에 의해 영향을 받는다.

④ 토막짜기(Block Design) - 12문항
  ㉠ 2가지 색의 정육면체를 사용하여 제한시간 내에 제시된 그림과 같은 형태를 만들도록 요구한다.
  ㉡ 시각-운동 협응능력, 시지각적 구성능력, 공간지각능력 등을 측정한다.
  ㉢ 시간제한은 모형에 따라 다르며, 아동이 2문항 연속해서 실패하는 경우 중지한다.
  ㉣ 이 소검사는 수검자의 형태지각을 비롯하여 우반구 손상 여부를 진단하는 데에도 유효하다.

⑤ 모양 맞추기(Object Assembly) - 5문항
  ㉠ 퍼즐과 유사하며, 제한시간 내에 그림조각들을 적절히 짜맞추어 전체 모양으로 만들도록 한다.
  ㉡ 시각-운동 협응능력, 시지각적 구성능력 등을 측정한다.
  ㉢ 시간제한은 문항에 따라 다르며, 1~5문항에는 보너스 점수가 있다.
  ㉣ 이 소검사는 퍼즐놀이의 경험이나 유연성 등에 의해 영향을 받는다. 특히 토막짜기는 잘하는 반면 모양 맞추기를 잘하지 못한다면, 기준이 없을 때의 불안 성향을 나타내는 것으로 볼 수 있다.

⑥ 동형 찾기-보충검사(Symbol Research) - A : 45문항, B : 45문항
  ㉠ A유형은 6~7세, B유형은 8~16세에 적용한다.
  ㉡ 쌍으로 이루어진 도형 또는 기호들을 표적부분과 반응부분으로 구분하여 제시하며, 아동으로 하여금 두 부분을 훑어보도록 한 후 표적모양이 반응부분에 있는지 여부를 지적하도록 한다.
  ㉢ 시각-운동 협응능력, 단기기억능력, 민첩성 등을 측정한다.
  ㉣ 제한시간은 120초까지이며, 교정은 연습문항에만 허용된다.
  ㉤ 이 소검사는 수검자의 과제에 대한 강박적 경향, 검사 내용에 대한 이해도 등에 의해 영향을 받는다.

⑦ 미로-보충검사(Mazes) - 10문항
  ㉠ 미로가 그려진 별도의 반응지를 제시하여 아동에게 제한시간 내에 미로에서 빠져나오도록 요구한다.
  ㉡ 시각-운동 협응능력, 지각구성능력 등을 측정한다.
  ㉢ 시간제한은 미로에 따라 다르며, 아동이 2문항 연속해서 실패하는 경우 중지한다.
  ㉣ 이 소검사는 수검자의 과제 수행 속도 및 정확성 등에 의해 영향을 받는다.

OX Quiz
차례 맞추기 소검사의 시작점은 연령에 따라 달리 한다.
정답 O

전문가의 한마디
K-WISC-Ⅲ에서 숫자(Digit Span), 동형 찾기, 미로는 보충검사입니다. 보충검사는 언어성 및 동작성 IQ 점수를 계산하는 데 사용되지는 않지만 검사자가 아동의 능력에 대해 보다 풍부한 정보를 알아보고자 할 때 실시할 수 있습니다. 특히 표준 소검사 중 어느 한 검사가 잘못 실시되었거나 실시될 수 없는 경우 언어성 검사에서는 숫자로, 동작성 검사에서는 미로로 대치할 수 있습니다.

기출복원 22
08, 14년 기출

웩슬러 지능검사(WISC-Ⅲ)의 언어성 소검사와 동작성 소검사를 각각 3가지씩 쓰고, 해당 소검사가 무엇을 측정하는지 기술하시오. (6점)

해설 체크!

1. 언어성 소검사

- 상식(Information)
  아동의 선천적 능력, 학교 교육에 의해 누적된 지식, 환경적 조건 및 문화적 경험 등을 측정한다. 이 소검사는 아동의 지적 호기심, 초기 경험의 양, 학교 학습, 학습장애 등에 의해 영향을 받는다.
- 공통성(Similarities)
  언어적 개념형성능력, 추상적·논리적 사고력 등을 측정한다. 이 소검사는 다른 언어성 검사들에 비해 학교 학습이나 교육 경험의 영향을 덜 받는다.
- 산수(Arithmetic)
  사고력, 수리능력, 학습능력, 주의집중력 등을 측정한다. 이 소검사는 특히 주의력결핍 및 과잉행동 장애(ADHD), 학습장애의 진단에 유효하며, 아동의 주의력상의 문제나 불안 수준, 시간제한 상황에서의 작업능력 등에 의해 영향을 받는다.

2. 동작성 소검사

- 빠진곳찾기(Picture Completion)
  그림에서 제시되는 사물의 중요한 부분과 지엽적인 부분, 즉 본질과 비본질을 구분하는 능력, 집중력, 시각적 구성력 및 시각적 기억력, 지각적 예민성 등을 측정한다. 이 소검사는 아동의 주의력 및 현실 검증력을 평가하는 데에도 유효하다.
- 기호쓰기(Coding)
  시각-운동 협응능력, 단기기억능력, 주의집중력, 정신적 작업의 민첩성 등을 측정한다. 이 소검사는 아동의 과제에 대한 강박적 경향, 주의력, 학습장애 등에 의해 영향을 받는다.
- 차례 맞추기(Picture Arrangement)
  사회적 상황에 대한 이해력 및 판단력, 시각조직능력 등을 측정한다. 이 소검사는 시간제한 상황에서의 문제해결능력, 계획 수립 능력 등에 의해 영향을 받는다.

전문가의 한마디

이 문제는 웩슬러성인용지능검사(WAIS-Ⅲ)가 아닌 웩슬러아동용지능검사(WISC-Ⅲ)에 관한 내용이므로, 이를 명확히 구분하여 답안을 작성하여야 합니다. 참고로 각 소검사별 측정 내용은 '신민섭 外,『웩슬러 지능검사를 통한 아동 정신병리의 진단평가』, 학지사 刊', 김청자 外,『심리학의 이해』, 동문사 刊', '신석기 外,『심리검사의 이론과 실제』, 서현사 刊' 등을 참조하였습니다.

기출키워드
22년 3회
K-WISC-Ⅳ의 지표별 소검사

※ 실기시험에는 K-WISC-Ⅳ의 지표 3가지와 각 지표별 소검사를 쓰도록 하는 문제가 출제되었습니다.

전문가의 한마디
K-WISC-Ⅳ에서는 K-WISC-Ⅲ에 있던 소검사들 중 차례 맞추기(Picture Arrangement), 모양 맞추기(Object Assembly), 미로(Mazes)가 삭제되었습니다.

26 한국판 웩슬러아동용지능검사 제4판(K-WISC-Ⅳ)의 구성

■ 언어이해(Verbal Comprehension)

① 공통성(Similarities)
  ㉠ 총 23문항으로, 쌍으로 짝지어진 낱말들을 제시하여 그들 간의 공통점이 무엇인지 찾도록 한다.
  ㉡ 언어적 추론 및 개념형성능력, 청각적 이해력, 기억력, 본질과 비본질을 구분하는 능력, 언어적 표현능력 등을 측정한다.

② 어휘(Vocabulary)
  ㉠ 총 36문항으로, 32개의 어휘문항과 4개의 그림문항으로 구성되어 있으며, 어휘의 의미와 대상의 이름을 말하도록 한다.
  ㉡ 개인의 획득된 지식, 언어적 추론 및 개념화, 학습능력, 장기기억, 언어발달 정도 등을 측정한다.

③ 이해(Comprehension)
  ㉠ 총 21문항으로, 일상생활에서의 사회적 상황과 관련된 여러 가지 문항들에 대해 자신의 이해를 토대로 답하도록 한다.
  ㉡ 사회적 상황의 이해력, 언어적 추론 및 개념화, 언어적 이해와 표현능력, 과거 경험을 평가하고 사용하는 능력, 실제적 지식을 발휘하는 능력 등을 측정한다.

④ 상식-보충(Information)
  ㉠ 총 33문항으로, 개인이 소유한 일반적인 지식의 정도를 측정한다.
  ㉡ 학교와 환경으로부터 얻은 정보를 유지하고 인출하는 능력, 장기기억, 결정성 지능, 청각적 이해력, 언어적 표현능력 등을 측정한다.

⑤ 단어추리-보충(Word Reasoning)
  ㉠ 총 24문항으로, 마치 추리게임과 같이 주어진 단서들에 대해 어떠한 생각을 가지고 있는지, 공통된 개념은 무엇인지 답하도록 한다.
  ㉡ 언어적 이해력 및 언어적 추상화, 유추 및 추론능력, 서로 다른 유형의 정보를 통합하는 능력, 대체개념을 만들어 내는 능력 등을 측정한다.

■ 지각추론(Perceptual Reasoning)

① 토막짜기(Block Design)
  ㉠ 총 14문항으로, 모형이 그려진 카드를 보고 빨간색과 흰색이 칠해진 나무토막을 도구로 사용하여 이를 맞추어 보도록 한다.
  ㉡ 시각적 자극의 분석 및 통합능력, 시각-운동 협응능력, 시지각적 조직화 능력, 동시처리능력, 시간적 압박하에서의 작업능력 등을 측정한다.

OX Quiz
K-WISC-Ⅳ에는 차례 맞추기, 어휘, 공통성 소검사 등이 있다.
정답 X(차례 맞추기 소검사는 삭제됨)

② 공통그림찾기(Picture Concepts)
  ㉠ 총 28문항으로, 2줄 또는 3줄로 제시된 그림들 속에서 서로 어울리거나 공통된 특성을 가지는 그림들을 고르도록 한다.
  ㉡ 추상적 사고력 및 추상적·범주적 추론능력 등을 측정한다.
③ 행렬추리(Matrix Reasoning)
  ㉠ 총 35문항으로, 일부가 누락된 행렬을 보고 이를 완성할 수 있는 반응선택지를 고르도록 한다.
  ㉡ 비언어적 추론 및 문제해결능력, 유추적 추론능력, 공간적 표상능력, 시각적 조직화 능력, 유동성 지능 등을 측정한다.
④ 빠진곳찾기-보충(Picture Completion)
  ㉠ 총 38문항으로, 특정 부분이 생략된 그림을 보고 해당 부분을 찾도록 한다.
  ㉡ 시각적 조직화 능력, 시각적 변별력, 시각적 기억력, 주의집중력, 본질과 비본질을 구분하는 능력 등을 측정한다.

> **전문가의 한마디**
> 행렬추리는 반복되거나 분리된 패턴 완성, 분류, 유추, 순차 추론 등 4가지 유형의 문항들로 구성되어 있습니다.

■ **작업기억(Working Memory)**

① 숫자(Digit Span)
  ㉠ 바로 따라하기와 거꾸로 따라하기로 구성되며, 문항당 두 번의 시행이 포함된 각 8문항으로 이루어져 있다.
  ㉡ 청각적 단기기억능력, 계열화 기술, 주의력 및 주의집중력, 정신적 조작능력, 시공간적 형상화 능력, 정보변환 능력 등을 측정한다.
② 순차연결(Letter-Number Sequencing)
  ㉠ 숫자와 글자(가나다)를 지시에 따라 순서대로 암기하도록 하는 과제로 구성되며, 문항당 세 번의 시행이 포함된 10문항으로 이루어져 있다.
  ㉡ 청각적 단기기억능력, 계열화 기술, 주의력 및 주의집중력, 정신적 조작능력, 시공간적 형상화 능력, 처리속도 등을 측정한다.
③ 산수-보충(Arithmetic)
  ㉠ 총 34문항으로, 제한된 시간 내에 간단한 계산문제를 암산으로 풀도록 한다.
  ㉡ 청각적 단기기억능력, 계열화 기술, 주의력 및 주의집중력, 수와 관련된 추론능력, 정신적 조작능력 등을 측정한다.

> **OX Quiz**
> 숫자와 글자를 지시에 따라 순서대로 암기하도록 하는 과제이며, 문항당 세 번의 시행이 포함된 10문항으로 이루어진 소검사는 산수 소검사이다.
> **정답** X(순차연결)

■ **처리속도(Processing Speed)**

① 기호쓰기(Coding)
  ㉠ 연령집단에 따라 A유형(6~7세)과 B유형(8~16세)으로 구분된다. 제한된 시간 내에 기호표를 사용하여 숫자와 짝지어진 기호를 그려 넣도록 한다.
  ㉡ 시각-운동 협응능력, 시각적 단기기억능력, 시각적 주사능력, 주의력 및 주의집중력, 인지적 유연성 등을 측정한다.

② 동형 찾기(Symbol Search)
  ㉠ 연령집단에 따라 A유형(6~7세)과 B유형(8~16세)으로 구분된다. 쌍으로 이루어진 도형이나 기호들이 표적부분과 반응부분으로 제시되며, 해당 두 부분을 훑어본 후 표적모양이 반응부분에 있는지 여부를 지적하도록 한다.
  ㉡ 시각-운동 협응능력, 시각적 단기기억능력, 시각적 변별력, 주의집중력, 지각적 조직화 능력, 계획하고 학습하는 능력 등을 측정한다.
③ 선택-보충(Cancellation)
  ㉠ 제한된 시간 내에 조직적으로 배열된 도형들 속에서 표적대상과 색깔 및 모양이 동일한 도형을 찾도록 한다.
  ㉡ 처리속도, 시각적 선택 주의, 시각적 무시, 각성 등을 측정한다.

> **전문가의 한마디**
>
> 'Core Subtests'를 K-WAIS-IV에서는 '핵심 소검사'로, K-WISC-IV에서는 '주요 소검사'로 부르기도 합니다. 이는 관련 매뉴얼의 번역상 차이일 뿐입니다.

참고

K-WAIS-IV와 K-WISC-IV의 척도별 구성 비교

척도	소검사 구분	K-WAIS-IV	K-WISC-IV
언어이해	핵심 소검사	공통성, 어휘, 상식	공통성, 어휘, 이해
	보충 소검사	이해	상식, 단어추리
지각추론	핵심 소검사	토막짜기, 행렬추론, 퍼즐	토막짜기, 공통그림찾기, 행렬추리
	보충 소검사	무게비교, 빠진곳찾기	빠진곳찾기
작업기억	핵심 소검사	숫자, 산수	숫자, 순차연결
	보충 소검사	순서화	산수
처리속도	핵심 소검사	동형 찾기, 기호쓰기	기호쓰기, 동형 찾기
	보충 소검사	지우기	선택

참고

K-WISC-V의 소검사와 검사 순서

1. 토막짜기
2. 공통성
3. 행렬추리
4. 숫자
5. 기호쓰기
6. 어휘
7. 무게비교
8. 퍼즐
9. 그림기억
10. 동형 찾기
11. 상식
12. 공통그림찾기
13. 순차연결
14. 선택
15. 이해
16. 산수

> **전문가의 한마디**
>
> 2019년에는 개정판인 K-WISC 제5판(K-WISC-V)이 출시되었지만 아직 현장에서는 K-WISC-IV 사용 빈도가 훨씬 높으며, 시험에서도 K-WISC-III와 K-WISC-IV가 주로 출제되는 경향이 있습니다. 그러나 언제 개정된 K-WISC-V 관련 내용이 출제될지 모르기 때문에, 기존 검사와 달라진 K-WISC-V의 내용도 알아두는 것이 좋습니다.

기출복원 23　　　　　　　　　　　　　　　　　　　　　**17년 기출**

K-WISC-Ⅳ의 4가지 지표와 각 지표별 소검사를 하나씩 쓰시오.　　**4점**

> • 해설 체크! •
>
> 1. 언어이해지표(VCI ; Verbal Comprehension Index)
>   공통성(Similarities), 어휘(Vocabulary), 이해(Comprehension)
> 2. 지각추론지표(PRI ; Perceptual Reasoning Index)
>   토막짜기(Block Design), 공통그림찾기(Picture Concepts), 행렬추리(Matrix Reasoning)
> 3. 작업기억지표(WMI ; Working Memory Index)
>   숫자(Digit Span), 순차연결(Letter-Number Sequencing)
> 4. 처리속도지표 (PSI ; Processing Speed Index)
>   기호쓰기(Coding), 동형 찾기(Symbol Search)

기출키워드

23년 1회

WAIS의 양적 분석

※ 실기시험에는 성인용 웩슬러 지능검사의 양적 분석에 포함되는 내용을 5가지 기술하도록 하는 문제가 출제되었습니다.

27　웩슬러 지능검사의 분석과 해석(K-WAIS & K-WISC-Ⅲ)

■ 웩슬러 지능검사의 양적 분석에 포함되는 내용

① 현재 지능의 파악

　현재 지능은 언어성 IQ(VIQ)·동작성 IQ(PIQ)·전체 IQ(FIQ), 지능 수준(최우수·우수·평균상·평균·평균하·경계선·정신지체), 백분위, 측정의 오차범위 등을 밝히는 방식으로 기술된다.

② 병전 지능의 파악

　수검자의 현재 지능수준이 본래 가지고 있던 지능수준과 차이가 있는지를 파악함으로써 수검자의 지능이 퇴화 혹은 유지된 상태인지, 수검자의 병리가 만성적 혹은 급성적인 양상을 보이는지 추정한다.

③ 언어성 검사와 동작성 검사 간의 비교

　개인이 속한 연령집단에서의 유의미한 점수 차이를 근거로 하여 언어성 IQ와 동작성 IQ 간의 점수차를 이용한 해석이 가능하다.

④ 소검사 간 점수들의 분산 분석

　각각의 소검사 점수가 다른 소검사들의 경향으로부터 이탈한 정도를 비교해 봄으로써 수검자의 지적 기능의 세부적인 양상을 파악하도록 하는 것은 물론, 이를 통해 수검자의 성격구조상 특징을 추론해 볼 수 있도록 한다.

전문가의 한마디

K-WAIS에서는 언어성 지능(VIQ)과 동작성 지능(PIQ), 전체지능(FIQ)을 구분하여 지능지수를 제시하는 반면, K-WAIS-Ⅳ에서는 언어성 지능과 동작성 지능에 대한 구분 없이 언어이해지수(VCI), 지각추론지수(PRI), 작업기억지수(WMI), 처리속도지수(PSI), 전체지능지수(FSIQ) 등 조합점수를 제시합니다.

전문가의 한마디

병전 지능 추정을 위해 특정 소검사(예 어휘, 상식 또는 기본지식, 토막짜기 등)를 사용하는 이유는 해당 소검사들의 점수가 상황적 요인에 의해 잘 변화하지 않을 만큼 안정되어 있으며, 요인분석 결과 대표적인 언어성 및 동작성 소검사로 지적될 수 있기 때문입니다.

■ 지능검사 시행 후 병전 지능을 추정할 수 있는 방법

① 지능검사의 소검사에 근거한 추정
   웩슬러 지능검사에서 상황적 요인에 의해 잘 변화하지 않는 소검사(예 어휘, 상식 또는 기본지식, 토막짜기 등) 점수를 활용한다.

② 현재 언어능력에 근거한 추정
   대개의 경우 어휘나 언어능력은 보존될 가능성이 높으므로, NART(National Adult Reading Test)와 같이 읽기능력에 특화된 검사를 이용한다.

③ 인구통계학적 특성을 활용한 추정
   교육수준, 연령, 성별, 학업 성취도(학력), 이전의 직업기능 수준(직업력) 등을 참조한다.

■ 소검사 간 점수들에 대한 분산 분석의 3가지 방식

① 어휘 분산(Vocabulary Scatter)
   어휘문제(Vocabulary) 소검사 점수를 기준으로 하여 다른 소검사 점수들이 해당 기준에서 어느 정도 이탈해 있는지를 살펴보는 방식이다. 이는 어휘문제 소검사가 수검자의 지능수준을 가장 잘 대표하며, 다른 소검사들에 비해 부적응 상태에서도 비교적 퇴화되지 않는 가장 안정적인 검사이기 때문이다.

② 평균치 분산(Mean Scatter)
   언어성 소검사들은 언어성 소검사들의 평균에서, 동작성 소검사들은 동작성 소검사들의 평균에서 어느 정도 이탈해 있는지를 살펴보는 방식이다. 이는 해당 기능 영역에서 각 세부 기능들에 어떠한 유의미한 차이가 있는지를 알 수 있도록 한다.

③ 변형된 평균치 분산(Modified Mean Scatter)
   과도한 점수 차이를 보이는 한두 개의 소검사 점수를 제외한 채 평균을 산출하여 그 수치를 기준으로 다른 소검사들의 이탈 정도를 살펴보는 방식이다. 이는 너무 높거나 낮은 점수가 평균에 미치는 부적절한 영향을 배제하기 위한 것이다.

OX Quiz

소검사 간 점수들에 대한 분산 분석의 방식에는 어휘 분산, 평균치 분산, 변형된 평균치 분산이 있다.

정답 O

■ 웩슬러 지능검사(K-WAIS)의 언어성 IQ와 동작성 IQ

① 개인이 속한 연령집단에서의 유의미한 점수 차이를 근거로 하여 언어성 IQ와 동작성 IQ 간의 점수차를 이용한 해석이 가능하다.

② 언어성 IQ와 동작성 IQ 간의 점수차가 단지 수검자의 언어성 기능과 동작성 기능 간의 차이를 나타내는 것일 수 있다. 그러나 점수차가 15점 이상인 경우 임상적·신경학적 측면에서 유의미한 것으로 간주되며, 특히 그 차이가 20점 이상인 경우 수검자의 뇌손상이나 정신장애를 의심하기도 한다.

③ 언어성 IQ와 동작성 IQ 간의 유의미한 차이가 있는 경우 수검자의 흥미 패턴, 인지양식(장 의존성/장 독립성), 뇌기능장애, 정서적 문제, 정보처리나 표현방식에서의 결함, 시간적 압박하에서의 작업능력 결함 등에 주의를 기울일 필요가 있다.
④ 언어성 IQ와 동작성 IQ 간의 점수차를 이용한 해석을 하는 경우 개인의 연령이나 교육수준 등의 인구학적 변인과 환경적 조건 등을 고려해야 한다. 예를 들어 교육수준이나 사회경제적 배경이 상대적으로 높은 수준에 있는 사람의 경우 언어성 IQ가 동작성 IQ에 비해 높을 수 있으며, 사회경제적 배경 수준이 낮고 단순노동에 종사하는 사람의 경우 언어성 IQ가 동작성 IQ에 비해 낮을 수 있다.
⑤ 일반적으로 언어성 검사는 아동기로부터 축적되고 조직화된 지식 및 경험을 토대로 하는 반면, 동작성 검사는 상대적으로 조직화 수준이 낮아 즉각적인 문제해결능력을 요구한다. 따라서 언어성 IQ가 높은 사람은 교육수준이 높지만 문제 상황에서의 즉각적인 대응력이 낮은 반면, 동작성 IQ가 높은 사람은 교육수준은 낮지만 일상생활에서의 순발력과 대처능력이 뛰어난 양상을 보인다.

OX Quiz

언어성 IQ가 높은 사람은 교육수준이 낮지만 일상생활에서의 순발력과 대처능력이 뛰어난 양상을 보인다.

정답 X(동작성 IQ)

■ 언어성 IQ와 동작성 IQ 간의 점수차에 의한 일반적 해석

① 언어성 IQ > 동작성 IQ

주요 원인	• 수검자가 고학력인 경우 • 언어적 자극을 처리하는 뇌의 좌반구가 발달한 경우 • 시 · 공간적 자극을 처리하는 뇌의 우반구가 손상된 경우 • 우울증, 신경학적 장애, 강박장애 등을 가진 경우
특 징	• 청각적-언어적 정보처리 능력이 상대적으로 발달함 • 시각-운동 협응능력이 상대적으로 저조함 • 즉각적인 문제해결 능력이 저조함 • 실용적인 과제를 다루는 데 어려움이 있음 • 시간제한이 있는 과제를 수행하는 데 어려움이 있음

② 언어성 IQ < 동작성 IQ

주요 원인	• 수검자가 저학력인 경우 • 시 · 공간적 자극을 처리하는 뇌의 우반구가 발달한 경우 • 언어적 자극을 처리하는 뇌의 좌반구가 손상된 경우 • 자폐증, 정신지체, 학습장애, 반사회적성격장애 등을 가진 경우
특 징	• 시각-운동 협응능력이 상대적으로 발달함 • 청각적-언어적 정보처리 능력이 상대적으로 저조함 • 축적된 경험을 통한 문제해결 능력이 저조함 • 언어능력, 읽기능력이 저조하며 학업수행에 어려움이 있음 • 시간제한이 없는 과제에서도 이를 효율적으로 수행하는 데 어려움이 있음

전문가의 한마디

K-WAIS-Ⅳ가 현재 임상장면에서 널리 사용되고 있음에도 불구하고 임상심리사 1차 필기시험 및 2차 실기시험에서는 K-WAIS의 언어성 IQ와 동작성 IQ 간 점수차에 의한 일반적 해석에 관한 문제가 여전히 출제되고 있습니다.

■ 언어성 IQ와 동작성 IQ의 차이를 해석할 때 고려해야 할 사항

① **신경학적 요인**

대뇌반구에서 좌반구는 언어적 자극을 처리하는 데 우세한 반면, 우반구는 시·공간적 자극을 처리하는 데 우세하다. 즉, 언어성 IQ가 동작성 IQ에 비해 상대적으로 낮은 경우 뇌의 좌반구 손상 또는 우반구의 발달을 시사하는 반면, 동작성 IQ가 언어성 IQ에 비해 상대적으로 낮은 경우 뇌의 좌반구 발달 또는 우반구의 손상을 시사한다.

② **의사소통상의 요인**

수검자가 청각적·음성학적 의사소통에 결함을 가지고 있는 경우 언어성 소검사의 수행에 어려움을 보인다. 특히 수검자가 외국에서 출생했거나 교육을 받은 경우 언어나 문화의 차이로 인해 어휘문제, 이해문제 등에서 부진한 결과를 보인다.

③ **운동 협응능력의 요인**

동작성 소검사는 운동 협응능력을 요구하므로, 동작성 IQ의 낮은 점수가 비언어적 사고능력의 결여보다는 운동 협응능력의 결함에 의한 것일 수 있다.

④ **시간제한의 요인**

시간제한의 상황에 대해 불안감을 가지는 수검자는 주어진 시간에 따라 과제를 효율적으로 수행하는 데 어려움을 보인다. 이와 같은 경우 동작성 IQ는 언어성 IQ에 비해 상대적으로 낮게 나타난다.

⑤ **장 독립성과 장 의존성**

개인의 인지 양식(Cognitive Styles)은 상황적 환경에 대처하는 방식에 따라 자신의 내적인 단서에 의존하는 '장 독립성'과, 외적인 단서를 판단의 근거로 삼는 '장 의존성'으로 구분된다. 장 독립성을 가진 사람의 경우 추상적·이론적 측면에 대한 관심을 토대로 토막짜기, 빠진 곳 찾기 등의 동작성 검사에서 상대적으로 우수한 수행 결과를 보이는 반면, 장 의존성을 가진 사람의 경우 사회적 참조체계를 토대로 언어성 검사에서 보다 높은 수행 결과를 나타낸다.

⑥ **유동성 지능과 결정성 지능**

인간의 지능은 유전적·신경생리적 영향에 의해 발달이 이루어지는 '유동성 지능(Fluid Intelligence)'과 교육이나 경험의 누적에 의해 형성되는 '결정성 지능(Crystallized Intelligence)'으로 구분된다. 특히 언어성 지능은 결정성 지능과 연관되며, 학업 성취도가 높은 학생의 경우 언어성 IQ가 동작성 IQ에 비해 상대적으로 높게 나타난다.

전문가의 한마디

장 독립성(Field Independent)인 사람은 문제해결 상황에서 주로 내적인 단서에 의존하여 불필요한 자극은 무시하거나 부족한 구조는 부과하는 등 분석적이고 추상적인 사고에 능합니다. 반면, 장 의존성(Field Dependent)인 사람은 외적인 단서에 영향을 많이 받아 그에 동조되는 자극들을 자발적으로 구조화시키지 못한 채 있는 그대로 받아들이는 경향이 있습니다.

OX Quiz

언어성 IQ와 동작성 IQ의 차이를 해석할 때는 신경학적 요인, 의사소통상의 요인, 시간제한의 요인 등을 모두 고려해야 한다.

정답 O

기출복원 24
11, 13, 18년 기출

웩슬러 지능검사의 양적 분석에 포함되어야 할 내용을 3가지 쓰시오. 〔6점〕

> • 해설 체크! •
> 1. 현재 지능 및 병전 지능의 파악
> 2. 언어성 검사와 동작성 검사 간의 비교
> 3. 소검사 간 점수들의 분산 분석

28 웩슬러 지능검사의 분석과 해석(K-WAIS-Ⅳ & K-WISC-Ⅳ)

■ 웩슬러 지능검사의 지능지수 산출방법

① 첫째, 소검사의 원점수를 구한다.
  각각의 소검사 문항에서 얻은 점수를 합하여 소검사의 원점수를 구한다. 원점수는 각 소검사 문항에서 획득한 점수의 단순한 합에 불과하며, 규준을 참조한 점수가 아니므로 그 자체만으로는 무의미하다.

② 둘째, 원점수를 표준점수로 환산하여 환산점수를 도출한다.
  수검자의 수행을 해석하기 위해서는 원점수를 표준점수로 환산해야 한다. 소검사의 원점수를 환산점수표를 토대로 환산점수로 변환한다. 이때 환산점수는 각 소검사와 처리점수(과정점수)에 대해 각 연령집단의 원점수 총점을 평균 10, 표준편차 3인 분포상의 점수로 변환한 것이다.

③ 셋째, 조합점수(합산점수)를 도출한다.
  조합점수(합산점수)는 연령에 따른 준거집단 환산점수의 합계에 근거한다. 조합점수의 적절한 구성을 위해 5개의 환산점수, 즉 언어이해, 지각추론, 작업기억, 처리속도, 전체검사의 환산점수 합계를 계산하며, 이를 평균 100, 표준편차 15인 분포상의 점수로 제시한다.

OX Quiz

지능지수 산출을 위해서는 각각의 소검사 문항에서 얻은 점수를 합하여 원점수를 구해야 한다.

정답 O

> **참고**

환산점수 및 조합점수 대응 표준편차와 백분위

환산점수	조합점수	표준편차	백분위
19	145	+3	99.9
18	140	+2⅔	99.6
17	135	+2⅓	99
16	130	+2	98
15	125	+1⅔	95
14	120	+1⅓	91
13	115	+1	84
12	110	+⅔	75
11	105	+⅓	63
10	100	0(평균)	50
9	95	−⅓	37
8	90	−⅔	25
7	85	−1	16
6	80	−1⅓	9
5	75	−1⅔	5
4	70	−2	2
3	65	−2⅓	1
2	60	−2⅔	0.4
1	55	−3	0.1

■ K-WAIS-IV의 조합점수별 측정 내용

① 언어이해지수(VCI ; Verbal Comprehension Index)

언어적 이해능력, 언어적 정보처리능력, 언어적 기술 및 정보의 새로운 문제해결을 위한 적용 능력, 어휘를 이용한 사고능력, 결정적 지식, 인지적 유연성, 자기감찰 능력 등을 반영한다.

② 지각추론지수(PRI ; Perceptual Reasoning Index)

지각적 추론능력, 시각적 이미지에 대한 사고 및 처리능력, 시각-운동 협응능력, 공간처리 능력, 인지적 유연성, 제한된 시간 내에 시각적으로 인식된 자료를 해석 및 조직화하는 능력, 유동적 추론능력, 비언어적 능력 등을 반영한다.

③ 작업기억지수(WMI ; Working Memory Index)

작업기억, 청각적 단기기억, 주의집중력, 수리능력, 부호화 능력, 청각적 처리기술, 인지적 유연성, 자기감찰 능력 등을 반영한다.

④ 처리속도지수(PSI ; Processing Speed Index)

시각정보의 처리속도, 과제 수행속도, 시지각적 변별능력, 정신적 수행의 속도 및 정신운동 속도, 주의집중력, 시각-운동 협응능력, 인지적 유연성 등을 반영한다.

전문가의 한마디

'Index'를 K-WAIS-IV에서는 '지수'로, K-WISC-IV에서는 '지표'로 부르기도 합니다. 이는 관련 매뉴얼의 번역상 차이일 뿐입니다.

OX Quiz

주의집중력, 수리능력, 부호화 능력, 인지적 유연성, 자기감찰 능력 등을 반영하는 것은 처리속도지수이다.

정답 X(작업기억지수)

⑤ 전체지능지수(FSIQ ; Full Scale IQ)

개인의 인지능력의 현재 수준에 대한 전체적인 측정치로서, 언어이해지수(VCI), 지각추론지수(PRI), 작업기억지수(WMI), 처리속도지수(PSI) 등 4가지 지수를 산출하는 데 포함된 소검사 환산점수들의 합으로 계산된다.

⑥ 일반능력지수(GAI ; General Ability Index)

언어이해의 주요 소검사(공통성, 어휘, 상식)와 지각추론의 주요 소검사(토막짜기, 행렬추론, 퍼즐)로 구성된 조합점수이다. 특히 전체지능지수(FSIQ)에 비해 작업기억 및 처리속도의 영향을 덜 받으므로, 전체지능지수(FSIQ)에 포함된 이들 요소들을 배제한 인지적 능력을 검토할 필요가 있는 경우 사용한다.

⑦ 인지효능지수(CPI ; Cognitive Proficiency Index)

작업기억의 주요 소검사(숫자, 산수)와 처리속도의 주요 소검사(동형 찾기, 기호쓰기)로 구성된 조합점수이다. 언어이해 및 지각추론에 덜 민감한 인지적 능력에 대한 측정이 필요한 경우 사용한다.

■ K-WAIS-IV 프로파일의 기본적인 분석 절차

① 제1단계 – 전체지능지수(FSIQ)에 대한 검토

전체지능지수(FSIQ)는 개인의 지적 수준과 기능에 대한 가장 안정적이고 타당한 측정치이다. 다만, 전체지능지수(FSIQ)를 구성하는 4가지 지수 점수 중 가장 높은 지수와 가장 낮은 지수 간의 차이가 1.5 표준편차(약 23점) 미만인 경우에만 신뢰성 있고 타당한 측정치로 인정된다. 만약 그 차이가 1.5 표준편차(약 23점) 이상인 경우 단일 점수로서 의미가 없는 것으로 간주하여 전체지능지수(FSIQ)를 산출하기는 하되 해석에는 사용하지 않으며, 각각의 4가지 지수에 대해 별도로 해석해야 한다.

② 제2단계 – 각 지수 점수에 대한 검토

다음으로 언어이해지수(VCI), 지각추론지수(PRI), 작업기억지수(WMI), 처리속도지수(PSI) 순으로 지수 점수를 검토한다. 이 경우에도 각각의 세부 지수에 포함되는 소검사들 간의 차이가 1.5 표준편차(약 5점) 미만인 경우에만 유의미한 것으로 간주하며, 그 차이가 1.5 표준편차(약 5점) 이상인 경우 단일한 지수로 해석하는 것은 적절하지 않다. 각 지수의 해석이 가능한 것으로 판단될 경우, 해당 지수의 수준을 통해 현재 수검자가 보이는 능력이 어느 정도인지 기술한다.

③ 제3단계 – 차이값의 비교, 강점과 약점의 평가 등

다음으로 지수 점수들 간 차이값의 비교, 강점과 약점의 평가, 소검사 점수들 간 차이값의 비교 등을 수행한다. 또한 소검사 내의 점수 패턴에 대한 평가, 전반적인 과정분석 등을 선택적으로 수행한다.

OX Quiz

개인의 인지능력의 현재 수준에 대한 전체적인 측정치를 '전체지능지수'라고 한다.

정답 O

OX Quiz

전체지능지수를 구성하는 지수 점수 중 가장 높은 지수와 가장 낮은 지수 간의 차이가 1.5 표준편차 미만인 경우에만 신뢰성 있고 타당한 측정치로 인정된다.

정답 O

전문가의 한마디

과정점수(Process Scores)는 일종의 질적 분석인 과정분석을 통해 얻어지는 것으로서, 오류분석이나 한계검증과 같은 검사 수행의 질적 분석이 양적 분석만큼이나 중요하다는 견해에 따라 도입된 것입니다.

기출키워드
24년 1회

K-WISC-Ⅳ의 지표점수

※ 실기시험에는 K-WISC-Ⅳ의 4가지 지표점수를 쓰도록 하는 문제가 출제되었습니다.

OX Quiz

지각추론지표는 유동적 추론, 공간처리, 세부에 대한 주의력, 시각-운동 통합에 대한 측정치에 해당한다.

정답 O

■ K-WAIS-Ⅳ의 과정점수

① 시간 보너스 없는 토막짜기(BDN ; Block Design No Time Bonus)
② 숫자 바로 따라하기(DSF ; Digit Span Forward)
③ 숫자 거꾸로 따라하기(DSB ; Digit Span Backward)
④ 숫자 순서대로 따라하기(DSS ; Digit Span Sequencing)
⑤ 최장 숫자 바로 따라하기(LDSF ; Longest Digit Span Forward)
⑥ 최장 숫자 거꾸로 따라하기(LDSB ; Longest Digit Span Backward)
⑦ 최장 숫자 순서대로 따라하기(LDSS ; Longest Digit Span Sequence)
⑧ 최장 순서화(LLNS ; Longest Letter-Number Sequence)

■ K-WISC-Ⅳ의 합산점수별 측정 내용

① 언어이해지표(VCI)
   ㉠ 언어적 개념형성, 언어적 추론 및 이해, 획득된 지식, 언어적 자극에의 주의력 등에 대한 측정치에 해당한다.
   ㉡ 기존의 언어성 IQ(VIQ) 점수보다 인지기능상의 보다 협소한 영역을 측정하며, 다른 인지기능보다 덜 혼입되어 있다. 따라서 언어이해지표(VCI)는 기존의 언어성 IQ(VIQ)에 비해 언어적 추론에 대한 보다 순수한 측정치로 간주된다.

② 지각추론지표(PRI)
   ㉠ 유동적 추론, 공간처리, 세부에 대한 주의력, 시각-운동 통합에 대한 측정치에 해당한다.
   ㉡ 처리속도에 덜 혼입되어 있으므로, 저조한 처리속도 능력을 가진 개인의 진정한 비언어적 추론능력을 보다 잘 반영한다.

③ 작업기억지표(WMI)
   ㉠ 입력된 정보의 일시적인 저장, 계산 및 변환처리 과정, 계산 및 변환의 산물(출력)이 발생하는 작업기억에 대한 정신적 용량을 측정한다.
   ㉡ 작업기억은 학습의 핵심적인 요소이므로, 작업기억에서의 차이를 통해 수검자의 주의력, 학습 용량, 유동적 추론 등에 대한 개인차의 분산을 설명한다.

④ 처리속도지표(PSI)
   ㉠ 수검자가 단순하거나 일상적인 정보를 오류 없이 신속하게 처리할 수 있는지를 나타낸다.
   ㉡ 학습은 일상적인 정보처리와 복잡한 정보처리의 조합이므로, 처리속도상에 문제가 있는 경우 새로운 정보와 관련된 과제를 수행하는 데 보다 오랜 시간이 걸리며, 과제수행에 있어서도 어려움을 겪게 된다.

⑤ 전체검사 지능지수(FSIQ)
  ㉠ 수검자의 인지기능상의 전반적인 수준을 추정하는 종합적인 합산점수에 해당한다.
  ㉡ 보충 소검사를 제외한 주요 소검사 10개 점수의 합계로서, 보통 일반요인 또는 전반적인 인지적 기능에 대한 대표치로 간주된다.

■ K-WISC-Ⅳ 프로파일의 세부적인 분석 절차

① 제1단계 – 전체검사 지능지수(FSIQ)의 보고 및 기술
   전체검사 지능지수(FSIQ)는 수검자의 인지능력의 전반적인 수준을 추정하는 종합적인 합산 점수로서 4가지 지표 점수, 10가지 주요(핵심) 소검사 점수의 합계이다.

② 제2단계 – 언어이해지표(VCI)의 보고 및 기술
   언어이해지표(VCI)는 주요 소검사인 공통성(Similarities), 어휘(Vocabulary), 이해(Comprehension)의 합산점수로서, 기존 K-WISC-Ⅲ의 언어성 지능(VIQ)에 비해 언어적 추론과 개념형성에 대한 개선된 측정치이다.

③ 제3단계 – 지각추론지표(PRI)의 보고 및 기술
   지각추론지표(PRI)는 토막짜기(Block Design), 공통그림찾기(Picture Concepts), 행렬추리(Matrix Reasoning)의 합산점수로서, 기존 K-WISC-Ⅲ의 동작성 지능(PIQ)에 비해 유동성 추론을 더욱 강조한 측정치이다.

④ 제4단계 – 작업기억지표(WMI)의 보고 및 기술
   숫자(Digit Span), 순차연결(Letter-Number Sequencing)의 합산점수로서, 기존 K-WISC-Ⅲ에 비해 수학적 지식에 대한 연령 적합성과 작업기억에 대한 요구를 늘린 측정치이다.

⑤ 제5단계 – 처리속도지표(PSI)의 보고 및 기술
   기호쓰기(Coding), 동형 찾기(Symbol Search)의 합산점수로서, 기존 K-WISC-Ⅲ에 비해 목표 사물에 대한 단순한 시각적 구별이 아닌 과제 내의 인지적 의사결정, 학습 요소 등을 강조한 측정치이다.

⑥ 제6단계 – 지표-수준의 차이 비교 평가
   소검사 수행능력에서 유의미하고 보기 드문 차이가 있는 경우, 합산점수 간 비교 해석에 있어서 그와 같은 변산성을 고려해야 한다. K-WISC-Ⅳ는 이를 위해 표준화 표본에서 다양한 지표 점수 사이에 나타나는 차이의 누적비율은 물론 전체 규준 표본과의 능력 수준에 따른 누적 비율을 제공한다.

OX Quiz

K-WISC-Ⅳ 프로파일의 세부적 분석 절차에서 가장 먼저 선행되어야 하는 것은 강점과 약점의 평가이다.

정답 X(전체검사 지능지수의 보고 및 기술)

⑦ 제7단계 – 강점과 약점의 평가

아동의 인지적 강점 및 약점 영역들은 통계상 규준집단과의 비교에 의한 유의미성 여부로 판단할 수 있다. K-WISC-Ⅳ는 이를 위해 단일 소검사와 전체검사 지능지수(FSIQ)에 기여하는 소검사들의 전체 평균 또는 언어이해지표(VCI)와 지각추론지표(PRI)에 기여하는 소검사들의 평균 간 차이에 대한 누적비율을 제공한다.

⑧ 제8단계 – 소검사-수준의 차이 비교 평가

K-WISC-Ⅳ는 주요 소검사와 보충 소검사 간의 차이와 함께 다양한 소검사 환산점수의 차이를 나타내는 표준화 표본의 백분율을 제공한다. 이로써 소검사 점수들 간의 비교를 통해 개별적 가설들을 확증 혹은 반박할 수 있도록 한다.

⑨ 제9단계 – 소검사들 내의 점수 패턴 평가

프로파일의 심도 있는 분석을 위해서는 소검사 내에서의 점수 패턴을 고려해야 한다. 동일한 환산점수를 받은 아동이라도 맞힌 문항들이 특정한 분포를 보인다거나 산발적인 양상을 보이는 경우, 이는 아동의 주의력, 언어와 관련된 문제, 수검 태도 등에서 비롯된 것일 수 있다.

⑩ 제10단계 – 처리분석

처리분석은 소검사 수행에 영향을 미치는 수검자의 인지능력과 관련하여 보다 자세한 정보를 얻기 위한 질적 분석 과정이다. 예를 들어, 숫자(Digit Span) 소검사에서 바로 따라하기와 거꾸로 따라하기 간의 차이는 비교적 쉬운 과제 혹은 어려운 과제에서의 차별적인 수행능력을 나타낸다.

OX Quiz
처리분석은 수검자의 인지능력과 관련하여 보다 자세한 정보를 얻기 위한 양적 분석 과정이다.
정답 X(질적 분석 과정)

전문가의 한마디
K-WAIS-Ⅳ의 4가지 주요 지수, 즉 지수척도(Index Scales)에 관한 문제에서는 가급적 각각의 지수척도에 포함된 소검사를 답안에 포함시키는 것이 좋습니다. 그 이유는 1차 필기시험에서도 K-WAIS-Ⅳ의 4요인 구조에 포함되는 소검사를 중요하게 다루고 있기 때문입니다.

기출복원 25 — 16년 기출

K-WAIS-Ⅳ의 4가지 주요 지수를 쓰고, 각각에 대해 설명하시오. (8점)

• 해설 체크! •

1. **언어이해지수(VCI ; Verbal Comprehension Index)**
   '공통성', '어휘', '상식'의 조합점수로, 언어적 이해능력, 언어적 정보처리능력, 언어적 기술 및 정보의 새로운 문제해결을 위한 적용능력 등을 반영한다.

2. **지각추론지수(PRI ; Perceptual Reasoning Index)**
   '토막짜기', '행렬추론', '퍼즐'의 조합점수로, 지각적 추론능력, 시각-운동 협응능력, 공간처리 능력, 인지적 유연성, 유동적 추론능력 등을 반영한다.

3. **작업기억지수(WMI ; Working Memory Index)**
   '숫자', '산수'의 조합점수로, 작업기억, 청각적 단기기억, 주의집중력, 수리능력, 부호화 능력, 청각적 처리기술, 인지적 유연성 등을 반영한다.

4. **처리속도지수(PSI ; Processing Speed Index)**
   '동형 찾기', '기호쓰기'의 조합점수로, 시각정보의 처리속도, 과제 수행속도, 시지각적 변별능력, 주의집중력, 시각-운동 협응능력 등을 반영한다.

29 웩슬러 지능검사의 일반적인 진단

■ 웩슬러 지능검사에 의한 정신증의 일반적인 특징

① 동작성 지능이 언어성 지능에 비해 상대적으로 낮은 수준을 보인다. 이는 곧 동작성 지능이 장애의 영향을 더 많이 받음을 시사한다.
② 상식(Information), 어휘(Vocabulary) 소검사를 중심으로 나타나는 극단적인 분산의 양상이 지적 기능의 심각한 불균형을 시사한다.
③ 쉬운 문항에서 잦은 실패 양상을 보인다.
④ 문항을 잘못 이해하는 경우가 많다.
⑤ 이해(Comprehension), 차례 맞추기(Picture Arrangement)에서의 낮은 점수가 사회적 적응 능력의 손상을 시사한다.
⑥ 공통성(Similarities)의 저하/상식(Information), 어휘의 상승이 기억력은 비교적 잘 보존되어 있으나 추상적 사고능력이 손상되었음을 시사한다.
⑦ 빠진곳찾기(Picture Completion), 산수(Arithmetic)에서의 낮은 점수가 주의집중력 저하를 반영한다.
⑧ 토막짜기(Block Design)의 점수가 낮게 나타난다.
⑨ 숫자 외우기(Digit Span)에서 점수가 유지됨으로써 즉각적인 기억 손상이 없음을 나타내며, 이는 곧 불안이 적거나 없음을 반영한다.
⑩ 수검자의 개별적인 문항에서의 반응, 특히 차례 맞추기, 공통성, 어휘 소검사에서의 반응에 대한 질적인 분석이 중요하다. 이와 같은 소검사들을 통해 수검자의 비논리성, 부적절성, 연상장애, 괴이한 언어 등 전형적인 와해가 나타날 수 있기 때문이다.

■ 웩슬러 지능검사에 의한 우울증의 일반적인 특징

① 언어성 지능이 동작성 지능에 비해 상대적으로 높은 수준을 보인다.
② 쉽게 포기하는 경향을 보이는 등 지구력이 부족하다.
③ 전반적으로 반응속도가 느리다.
④ 언어성 검사 중 공통성의 점수가 낮으며, 동작성 검사 중 빠진곳찾기를 제외한 다른 동작성 소검사들에서 낮은 점수를 보인다.
⑤ 반응의 질적인 면에서의 정교화나 언어표현의 유창성 등이 부족하다.
⑥ 자신에 대해 비판적인 양상을 보인다.
⑦ 사고의 와해는 보이지 않는다.

OX Quiz

웩슬러 지능검사에 의한 우울증 환자는 언어성 지능이 동작성 지능에 비해 상대적으로 낮은 수준을 보인다.

정답 X(언어성 지능이 동작성 지능에 비해 상대적으로 높은 수준을 보임)

> **전문가의 한마디**
>
> 토막짜기, 바꿔쓰기, 차례 맞추기, 모양 맞추기의 점수가 현저히 낮은 경우 일차적으로 뇌손상의 가능성을 생각해 보아야 합니다.

■ 웩슬러 지능검사에 의한 기질적 뇌손상의 일반적인 특징

① 토막짜기(Block Design), 바꿔쓰기(Digit Symbol), 차례 맞추기(Picture Arrangement), 모양 맞추기(Object Assembly)의 점수가 상대적으로 낮다.
② 숫자 외우기(Digit Span) 소검사에서 '바로 따라 외우기'와 '거꾸로 따라 외우기' 간의 점수 차이가 크게 나타난다.
③ 공통성(Similarities) 소검사의 낮은 점수가 개념적 사고의 손상을 시사한다.
④ 상식(Information), 어휘(Vocabulary), 이해(Comprehension) 소검사의 점수는 비교적 유지된 상태이다.

■ 웩슬러 지능검사에 의한 강박장애의 일반적인 특징

① 보통 전체 지능지수가 110 이상을 나타낸다.
② 언어성 지능이 동작성 지능에 비해 상대적으로 높은 수준을 보인다. 이는 수검자의 강박적 성향에서 비롯된다.
③ 상식, 어휘 소검사의 높은 점수가 수검자의 주지화 성향을 나타내는 반면, 그에 비해 상대적으로 낮은 이해 점수가 수검자의 회의적 성향을 반영한다.

■ 웩슬러 지능검사에 의한 히스테리성 성격장애의 일반적인 특징

① 비교적 쉬운 문항에서 실패하는 양상을 보인다.
② 산수 소검사의 낮은 점수가 수검자의 쉽게 포기하는 성향을 반영한다.
③ 이해 소검사 점수가 상식 소검사 점수에 비해 상대적으로 높으며, 토막짜기, 차례 맞추기 소검사에서도 높은 점수를 나타낸다.
④ 도덕적인 반응 내용을 보인다.
⑤ 사고의 와해 징후는 보이지 않는다.

■ 웩슬러 지능검사에 의한 반사회성성격장애의 일반적인 특징

① 언어성 지능이 동작성 지능에 비해 상대적으로 낮은 수준을 보인다.
② 소검사 간 분산이 심한 편이다.
③ 사회적 상황과 관련된 내용에 대해 예민한 반응을 보인다.
④ 바꿔쓰기(Digit Symbol), 차례 맞추기(Picture Arrangement) 점수가 높은 반면, 개념형성 관련 점수는 낮게 나타난다.
⑤ 무성의하게 아무렇게나 대답하는 경향이 있다.
⑥ 사회적 규범에 부합하지 못한다.
⑦ 지나친 관념화, 주지화, 현학적인 성향을 보일 수 있다.

OX Quiz

반사회성성격장애 환자는 웩슬러 지능검사에서 소검사 간 분산을 심하게 보이는 경향이 있다.

정답 O

기출복원 26　　　　　　　　　　　　　　　　20년 기출

다음 보기는 웩슬러 지능검사의 대략적인 검사 결과이다. 이와 같은 결과를 보이는 환자의 유형을 쓰시오.

- 상식(Information), 어휘(Vocabulary), 토막짜기(Block Design) 점수는 상대적으로 높은 수준을 보이는 반면, 공통성(Similarities), 모양 맞추기(Object Assembly) 점수는 낮은 수준을 보인다.
- 언어성 지능(VIQ)이 동작성 지능(PIQ)보다 높은 양상을 보인다.

● 해설 체크! ●

뇌손상 장애

30 지능과 학습문제

■ K-WAIS에 의한 지능의 진단적 분류

IQ	분류	이론적 정규분포(%)	표본분포(%)
130 이상	최우수(Very Superior)	2.2	2.3
120~129	우수(Superior)	6.7	6.7
110~119	평균상(High Average)	16.1	18.0
90~109	평균(Average)	50.0	48.6
80~89	평균하(Low Average)	16.1	15.3
70~79	경계선(Borderline)	6.7	7.3
69 이하	정신지체(Mentally Retardation)	2.2	1.8

■ K-WAIS-IV에 의한 지능의 진단적 분류

IQ	분류	이론적 정규분포(%)	표본분포(%)
130 이상	최우수(Very Superior)	2.5	2.3
120~129	우수(Superior)	7.2	6.8
110~119	평균상(High Average)	16.6	17.1
90~109	평균(Average)	49.5	50.2
80~89	평균하(Low Average)	15.6	15.0
70~79	경계선(Borderline)	6.5	6.1
69 이하	장애 수준(Defective)	2.1	2.5

> **OX Quiz**
> K-WAIS-IV에 의한 분류에서 IQ가 69 이하인 경우 장애 수준으로 분류한다.
> 정답 O

■ 학습문제의 유형

① 학습부진(Underachievement)
　㉠ 내재적 또는 환경적 원인으로 인해 학습 성취 수준이 현저히 떨어지거나 잠재적인 지적 능력에도 불구하고 기대되는 수준에 미치지 못하는 상태를 말한다.
　㉡ 학습장애가 뇌의 기능장애나 인지상의 결함과 같은 기질적인 문제를 원인으로 하는 데 반해, 학습부진은 주의력결핍, 비효율적 학습 습관, 가정환경이나 교우 관계에서의 스트레스 등 개인의 정서나 환경상의 문제를 원인으로 한다.

ⓒ 지능이 평균보다 낮은 편이며, 어휘력과 표현력, 기억력이 부족하다. 또한 학교 학습이 가능하지만 주의집중력이 떨어지고 과잉행동을 보임으로써 부적응적인 양상을 보이기도 한다.

② 학습장애(Learning Disability)
  ㉠ 정신지체, 정서장애, 환경 및 문화적 결핍과는 관계없이 듣기, 말하기, 쓰기, 읽기 및 산수 능력을 습득하거나 활용하는 데 한 분야 이상에서 어려움을 나타낸다.
  ㉡ 보통 개인의 능력발달에서 분야별 불균형이 나타나며, 지각장애, 지각-운동장애, 신경체계의 역기능 및 뇌손상과 같은 기본적인 정보처리 과정의 장애로 인해 나타난다.
  ㉢ 학습지진과 달리 정상적인 지능 수준을 보이며, 특히 과잉행동, 주의력결핍, 충동성을 주된 증상으로 하는 주의력결핍 및 과잉행동장애(ADHD) 아동의 경우 50% 이상이 학습장애를 보인다.

③ 학습 저성취(Low Achievement)
  ㉠ 넓은 의미에서 학습장애와 학습부진을 포함하는 개념으로, 특히 학습부진과 중복되어 사용되기도 한다. 일반적으로 하위 5~20%의 낮은 성취수준을 나타내는 경우를 포괄적으로 지칭한다.
  ㉡ 개인이 가진 일반능력에 비해 현저하게 낮은 학업성취도를 나타내 보이며, 학교 수업을 올바르게 수행할 수 있는 잠재력을 가지고 있으면서도 이를 제대로 발휘하지 못한다.
  ㉢ 보통 학습장애, 주의력결핍, 열악한 가정환경, 부적절한 교우관계, 학교생활에의 부적응, 공부에 대한 개인적 가치관, 비효율적 학습 습관 등으로 인해 나타난다.

④ 학습지진(Slow Learner)
  ㉠ 선천적으로 기억력 등의 지적 능력이 낮은 수준을 보임으로써 학업수행능력이 떨어지는 경우를 말한다.
  ㉡ 지능 수준 하위 3~25% 정도로 지능지수가 대략 70~89 정도에 해당하며, 정신지체는 아니지만 그 수준에 근접한 '경계선 지능'에 해당한다.
  ㉢ 학습장애와 달리 모든 교과목에서의 학업성취도가 낮은 수준을 보이며, 언어, 운동능력, 공간능력 등 대부분의 영역에서 발달이 저조하다.

⑤ 학업지체(Academic Retardation)
  ㉠ 학습에서의 발달적 과업을 적절히 성취하지 못함으로써 학교 교육과정에 규정된 학년 또는 학기의 학습목표를 달성하지 못한 경우를 말한다.
  ㉡ 학업성취도의 적절성 유무에 따른 절대적인 기준을 근거로 판단한다.

전문가의 한마디

학습장애와 학습지진은 지능 수준이 비교적 정상적인지 아닌지에 따라 구별됩니다.

OX Quiz

학습 저성취는 넓은 의미에서 학습장애와 학습부진을 포함하는 개념이다.

정답 O

■ 학습문제와 관련된 변인

① 인지적 요인
  ㉠ 지능 : 지능지수가 낮은 학생들의 경우 또래 학생들에 비해 학업속도가 느리며 학업성적 또한 저조하다.
  ㉡ 기초학습능력 : 읽기, 쓰기, 말하기 등의 기초학습능력은 학업성취도 전반에 영향을 미치며, 지속적인 학습부진으로 이어진다.
  ㉢ 선행학습 : 선행학습의 결손이 누적되는 경우 학업성취도가 점진적으로 하락하는 양상을 보이며, 학생의 학습에 대한 흥미 또한 하락하게 된다.
  ㉣ 학습전략 : 학년이 올라감에 따라, 과제의 난이도가 높아짐에 따라 그에 적합한 학습방법 및 전략을 습득·활용해야 한다.

② 정의적 요인
  ㉠ 학습 동기와 흥미 : 지능 수준이 낮더라도 학습 동기가 높은 학생의 경우 비교적 학업성취도가 양호하게 나타나는 반면, 지능 수준은 높지만 학습 동기가 낮은 학생의 경우 학업성취도가 저조하게 나타난다.
  ㉡ 자아개념 : 성공적인 경험에 의해 형성된 긍정적인 자아개념은 학습 상황에서의 성공 가능성을 더욱 높이는 반면, 실패의 경험에 의해 형성된 부정적인 자아개념은 학습 상황에서의 실패 가능성을 더욱 높인다.
  ㉢ 불안수준 : 적정 불안수준은 학습량의 증가를 야기하여 학업성취도에 긍정적인 영향을 미치지만, 과도한 불안은 오히려 학습행동을 방해하거나 자신감을 떨어뜨림으로써 학업실패로 이어진다.

③ 환경적 요인
  ㉠ 가정, 또래친구, 학교, 지역사회 : 가정의 불화, 또래친구와의 갈등, 교사와의 마찰 등은 학생에게 심리적 스트레스를 야기함으로써 학업성취도를 저해한다.
  ㉡ 물리적 환경 : 학습을 위한 쾌적한 공간, 조명, 방음 등은 학업성취도에 긍정적인 영향을 미친다.
  ㉢ 사회적 환경 : 학력이 중시되는 사회적 풍토와 경쟁적 분위기, 학습과 관련된 다양한 상호작용 등이 학업성취도에 영향을 미친다.

■ 학습장애의 3가지 영역

① 읽기 영역
  ㉠ 단어를 인식하고 해독하는 데 어려움을 보이며 문장을 제대로 읽지도, 또한 읽은 내용을 이해하지도 못한다.
  ㉡ 읽기장애를 가진 아동은 소리의 선택 및 조합과 관련된 음성학적 법칙을 이해하지 못하며, 글로 쓰인 철자와 청각적 소리의 연관성을 정립하지 못한다.
  ㉢ 대표적인 증상으로 난독증(Dyslexia)을 들 수 있다.

② 쓰기 영역
- ㉠ 철자와 문법에 대한 이해에 어려움을 보이며, 어휘력과 작문능력에서 장애를 나타낸다.
- ㉡ 글쓰기의 기술적·기능적 측면에서 한계를 보임으로써 문법이나 구두법 사용에 있어서 부적절하며, 글이 짧거나 불완전한 양상을 보인다.
- ㉢ 대표적인 증상으로 필기불능증(Dysgraphia)을 들 수 있다.

③ 산술 영역
- ㉠ 수와 관련된 언어적 기능, 지각적 기능, 주의집중 기능, 산술적 기능상의 장애들을 포함한다.
- ㉡ 수와 기호를 조직화 또는 조작화하여 이를 토대로 논리적 추론을 실행하는 것에 어려움을 보이며, 심지어 사칙연산의 기본적인 수리문제조차 해결하지 못하는 양상을 보이기도 한다.
- ㉢ 대표적인 증상으로 계산불능증(Dyscalculia)을 들 수 있다.

OX Quiz

산술 영역 관련 학습장애의 대표적인 증상으로 계산불능증을 들 수 있다.

정답 O

■ 학습상담에서 상담자가 갖추어야 할 자질

① 학습문제의 요인에 대한 고려
- ㉠ 상담자는 학습문제와 연관된 다양한 요인들을 체계적으로 고려해야 한다.
- ㉡ 학생의 지능 및 기초학습능력, 선수학습, 학습전략 등은 물론 공부의 동기와 정서적·환경적인 요인들을 함께 고려해야 한다.

② 학습문제에 대한 진단 및 학습 과정에 대한 이해
- ㉠ 학습문제는 그 결과가 동일하더라도 원인은 매우 다양하며, 그에 따라 학생 개인 및 그 가족의 대응 전략 또한 다를 수밖에 없다.
- ㉡ 상담자는 학습문제의 발생 원인에 대한 정확한 진단과 함께 학습 성취는 물론 학습 과정상의 이해를 토대로 학생 개인 및 그 가족이 학습문제를 어떻게 다루어 왔는지 살펴보아야 한다.

③ 자기주도 학습을 위한 교육
- ㉠ 학습상담의 목적은 학습 내용에 대한 이해 및 습득은 물론 학습 방법에 대한 학습을 통해 자기주도적인 학습을 체득하도록 하는 데 있다.
- ㉡ 상담자는 학생으로 하여금 자발적이고 창의적인 학습 방법을 익히도록 적절한 교육과 훈련을 실시해야 한다.

④ 전문적인 지식의 활용
- ㉠ 학습상담은 다양한 유형의 학생들에게서 나타나는 학습문제를 다루며, 이는 아동 및 청소년의 발달적 정체성과 학교 및 사회적 활동에의 적응으로 연결된다.
- ㉡ 상담자는 아동 및 청소년에 대한 심리적·발달적 전문지식과 함께 이를 적절히 활용할 수 있는 전략을 준비해야 한다.

전문가의 한마디

'K-ABC'의 보다 정확한 우리말 명칭은 '카우프만 아동용 평가 배터리(K-ABC)'이나, 보통 '카우프만검사' 혹은 '카우프만지능검사'로도 불립니다. 참고로 카우프만(Kaufman)은 청소년·성인용 지능검사(KAIT ; Kaufman Adolescent and Adult Intelligence Test)를 개발하기도 하였습니다.

OX Quiz

K-ABC는 처리 과정 중심의 결과로서 검사 결과에 근거한 교육적 처치는 불가능하다.

정답 X(가능)

■ 아동의 학습상담을 위한 카우프만지능검사(K-ABC)의 특징

① K-ABC(Kaufman Assessment Battery for Children)는 지능을 인지처리 과정으로 보고, 과제 해결 방식에 따라 순차처리 척도(Sequential Processing Scales)와 동시처리 척도(Simultaneous Processing Scales), 그리고 이를 혼합한 인지처리 과정 척도(Mental Processing Composite)를 두고 있다. 또한 후천적으로 습득한 지식을 평가하기 위한 습득도 척도(Achievement Scales), 언어장애아를 효과적으로 평가하기 위한 비언어성 척도(Nonverbal Scales)를 두고 있다.

② K-ABC는 처리 과정 중심의 결과로서 검사 결과에 근거한 교육적 처치가 가능하다. 처리 과정 중심의 검사는 기존의 대다수 내용 중심의 검사와 달리 아동이 왜 그러한 정도의 수행을 하였는지에 대해 설명해 줄 수 있다.

③ K-ABC는 인지발달이론에 근거하여 연령별로 실시하는 하위검사를 차별화하였다. 즉, 16개의 하위검사 중 수검자의 연령 및 인지발달 수준에 따라 7~13개의 하위검사를 실시하도록 되어 있다.

④ K-ABC는 좌뇌와 우뇌의 기능을 고루 측정할 수 있는 하위검사들로 구성되어 있다. 이는 전통적 지능검사들의 경우 주로 좌뇌의 기능을 측정하는 좌뇌지향 검사로서, 우뇌가 발달한 아동이나 우뇌지향적 문화권의 아동에게 불리한 결과로 나타날 수 있다는 지적에서 비롯된 것이다.

기출복원 27   16년 기출

카우프만검사가 다른 개인용 지능검사와 구별되는 특징을 3가지 쓰시오. 3점

> 해설 체크!
> 1. 순차처리 척도, 동시처리 척도, 인지처리 과정 척도, 습득도 척도 등 지능의 인지처리 과정 및 후천적으로 습득한 지식을 효과적으로 평가하기 위한 척도들로 구성되어 있다.
> 2. 처리 과정 중심의 결과로써 검사 결과에 근거한 교육적 처치가 가능하다.
> 3. 인지발달이론에 근거하여 연령별로 실시하는 하위검사를 차별화하고 있다.
> 4. 좌뇌와 우뇌의 기능을 고루 측정할 수 있는 하위검사들로 구성되어 있다.

31. 성격에 대한 이해

■ **성격에 대한 학자들의 정의**

① 올포트(Allport)
성격은 개인의 특유한 행동과 사고를 결정하는 심리신체적 체계인 개인 내 역동적 조직이다.

② 설리반(Sullivan)
성격은 인간 상호관계 속에서 개인의 행동을 특징짓는 비교적 지속적인 심리적 특성이다.

③ 프롬(Fromm)
성격은 한 개인의 특징이 되며 독특성을 만들어 내는 선천적이자 후천적인 정신적 특질의 총체이다.

④ 미첼(Mischel)
성격은 보통 개인이 접하는 생활상황에 대해 적응의 특성을 기술하는 사고와 감정을 포함하는 구별된 행동패턴이다.

⑤ 매디(Maddi)
성격은 사람들의 심리적 행동(사고, 감정, 행위)에 있어서 공통점과 차이점을 결정하는 일련의 안정된 경향이자 특성이다.

⑥ 릭맨(Ryckman)
성격은 개인이 소유한 일련의 역동적이고 조직화된 특성으로서, 이와 같은 특성은 다양한 상황에서 개인의 인지, 동기, 행동에 독특하게 영향을 준다.

⑦ 버거(Burger)
성격은 일관된 행동패턴 및 개인 내부에서 일어나는 정신내적 과정이다.

■ **성격의 일반적 정의**

① 성격은 환경에 대한 개인의 독특한 적응을 결정하는 개인 내의 신체적·정신적 체계들의 역동적 조직이다.
② 성격은 한 개인이 환경과 상호작용하면서 나타나는 독특하고 일관성이 있으며, 인지적이고 정동적인 안정된 행동양식이다.
③ 성격은 태어날 때부터 유전적으로 가지고 있는 것뿐만 아니라 성장과 함께 학습하면서 생기게 된 것, 그리고 개인이 가지고 있는 긍정적 혹은 부정적 특성 모두를 포함하여 특정 개인을 다른 사람과 구별해 주는 것이다.
④ 따라서 성격은 다른 사람이나 환경과 상호작용하는 관계에서 행동양식을 통해 드러난다.

OX Quiz

성격은 개인의 특유한 행동과 사고를 결정하는 심리신체적 체계인 개인 내 역동적 조직이라고 정의한 학자는 올포트이다.

정답 O

전문가의 한마디

일반적으로 성격에는 개인의 욕구, 자아개념, 성취동기, 포부수준, 대인관계 등 다양한 요인들이 포함되어 작용합니다.

■ 성격에 관한 기본 가정

① 성격의 항상성과 변용성

항상성	• 성격의 불변성을 믿는 입장이다. 즉, 인간의 성격이 유아기, 아동기, 청년기, 성인기를 통해 변화하지 않는다고 본다. • 대표적인 학자 : 프로이트(Freud), 아들러(Adler) 등
변용성	• 성격의 가변성을 믿는 입장이다. 즉, 성격은 환경에 의해 변화할 수 있으며, 특히 교육활동과 밀접하게 연관된다고 본다. • 대표적인 학자 : 에릭슨(Erikson), 스키너(Skinner), 반두라(Bandura) 등

② 성격의 가지성과 불가지성

가지성	• 성격의 본질을 과학적인 용어로써 충분히 파악하고 설명할 수 있다고 본다. • 대표적인 학자 : 프로이트(Freud) 왓슨(Watson), 스키너(Skinner), 반두라(Bandura) 등
불가지성	• 인간은 끊임없이 변화하는 주관적 경험세계 속에 살고 있으며, 개인적 경험세계는 사적인 것으로서 객관적으로 검증할 수 없다고 본다. • 대표적인 학자 : 아들러(Adler), 로저스(Rogers) 등

③ 성격의 결정성과 자유성

결정성	• 인간 성격은 규정할 수 있는 어떤 변인에 의해 결정된다고 본다. • 대표적인 학자 : 프로이트(Freud), 스키너(Skinner) 머레이(Murray) 등
자유성	• 인간을 환경의 영향을 초월하여 자유로운 선택을 할 수 있는 창의적인 존재로 본다. • 대표적인 학자 : 아들러(Adler), 로저스(Rogers), 매슬로우(Maslow) 등

■ 성격의 유형론(Typology)

① 히포크라테스(Hippocrates) : 체액기질설
  ㉠ 다혈질 : 명랑하고 낙천적·온정적·정서적이며 교제에 능하다.
  ㉡ 우울질 : 우울, 비관적, 소심하며, 걱정과 불평불만이 많다.
  ㉢ 담즙질 : 쉽게 흥분하고 의기양양하며, 과단성이 있으나 실수가 잦다.
  ㉣ 점액질 : 냉정·침착하고 사색적이며, 동작이 느린 반면 지속적이다.

② 셀든(Sheldon) : 체형기질설
  ㉠ 내배엽형 : 비만형 또는 내장형에 해당하는 것으로서, 사교적·향락적이며, 다정다감하다.
  ㉡ 중배엽형 : 근골형 또는 신체형에 해당하는 것으로서, 냉정하고 잔인하며, 자기주장이 강하고 투쟁적·모험적이다.
  ㉢ 외배엽형 : 세장형 또는 두뇌형에 해당하는 것으로서, 고독하고 신경질적이며, 극도의 억제력을 지닌다.

OX Quiz

히포크라테스는 성격의 유형이 나뉘는 기준을 체액기질설로 주장하였다.

정답 O

③ 딜테이(Dilthey) : 세계관 유형에 따른 성격유형
  ㉠ 감성적 인간 : 감각적·충동적이며, 지상의 행복과 향락을 추구한다.
  ㉡ 영웅적 인간 : 자신의 의지로써 주변의 저항을 극복하며, 자유를 획득하고자 한다.
  ㉢ 사색적 인간 : 범신론과 함께 세계적 감정을 통한 인간의 통일성을 믿는다.
④ 융(Jung) : 양향설
  ㉠ 내향성 : 관심의 방향이 자신의 내부로 향한다. 즉, 어떤 사람이 개인적 판단과 행동을 결정할 때 주관적인 속성들이 강한 내향적 태도를 보인다.
  ㉡ 외향성 : 관심의 방향이 외계로 향한다. 즉, 어떤 사람이 개인적 판단과 행동을 결정할 때 외부세계의 영향을 받으며, 환경에 자신의 영향력을 행사하고자 한다.

■ 성격의 특질론(Trait Theory)

① 올포트(Allport)
  ㉠ 주특질(Cardinal Trait) : 극소수의 사람만이 가지고 있으며, 그 영향력이 매우 강력하여 개인의 모든 행위를 지배한다.
    예 역사적 인물이나 가공적 인물에서 나타나는 특성(광신적 애국자, 권모술수가, 인색가 등)
  ㉡ 중심특질(Central Trait) : 개인의 여러 행동에 두루 영향을 미치는 것으로서, 보통 그 사람의 성격을 요약할 때 사용한다.
    예 이력서, 추천서 등에서 강조하는 특성(개방적, 감상적, 사교적, 쾌활함 등)
  ㉢ 2차특질(Secondary Trait) : 일관적이기는 하나 개인의 행동에 강력한 영향력을 미치지는 못하며, 제한된 상황에서 적용한다.
    예 음식에 대한 기호, 특별한 태도 등
② 카텔(Cattell)
  ㉠ 표면특질(Surface Trait) : 겉으로 드러나는 구체적인 행동 중 일관성·규칙성이 있는 특질을 말한다. 카텔은 우선 성격의 특성을 나타내는 말들 중 동의어를 한데 묶고, 이들과 나머지 상이한 것들 간의 상관분석을 통해 상관계수가 일정 수준 이상이 되는 것들을 동일한 특성으로 간주하여 이를 표면특질로 불렀다.
  ㉡ 원천특질(Source Trait) : 개인의 행동을 결정하는 요인으로서, 그 기저에 깔려 있는 보다 안정적인 특질을 말한다. 카텔은 소수의 원천특질이 퍼스낼리티(Personality)의 근저에서 참다운 구조적 영향력을 행사하는 것으로 보고, 이러한 원천특질에서 성격의 외현적 발현이 이루어진다고 주장하였다.

전문가의 한마디

유형론은 개인의 특성을 불연속적으로 분리된 범주로 분류하는 반면, 특질론은 이를 연속적인 차원으로 분류한다는 점에서 차이가 있습니다. 과거에는 인간의 성격을 유형(Types)으로 설명하는 경향이 있었으나, 현대의 다수 성격이론가들은 인간의 성격을 유형이 아닌 특질(Traits)로 설명하는 경향이 있습니다.

OX Quiz

개인의 여러 행동에 두루 영향을 미치는 것으로서, 보통 그 사람의 성격을 요약할 때 사용하는 것은 주특질이다.

정답 X(중심특질)

■ 성격의 진단적 심리검사 결과가 일치하지 않을 수 있는 이유

① 인간 성격의 복합적인 구조

　인간의 성격은 복합적인 구조로 이루어져 있으며, 개인차가 다양한 양상으로 나타난다. 따라서 개인의 신체적·심리적·정신적 상태나 환경적 요인에 의해 검사 결과가 다르게 나타날 수 있다.

② 상이한 측정 수준

　각각의 심리검사는 성격의 상이한 수준을 측정한다. 예를 들어, 로샤검사(Rorschach Test)의 경우 개인의 무의식에 기초한 독특한 반응을 평가하는 반면, 다면적 인성검사(MMPI)는 개인의 독특성보다 개인마다 가지고 있는 공통된 특성들을 평가한다.

③ 측정 방법과 관련된 다양한 요인들의 영향

　각각의 심리검사는 측정 방법과 관련된 다양한 요인들에 의해 영향을 받는다. 예를 들어, 로샤검사의 경우 비구조적 검사 과제를 통해 개인의 내면적 욕구나 성향을 일정한 제한 없이 외부로 투사하도록 하는 방식을 사용하는 반면, 다면적 인성검사는 구조적 검사 과제를 통해 검사 목적에 부합하여 개인이 일정한 형식에 반응하도록 하는 방식을 채택하고 있다.

④ 측정 방법과 관련된 검사 결과 산출에의 영향

　각각의 측정 방법은 검사 결과의 산출에도 영향을 미친다. 예를 들어, 로샤검사의 경우 검사자 또는 채점자의 전문성, 검사의 상황변인 등에 따라 평가가 달라지는 반면, 다면적 인성검사의 경우 사회적 바람직성, 반응 경향성, 묵종 경향성, 응답 제한성 등에 따라 평가 결과에 차이를 나타낸다.

기출복원 28

08, 10, 16년 기출

로샤검사(Rorschach Test)나 다면적 인성검사(MMPI)와 같은 진단적 심리검사는 그 결과가 일치하지 않을 수 있다. 그 이유에 대해 간략히 설명하시오.

5점

● 해설 체크! ●

1. 인간의 성격은 복합적인 구조로 이루어져 있으며, 개인차가 다양한 양상으로 나타난다.
2. 각각의 심리검사는 성격의 상이한 수준을 측정한다. 예를 들어 로샤검사의 경우 개인의 무의식에 기초한 독특한 반응을, 다면적 인성검사의 경우 개인마다 가지고 있는 공통된 특성들을 평가한다.
3. 각각의 심리검사는 측정 방법과 관련된 다양한 요인들에 의해 영향을 받는다. 예를 들어 로샤검사의 경우 투사적 방식에 의해 개인의 내면적 특성을 표출하도록 하는 반면, 다면적 인성검사의 경우 객관적 방식에 의해 개인이 일정한 형식에 반응하도록 하고 있다.
4. 각각의 측정 방법은 검사 결과의 산출에도 영향을 미친다. 예를 들어 로샤검사의 경우 검사자 또는 채점자의 전문성, 검사의 상황변인 등에 따라 평가가 달라지는 반면, 다면적 인성검사의 경우 사회적 바람직성, 반응 경향성 등에 따라 평가 결과에 차이를 나타낸다.

출처논문 : 김중술 外, 《왜 진단적 심리검사 결과가 일치하지 않는가 : Rorschach와 MMPI의 경우》[한국심리학회지 : 임상(Vol.19 No.3)], 한국임상심리학회 刊

전문가의 한마디

성격의 진단적 심리검사 결과가 일치하지 않을 수 있는 이유에 대해서는 '김중술 外, 《왜 진단적 심리검사 결과가 일치하지 않는가 : Rorschach와 MMPI의 경우》[(한국심리학회지 : 임상(Vol.19 No.3)], 한국임상심리학회 刊'에 자세히 소개되어 있습니다.

OX Quiz

각각의 심리검사는 성격의 상이한 수준을 측정하기 때문에 성격의 진단적 심리검사 결과는 일치하지 않을 수 있다.

정답 O

32 미네소타 다면적 인성검사 제2판(MMPI-2)의 타당도척도

■ ?척도(Cannot Say, 무응답 척도)

① 응답하지 않은 문항 또는 '그렇다', '아니다' 모두에 응답한 문항들의 총합으로서, 내담자의 심각한 정신병리로 인한 반응상의 어려움, 검사 및 검사자에 대한 비협조적 태도, 개인적 정보 노출에 대한 방어적 태도 등을 측정한다.
② 문항의 누락은 보통 검사지시에 따라 좌우된다. 즉, 모든 문항에 응답하도록 요청하면 별로 빠뜨리는 문항 없이 응답하며, '그렇다', '아니다'를 결정할 수 없는 경우에는 답하지 않아도 된다는 지시를 주면 무응답 문항이 많아지게 된다.
③ 제외되는 문항의 효과는 잠재적으로 전체 프로파일 및 해당 문항이 속한 척도의 높이를 저하시키는 결과를 초래한다.
④ 보통 30개 이상의 문항을 누락하거나 양쪽 모두에 응답하는 경우 프로파일은 무효로 간주될 수 있다. 다만, 30개 이상의 문항을 누락하더라도 기본적인 타당도척도와 임상척도가 위치한 검사의 전반부에 해당하지 않는다면 비교적 타당한 것으로 볼 수 있다.
⑤ 특히 MMPI-2에서는 단축형 검사 실시를 용이하게 하기 위해 원판 타당도척도들과 임상척도들을 최초 370문항 안에 모두 배치하였다. 따라서 무응답 문항이 370번 문항 이후에서 많이 나타났다면, 무응답 문항 수가 많다는 이유만으로 검사 결과의 타당성을 의심할 필요는 없다.

■ VRIN척도, TRIN척도

① VRIN척도(Validity Response INconsistency, 무선반응 비일관성 척도)
  ㉠ 수검자가 응답을 하면서 무선적으로 반응하는 경향을 탐지한다.
  ㉡ 서로 내용이 유사하거나 상반되는 문항 쌍으로 구성되어 있으며, 수검자가 각 문항 쌍에 불일치하는 비일관적인 반응을 보일 경우 점수가 높아진다.
  ㉢ 내용상 서로 유사한 문항 쌍 혹은 서로 상반된 문항 쌍들로서, 모두 49개의 문항 쌍으로 구성되어 있으나, 특정 문항 쌍의 경우 2가지 반응패턴 모두가 비일관적인 반응으로 채점될 수 있으므로, 비일관적인 문항반응 쌍은 총 67개이다.
  ㉣ VRIN척도 점수가 80T 이상인 경우 수검자가 무선적인 방식으로 문항에 응답한 것으로 볼 수 있으므로, 해당 프로파일은 무효로 간주할 수 있다.

기출키워드

22년 3회

?척도 상승원인

※ 실기시험에는 MMPI-2에서 ?척도의 상승을 야기하는 원인을 기술하도록 하는 문제가 출제되었습니다.

전문가의 한마디

VRIN척도와 TRIN척도의 문항 수 혹은 문항 쌍은 교재에 따라 다르게 제시되기도 합니다. 이와 같은 문제는 주로 문항 쌍과 문항반응 쌍을 구분하지 않은 채 문항반응 쌍을 문항 쌍으로 간주하기 때문입니다.

OX Quiz

?척도를 통해 개인적 정보 노출에 대한 방어적 태도를 어느 정도 측정 가능하다.

정답 O

② TRIN척도(True Response INconsistency, 고정반응 비일관성 척도)
  ㉠ 수검자가 문항에 응답하면서 모든 문항에 '그렇다' 혹은 '아니다'로 반응하는 경향을 탐지한다.
  ㉡ VRIN척도와 달리 서로 상반된 내용의 문항들로서, 총 20개의 문항 쌍, 총 23개의 문항반응 쌍으로 구성되어 있다.
  ㉢ TRIN척도는 T점수가 항상 50점 이상이 되도록 환산된다. 예를 들어, 원점수가 평균으로부터 1 표준편차 높은 경우 '그렇다'로 응답하는 경향을 시사하며, 이때 T점수는 'T'가 된다. 반면에 원점수가 평균으로부터 1 표준편차 낮은 경우 '아니다'로 응답하는 경향을 시사하며, 이때 T점수는 'F'가 된다. 점수 뒤에 붙는 'T' 또는 'F'는 MMPI-2 프로토콜에 나타난 고정반응 편향의 방향성을 나타내는 것이다.
  ㉣ TRIN척도 점수가 80점 이상인 경우 수검자가 '그렇다' 혹은 '아니다' 방향으로 응답하는 경향이 지나치게 강함을 시사한다.

■ **F척도(Infrequency, 비전형 척도)**

① F척도는 비전형적인 방식으로 응답하는 사람들을 탐지하기 위한 것으로서, 검사문항에 대해 정상인들이 응답하는 방식에서 벗어나는 경향성을 측정한다.
② 수검자의 부주의나 일탈된 행동, 증상의 과장 혹은 자신을 나쁘게 보이려는 의도, 질문 항목에 대한 이해부족 혹은 읽기의 어려움, 채점이나 기록에서의 심각한 오류 등을 식별할 수 있다.
③ 문항은 정상 성인을 대상으로 하여 비정상적인 방향으로의 응답이 10%를 초과하지 않는 것들로서, 총 60개의 문항으로 구성되어 있다. 예 "내 혼이 가끔 내 몸에서 떠난다."
④ F척도 점수가 높을수록 수검자는 대부분의 정상적인 사람들이 하는 것처럼 반응하지 않는 것을, 그가 가지고 있는 문제 영역이 많고 문제의 정도가 심각한 것을 나타낸다.
⑤ 특히 F척도가 상승할 경우 VRIN척도와 TRIN척도를 함께 검토해야 한다. VRIN척도가 80T 이상인 경우 무작위 응답에 의해 F척도가 상승했을 가능성이 있으며, TRIN척도가 80T 이상인 경우 고정반응에 의해 상승했을 가능성이 있다.
⑥ 측정 결과가 65~80T 정도인 경우 수검자의 신경증이나 정신병, 현실검증력 장애를 의심할 수 있다. 또한 자신의 자아정체성 문제로 고민하고 있는 청소년에게서도 나타날 수 있다.
⑦ 반면, 측정 결과가 100T 이상인 경우 수검자가 의도적으로 심각한 정신병적 문제를 과장해서 응답한 것으로 짐작할 수 있다.

기출키워드
19년 3회 / 23년 1회

과장된 보고
※ 실기시험에는 MMPI에서 과장된 보고를 탐지하는 척도를 3가지 쓰고, 각각에 대해 설명하도록 하는 문제가 출제되었습니다.

전문가의 한마디
MMPI-2의 각 척도별 해석과 관련된 구체적인 점수는 교재에 따라 다양하게 제시되고 있습니다. 이점 감안하여 학습하시기 바랍니다.

■ F_B척도, F_P척도

① F_B척도(Back inFrequency, 비전형-후반부 척도)
  ㉠ 검사 실시 과정에서 수검자의 수검 태도상의 변화를 탐지하기 위한 것으로서, 검사 후반부에 총 40개의 문항으로 구성되어 있다.
  ㉡ 기존의 F척도만으로 수검자가 검사 후반부에 어떤 수검 태도를 보였는지 파악할 수 없었던 문제점을 보완하기 위해 고안되었다. 즉, F_B척도가 크게 상승된 경우 수검자의 수검 태도에 변화가 있음을 의미한다.
  ㉢ F_B척도 점수는 검사 실시 과정에서 수검자의 수검 태도가 크게 변화되었는지를 파악하는 목적으로만 사용된다. 특히 F_B척도가 90T 이상이면서 F척도보다 최소 30T 이상 높은 경우 태도상 유의미한 변화가 있는 것으로 간주한다.

② F_P척도(inFrequency Psychopathology, 비전형-정신병리 척도)
  ㉠ 규준집단과 정신과 외래환자집단에서 모두 매우 낮은 반응 빈도를 보인 총 27개의 문항으로 구성되어 있다.
  ㉡ VRIN척도와 TRIN척도 점수를 검토한 결과 무선반응이나 고정반응으로 인해 F척도 점수가 상승된 것이 아니라고 판단될 경우 사용한다.
  ㉢ 이 척도는 F척도의 상승이 실제 정신과적 문제 때문인지 혹은 의도적으로 자신을 부정적으로 보이려고 한 것인지를 판별하는 데 유효하다. 특히 F_P척도가 100T 이상일 경우 수검자의 무선반응 혹은 부정왜곡(Faking-Bad)을 짐작할 수 있으므로, 해당 프로파일은 무효로 간주할 수 있다.

> **전문가의 한마디**
>
> 정신병리를 가진 사람의 경우 F척도와 함께 L척도나 K척도가 동반상승하는 양상을 보이는 반면, 부정왜곡 프로파일에서는 F척도가 단독으로 매우 높게 나타나는 양상을 보입니다.

■ FBS척도(Fake Bad Scale, 증상타당도척도)

① 본래 '부정왜곡 척도'로 개발되었으나 척도 해석에 이론의 여지가 있어서, 약자는 그대로 유지한 채 현재 '증상타당도(Symptom Validity)척도'로 불리게 되었다.
② 개인상해 소송이나 신체장애 판정 장면에서의 꾀병을 탐지하기 위한 총 43개의 문항으로 구성되어 있다.
③ 문항들은 신체와 통증에 관한 내용, 신뢰나 정직함에 관한 내용 등을 포함하고 있다.
④ MMPI-2의 다른 모든 척도들 가운데 사실상 가장 낮은 타당도를 보인 만큼, 현재까지 논란이 되고 있는 척도이다. 그로 인해 표준채점 양식에서 FBS척도를 제외시키는 경향이 있다.

■ L척도(Lie, 부인 척도)

① L척도는 사회적으로 찬양할 만하나 실제로는 극도의 양심적인 사람에게서 발견되는 태도나 행동을 측정한다.
② 문항은 이성적으로는 가능하나 사실상 그대로 실행하기 어려운 내용들로서, 총 15개의 문항으로 구성되어 있다. 예 "가끔 욕설을 퍼붓고 싶은 때가 있다."
③ 본래 수검자가 자신을 좋게 보이려고 하는 다소 고의적이고 부정직하며 세련되지 못한 시도, 즉 심리적 세련(Psychological Sophistication)의 정도를 측정하려는 척도이다.
④ L척도의 점수는 수검자의 지능, 교육수준, 사회경제적 위치 등과 연관이 있으며, 특히 지능 및 교육수준이 높을수록 L척도의 점수는 낮게 나온다.
⑤ MMPI의 모든 척도가 경험적 방법에 의해 도출된 문항으로 구성된 반면, L척도만은 논리적 근거에 의해 선발된 문항으로 구성되어 있다.
⑥ 측정 결과가 70T 이상으로 높은 경우 자신의 결점을 부정하고 도덕성을 강조하며 고지식하다. 또한 부인(부정)이나 억압의 방어기제를 사용하는 환자에게서 나타날 수 있다. 특히 측정 결과가 80T 이상인 경우 수검자가 솔직하게 응답하지 않았을 가능성이 크므로, 해당 프로파일은 무효로 간주할 수 있다.
⑦ 측정 결과가 45T 이하로 낮은 경우 비교적 자신의 결점을 인정하고 솔직하며 허용적이다. 반면, 자신을 병적으로 보이려는 환자에게서도 나타날 수 있다.

■ K척도(Correction, 교정 척도)

① K척도는 분명한 정신적인 장애를 지니면서도 정상적인 프로파일을 보이는 사람들을 식별하기 위한 것이다.
② 정상집단과 정상 프로파일을 보이는 환자집단을 구별해 주는 경험적으로 선택된 총 30개의 문항으로 구성되어 있다. 예 "처음 만나는 사람과 대화하기가 어렵다."
③ 심리적인 약점에 대한 방어적 태도를 탐지하기 위한 것으로서, 수검자가 자신을 바람직한 방향으로 왜곡하여 좋은 인상을 주려고 하는지 혹은 검사에 대한 저항의 표시로 나쁜 인상을 주려고 하는지 파악하는 데 유효하다.
④ L척도의 측정내용과 중복되기도 하지만 L척도보다는 은밀하게, 그리고 보다 세련된 사람들에게서 측정한다는 점이 다르다.
⑤ K척도가 상승한 수검자는 심각한 심리적 문제를 나타내지 않는 방향으로 반응했을 가능성이 크므로, 임상척도에서 주목할 만한 상승이 없다고 하더라도 심리적 문제가 없는 것으로 결론을 내릴 수는 없다.

OX Quiz
L척도 점수는 수검자의 지능과는 연관이 없다.
정답 X(연관 있음)

전문가의 한마디
K척도의 문항들은 L척도의 문항들에 비해 좀 더 미묘한 편입니다. 따라서 방어적인 사람들이 문항의 목적을 알아채서 탐지를 피해 갈 가능성이 상대적으로 낮습니다.

⑥ K척도는 5가지 임상척도의 진단상 변별력을 높이기 위한 교정 목적의 척도로도 사용된다. 특히 척도 7 Pt(강박증), 척도 8 Sc(정신분열증)에는 K척도의 원점수 전부를 더하고, 척도 1 Hs(건강염려증), 척도 4 Pd(반사회성), 척도 9 Ma(경조증)에는 K척도의 점수 일부를 더하여 교정하도록 하고 있다.
⑦ 측정 결과가 65T 이상인 경우 수검자가 자신을 좋은 방향으로 왜곡해서 대답하는 긍정왜곡(Faking-Good)의 가능성이 있다. 이는 수검자의 정신병리에 대한 방어 또는 억압 성향을 나타내는 것으로 볼 수 있다.
⑧ 측정 결과가 35T 이하인 경우 수검자가 자신의 단점을 과장하거나 심각한 정서적 장애를 가지고 있는 것으로 왜곡하려는 부정왜곡(Faking-Bad)의 가능성이 있다.

■ S척도(Superlative Self-Presentation, 과장된 자기제시 척도)

① S척도는 인사선발, 보호감찰, 양육권 평가 등 비임상집단에서 도덕적 결함을 부인하고 자신을 과장된 방식으로 표현하는 것을 평가하기 위해 개발되었다.
② 5개의 소척도, 즉 인간의 선함에 대한 믿음(S1 - Beliefs in Human Goodness), 평정심 또는 평온함(S2 - Serenity), 삶에 대한 만족감(S3 - Contentment with Life), 흥분과 분노에 대한 인내심/부인(S4 - Patience/Denial of Irritability and Anger), 도덕적 결점에 대한 부인(S5 - Denial of Moral Flaws) 등으로 이루어지며, 규준집단과 극단적인 방어태도를 나타내는 집단 간의 반응률 차이를 비교할 수 있는 총 50개의 문항으로 구성되어 있다.
③ S척도와 K척도는 수검자의 방어성을 측정하는 지표인 점에서 공통적이지만, K척도의 문항들이 검사의 전반부에 국한되어 있는 반면, S척도의 문항들은 검사 전반에 걸쳐 퍼져 있는 점에서 차이가 있다.
④ 측정 결과가 70T 이상인 경우 수검자의 긍정왜곡의 가능성이나, 주로 '아니다'로 응답하는 경향을 시사한다.
⑤ 측정 결과가 45T 이하인 경우 수검자의 부정왜곡의 가능성이나, 정신병리로 인한 주관적 고통과 행동장해의 정도를 반영한다.

OX Quiz

S척도는 '과장된 자기제시 척도'라고도 한다.

정답 O

전문가의 한마디

MMPI-2에서는 문항 내용과 관련된 왜곡응답을 평가하기 위해 과장된 보고(과대보고 혹은 과잉보고)를 탐지하는 비전형성 범주의 척도들(F, F_B, F_P)과 축소된 보고(과소보고 혹은 축소보고)를 탐지하는 방어성 범주의 척도들(L, K, S)을 구분하고 있습니다.

OX Quiz

MMPI-2 타당도척도는 성실성, 비전형성, 방어성의 3가지 범주로 구분할 수 있다.

정답 O

참고

MMPI-2 타당도척도는 다음과 같이 3가지 범주로 구분할 수 있습니다. 참고로 FBS척도(Fake Bad Scale, 증상타당도척도)는 표준채점 양식에서 제외시키는 경향이 있으므로 범주 구분에 포함시키지 않습니다.

범주	척도
성실성	문항 내용과 무관한 응답을 평가하는 척도 • ? 척도(Cannot Say, 무응답 척도) • VRIN척도(Validity Response INconsistency, 무선반응 비일관성 척도) • TRIN척도(True Response INconsistency, 고정반응 비일관성 척도)
비전형성	문항 내용과 연관된 왜곡응답을 평가하는 척도 • F척도(inFrequency, 비전형 척도) • F_B척도(Back inFrequency, 비전형-후반부 척도) • F_P척도(inFrequency Psychopathology, 비전형-정신병리 척도)
방어성	과소보고 경향을 탐지하는 척도 • L척도(Lie, 부인 척도) • K척도(Correction, 교정 척도) • S척도(Superlative Self-Presentation, 과장된 자기제시 척도)

기출복원 29

18, 20년 기출

어떤 환자에게 MMPI를 실시한 결과 L척도와 K척도의 T점수가 70 이상으로 높게 나타났다. 방어적 성향이 강하여 검사 결과를 해석하기 어려울 정도였으나, 이 환자에게 심리검사는 꼭 필요한 것으로 판단되었다. 이때 임상심리사가 취할 수 있는 방법을 2가지로 구분하여 설명하시오. (4점)

전문가의 한마디

이 문제는 정확한 복원이 이루어지지 않아 실제문제와 차이가 있을 수 있습니다. 또한 문제 자체가 모호하여 서로 다른 답안이 도출될 수 있습니다. 여기서는 '박영숙, 『심리평가의 실제』, 하나의학사 刊'의 해당 내용을 토대로 답안을 작성하였습니다.

해설 체크!

1. **프로파일의 신뢰성이 극단적으로 결여된 경우**
   수검자가 솔직하지 못한 태도를 취함으로써 타당도 프로파일에서 극단적인 신뢰성 결여를 나타낼 경우 임상척도들에 대한 해석 자체를 보류하여야 한다.

2. **방어적 태도가 문제시 되는 경우**
   타당도 프로파일이 비록 덜 극단적이지만 방어적 태도가 문제시 될 경우 임상척도들의 프로파일에 대해서 잠정적으로 해석을 내리지만 수검자의 방어적 수검태도를 고려하면서 해석을 내려야 한다

33 미네소타 다면적 인성검사 제2판(MMPI-2)의 임상척도

■ 척도 1 Hs(Hypochondriasis, 건강염려증)

① 심기증(Hypochondria) 척도로서 수검자의 신체적 기능 및 건강에 대한 과도하고 병적인 관심을 반영한다.
② 원판 MMPI에서는 총 33문항으로 구성되었으나, MMPI-2에서는 내용상 문제의 소지가 있는 1문항을 삭제하여 총 32문항으로 구성되어 있다.
③ 대부분의 문항들이 다른 임상척도에서도 채점되며, 특히 척도 3 Hy(히스테리)와 중복되어 같은 방향으로 채점이 이루어진다.
④ 측정 결과가 65T 이상인 경우 자신에게 어떤 신체적인 병이 있다고 생각하거나 모호한 신체적 증상에 과도하게 집착한다. 냉소적·부정적·비관적으로 불행감을 느끼고 자기중심적·자기도취적으로 불평과 요구사항이 많으며, 애처롭게 호소하는 동시에 적대적이고 타인의 주의 집중을 바란다. 또한 자신의 병을 구실로 다른 사람을 조종하며 지배하려고 한다. 특히 치료에 대한 예후가 좋지 않으며, 치료를 중단하는 경향이 있다.
⑤ 측정 결과가 80T 이상인 경우 극적이면서도 기이한 신체적 염려를 지니고 있을 수 있으며, 특히 척도 3 Hy도 매우 높다면 전환장애의 가능성을 고려해야 한다.
⑥ 측정 결과가 낮은 경우 낙천적이고 통찰력이 있으며, 건강에 대한 염려가 없는 것을 나타낸다. 다만, 측정 결과가 30T 이하로 매우 낮은 경우 자신의 건강에 대한 걱정 및 신체적 결함에 대한 강한 부정을 의미하기도 한다.

■ 척도 2 D(Depression, 우울증)

① 검사 수행 당시 수검자의 우울한 기분, 즉 상대적인 기분 상태를 알아보기 위한 척도이다.
② 원판 MMPI에서는 총 60문항으로 구성되었으나, MMPI-2에서는 그중 3문항이 제외되어 총 57문항으로 구성되어 있다.
③ 5개의 소척도, 즉 주관적 우울감(D1 - Subjective Depression), 정신운동지체(D2 - Psychomotor Retardation), 신체적 기능장애(D3 - Physical Malfunctioning), 둔감성(D4 - Mental Dullness), 깊은 근심(D5 - Brooding)으로 이루어져 있다.
④ 주로 내인성 우울증보다는 외인성 우울증을 측정하므로, 척도 점수는 수검자의 현재 기분 상태에 의해 변할 수 있다.

기출키워드
22년 3회
MMPI-2 상승척도쌍

※ 실기시험에는 6-8/8-6 유형의 일반적인 특징 5가지와 해당 가능성이 있는 장애진단명을 2가지 기술하도록 하는 문제가 출제되었습니다. 또한 23년 제1회 실기시험에는 제시된 상승척도쌍 가운데 가장 응급한 사례로 다루어야 하는 상승척도쌍을 고르고, 그 이유를 기술하도록 하는 문제가 출제되었습니다. 본 교재 171p의 주요 상승척도쌍 유형에 대한 해석과 함께 보며, 각 척도의 의미를 정확히 숙지하여야 변형유형에도 대처할 수 있습니다.

전문가의 한마디
척도 1 Hs(건강염려증)은 모든 임상척도 중 가장 동질적이며, 단일차원으로 구성되어 있습니다. 즉, 모든 문항이 신체에 대한 염려 혹은 전반적인 신체적 역량을 다루고 있습니다.

OX Quiz
척도 1 측정 결과가 80T 이하인 경우 극적이면서 기이한 신체적 염려를 지니고 있을 수 있다.
정답 X(이상)

> **전문가의 한마디**
>
> 보통 척도 2 D(우울증)가 단독으로 상승한 경우 가족의 죽음과 같은 상황적 스트레스를 경험하는 사람에게서 볼 수 있는 반응성 우울을 반영합니다. 다만, 척도 2가 다른 임상척도와 동반 상승하는 경우 그 해석이 달라질 수 있습니다. 예를 들어, 척도 9 Ma(경조증)의 낮은 점수는 척도 2에 의해 시사되는 우울의 정도를 가중시킵니다.

⑤ 수검자의 자기 자신 및 생활환경에서의 안정감 또는 만족감을 파악하는 지표로도 활용된다.
⑥ 측정 결과가 70T 이상인 경우 우울하고 비관적이며, 근심이 많고 무기력하다. 또한 지나치게 억제적이며 쉽게 죄의식을 느낀다. 특히 점수 증가는 심한 심리적 고통, 변화나 증상완화에 대한 소망을 반영하기도 한다.
⑦ 측정 결과가 낮은 경우 우울이나 비관적 성향이 없이 사교적이고 낙천적이며, 사고나 행동에서 자유로움을 의미한다. 반면, 오히려 주의력 부족 또는 자기과시적 성향을 시사하기도 한다.

■ 척도 3 Hy(Hysteria, 히스테리)

① 현실적 어려움이나 갈등을 회피하는 방법으로 부인기제를 사용하는 성향 및 정도를 반영한다.
② 원판 MMPI의 총 60문항이 MMPI-2에서도 유지되었다.
③ 5개의 소척도, 즉 사회적 불안의 부인(Hy1 - Denial of Social Anxiety), 애정 욕구(Hy2 - Need for Affection), 권태-무기력(Hy3 - Lassitude-Malaise), 신체 증상 호소(Hy4 - Somatic Complaints), 공격성 억제(Hy5 - Inhibition of Aggression)로 이루어져 있다.
④ 전환성 히스테리 경향의 지표로서, 스트레스로 인해 일시적으로 나타나는 신체마비, 소화불량, 심장 이상 등의 신체적 기능장애나, 신경쇠약, 의식상실, 발작 등의 심리적 기능장애와 연관된다. 특히 척도 3에 속하는 문항들은 척도 1 Hs(건강염려증)과 중복되어 같은 방향으로 채점이 이루어진다.
⑤ 척도 3의 점수는 수검자의 지능, 교육수준, 사회경제적 위치 등과 연관이 있으며, 특히 지능 및 교육수준이 높을수록 척도 3의 점수 또한 높게 나온다.
⑥ 측정 결과가 70T 이상인 경우 유아적이고 의존적이며, 자기도취적이고 요구가 많다. 또한 스트레스 상황에서 특수한 신체적 증상을 나타내 보이며, 스트레스 처리에 있어서 부인 또는 부정(Denial), 억압(Repression)의 신경증적 방어기제를 사용하기도 한다. 특히 측정 결과가 80T 이상으로 현저히 높은 사람은 신체적 증상을 이용하여 책임을 회피하는 경향이 있다.
⑦ 측정 결과가 낮은 경우 논리적이고 냉소적이며, 정서적으로 둔감하고 흥미 범위가 좁다. 특히 이와 같은 낮은 점수는 타인에 대한 비우호적인 성향과 사회적인 고립 상태를 반영하기도 한다.

> **전문가의 한마디**
>
> 척도 3 Hy(히스테리)에서 유의미한 상승을 보이면서 부인의 방어기제를 많이 사용하는 사람은 자신의 신체적 문제들은 인정하면서도 심리적 혹은 정서적 문제는 인정하지 않으려는 경향이 있습니다.

> **OX Quiz**
>
> 척도 3은 현실적 어려움을 회피하는 방법으로 부인기제를 사용하는 정도를 반영한다.
>
> 정답 O

■ 척도 4 Pd(Psychopathic Deviate, 반사회성)

① 반사회적 일탈행동, 가정이나 권위적 대상 일반에 대한 불만, 반항, 적대감, 충동성, 자신 및 사회와의 괴리, 학업이나 진로문제, 범법행위, 알코올이나 약물남용, 성적 부도덕 등을 반영한다.

② 원판 MMPI의 총 50문항이 MMPI-2에서도 유지되었다.

③ 5개의 소척도, 즉 가정불화(Pd1 - Familial Discord), 권위와의 갈등(Pd2 - Authority Problems), 사회적 침착성(Pd3 - Social Imperturbability), 사회적 소외(Pd4 - Social Alienation), 자기소외(Pd5 - Self-Alienation)로 이루어져 있다.

④ 일탈행동이 나타나기 이전 잠재시기에는 오히려 다른 사람의 호감을 사고, 지적인 사고와 행동을 하는 경우가 많다.

⑤ 정상적인 사람으로서 척도 4의 점수가 약간 높은 경우 자기주장적이고 솔직하며 진취적이고 정력적이지만, 실망스러운 상황이나 좌절에 처하게 되면 공격적이고 부적응적인 모습으로 변하게 된다.

⑥ 측정 결과가 65T 이상인 경우 외향적·사교적이면서도 신뢰할 수 없고 자기중심적이며, 무책임하다. 스트레스를 경험하면 반사회적인 특성이 드러나며, 적대감이나 반항심을 표출한다. 특히 척도 4의 점수가 높은 사람은 외향화(Externalization), 행동화(Acting-Out), 합리화(Rationalization) 및 주지화(Intellectualization)의 방어기제를 자주 사용하는 경향이 있다.

⑦ 측정 결과가 낮은 경우 도덕적·관습적이며, 권태로운 생활에도 잘 견뎌낼 수 있다. 반면, 자신의 경쟁적·공격적·자기주장적인 성향에 대한 강한 억제를 반영하기도 한다.

■ 척도 5 Mf(Masculinity-Femininity, 남성성-여성성)

① 본래 동성애자를 변별하기 위해 개발되었으나, 실제로 변별이 잘 되지 않는 것으로 밝혀짐에 따라 남성성 혹은 여성성의 정도를 측정하는 척도로 개정되었다.

② 원판 MMPI에서는 총 60문항으로 구성되었으나, MMPI-2에서는 그중 4문항이 제외되어 총 56문항으로 구성되어 있다.

③ 흥미 양상이 남성적 성향에 가까운지 여성적 성향에 가까운지를 나타내는 지표로서, 남성용과 여성용 2개의 척도가 있으며, 그 해석은 별개이다.

④ 문항은 명백히 성적인 내용을 다루기보다는 대부분 직업 및 여가에 대한 관심, 걱정과 두려움, 과도한 민감성, 가족관계 등 다양한 주제들을 담고 있다.

OX Quiz

척도 4는 성적 부도덕, 약물남용 등을 반영한다.

정답 O

전문가의 한마디

척도 4 Pd(반사회성)의 점수가 높은 사람은 남성이든 여성이든 공격성을 보이지만, 특히 여성의 경우 이를 보다 수동적이고 간접적인 방식으로 표현합니다. 과거 DSM 진단분류에 포함되었던 수동-공격성 성격장애(Passive-Aggressive Personality Disorder)가 그 대표적인 유형에 해당합니다.

⑤ 측정 결과가 65T 이상으로 상승되어 있고 점수가 다양한 인구통계학적 변인에 근거한 기대치에서 현저히 벗어난 경우, 동성애적 경향 혹은 강한 이성적 취향의 가능성을 시사한다. 즉, 남성의 경우 예민하고 탐미적이며, 여성적이거나 수동적인 성향이 있는 반면, 여성의 경우 남성적이고 거칠며 공격적이고 감정적으로 무딘 경향이 있다.
⑥ 측정 결과가 낮은 경우 자기 성에 대한 고정관념에 충실한 경향이 있다.

■ 척도 6 Pa(Paranoia, 편집증)

① 대인관계 예민성(민감성), 피해의식, 만연한 의심(의심증), 경직된 사고 혹은 집착증, 관계망상, 자기 정당성 등을 반영한다.
② 원판 MMPI의 총 40개의 문항이 MMPI-2에서도 유지되었다.
③ 3개의 소척도, 즉 피해의식(Pa1 – Persecutory Ideas), 예민성(Pa2 – Poignancy), 순진성 또는 도덕적 미덕(Pa3 – Naïveté)으로 이루어져 있다.
④ 문항에 대한 요인분석에서는 박해, 망상, 희망상실, 죄책감 등의 편집증적 요인과 함께 냉소적 태도, 히스테리, 경직성 등의 신경증적 요인이 나타나고 있다.
⑤ 정상적인 사람으로서 척도 6의 점수가 약간 높은 경우 호기심과 탐구심이 많으며, 진취적이고 흥미범위도 넓다. 다만, 과도한 스트레스 상황에 처하는 경우 민감성과 의심증을 드러내며, 왜곡된 지각을 나타내 보이기도 한다.
⑥ 측정 결과가 70T 이상인 경우, 수검자는 피해망상, 과대망상, 관계사고 등 정신병적 증상을 보일 수 있다. 이들은 남을 비난하고 원망하며, 적대적이거나 따지기를 좋아한다. 특히 척도 6의 점수가 높은 사람은 투사(Projection)와 합리화(Rationalization)의 방어기제를 자주 사용하는 경향이 있다.
⑦ 정상인으로서 측정 결과가 44T 이하인 경우, 사회적인 흥미를 가지고 생활상의 문제에 유연하게 대처하는 양상을 보인다. 그러나 정신병적 소견이 있는 환자로서 측정 결과가 매우 낮은 경우, 자기중심적인 성향으로 문제해결에 있어서 경직적이고 경계심이 많으며, 편집증적이고 망상적인 양상을 보인다.

■ 척도 7 Pt(Psychasthenia, 강박증)

① 심리적 고통이나 불안, 공포, 자신의 능력에 대한 의심과 회의, 강박관념의 정도를 반영하는 지표로 활용된다. 특히 심리적 고통과 불안을 잘 측정하므로, 척도 2D(우울증)와 함께 '정서적 고통' 척도로 알려져 있다.
② 원판 MMPI의 총 48문항이 MMPI-2에서도 유지되었다.
③ 자신이 부적응적이라는 사실을 알고 있음에도 불구하고 특정 행동이나 사고를 하지 않을 수 없는 상태이다.

기출키워드
20년 1회 / 23년 2회
척도 6 Pa(Paranoia, 편집증)
※ 20년 실기시험에는 척도 6(Pa)의 T점수를 제시하고 이에 대한 임상적 의미를 기술하도록 하는 문제가 출제되었습니다.
※ 23년 실기시험에는 척도6의 임상 소척도 3가지를 쓰고, 설명하도록 하는 문제가 출제되었습니다.

전문가의 한마디
척도 6 Pa(편집증)에서의 높은 점수는 보통 65T 내외의 편집증적 성격을 가진 사람과 70T 이상의 편집증적 정신병을 가진 사람으로 구분됩니다. 그러나 T점수만으로 이 둘을 구분하기는 어려우며, 편집증적 성격을 가진 사람에게서도 75T 이상의 높은 점수가 나올 수 있습니다.

④ 척도 7은 특히 척도 8 Sc(정신분열증)과 척도 2 D(우울증)에서 상당 부분 중복적인 양상을 보인다. 특히 척도 7의 점수가 높은 사람은 주지화(Intellectualization)의 방어기제를 주로 사용하며, 합리화(Rationalization)나 취소(Undoing)의 기제도 나타난다.

⑤ 정상인으로서 측정 결과가 높은 남성의 경우 책임감이 있고 양심적이며 이상주의적인 반면, 여성의 경우 불안과 걱정이 많고 긴장되어 있다. 그러나 강박적인 환자의 경우 긴장되고 불안하며 생각에 집착한다.

⑥ 낮은 점수는 일상생활에서의 심리적 고통이나 불안 없이 비교적 안정감과 만족감을 느끼는 상태로 볼 수 있다.

■ 척도 8 Sc(Schizophrenia, 정신분열증)

① 정신적 혼란과 불안정 상태, 자폐적 사고와 왜곡된 행동을 반영하는 지표로 활용된다.
② 원판 MMPI의 총 78문항이 MMPI-2에서도 유지되었다.
③ 6개의 소척도, 즉 사회적 소외(Sc1 – Social Alienation), 정서적 소외(Sc2 – Emotional Alienation), 자아통합결여-인지적(Sc3 – Lack of Ego Mastery-Cognitive), 자아통합결여-동기적(Sc4 – Lack of Ego Mastery-Conative), 자아통합결여-억제부전(Sc5 – Lack of Ego Mastery-Defective Inhibition), 감각운동 해리(Sc6 – Bizarre Sensory Experiences)로 이루어져 있다.
④ 척도 8의 문항들은 본래 정신분열증(조현병)으로 진단된 2개 집단 환자들의 반응을 대조하여 경험적으로 제작한 것이다.
⑤ 정상적인 사람으로서 척도 8의 점수가 약간 높은 경우 창의성과 상상력이 풍부하며 전위적인 성격을 가진 것으로 볼 수 있으나, 과도한 스트레스 상황에 처하는 경우 비현실적이고 기태적인 행위를 보이기도 한다.
⑥ 측정 결과가 높은 경우, 전통적인 규범에서 벗어나는 정신분열성(조현성) 생활방식을 반영한다. 이들은 위축되어 있고 수줍어하며 우울하다. 또한 열등감과 부족감을 느끼며, 주의집중 및 판단력 장애, 사고장애를 나타내 보이기도 한다. 특히 측정 결과가 75T 이상인 경우, 기이한 사고, 환각, 판단력 상실 등의 문제를 보이는 정신병적 장애를 시사한다.
⑦ 측정 결과가 낮은 경우, 현실적·관습적인 사고를 나타내며, 순종적이고 권위에 수용적인 모습을 보이기도 한다. 이들은 창의력과 상상력이 부족하며, 세상을 다르게 지각하는 사람들을 이해하지 못한다.

전문가의 한마디

척도 8 Sc(정신분열증)에서 유의미한 상승이 있다고 해서 반드시 조현병(정신분열증)을 시사하는 것은 아닙니다. 하더웨이(Hathaway)는 척도 8이 조현병 환자의 약 60% 정도만 감별해 줄 수 있다고 보고한 바 있습니다.

OX Quiz

척도 8의 점수가 낮은 경우 창의성과 상상력이 풍부한 경향이 있다.

정답 X(약간 높은 경우)

기출키워드

23년 3회 / 24년 3회

척도 9 Ma(Hypomania, 경조증)

※ 23년 실기시험에는 MMPI-2의 임상척도 중 특정 척도가 높은 점수를 보일 때 나타나는 특징을 제시하고, 해당하는 임상척도의 명칭을 쓰도록 하는 문제가 출제되었습니다.

※ 24년 실기시험에는 9번 척도의 T점수가 27점일 때 임상적 양상을 2가지 쓰도록 하는 문제가 출제되었습니다.

■ 척도 9 Ma(Hypomania, 경조증)

① 심리적·정신적 에너지의 수준을 반영하며, 사고나 행동에 대한 효율적 통제의 지표로 활용된다.
② 원판 MMPI의 총 46문항이 MMPI-2에서도 유지되었다.
③ 4개의 소척도, 즉 비도덕성(Ma1 – Amorality), 심신운동 항진(Ma2 – Psychomotor Acceleration), 냉정함(Ma3 – Imperturbability), 자아팽창(Ma4 – Ego Inflation)으로 이루어져 있다.
④ 인지 영역에서는 사고의 비약이나 과장을, 행동 영역에서는 과잉활동적 성향을, 정서 영역에서는 과도한 흥분상태, 민감성, 불안정성을 반영한다.
⑤ 정상적인 사람으로서 척도 9의 점수가 약간 높은 경우 적극적·열성적인 성격을 가진 것으로 볼 수 있으나, 과도한 스트레스 상황에 처하는 경우 피상적이고 신뢰성이 결여되며 일을 끝맺지 못한다.
⑥ 측정 결과가 70T 이상인 경우, 외향적·충동적·과대망상적 성향과 함께 사고의 비약을 반영한다. 비현실성으로 인해 근거 없는 낙관성을 보이기도 하며, 신경질적으로 자신의 갈등을 행동으로 표출하기도 한다. 특히 측정 결과가 80T를 넘어서는 경우, 조증 삽화의 가능성이 있다. 이와 같이 척도 9의 점수가 높은 사람은 부인(Denial)과 행동화(Acting-Out)의 방어기제를 자주 사용하는 경향이 있다.
⑦ 측정 결과가 40T 이하인 경우, 소극적·통제적 성향, 조심스러움, 정서적 표현 삼가를 반영한다. 또한 만성적인 피로나 흥미의 상실, 우울장애를 반영하기도 한다.

■ 척도 0 Si(Social Introversion, 내향성)

① 사회적 활동 및 사회에 대한 흥미 정도, 사회적 접촉이나 책임을 피하는 정도를 나타내는 지표로 활용된다.
② 원판 MMPI에서는 총 70문항으로 구성되었으나, MMPI-2에서는 그중 1문항이 제외되어 총 69문항으로 구성되어 있다.
③ 3개의 소척도, 즉 수줍음/자의식(Si1 – Shyness/Self-Consciousness), 사회적 회피(Si2 – Social Avoidance), 내적/외적 소외(Si3 – Alienation-Self and Others)로 이루어져 있다.
④ 혼자 있는 것을 좋아하는가(내향성), 타인과 함께 있는 것을 좋아하는가(외향성)와 같이 다른 사람과의 관계형성 양상을 반영한다.
⑤ 척도 0은 전반적인 신경증적 부적응 상태를 반영하며, 정신병리와는 무관한 경우가 대부분이다.

OX Quiz

척도 0은 전반적인 신경증적 부적응 상태를 반영한다.

정답 O

⑥ 측정 결과가 70T 이상인 경우, 내성적 성향으로서 수줍어하고 위축되어 있으며, 사회적으로 보수적·순응적이다. 또한 지나치게 억제적이고 무기력하며, 융통성이 없고 죄의식에 잘 빠진다.
⑦ 측정 결과가 40T 이하인 경우, 외향적 성향으로서 자신감이 넘치며 사회적 관계에서의 능숙함을 보인다. 그러나 오히려 대인관계가 가벼울 수 있으며, 자신의 이익을 위해 다른 사람을 조정할 가능성도 배제할 수 없다.

> **참고**
>
> **재구성 임상척도(RC ; Restructured Clinical Scales)의 개발**
> - 원판 MMPI는 타당성이 의심스러운 문항들로 인해 척도 상승의 의미를 명확히 하기가 어려웠을 뿐만 아니라(→ 수렴타당도의 저하), 임상척도들 간의 높은 상관으로 인해 척도의 차별적 해석에도 어려움이 있었다(→ 변별타당도의 저하).
> - 원판 MMPI는 1개 이상의 척도에서 중복 채점이 이루어지는 문항들이 있는 것은 물론, 각각의 임상척도에 포함된 문항들 중 일부는 환자들이 공통적으로 치료받고 싶어 하는 정서적 고통 및 불행감과 관련이 있었다.
> - 원판 MMPI는 임상척도 점수에 핵심적 구성개념과 관련된 특성이 얼마나 반영되어 있는지, 그리고 공통적인 정서적 고통으로부터 비롯된 변량이 얼마나 반영되어 있는지를 판단하기가 어려웠다.
> - MMPI-2에 포함된 재구성 임상척도(RC ; Restructured Clinical Scales)는 2003년 텔레헨(Tellegen)과 그의 동료들이 개발한 것으로, 기본 임상척도의 중요한 기술적 특성을 그대로 유지하면서 그 동안 임상척도의 문제점으로 제기되어왔던 해석상의 모호함을 감소시키고 변별력을 증가시키는 것을 목적으로 한다.
>
> **재구성 임상척도의 구성**
>
> | 척도명 | | | 내용 | 문항 수 |
> |---|---|---|---|---|
> | RCd | dem | Demoralization | 의기소침 | 24문항 |
> | RC1 | som | Somatic Complaints | 신체증상 호소 | 27문항 |
> | RC2 | lpe | Low Positive Emotions | 낮은 긍정 정서 | 17문항 |
> | RC3 | cyn | Cynicism | 냉소적 태도 | 15문항 |
> | RC4 | asb | Antisocial Behavior | 반사회적 행동 | 22문항 |
> | RC6 | per | Ideas of Persecution | 피해의식 | 17문항 |
> | RC7 | dne | Dysfunctional Negative Emotions | 역기능적 부정 정서 | 24문항 |
> | RC8 | abx | Aberrant Experiences | 기태적 경험 | 18문항 |
> | RC9 | hpm | Hypomanic Activation | 경조증적 상태 | 28문항 |

전문가의 한마디

재구성 임상척도는 임상척도에 비해 향상된 수렴타당도와 변별타당도를 가진 것으로 알려져 있습니다. 그러나 비교적 최근에 개발되었기에 실제 임상장면에의 활용 적합성에 대한 연구결과가 아직 충분하지 않습니다.

기출키워드

20년 2회

MMPI-2의 재구성 임상척도

※ 시험에는 MMPI-2에서 재구성 임상척도를 개발하게 된 이유를 설명하는 문제가 출제되었습니다.

기출복원 30
15년 기출

다음은 20대 남성의 다면적 인성검사(MMPI-2) 결과이다. 이 결과를 타당도척도와 임상척도의 코드 유형(Code Type)에 근거하여 각각 설명하시오. **6점**

- 타당도 프로파일 : VRIN(46), TRIN(50), F(73), F_B(52), F_P(50), L(45), K(37), S(40)
- 임상 프로파일 : Hs(57), D(76), Hy(64), Pd(66), Mf(48), Pa(65), Pt(74), Sc(56), Ma(49), Si(61)

해설 체크!

1. 타당도 프로파일 분석
- MMPI-2의 타당도척도 중 F척도(Infrequency, 비전형 척도)가 대략 65~80T 정도인 경우 수검자의 신경증이나 정신병, 현실검증력 장애를 의심할 수 있다. 프로파일에서는 VRIN 척도(Validity Response INconsistency, 무선반응 비일관성 척도)와 TRIN 척도(True Response INconsistency, 고정반응 비일관성 척도) 점수가 정상 수준이므로 무선반응이나 고정반응에 의해 F척도 점수가 상승된 것으로 볼 수 없으며, FB척도(Back inFrequency, 비전형-후반부 척도)와 FP척도(inFrequency Psychopathology, 비전형-정신병리 척도) 점수 또한 정상 수준이므로 수검자의 수검 태도에 이상이 있는 것으로 볼 수 없다.
- 다만, L척도(Lie, 부인 척도)와 K척도(Correction, 교정 척도)에서 45T 미만의 비교적 낮은 점수는 수검자가 자신의 정신병리를 약간 과장한 것일 수 있음을 시사한다. 그러나 이 경우에도 과대보고에 민감한 FP척도에서 이상 반응이 나타나지 않았으므로, 그것이 비정상적인 상태라기보다는 도움을 요청하는 상태로 보이며, S척도(Superlative Self-Presentation, 과장된 자기제시 척도)에서의 낮은 점수가 수검자의 정신병리로 인한 주관적인 고통의 정도를 나타내 주고 있다.

2. 임상 프로파일 분석
- 임상척도의 코드 유형(Code Type)에서는 척도 2D(Depression, 우울증)와 척도 7 Pt(Psychasthenia, 강박증)이 다른 임상척도에 비해 유의미하게 높은 것으로 나타나고 있다. 특히 65T 이상(혹은 70T 이상)으로 상승하는 임상척도로서 가장 높은 2개의 척도를 하나의 상승척도쌍으로 묶어 분석을 수행할 수 있다.
- 2-7 유형의 상승척도는 정신과 장면에서 흔히 볼 수 있는 것으로서, 불안과 긴장이 수반된 우울, 초조, 걱정, 예민함을 특징으로 한다. 특히 스트레스를 받는 경우 식욕부진, 불면증 등의 신체적인 증상을 호소하는데, 이는 환자의 만성적인 긴장상태를 반영한다. 완벽주의 성향으로 인해 사소한 문제에 집착하며, 자신의 결함에 대해 열등감과 죄책감을 느낀다. 또한 대인관계에 있어서 수동적·의존적인 양상을 보이며, 특히 다른 사람들로부터 보호적인 행동을 유도한다.
- 정서적 고통의 척도(Distress Scales)로 불리는 척도 2와 척도 7의 상승은 환자가 정서적으로 어려움을 느끼고 다른 사람으로부터 도움을 받으려는 동기가 강함을 나타내므로, 치료에 대한 예후가 좋다. 그러나 그 상승이 80T 이상인 경우 단순히 심리치료만으로 도움을 주기는 어려울 수 있으므로, 심리치료를 시작하기 전에 약물치료가 선행되어야 한다.
- 우울장애(Depressive Disorders), 불안장애(Anxiety Disorders), 강박장애(Obsessive-Compulsive Disorder)의 진단이 가능하다.

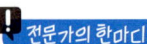

전문가의 한마디

본문의 사례문제는 정확한 복원이 이루어지지 않아 실제 문제와 약간의 차이가 있을 수 있습니다. 다만, MMPI의 개정판인 MMPI-2를 기준으로 처음 출제된 사례문제라는 점에서 의미가 있습니다. 수험생 여러분의 이해를 돕고자 긴 해설을 그대로 수록하였으나, 실제 시험장에서는 이를 간략히 정리하여 답안으로 작성하시기 바랍니다.

34 MMPI-2의 내용척도, 보충척도, 성격병리5요인 척도

■ MMPI-2의 내용척도

① 불안(ANX, Anxiety) – 23문항
   불안하고 걱정이 많으며, 주의집중이 어렵다.
② 공포(FRS, Fears) – 23문항
   일반화된 공포, 특정 공포를 비롯하여 다양한 두려움과 공포를 보인다.
③ 강박성(OBS, Obsessiveness) – 16문항
   사소한 일도 반추하고 걱정하며, 강박 증상을 보인다.
④ 우울(DEP, Depression) – 33문항
   우울하고 슬퍼하며, 실패감과 죄책감을 느낀다.
⑤ 건강염려(HEA, Health Concerns) – 36문항
   신체기능에 집착하면서 다양한 신체증상을 호소한다.
⑥ 기태적 정신상태(BIZ, Bizarre Mentation) – 23문항
   정신병적 사고, 환각이나 피해망상 등을 보일 수 있다.
⑦ 분노(ANG, Anger) – 16문항
   분노감, 적대감이 많으며, 공격적이고 비판적이다.
⑧ 냉소적 태도(CYN, Cynicism) – 23문항
   타인의 동기를 의심하며, 대인관계에서 경계하는 양상을 보인다.
⑨ 반사회적 특성(ASP, Antisocial Practices) – 22문항
   자기중심적이고 권위에 대해 분개하며, 자신의 어려움을 타인의 탓으로 돌린다.
⑩ A유형 행동(TPA, Type A) – 19문항
   일 지향적이고 정력적이며, 인내심이 부족하고 쉽게 짜증을 낸다.
⑪ 낮은 자존감(LSE, Low Self-Esteem) – 24문항
   부적절감을 느끼고 쉽게 포기하며, 대인관계에서 소극적이다.
⑫ 사회적 불편감(SOD, Social Discomfort) – 24문항
   대인관계에서 민감하고 활력수준이 낮으며, 정서적으로 위축되어 있다.
⑬ 가정 문제(FAM, Family Problems) – 25문항
   가족 간 이해 부족을 호소하며, 가족원들에 대해 화가 나고 적대감을 느낀다.
⑭ 직업적 곤란(WRK, Work Interference) – 33문항
   직업선택에 대한 회의와 함께 불안정감과 실패감을 느낀다.
⑮ 부정적 치료 지표(TRT, Negative Treatment Indicators) – 26문항
   치료에 대한 부정적인 태도와 함께 자신의 문제를 이해할 수 있는 사람이 없음을 느낀다.

OX Quiz

MMPI-2의 내용척도에는 낮은 자존감, 직업적 곤란, 부정적 치료 지표가 포함된다.

정답 O

전문가의 한마디

MMPI-2의 내용척도는 증상적 행동을 측정하는 척도들(①~⑥), 외재화된 공격성향을 측정하는 척도들(⑦, ⑨), 성격 요인을 측정하는 척도들(⑧, ⑩), 부정적 자기개념을 측정하는 척도(⑪), 기타 임상적 문제 영역들을 측정하는 척도들(⑫~⑮)로 구분할 수 있습니다.

■ MMPI-2의 보충척도

① 불안(A, Anxiety) - 39문항
   마음이 불안하고 자신감이 부족하며, 억제되어 있고 사소한 느낌에 휘둘린다.
② 억압(R, Repression) - 37문항
   내향적이고 수동적이며, 신중하고 쉽게 흥분하지 않는다.
③ 자아 강도(Es, Ego Strength) - 52문항
   심리적으로 잘 적응하고 스트레스에 잘 대처하며, 안정적이고 책임감이 있다.
④ 지배성(Do, Dominance) - 25문항
   침착하고 자신감이 있으며, 성취 지향적이고 내적 자원이 있다.
⑤ 사회적 책임감(Re, Social Responsibility) - 30문항
   정의감이 있고 성실하며, 자신의 행동 결과를 기꺼이 수용하려 한다.
⑥ 대학생활 부적응(Mt, College Maladjustment) - 41문항
   대학생활의 일반적인 부적응을 시사하는 것으로, 무능감, 불안감, 비관주의 등과 연관된다.
⑦ 외상후스트레스장애(PK, Post-Traumatic Stress Disorder - Keane) - 46문항
   강한 정서적 고통과 불안, 우울감과 죄책감, 정서적 및 인지적 통제력 상실에 대한 두려움을 보인다.
⑧ 결혼생활 부적응(MDS, Marital Distress) - 14문항
   결혼관계에서의 전반적인 부적응, 우울 경험 등과 연관된다.
⑨ 적대감(Ho, Hostility) - 50문항
   냉소적이고 의심이 많으며, 자신의 적대감을 다른 사람의 탓으로 돌린다.
⑩ 적대감 과잉통제(O-H, Overcontrolled Hostility) - 28문항
   자신의 분노감정을 잘 표현하지는 않지만 가끔 지나치게 공격적인 반응을 보일 수 있다.
⑪ MacAndrew의 알코올중독(MAC-R, MacAndrew-Revised) - 49문항
   원점수 28점 이상은 물질남용 문제를 시사한다.
⑫ 중독 인정(AAS, Addiction Admission) - 13문항
   물질남용 문제를 부인하고자 하는 경우 낮은 점수를 얻을 수 있다.
⑬ 중독 가능성(APS, Addiction Potential) - 39문항
   현재 물질남용 문제의 유무를 떠나 물질남용의 가능성 혹은 취약성 정도를 나타낸다.
⑭ 남성적 성역할(GM, Gender Role - Masculine) - 47문항
   전형적인 남성적 흥미와 활동을 선호하며, 자신감이 있고 두려움이나 불안을 부인한다.
⑮ 여성적 성역할(GF, Gender Role - Feminine) - 46문항
   전형적인 여성적 흥미와 활동을 선호하며, 예민하고 반사회적 행동을 부인한다.

> **전문가의 한마디**
>
> 'MAC(MacAndrew의 알코올중독 척도)'은 200명의 알코올중독 외래환자의 반응에 근거한 것으로, 정신과 환자 중 알코올중독자와 알코올중독이 아닌 환자들을 변별하기 위해 개발된 척도입니다. 'MAC-R'은 MAC을 MMPI-2에 맞게 개정한 것입니다.

■ MMPI-2의 성격병리 5요인 척도(PSY-5 척도)

① 공격성(AGGR, Aggressiveness) – 18문항
  ㉠ 도구적인 공격성에 초점을 둔 척도로서, 모욕적·약탈적 공격성, 다른 사람을 지배·정복·파괴하고자 하는 적대적인 욕구 등을 반영한다.
  ㉡ 이 척도에서 높은 점수를 받은 사람은 다른 사람에게 위협을 가하는 것을 즐기며, 목표달성을 위해 공격적인 방법을 사용하기도 한다.

② 정신증(PSYC, Psychoticism) – 25문항
  ㉠ 현실과의 단절을 평가하는 데 초점을 둔 척도로서, 활성화된 정신병적 사고, 특이한 경험, 백일몽, 불신과 의심 등을 반영한다.
  ㉡ 이 척도에서 높은 점수를 받은 사람은 관계망상과 함께 와해된 사고, 기이하며 혼란된 사고를 가지고 있다. 또한 우회적이거나 탈선된 사고를 보이기도 한다.

③ 통제 결여(DISC, Disconstraint) – 29문항
  ㉠ 감각추구, 위험추구에 초점을 둔 척도로서, 편의주의적 도덕성, 비행, 충동성, 대담성 등을 반영한다.
  ㉡ 이 척도에서 높은 점수를 받은 사람은 충동적이고 위험추구적이며, 일상적인 일에 쉽게 지루해하고 관습에 얽매이는 것을 싫어한다.

④ 부정적 정서성/신경증(NEGE, Negative Emotionality/Neuroticism) – 33문항
  ㉠ 부정적 정서를 경험하는 성격적 특성에 초점을 둔 척도로서, 걱정과 불안, 짜증과 분노, 두려움과 죄책감을 유발하는 스트레스로 인한 압박감 등을 반영한다.
  ㉡ 이 척도에서 높은 점수를 받은 사람은 입력되는 정보의 부정적 측면에 초점을 둔 채 과도하게 걱정하고 최악의 시나리오를 상상하며, 자기 비판적이고 죄책감을 느끼기도 한다.

⑤ 내향성/낮은 긍정적 정서성(INTR, Introversion/Low Positive Emotionality) – 34문항
  ㉠ 기쁨이나 즐거움을 경험하는 성격적 특성에 초점을 둔 척도로서, 사회적 이탈, 정서적 회복력 결여 등을 반영한다.
  ㉡ 이 척도에서 높은 점수를 받은 사람은 기쁨이나 즐거움을 경험할 수 있는 능력이 거의 없고 내향적인 성격을 가지고 있으며, 성취에 대한 욕구가 낮고 우울하고 비관적인 성향을 가지고 있다.

기출키워드

21년 3회

성격병리 5요인 척도

※ 실기시험에는 MMPI-2의 성격병리 5요인 척도(PSY-5 척도)를 쓰도록 하는 문제가 출제되었습니다.

전문가의 한마디

MMPI-2의 성격병리 5요인 척도(PSY-5 척도)는 정상적인 기능과 임상적인 문제 모두와 관련되는 성격특질들을 평가하기 위해 제작된 척도입니다.

기출복원 31   18년 기출

MMPI-2의 성격병리 5요인 척도(PSY-5 척도)를 쓰시오.   5점

- 해설 체크! -
1. 공격성(AGGR)
2. 정신증(PSYC)
3. 통제 결여(DISC)
4. 부정적 정서성/신경증(NEGE)
5. 내향성/낮은 긍정적 정서성(INTR)

35 MMPI(MMPI-2)의 시행, 채점, 해석

■ MMPI 실시 전 수검자에 대한 고려사항

① 수검자의 독해력
    검사자는 수검자가 MMPI에 제대로 응답할 수 있는지 수검자의 독해력 수준을 파악해야 한다. 이 경우 독해력은 초등학교 6학년 이상의 수준이어야 한다.

② 수검자의 연령
    MMPI를 실시할 수 있는 수검자의 연령하한선은 본래 16세이다. 다만, 일정 수준의 독해력이 인정되는 경우 12세까지 가능하다.

③ 수검자의 지능수준
    일반적으로 수검자의 언어성 IQ(VIQ)가 80 이하인 경우 검사 실시가 부적합한 것으로 간주되고 있다.

④ 수검자의 임상적 상태
    MMPI는 원칙적으로 검사 시간에 제한이 없으므로 수검자가 심리적인 혼란 상태에 있는 경우를 제외하고 수검자의 정신적 손상을 검사 제한 사유로 고려하지 않는다. 다만, 검사소요시간에 영향을 미치는 수검자의 우울증이나 강박증 성향 또는 충동성이나 비협조적 태도 등은 진단적으로 유의미할 수 있다.

OX Quiz

MMPI 실시 전에 수검자의 독해력, 연령, 지능수준, 표정, 외모 등을 고려하여야 한다.

정답 X(표정이나 외모는 필수 고려사항이 아님)

■ MMPI의 시행상 유의사항

① 검사 시간은 원칙적으로 제한이 없으나, 보통 대부분의 사람들(90% 이상)에서 60분 내지 90분 정도 소요된다. 그러나 다른 심리검사에 비해 검사 문항이 월등히 많으므로 수검자가 피로나 권태를 느끼지 않는 시간대에 실시하는 것이 바람직하다.
② 검사자는 수검자에게 검사용지를 주어 집에서 하게 할 수도 있으나, 가능한 한 검사자가 지정하는 곳에서 검사자의 감독하에 실시하는 것이 바람직하다.
③ 검사는 충분한 조명, 조용한 분위기, 여유로운 공간, 적절한 환기 등 환경적 조건이 갖추어진 곳에서 이루어져야 한다.
④ 검사자는 검사 실시 전 수검자와 충분한 관계형성을 시도한다. 검사의 목적, 결과의 용도, 누가 이 결과를 보게 되는가, 그리고 결과의 비밀보장 등에 대해 솔직하고 성실하게 설명해 준다. 또한 수검자의 검사에 대한 제반 질문에 대해 친절하게 답변함으로써 수검자의 협조를 얻도록 노력한다.
⑤ 검사 도중 검사자는 수검자에게 방해되지 않게 한두 번 정도 검사 진행을 확인할 필요가 있다.
⑥ 검사 실시와 함께 보호자나 주변인물과의 면접을 실시함으로써 수검자에 대한 생활사적 정보와 수검자의 현 상태에 대한 객관적인 정보를 얻는 것이 필요하다.
⑦ 마지막으로 실시한 검사를 채점한 후에 다시 수검자와 면접을 실시해야 한다.

■ MMPI의 채점 및 프로파일 작성

① 채점자는 수검자의 답안지를 세밀하게 살펴보며, 응답하지 않은 문항 또는 '그렇다', '아니다' 모두에 응답한 문항을 표시해 둔다. 해당 문항들은 무응답으로 처리하여 '?' 채점란에 기입한다.
② 구멍 뚫린 채점판 또는 컴퓨터 채점 프로그램을 이용하여 채점한다. 특히 원점수가 극단적으로 높거나 낮게 나오는 경우 채점 과정상의 오류를 점검해 본다.
③ 검사의 신뢰도와 타당도를 높이기 위해 K 교정점수를 구하며, 이를 5가지의 특정 임상척도에 일정 비율 더해 준다.
④ 13개 검사척도(?척도를 제외한 3개의 타당도척도와 10개의 임상척도)의 원점수를 T점수로 환산하며, 해당 값에 따라 프로파일 용지 위에 프로파일을 그린다.
⑤ 프로파일을 작성할 때 우선 T점수를 점으로 찍은 후 검사척도들을 실선으로 연결한다. 다만, 타당도척도와 임상척도는 분리하며, 보통 ?척도는 환산점수 대신 원점수를 그대로 기입한다.

전문가의 한마디

MMPI-2는 보통 혹은 그 이상의 지능을 보유하고 있으면서 독해능력 부진이나 심각한 정서적 고통 등 복합적인 문제를 가지고 있지 않은 사람의 경우 60분 내지 90분 정도 소요되나, 지능이 낮은 사람 혹은 복합적인 문제를 가지고 있는 사람의 경우 2시간을 초과할 수 있으므로 검사 실시 자체가 부적합하다고 볼 수 있습니다.

OX Quiz

MMPI 시행 도중 검사자는 수검자에게 검사 진행에 대한 질문을 해서는 안 된다.

정답 X(한두 번 정도 검사 진행을 확인해야 함)

전문가의 한마디

MMPI의 해석 과정은 교재마다 다양하게 제시되는데, 그 이유는 그 과정이 명확히 표준화되어 있지 않기 때문입니다. 본문의 내용은 '최정윤, 『심리검사의 이해』, 시그마프레스 刊', '김중술, 『다면적 인성검사, MMPI의 임상적 해석』, 서울대학교출판문화원 刊'을 참조하였습니다.

OX Quiz

MMPI검사에 소요되는 시간이 2시간 이상인 경우 강박증을 의심해 볼 수 있다.

정답 O

■ MMPI의 일반적인 해석 과정

① 제1단계 - 검사태도에 대한 검토
   ㉠ 검사태도는 양적 측면과 질적 측면으로 평가하게 된다. 양적 측면은 ?척도, L척도, F척도, K척도 등 4가지 타당도척도의 점수에 기초하여 검토하며, 질적 측면은 검사 완료에 소요되는 시간, 검사 수행 시의 구체적인 행동 등을 토대로 판단하게 된다.
   ㉡ ?척도에서 30개 이상의 문항을 누락하거나 양쪽 모두에 응답하는 경우 프로파일은 무효로 간주되며, L척도의 T점수가 70 이상 높은 경우 자신의 문제를 부인하고 있을 가능성이 높다. 또한 F척도에서 80 이상 높은 경우 고의적인 과장이 의심되며, K척도에서 70 이상 높은 경우 방어 또는 억압 성향을 가진 것으로 볼 수 있다.
   ㉢ 검사에 소요되는 시간이 2시간 이상인 경우 우유부단한 성향이나 강박증이 의심되며, 검사와 관련하여 불필요한 행동은 해석의 유효한 보조적 자료가 될 수 있다.

② 제2단계 - 척도별 점수에 대한 검토
   ㉠ 수검자의 타당도척도와 임상척도 점수를 검토하여 각 척도의 상승 정도를 파악하며, 그것이 수검자에 대해 어떠한 의미로 해석될 수 있는지를 검토한다.
   ㉡ 각 척도가 정상 또는 비정상 범위에 속하는지, 수검자의 성별이나 연령, 교육수준, 병리적 증상 등을 고려할 때 가장 유력한 해석이 어떤 것인지에 대해 가설들을 만들어 본다.
   ㉢ 일반적으로 척도 점수가 상승할수록 해당 척도와 관련된 문제들의 심각도 또한 커지는 것으로 가정할 수 있다.

③ 제3단계 - 척도 간 연관성에 대한 검토
   ㉠ 앞서 특정 개별척도의 점수에 관한 가설들을 종합한 후 그것을 토대로 다른 척도와의 연관성이나 인과성 정도를 분석한다.
   ㉡ 각 척도의 점수 범위가 의미하는 바와 함께 그것이 나타낼 수 있는 다양한 가설들을 종합함으로써 특정 척도의 점수를 토대로 다른 척도에 대한 예측을 시도한다.
   ㉢ 예를 들어, 다소 내향적이고 억제적인 성향과 연관된 척도 2D(Depression, 우울증)가 상승하는 경우, 다소 외향적이고 충동적인 성향과 연관된 척도 9 Ma(Hypomania, 경조증)의 점수가 낮을 것으로 예측할 수 있다.

④ 제4단계 – 척도 간 응집 및 분산에 대한 분석
  ㉠ 척도 간의 응집이나 분산을 구분하여 그에 적합한 해석상의 가설을 형성한다.
  ㉡ T점수가 70 이상으로 상승하는 임상척도로서 가장 높은 2개의 척도를 하나의 상승척도쌍으로 묶어 분석을 수행하는 것이 가장 일반적이다.
  ㉢ 척도의 동반상승은 물론 척도의 분산도 중요하다. 척도 간 분산이 크면 클수록 상승된 척도들이 나타내는 특징이 보다 뚜렷해진다.

⑤ 제5단계 – 낮은 임상척도에 대한 검토
  ㉠ 상승척도쌍이나 높이 상승된 척도에만 주의를 기울여서는 안 된다. 즉, 점수가 매우 낮은 임상척도에 대해서도 검토해야 한다.
  ㉡ 표준적인 프로파일은 T점수가 50의 범위이며, T점수가 30~70인 경우 '정상'의 범위에 있는 것으로 간주한다(단, MMPI-2의 경우 보통 65T 이상을 높은 점수로, 40T 이하를 낮은 점수로, 그 사이의 점수를 '정상'의 범위에 있는 것으로 간주함). 그러나 만약 어떠한 프로파일이 정상 범위의 하한선에 위치한 경우, 오히려 수검자의 병적 상태를 나타내는 등 임상적으로 유의미한 것일 수 있다.
  ㉢ 다만, 낮은 점수가 반드시 높은 점수와 상반되는 측면을 나타내는 것은 아니며, 낮은 점수 나름대로의 특별한 의미가 있을 수 있음을 염두에 두어야 한다.

⑥ 제6단계 – 형태적 분석
  ㉠ 타당도척도 및 임상척도들을 집단으로 묶어 형태분석을 수행한다.
  ㉡ 3개 척도의 상승 정도는 물론 다른 척도 집단과의 상대적인 차이를 고려하며, 세 쌍 내에서 각 척도의 상대적인 상승 정도 또한 고려한다.
  ㉢ 척도 형태 내에서 각 척도의 상승 정도에 따른 임상적·행동적 특성을 고찰한 후 이를 전체적인 척도 형태의 해석으로 종합시키며, 이와 같은 형태분석을 통해 얻어진 추론들이 수검자의 개인적 신상자료 등 지금까지 알려진 다른 정보들과 일치하는지의 여부를 검토한다.

⑦ 제7단계 – 전체 프로파일 형태에 대한 분석
  ㉠ 타당도척도 및 임상척도들의 전체 프로파일에 대한 형태분석을 수행한다.
  ㉡ 프로파일의 상승도, 기울기, 굴곡 등과 수검자의 개인자료 등을 종합적으로 고려하여 총체적·통합적인 해석을 내린다.
  ㉢ 특히 MMPI 프로파일의 기울기에 대한 해석은 신경증과 연관된 3개 척도(척도 1, 2, 3)와 정신병과 연관된 4개 척도(척도 6, 7, 8, 9) 간의 관계를 토대로 한다. 즉, 정적 기울기는 정신병 관련 척도의 상대적인 상승에 따른 현실과의 관계 손상, 충동통제력 제한 등을 의미하는 반면, 부적 기울기는 신경증 관련 척도의 상대적인 상승에 따른 정신병적 왜곡현상이 없는 다양한 신경증적 상태(예 불안, 우울, 무력감 등)를 의미한다.

> **전문가의 한마디**
>
> MMPI에서 형태분석은 T점수가 70점 이상으로 상승된 임상척도들을 하나의 프로파일로 간주하여 해석하는 것으로 2 코드, 3 코드 방식이 있으며, 이를 각각 '상승척도쌍분석법', '상승척도세쌍분석법'이라고도 부릅니다.

> **OX Quiz**
>
> MMPI 프로파일의 기울기에 대한 해석은 신경증, 정신병과 연관된 척도 간의 관계를 토대로 한다.
>
> 정답 O

■ MMPI를 해석할 때 고려해야 할 절차

① 수검자의 특징적인 검사 태도에 대한 고려
  ㉠ 수검자의 검사 수행에 소요되는 시간, 검사 수행 시 행동 등을 관찰한다.
  ㉡ 수검자가 강박적이거나 우유부단한 성격을 가진 경우, 우울증으로 인해 정신운동지체를 보이는 경우 검사 수행에 오랜 시간이 소요되는 반면, 수검자가 성의가 없거나 충동적인 성격을 가진 경우 검사 수행 시간이 짧은 경향이 있다.

② 개별 척도에 대한 해석의 시도
  ㉠ 처음에는 타당도척도를 검토하여 검사 결과의 타당성을 고려한다.
  ㉡ 검사 결과가 타당한 것으로 판단될 경우, 각 임상척도들의 상승 정도를 확인하며, 그 점수들이 정상 범위에 있는지 혹은 정상 범위를 이탈해 있는지를 파악한다.

③ 2 코드 해석의 시도
  ㉠ 코드 유형으로 확인된 상승척도쌍에 대한 경험적 해석은 단일 척도에 대한 해석보다 더욱 강력할 수 있다.
  ㉡ 가장 보편적인 방법은 가장 높이 상승되어 있는 2개의 임상척도를 찾아내어 이를 해석하는 2 코드 해석이다.

④ 낮은 임상척도에 대한 고려
  ㉠ 낮은 점수의 임상척도에 대한 연구는 높은 점수의 해석과 관련된 연구에 비해 빈약한 편이지만, 수검자의 주요 특징을 잘 나타내 주는 경우도 있다.
  ㉡ 통계적으로 30T 이하가 낮은 점수의 기준이 될 수 있으나, 35T 혹은 40T를 기준으로 삼는 것이 보다 융통성 있는 해석에 유리하다.

⑤ 전체 프로파일에 대한 형태분석
  ㉠ 임상척도가 전반적으로 상승되어 있는 경우 수검자의 심리적 고통이나 혼란이 심한 상태이며, 그와 같은 자신의 상태를 외부에 호소하고 있음을 시사한다.
  ㉡ 특히 신경증과 관련된 세 척도(척도 1, 2, 3)와 정신병과 관련된 네 척도(척도 6, 7, 8, 9)의 상대적 상승도를 살피는 방식이 널리 사용되고 있다.

전문가의 한마디

MMPI 해석 절차 중 개별 척도에 대한 해석의 시도를 '타당도척도 검토'와 '임상척도에서 상승한 척도 검토'로 세분하기도 합니다. 이와 관련된 문제가 2018년 3회 필기시험에 출제된 바 있습니다.

OX Quiz

임상척도가 전반적으로 상승되어 있는 경우 수검자의 심리나 정서가 안정되어 있는 상태이며, 큰 혼란은 없는 것을 시사한다.

정답 X(심리적 고통이나 혼란이 심한 상태)

■ **MMPI-2에서 이상으로 간주되는 점수**

① 높은 점수의 기준

원판 MMPI에서는 +2 표준편차에 해당하는 70T 이상의 점수를 높은 점수로 간주하는 데 반해, MMPI-2에서는 65T 이상의 점수를 높은 점수로 간주한다.

② 기준 변경의 이유

원판 MMPI는 검사제작 과정에서 MMPI 프로파일을 구성하는 기준으로 삼은 기본 규준집단(Normative Group)에서 정신장애 집단(임상집단)을 의도적으로 배제한 채 비정신장애 집단(비임상집단)만을 선별하였으며, 수검자들의 무응답에 대해서도 검사 완료를 격려하지 않은 채 이를 묵인하였다. 이와 같은 절차상의 문제로 인해 원판 MMPI의 T점수 평균은 약 5점 정도 상승되는 효과가 있었다. 따라서 절차를 달리하여 제작된 MMPI-2의 65T는 결과적으로 MMPI의 70T에 해당하는 것으로 볼 수 있다.

■ **MMPI 프로파일 해석에서 긍정왜곡과 부정왜곡**

① 긍정왜곡(Faking-Good)

자신의 문제를 부정하고 최소화하려는 시도를 말한다.

MMPI	K척도(Correction, 교정 척도)가 70T 이상인 데 반해, F척도(Infrequency, 비전형 척도)를 비롯하여 대부분의 임상척도가 50T 이하이다. L척도(Lie, 부인 척도)는 K척도와 동반 상승하는 경향이 있는데, 이때 L척도의 점수는 수검자의 교육 수준이나 심리적으로 세련된 정도와 역으로 상관이 있을 것이다.
MMPI-2	K척도와 S척도(Superlative Self-Presentation, 과장된 자기제시 척도)가 65T 이상인 데 반해, F척도를 비롯하여 대부분의 임상척도가 50T 이하이다. L척도는 K척도와 동반 상승하는 경향이 있는데, 이때 L척도의 점수는 수검자의 교육 수준이나 심리적으로 세련된 정도와 역으로 상관이 있을 것이다.

② 부정왜곡(Faking-Bad)

심한 정신장애가 있는 것처럼 보이려는 시도를 말한다.

MMPI	F척도가 대개 100T 이상이고 척도 6 Pa(Paranoia, 편집증), 척도 7 Pt(Psychasthenia, 강박증), 척도 8 Sc(Schizophrenia, 정신분열증)이 90T 이상인 데 반해, L척도와 K척도가 50T 이하이다.
MMPI-2	F척도가 90T 이상, F_p척도(inFrequency Psychopathology, 비전형-정신병리 척도)가 75T 이상이고 척도 6(Pa), 척도 7(Pt), 척도 8(Sc)이 80T 이상인 데 반해, L척도와 K척도가 50T 이하이다.

전문가의 한마디

MMPI 및 MMPI-2의 채점 및 해석을 위한 표준점수인 T점수의 구체적인 수치는 교재마다 다르게 제시되고 있으나, 일반적으로 MMPI의 경우 70T 이상을 높은 점수로, 30T 이하를 낮은 점수로 간주하는 데 반해, MMPI-2의 경우 65T 이상을 높은 점수로, 40T 이하를 낮은 점수로 간주하기도 합니다. 그러나 이와 같은 수치도 정확한 기준에 근거한 것은 아니며, 각 척도의 특성에 따라 혹은 다른 척도와의 관계에 따라 다양한 양상으로 나타날 수 있습니다.

전문가의 한마디

원판 MMPI에서 타당도 프로파일 해석과 관련하여 긍정왜곡(Faking-Good)은 'V형'으로, 부정왜곡(Faking-Bad)은 '삿갓형(∧형)'으로 형태분석을 시도하기도 합니다. 이는 원판 MMPI의 경우 L, F, K척도가 프로파일상 나란히 제시되었기 때문에 가능했었습니다. 그러나 개정판인 MMPI-2에서는 새롭게 타당도척도들이 추가되어 그와 같은 형태분석이 모호하게 되었습니다.

기출키워드

20년 3회

부정왜곡

※ 실기시험에는 환자의 L척도, K척도, F척도를 제시한 후 이를 바탕으로 하여 환자의 상태를 기술하도록 하는 문제가 출제되었습니다.

기출복원 32

15년 기출

MMPI의 일반적인 해석 과정은 다음과 같이 구분할 수 있다. 다음의 빈 칸에 제시된 2~7단계의 내용을 간략히 기술하시오(단, 타당도척도와 임상척도를 중심으로 기술할 것). **6점**

- 제1단계 – 검사태도에 대한 검토
- 제2단계 –
- 제3단계 –
- 제4단계 –
- 제5단계 –
- 제6단계 –
- 제7단계 –

● 해설 체크! ●

1. **제1단계 – 검사태도에 대한 검토**
   검사태도의 양적 측면과 질적 측면을 검토한다.
2. **제2단계 – 척도별 점수에 대한 검토**
   타당도척도와 임상척도 점수를 검토하여 각 척도의 상승 정도를 파악하며, 유력한 해설에 대한 가설을 만들어 본다.
3. **제3단계 – 척도 간 연관성에 대한 검토**
   개별척도의 점수에 관한 가설들을 종합한 후 그것을 토대로 다른 척도와의 연관성이나 인과성 정도를 분석한다.
4. **제4단계 – 척도 간 응집 및 분산에 대한 분석**
   척도 간의 응집이나 분산을 구분하여 그에 적합한 해석상의 가설을 형성한다.
5. **제5단계 – 낮은 임상척도에 대한 검토**
   점수가 매우 낮은 임상척도에 대해서도 검토한다.
6. **제6단계 – 형태적 분석**
   타당도척도 및 임상척도들을 집단으로 묶어 형태분석을 수행한다.
7. **제7단계 – 전체 프로파일 형태에 대한 분석**
   타당도척도 및 임상척도들의 전체 프로파일에 대한 형태분석을 수행한다.

전문가의 한마디

이 문제는 MMPI 원판을 기준으로 출제된 것이므로, 원판의 기준에 따라 관련 교재들을 참조하여 답안을 작성하였습니다. 참고로 어떤 학자의 경우 분포의 상위 1/4에 속할 때를 높은 점수로 간주하기도 하며, 일부 임상척도에 대해 몇 개의 T점수 수준을 상정하여 이를 토대로 자료를 기술하기도 합니다.

36 MMPI(MMPI-2)의 주요 상승척도쌍 유형에 대한 해석

■ 1-2 또는 2-1코드(Hs & D)

① 신체 기능에 몰두함으로써 수반되는 다양한 신체적 증상에 대한 호소와 염려를 보인다.
② 정서적으로 불안감과 긴장감을 느끼며, 감정 표현에 어려움이 있다.
③ 보통 내향적인 성격을 가지고 있으며, 다른 사람과의 관계에 있어서 수동적·의존적인 양상을 보인다.
④ 사소한 자극에도 쉽게 안정을 잃으며, 의심과 경계심을 품는다.
⑤ 억압과 신체화 방어를 통해 스스로 신체적 불편함을 견디려 하므로 정신적 치료를 통한 변화에의 동기가 부족하다.
⑥ 신체증상 및 관련 장애(신체형 장애) 중 신체증상장애, 불안장애의 진단이 가능하다.

■ 1-3 또는 3-1코드(Hs & Hy)

① 심리적인 문제가 신체적인 증상으로 전환되어 나타난다.
② 자신의 외현적 증상이 심리적인 요인에 의한 것임을 인정하지 않으려 한다.
③ 부인의 방어기제를 사용하여 자신의 우울감이나 불안감을 잘 드러내지 않는다.
④ 스트레스를 받는 경우 사지의 통증이나 두통, 흉통을 보이며, 식욕부진, 어지럼증, 불면증을 호소하기도 한다.
⑤ 자기중심적인 동시에 의존적인 성향을 나타내며, 대인관계에 있어서 피상적이다.
⑥ 신체증상 및 관련 장애(신체형 장애) 중 전환장애의 진단이 가능하다.

■ 2-6 또는 6-2코드(D & Pa)

① 심각한 정서적 어려움을 겪고 있는 정신병 초기의 환자에게서 종종 나타난다.
② 평소 우울한 상태에 있으며, 그러한 우울한 감정에는 분노와 적개심이 내재해 있다.
③ 보통의 우울증 환자와 달리 자신의 공격성을 공공연하게 드러낸다.
④ 타인의 친절을 거부하고 곧잘 시비를 걸며, 보통의 상황에 대해 악의적인 해석을 내린다.
⑤ 편집증적 경향이 현저하게 나타나기도 한다.
⑥ 척도 6(Pa)이 척도 2(D)보다 높은 경우 편집성 성격장애나 조현병(정신분열증)의 진단이 가능하다.

기출키워드
21년 3회
상승척도쌍의 임상적 양상

※ 실기시험에는 MMPI의 상승척도쌍 1-3/3-1 유형에서 '3'이 더 높은 경우의 임상적 양상을 4가지 쓰도록 하는 문제가 출제되었습니다.

전문가의 한마디
MMPI의 1-3(Hs & Hy) 상승척도쌍의 점수와 척도 2(D)의 점수 차이가 크면 클수록 전환장애의 가능성이 증가하는 것으로 보고되고 있습니다.

OX Quiz
1-2코드 또는 2-1코드가 상승한 경우 사소한 자극에도 쉽게 안정을 잃을 가능성이 높다.
정답 O

> **전문가의 한마디**
>
> MMPI에서 2-7(또는 7-2) 상승척도쌍을 가진 환자는 불안, 긴장, 과민성 등 정서적 불안상태에 놓여있으며, 자기비판 혹은 자기처벌적인 성향이 강합니다. 다만, 정신치료에 대한 동기는 비교적 높은 편입니다.

■ 2-7 또는 7-2코드(D & Pt)

① 불안하고 우울하며, 긴장하고 예민한 모습을 보인다.
② 스트레스를 받는 경우 식욕부진, 불면증 등의 신체적인 증상을 호소하며, 이는 환자의 만성적인 긴장상태를 반영한다.
③ 완벽주의 성향으로 인해 사소한 문제에 집착하며, 자신의 결함에 대해 열등감과 죄책감을 느낀다.
④ 대인관계에 있어서 수동적·의존적인 양상을 보이며, 특히 다른 사람들로부터 보호적인 행동을 유도한다.
⑤ 도덕적·종교적인 성향을 보이나, 자기 억제력이 풀리는 경우 일탈행동을 보이며 심지어 자살을 생각하기도 한다.
⑥ 우울장애, 불안장애, 강박장애의 진단이 가능하다.

■ 2-8 또는 8-2코드(D & Sc)

① 2-8 상승척도쌍을 가진 환자의 경우 심한 불안과 우울, 자제력 상실에 대한 공포를 가지고 있다. 또한 사고장애를 보이거나 강박적 명상에 빠지기도 한다. 대인관계를 회피하는 경향이 있으며, 자살을 생각하는 경우도 있다.
② 8-2 상승척도쌍을 가진 환자의 경우 심한 불안과 우울은 물론 조현병적 양상이 포착되기도 한다. 과거 대인관계에서 비롯된 상처로 인해 다른 사람과 항상 일정한 거리를 유지하려고 한다. 환청이나 환시, 망상에 사로잡히기도 하며, 기태적인 신체적 증상을 보이기도 한다.
③ 2-8 또는 8-2 상승척도쌍을 가진 청소년 환자들은 불안과 우울 등의 부적절한 정서적 반응을 보인다. 성적 갈등이나 대인관계에서의 두려움으로 인해 학교생활에서 부적응적인 양상을 보이며, 무단결석을 자주 한다. 특히 이와 같은 유형의 청소년들은 자살기도의 경험이 있는 경우가 많다.
④ 우울장애, 불안장애, 조현정동장애(분열정동장애)의 진단이 가능하다.

■ 3-8 또는 8-3코드(Hy & Sc)

① 심각한 불안과 긴장, 우울감과 무기력감을 호소한다.
② 주의력 장애 및 집중력 장애, 지남력 상실, 망상 및 환각 등의 사고장애를 보인다.
③ 정서적으로 취약하고 다른 사람에 대해 애정과 관심의 욕구를 가진다.
④ 자신의 욕구가 좌절되는 경우 자기 처벌적인 양상을 보이며, 상동증적 방식으로 문제에 접근한다.

> **OX Quiz**
>
> 2-7 코드 또는 7-2코드가 상승한 경우 불안하고 우울하며, 긴장하고 예민한 모습을 보인다.
>
> 정답 O

⑤ 과도한 정신적 고통이 두통이나 현기증, 흉통, 위장장애 등의 신체적 증상으로 나타나기도 한다.
⑥ 조현병(정신분열증), 신체증상장애의 진단이 가능하다.

■ 4-6 또는 6-4코드(Pd & Pa)

① 사회적 부적응이 현저하고 공격적 태도를 보이는 비행청소년에게서 종종 나타난다.
② 미성숙하고 자기중심적인 성향을 보이며, 다른 사람들에게서 관심과 동정을 유도한다.
③ 화를 내면서 내부의 억압된 분노를 표출하나, 그 분노의 원인을 항상 외부에 전가한다.
④ 부인이나 합리화의 방어기제를 사용하여 자신의 심리적인 문제를 외면하며, 이를 지적하는 사람에게 분노와 비난을 퍼붓는다.
⑤ 다른 사람을 의심하며, 정서적인 유대관계를 맺지 않으려고 한다.
⑥ 비현실적인 사고를 하기도 하며, 자신에 대해 과대망상적인 평가를 내리기도 한다.
⑦ 수동-공격성 성격장애, 조현병의 진단이 가능하다.
⑧ 척도 4와 척도 6이 상승되어 있고 척도 5가 이들 척도보다 10점 이상 낮거나 T점수 50점 이하로 하락되어 있는 형태는 '수동-공격형 V'라 칭한다.

> **전문가의 한마디**
>
> MMPI에서 4-6(또는 6-4) 상승 척도쌍을 가진 사람은 권위적 대상(Authority Figure)과의 관계에서 문제가 발생할 가능성이 높습니다.

■ 4-8 또는 8-4코드(Pd & Sc)

① 특이한 행동이나 심리상태를 가지고 있는 비행청소년에게서 종종 나타난다.
② 조현성(분열성) 또는 조현형(분열형)의 성격을 가지고 있으며, 타인과의 친밀한 관계형성을 회피하여 사회적으로 고립되어 있다.
③ 변덕스럽고 충동적이며, 사회적 관습에서 벗어나 기이한 옷차림과 행동을 보이기도 한다.
④ 판단력, 통찰력, 의사소통능력 등이 부족하여 학업적 · 직업적 성취도가 낮으며, 알코올이나 약물을 남용하기도 한다.
⑤ 조현병, 조현성(분열성) 성격장애, 편집성 성격장애의 진단이 가능하다.

> **OX Quiz**
>
> 조현성 성격을 가지고 있으며, 변덕스럽고 충동적인 경우 6-8코드 점수가 상승되었을 가능성이 높다.
>
> 정답 X(4-8코드 또는 8-4코드)

전문가의 한마디

MMPI의 4-9(9-4) 유형을 해석하는 경우 다른 척도와의 관계를 주의 깊게 살펴볼 필요가 있습니다. 가령 척도 1(Hs), 2(D), 3(Hy), 7(Pt)은 척도 4(Pd)가 상승했을 때 나타나는 행동화 가능성을 억제할 수 있는 반면, 척도 6(Pa), 8(Sc)은 그와 같은 행동화 가능성을 증가시킬 수 있습니다.

기출키워드

21년 1회

4-9/9-4척도

※ 실기시험에는 4-9/9-4 형태에 대해 가능한 해석을 5가지 기술하도록 하는 문제가 출제되었습니다.

■ **4-9 또는 9-4코드(Pd & Ma)**

① 재범 우려가 있는 범죄자나 신체노출, 강간 등의 성적 행동화를 보이는 사람, 결혼 문제나 법적 문제 등에 연루된 사람에게서 종종 나타난다.
② 충동적·반항적 성격과 함께 과격하고 공격적인 행동을 특징으로 한다.
③ 일시적으로 다른 사람에게 좋은 인상을 주기도 하지만, 자기중심적 성향과 다른 사람에 대한 불신으로 대인관계가 피상적이다.
④ 자신의 행동에 대해 무책임하여 신뢰감을 주지 못하며, 사회적 가치를 무시하여 반사회적 범죄행위를 저지르기도 한다.
⑤ 합리화의 방어기제를 사용하여 자신의 문제를 외면하며, 실패의 원인을 다른 사람에게 전가하기도 한다.
⑥ 반사회성성격장애, 양극성장애의 진단이 가능하다.

■ **6-8 또는 8-6코드(Pa & Sc)**

① 자신감과 자존감이 부족하며, 실패로 생각되는 것에 대한 열등감과 죄책감을 느낀다.
② 타인에 대해 적대감과 의심, 과민한 반응과 변덕스러운 태도를 보이는 등 타인과의 관계에서 불안정하다.
③ 현실을 인지하는 능력을 상실하여 자폐적이고 조현적(분열적)인 환상에 빠지기도 하며, 성적인 문제에 대해 갈등을 나타낸다.
④ 심한 스트레스를 받는 경우 감정이 둔화되고 부적절한 양상을 보이며, 우울증상을 나타내기도 한다.
⑤ 피해망상, 과대망상, 환청 등으로 작은 고통에도 괴로워한다.
⑥ 조현병, 조현성(분열성) 성격장애 혹은 편집성 성격장애의 진단이 가능하다.

■ **7-8 또는 8-7코드(Pt & Sc)**

① 불안하고 우울하며, 긴장하고 예민한 모습을 보인다.
② 주의집중에 어려움을 호소하며, 사고력이나 판단력에 있어서 장애를 보이기도 한다.
③ 망상, 감정적 둔마를 보이기도 한다.
④ 사회적 상황에서 현실회피적인 양상을 보이며, 대인관계에 있어서도 수동적·의존적이거나 대인관계 자체를 기피하기도 한다.
⑤ 성과 관련된 공상을 즐기나 성숙한 이성관계의 형성에 어려움을 보인다.
⑥ 우울장애, 불안장애, 조현성(분열성) 성격장애, 조현형(분열형) 성격장애의 진단이 가능하다.

■ 8-9 또는 9-8코드(Sc & Ma)

① 편집증적 망상과 환각, 공상으로 많은 시간을 보낸다.
② 사고는 기태적이며, 정서는 부적절하다.
③ 하나의 생각에 집중하지 못하며, 예측불허의 행동을 보이기도 한다.
④ 다른 사람에 대한 의심과 불신으로 인해 친밀한 대인관계를 형성하기 어렵다.
⑤ 성적 적응에 어려움을 보이며, 성적인 문제에 대해 갈등을 나타낸다.
⑥ 조현병(정신분열증), 양극성장애의 진단이 가능하다.

> **전문가의 한마디**
>
> MMPI에서 8-9(또는 9-8) 상승 척도쌍을 가진 사람은 다른 사람들에게 다소 자기중심적이고 유아적인 기대를 하는 경향이 있는데, 성취 욕구가 강한 반면 실제 수행은 기껏해야 평범한 수준인 경우가 대부분입니다.

기출복원 33

06, 08, 11, 15, 17, 20, 21, 23, 24년 기출

MMPI 2개 척도에 대한 분석에서 4-9/9-4 척도의 임상 양상을 5가지 기술하시오. **5점**

● 해설 체크! ●

1. 재범 우려가 있는 범죄자나 신체노출, 강간 등의 성적 행동화를 보이는 사람, 결혼문제나 법적 문제 등에 연루된 사람에게서 종종 나타난다.
2. 충동적·반항적 성격과 함께 과격하고 공격적인 행동을 특징으로 한다.
3. 일시적으로 다른 사람에게 좋은 인상을 주기도 하지만, 자기중심적 성향과 다른 사람에 대한 불신으로 대인관계가 피상적이다.
4. 자신의 행동에 대해 무책임하여 신뢰감을 주지 못하며, 사회적 가치를 무시하여 반사회적 범죄행위를 저지르기도 한다.
5. 합리화의 방어기제를 사용하여 자신의 문제를 외면하며, 실패의 원인을 다른 사람에게 전가하기도 한다.
6. 반사회성 성격장애(Antisocial Personality Disorder), 양극성 장애(Bipolar Disorder)의 진단이 가능하다.

37 기질 및 성격검사(TCI)

■ TCI의 의의

① 기질 및 성격검사(TCI ; Temperament and Character Inventory)는 미국 워싱턴 대학교 교수인 클로닝거(Cloninger)의 심리생물학적 인성모델에 기초하여 개발되었다.
② 클로닝거의 심리생물학적 인성모델에서 기질(Temperament)과 성격(Character)은 인성(Personality)을 이루는 2개의 큰 구조로 분리된다.
③ 요인분석 방법으로 제작된 기존의 성격검사들은 기질과 성격을 심리측정적으로 구분하지 못하는 한계를 가지고 있다.
④ 클로닝거의 모델은 심리학, 약리학, 생리학적 종단연구, 가계 연구 및 쌍생아 연구 등을 통해 인성 요인들 중 타고난 기질과 함께 그 기질을 바탕으로 후천적으로 형성된 성격을 구분한다.

■ TCI의 특징

① TCI에서 기질은 자극에 대해 자동적으로 일어나는 정서적 반응 경향성으로서, 다분히 유전적이고 일생동안 비교적 안정적인 속성을 보인다.
② TCI에서 성격은 체험하는 것에 대한 개인적 해석을 통해 형성된 것으로서, 개인이 추구하는 가치와 목표, 자신을 어떤 사람으로 이해하고 동일시하는가를 포함하는 자기개념(Self-Concept)과 연관된다.
③ TCI는 기질과 성격을 분리하여 인성발달에 영향을 미친 유전적 요인과 환경적 영향을 구분함으로써 인성발달 과정을 이해할 수 있도록 한다.
④ TCI는 아동용, 청소년용, 성인용 등 다양한 버전이 있으며, 한국판 TCI는 만3세 이상의 유아에서부터 아동, 청소년, 성인에 이르기까지 전 연령대의 개인들에게 실시할 수 있는 검사군(TCI Family) 형태로 구성되어 있다.
⑤ 연령대에 따라 총 4가지 버전(JTCI 3-6 유아용, JTCI 7-11 아동용, JTCI 12-18 청소년용, TCI-RS 성인용)으로 구성되어 있으며, 이 4가지 버전은 모두 동일한 개념과 명칭을 지닌 척도 및 하위척도로 구성되어 있다.
⑥ 모든 버전은 동일하게 4개의 기질척도와 3개의 성격척도를 포함한 총 7개의 척도로 구성되어 있다.

전문가의 한마디

성격의 형성은 기질이 환경과 상호작용하면서 이루어지며, 사회문화적 학습을 통해 일생동안 지속적으로 발달하게 됩니다. 즉, 성격의 형성은 타고난 기질의 영향을 받지만, 기질에 의한 자동적인 정서반응을 조절하게 됩니다. 따라서 성격이 성숙할수록 개인의 기질적 반응 특성은 얼마든지 조절되어 표현될 수 있습니다.

전문가의 한마디

TCI의 연령대에 따른 4가지 버전은 7개의 기질 및 성격척도를 가지고 있는 점에서 공통적이나 하위척도의 수까지 동일하지는 않습니다. JTCI 3-6 유아용은 19개, JTCI 7-11 아동용은 27개, JTCI 12-18 청소년용은 24개(단, 인내력 척도에는 하위척도가 없음), TCI-RS 성인용은 29개의 하위척도로 구성되어 있습니다.

OX Quiz

TCI에서 기질은 다분히 유전적이고 일생동안 비교적 안정적이다.

정답 O

■ TCI의 4가지 기질척도

① 자극추구(NS, Novelty Seeking)
  ㉠ 새로운 자극이나 보상 단서에 이끌려 행동이 활성화되는 유전적 성향과 연관된다. 특히 두뇌의 행동조절 시스템 중 행동활성화 시스템(BAS ; Behavioral Activation System)과 밀접한 관련이 있다.
  ㉡ 이 척도에서 높은 점수를 받은 사람은 충동적이고 호기심이 많으며, 신기한 것에 쉽게 이끌리고 빨리 흥분하는 경향이 있다. 반면, 낮은 점수를 받은 사람은 성미가 느리고 절제되어 있으며, 새로운 자극에 별다른 흥미가 없거나 오히려 저항적인 태도를 보이면서 익숙한 것을 더욱 편안하게 느낀다.

② 위험회피(HA, Harm Avoidance)
  ㉠ 위험하거나 혐오스러운 자극에 대해 행동이 억제되고 위축되는 유전적 성향과 연관된다. 특히 두뇌의 행동조절 시스템 중 행동억제 시스템(BIS ; Behavioral Inhibition System)과 밀접한 관련이 있다.
  ㉡ 이 척도에서 높은 점수를 받은 사람은 조심성이 많고 세심하며, 겁이 많고 잘 긴장하는 경향이 있다. 반면, 낮은 점수를 받은 사람은 매사 낙천적이고 걱정이 없으며, 자신감이 있고 역동적이다.

③ 사회적 민감성(RD, Reward Dependence)
  ㉠ 사회적 보상 신호, 즉 타인의 표정 및 감정 등에 대해 강하게 반응하는 유전적 성향과 연관된다. 특히 두뇌의 행동조절 시스템 중 행동유지 시스템(BMS ; Behavioral Maintenance System)과 밀접한 관련이 있다.
  ㉡ 이 척도에서 높은 점수를 받은 사람은 감수성이 풍부하고 공감적이며, 타인에게 헌신적이고 사회적 접촉을 좋아하는 경향이 있다. 반면, 낮은 점수를 받은 사람은 타인의 감정에 둔감하고 무관심하며, 혼자 있는 것에 만족하고 타인에게 자신의 감정을 잘 드러내지 않는다.

④ 인내력(P, Persistence)
  ㉠ 지속적인 강화가 없더라도 한 번 보상된 행동을 일정 시간 동안 꾸준히 지속하려는 유전적 성향과 연관된다. 특히 두뇌의 행동조절 시스템 중 행동유지 시스템(BMS ; Behavioral Maintenance System)과 밀접한 관련이 있다.
  ㉡ 이 척도에서 높은 점수를 받은 사람은 근면하고 끈기가 있으며, 좌절이나 피로에도 불구하고 꾸준히 노력하는 경향이 있다. 반면, 낮은 점수를 받은 사람은 게으르고 비활동적이며, 일관성과 끈기가 부족하여 좌절이나 장애물에 부딪치면 쉽게 포기한다.

OX Quiz

TCI의 4가지 기질척도에는 자극추구, 위험회피, 사회적 민감성, 인내력이 있다.

정답 O

기출키워드

23년 3회

TCI의 성격척도

※ 실기시험에는 기질 및 성격검사(TCI)의 구성 중 성격척도 3가지를 쓰고 설명하도록 하는 문제가 출제되었습니다.

전문가의 한마디

TCI의 4가지 기질척도는 자극에 대해 자동적으로 일어나는 정서적 반응 경향성을, 3가지 성격척도는 개인이 추구하는 목표 및 가치에서 나타나는 개인차를 반영합니다.

■ **TCI의 3가지 성격척도**

① 자율성(SD, Self-Directedness)
  ⊙ 자신이 선택한 목표와 가치를 이루기 위해 자신의 행동을 상황에 맞게 통제, 조절, 적응시키는 능력과 연관된다.
  ⓒ 이 척도에서 높은 점수를 받은 사람은 성숙하고 책임감이 있으며, 목표지향적이고 건설적이면서 자존감이 높고 자신을 신뢰하는 경향이 있다. 반면, 낮은 점수를 받은 사람은 미성숙하고 책임감이 부족하며, 내적으로 조직화된 원칙이 결여되어 있으므로 의미 있는 목표를 설정 및 추구하는 데 어려움이 있다.

② 연대감(CO, Cooperativeness)
  ⊙ 자기 자신을 사회의 통합적인 한 부분으로 지각할 수 있는 정도에 관한 것으로, 타인에 대한 수용 능력 및 타인과의 동일시 능력과 연관된다.
  ⓒ 이 척도에서 높은 점수를 받은 사람은 타인에게 관대하고 친절하고 협조적이며, 자신과 다른 성향을 가진 사람도 인정할 줄 알고 타인의 욕구나 선호를 존중하는 경향이 있다. 반면, 낮은 점수를 받은 사람은 타인에게 비판적·비협조적이고 자신의 이익을 추구하며, 자신과 다른 성향을 가진 사람에 대한 배려와 인내심이 적다.

③ 자기초월(ST, Self-Transcendence)
  ⊙ 자기 자신을 우주의 통합적인 한 부분으로 지각할 수 있는 정도에 관한 것으로, 우주만물과 자연을 수용하고 동일시하면서 이들과 일체감을 느낌으로써 도달하는 개인의 영성(Spirituality)과 연관된다.
  ⓒ 이 척도에서 높은 점수를 받은 사람은 정서적으로 집중된 상태에서 자기와 시공간을 잊고 몰입하며, 모호함이나 불확실성을 잘 견디면서 창조적이고 독창적으로 자신의 활동을 충분히 즐기는 경향이 있다. 반면, 낮은 점수를 받은 사람은 현실적·세속적이고 상상력이 부족하며, 모호함이나 불확실성을 잘 견디지 못하면서 자신이 하는 일의 모든 것을 통제하려고 한다.

OX Quiz

연대감이란 자기 자신을 사회의 통합적인 한 부분으로 지각할 수 있는 정도에 관한 것이다.

정답 O

기출복원 34

18, 24년 기출

기질 및 성격검사(TCI)의 하위척도를 이루는 4가지 기질과 3가지 성격을 쓰고, 각각에 대해 설명하시오.

7점

● 해설 체크! ●

1. 4가지 기질(기질척도)
   - 자극추구(NS) : 새로운 자극이나 보상 단서에 이끌려 행동이 활성화되는 유전적 성향과 연관된다.
   - 위험회피(HA) : 위험하거나 혐오스러운 자극에 대해 행동이 억제되고 위축되는 유전적 성향과 연관된다.
   - 사회적 민감성(RD) : 사회적 보상 신호, 즉 타인의 표정 및 감정 등에 대해 강하게 반응하는 유전적 성향과 연관된다.
   - 인내력(P) : 지속적인 강화가 없더라도 한 번 보상된 행동을 일정 시간 동안 꾸준히 지속하려는 유전적 성향과 연관된다.

2. 3가지 성격(성격척도)
   - 자율성(SD) : 자신이 선택한 목표와 가치를 이루기 위해 자신의 행동을 상황에 맞게 통제, 조절, 적응시키는 능력과 연관된다.
   - 연대감(CO) : 타인에 대한 수용 능력 및 타인과의 동일시 능력과 연관된다.
   - 자기초월(ST) : 우주만물과 자연을 수용하고 동일시하면서 이들과 일체감을 느낌으로써 도달하는 개인의 영성과 연관된다.

> **전문가의 한마디**
>
> 기질 및 성격검사(TCI)는 미국 워싱턴대학교 교수인 클로닝거(Cloninger)의 심리생물학적 인성모델에 기초하여 개발된 것으로 이와 같이 기질과 성격의 분리를 통해 개인의 인성발달에 영향을 미친 유전적 영향과 환경적 영향을 구분하여 인성발달 과정을 이해할 수 있도록 한 것이 TCI의 가장 큰 장점이라 할 수 있습니다.

38 로샤검사(Rorschach Test) I

■ 로샤검사의 의의

① 로샤검사는 1921년 스위스 정신과의사인 헤르만 로샤(Hermann Rorschach)가 『심리진단(Psychodiagnostik)』에 발표한 논문을 통해 세상에 소개되었다.

② 로샤(로르샤흐)는 잉크반점(Ink-Blot)으로 된 카드들에 대해 정신과 환자들이 일반인과 다르게 반응한다는 사실에 주목하며, 405명의 수검자들을 대상으로 한 테스트에서 잉크반점기법이 정신분열증(조현병)을 진단하는 데 유효한 도구가 된다는 사실을 입증하였다.

③ 로샤는 자신의 연구가 단순히 정신과적 진단에 유효한 것이 아닌 개인의 성격 및 습관, 반응양상 등에 대한 유용한 정보를 제공하는 도구로 사용될 수 있음을 인식하고, 연구를 체계적으로 확장하고자 하였다.

④ 로샤는 처음에 자신이 고안한 검사가 무의식을 탐구하는 도구로 오인되어서는 안 된다고 주장하였으나 차츰 검사 결과가 수검자의 무의식에 대한 깊은 통찰을 제공할 수 있다고 입장을 바꿈으로써 수많은 논쟁을 불러왔다.
⑤ 로샤검사는 다양한 학자들에 의해 연구되었으며, 최근에는 엑스너(Exner)의 실증적 접근방법과 러너(Lerner)의 개념적 접근방법이 주류를 이루고 있다.

■ 로샤검사의 특징

① 대표적인 투사적·비구조적 검사로서, 지각과 성격의 관계를 상정한다.
② 추상적·비구성적인 잉크반점을 자극 자료로 하여 수검자의 학습된 특정 반응이 아닌 여러 가지 다양한 반응을 유도한다.
③ 개인이 잉크반점을 조직하고 구조화하는 방식이 근본적으로 그 사람의 심리적 기능을 반영한다고 본다.
④ 수검자는 그가 지각한 것 속에 자신의 욕구, 경험, 습관적 반응양식을 투사한다.
⑤ 로샤 카드에서는 형태와 색채는 물론 음영에 대한 지각적 속성까지 고려한다.
⑥ 우울증상이 있는 사람은 보통 음영차원과 무채색 반응의 빈도가 높게 나타난다.
⑦ 해석자의 판단에 정답은 없다. 즉, 주관적 검사로서 신뢰도 및 타당도가 검증되지 못했으므로 객관적·심리측정적 측면에서는 부적합하다.

■ 로샤검사를 투사적 검사로 분류하는 것에 대한 논란(Weiner)

① 주관적 검사로의 오명
로샤검사를 객관적 검사가 아니라고 분류함으로써 검사자와 수검자에 따라 해석이 달라지는 주관적 검사라는 오명을 쓰게 된다는 것이다. 사실 주관적 해석은 검사기법에서 비롯되는 문제라기보다는 검사자가 로샤검사에 미숙하다는 의미이다.

② 비투사 반응에 대한 해석
투사적 검사는 반응 과정에서 반드시 투사가 작용하며, 그와 같은 투사의 작용으로써 유용한 정보를 얻을 수 있다는 것을 의미한다. 그러나 로샤검사에서는 항상 투사가 일어나는 것도 아니고, 투사가 검사의 가장 중요한 핵심도 아니다. 수검자는 투사된 자료 없이도 로샤 카드에 반응할 수 있으며, 검사자는 투사된 자료가 없는 프로토콜을 해석할 수도 있다.

OX Quiz

로샤검사는 대표적인 투사적·비구조적 검사로서, 지각과 성격의 관계를 상정한다.

정답 O

전문가의 한마디

바이너(Weiner)는 심리검사를 객관적 검사와 투사적 검사로 구분하고 로샤검사를 투사적 검사로 분류하는 것에 대해 불만을 제기하였습니다. 그는 수검자가 "이것이 무엇처럼 보입니까?", "어느 부분에서 그런 것을 보았습니까?" 등 기본 지시사항에 대해 굳이 투사를 사용하지 않더라도 이를 잘 따를 수 있고 타당한 프로파일을 만들 수 있다고 주장하였습니다.

■ **로샤검사의 잉크반점카드(Ink-Blot Card)**

① 카드 Ⅰ
　㉠ 무채색으로서, 박쥐 또는 나비를 평범반응으로 한다.
　㉡ 처음으로 제시되는 카드이므로 수검자의 새로운 상황에 대한 대처방식을 살펴볼 수 있다.
　㉢ 다른 카드에 비해 어렵지 않으므로 평범반응이 쉽게 유도되나, 검정과 회색의 무채색으로 인해 우울감이나 불행감의 반응을 보일 수 있다.

② 카드 Ⅱ
　㉠ 무채색에 부분 적색으로서, 동물을 평범반응으로 한다.
　㉡ 수검자는 적색을 피로 보기도 하며, 이를 통해 분노나 적개심, 심리적 고통의 반응을 보일 수 있다.
　㉢ 검은 영역의 상단을 남성의 성기로, 붉은 영역의 하단을 여성의 성기로 보는 경우도 있으며, 이는 수검자의 성(性)에 대한 관심 정도를 보여준다.

③ 카드 Ⅲ
　㉠ 무채색에 부분 적색으로서, 인간의 형상을 평범반응으로 한다.
　㉡ 두 번째 카드와 달리 반점의 형태가 명확히 분리되어 있으며, 이는 마치 두 사람이 서로 마주하고 있는 것처럼 보일 수 있다.
　㉢ 수검자가 이 카드에서 어려워하는 경우, 대인관계나 사회적 상호작용에 대해 부정적인 태도를 가지고 있는 것으로 볼 수 있다.

④ 카드 Ⅳ
　㉠ 무채색으로서, 인간 또는 거인을 평범반응으로 한다.
　㉡ '아버지 카드(Father Card)'로 불리며, 크고 강하며, 권위적이고 위협적인 것을 연상시킨다.
　㉢ 수검자가 이 카드에서 어려워하는 경우, 권위나 권위적인 인물에 대한 열등감을 가지고 있는 것으로 볼 수 있다.

⑤ 카드 Ⅴ
　㉠ 무채색으로서, 박쥐 또는 나비를 평범반응으로 한다.
　㉡ 수검자는 앞선 카드들에서 느꼈던 고통을 이 카드에 와서 다시 회복할 기회를 얻게 된다.
　㉢ 쉬운 과제에도 불구하고 수검자가 이 카드에서 어려워하는 경우, 카드 Ⅳ에서 경험한 불안의 감정이 지속된 것으로 볼 수 있다.

전문가의 한마디

로샤검사에 사용되는 어떠한 잉크반점카드도 특정 대상이나 사물로 명명할 수 있을 만큼 명확한 형태를 가지고 있지는 않습니다.

OX Quiz

로샤검사의 잉크반점카드는 특정 사물로 명명할 수 있을 만큼 명확한 형태를 가지고 있다.

정답 X(명확한 형태를 가지고 있지 않음)

> **OX Quiz**
> 카드 Ⅵ는 무채색으로서 양탄자 또는 동물가죽을 평범반응으로 한다.
>
> 정답 O

> **전문가의 한마디**
> 로샤검사의 잉크반점카드 중 Ⅰ, Ⅳ, Ⅴ, Ⅵ, Ⅶ번 카드는 흑백인 무채색으로 이루어져 있는 반면, Ⅱ, Ⅲ번 카드는 흑백에 적색이 혼합되어 있으며, 나머지 Ⅷ, Ⅸ, Ⅹ번 카드는 여러 가지 색깔들의 혼합으로 이루어져 있습니다.

⑥ 카드 Ⅵ
  ㉠ 무채색으로서, 양탄자 또는 동물가죽을 평범반응으로 한다.
  ㉡ 많은 사람들에 의해 성기의 상징으로 해석되므로 이른바 '성 카드(Sex Card)'라고 불리며, 이를 통해 수검자의 성에 대한 태도를 살펴볼 수 있다.
  ㉢ 인간관계에서의 친밀성을 연상시키기도 하므로, 이를 통해 수검자의 대인관계에 대한 태도를 살펴볼 수 있다.

⑦ 카드 Ⅶ
  ㉠ 무채색으로서, 인간의 얼굴 또는 동물의 머리를 평범반응으로 한다.
  ㉡ 하단 가운데 부분이 여성의 성기를 연상시키므로 '어머니 카드(Mother Card)'라고 불리며, 여성적인 것과 연관된 특성들을 대거 포함한다.
  ㉢ 수검자가 이 카드에서 어려워하는 경우, 여성에 대한 부정적인 감정이나 여성과의 해결되지 못한 불안 등을 경험하고 있는 것으로 볼 수 있다.

⑧ 카드 Ⅷ
  ㉠ 전체가 유채색으로서, 움직이는 동물을 평범반응으로 한다.
  ㉡ 대부분의 수검자는 앞선 카드들에 비해 보다 쉽게 평범반응을 나타내 보이며, 안도감을 드러내기도 한다.
  ㉢ 화려한 색상이 조각으로 나뉘어 흩어져 있으므로 이를 위협적인 것으로 느낄 수도 있으며, 수검자가 그와 같은 반응을 보이는 경우 복잡한 상황에서의 감정적 자극을 회피하고자 하는 것으로 볼 수 있다.

⑨ 카드 Ⅸ
  ㉠ 전체가 유채색으로서, 인간 또는 인간과 흡사한 형상을 평범반응으로 한다.
  ㉡ 색면의 구조, 색상의 혼합, 그림자 영역으로 인해 모호하고 산만하게 보이므로, 어떤 수검자들은 전체를 사용하여 하나의 반응을 나타내는 데 어려움을 느낀다.
  ㉢ 가장 빈번하게 거부되는 카드로서, 수검자가 이 카드에서 어려워하는 경우, 복잡한 상황을 좋아하지 않는 것으로 볼 수 있다.

⑩ 카드 Ⅹ
  ㉠ 전체가 유채색으로서, 게 또는 거미를 평범반응으로 한다.
  ㉡ 카드 Ⅸ 다음으로 어려운 카드로서, 수검자들은 이 카드에서 전체가 아닌 부분을 선택하여 반응하는 경우가 많다.
  ㉢ 수검자가 이 카드에서 어려워하는 경우, 많은 것을 동시에 처리하는 것에 압도되어 부담감을 느끼거나 검사 자체를 빨리 끝내고 싶어 하는 것으로 볼 수 있다.

기출복원 35   18, 24년 기출

바이너(Weiner)는 심리검사를 객관적 검사와 투사적 검사로 구분하고 로샤검사(Rorschach Test)를 투사적 검사로 분류하는 것에 대해 불만을 제기하였다. 그 이유를 2가지 기술하시오.

4점

> **해설 체크!**
> 1. 로샤검사의 주관적 해석은 검사자의 미숙함에서 비롯된 것으로, 그로 인해 로샤검사가 주관적 검사라는 오명을 쓰게 되었다.
> 2. 로샤검사에서는 투사가 검사의 가장 중요한 핵심이 아니며, 비투사 반응에 대해서도 해석이 가능하다.

39 로샤검사(Rorschach Test) II

■ 로샤검사의 실시과정

① 제1단계 – 소개단계
  ㉠ 검사자는 로샤검사에 대해 수검자에게 자세히 설명한다.
  ㉡ 수검자가 검사를 받는 목적을 어느 정도 이해하고 있는지 확인하기 위해 짧은 면접을 할 필요가 있다.
  ㉢ 검사에 대한 부정적 이해나 오해가 확인되는 경우 검사의 전 절차를 개략적으로 설명해 주어야 한다.
  예 "지금부터 그림이 있는 10장의 카드를 보여드리겠습니다.", "잘 보시고 그림이 무엇처럼 보이는지 말씀해주세요.", "그림은 사람마다 다르게 보일 수 있습니다."

② 제2단계 – 반응단계
  ㉠ 그림에 대한 수검자의 지각 및 자유연상이 이루어진다.
  ㉡ 검사자는 수검자가 하는 말을 가능하면 있는 그대로 기록한다.
  ㉢ 수검자가 하나의 카드에서 1가지 반응을 보이고 멈추는 경우 다시 격려하여 연상하도록 한다.
  ㉣ 수검자의 반응이 너무 적은 경우 질문단계로 넘어가지 않은 채 반응단계를 반복한다.
  예 "보통 하나의 그림에서 2개 이상을 이야기하곤 합니다.", "더 보시면 그것 외에 또 다른 것을 보실 수도 있어요."

③ 제3단계 - 질문단계
  ㉠ 검사자는 수검자가 어떤 결정인에 의해 해당 반응을 형성한 것인지 확인할 수 있는 질문을 한다.
  ㉡ 개방적인 질문을 통해 어떤 영역을 무엇 때문에 그렇게 보았는지 질문한다.
  ㉢ 검사자는 수검자의 이야기를 반응기록지(Location Sheet)에 기재한다.
  ㉣ 과도한 질문은 수검자의 저항과 거부감을 유발할 수 있으므로 삼간다.
  예 어디서 그렇게 보았나요?(반응영역 또는 반응의 위치), 무엇 때문에 그렇게 보았나요?(결정인), 무엇을 보았나요?(반응내용)

④ 제4단계 - 한계검증단계
  ㉠ 공식적인 검사가 끝난 후 수검자에게 자연스럽게 질문을 건네는 단계이다.
  ㉡ 수검자가 평범반응을 놓친 경우 검사자가 해당 카드에 대해 손으로 가리는 등의 일정한 한계를 준 후 재질문하는 과정이 포함된다.
  ㉢ 검사자는 수검자의 투사와 관련하여 유용한 해석 정보를 얻을 수 있으나, 수검자의 새로운 반응 내용을 채점에 포함시키지는 않는다.
  ㉣ 검사 과정상의 반응에 대해 추가적인 설명을 할 수 있도록 한다.
  예 수검자가 선호하는 카드 또는 거부하는 카드를 고르도록 하여 그 이유를 설명하도록 할 수 있다.

■ 엑스너(Exner)의 종합체계방식에 따른 주요 채점 항목

① 반응영역(위치) 및 발달질
  ㉠ "수검자의 주된 반응이 어느 영역에 대해 일어나고 있는가?", "반응영역에서 발달수준은 어떠한가?"
  ㉡ 검사자는 수검자의 반응영역 자체를 평가하는 동시에 그와 관련된 인지적 활동을 평가한다.
  ㉢ 반응영역에 대한 평가는 전체반응(W, Whole Response), 흔한 부분반응 또는 보통 부분 반응(D, Common Detail Response), 드문 부분반응 또는 이상 부분반응(Dd, Unusual Detail Response), 공백반응 또는 간격반응(S, Space Response)으로 기호화한다.
  ㉣ 발달질에 대한 평가는 통합반응(+, Synthesized Response), 모호-통합반응(v/+, Vague-Synthesized Response), 보통반응(o, Ordinary Response), 모호반응(v, Vague Response)으로 기호화한다.

② 결정인
  ㉠ "반응하기 위해 잉크반점의 어떤 부분이 사용되었는가?", "반응을 결정하는 데 영향을 미친 반점의 특징은 어떠한가?"

전문가의 한마디

로샤검사는 그 창시자인 로샤(Rorschach)의 급작스런 사망 이후 진단의 부정확성, 신뢰도 및 타당도에 관한 부정적인 결과들이 제시되면서 잊히기도 하였습니다. 그러나 엑스너를 비롯한 몇몇 학자들의 지속적인 연구에 힘입어 로샤검사에 대한 관심이 다시 부활하게 되었으며, 특히 엑스너의 종합체계를 통한 실증적 접근은 로샤검사의 효용성을 부각시켰습니다.

OX Quiz

로샤검사의 질문단계에서는 폐쇄적인 질문을 통해 수검자의 명확한 답을 얻어야 한다.

정답 X(개방적인 질문을 통해 어떤 영역을 무엇 때문에 그렇게 보았는지 질문)

ⓒ 검사자는 수검자가 왜 그렇게 보았는지를 형태(Form), 운동(Movement), 유채색(Chromatic Color), 무채색(Achromatic Color), 음영(Shading), 형태차원(Form Dimension), 쌍반응 및 반사반응(Pairs/Reflections) 등 7가지 범주의 차원에서 평가한다.
ⓒ 특히 음영(Shading)의 경우 재질(Texture), 차원(Dimension), 확산(Diffuse)의 3가지 하위범주로 세분된다.

③ 형태질
㉠ "반응이 잉크반점의 특징에 얼마나 부합하는가?"
㉡ 검사자는 수검자가 사용한 반점 영역의 형태가 지각한 대상의 형태와 어느 정도 일치하는지를 평가한다.
㉢ 우수-정교한(+, Superior-Overelaborated), 보통의(o, Ordinary), 드문(u, Unusual), 왜곡된(-, Minus)으로 기호화한다.

④ 반응내용 및 평범반응
㉠ "반응은 어떤 내용의 범주에 포함되는가?", "일반적으로 흔히 나타나는 반응인가?"
㉡ 검사자는 수검자의 반응이 동시에 하나 이상의 대상을 포함하는 경우 반응에 포함된 내용들을 모두 기호로 표시한다.
㉢ 수검자들에게서 흔히 나타나는 반응을 평범반응(Popular)이라고 하며, 이는 'P'로 기호화하여 반응내용 기호 뒤에 기록한다.

⑤ 쌍반응 및 반사반응
㉠ "사물에 대해 대칭적으로 지각하고 있는가?"
㉡ 검사자는 수검자가 반점에 대해 대칭을 근거로 하여 반응하고 있는지를 평가한다.
㉢ 쌍반응 기호인 '(2)'는 다른 결정인과 형태질 기호의 오른쪽에 표시한다.
㉣ 반사반응은 대상의 대칭성이라는 측면에서 쌍반응과 동일하나 해당 대칭이 반사된 것 또는 거울상이라는 점에서 다르다.

⑥ 조직화 활동
㉠ "자극을 어느 정도 조직화하여 응답하고 있는가?"
㉡ 검사자는 수검자의 자극영역을 조직화하려는 인지적 활동 수준을 Z점수로써 나타낸다.
㉢ 이 경우 반드시 형태가 사용되어야 하며, 반점들 간의 의미 있는 관계가 형성되어야 유효한 것으로 인정된다.

⑦ 특수점수
㉠ "어떠한 특이한 반응을 보이고 있는가?"
㉡ 검사자는 특이한 언어반응, 반응 반복, 통합 실패, 특수내용, 개인적 반응, 특수 색채 반응 등의 항목에서 나타나는 수검자의 특징적 반응들을 계량화하여 평가한다.

전문가의 한마디

'로샤검사 결과를 엑스너 방식으로 채점하고자 할 때 질문을 통해 탐색해야 할 내용'은 검사 실시 과정 중 '질문(Inquiry) 단계'의 내용에 해당합니다. 검사자는 이 단계에서 반응의 위치, 반응의 결정요인, 반응의 내용에 관한 정보를 얻어야 합니다. 이 과정은 수검자가 어떻게 그렇게 보게 되었는지를 명료화하는 데 목적이 있습니다.

■ 로샤검사 결과를 엑스너(Exner) 방식으로 채점하고자 할 때 질문을 통해 탐색해야 할 내용

① 반응영역 또는 반응의 위치(Location)
  수검자의 주된 반응이 어느 영역에 대해 일어나고 있는지, 반응영역에서 발달수준은 어떠한지를 탐색한다.
  예 "어디서 그렇게 보았나요?"

② 결정인(Determinant)
  반응하기 위해 잉크반점의 어떤 부분이 사용되었는지, 반응을 결정하는 데 영향을 미친 반점의 특징은 어떠한지를 탐색한다.
  예 "무엇 때문에 그렇게 보았나요?"

③ 반응내용(Content)
  반응은 어떤 내용의 범주에 포함되는지를 탐색한다.
  예 "무엇을 보았나요?"

기출복원 36
15, 20, 23, 24년 기출

로샤검사 결과를 엑스너(Exner) 방식으로 채점하고자 한다. 엑스너(Exner) 종합체계방식의 주요 채점 항목을 5가지만 기술하시오. (5점)

해설 체크!

1. **반응영역 또는 반응의 위치(Location)**
   수검자의 주된 반응이 어느 영역에 대해 일어나고 있는가?
2. **발달질(Developmental Quality)**
   반응영역에서 발달수준은 어떠한가?
3. **결정인(Determinant)**
   반응을 결정하는 데 영향을 미친 반점의 특징은 어떠한가?
4. **형태질(Form Quality)**
   반응이 잉크반점의 특징에 얼마나 부합하는가?
5. **반응내용(Content)**
   반응은 어떤 내용의 범주에 포함되는가?
6. **평범반응(Popular)**
   일반적으로 흔히 나타나는 반응인가?
7. **쌍반응(Pair Response)**
   사물에 대해 대칭적으로 지각하고 있는가?
8. **조직화 활동(Organizational Activity)**
   자극을 어느 정도 조직화하여 응답하고 있는가?
9. **특수점수(Special Score)**
   어떠한 특이한 반응을 보이고 있는가?

OX Quiz

로샤검사 결과를 엑스너 방식으로 채점하고자 할 때 질문을 통해 탐색해야 할 내용에는 반응의 위치도 포함된다.

정답 O

40 로샤검사(Rorschach Test) Ⅲ

■ 로샤 구조적 요약(Rorschach Structural Summary)

반응영역 (Location Features)	결정인(Determinants) 혼합(Blends) 단일(Single)		반응내용 (Contents)		접근방식 (Approach)	
조직화 활동		M =	H	=	Ⅰ	
Zf =	M,C	FM =	(H)	=	Ⅱ	
ZSum =	FC,M	m =	Hd	=	Ⅲ	
ZEst =	FC',FY,M	FC =	(Hd)	=	Ⅳ	
영역 기호		CF =	Hx	=	Ⅴ	
W =	FD,M	C =	A	=	Ⅵ	
D =	F,M	Cn =	(A)	=	Ⅶ	
W+D =	F,M	FC' =	Ad	=	Ⅷ	
Dd =		C'F =	(Ad)	=	Ⅸ	
S =		C' =	An	=	Ⅹ	
발달질(DQ)		FT =	Art	=		
+ =		TF =	Ay	=	특수점수 (Special Scores)	
o =		T =	Bl	=		
v/+ =		FV =	Bt	=		Lv1 Lv2
v =		VF =	Cg	=	DV =	x1 x2
		V =	Cl	=	INC =	x2 x4
		FY =	Ex	=	DR =	x3 x6
형태질 (Form Quality)		YF =	Fd	=	FAB =	x4 x7
		Y =	Fi	=	ALOG=	x5
FQx MQual W+D		Fr =	Ge	=	CON =	x7
+ = = =		rF =	Hh	=	Raw Sum6 =	
o = = =		FD =	Ls	=	Wgtd Sum6 =	
u = = =		F =	Na	=	AB = GHR =	
− = = =			Sc	=	AG = PHR =	
none= = =		(2) =	Sx	=	COP = MOR =	
			Xy	=	CP = PER =	
			Id	=		PSV =

비율(Ratios), 백분율(Percentages), 산출점수(Derivations)

핵심 (Core)			정서 (Affect)		대인관계 (Interpersonal)	
R =		L =	FC : CF+C = :		COP =	AG =
EB =	EA =	EBPer =	Pure C =		GHR : PHR = :	
eb =	es =	D =	SumC': WSumC = :		a : p = :	
	Adj es =	Adj D =	Afr =		Food =	
FM =	Sum C' =	Sum T =	S =		SumT =	
m =	Sum V =	Sum Y =	Blends : R = :		Human Cont =	
			CP =		Pure H =	
					PER =	
					Isol Index =	

관념화 (Ideation)		중재 (Mediation)		처리 (Processing)		자기지각 (Self−Perception)	
a : p = :	Sum6 =	XA% =		Zf =		3r+(2)/R =	
Ma : Mp = :	Lv2 =	WDA% =		W : D : Dd = : :		Fr+rF =	
2AB+Art+Ay =	WSum6 =	X−% =		W : M = :		SumV =	
MOR =	M− =	S− =		Zd =		FD =	
	M none =	P =		PSV =		An+Xy =	
		X+% =		DQ+ =		MOR =	
		Xu% =		DQv =		H : (H)+Hd+(Hd) = :	

| PTI = | DEPI = | CDI = | S−CON = | HVI = | OBS = |

💡 전문가의 한마디

점수계열지의 기록은 구조적 요약지를 기록하기 위한 사전단계로, 각 카드별 반응을 순서대로 번호를 매기면서 채점한 것을 그대로 옮겨 적게 됩니다. 물론 반응에 대한 채점을 점수계열지에 직접 할 수도 있으나, 보통 검사자들은 먼저 반응기록지의 오른쪽에 채점을 한 후 점수계열지에 옮겨 쓰는 방식을 선호합니다.

기출키워드

23년 1회

로샤검사 반응 영역의 기호

※ 실기시험에는 로샤검사 반응 영역의 각 기호에 관한 설명을 제시하고, 해당하는 기호를 쓰도록 하는 문제가 출제되었습니다.

전문가의 한마디

조직화 활동의 점수 Z는 수검자가 자극을 얼마나 인지적으로 조직하였는지, 조직화를 위해 얼마나 노력하였는지를 수치로 평가하는 것입니다. 개별적인 Z점수만으로는 해석적인 의미가 없으며, Z점수가 나타나는 빈도와 총합을 통해 수검자의 인지적 조직화 경향 및 그 효율성에 대한 정보를 수집하게 됩니다.

OX Quiz

구조적 요약의 과정 중 가장 먼저 해야 할 것은 반응의 기호와 점수들을 점수계열지에 기록하는 것이다.

정답 O

■ 구조적 요약의 3단계 과정

① 제1단계 - 점수계열지 기록

반응기록지의 오른쪽에 채점한 각 반응의 기호와 점수를 점수계열지에 기록한다.

② 제2단계 - 구조적 요약지 상단부 기록

기록된 각 변인의 빈도들을 구조적 요약지의 상단부에 기록한다.

③ 제3단계 - 구조적 요약지 하단부 기록

반응 간 비율, 백분율, 산출점수 등을 구조적 요약지의 하단부에 기록한다.

■ 구조적 요약의 상단부 중 반응영역(Location Features)에 기록하여야 할 내용

① 조직화 활동

Zf, ZSum, ZEst를 기록한다.

Zf	Z반응이 나타난 빈도를 세어서 기록한다.
ZSum	Z점수의 총합을 계산하여 기록한다.
ZEst	Zf에 해당하는 값을 최적 Z값 추정을 위한 표에서 찾아 기록한다.

② 영역 기호

W(전체반응), D(흔한 부분반응), Dd(드문 부분반응), S(공백반응) 등 각 반응영역 기호들의 빈도를 세어서 기록한다.

③ 발달질(DQ)

반응영역과 관계없이 각 발달질 기호의 빈도를 계산하여 기록한다.

■ 구조적 요약의 상단부 중 반응영역의 영역 기호

① W(Whole Response, 전체반응)

㉠ 반점 전체를 사용하여 반응한 경우이다.

㉡ 수검자가 반점 전체를 모두 사용하여 반응하였을 때만 'W'로 기호화한다.

② D(Common Detail Response, 흔한 부분반응, 보통 부분반응 또는 평범 부분반응)

㉠ 흔히 이용하는 반점 영역을 사용하여 부분반응한 경우이다.

㉡ 수검자가 반점의 일부를 사용하여 응답한 경우로서 그 영역이 일반적으로 사용 빈도가 높다면, 즉 사람들이 흔히 사용하는 부분에 대해 반응하였다면 'D'로 기호화한다.

③ Dd(Unusual Detail Response, 드문 부분반응 또는 이상 부분반응)

㉠ 드물게 이용하는 반점 영역을 사용하여 부분반응한 경우이다.

㉡ W나 D로 채점되지 않는 영역은 자동적으로 'Dd'로 기호화된다.

④ S(Space Response, 공백반응, 공간반응 또는 간격반응)
  ㉠ 흰 공간(공백) 부분이 사용된 경우이다.
  ㉡ 어떤 방식으로 흰 공간을 사용했든지 간에 단독으로 기호화될 수 없으며, 'WS', 'DS', 'DdS'와 같이 다른 기호들과 함께 기호화된다.

■ 구조적 요약의 상단부 중 형태질(Form Quality)에 기록하여야 할 내용

① FQx
'Form Quality Extended'를 의미하는 것으로서, 형태를 사용한 모든 반응에 대해 각 FQ의 빈도를 계산한다.

② MQual
'Human Movement Form Quality'를 의미하는 것으로서, 모든 인간 운동반응(M)의 FQ를 각각 계산한다.

③ W+D
'Common Area Form Quality'를 의미하는 것으로서, W와 D 영역을 사용한 반응 모두의 FQ를 각각 계산한다.

기출키워드
24년 2회
로샤검사 구조적 요약의 형태질
※ 실기시험에는 로샤검사의 구조적 요약에 제시되는 형태질 종류 3가지를 쓰도록 하는 문제가 출제되었습니다.

■ 로샤검사의 특수점수에서 특수내용의 종류

① 추상적 내용(AB, Abstract Content)
수검자가 상징적인 표현을 사용하는 경우 채점된다. 이와 관련하여 다음의 두 종류 반응 유형이 있을 수 있다.

인간의 정서나 감각을 나타내는 인간 경험(Hx) 반응	형태가 있는 대상에 대해 인간의 정서나 감각적 경험을 부여하는 경우 혹은 형태에 대한 고려 없이 정서나 감각적인 것을 지각하는 경우이다. 예 "이 고양이는 잔뜩 화가 난 것처럼 보여요." 예 "이 전체가 우울을 의미해요. 온통 검고 음울해 보여요."
분명하고 구체적인 상징적 표상을 언급한 반응	수검자가 분명하고 구체적으로 상징적 표현을 사용하는 것으로, 형태가 있는 대상에 대해 상징적인 의미를 부여하는 경우이다. 예 "이 조각은 공산주의를 상징해요." 예 "이 가면은 악(惡)을 상징해요."

② 공격적 운동(AG, Aggressive Movement)
운동반응에서 싸움, 파괴, 논쟁, 공격성 등 분명하게 공격적인 내용이 포함되어 있는 경우 채점된다. 이때 공격은 반드시 주체적인 것이어야 하며, 공격을 당하는 경우에는 채점되지 않는다. 또한 폭발로 인해 무엇인가 파괴되는 경우 채점되지만, 폭발 자체만으로는 채점되지 않는다.
예 "이 남자의 얼굴은 무엇인가에 몹시 화가 나 있어요."

전문가의 한마디
특수점수(Special Score)는 수검자의 반응내용에서 나타나는 특이한 면에 대해 기호화하는 것입니다. 특수점수를 사용함으로써 종합체계 이전까지 내용분석의 대상이었던 여러 가지 반응 특징들에 대한 수량화가 가능해졌습니다.

OX Quiz

특수내용의 종류에는 추상적 내용, 보상적 내용이 있다.

정답 X(추상적 내용, 공격적 운동, 협조적 운동, 병적인 내용)

예 "거미들이 무기를 들고 서로 덤벼들려고 하고 있어요."
예 "발사된 로켓이 무엇인가를 파괴하려고 해요."

③ 협조적 운동(COP, Cooperative Movement)

운동반응에서 둘 또는 그 이상의 대상들이 협조적인 상호작용을 하고 있는 경우 채점된다. 이때 상호작용은 분명하게 협조적인 양상을 보여야 한다. 즉, "두 사람이 서로 다정하게 이야기를 나누고 있다"와 같은 반응의 경우 채점되지만, 단순히 "두 사람이 서로 이야기를 하고 있다"와 같은 반응의 경우에는 채점되지 않는다.

예 "두 사람이 함께 바구니를 들어 올리고 있어요."
예 "곤충들이 함께 이 기둥을 쓰러뜨리려고 해요."
예 "사람들이 서로 어울려 춤을 추고 있어요."

④ 병적인 내용(MOR, Morbid Content)

MOR은 다음의 2가지 중 어느 하나에 해당하는 경우 채점한다.

대상을 파괴되거나 손상된 것으로 보는 반응	죽은, 파괴된, 손상된, 폐허가 된, 상처를 입은, 깨어진 등으로 대상을 지각한 경우이다. 예 죽은 개, 닳아빠진 외투, 폐허가 된 건물, 멍든 얼굴, 깨진 유리 등
대상에 대해 우울한 감정을 부여하는 반응	대상에 대해 우울한 감정이나 음울한 특징을 부여하는 경우이다. 예 울부짖는 개, 불행한 사람, 슬픈 나무, 음울한 집 등

기출복원 37
18, 20, 23년 기출

로샤검사(Rorschach Test)의 특수점수에서 특수내용의 종류를 3가지 쓰고, 각각에 대해 설명하시오.

6점

해설 체크!

1. 추상적 내용(AB, Abstract Content)
   수검자가 상징적인 표현을 사용하는 경우 채점되는 것으로, 인간의 정서나 감각을 나타내는 인간 경험 반응. 분명하고 구체적인 상징적 표상을 언급한 반응이 있을 수 있다.
2. 공격적 운동(AG, Aggressive Movement)
   운동반응에서 싸움, 파괴, 논쟁, 공격성 등 분명하게 공격적인 내용이 포함되어 있는 경우 채점되는 것으로, 이때 공격은 반드시 주체적인 것이어야 한다.
3. 협조적 운동(COP, Cooperative Movement)
   운동반응에서 둘 또는 그 이상의 대상들이 협조적인 상호작용을 하고 있는 경우 채점되는 것으로, 이때 상호작용은 분명하게 협조적인 양상을 보여야 한다.

전문가의 한마디

특수점수는 개인의 인지적 활동은 물론 방어기제, 자기지각, 대인지각 등에 관한 정보를 제공해 줍니다. 참고로 종합체계에서는 6가지의 특수점수, 즉 '특이한 언어반응(세부항목 6개)', '반응반복', '통합실패', '특수내용(세부항목 4개)', '개인적 반응', '특수한 색채현상'을 통해 총 14가지 특수점수를 제시하고 있습니다.

41 집-나무-사람 그림검사(HTP)

■ HTP의 의의

① 집-나무-사람 그림검사(House-Tree-Person)는 1948년 벅(Buck)이 처음 개발한 투사적 그림검사로서, 수검자가 자신의 개인적 발달사와 관련된 경험을 그림에 투사한다는 점에 기초한다.
② 해머(Hammer)는 HTP를 임상적으로 확대 적용하였으며, 코피츠(Koppitz)는 투사적 채점 체계를 제시하였다.
③ 번스와 카우프만(Burns & Kaufman)은 기존의 HTP를 변형하여 동작성 HTP(Kinetic-HTP)를 고안하였다.

■ HTP의 특징

① 수검자의 무의식과 관련된 상징을 드러내줌으로써 더욱 풍부한 정보를 제공한다.
② 기존의 인물화 검사(DAP ; Draw-A-Person)에 의한 결과보다 더 많은 정보를 입수할 수 있으므로 개인의 성격구조를 이해하는 데 효과적이다.
③ HTP의 집, 나무, 사람은 수검자의 연령과 지식수준 등을 고려할 때 다른 어떠한 주제보다도 받아들이기 쉽다. 즉, HTP는 사실상 모든 연령의 수검자에게 실시가 가능하며, 특히 문맹자에게 적합하다.
④ 검사 자체가 간접적이므로, 수검자는 검사자가 요구하는 바를 알지 못하여 보다 솔직하고 자유롭게 반응한다.
⑤ 수검자의 그림은 모호하고 구조화되지 않은 것이므로 반응을 해석하는 데 어려움이 따른다.
⑥ 로샤검사(Rorschach Test)나 주제통각검사(TAT)가 제시된 자극에 대해 수검자가 어떻게 반응하는지 수검자의 수동적인 반응 과정으로 전개되는 반면, HTP는 수검자가 직접 반응을 구성해 가는 능동적인 반응 과정으로 전개된다.
⑦ 로샤검사나 주제통각검사가 언어 또는 이야기를 매개로 하는 반면, HTP는 언어적인 표현을 전제로 하지 않으므로 비언어적인 방식으로 표출되는 성격의 단면을 포착하는 것이 가능하다.
⑧ HTP를 통해 개인의 무의식이나 방어기제를 탐색하는 것이 가능하며, 특히 아동의 성격을 이해하는 데 매우 유효하다.

OX Quiz

집-나무-사람 그림검사는 수검자의 무의식과는 관련 없는 투사적 그림검사이다.

정답 X(무의식과 관련된 상징을 드러내는 검사)

> **전문가의 한마디**
>
> 집(House), 나무(Tree), 사람(Person)은 HTP의 내용적 요소로서 학자들에 따라 다양한 해석적 가설들이 존재합니다.

■ HTP의 투사적 상징

① **집(House)** : 자기-지각(Self-Awareness), 가정생활의 질, 자신의 가족 내 관계에 대한 지각
  ㉠ 문 : 환경과의 직접적 접촉의 성질 및 상호작용의 정도
  ㉡ 창문 : 환경과의 간접적 접촉의 성질 및 상호작용의 정도
  ㉢ 지붕 : 생활의 환상적 영역, 공상적 활동, 자기 자신에 대한 관념
  ㉣ 굴뚝 : 가족 내 관계, 애정욕구, 성적 만족감
  ㉤ 벽 : 자아 강도 및 통제력

② **나무(Tree)** : 무의식적·원시적 자아개념, 심리적 갈등과 방어, 정신적 성숙도, 환경에 대한 적응수준 등
  ㉠ 뿌리 : 안정성 여부, 현실과의 접촉 수준
  ㉡ 기둥 : 자아 강도, 내면화의 힘
  ㉢ 가지 : 타인과의 접촉 성향, 수검자의 자원
  ㉣ 잎 : 외계, 장식, 활력 수준

③ **사람(Person)** : 보다 직접적인 자기상(Self-Image)으로서 자화상, 이상적인 자아, 중요한 타인 등
  ㉠ 머리 : 인지능력 및 지적 능력, 공상 활동, 충동 및 정서의 통제
  ㉡ 얼굴 : 타인과의 의사소통 및 관계형성

  > • 눈 : 기본적 성향 및 현재의 기분
  > • 코 : 성적 상징, 외모에 대한 태도, 타인과의 관계형성
  > • 입 : 심리적 성향, 타인과의 의사소통
  > • 귀 : 정서자극에 대한 반응
  > • 턱 : 공격성, 자기 주장적 성향
  > • 목 : 지적 영역, 충동적 성향

  ㉢ 몸통 : 기본적 추동(Drive)의 양상

  > • 어깨 : 책임성, 책임 수행 능력
  > • 가슴 : 남자의 경우 힘과 능력, 여자의 경우 성적 성숙과 애정욕구
  > • 허리 : 성적 행동, 성충동
  > • 엉덩이 : 성적 발달 미숙

  ㉣ 팔다리

  > • 팔 : 자아발달과 환경과의 접촉, 현실에서의 욕구충족 방식
  > • 다리 : 목표를 위한 행동, 위험으로부터의 도피
  > • 손 : 사회적 교류, 환경에 대한 통제능력
  > • 발 : 독립성 대 의존성, 안정감 대 불안정감

> **OX Quiz**
>
> HTP에서 나무는 주로 무의식적·원시적 자아개념, 심리적 갈등과 방어, 정신적 성숙도를 나타낸다.
>
> 정답 O

■ HTP의 사람(Person) 그림을 통해 평가할 수 있는 3가지 측면

① 자화상(자기상, 현재의 자아상태)
  ㉠ '자화상'은 수검자가 자신에 대해 스스로 어떻게 느끼는지를 묘사하는 것이다.
  ㉡ 생리적 약점이나 신체적 장애를 가지고 있는 경우 그와 같은 약점이 수검자의 자아개념에 영향을 미치고 심리적인 감수성을 일으킬 때 그림 속에 재현된다.
  ㉢ 심리적 자아의 모습이 그림 속에 나타나기도 한다. 예를 들어, 키 큰 수검자가 자신의 모습을 왜소하고 팔을 무기력하게 늘어뜨린 채 불쌍해 보이는 얼굴로 그렸다면, 이는 수검자 자신이 무기력하고 의존적이라고 느끼고 있는 것일 수 있다.

② 이상적인 자아(이상적으로 바라는 자기상)
  ㉠ '이상적인 자아'는 수검자가 이상적으로 바라는 자기상을 투사한 것이다.
  ㉡ 예를 들어, 홀쭉하고 연약한 편집증의 남성은 자신이 바라는 이상적인 모습으로서 건장한 체격의 운동선수를 그릴 수 있다.
  ㉢ 흔히 소년의 경우 수영복을 입은 운동선수를, 소녀의 경우 드레스를 입은 영화배우를 그리기도 한다.

③ 중요한 타인(자신에게 영향을 미치는 중요 인물들)
  ㉠ '중요한 타인'은 수검자의 현재 혹은 과거의 경험 및 환경으로부터 도출되는 것으로서, 수검자에게 영향을 미치는 중요 인물들의 영향력을 반영한 것이다.
  ㉡ 중요한 타인의 그림은 청소년이나 어른보다는 아동의 그림에서 더욱 잘 나타나며, 일반적으로 '부모'의 모습으로 표현된다.
  ㉢ 아동이 부모를 그리는 이유는 그들의 생활에서 부모가 차지하는 비중이 크며, 아동의 입장에서 부모는 곧 그들이 동일시해야 할 모델이기 때문이다.

■ HTP의 구조적 해석

① 검사 소요시간
  ㉠ 일반적 소요시간 : 하나의 그림을 완성하는 데 대략 10분 정도 소요
  ㉡ 과도하게 빨리(2분 이내) 또는 느리게(30분 이상) 그린 경우 : 수검자의 갈등과 연관됨
  ㉢ 오랜 시간 소요 : 완벽 성향, 강박 성향
  ㉣ 어려움 호소 : 낮은 자존감, 우울감

② 그림의 순서
  ㉠ 일반적 순서
    • 집 : 지붕 → 벽 → 문 → 창문
    • 나무 : 둥치(큰 줄기) → 가지 → 수관 → 뿌리 등
    • 사람 : 얼굴 → 눈 → 코 → 입 → 목 → 몸 → 팔 → 다리

전문가의 한마디

사람(Person) 그림은 집(House)이나 나무(Tree)보다 더 직접적으로 자기상을 나타내는 만큼 수검자로 하여금 방어를 유발하게 만드는 측면도 있습니다. 즉, 수검자는 자신의 상태를 의식적 혹은 무의식적으로 왜곡시켜서 표현하기도 한다는 것입니다.

기출키워드

22년 1회

집-나무-사람 그림검사

※ 실기시험에는 집-나무-사람 그림검사(HTP)에서 사람 그림을 통해 평가할 수 있는 측면 3가지를 쓰고, 각각에 대해 설명하도록 하는 문제가 출제되었습니다.

ⓒ 일반적 순서와 다르게 그린 경우 : 사고장애, 발달장애
　　　ⓒ 얼굴의 내부를 먼저, 윤곽을 나중에 그린 경우 : 평소 타인과의 대인관계에 문제가 있음
　　　㉣ 그림을 지우고 새로 그린 경우 : 해당 영역이 상징하는 것과 관련하여 열등감 또는 가장 성향을 지니고 있음
　③ 그림의 크기
　　　㉠ 일반적 크기 : 종이 크기의 2/3 정도 사용
　　　ⓒ 그림을 과도하게 크게 그린 경우 : 공격성, 과장성, 낙천성, 행동화 성향, 자기 확대에의 욕구 등
　　　ⓒ 그림을 과도하게 작게 그린 경우 : 열등감, 불안감, 위축감, 낮은 자존감, 의존성 등
　④ 그림의 위치
　　　㉠ 일반적 위치 : 종이 가운데
　　　ⓒ 가운데 : 적정 수준의 안정감, 융통성의 부족
　　　ⓒ 위 : 높은 욕구, 목표달성에 대한 스트레스, 공상적 만족감
　　　㉣ 아래 : 불안정감, 우울성향, 실제적인 것을 선호하는 성향
　　　㉤ 왼쪽 : 충동성, 외향성, 변화욕구, 즉각적 만족 추구 성향
　　　㉥ 오른쪽 : 자기 통제적 성향, 내향성, 지적 만족 추구 성향
　　　㉦ 구석 : 두려움, 위축감, 자신감 결여
　⑤ 그림의 선
　　　㉠ 수평선 : 여성성, 두려움, 소극적·자기 방어적 성향
　　　ⓒ 수직선 : 남성성, 결단성, 활동적·자기 주장적 성향
　　　ⓒ 직선 : 경직성, 완고함, 공격성
　　　㉣ 곡선 : 유연성, 관습 거부 성향
　　　㉤ 길게 그린 선 : 안정성, 결단성, 높은 포부수준
　　　㉥ 끊긴 곡선 : 의존성, 우유부단함, 복종적 성향
　　　㉦ 선에 음영 : 불안정성, 불안감, 민감성, 신중함
　⑥ 필압
　　　㉠ 필압의 의미 : 에너지 수준
　　　ⓒ 일반적 필압 : 강(强) 또는 약(弱)의 유연한 필압 사용
　　　ⓒ 필압의 계속적인 변화 : 낮은 안정감
　　　㉣ 강한 필압 : 공격성, 독단성, 자기 주장적 성향, 극도의 긴장감, 뇌염 또는 뇌전증 상태 등
　　　㉤ 약한 필압 : 위축감, 두려움, 우유부단, 자기억제 성향, 우울증 상태 등

전문가의 한마디

그림의 크기를 통해 수검자의 자존감, 자기상, 자기 확대 욕구, 공상적 자아 등에 대한 단서를 제공받을 수 있습니다.

OX Quiz

그림의 일반적 위치는 종이 가운데 부분이다.

정답 O

OX Quiz

HTP검사에서 그림의 필압이 강한 경우 공격성, 독단성, 자기 주장적 성향을 나타낼 가능성이 높다.

정답 O

⑦ 그림의 세부묘사
  ㉠ 세부묘사의 의미 : 일상생활에서 실제적인 면을 의식 또는 처리하는 능력
  ㉡ 생략된 세부묘사 : 위축감, 우울 성향
  ㉢ 과도한 세부묘사 : 강박성, 자기 억제 성향, 주지화 성향
  ㉣ 부적절한 세부묘사 : 위축감, 불안감
⑧ 그림의 대칭성
  ㉠ 대칭성 결여 : 불안정성, 신체적 부적응감, 정신병적 상태, 뇌기능장애
  ㉡ 대칭성 강조 : 경직성, 강박성, 충동성, 융통성 결여, 편집증적 성향
⑨ 그림의 왜곡 또는 생략
  ㉠ 왜곡 및 생략 : 불안감, 내적 갈등
  ㉡ 극단적 왜곡 : 현실 검증력 장애, 뇌손상 또는 정신지체
⑩ 동적 또는 정적 움직임
  ㉠ 경직된 모습 : 우울감, 위축감, 정신병적 상태
  ㉡ 극단적 움직임 : ADHD(주의력결핍 및 과잉행동장애), 경계선 장애
⑪ 절 단
  ㉠ 용지 하단에서의 절단 : 강한 충동성 또는 충동성의 억제
  ㉡ 용지 상단에서의 절단 : 주지화 성향, 지적인 면에서의 강한 성취욕구
  ㉢ 용지 왼쪽에서의 절단 : 의존성, 강박성, 과거에 대한 고착, 솔직한 감정 표현
  ㉣ 용지 오른쪽에서의 절단 : 행동에 대한 통제, 미래로의 도피 욕구, 감정 표현에 대한 두려움
⑫ 음 영
  ㉠ 음영의 의미 : 불안 또는 갈등 수준
  ㉡ 진하게 칠한 음영 : 불안 및 강박에 의한 우울감, 미숙한 정신상태로의 퇴행
  ㉢ 연하게 칠한 음영 : 대인관계에서의 과민성
⑬ 그림 지우기
  ㉠ 빈번한 지우기 : 내적 갈등, 불안정, 자신에 대한 불만
  ㉡ 반복적 지우기에도 그림이 개선되지 않음 : 특별한 불안 또는 갈등
⑭ 종이 돌리기
  ㉠ 이리저리 돌리기 : 반항성, 내적 부적절감
  ㉡ 계속 같은 방향으로 돌리기 : 하나의 개념에 얽매인 보속성
⑮ 투시화(투명화)
  ㉠ 투시화의 의미 : 성격 통합 상실, 현실검증장애, 병적 징조
  ㉡ 신체 내부의 장기 투시 : 조현병(정신분열증)

> **전문가의 한마디**
>
> 과도한 세부묘사는 수검자의 행동화하게 될 것에 대한 두려움을 나타내기도 하는데, 이는 자기 억제, 즉 자기 통제력을 유지하기 위한 노력을 반영한다고 볼 수 있습니다.

> **전문가의 한마디**
>
> 투시화(투명화)는 현실적으로 볼 수 없는 대상의 내부를 마치 눈에 보이는 것처럼 그리는 경우를 말합니다. 특히 사람(Person) 그림에서 내장기관이나 뼈 등을 그려 넣는 경우 임상적으로 주목해야 합니다.

> **OX Quiz**
>
> 그림의 대칭성을 강조하는 경우 경직성, 강박성 성향을 보일 가능성이 있다.
>
> 정답 O

■ **HTP의 사용상 이점**

① 연필과 종이만으로 검사가 가능하다. 즉, 검사시행이 용이하다.
② 검사에 소요되는 시간이 대략 20~30분 정도로 비교적 짧은 편이다.
③ 중간 채점이나 기호 채점의 절차를 거치지 않으므로 그림에 대한 직접적인 해석이 가능하다.
④ 수검자의 투사를 직접 목격할 수 있다.
⑤ 심리적으로 위축된 아동이나 우리말에 서툰 외국인 혹은 문맹자 등 언어표현이 어려운 사람에게도 적용할 수 있다.
⑥ 연령, 지능, 예술적 재능 등에 의해 제한을 받지 않는다.
⑦ 일부 환상을 경험하는 환자에게서 환상의 해소와 함께 치료적 효과가 나타나기도 한다.

기출복원 38
07, 20년 기출

투사적 그림검사인 집-나무-사람 그림검사(HTP)에서 그림의 크기와 위치가 나타내는 의미를 2가지씩 제시하시오. 8점

● 해설 체크! ●

1. 그림의 크기
   - 과도하게 큰 그림
     공격성, 과장성, 낙천성, 행동화 성향, 자기 확대에의 욕구 등
   - 과도하게 작은 그림
     열등감, 불안감, 위축감, 낮은 자존감, 의존성 등

2. 그림의 위치
   - 높은 위치에 그려진 그림
     높은 욕구 수준, 목표달성에 대한 스트레스, 공상적 만족감을 얻으려는 성향 등
   - 낮은 위치에 그려진 그림
     불안정감, 우울성향, 실제적인 것을 선호하는 성향 등

42 홀랜드유형 직업적성검사(CAT)

■ CAT의 의의 및 특징

① 홀랜드(Holland)는 개인-환경 적합성 모형을 통해 직업심리학적 특성과 직업 환경의 심리적 특성을 결부시킴으로써, 개인의 행동이 그들의 성격에 부합하는 직업 환경 특성들 간의 상호 작용에 의해 결정된다고 보았다.
② 개인의 성격은 그들의 직업적 선택을 통해 표현되며, 개인의 직업적 만족이나 안정, 성취, 적응 또한 그들의 성격과 직업 환경 간의 적절한 연결에 달려있다고 본다.
③ CAT는 직무의 다양한 특성들을 탐색하고, 개인이 해당 직무를 수행할 수 있는 능력이 있는지 판단함으로써 개인의 진로적성을 파악할 수 있도록 한다.
④ 직무의 실제 특성을 6가지 유형으로 분류하여 개인이 어느 유형에 속하는지, 개인이 선호하는 유형의 특징적 양상은 어떠한지, 그에 적합한 직업은 무엇인지 제시한다.

■ CAT 직업분류체계의 기본가정

① 대부분의 사람 또는 문화는 '현실형(Realistic Type), 탐구형(Investigative Type), 예술형(Artistic Type), 사회형(Social Type), 진취형(Enterprising Type), 관습형(Conventional Type)'의 6가지 유형 또는 유형들의 조합에 의해 분류될 수 있다.
② 직업 환경도 6가지 유형 또는 유형들의 조합으로 분류될 수 있다.
③ 사람들은 자신의 능력과 기술을 발휘할 수 있는 환경, 자신의 태도와 가치를 표현할 수 있는 환경을 찾고자 한다.
④ 사람들의 행동은 자신의 직업 환경 및 특성, 자신의 성격 및 흥미 특성의 상호작용에 의해 결정된다.

■ CAT의 6가지 직업성격 유형

① 현실형(R, Realistic Type)

일반적 특징	• 확실하고 현재적·실질적인 것을 지향한다. • 현장에서 수행하는 활동 또는 직접 손이나 도구를 활용하는 활동을 선호한다. • 추상적인 개념을 통해 자신의 생각을 표현하는 일이나 친밀한 대인관계를 요하는 일은 선호하지 않는다.
성격적 특징	• 신체적으로 강인하며, 안정적이고 인내심이 있다. • 평범하고 솔직하며, 정치적·경제적인 측면에서 보수적인 양상을 보인다.
직업 활동 양상	• 일의 성과에 대한 구체적이고 신속한 확인을 통해 직무활동에 보람을 느낀다. • 기술직·토목직, 자동차엔지니어, 비행기조종사, 농부, 전기·기계기사 등이 적합하다.

> **전문가의 한마디**
> 홀랜드는 개인의 직업적 흥미가 곧 개인의 성격을 반영한다고 주장하면서, 개인의 행동이 그들의 성격에 부합하는 직업 환경 특성들 간의 상호작용에 의해 결정된다는 개인-환경 적합성(Person-Environment Fit) 모형을 제시하였습니다.

> **전문가의 한마디**
> 홀랜드의 인성이론 혹은 흥미이론에 의한 성격유형의 우리말 명칭은 교재에 따라 약간씩 다르게 제시되기도 합니다. 예를 들어, 현실형(R)은 '실재형', 탐구형(I)은 '연구형', 진취형(E)은 '설득형' 혹은 '기업가형', 관습형(C)은 '인습형' 등으로도 번역되고 있습니다.

OX Quiz
CAT는 직무 특성을 5가지 유형으로 분류하였다.
정답 X(6가지로 분류)

OX Quiz
CAT 직업성격 유형 중 현실형은 '자선/사람지향' 단어와 관련도가 높다.
정답 X(대비됨)

② 탐구형(I, Investigative Type)

일반적 특징	• 추상적인 문제나 애매한 상황에 대한 분석적이고 논리적인 탐구활동을 선호한다. • 새로운 지식이나 이론을 추구하는 학문적 활동을 선호한다. • 대인관계에 관심을 가지지 않으며, 공동작업을 선호하지 않는다.
성격적 특징	• 자신의 지적인 능력에 대한 자부심이 있다. • 새로운 정보에 대해 관심을 가지며, 문제 해결보다는 문제 자체에 대해 더 많은 관심을 가진다.
직업 활동 양상	• 복잡한 원리 또는 첨단기술 등의 새로운 분야에 도전하여 내면적인 호기심을 충족시킴으로써 보람을 느낀다. • 화학자, 생물학자, 물리학자, 의료기술자, 인류학자, 지질학자, 디자인 기술자 등이 적합하다.

> **OX Quiz**
> 탐구형은 새로운 지식이나 이론을 추구하는 학문적 활동을 선호하는 경향이 있다.
> 정답 O

③ 예술형(A, Artistic Type)

일반적 특징	• 어떤 것의 시비보다는 상상적이고 창조적인 것을 지향하는 문학, 미술, 연극 등의 문화 관련 활동분야를 선호한다. • 직업 활동이 자신의 개인적인 관심 분야와 밀접하게 연관된다. • 구조화된 상황이나 정서적으로 억압적인 상황을 선호하지 않는다.
성격적 특징	• 독립적인 상황에서 자신의 내면세계를 작품으로 표현하고자 한다. • 심미적인 가치를 높이 평가하며, 예술적인 방법으로 자신을 표현한다.
직업 활동 양상	• 새로운 것을 창조하거나 창의적인 사람과 관계를 형성할 때 보람을 느낀다. • 문학가, 작곡가, 미술가, 무용가, 무대감독, 디자이너, 인테리어 장식가 등이 적합하다.

④ 사회형(S, Social Type)

일반적 특징	• 인간의 문제와 성장, 인간관계를 지향하고 사람과 직접 일하기를 좋아하며, 원만한 대인관계를 맺는다. • 다른 사람을 교육·육성하는 일을 좋아하며, 개인적인 이익을 추구하기보다 타인을 돕는 활동을 선호한다. • 논리적·분석적인 활동이나 인간의 가치가 배제된 경쟁적인 활동을 선호하지 않는다.
성격적 특징	• 다른 사람에 대해 협력적이고 친절하며, 유머 감각과 재치를 가지고 있다. • 평화로운 인간관계를 선호하며, 다른 사람의 복지에 관심을 가진다.
직업 활동 양상	• 동료들과 친밀한 관계를 형성하며, 상대방의 능력에 대해 서로 신뢰를 나타낼 때 보람을 느낀다. • 사회사업가, 교사, 상담사, 간호사, 임상치료사, 언어치료사, 목회자 등이 적합하다.

⑤ 진취형(E, Enterprising Type)

일반적 특징	• 정치적·경제적 도전에 대한 극복을 지향하며, 지위와 권한을 통해 다른 사람의 행동을 이끌고 통제하는 활동을 선호한다. • 다른 사람들과 함께 일하는 것을 선호하며, 조직화된 환경에서 공동의 목표를 달성하고자 한다. • 추상적이고 애매한 상황에서 관찰적이고 상징적인 활동을 선호하지 않는다.
성격적 특징	• 다른 성격유형보다 자기주장이 강하고, 지배적이며, 자기 확신이 강하다. • 자신감과 모험심이 강하며, 낙천적이고 논쟁적이다.
직업 활동 양상	• 조직 활동 내에서 적절한 권한 행사를 통해 조직의 목표를 달성할 때 보람을 느낀다. • 기업실무자, 영업사원, 보험설계사, 정치가, 변호사, 판매원, 연출가 등이 적합하다.

⑥ 관습형(C, Conventional Type)

일반적 특징	• 구조화된 상황에서 구체적인 정보를 토대로 정확하고 세밀한 작업을 요하는 일을 선호한다. • 정확성을 요하는 활동, 회계 등과 같이 숫자를 이용하는 활동을 선호한다. • 비구조화된 상황, 창의성을 요하는 활동을 선호하지 않는다.
성격적 특징	• 보수적·안정적이며, 성실하고 꼼꼼하다. • 스스로 자기통제를 잘 하며, 인내심을 가지고 주어진 일을 묵묵히 수행한다.
직업 활동 양상	• 자신의 기여에 의한 실질적인 성과가 조직의 목표 달성에 긍정적인 결과를 가져올 때 보람을 느낀다. • 사무직 근로자, 경리사원, 컴퓨터 프로그래머, 사서, 은행원, 회계사, 법무사, 세무사 등이 적합하다.

■ CAT의 직업성격 육각형 모델

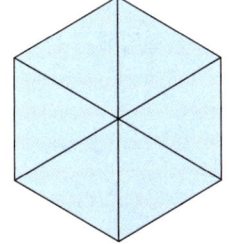

홀랜드의 육각형 모델과 직업성격 유형의 차원

전문가의 한마디

홀랜드(Holland)의 육각형 모델에서 대각선에 위치한 직업성격 유형들은 서로 대비되는 특성을 지닙니다. 보통 6가지 유형을 간단히 '리아섹(RIASEC)'이라 부르는데, 이는 다음과 같이 쉽게 기억할 수 있습니다.

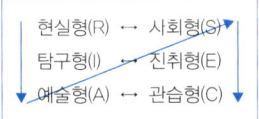

■ CAT 직업성격 유형의 해석 차원

① 일관성(Consistency)
  ㉠ 개인의 흥미 하위유형 간의 내적 일관성을 말하는 것으로서, 개인의 흥미유형이 얼마나 서로 유사한가를 의미한다.
  ㉡ 예를 들어, 예술적-사회적(AS) 유형은 탐구적-진취적(IE) 유형보다 공통점을 더 많이 가지고 있다. 또한 탐구적이고 관습적인 활동에 흥미를 가진 현실적인 사람(RIC)은 진취적이고 사회적인 활동에 선호를 나타내는 현실적인 사람(RES)보다 더 일관성이 있다.

② 변별성 또는 차별성(Differentiation)
  ㉠ 개인의 흥미유형 혹은 작업환경은 특정 흥미유형 혹은 작업환경과 매우 유사한 반면, 다른 흥미유형 혹은 작업환경과 차별적이다.
  ㉡ 모든 유형에 거의 동일한 유사성을 보이는 사람은 차별적 특징이 없거나 잘 규정되지 않으며, 어떤 작업환경이 여러 유형들에 골고루 유사성을 보이는 경우 해당 작업환경을 명확히 규정할 수도, 직무를 세부적으로 규정하기도 어렵다.

③ 정체성(Identity)
  ㉠ 성격과 환경유형 모두를 형성하도록 지원해 주는 이차적인 구조로 간주된다.
  ㉡ 성격적 측면에서의 정체성은 개인의 목표, 흥미, 재능에 대한 명확하고 견고한 청사진을 말하는 반면, 환경적 측면에서의 정체성은 조직의 투명성 및 안정성, 목표·일·보상의 통합을 의미한다.

④ 일치성(Congruence)
  ㉠ 개인의 흥미유형과 개인이 몸담고 있거나 소속되고자 하는 환경의 유형이 서로 부합하는 정도를 말한다.
  ㉡ 한 개인이 자기 자신의 성격과 동일하거나 유사한 환경에서 일하고 생활하는 경우에 해당한다. 즉, 개인은 자신의 유형 또는 정체성과 비슷한 환경에서 일하거나 생활할 때 일치성이 높아진다.

⑤ 계측성 또는 타산성(Calculus)
  ㉠ 유형들 내 또는 유형들 간의 관계는 육각형 모형에 의해 정리되며, 육각형 모형에서의 유형들 간의 거리는 그 이론적인 관계에 반비례한다.
  ㉡ 육각형은 이론의 본질적 관계를 설명해 주는 것으로서, 여러 가지 실제적인 용도를 가지고 있다.

전문가의 한마디

홀랜드(Holland)의 직업성격 육각형 모델에 대한 해석 차원에서 "어떤 쌍들은 다른 유형의 쌍들보다 공통점을 더 많이 가지고 있다"는 표현은 '일관성'을 나타내는 것입니다.

OX Quiz

직업성격 육각형 모델 해석 차원에서 일치성이란 개인의 흥미유형과 개인이 몸담고 있거나 소속되고자 하는 환경의 유형이 서로 부합하는 정도를 말한다.

정답 O

기출복원 39
09년 기출

다음은 ○○심리상담소에서 실시한 A군의 홀랜드유형 직업적성검사의 결과이다. 이를 토대로 다음에 제시된 물음에 답하시오. 8점

성격유형	R	I	A	S	E	C
결 과	17	39	72	81	45	14

(1) A군의 성격유형 특성과 함께 이상적인 직업을 1가지 이상 제시하시오.

▶ 해설 체크! ◀

1. A군의 경우 6가지 유형 중 'S'와 'A'가 다른 유형에 비해 현저히 높은 점수를 보이고 있으며, 이들 간의 점수 차이가 10점 미만에 해당하므로 1차 코드는 'S-A' 유형, 2차 코드는 'A-S' 유형으로 구분할 수 있다.
2. 'S'는 사회형(Social Type)을 의미하는 것으로서, 사람들과 함께 일하는 것을 좋아하며, 원만한 대인관계를 맺는다. 또한 'A'는 예술형(Artistic Type)을 의미하는 것으로서, 새로운 방식에 대한 표현과 상상적·창조적인 것을 지향한다.
3. 사회형 조합코드로서 'S-A'는 자신의 주장을 지지해줄 수 있는 사람들과 집단을 형성하며, 사회적인 영향력을 행사하고자 한다. 자신의 신념을 굳건히 밀고 나가며, 능숙한 언변을 통해 다른 사람들을 설득하려고 한다. 이러한 유형을 가진 사람은 간호사, 상담치료사, 사회사업가, 연극배우 등의 직업이 이상적이다.

(2) A군에게 적합하지 않은 직업을 1가지 이상 제시하시오.

▶ 해설 체크! ◀

1. A군의 경우 6가지 유형 중 'C'와 'R'이 다른 유형에 비해 현저히 낮은 점수를 보이고 있다.
2. 'C'는 관습형(Conventional Type)을 의미하는 것으로서, 구조화된 상황에서 구체적인 정보를 토대로 정확하고 세밀한 작업을 요하는 일을 선호한다. 또한 'R'은 현실형(Realistic Type)을 의미하는 것으로서, 현장 활동 또는 자신의 손이나 도구를 활용하는 활동을 선호한다.
3. 관습형 조합코드로서 'C-R'은 본래 독립적인 투철한 책임감을 토대로 자신에게 주어진 임무를 독자적으로 수행하고자 하며 회계·재무 관리자, 통계학자, 사진제판기사, 인쇄기사 등의 직업이 이상적이다. 따라서 A군에게는 이와 같은 직업이 적성에 맞지 않는 것으로 볼 수 있다.

43 아동·청소년 행동평가척도(K-CBCL)

■ 아동·청소년 행동평가척도의 의의

① 아동·청소년 행동평가척도는 부모나 교사 등 아동 및 청소년의 행동에 대해 주위에서 관찰할 기회가 많은 성인의 보고를 토대로 평가하는 방법이다.
② 아동의 여러 가지 정서 및 행동상의 문제에 대한 역학적 조사도구로 사용되는 것은 물론 아동 및 청소년의 심리장애를 진단하기 위한 도구로도 사용된다.
③ 미국의 심리학자인 아켄바흐와 에델브락(Achenbach & Edelbrock)이 4~18세의 아동 및 청소년을 대상으로 사회적 적응, 정서 및 행동상의 문제 등을 평가하기 위해 '아동·청소년 행동평가척도(CBCL ; Child Behavior CheckList)'를 개발하였다.
④ 미국의 아동·청소년 행동평가척도를 우리나라에서 사용하기 적합하도록 번안하여 표준화한 것이 '한국형 아동·청소년 행동평가척도(K-CBCL ; Korean-Child Behavior CheckList)'이다. 한국형에서는 교육환경의 특수성으로 인해 18세 청소년을 제외하였으며, 한국 아동에게서 독특하게 나타나는 정서불안정 요인을 추가하였다.
⑤ 사회능력척도와 문제행동증후군척도로 구성되며, 사회능력척도의 경우 총 사회능력척도(Total Competence Scale)를 포함한 총 3개, 문제행동증후군척도의 경우 총 문제행동척도(Total Behavior Problems Scale)를 포함한 총 13개의 하위척도로 이루어져 있다.

■ 아동·청소년 행동평가척도의 특징

① 다수의 임상집단에 대한 자료에 대해 요인분석을 통한 경험적 방법으로써 임상척도를 구성하여 이를 토대로 행동평가 자료로 요약하도록 되어 있다.
② 광범위한 정상집단의 자료를 체계적으로 수집·분석하여 이를 규준으로 작성함으로써 아동 및 청소년 평가에 대한 중요한 지침을 제공한다.
③ 아동 및 청소년의 심리장애 원인과 그로 인한 문제행동 유형을 파악하는 것은 물론 사회능력에 대한 평가를 병행함으로써 예후를 예측하고 적절한 치료방법을 계획할 수 있도록 한다.
④ 경험에 의한 다축적 평가를 기초로 부모에 의한 평가뿐만 아니라 교사용 평가와 자기보고식 평가 등 다양한 상황 및 장면에서의 변인들에 대한 자료를 통합함으로써 보다 객관적인 평가가 이루어지도록 한다.

전문가의 한마디

행동평가척도(행동평정척도)는 표준화된 형태의 척도에서 아동 및 청소년의 행동 특성에 관한 종합적인 판단을 그들을 잘 알고 있는 정보제공자(예 부모, 교사 등)로부터 얻는 것입니다. 참고로 아켄바흐(Achenbach) 등은 아동·청소년 행동평가척도(CBCL) 외에 교사용 아동 행동평가척도(TRF ; Teacher's Report Form)를 개발하였습니다.

OX Quiz

아동·청소년 행동평가척도는 아동 및 청소년 본인이 자기평가보고서를 제출한 것을 바탕으로 평가하는 방법이다.
정답 X(주변 성인의 보고 토대)

⑤ 경험적 연구의 축적으로 해석의 이론적 근거가 충분하며, 신뢰도와 타당도가 높다.
⑥ 비교적 간편하고 단시간 내에 수행할 수 있으며, 다수의 대상자를 상대로 적용할 수 있다.

■ **아동·청소년 행동평가척도의 구성**

① 사회능력척도
  ㉠ 사회성(Social) – 6문항
    - 부모, 형제, 또래친구 등과의 사회적 관계의 질을 평가한다.
    - 소속된 모임이나 단체의 수, 참여 수준, 친구와 어울리는 정도 등을 평가한다.
    - 가능한 점수 범위는 0~8점이다.
  ㉡ 학업수행(School) – 7문항(초등학생은 6문항)
    - 국어, 영어, 산수(수학), 사회, 자연(과학)의 5개 과목을 '0~3'의 4점 척도로 평가한다.
    - 특수학급 소속 여부나 휴학 여부 등을 평가한다.
    - 가능한 점수 범위는 0~5점이다.
  ㉢ 총 사회능력(Total Competence) – 13문항(12문항)
    - 사회성척도와 학업수행척도의 합에 해당하며, 사회능력 수준을 지수로 나타낸다.
    - 가능한 점수 범위는 0~13점이다.

② 문제행동증후군척도
  ㉠ 사회성 위축(Withdrawn) – 9문항
    - '혼자 있기를 좋아한다, 수줍어한다' 등 사회적인 위축이나 소극적인 태도 등을 평가한다.
    - 가능한 점수 범위는 0~18점이다.
  ㉡ 신체증상(Somatic Complaints) – 9문항
    - '어지럽다, 몸이 쑤시고 아프다' 등 의학적 증거 없이 신체증상으로 나타나는 정도를 평가한다.
    - 가능한 점수 범위는 0~18점이다.
  ㉢ 불안/우울(Anxious/Depressed) – 14문항
    - '외롭다고 불평한다, 나쁜 생각이나 행동을 하는 것에 대해 두려워한다' 등 정서적인 우울이나 과도한 걱정, 불안 수준 등을 평가한다.
    - 가능한 점수 범위는 0~28점이다.

> **전문가의 한마디**
>
> K-CBCL의 문제행동증후군척도는 사회능력척도에 비해 더욱 엄격한 판단기준을 적용하고 있습니다. 문제행동증후군척도의 개별적 의미에 대한 해석은 주로 임상장면에서 각 증후군이 의심되어 평가를 받는 경우이며, 그에 따라 해당 척도를 기준으로 잠정적인 진단을 의심하게 되기 때문입니다.

OX Quiz

아동·청소년 행동평가척도는 크게 사회능력척도와 문제행동증후군척도로 구성된다.

정답 O

ㄹ. 사회적 미성숙(Social Problems) – 8문항
- '나이에 비해 어리게 행동한다, 어른들에게 과도하게 의지하는 경향이 있다' 등 발달상의 문제나 사회적 미성숙 정도 등을 평가한다.
- 가능한 점수 범위는 0~16점이다.

ㅁ. 사고 문제(Thought Problems) – 7문항
- 강박적 사고나 행동, 환각이나 환청 등 기이한 사고 및 행동을 평가한다.
- 가능한 점수 범위는 0~14점이다.

ㅂ. 주의집중 문제(Attention Problems) – 11문항
- '집중력이 없고 장시간 주의를 기울이지 못한다, 가만히 있지 못하고 과도하게 움직인다' 등 주의집중력과 관련된 행동상의 문제를 평가한다.
- 가능한 점수 범위는 0~22점이다.

ㅅ. 비행(Delinquent Behavior) – 13문항
- '불량한 친구와 어울린다, 거짓말을 하거나 남을 속인다, 가출을 한다' 등 비행 행동 수준을 평가한다.
- 가능한 점수 범위는 0~26점이다.

ㅇ. 공격성(Aggressive Behavior) – 20문항
- '말다툼이 잦다, 허풍과 자랑이 심하다, 남을 괴롭히고 못살게 군다' 등 공격적 성향 수준을 평가한다.
- 가능한 점수 범위는 0~40점이다.

ㅈ. 내현화 문제(Internalizing Problems) – 31문항
- 소극적이고 위축된 행동, 신체증상 등 행동의 과도한 통제 및 내현화 정도를 평가한다.
- 위축, 신체증상, 불안/우울 하위척도의 합으로서, '문항 103'이 위축 및 불안/우울척도에 모두 포함되므로 제외한다.
- 가능한 점수 범위는 0~62점이다.

ㅊ. 외현화 문제(Externalizing Problems) – 33문항
- 공격적인 행동이나 해를 가하는 행동, 다툼이나 싸움, 비행 등 행동의 무절제함 및 외현화 정도를 평가한다.
- 비행 및 공격성 하위척도의 합으로 이루어진다.
- 가능한 점수 범위는 0~66점이다.

ㅋ. 총 문제행동(Total Behavior Problems) – 119문항(117문항)
- 전체 문제행동 문항을 합한 것으로서, 문제행동 수준을 지수로 나타낸다.
- 임상집단과 정상집단 간의 변별력이 매우 낮은 '문항 2(알레르기)'와 '문항 4(천식)'를 제외한다.
- 가능한 점수 범위는 0~234점이다.

> **전문가의 한마디**
> K-CBCL은 정상집단과 임상집단을 판별하기 위한 적절한 절단점을 63T로 제시하고 있으나, 문제행동증후군척도에 대해서는 보수적인 해석을 위해 70T를 적용하기도 합니다.

> **OX Quiz**
> 총 문제행동 척도에서 가능한 점수 범위는 0~100점이다.
> 정답 X(0~234)

ⓔ 성 문제(Sex Problems) – 6문항
- '자신의 성기를 과도하게 만진다, 성에 대한 생각에 몰두한다' 등 성 관련 문제 수준을 평가한다.
- 특수척도로서 4~11세의 아동에게만 적용한다.
- 가능한 점수 범위는 0~12점이다.

ⓕ 정서불안정(Emotional Lability) – 10문항
- '잘 운다, 화를 잘 낸다, 샘이 많다' 등 정서적 불안정 수준을 평가한다.
- 한국판에 추가된 특수척도로서, 6~11세의 아동에게만 적용한다.
- 가능한 점수 범위는 0~20점이다.

> **전문가의 한마디**
> 성 문제와 정서불안정 하위척도는 제한연령의 아동을 대상으로 하며, 특히 정서불안정 척도는 우리나라에만 적용됩니다.

기출복원 40   11년 기출

다음 보기의 사례를 읽고 물음에 답하시오.   (6점)

> 초등학교 6학년인 A군은 유아기 때 말하기, 걷기, 용변가리기 등이 또래에 비해 느렸으며, 걷기 시작한 이후부터는 이리저리 뛰어다니고 높은 곳에 올라가 뛰어내리면서 다치는 경우가 다반사였다. 유치원에 다니면서 주위사람들로부터 지나치게 활동적이라는 소리를 자주 들었고, 아이들을 때리고 싸움에 가담하는 등 문제를 일으키는 경우도 종종 있었다. 초등학교에 다니면서도 그와 같은 행동은 나아지지 않았으며, 교사와 어머니의 지시에도 불구하고 공부와 숙제를 소홀히 하여 다니던 학원마저 중단한 상태이다. A군은 중학교 입학을 앞두고 몇 가지 심리검사를 받았으며, 다음과 같은 결과를 얻게 되었다.
>
> - K-CBCL
>   - 사회성 위축 : 50   - 불안/우울 : 54   - 사고 문제 : 52
>   - 비행 : 66   - 신체증상 : 55   - 사회적 미성숙 : 70
>   - 주의집중 문제 : 73   - 공격성 : 71
>
> - K-WISC-Ⅲ
>   - 언어성 IQ(VIQ) : 72   - 전체 IQ(FIQ) : 76   - 동작성 IQ(PIQ) : 80

보기의 내용에서 A군의 지능검사 및 행동평가척도 결과에 따라 유추 가능한 진단명을 2가지 제시하시오.

해설 체크!

1. 주의력결핍 및 과잉행동장애(ADHD)

아동·청소년 행동평가척도(K-CBCL)의 하위척도에 대한 평가는 T점수에 따라 양호, 미흡, 위험 등급으로 구분된다. 즉, 총 문제행동 점수가 60점 미만인 경우 '양호', 60~62점인 경우 '미흡', 63점 이상인 경우 '위험'으로 간주되며, 특히 하위척도가 65점 이상으로 상승한 경우 해당 영역에 심각한 문제가 있는 것으로 의심할 수 있다. A군의 경우 사회성 위축, 신체증상, 불안/우울, 사고 문제에서 비교적 양호한 수준을 보였으나, 비행, 사회적 미성숙, 공격성, 주의집중 문제에서는 위험 수준을 나타내고 있다. 특히 A군이 7세 이전인 유아기 때부터 과잉행동을 보였고, 초등학교에 다니면서도 학습에 집중하지 못하는 주의력결핍 양상을 보인 것으로 미루어 보아 주의력결핍 및 과잉행동장애(ADHD)의 진단이 가능할 것으로 보인다.

> **전문가의 한마디**
> 이 문제는 완전한 복원이 이루어지지 않아 실제 문제와 약간의 차이가 있을 수 있습니다. 문제의 답으로 '학습장애'를 제시한 분들이 많은데요. 물론 주의력결핍 및 과잉행동장애(ADHD) 아동의 경우 50% 이상이 학습장애를 보인다는 보고가 있습니다. 그러나 학습장애가 학습지진과 달리 정상적인 지능 수준을 보이며, 보통 특정 영역에 한해 지체를 보이므로, 문제의 보기상에 제시된 지능검사의 비교적 낮은 점수로 학습장애를 진단하기에는 무리가 있습니다.

2. 학습지진(Slow Learner)

A군의 한국판 웩슬러아동용지능검사(K-WISC-Ⅲ)의 결과에 따르면, A군은 언어성 IQ(VIQ)가 72, 동작성 IQ(PIQ)가 80으로 동작성 IQ 점수가 언어성 IQ 점수에 비해 상대적으로 높은 것으로 나타났다. 물론 해당 점수의 차이가 8점이므로 임상적으로 유의미하다고 볼 수는 없으나, 동작성 IQ 점수가 높게 나온 것에 대해 A군의 학습상의 문제나 과제수행능력의 결여, 반항적·반사회적 성격 등의 잠재적 양상을 의심할 수 있다. 따라서 A군의 진단과 관련하여 학교에서의 적응에 필요한 전반적인 인지기능의 저조한 수준을 나타내 보이는 '학습지진(Slow Learner)'으로 볼 것인가 또는 A군의 비효율적인 인지적 책략에서 비롯된 주의력결핍 및 충동성에 초점을 두어 '학습장애(Learning Disability)'로 볼 것인가를 구분해야 한다. 물론 이를 명확히 구분하기 위해서는 A군의 병력과 학습환경에 대한 문진이나 인지적·정서적 장애의 추가적인 평가가 필요하며, 학습장애의 진단을 위한 읽기, 쓰기, 산술 및 응용문제 풀이 등의 검사를 수행할 필요가 있을 것이다. 그러나 보기에서 A군이 유아기 때부터 말하기, 걷기, 용변가리기 등 기본적인 인지수행능력에서 저조한 양상을 보였다는 점에서, A군의 경계선(Borderline) 지능에 해당하는 비교적 낮은 지능검사 점수가 단순히 A군의 주의력결핍이나 충동성에서 기인했다기보다는 지적 능력이 선천적으로 낮은 이유에서 비롯된 것임을 추측할 수 있다.

44 한국아동인성평정척도(KPRC)와 사회성숙도 검사(SMS)

■ 한국아동인성평정척도(KPRC ; Korean Personality Rating Scale for Children)

① 의의 및 특징
  ㉠ 아동의 발달상의 문제와 더불어 심리적·정서적 문제를 평가하기 위해 제작된 부모 보고형 검사이다.
  ㉡ 임상장면에서 아동의 정신과적 문제를 선별·진단하고, 학교장면에서 심리적인 도움을 필요로 하는 아동을 조기에 발견하여 도움을 주는 것을 목적으로 고안되었다.
  ㉢ 자신의 문제를 드러내지 않으려는 성향을 가진 아동을 대상으로 문제의 핵심에 접근할 수 있도록 함으로써 그들의 전체적인 상에 대한 객관적인 근거를 제공한다.
  ㉣ 발달, 정서, 행동, 대인관계, 현실접촉의 영역에 있어서 현재의 위치를 표준점수로 나타냄으로써 의뢰의 적합성 여부, 중점적인 평가사항들에 대한 대략적인 진단적 윤곽을 제시하며, 향후 치료방향을 설정할 수 있도록 한다.

> **전문가의 한마디**
> 아동 평가에서 특정 문제 영역이 아닌 전반적인 광범위한 문제 영역에 대해 보호자의 보고를 토대로 평가할 수 있는 평정척도로 K-CBCL, KPRC 등이 대표적입니다.

ⓜ 아동용 인성검사(KPI-C ; Korean Personality Inventory for Children)의 문제점을 수정하여 2점 척도 대신 4점 척도를 사용하고 변별력 있는 문항을 추가하며, 사회관계척도를 보완하는 등 임상적 타당도와 유용성을 높였다.
ⓗ 3개의 타당도척도, 1개의 자아탄력성 척도, 그리고 10개의 임상척도로 구성되어 있다.

② 척도의 구성
  ㉠ 타당도척도

척 도	특 징
검사·재검사척도 (T/R, Test-Retest)	• 수검자가 각 문항에 대해 얼마나 주의를 기울여 일관성 있게 응답했는지를 측정한다. • 점수가 높을수록 전반적으로 반응의 일관성이 부족한 반면, 점수가 낮을수록 일관성 있게 응답한 경우에 해당한다.
L척도 (L, Lie)	• 아동의 문제행동을 부정하고 바람직한 방향으로 기술하려는 보호자의 방어적인 태도를 측정한다. • 점수가 높을수록 아동에 대해 지나치게 긍정적으로만 보고, 부족한 점 혹은 고쳐야할 점을 간과한 것으로 볼 수 있다.
F척도 (F, Infrequency)	• 증상의 과장이나 무선반응 등 일탈된 태도를 가려내기 위한 것이다. • 점수가 높을수록 생활습관과 태도, 생각과 말, 감정과 행동, 또래관계, 가족 및 주변 환경 등의 영역 중 우려할 만한 문제가 있을 가능성이 있다.

  ㉡ 자아탄력성 척도 및 임상척도

측정 영역	척 도	특 징
자아탄력	자아탄력성 (ERS, Ego-Resilience)	• 여러 가지 심리적인 문제에 대한 아동의 대처능력이나 적응잠재력을 측정한다. • 점수가 높을수록 내적·외적 스트레스에 융통성이 있고 적절히 대처하는 능력이 있음을 시사한다.
지적 발달	언어발달 (VDL, Verbal Development)	• 언어능력에서의 발달상 지체나 기능상 손상을 측정한다. • 점수가 높을수록 언어발달이 또래에 비해 뒤처져있음을 시사한다.
	운동발달 (PDL, Physical Development)	• 정신운동기능이나 동작성 기능에서의 발달상 지체나 기능상 손상을 측정한다. • 점수가 높을수록 운동발달이 또래에 비해 뒤처져있음을 시사한다.

전문가의 한마디

아동용 인성검사(KPI-C)는 응답자 입장에서 문항 수가 너무 많다는 점(255문항), 2점 척도(예 / 아니요)로 판단이 어렵다는 점, 자폐증 척도의 경우 측정하고자 하는 부적응 영역을 효과적으로 반영하지 못한다는 점 등이 문제점으로 지적되어 왔습니다.

전문가의 한마디

자아탄력성(ERS) 척도는 임상척도와는 별개의 척도입니다. 여러 정신병리 발현의 역지표로서, 정신병리 발현 시 환경적 요인의 심각성과 함께 치료에 대한 능동적인 참여 및 좋은 예후를 시사해 주는 지표입니다. ERS 척도 문항으로 "우리 아이는 자기 잘못을 쉽게 인정한다", "우리 가족들은 서로에게 우애와 정감을 곧잘 표현한다" 등이 있습니다.

OX Quiz

L척도는 보호자의 방어적인 태도를 측정한다.

정답 O

> **전문가의 한마디**
>
> 신체화(SOM) 척도를 통해 나타나는 신체 증상의 호소는 아동의 책임감 회피나 불편한 상황으로부터의 도피를 시사하는 것일 수 있습니다.

구분	척도	설명
정서	불안 (ANX, Anxiety)	• 자연현상이나 동물, 대인관계 혹은 사회관계에서의 불안, 긴장, 두려움 등을 측정한다. • 점수가 높을수록 아동의 불안이나 긴장 수준이 높음을 시사한다.
	우울 (DEP, Depression)	• 우울한 기분, 자신감 결여, 활동성 저하, 흥미 감소, 가정불화, 사회적 철수 등을 측정한다. • 점수가 높을수록 아동에게 우울과 관련된 증상이 있을 수 있음을 시사한다.
	신체화 (SOM, Somatic Concern)	• 전반적인 건강 상태, 다양한 신체 증상들을 측정한다. • 점수가 높을수록 아동의 신체 증상이 신체 질병이나 심리적 스트레스와 연관되어 있음을 시사한다.
행동	비행 (DLQ, Delinquency)	• 반항, 불복종, 공격성, 적대감, 거짓말, 도벽 등 비행이나 품행상의 문제를 측정한다. • 점수가 높을수록 아동에게 비행이나 품행상의 문제가 있을 수 있음을 시사한다.
	과잉행동 (HPR, Hyperactivity)	• 주의력결핍 및 과잉행동장애(ADHD)의 핵심증상인 주의력결핍, 과잉행동, 충동성과 함께 그에 수반되는 학습이나 대인관계상의 어려움을 측정한다. • 점수가 높을수록 주의력결핍 및 과잉행동장애의 진단 가능성이 높음을 시사한다.
대인관계	가족관계 (FAM, Family Dysfunction)	• 가정불화, 가정 내의 긴장, 부모와 자녀 간의 관계, 부모의 자녀에 대한 무관심 등을 측정한다. • 점수가 높을수록 가족관계에 이상이 있을 가능성이 높음을 시사한다.
	사회관계 (SOC, Social Dysfunction)	• 또래 관계에서의 소외, 리더십과 자신감의 부족, 대인관계의 불안, 인내력과 포용력의 제한 등을 측정한다. • 점수가 높을수록 대인관계에 이상이 있을 가능성이 높음을 시사한다.
현실접촉	정신증 (PSY, Psychoticism)	• 부적절하고 특이한 언행, 망상, 비현실감, 상동증적 행동 등 언어, 사고, 행동상의 특이함 혹은 현실접촉의 어려움을 측정한다. • 점수가 높을수록 정서적 불안정, 사회기술의 부족, 사회적 고립이나 철수, 부적절하고 특이한 행동상의 문제가 있을 수 있음을 시사한다.

■ 사회성숙도검사(SMS ; Social Maturity Scales)

① 의의 및 특징

  ㉠ 돌(Doll)에 의해 고안된 바인랜드 사회성숙척도(Vineland Social Maturity Scale)를 김승국과 김옥기가 0~30세까지의 일반인 2,230명을 대상으로 표준화한 검사도구이다.

  ㉡ 검사는 수검자를 잘 아는 부모, 부모가 없을 경우 형제, 자매 혹은 그를 잘 아는 친척이나 후견인과의 면접을 통해 시행된다. 수검자가 자신에 관한 정보를 제공할 수 있을 정도로 성숙하더라도 직접 수검자를 면접 대상으로 하지 않는다.

  ㉢ 자조, 이동, 작업, 의사소통, 자기관리, 사회화 등 크게 6가지 영역에 대한 발달 정도를 측정하며, 각 영역별로 적응행동의 표본이 된다고 할 수 있는 문항들로 구성되어 있다.

  ㉣ 적응 수준의 하위 영역을 6가지 범주로 구분함으로써 각 영역에 따른 발달 수준을 평가할 수 있는 것은 물론, 수검자의 부적응적 문제와 관련하여 어떤 영역을 중심으로 적응능력을 발달시켜 나갈 수 있을지를 예측하고 계획을 수립하는 데 지표로 활용할 수 있다. 특히 사회적응능력 발달 수준을 평가하여 아동의 인지적 성숙도를 측정할 수 있다는 점에서, 장애 아동 및 비장애아동의 진단 및 치료 목적으로 널리 활용되고 있다.

  ㉤ 각 문항은 수행이 완전한 경우에서부터 수행이 불완전하거나 불가능한 경우에 이르기까지 총 5단계의 판단 기준에 따르며, 이를 각각 '+', '+F', '+NO', '±', '-'로 표시한다.

+	부당한 강요나 인위적인 유인이 없어도 각 항목의 본질적인 행동을 습관적으로 수행하는 경우 혹은 현재는 습관적으로 수행하고 있지 않지만 하려고 하면 쉽게 수행할 수 있는 경우
+F	검사 시에는 일시적인 문제 혹은 특별한 제약으로 인해 각 항목의 행동을 성공적으로 수행하지 못하였으나, 평상시에는 성공적으로 수행하는 경우
+NO	지금까지는 기회 부족으로 각 항목의 행동을 수행하지 못하였으나, 기회가 주어진다면 곧 성공적으로 수행 혹은 습득할 수 있을 경우
±	각 항목의 행동을 가끔 하기는 하나 그 행동이 불안정할 경우, 즉 과도적인 상태이거나 발현 중인 상태에 있을 경우
-	각 항목의 행동을 전혀 수행하지 못한 경우, 부당한 강요나 유인이 있을 때에만 수행하는 경우, 혹은 과거에 성공적으로 수행하였으나 현재는 비교적 항구적인 신체적·정신적 장애로 인해 수행하지 못할 경우

전문가의 한마디

사회성숙도검사(SMS)는 일상생활에서 아동의 발달적 성숙 및 기능 수준을 알아보는 적응기능 평가도구입니다. 적응기능 평가를 통해 적응상 취약성을 알아내어 심리사회적 치료에서 목표행동으로 삼을 수 있으며, 때로는 강점을 발견하여 이를 격려함으로써 적응기능을 증대시키는 데 도움을 얻을 수 있습니다.

OX Quiz

사회성숙도검사(SMS)의 각 문항은 수행이 완전한 경우에서부터 불완전하거나 불가능한 경우에 이르기까지 총 3단계의 판단 기준에 따른다.

정답 X(5단계의 판단 기준에 따름)

기출키워드

22년 3회

사회성숙도검사의 측정 영역

※ 실기시험에는 아동발달을 측정하기 위한 사회성숙도검사의 측정 영역을 4가지 쓰도록 하는 문제가 출제되었습니다.

② 측정 내용

㉠ 자조 영역(SH, Self-Help) : 자조 일반(SHG, Self-Help General), 자조 식사(SHE, Self-Help Eating), 자조 용의(SHD, Self-Help Dressing)의 3가지 영역을 통해 자조능력을 측정한다.

㉡ 이동 영역(L, Locomotion) : 기어다니는 능력부터 어디든지 혼자서 다닐 수 있는 능력까지를 측정한다.

㉢ 작업 영역(O, Occupation) : 단순한 놀이에서부터 고도의 전문성을 요하는 작업에 이르기까지 다양한 능력을 측정한다.

㉣ 의사소통 영역(C, Communication) : 동작, 음성, 문자 등을 매체로 수용능력 및 표현능력을 측정한다.

㉤ 자기관리 영역(SD, Self-Direction) : 금전의 사용, 물건의 구매, 경제적 자립 준비, 그 밖의 책임 있고 분별 있는 행동을 통해 독립성과 책임감을 측정한다.

㉥ 사회화 영역(S, Socialization) : 사회적 활동, 사회적 책임, 현실적 사고 등을 측정한다.

참고

사회성숙도검사의 측정 영역별 주요 문항

측정 영역	주요 문항	평균연령
자조 (SH)	• (자조 일반)머리를 가눈다. • (자조 일반)밖에 나갈 때 걸어가려고 한다. • (자조 일반)혼자서 대소변을 본다. • (자조 식사)음식을 씹어 먹는다. • (자조 식사)먹을 수 있는 것과 먹을 수 없는 것을 구별한다. • (자조 식사)무슨 음식이든 남의 힘을 빌리지 않고 먹는다. • (자조 용의)외투를 혼자서 벗는다. • (자조 용의)외투를 혼자서 입는다. • (자조 용의)혼자서 목욕을 한다.	• 0.20세 • 1.22세 • 3.14세 • 1.10세 • 1.47세 • 7.19세 • 2.23세 • 2.59세 • 8.05세
이동 (L)	• 방에서 배나 무릎으로 기어다닌다. • 집안이나 뜰에서 혼자 돌아다닌다. • 가까운 이웃집에 혼자서 놀러 다닌다. • 좀 먼 이웃 동네라도 혼자서 갔다 온다.	• 0.53세 • 1.47세 • 3.06세 • 11.65세
작업 (O)	• 물건을 옮긴다. • 연필이나 크레파스로 그림을 그린다. • 간단한 창의적인 일을 한다. • 일상적인 집안일을 맡아 책임지고 한다.	• 1.18세 • 4.16세 • 10.40세 • 14.05세

전문가의 한마디

문항에 따른 질문은 수검자의 연령·능력 등 일반정보를 참작하여 예상되는 최고점수보다 훨씬 아래의 문항에서부터 시작하도록 하고 있습니다. 특히 문항별 평균연령(평균생활연령)은 어느 문항부터 질문을 시작하는 것이 좋을지 판단하는 준거가 됩니다.

OX Quiz

이동 영역은 기어다니는 능력부터 어디든 혼자서 다닐 수 있는 능력까지를 측정하는 것이다.

정답 O

의사소통 (C)	• 깔깔대며 웃는다. • 짧은 문장으로 말을 한다. • 전화를 걸 줄 안다. • 시사 문제에 관심을 가진다.	• 0.19세 • 1.75세 • 8.07세 • 13.69세
자기관리 (SD)	• 소액의 돈을 가지고 사오라는 물건을 사온다. • 한 시간 이상 혼자서 집을 본다. • 자기가 가진 돈을 유용하게 쓴다. • 책임 있고 분별 있는 행동을 한다.	• 4.01세 • 9.13세 • 13.04세 • 17.18세
사회화 (S)	• 다른 사람의 주의를 끌려고 한다. • 다른 아이들과 같이 어울려 논다. • 산타클로스나 귀신이나 도깨비는 존재하지 않는 것으로 믿고 있다. • 협동을 요하는 집단 활동에 적극 참여한다.	• 0.63세 • 2.48세 • 7.23세 • 13.63세

기출복원 41

15, 24년 기출

사회성숙도검사에서 아동의 측정 영역을 6가지 기술하시오.   6점

— ● 해설 체크! ●—

1. 자조 영역(SH, Self-Help)
2. 이동 영역(L, Locomotion)
3. 작업 영역(O, Occupation)
4. 의사소통 영역(C, Communication)
5. 자기관리 영역(SD, Self-Direction)
6. 사회화 영역(S, Socialization)

전문가의 한마디

신경심리검사는 신경심리평가를 위한 검사도구로서, 이 둘은 사실상 공통된 목적을 가지고 있다고 볼 수 있습니다. 그로 인해 교재에 따라 신경심리검사의 목적으로 혹은 신경심리평가의 목적으로 제시하기도 합니다.

45 신경심리검사 및 신경심리평가 Ⅰ

■ 신경심리검사 및 신경심리평가의 의의

① 신경심리검사
  ㉠ 선천적 또는 후천적 뇌손상 및 뇌기능장애를 진단하는 검사도구를 말한다.
  ㉡ 환자의 행동 변화를 야기하는 뇌손상과 그로 인한 신체적·인지적 기능상의 변화 등을 감별하기 위한 것이다. 즉, 환자의 행동 변화를 야기하는 뇌손상이 있는지, 손상이 있는 경우 어떤 기능 영역에서 나타나는지, 나아가 그와 관련된 뇌병변의 위치가 어디인지 등을 판단하기 위한 진단적 목적으로 사용된다.

② 신경심리평가
  ㉠ 뇌손상 및 뇌기능장애에 특화된 심리검사와 함께 신경심리 상태에 대한 과학적·체계적인 검사 및 환자의 행동장애에 대한 평가를 통해 인지기능의 손상여부를 판정하고 치료계획을 세우기 위한 과정이다.
  ㉡ 환자의 변화된 욕구와 능력, 심리상태에 부합하는 정확한 정보를 수집함으로써 보다 적절한 프로그램과 치료 계획을 수립하도록 한다.

■ 신경심리검사(신경심리평가)의 목적

① 환자 상태의 예측(진단)
  신경심리검사는 환자에게서 나타난 뇌손상의 심각도를 알 수 있도록 하며, 뇌손상의 후유증을 예측할 수 있도록 한다. 특히 단층촬영(CT)이나 자기공명영상(MRI)과 같은 뇌영상기법에서 이상소견이 나타나지 않을 때 유용할 수 있다.

② 환자 관리 및 치료계획 수립
  환자의 성격특성이나 인지상태 등에 대한 자세한 정보를 입수하여 신경학적 장애가 있는 환자들을 보다 세심하게 관리하며, 환자가 겪고 있는 심리적 변화가 그의 행동에 어떠한 영향을 미치는지 파악함으로써 합리적인 치료계획을 세우도록 한다.

③ 재활 및 치료평가
  환자의 현재 신경심리학적 상태에 대한 평가를 통해 환자의 변화된 욕구와 능력에 부합하는 적절한 재활 프로그램을 적용할 수 있도록 하며, 환자의 수행 실패에 대한 분석을 통해 어떤 치료기법이 유효한지 평가할 수 있도록 한다.

④ 연구
  환자의 뇌기능과 행동의 연관성에 대한 연구를 가능하게 한다. 예를 들어 환자의 유형에 따라 어떤 특정한 신경외과적 수술이 요구되는지, 향후 어떤 변화가 일어날 수 있는지 등을 연구하는 데 유용한 도구로 활용된다.

OX Quiz
신경심리검사는 진단적 목적으로 사용할 수 있는 검사이다.
정답 O

OX Quiz
신경심리검사를 통해 환자 상태의 예측이 가능하지만 치료 계획을 수립하는 것은 불가능하다.
정답 X(관리 및 치료계획 수립이 가능함)

■ 신경심리검사의 2가지 접근 전략

① 고정된 배터리 접근(Fixed Battery Approach)

검사의 종류 및 절차가 미리 정해져 있는 경우로서, 검사자는 모든 환자에게 미리 정해진 검사 배터리를 실시하게 된다.

장점	• 거의 모든 뇌기능을 포괄하는 다양한 소검사들을 통해 광범위한 행동 스펙트럼에 대한 강점 및 약점을 평가할 수 있다. • 규준 정보를 이용할 수 있고 관련 연구가 확립되어 있는 경우가 많으므로 연구용으로 쉽게 활용할 수 있다. • 검사전문요원이 일정 기간의 전문적인 훈련을 통해 비교적 쉽게 실시할 수 있으며, 학생들이 배우기 쉽다.
단점	• 환자가 특정 영역에 문제가 없음에도 불구하고 단지 배터리에 해당 영역을 측정하는 검사가 포함되어 있으므로 불필요한 검사를 받게 되어 시간과 비용 면에서 비효율적이다. • 특정 검사 점수에 대한 근본적인 원인을 간과할 수 있으며, 환자의 특성이나 의뢰 사유를 충분히 고려하지 않은 채 검사 배터리에만 의존할 수 있다.

② 가설 검증 접근(Hypothesis-Testing Approach)

고정된 배터리 접근에 비해 융통성이 있는 질적인 접근으로서, 임상가가 검사를 시작하기 전 혹은 평가를 하는 동안 환자에 대해 얻은 정보를 토대로 뇌손상의 원인 및 본질에 대한 가설을 세우며, 그 가설에 기초하여 검사를 선택한다.

장점	• 환자의 특성이나 의뢰 사유를 충분히 고려하여 개별 환자에게 적합한 검사를 선택적으로 실시할 수 있으며, 온전한 영역을 검사하는 데 시간을 허비하지 않는다. • 최종 검사 점수 자체보다는 검사를 수행하는 동안 관찰된 행동이나 환자가 보인 오류에 초점을 맞추고 검사 점수에 영향을 미치는 요인들을 고려함으로써 보다 질적인 평가가 가능하다.
단점	• 매우 제한된 영역에 관한 정보를 제공하며, 환자의 약점에 지나치게 초점을 맞추는 경향이 있다. • 환자마다 실시하는 검사의 종류가 달라지므로 검사자료를 연구에 활용하는 데 어려움이 있다. • 임상가의 전문성에 의존하므로 상당한 수준의 지식 및 경험, 전문적인 훈련이 필요하다.

전문가의 한마디

할스테드-라이탄 신경심리배터리(HRNB ; Halstead-Reitan Neuropsychological Battery)는 7개의 하위검사로 구성된 고정된 배터리로, 모든 환자에게 검사 목적이나 손상의 심각도와 상관없이 7개의 하위검사 모두를 실시합니다.

전문가의 한마디

뇌졸중 환자가 의사소통에 어려움이 없이 좌측 편마비를 보이는 경우 언어기능을 검사하느라 오랜 시간을 소모하는 것은 비효율적이므로 보다 융통성 있는 접근이 필요합니다.

OX Quiz

가설 검증 접근은 매우 제한된 영역에 관한 정보를 제공하며, 환자의 약점에 지나치게 초점을 맞추는 경향이 있다.

정답 O

■ 노인용 신경심리검사 배터리

① 서울신경심리검사(SNSB ; Seoul Neuropsychological Screening Battery)
  ㉠ 주의집중능력, 언어 및 관련 기능, 시공간 기능, 기억력, 전두엽 집행기능 등을 평가하는 다양한 하위검사들로 구성되어 있다.
  ㉡ 단시간 내에 치매를 선별하기 위한 검사도구로서 한국판 간이 정신상태 검사(K-MMSE), 수검자의 인지기능에 영향을 미칠 수 있는 정서적 상태를 평가하는 노인용 우울검사(GDS), 신체적 상태를 평가하는 바텔 일상생활활동(B-ADL), 수검자와 보호자의 보고를 토대로 치매의 심각도를 평가하는 임상치매척도(CDR) 등이 포함되어 있다.
  ㉢ 검사 실시에 대략 2시간 정도가 소요되며, 55~80세 노년층에 대한 규준을 제공한다.

② 한국판 치매평가검사(K-DRS-2 ; Korean-Dementia Rating Scale-2)
  ㉠ 치매 환자의 진단 및 경과 측정을 위해 개발된 치매평가검사(DRS-2)를 국내 실정에 맞도록 재표준화한 것이다.
  ㉡ 주의, 관리기능, 구성, 개념화, 기억 등을 측정하는 검사들로 구성되어 있다.
  ㉢ 검사 실시에 대략 30분~1시간 정도가 소요되며, 4개의 연령 수준(50~59세, 60~69세, 70~79세, 80~89세)과 4개의 학력 수준(문맹, 0~5세, 6~11세, 12년 이상)으로 세분화된 규준을 제공한다.

③ 한국판 세라드 치매진단검사(CERAD-K ; Korean Version of Consortium to Establish a Registry for Alzheimer's Disease)
  ㉠ CERAD는 알츠하이머병 환자의 진단 및 평가, 연구에 표준화된 평가도구 및 진단방법을 사용함으로써 연구자 간 협력기반을 구축하고자 개발된 것이다.
  ㉡ 기억력, 지남력, 언어능력, 시공간 능력을 측정하는 검사들로 구성되어 있다.
  ㉢ 검사 실시에 대략 30분 정도의 비교적 짧은 시간이 소요되면서도 치매와 관련된 인지기능을 포괄적으로 측정하는 장점을 가지고 있다.

> **전문가의 한마디**
> 서울신경심리검사(SNSB)는 기타 지표를 제외한 5가지 인지영역(인지기능 영역)을 평가하는 하위검사들로 구성되어 있습니다. 참고로 특정 하위검사들이 측정하는 인지 영역이 무엇인지를 묻는 문제가 2020년 2회 실기시험에 출제된 바 있으므로, 하위검사와 인지영역을 서로 연결시켜 학습하시기 바랍니다.

■ 서울신경심리검사의 구성

인지 영역	신경심리검사
주의집중능력	• Digit Span : Forward/Backward • Letter Cancellation
언어 및 관련 기능	• Spontaneous Speech/Comprehension/Repetition • Korean-Boston Naming Test(K-BNT) • Reading/Writing • Finger Naming/Right-Left Orientation/Calculation • Body Part Identification • Praxis Test : Buccofacial, Ideomotor

시공간 기능	• K-MMSE : Drawing • Rey Complex Figure Test(RCFT) : Copy
기억력	• K-MMSE : Registration/Recall • Seoul Verbal Learning Test(SVLT) • RCFT : Immediate & Delayed Recalls/Recognition
전두엽 집행기능 (전두엽 관리기능)	• Contrasting Program/Go-No-Go Test • Fist-Edge-Palm/Alternating Hand Movement • Alternating Square and Triangle/Luria Loop • Controlled Oral Word Association Test(COWAT) 　- Semantic(Animal, Supermarket) 　- Phonemic(ㄱ, ㅇ, ㅅ) • Korean-Color Word Stroop Test(K-CWST)
기타 지표	• K-MMSE • Geriatric Depression Scale(GDS) • Barthel Activities of Daily Living(B-ADL) • Clinical Dementia Rating Scale(CDR)

출처 : 강연욱 外, 『서울신경심리검사(SNSB)』, 휴브알엔씨

OX Quiz

서울신경심리검사는 5가지 인지 영역을 평가하는 하위검사들로 구성되어 있다.

정답 O

기출복원 42　　　　　　　　　　　　　　　　　　　15, 20년 기출

다음 보기의 신경심리검사들이 평가하는 인지기능 영역을 쓰시오.　　3점

Contrasting Program / Go-No-Go Test / Fist-Edge-Palm / Alternating Hand Movement / Alternating Square and Triangle / Luria Loop / Controlled Oral Word Association Test(COWAT) / Korean-Color Word Stroop Test(K-CWST)

● 해설 체크! ●

전두엽 집행기능(전두엽 실행기능 또는 전두엽 관리기능)

46 신경심리검사 및 신경심리평가 II

■ **신경심리평가에서 다루어야 할 주요 평가 영역 및 신경해부학적 특성**

① 지능
  ㉠ 지적 능력의 저하는 뇌손상의 결과로 인한 가장 일반적인 현상으로서, 특히 지능검사는 신경심리평가에 있어서 가장 많이 사용되는 도구이다.
  ㉡ 일반 성인들의 학업 및 직업 수행이나 정신과 환자들의 질병의 예후를 예측하는 데 유용하다.
  ㉢ 대표적인 검사 : 웩슬러 지능검사(The Wechsler Scales), 라벤 진행성 색채 매트릭스(Raven's Progressive and Coloured Progressive Matrices) 등

② 기억과 학습능력
  ㉠ 기억장애는 유전적인 요인에서부터 신경학적 손상, 대사기능의 이상, 나아가 정서적·심리적 문제 등에 의해서도 야기되므로, 평가 시에 기억 곤란을 야기하는 근본적인 원인을 명확히 파악하는 것이 중요하다.
  ㉡ 단기기억은 전두엽의 여러 영역과 관련이 있으며, 장기기억은 내측 측두엽, 간뇌, 기저전뇌, 전두엽과 관련된 것으로 알려져 있다.
  ㉢ 대표적인 검사 : 웩슬러 기억척도(Wechsler Memory Scale), 캘리포니아 언어학습검사(California Verbal Learning Test), 레이 청각언어학습검사(Rey Auditory Verbal Learning Test), 코시 토막두드리기검사(Corsi's Block Tapping Test) 등

③ 언어기능
  ㉠ 신경학적 병변과 관련된 언어기능상의 이상은 실어증(Aphasia) 혹은 언어기능장애(Dysphasia)로 나타난다.
  ㉡ 언어기능은 뇌의 좌반구, 특히 외측구 주변 영역과 관련이 있다. 언어표현은 브로카(Broca) 영역, 언어이해는 베르니케(Wernicke) 영역과 관련이 있는 것으로 보고되고 있다.
  ㉢ 대표적인 검사 : 보스턴 진단용 실어증검사(Boston Diagnostic Aphasia Examination), 보스턴 이름대기검사(Boston Naming Test), 통제 단어 연상검사(Controlled Oral Word Association), 라이탄 실어증선별검사(Reitan Aphasia Screen Test) 등

④ 주의력과 정신처리속도
  ㉠ 주의력은 시공간적 지남력과 주의전환, 각성 또는 지속적 주의, 선택적 또는 초점 주의 등의 3가지 측면으로 구분된다.

전문가의 한마디

브로카 실어증(Broca's Aphasia)은 유창성이 떨어지고 더듬거리며, 어조나 발음에 이상이 있는 등 언어적 표현의 장애를 보이는 경우인 반면, 베르니케 실어증(Wernicke's Aphasia)은 말하는 능력은 정상이나 듣고 이해하는 능력이 손상된 경우에 해당합니다.

OX Quiz

신경심리평가에서 다루어야 할 주요 평가 영역에는 지능, 기억, 학습능력, 언어기능 등이 있다.

정답

ⓒ 뇌간에서 피질에 이르는 망상활성체(RAS ; Reticular Activating System)가 각성 및 의식에 관여하는 것으로 알려져 있다. 특히 대상피질(Cingulate Cortex)은 입력 정보의 조절기능을 담당하며, 두정엽은 선택적 주의, 전두엽은 주의 자원을 배분하는 기능을 담당한다.

ⓒ 대표적인 검사 : 선로잇기검사(Trial Making Test), 기호 숫자 양식검사(Symbol Digit Modalities Test), 스트룹 색상-단어검사(Stroop Color-Word Test) 등

⑤ 시각구성능력(시공간 기능)

ⓐ 자극의 재구성을 위해서는 자극 부분들의 공간적 관계를 정확하게 지각하는 능력, 각 부분을 전체로 조직화하는 능력, 실제적인 운동능력 등이 필요하다.

ⓑ 시공간적 지각능력의 손상은 구성장애 또는 구성실행증(Constructional Apraxia)을 초래한다. 구성장애는 1차원 및 2차원의 자극을 토대로 2차원 또는 3차원으로 된 대상이나 형태를 구성하는 능력에서 결함을 나타내는 장애로서, 특히 두정엽의 병변과 밀접한 관련이 있는 것으로 알려져 있다.

ⓒ 대표적인 검사 : 벤더게슈탈트검사(Bender Gestalt Test), 레이-오스테리스 복합도형검사(Rey-Osterrieth Complex Figure Test), 벤톤 시각기억검사(The Benton Visual Retention Test), 웩슬러 지능검사의 토막짜기와 모양 맞추기 소검사, 시계 그리기 검사(CDT ; Clock Drawing Test), 인물화 검사(DAP ; Draw-A-Person) 등

⑥ 집행기능(실행기능 혹은 관리기능)

ⓐ 집행기능은 개념형성 및 추론을 통해 문제를 해결하거나 계획하며, 상황에 부합하는 판단 및 적절한 행동을 하도록 하는 고차적인 기능이다.

ⓑ 집행기능의 손상은 기초적인 인지기능이 보존되어 있더라도 사회적으로 적응적인 행동을 하는 데 어려움을 초래하는데, 특히 전두엽 및 전두엽-피질하부 순환경로상의 병변과 밀접한 관련이 있는 것으로 알려져 있다.

ⓒ 대표적인 검사 : 위스콘신 카드분류검사(Wisconsin Card Sorting Test), 스트룹검사(Stroop Test), 선로잇기검사, 추적검사(Trail Making Test) 등

⑦ 성격 및 정서적 행동

ⓐ 성격 및 정서의 변화는 뇌손상의 직접적인 결과로 나타날 수도 있으나 신체적 기능저하나 사고경험, 환자의 병전 성격이나 정신과적 질병의 유무, 보상과 관련된 꾀병의 여부 등에 의한 것일 수도 있다.

ⓑ 자기 인식의 제한, 충동성, 경직성, 빈약한 사회적 인식 등은 전두엽 손상과 관련된 것으로 보고되고 있다.

ⓒ 대표적인 검사 : 간이정신진단검사-90(Symptom Checklist 90-Revised), 밀튼 임상다축성검사(Milton Clinical Multiaxial Inventory-Ⅲ), 미네소타 다면적 인성검사(MMPI-2), 벡 우울척도(BDI ; Beck Depression Inventory) 등

> **전문가의 한마디**
>
> 신경심리학은 뇌-행동 관계에 초점을 둡니다. 신경심리학자들은 뇌와 행동 기능을 평가하고, 신경인지장애(치매), 약물중독, 뇌졸중, 두부손상, 뇌전증, 그밖에 인지적 및 신경학적 기능장애를 가져오는 다양한 문제들로 인한 뇌손상으로 고통받고 있는 환자들을 위한 전략을 제공합니다.

■ 신경심리학자들이 다루어야 할 장애

① 신경인지장애 또는 치매
   ㉠ 신경인지장애(Neurocognitive Disorder)는 기존에 치매(Dementia)로 불린 DSM-5 분류 기준상의 장애범주로서, 알츠하이머병, 파킨슨병, 헌팅턴병을 비롯하여 외상성 뇌손상, 혈관 질환 등 다양한 병인의 결과인 만큼 신경학적, 정신과적, 신체적 상해 등의 평가 과정을 포함한다.
   ㉡ 신경심리학적 평가는 이러한 장애로 인한 현재의 기능 상태와 특정 영역의 손상을 탐지하고 병전 능력 수준과의 비교를 통해 손상의 정도를 제시함으로써 이를 치료에 활용할 수 있도록 한다.

② 약물중독 또는 물질남용
   ㉠ 약물중독이나 물질남용은 신경계에 손상을 입히는데, 보통 이와 같은 중독 혹은 남용은 정신과적 문제가 복합적으로 작용하고 있다. 따라서 정신과적 문제에 일차적인 초점이 맞춰지지만, 재활 프로그램을 적용하는 경우 개개인의 신경심리학적 소견에 따라 실시되어야 효율적이다.
   ㉡ 급성환자를 제외하고 중독의 영구적 후유증은 명확하지 않다. 이때 신경심리학적 평가가 그 미묘한 차이를 평가하는 데 유용하게 사용될 수 있다.

③ 뇌졸중
   ㉠ 뇌졸중은 혈관의 이상으로 인해 뇌의 혈액 공급이 단절됨으로써 신경학적 증상이 나타나는 것이다. 그러나 뇌졸중은 광범위한 혈관 질환이므로 인지손상이 다양하게 나타날 수 있으며, 그 결과로 예상되는 인지손상의 특정한 형태가 존재하지 않는다.
   ㉡ 신경심리학적 평가는 일차적인 진단도구로 사용되지는 않지만, 회복 속도 및 예후에 대한 평가, 인지기능의 현재 상태 평가 및 치료 후 효과와의 비교, 치료영역 결정 및 치료 종결 후 장기치료 계획 수립을 위한 기초자료 제공 등을 위해 실시된다.

④ 두부손상
   ㉠ 두부 충격으로 인한 외상 중 폐쇄성 두부손상(Closed Head Injury)은 뇌의 구조적 변화를 야기하는 심한 두부손상과 달리 뇌에 광범위하고 산재성 형태의 확산성 축색손상을 일으키므로, 특징적인 장애 양상을 보이지 않는 것이 특징이다.
   ㉡ 신경심리학적 평가는 주의력 감소, 새로운 학습이나 처음 시도하는 과제에 대한 정신적 속도 및 능력의 감소 등 완전한 기능 상실보다는 다양한 기능의 효율성 감소가 어느 정도 나타나는지를 알려준다.

⑤ 뇌전증(간질)
   ㉠ 뇌전증은 급격히 일시적으로 나타나는 뇌세포들의 과도한 방전으로 인한 발작을 의미하는 것으로서, 심한 근육경련, 의식상실 등을 동반한다. 성인보다는 아

> **전문가의 한마디**
>
> 뇌전증(腦電症)은 과거 '간질(癎疾)'로 불렸으나, 민간 의료계에서 사회적 편견과 차별을 조장한다는 이유로 보건당국에 의해 공식적으로 병명이 변경되었습니다.

동에게서 보다 많이 관찰되며, 특히 5세 이하의 아동과 사춘기 연령에서 발생 빈도가 높은 것으로 알려져 있다.
ⓒ 신경심리학적 평가는 발작의 발생 및 빈도 등 여러 요인이 복합적으로 작용하여 나타나는 뇌전증의 특징적 양상에 대해 보다 정확한 평가를 내릴 수 있도록 하며, 취학기의 학습과 수행에 관한 적절한 정보를 제공해 준다.

■ 무시 증후군(Neglect Syndrome)

① 의의 및 특징

ⓐ 무시 증후군은 뇌병변 반대쪽에 의미 있는 자극을 제시하였을 때 그 자극을 감지하지 못하거나 반응을 하지 않는 현상을 말한다. 예를 들어, 우반구 손상 환자에게 자신의 왼편에 어떤 물건을 집게 하였을 때 그 물건을 잘 찾지 못하거나 손 움직임이 느릴 수 있다. 다만, 이와 같은 반응상의 장애가 기본적인 감각장애나 운동장애에 기인한 것이 아니어야 한다.

ⓑ 무시 증후군은 감각성 무시(Sensory Neglect), 동시자극에 대한 감각 소멸(Sensory Extinction to Double Simultaneous Stimulation), 운동성 무시(Motor Neglect), 편측 무시(Unilateral Neglect) 또는 편측 공간 무시(Hemispatial Neglect) 등 여러 가지 형태가 있다.

감각성 무시	병소의 반대쪽에 어떤 자극을 주었을 때 이를 감지하지 못하거나 그에 대한 반응이 없는 현상이다. 예 검사자가 환자의 뒤편에 서서 오른쪽 시야 혹은 왼쪽 시야에서 손을 흔들 때, 환자는 한쪽 자극에는 고개를 돌리는 등 즉각적인 반응을 보이는 반면, 다른 쪽 자극에는 반응을 보이지 않거나 반응 속도가 매우 느리다.
동시자극에 대한 감각 소멸	병소의 같은 쪽 혹은 반대쪽에 한 쪽씩 자극을 주는 경우 그에 적절히 반응하지만, 양쪽에 동시자극을 주는 경우 병소 반대쪽을 무시하는 현상이다. 예 환자에게 눈을 감도록 한 다음 손가락으로 딱 소리를 왼쪽, 오른쪽, 그리고 양쪽으로 제시한다. 환자는 왼쪽, 오른쪽 각각에 적절히 반응을 보이는 반면, 양쪽에서 동시에 주어지는 자극에 대해서는 일관되게 어느 한쪽에만 반응을 보인다.
운동성 무시	마비 증상 등 신체 부위의 운동성에 문제가 없음에도 불구하고 병소의 반대쪽 공간으로 향하는 몸의 움직임이 현저히 떨어지는 현상이다. 예 환자의 왼쪽과 오른쪽에 검사자가 한 사람씩 있고 번갈아서 환자에게 악수를 청할 때, 환자는 어느 한쪽 공간 내에서 유독 느린 반응을 보인다.
편측 무시 (편측 공간 무시)	환자에게 어떤 공간 내에서 여러 가지 과제를 시키는 경우 병변의 반대쪽에 있는 공간을 무시하는 현상이다. 예 우반구 병변을 가진 환자에게 직선을 보여주고 그 가운데 지점을 표시하라고 요구할 때, 환자는 오른쪽으로 치우친 지점을 가리킬 수 있다.

기출키워드

21년 1회

편측 무시/무시 증후군

※ 실기시험에는 뇌손상 사례를 제시하고 현상의 이름과 이를 평가할 수 있는 검사 종류를 쓰도록 하는 문제가 출제되었습니다.

전문가의 한마디

일반적으로 무시 증후군(Neglect Syndrome)은 좌반구의 병변보다는 우반구의 병변에서 더 흔하게 나타난다고 보고되고 있습니다.

OX Quiz

환자에게 어떤 공간 내에서 여러 가지 과제를 시키는 경우 병변의 반대쪽에 있는 공간을 무시하는 현상은 편측 무시이다.

정답 O

OX Quiz

무시 증후군 평가도구에는 알버트 검사, 시계 그리기, 글자 지우기 검사 등이 있다.

정답 O

전문가의 한마디

문제의 답안으로 보기의 사례와 같은 현상은 '편측 무시(편측 공간 무시)' 혹은 '무시 증후군'을 제시하여도 무방할 것으로 보입니다. 다만, 무시 증후군은 편측 무시를 포함하는 보다 포괄적인 개념의 현상임을 기억해야 합니다.

② 평가도구
  ㉠ 글자 지우기 검사(Letter Cancellation)
  ㉡ 선 이등분 검사 또는 직선이분 검사(Line Bisection Test)
  ㉢ 그림 그리기와 베끼기 검사(Drawing and Copying Test)
  ㉣ 선 지우기 검사(Line Cancellation)
  ㉤ 알버트 검사(Albert's Test)
  ㉥ 시계 그리기(Clock Drawing)
  ㉦ 캐서린 버지고 척도(CBS ; Catherin Bergego Scale)
  ㉧ 행동적 주의집중 검사(BIT ; Behavioral Inattention Test) 등

기출복원 43 17, 21년 기출

다음 보기의 사례를 읽고 물음에 답하시오. (6점)

> 검사자는 뇌졸중 환자를 대상으로 글자 지우기 검사를 실시하였다. 그런데 환자는 시야 좌측의 글자를 다 못 지우는 것이었다.

(1) 보기의 사례와 같은 현상을 무엇이라 지칭하는가?

• 해설 체크! •

편측 무시(Unilateral Neglect) 또는 무시 증후군(Neglect Syndrome)

(2) 뇌의 어느 반구의 손상인가?

• 해설 체크! •

우반구 손상

(3) 이와 같은 현상을 평가할 수 있는 검사 종류를 1가지만 쓰시오.

• 해설 체크! •

선 이등분 검사 또는 직선이분 검사(Line Bisection Test)

47 종합심리검사(Full Battery)

■ 종합심리검사(Full Battery)의 의의

① 여러 종류의 검사를 하나의 세트로 묶어 사용하는 방식으로서, 배터리형으로 제작된 검사세트를 모두 실시하는 방법에 해당한다.
② 다양한 심리검사를 하나로 종합하여 수검자에 대한 보다 심층적인 임상면접과 체계적인 행동 관찰이 가능하다.
③ 수검자의 인지적 기능, 정서 상태, 성격적 특징, 대인관계 양식, 핵심갈등 영역, 심리적 자원 등에 대한 종합적인 평가가 이루어진다.
④ 일반적으로 지능검사를 포함하여 총 7종의 심리검사의 조합으로 이루어지며, 이를 통해 풍부하고 포괄적인 정보를 얻을 수 있다.
⑤ 검사상 필요에 따라 다른 검사를 추가하거나 일부 검사를 제외하는 등 융통성 있게 실시할 수 있다.

■ 종합심리검사를 실시하는 이유

① **개인 심리에 대한 전반적인 평가**
개인의 복잡한 사고와 행동을 하나의 심리검사로 평가할 수 없으며, 개별적·단편적인 검사로 얻을 수 있는 정보는 지극히 제한되어 있다. 따라서 개인의 자아상, 인지, 정서, 대인관계, 스트레스에 대한 대응 등 다양한 정보를 종합적으로 수집함으로써 개인 심리의 전반적인 평가가 가능하다.

② **교차타당성 검증을 통한 정확도 향상**
각각의 심리검사는 그 평가 영역에 중첩되는 부분이 있으므로, 단일검사에서의 교차타당성 검증이 다른 검사 결과를 통해 이루어진다. 따라서 측정오차를 최소화하는 동시에 정확도를 향상시킬 수 있다.

> **전문가의 한마디**
>
> 종합심리검사는 '풀 배터리' 혹은 '총집'이라고도 부릅니다. 실제 임상장면에서는 1가지 심리검사만 사용하기도 하지만 몇 개의 심리검사들로 이루어진 총집을 사용하는 경우도 많습니다. 총집의 종합심리검사를 사용하는 이유는 각각의 검사들이 고유하게 측정하는 영역이 있기 때문이기도 하지만, 유사한 영역을 측정하는 검사들을 함께 사용함으로써 결과의 타당도를 높이기 위해서이기도 합니다.

> **전문가의 한마디**
>
> 임상장면에서 실시하는 심리검사로 K-WAIS, MMPI, 로샤검사 등이 많이 사용되지만, 종합심리검사(Full Battery)에 그와 같은 검사들이 반드시 포함되어야 하는 것은 아닙니다.

■ 개별검사와 종합심리검사의 비교

개별검사	• 환자에 따라 적절한 검사를 특정적으로 선정하여 실시하는 방법에 해당한다. • 다른 불필요한 검사들을 제외하며, 필요한 검사에 대한 보다 집중적인 실행이 가능하다. • 자동화된 해석체계가 존재하지 않으므로 고도의 전문성을 가진 신경심리전문가가 필요하다. • 환자의 검사 행동 및 결과의 종합을 통해 풍부한 정보를 제공한다. • 신경심리전문가를 훈련시키거나 모집하는 데 어려움이 있다.
종합심리검사	• 개별적 · 단편적인 검사에 의한 정보수집의 한계를 극복하여 종합적인 평가자료의 수집이 가능하다. • 자동화된 해석체계가 존재하므로 검사자의 채용을 촉진한다. • 환자의 병전 기능수준에 대한 평가와 함께 현재 기능수준에 대한 파악이 가능하다. • 임상적 평가 목적과 연구 목적이 함께 충족될 수 있다. • 자료가 광범위하거나 불충분하게 제공될 수 있으며, 시간과 비용이 많이 소요된다. • 최신의 신경심리학적 연구결과들을 반영하기 어렵다.

■ 종합심리검사의 구성 예

K-WAIS-Ⅳ 또는 K-WISC-Ⅳ(웩슬러지능검사)
전반적 지능수준, 인지기능, 인지적 활동, 현재의 기능 상태 등에 대한 평가

↓

MMPI-2 또는 MMPI-A(다면적 인성검사)
성격 특징, 정서 상태, 심리적 갈등 영역 등에 대한 평가

↓

TCI(기질 및 성격검사)
기질유형 및 성격유형, 성격적 특징 및 성숙도 등에 대한 평가

↓

Rorschach(로샤검사)
사고 및 정서 상태, 정서조절능력, 현실지각, 대인관계 및 갈등 영역 등에 대한 평가

↓

HTP(집-나무-사람검사)
성격구조, 성격특징, 정서상태 등에 대한 평가

↓

SCT(문장완성검사)
정서상태, 대인관계 및 갈등 영역 등에 대한 평가

↓

BGT(벤더게슈탈트검사)
시각-운동 및 시지각 능력, 정신-운동 협응능력, 신경심리학적 문제 등에 대한 평가

> **OX Quiz**
>
> 자동화된 해석체계가 존재하므로 검사자의 채용을 촉진하는 검사는 개별검사이다.
>
> 정답 X(종합심리검사)

> **OX Quiz**
>
> 종합심리검사에서 사용하는 검사 중 신경심리검사로서의 역할을 할 수 있는 주요 검사에는 WAIS, BGT가 있다.
>
> 정답 O

■ 종합심리검사에서 사용하는 검사 중 신경심리검사로서의 역할을 할 수 있는 주요 검사

① 웩슬러 지능검사(WAIS ; Wechsler Adult Intelligence Scale)
　㉠ 지능검사는 신경심리검사가 개발되기 이전부터 인지기능의 손상을 평가하는 보편적인 도구로 널리 사용되어 왔다. 그 이유는 뇌손상의 결과로 나타나는 대표적인 손상이 일반적인 지적 능력이기 때문이다.
　㉡ 지능검사 중 가장 보편적으로 사용되는 웩슬러 지능검사는 인지기능의 기저수준을 결정하는 데 매우 유용한 것으로 입증되어 왔다. 특히 병전 지능을 추정하는 데 널리 사용되고 있으며, 이는 법의학적 측면에서 법적 판단의 근거가 되기도 한다.

② 벤더게슈탈트 검사(BGT ; Bender Gestalt Test)
　㉠ 형태심리학의 창시자인 베르타이머(Wertheimer)는 조직된 전체 혹은 구조화된 단위는 인간의 일차적 지각형태이며, 통합된 지각의 상실 혹은 왜곡된 지각은 여러 형태의 비정상적·정신병리적 징후일 수 있다고 보았다.
　㉡ 벤더게슈탈트 검사는 수검자의 지각 과정을 분석하여 지각상의 오류나 통합 과정상의 오류를 파악하는 것은 물론 시각-운동기능도 평가할 수 있다는 점에서 특히 간편 신경인지기능검사로서 매우 유용하게 사용되고 있다.

■ 종합심리검사에 지능검사가 포함되는 이유

① 개인의 신경학적 문제와 정신건강의학적 문제를 감별진단하는 데 사용된다.
② 개인의 성격적·정서적 특징을 파악하는 데 사용된다.
③ 개인의 적응에 도움을 주는 강점과 장애를 일으키는 약점을 파악하는 데 사용된다.
④ 개인의 인지적 특성은 물론 신체감각, 운동기능 등을 파악하는 데 사용된다.
⑤ 수검 과정에서의 직접적인 행동관찰을 통해 적응적 혹은 부적응적 행동 양상을 이해하는 자료로 사용된다.

기출키워드
23년 3회
신경심리검사로서의 역할을 할 수 있는 검사
※ 실기시험에는 일반 종합심리검사에서 사용하는 검사 중 신경심리검사로서의 역할을 할 수 있는 검사를 2가지 쓰도록 하는 문제가 출제되었습니다.

전문가의 한마디
정신건강의학과나 심리상담 관련 기관에서 실시하는 종합심리검사 안에는 거의 대부분 지능검사가 포함되어 있습니다. 그 이유는 지능검사가 단지 지능지수(IQ) 측정을 목적으로 하는 것이 아닌 개인의 성격을 반영하는 역동적인 도구로 활용될 수 있기 때문입니다.

기출복원 44

18년 기출

임상장면에서는 환자의 신경심리평가를 위해 종합심리검사인 풀배터리(Full Battery)를 실시한다. 이러한 풀배터리에는 보통 지능검사가 포함되는데, 풀배터리에 지능검사를 넣는 이유를 5가지 쓰시오. (5점)

> **해설 체크!**
> 1. 개인의 신경학적 문제와 정신건강의학적 문제를 감별진단하는 데 사용된다.
> 2. 개인의 성격적·정서적 특징을 파악하는 데 사용된다.
> 3. 개인의 적응에 도움을 주는 강점과 장애를 일으키는 약점을 파악하는 데 사용된다.
> 4. 개인의 인지적 특성은 물론 신체감각, 운동기능 등을 파악하는 데 사용된다.
> 5. 수검 과정에서의 직접적인 행동관찰을 통해 적응적 혹은 부적응적 행동 양상을 이해하는 자료로 사용된다.

우리 인생의 가장 큰 영광은
결코 넘어지지 않는 데 있는 것이 아니라
넘어질 때마다 일어서는 데 있다.

– 넬슨 만델라 –

제2과목
기초심리상담

학습공략

2과목은 상담자가 기본적으로 알고 있어야 하는 윤리원칙, 다중관계, 집단상담 등 우리에게 익숙하고 자주 출제되었던 문제들이 출제되는 과목입니다. 실제 상담사례를 제시하고, 그에 맞는 상담의 기술을 활용하여 답변하도록 하는 문제가 빈번하게 출제되었습니다. 또한 상담의 종결이나 집단상담 키워드 관련 문제는 꾸준히 자주 출제되므로 해당 키워드의 핵심이론은 반드시 숙지해 둘 필요가 있습니다.

- 48 임상장면의 초기면담
- 49 임상장면의 평가면담
- 50 상담의 이해
- 51 상담의 초기 단계
- 52 상담관계(Rapport)
- 53 촉진적 관계형성의 기술
- 54 상담관계의 윤리문제
- 55 윤리원칙과 윤리위반
- 56 상담심리사 윤리강령
- 57 집단상담 Ⅰ
- 58 집단상담 Ⅱ
- 59 집단상담 Ⅲ
- 60 상담의 기술 Ⅰ – 반영, 재진술, 명료화
- 61 상담의 기술 Ⅱ – 경청
- 62 상담의 기술 Ⅲ – 직면, 질문, 침묵 다루기
- 63 상담의 기술 Ⅳ – 해석, 자기노출
- 64 상담의 종결
- 65 상담 슈퍼비전
- 66 단기상담
- 67 단회상담
- 68 행동평가 Ⅰ
- 69 행동평가 Ⅱ
- 70 자기표현훈련
- 71 사회기술훈련

합격의 공식 ▶ 시대에듀

자격증 · 공무원 · 금융/보험 · 면허증 · 언어/외국어 · 검정고시/독학사 · 기업체/취업
이 시대의 모든 합격! 시대에듀에서 합격하세요!
www.youtube.com ➜ 시대에듀 ➜ 구독

임상심리사 2급

기초심리상담

2과목

48 임상장면의 초기면담

■ **임상장면의 초기면담에서 주요 목표**

① 내담자가 호소하는 심리적 문제 혹은 내담자의 문제증상을 탐색한다.
② 치료에 대한 내담자의 기대를 탐색한다.
③ 치료자와 내담자 간의 긍정적인 치료적 관계를 형성한다.
④ 전반적인 치료 과정을 구조화한다.

■ **임상장면의 초기면담 과정에서 내담자에 대한 행동관찰**

① 내담자의 말과 표현
   목소리의 강도와 고저, 말의 속도와 반응시간, 말하기의 용이성, 말투 등
② 신체 동작
   불안반응에 의한 동작(손이나 발의 무의미한 움직임), 상동증적 행위(장시간 특정 행위를 반복하는 증세) 등
③ 면담 태도
   경직되거나 웅크린 자세, 다리를 꼬고 비스듬히 앉는 자세, 시선의 회피 등
④ 용모 및 외모
   화려하거나 부적절한 복장 상태, 불결하거나 깔끔한 위생 상태, 키, 몸무게, 안색 등
⑤ 정서적 반응
   말이나 행동에서 나타나는 불안이나 긴장의 표출, 감정의 억제, 부적절한 감정적 표현 등
⑥ 이해력
   사고력 · 논리력 · 추리력, 상황판단능력, 지남력(Orientation) 등
⑦ 의사소통능력
   언어적 · 비언어적 의사소통능력, 일탈된 언어, 자폐적 언어 등

> **전문가의 한마디**
> 초기면담 과정에서 행동관찰의 요소는 교재에 따라 다양하게 제시되고 있습니다. 예를 들어, 내담자의 외양 및 행동, 언어 및 대화, 사고 내용, 감각동작기능, 인지기능, 정서기능, 통찰 및 판단 등을 제시할 수도 있습니다.

> **OX Quiz**
> 임상장면 초기면담 과정에서 행동관찰 요소에는 신체 동작, 외모, 정서적 반응 등이 있다.
> 정답 O

■ 임상적 면접의 내용

① 환자에 대한 신상정보(Identifying Information)
환자의 이름, 성별, 연령, 거주지, 연락처, 결혼상태, 직업상태, 의뢰자 등

② 주 호소문제(Chief Complaint)
환자의 욕구, 도움을 받고자 하는 내용 및 이유에 대한 진술, 문제의 강도 및 지속 기간 등

③ 현 병력 또는 현재병력(History of Present Illness)
증상의 발전 및 변화과정, 치료 경력, 증상에 대한 대응 노력 등

④ 과거병력(Past Health History)
정서 상태에 영향을 미치는 신체적 질병의 유무, 이전 정신적 혼란의 삽화(Episode), 처방된 약물 및 다른 약물의 사용 등

⑤ 병전 성격(Premorbid Personality)
현재 기능수준에 대한 기저선 파악, 병전 성격에 대한 평가 등

⑥ 개인력(Personal History)
신체적·심리적 문제에 대한 내력, 아동기 및 청소년기의 발달적 경험, 교육·직업·결혼의 과정 등

⑦ 가족력(Family History)
아동기와 청소년기의 가정환경, 부모의 성격 및 사회적 지위, 부모와의 관계, 직계가족의 정신과적 병력 등

⑧ 정신상태검사(Mental Status Examination)
용모 및 외모, 면담 태도, 정신운동 활동, 정서적 반응, 언어와 사고, 감각과 지능, 기억력과 지남력 등

⑨ 권고사항(Recommendation)
특정한 문제 또는 목표 증상에 대한 적절한 치료 종류 및 방법의 제시

■ 현 병력(History of Present Illness) 기술 시 포함되어야 할 사항

① 문제의 발생 시기
② 문제의 발생 상황
③ 문제의 발현양상으로서 증상에 대한 기술(증상의 위치, 양상, 정도, 시간 등)
④ 치료경력 혹은 증상에 대한 대응 노력
⑤ 현 증세에 대한 환자의 심리 혹은 현 증세로 인한 생활상의 변화 등

기출키워드

19년 3회 / 23년 1회

임상적 면접의 서면보고서

※ 실기시험에는 임상적 면접의 서면보고서에 포함되어야 할 내용 5가지를 쓰도록 하는 문제가 출제되었습니다.

기출키워드

19년 3회

현 병력(History of Present Illness) 기술

※ 실기시험에는 현 병력을 기술하는 데 있어 포함되어야 할 사항을 5가지 쓰도록 하는 문제가 출제되었습니다.

전문가의 한마디
정신상태검사는 환자의 외모와 태도, 정신운동 활동, 정서적 반응(정서적 유형과 적절성) 등을 평가하는 것이지 환자의 가족관계 등 환경적 요인을 평가하는 것은 아닙니다.

OX Quiz
정신상태검사에서는 환자의 가족관계, 일반적 외모, 언어와 사고 등을 평가한다.
정답 X(환경적 요인은 평가하지 않음)

■ **정신상태검사의 주요 항목과 내용**

① 일반적 외모와 면담행동
  ㉠ 복장 : 단정함, 수수함, 화려함, 깨끗함, 지저분함 등
  ㉡ 얼굴표정 : 긴장되어 있음, 굳어 있음, 피곤함, 평온함 등
  ㉢ 자세와 동작 : 느림, 경직됨, 조급함 등
② 면담자에 대한 태도 : 협조적임, 적대적임, 거부적임, 의심이 많음, 양가적임, 무관심함 등
③ 정신운동 활동(기능) : 초조, 과활동성, 지체, 둔화 등
④ 감정과 정서(정서적 반응)
  ㉠ 감정 : 적대적임, 부적절함, 가변적임, 둔화됨 등
  ㉡ 정서 : 유쾌함, 우울함, 초조함, 불안함, 두려움, 고양되어 있음 등
⑤ 언어와 사고
  ㉠ 사고의 형식 및 흐름 : 횡설수설, 이탈, 비약, 이완, 모호함, 보속성, 차단, 지체, 실어증 등
  ㉡ 사고의 내용 : 망상, 집착, 강박, 건강염려, 자살 사고 등
⑥ 감각과 지각 : 지남력, 주의력, 집중력, 비현실감, 이인감 등
⑦ 기억 : 기억 저하, 기억 상실, 허구적 회상, 작화, 병적 거짓말 등
⑧ 그 밖에 지능, 판단력과 병식, 정보의 신뢰성 등

기출복원 45
03, 06, 13, 16, 19년 기출

초기면담 과정에 포함되어야 할 내담자에 대한 행동관찰의 요소 7가지를 쓰시오. **7점**

> **해설 체크!**
> 1. 내담자의 말과 표현
> 2. 신체 동작
> 3. 면담 태도
> 4. 용모 및 외모
> 5. 정서적 반응
> 6. 이해력(사고력 · 논리력 · 추리력)
> 7. 의사소통능력(언어적 · 비언어적 의사소통능력) 등

49 임상장면의 평가면담

■ 평가면담의 형식

① 비구조적 면담
  ㉠ 특별한 형식 및 절차를 미리 정해 두지 않은 채 면담 시의 상황과 내담자의 반응에 대한 임상가의 판단에 따라 유연성 있게 진행된다.
  ㉡ 융통성 있는 면담이 가능하며, 특정한 내용에 초점을 맞추어 중요한 정보를 집중적으로 탐색할 수 있는 장점이 있다.
  ㉢ 다량의 정보를 수집하기 어렵고, 수집된 자료를 객관적으로 수량화하는 데 한계가 있으며, 임상가의 판단과 능력에 의해 좌우되므로 심리평가 자료로서의 신뢰도가 낮다.

② 구조적 면담
  ㉠ 내담자의 다양한 문제, 임상가들 간의 개인차 등을 극복하기 위해 수집해야 할 내용, 질문 및 진행방법, 반응의 기록 및 분류방법 등을 구체적으로 기술하여 표준화된 방식으로 자료 수집이 이루어지도록 한 것이다.
  ㉡ 표준화된 실시에 의해 심리평가 자료로서의 신뢰도가 높으며, 해석에 도움이 되는 규준값을 제공할 수 있다. 또한 전문가가 아닌 경우에도 단기간의 훈련을 거친 후 실시할 수 있는 장점이 있다.
  ㉢ 미리 준비된 질문의 범위를 벗어나는 정보를 얻을 수 없고, 면담 상황이나 내담자의 상태에 따른 융통성을 발휘할 수 없다. 또한, 면담과정에서 내담자의 자발성이 억제되어 내담자 개개인에 초점을 둔 임상심리평가의 일환으로 사용하는 데 한계가 있다.

③ 반구조적 면담
  ㉠ 구조적 면담과 비구조적 면담의 장점을 동시에 살린 것으로서, 2가지 면담의 특징을 동시에 가진다.
  ㉡ 임상가의 판단에 따라 내용과 절차를 수정할 수 있는 한편, 상황에 따라 전반적인 평가 과정에서 취약한 부분을 구조적 면담으로부터 일부 보완할 수도 있다.
  ㉢ 다른 측정도구의 대체가 아닌 보완 절차로 사용할 경우 임상가의 융통성을 최대로 할 수 있다.

전문가의 한마디

평가면담은 비구조적 면담, 구조적 면담, 반구조적 면담의 형식으로 이루어지는데, 임상장면에서는 환자와의 비구조적 면담을 통해 구조적 면담에서 얻기 어려운 유용한 정보들을 수집할 수 있습니다.

OX Quiz

평가면담 중 반구조적 면담은 구조적 면담과 반대되는 개념이다.

정답 X(구조적 면담과 비구조적 면담의 장점을 동시에 살린 것임)

■ 평가면담의 내용

① 심리평가의 사유
　㉠ 평가면담을 통해 내담자(환자)의 부적응 문제 및 의뢰된 사유, 내담자의 문제와 관련된 환경 및 생활 상황에 관한 정보를 수집해야 한다.
　㉡ 내담자에 대한 평가면담을 시작하면서 우선적으로 확인해야 할 내용은 심리평가를 받게 된 직접적인 이유, 즉 '주 문제' 혹은 '증상'이다.
　㉢ 임상가는 내담자에게서 나타난 주 문제의 구체적인 특징, 발생 경과, 그 문제가 생활에 미친 영향, 대처 노력, 이전 치료경험 등의 측면을 함께 알아보아야 한다.
　㉣ 내담자의 주 문제, 생활에 미친 영향, 대처 노력 등에 대한 개략적인 정보가 수집되면 내담자의 문제 및 상태에 대한 잠정적인 가설을 설정할 수 있다. 이와 같은 가설에는 최근에 발생한 문제, 신체 상태, 사회적 환경, 촉발적 스트레스, 습관적 대응기제, 현재 갈등에 대한 생활사적 선행요인, 중요한 성격적 특질, 자기개념 및 정체감, 자아강도, 자기결정 능력, 대인관계 능력 등이 포함된다.

② 발달사적 정보
　㉠ 평가면담을 통해 개인의 역사적·사회적·가족적 및 발달사적 정보 등을 수집해야 한다.
　㉡ 내담자의 주 문제와 함께 그 문제의 경과 및 생활에 미친 영향 등에 관한 정보가 수집된 후에는 내담자의 발달사, 내담자가 속한 사회적 환경의 초기 상태와 변천사에 관한 자료를 수집한다. 이와 같은 발달사적 정보에는 개인의 발달력, 가족력, 사회력, 학업 및 직업력, 의학력 등이 포함된다.
　㉢ 내담자가 경험하고 있는 문제를 보다 근원적으로 이해하기 위해 내담자의 현재 문제와 적응, 주변 환경은 물론 과거부터 현재까지 개인의 변화 역사, 사회적 조건과 경험 등을 이해해야 한다.
　㉣ 발달사적 정보는 심리검사나 행동관찰 등으로는 구하기 어려우며, 대개는 면담 시 직접적인 질문을 통해 얻을 수 있다.

③ 정신상태 평가
　㉠ 면담이 진행되는 도중에 드러나는 내담자의 말, 표정, 자세, 동작, 태도 등을 토대로 하고, 필요한 경우 별도의 추가적인 질문을 통해 정신상태 평가가 이루어진다.
　㉡ 정신상태 평가는 내담자 혹은 환자를 관찰하고 자기진술을 이끌어 내며, 질문을 통해 내담자의 심리적 및 행동적 기능을 평가하는 과정이다.
　㉢ 정신상태 평가에는 다음과 같은 내용들이 포함된다.

- 현재 정신병리적 문제의 평가(잠정적 진단과 예후, 손상 정도, 가장 적합한 치료방법 등)
- 성격구조의 파악 및 이를 통한 정신병리적 문제의 역사적·발달적 선행요인의 확인
- 치료에 필요한 능력 및 치료 참여의 의지에 대한 평가

OX Quiz
평가면담의 내용에는 심리평가의 사유, 발달사적 정보, 정신상태 평가가 있다.
정답 O

전문가의 한마디
정신상태 평가는 관찰된 정보(행동관찰) 또는 보고된 정보(심리검사)의 포괄적인 추론을 통해 이루어지며, 필요한 경우 반구조적 면담도구를 이용할 수도 있습니다.

ⓔ 현재 정신병리적 문제의 평가에 초점을 둔 정신상태 평가에서는 용모 및 외모, 면담 태도, 정신운동 활동, 정서적 반응, 언어와 사고, 감각과 지능, 기억력과 지남력 등이 포괄적으로 검토된다.

■ 정신질환자의 평가 전 면담 시 유의사항

① 부적응적 사고와 경험의 강화 방지
정신병적 증상을 보이는 환자와의 면담 과정은 어렵고 까다로울 수 있다. 임상가는 내담자에게 있는 기괴한 생각과 감각적 경험을 면담 과정에서 끌어내되, 그 내용이 강화받지 않도록 해야 한다.

② 면담 과정에서의 초점 유지
정신병적 증상을 보이는 환자는 면담 과정에서 종종 초점을 벗어나 엉뚱한 반응을 보이는 경우가 있다. 이때 임상가는 짧고 직설적인 질문을 하거나 불필요한 언급에 대해 관심을 보이지 않는 등 환자가 면담 속에서 배회하거나 종잡을 수 없게 벗어나지 않도록 해야 한다.

■ 평가면담 과정에서 내담자의 사고가 망상인지를 판단하는 3가지 기준

① 내담자가 사실이 아닌 내용을 굳게 믿고 있다.
② 어떤 타당한 증거나 합리적인 설득으로도 내담자의 사고가 바뀌지 않는다.
③ 내담자의 사고 내용은 지극히 개인적인 믿음에 불과하며, 어떤 하위문화에서도 사실로 받아들여질 수 없는 것이다.

■ 망상을 보이는 편집증적 내담자의 평가면담 시 주의사항

① 논리를 사용하여 내담자의 망상체계를 깨뜨리려고 해서는 안 된다.
② 내담자의 망상경험에 대한 정서처리와 현실검증을 나누어 다룬다.
③ 내담자의 망상경험에 대한 지각과 해석을 구분한다.
④ 적극적인 참여자로서의 태도를 보인다.

기출복원 46 20년 기출

정신질환자의 평가 전 면담 시 유의사항을 2가지 기술하시오. 4점

● 해설 체크!
1. 환자의 기괴한 생각과 감각적 경험을 면담 과정으로 끌어내되, 그 내용이 강화 받지 않도록 한다.
2. 환자가 면담 속에서 배회하거나 종잡을 수 없게 벗어나지 않도록 초점을 유지한다.

기출키워드
23년 1회
망상장애

※ 실기시험에는 망상을 보이는 편집증적 내담자의 평가를 위한 면담 시 주의사항을 3가지 기술하도록 하는 문제가 출제되었습니다.

전문가의 한마디
'평가 전 면담'은 환자가 처음 병원이나 기관을 방문했을 때 이루어지는 접수면담이라기보다는 전체 심리평가 과정 중 심리검사에 앞서 내담자의 문제를 확인하고 협조를 이끌어내기 위해 실시하는 면담 과정으로 볼 수 있습니다.

전문가의 한마디
편집증(Paranoia)은 피해망상, 과대망상, 관계망상 등 망상적 사고를 주요 증상으로 합니다.

OX Quiz
망상을 보이는 편집증적 내담자의 평가면담 시에는 논리적으로 내담자의 망상체계를 깨뜨리려는 시도가 필요하다.
정답 X(논리로 망상체계를 깨뜨려서는 안 됨)

50 상담의 이해

■ 상담의 의의

① 상담의 정의
  ㉠ 이장호(1995) : 도움을 필요로 하는 사람(내담자)이 전문적 훈련을 받은 사람(상담자)과의 대면관계에서, 생활과제의 해결과 사고·행동 및 감정 측면의 인간적 성장을 위해 노력하는 학습 과정이다.
  ㉡ 홍경자(2001) : 상담자가 내담자와의 관계에서 촉진적인 의사소통을 통하여 내담자가 개인적인 문제에 대한 자기 이해와 자기 지도력을 터득하도록 도와주는 과정이다.

② 상담에 대한 올바른 이해(Patterson)
  ㉠ 정보의 제공이 곧 상담은 아니다.
  ㉡ 충고, 제안, 권장이 곧 상담은 아니다.
  ㉢ 상담은 어떠한 일이나 활동을 할당하는 것이 아니다.
  ㉣ 설득, 유도, 권고가 개인의 신념이나 행동을 변화시키는 것은 아니다.
  ㉤ 상담은 훈육이나 협박, 위협이나 경고를 통해 변화를 이끌어내는 것이 아니다.
  ㉥ 상담은 직접적인 대화나 면담으로만 이루어지는 것이 아니다.

■ 상담의 일반적인 목표

① 내담자의 행동을 변화시킨다.
② 내담자의 정신건강을 촉진하고 증진한다.
③ 상담자와 내담자가 문제해결을 위해 함께 노력하도록 한다.
④ 내담자로 하여금 자신의 문제에 대한 적절하고 효율적인 대응을 통해 문제해결 능력을 기르도록 돕는다.
⑤ 내담자의 인격을 존중하여 자신의 의사에 따라 스스로 결정할 수 있도록 돕는다.

■ 상담의 소극적 목표와 적극적 목표

① 상담의 소극적 목표 : 문제를 제거하거나 감소시킴으로써 달성하는 것
  ㉠ 문제해결 : 내담자가 스스로 문제라고 생각하는 것을 해결할 수 있도록 돕는다.
  ㉡ 적응 : 내담자의 다양한 욕구를 다루어 원활히 적응할 수 있도록 해 준다.
  ㉢ 치료 : 내담자의 심리적인 상처를 치료해 준다.

전문가의 한마디

'패터슨(C. H. Patterson)'은 인간중심 상담(내담자중심 상담)의 대표적인 학자이고, '패터슨(D. Paterson)'은 '특성-요인 상담'의 대표적인 학자입니다. 혼동하지 않도록 주의하세요.

OX Quiz

충고, 제안, 권장이 곧 상담이다.
정답 X(충고, 제안, 권장이 곧 상담은 아님)

② 예방 : 폭력, 가출, 범죄나 비행, 성격장애, 신경증과 정신병 등의 문제를 사전에 예방한다.
⑩ 갈등해소 : 내담자가 심리적 갈등 및 대인 간 갈등을 극복하고 해소하도록 돕는다.

② 상담의 적극적 목표 : 새롭게 형성시키거나 증가시킴으로써 달성하는 것
  ㉠ 긍정적 행동변화 : 가정, 학교, 직장 등의 생활에서 보다 생산적이고 만족스러운 삶을 누릴 수 있도록 적극적이고 긍정적인 행동으로의 변화를 돕는다.
  ㉡ 합리적 의사결정 : 교육, 직업, 결혼 등의 선택과 결정에서 합리적이고 현실적이며, 논리적이고 융통성 있는 의사결정을 하도록 돕는다.
  ㉢ 전인적 발달 : 잠재적 능력을 개발하고 다양한 인간 특성을 조화롭게 발달시키도록 돕는다.
  ㉣ 자아존중감 : 긍정적 자아개념을 형성하고 발달시키도록 해 준다.
  ㉤ 개인적 강녕 : 신체적·심리적·사회적으로 평화롭고 안정된 상태를 누릴 수 있도록 돕는다.

■ 상담의 기본원리(Biestek)

① 개별화의 원리
  ㉠ 개인으로서 처우받고 싶은 욕구를 말한다.
  ㉡ 상담자는 내담자 개개인의 독특한 자질을 알고 이해하며, 상담 시 개인차에 따라 상이한 원리나 방법을 활용해야 한다.

② 의도적인 감정표현의 원리
  ㉠ 자신의 감정, 특히 부정적인 감정을 자유롭게 표명하려는 욕구를 말한다.
  ㉡ 상담자는 온화한 상담 분위기를 조성하고 내담자의 말을 의도적으로 귀담아 들으며, 내담자가 자신의 긍정적·부정적인 감정을 자유롭게 표명하도록 배려해야 한다.

③ 통제된 정서적 관여의 원리
  ㉠ 문제에 대해 공감을 얻고 싶은 욕구를 말한다.
  ㉡ 상담자는 내담자의 정서 변화에 민감하게 반응하고 적극적으로 관여하는 자세를 유지해야 한다. 다만, 내담자의 감정에 호응하기 위해 통제된 정서를 유지한 채 관여해야 한다.

④ 수용의 원리
  ㉠ 가치 있는 개인으로 인정받고 싶은 욕구를 말한다.
  ㉡ 상담자는 내담자의 강점과 약점, 바람직한 성격과 그렇지 못한 성격, 긍정적·부정적 감정, 건설적·파괴적 행동 등 내담자를 있는 그대로 이해하고 다루어 나가야 한다.

전문가의 한마디

비어스텍은 상담관계의 기본이 되는 것은 상담자와 내담자의 태도 및 감정의 상호작용에 있다고 보았으며, 이를 토대로 상담의 기본원리로서 관계의 7대 원칙을 제시하였습니다.

OX Quiz

상담의 기본원리 중 문제에 대해 공감을 얻고 싶은 욕구는 동감의 원리이다.

정답 X(통제된 정서적 관여의 원리)

> **전문가의 한마디**
>
> 비심판적 태도의 원리는 '비판단적 태도의 원리'라고도 부릅니다. 이는 '유죄이다', '책임져야 한다', '나쁘다' 등 판단적인 언어로 내담자의 문제를 다루어서는 안 된다는 의미입니다.

⑤ 비심판적 태도의 원리
  ㉠ 심판받지 않으려는 욕구를 말한다.
  ㉡ 상담자는 내담자의 행동과 태도, 가치관 등을 평가할 때 객관적이고 중립적인 자세를 유지해야 한다. 특히 내담자에게 잘잘못이나 책임성 유무를 따지는 등 심판적인 태도를 가지지 말아야 한다.

⑥ 자기결정의 원리
  ㉠ 자신이 선택과 결정을 내리고 싶은 욕구를 말한다.
  ㉡ 상담자는 내담자의 자기결정권을 존중하여 내담자 스스로 해결책을 선택하고 의사결정을 할 수 있도록 해야 한다.

⑦ 비밀보장의 원리
  ㉠ 자신의 비밀을 간직하려는 욕구를 말한다.
  ㉡ 전문직업적 관계에서 나타나는 내담자에 대한 비밀정보의 보호를 의미하는 것으로서, 이와 같은 원칙은 상담자와 내담자 간의 신뢰관계 형성에 중요한 요인으로 작용한다.

■ 상담의 일반적인 단계

① 초기 단계
  ㉠ 상담의 초기 단계는 상담자와 내담자 간의 첫 만남이 이루어진 순간부터 시작하여 이후 몇 차례의 만남을 지칭한다.
  ㉡ 상담자는 내담자의 문제가 무엇인지, 그것이 어떠한 배경에서 문제가 되었는지를 이해해야 한다.
  ㉢ 상담자와 내담자 간에 서로 존중하고 신뢰하며, 이해하는 관계가 형성되어야 한다.
  ㉣ 상담자는 내담자에게 상담이 어떻게 진행되고 상담을 통해 어떤 도움을 받을 수 있으며, 이를 위해 자신은 무엇을 어떻게 해야 하는지를 안내할 필요가 있다.

② 중기 단계
  ㉠ 상담의 중기 단계에서는 내담자를 변화시키기 위한 구체적인 시도들이 전개된다. 특히 내담자의 문제들에 대한 본격적인 해결이 시도된다는 점에서 '작업 단계' 또는 '문제 해결 단계'라고도 불린다.
  ㉡ 구체적인 문제 해결의 방법은 내담자가 가진 심리적인 문제의 성질이나 유형에 따라 크게 달라진다.
  ㉢ 상담자는 내담자의 호소문제를 해결하는 데 적합한 상담 방법들을 동원해야 한다.
  ㉣ 이 단계에서 내담자는 상담자가 제시하는 문제 해결 방법을 잘 따르지 않기도 하는데, 상담자는 이와 같은 내담자의 저항의 이유를 정확히 이해하고 그에 대한 적절한 대책을 세워야 한다.

> **OX Quiz**
>
> 상담 중기 단계는 작업 단계 또는 문제 해결 단계라고도 불린다.
>
> 정답 O

③ 종결 단계
- ㉠ 상담은 성공적인 중기 단계를 거친 후 문제 해결에 이르게 되며, 내담자가 폭넓은 이해를 얻도록 해준다.
- ㉡ 종결 단계가 곧 상담이 끝나는 것을 의미하지는 않는다. 일단 해결된 문제라 하더라도 생활 상황에서 또 다시 문제가 재현될 수 있고, 새로운 문제에 부딪쳐 혼란을 경험할 수도 있다.
- ㉢ 상담자는 내담자가 삶의 현장으로 돌아간 후 나타날 수 있는 여러 가지 문제들에 대해 적절히 대처해 나갈 수 있도록 미리 준비시켜야 한다.
- ㉣ 상담자는 내담자가 그와 같은 면역력을 가질 수 있도록 하는 구체적인 방법들에 대해 잘 알고 있어야 한다.

■ 접수면접에 포함되어야 할 내용

① 접수면접을 위한 기본 정보(인적사항)
접수면접의 날짜, 내담자 및 면접자의 이름, 내담자의 생년월일 등

② 내담자의 호소문제
내담자가 상담을 받으려는 이유, 상담소를 찾아온 목적 혹은 배경(내원의 계기) 등

③ 현재 및 최근의 주요 기능 상태
내담자가 일상생활을 어떻게 진행하고 있는지에 관한 정보, 내담자의 현재 및 최근 (6개월 혹은 1년) 기능 수행 정도

④ 스트레스의 원인
내담자의 말과 표현방식에서 나타나는 스트레스 양상, 다양한 스트레스 조건에 대한 탐색
예 대인관계의 불화, 의사결정, 학업, 경제적 어려움 등

⑤ 사회적 · 심리적 자원(지원체계)
내담자가 문제 상황에서 주변으로부터 지원을 받거나 내담자를 심리적으로 지지해 줄 수 있는 지원체계

⑥ 호소문제와 관련된 개인사 및 가족관계
과거 동일한 문제에 대한 내담자의 대처방식, 내담자의 호소문제에 대한 가족들의 행동 및 태도, 내담자의 가족 안에서의 역할 수행 및 관계 맺는 양식 등

⑦ 외모 및 행동
내담자의 옷차림, 두발상태, 표정, 말할 때의 특징, 시선의 적절성, 면접자와 대화할 때의 태도, 행동, 예절 등

⑧ 진단평가 및 면접자의 소견
정신의학적 · 심리학적 진단 및 분류체계를 이용한 내담자의 문제에 해당하는 적절한 진단명 부여, 내담자에 대한 느낌 · 인상, 내담자에 대한 관찰 내용, 상담전략이나 상담계획에 대한 의견제시 등

OX Quiz
상담자는 내담자가 상담 종결 후 맞이할 수 있는 여러 가지 문제에 대해서도 미리 준비시켜야 한다.
정답 O

전문가의 한마디
접수면접에 포함되어야 할 내용에 관한 사항은 교재에 따라 약간씩 다르게 제시되고 있습니다. 참고로 본문의 내용은 '김청자 外, 『상담의 이론과 실제』, 동문사 刊', '강갑원, 『알기 쉬운 상담이론과 실제』, 교육과학사 刊' 등을 참조하였습니다.

기출키워드

20년 1회 / 22년 3회

상담 초기

※ 실기시험에는 사례를 제시하고, 상담의 초기 단계에서 상담의 효과에 회의를 표명하는 내담자에 대한 적절한 반응과 그 근거를 기술하도록 하는 문제가 출제되었습니다.

21년 3회 / 24년 2회

라포 형성

※ 21년 실기시험에는 라포 형성이 필요한 이유와 라포 형성의 방법 4가지를 쓰도록 하는 문제가 출제되었습니다.

※ 24년 실기시험에는 라포 형성의 구체적인 방법을 4가지 기술하도록 하는 문제가 출제되었습니다.

기출복원 47   16, 20, 24년 기출

접수면접에 포함되어야 할 내용을 5가지 쓰시오.   **5점**

• 해설 체크! •

1. 접수면접을 위한 기본 정보(인적사항)
2. 내담자의 호소문제
3. 현재 및 최근의 주요 기능 상태
4. 스트레스의 원인
5. 사회적·심리적 자원(지원체계)
6. 호소문제와 관련된 개인사 및 가족관계
7. 외모 및 행동
8. 진단평가 및 면접자의 소견

---

51 상담의 초기 단계

■ 상담의 초기 단계에서 이루어져야 하는 내용

① 상담관계(Rapport) 형성
  ㉠ 상담관계, 즉 라포(Rapport)는 상담자와 내담자 간의 친근감 및 신뢰감의 형성을 의미하는 것으로서, 서로를 믿고 존중하는 감정의 교류에서 이루어지는 조화로운 인간관계이다.
  ㉡ 상담자는 관심 기울이기(Attending), 적극적 경청(Active Listening) 등을 통해 내담자에게 일관된 관심과 공감적 반응을 나타내 보여야 한다.

② 내담자의 이해와 평가
  ㉠ 상담자는 내담자가 상담을 받으러 온 이유와 함께 내담자의 개인적 특성 및 관련 정보를 파악하여 내담자의 문제를 명료화해야 한다.
  ㉡ 상담자는 내담자의 언어적 정보는 물론 비언어적 정보를 수집하면서 내담자가 현실을 어떻게 지각하고 그에 대해 어떻게 반응하는지 이해할 수 있으며, 그에 따라 내담자를 어떻게 도울 수 있을지를 구체적으로 알 수 있게 된다.

③ 상담의 구조화
  ㉠ 상담의 구조화는 상담의 효과를 최대화하기 위해 심리적 조력관계의 본질, 제한점, 목표 등을 규정하고 상담자와 내담자의 역할 및 책임, 바람직한 태도 등의 윤곽을 명백하게 하는 것이다.
  ㉡ 구조화의 방법으로는 시간의 제한, 행동의 제한, 상담자 역할의 구조화, 내담자 역할의 구조화, 상담 과정 및 목표의 구조화, 비밀보호의 원칙 및 한계 등이 있다.

전문가의 한마디

상담의 초기 단계에서 이루어져야 할 내용에 대해서는 교재마다 약간씩 다르게 제시되고 있으나 내용상 큰 차이는 없습니다. 보통 교재에 따라 3~5가지 정도로 제시되는데, 그중 상담관계 형성, 내담자의 이해(내담자 문제의 이해), 상담의 구조화, 상담목표 설정 등이 공통적으로 포함되어 있습니다.

④ 상담목표 설정
  ㉠ 상담목표는 상담의 방향을 제시하고 효과적인 상담 전략을 계획할 수 있도록 하며, 상담의 진행 상황 및 유효성 여부를 판단할 수 있는 기준을 제시해 준다.
  ㉡ 상담자는 내담자와 협의하여 상담을 통해 달성할 구체적인 목표를 설정하여야 한다. 이때 목표는 현실적이면서 구체적인 행동으로 이어질 수 있어야 한다.

■ 상담 구조화의 원칙

① 상담자는 내담자가 편안한 느낌을 가질 수 있도록 구조화를 최소한으로 줄이는 것이 바람직하다.
② 상담시간 및 장소, 상담자와 내담자의 역할관계 및 행동규범 등을 구체적으로 규정해야 한다.
③ 구조화는 결코 내담자에게 일방적으로 지시를 내리거나 처벌하는 방식으로 이루어져서는 안 된다.
④ 구조화는 공감적인 분위기 속에서 상담자와 내담자 간의 자연스러운 합의로 전개되어야 한다.
⑤ 구조화는 상담 첫 회기에 한 번만 이루어지는 것이 아닌 상담의 전 과정에서 필요에 따라 진행될 수 있다.

■ 상담의 구조화에 포함되는 사항

① 시간의 제한
  상담자는 내담자에게 면접이 가능한 시간을 알려주며, 전체 상담 과정의 길이 및 비용에 대해 사전에 명확히 밝힌다. 이는 내담자가 상담 과정에 보다 적극적으로 참여하도록 유도하며, 책임감을 높이도록 하는 방법이기도 하다.
② 행동의 제한
  내담자는 상담 과정에서 자신의 감정을 직접적인 행동으로 표출할 수 있다. 상담자는 설비를 파괴하거나 신체에 상해를 입힐 수 있는 행동에 대해 사전에 제한할 필요가 있다.
③ 내담자 역할의 구조화
  상담자는 상담이 성공적이기 위해서는 내담자의 역할 수행에 대한 책임감이 중요하다는 사실을 내담자에게 알려준다. 상담 과정에서 내담자의 현재 상황을 이해하기 위해 내담자 자신이 가지고 있는 과거 경험이나 평소 습관, 생각과 감정 등이 중요한 요소이므로, 이를 자유롭게 표현하도록 요구한다.

> **전문가의 한마디**
> 상담의 구조화가 상담 중기나 후기에도 필요할 수 있습니다. 상담 중기나 후기에 하는 상담의 구조화는 주로 상담자와 내담자의 역할에 관한 것으로서, 내담자가 상담자에게 조언을 구하거나 어떤 중요한 결정을 내리는 상황에서 이루어지게 됩니다.

> **전문가의 한마디**
> 내담자가 상담을 시작하게 되었다는 것만으로 모든 문제가 저절로 해결되는 것은 아닙니다. 다시 말해, 내담자는 상담에 적극적인 자세와 태도로 임하여야 하고, 상담자는 내담자가 그렇게 할 수 있도록 안내하고 유도하여야 합니다. 이것이 곧 상담 장면에서 내담자와 상담자의 가장 기본적인 역할로 볼 수 있습니다.

④ 상담자 역할의 구조화

상담자는 내담자에게 자신이 어떤 역할을 맡고 있는지 알려주며, 다른 역할을 겸하고 있는 경우 역할의 범위 및 한계에 대해 이야기함으로써 사전에 내담자의 혼란을 방지하도록 해야 한다. 또한 상담자는 문제의 해결책을 내놓는 사람이 아니라 내담자 스스로 자신의 문제를 극복하기 위한 바람직한 해결책을 선택하도록 돕는 사람임을 인식시켜야 한다.

⑤ 상담 과정 및 목표의 구조화

상담자는 내담자가 편안한 분위기에서 상담 과정에 몰두할 수 있도록 도우며, 내담자의 비합리적인 기대를 교정할 필요가 있다. 상담자는 내담자에게 상담의 철학적 배경과 가치를 제시해 줄 수도 있다.

⑥ 비밀보호의 원칙 및 한계

상담자는 내담자에게 상담 내용이 내담자의 동의 없이 다른 사람 또는 기관에 노출되지 않는다는 사실을 알려준다. 다만, 내담자나 주변인의 생명 또는 사회의 안전을 위협하는 경우 내담자의 사전 동의 없이도 내담자에 대한 정보가 다른 전문인 또는 기관에 전달될 수 있다는 사실도 밝힌다.

OX Quiz
상담의 구조화에서 상담자는 비밀보호의 한계에 대해서는 밝히지 않아도 된다.
정답 X(상담자는 내담자 관련 정보를 파악하고 내담자의 문제를 명료화해야 함)

■ 상담목표의 중요성

① 상담목표는 상담의 방향을 제시한다.
② 상담자의 전문성과 기술적 역량을 평가할 수 있는 기회를 제공한다.
③ 상담 과정에서 목표 달성을 위한 노력을 촉진한다.
④ 상담목표에 부합하는 효과적인 상담 전략을 계획할 수 있도록 한다.
⑤ 상담 과정에서 상담의 진행 상황 및 유효성 여부를 판단할 수 있는 기준을 제시한다.
⑥ 자기 동기화의 기회를 제공한다.

■ 상담목표를 설정하는 데 있어서 유의사항

① 목표는 구체적이어야 한다.
② 목표는 실현 가능해야 한다.
③ 목표는 내담자가 원하고 바라는 것이어야 한다.
④ 목표는 상담자의 능력(기술)과 부합해야 한다.
⑤ 목표는 내담자의 문제에 대해 내담자와 함께 설정해야 한다.

전문가의 한마디
상담의 바람직한 목표 설정 방향은 상담자의 의도가 아닌 내담자가 원하고 바라는 것에 초점이 맞추어져야 합니다. 이와 관련된 문제가 2010년 1차 필기시험에 출제된 바 있습니다.

■ 목표 설정 시 지켜야 할 기준(Egan)

① **목표는 행동보다는 결과 또는 성취로 진술되어야 한다.**
결과 또는 성취로의 진술은 내담자에게 자신이 앞으로 어떻게 행동해야 하는지 깨닫도록 함으로써 목표 달성을 위한 보다 구체적인 방향을 제시해 준다.

② **목표는 검증이 가능하며, 구체적인 행동으로 이어질 수 있는 것이어야 한다.**
구체적인 목표는 내담자에게 무엇을 해야 하는지, 어느 정도 노력을 기울여야 하는지 가늠하도록 해 준다. 또한 구체적인 목표는 상담 과정에서 현재의 진행 상태에 대한 평가를 가능하도록 한다.

③ **목표는 가시적이고 실제적인 차이로 나타나는 것이어야 한다.**
상담의 목표는 내담자의 문제해결 또는 생활상의 변화로 이어져야 한다. 달성하기 어려운 목표는 내담자에게 좌절감을 줄 수 있는 반면, 너무 쉬운 목표는 목표 도달에의 동기를 약화시키므로 내담자가 적절한 수준의 목표를 설정하도록 하여 실제 생활에서의 차이를 발견할 수 있도록 한다.

④ **목표는 내담자의 능력 및 통제력을 고려하여 현실적인 것이어야 한다.**
상담의 목표는 타인의 행동이 아닌 내담자 자신의 행동에 초점을 두어야 한다. 목표 달성 여부가 타인의 행동 변화를 전제로 하는 경우 목표는 현실적으로 달성하기 어려우므로, 내담자가 영향력을 발휘할 수 있는 범위 내의 것이어야 한다.

⑤ **목표는 내담자의 가치에 적절한 것이어야 한다.**
상담의 목표 설정은 궁극적으로 내담자의 의사를 중심으로 한다. 상담자는 설정된 목표에 대한 검토와 그에 대한 조언을 할 수 있으나, 목표의 수용 및 수정에 대한 결정은 내담자 스스로 내리도록 해야 한다.

⑥ **목표는 그 도달을 위한 현실적인 기간이 설정되어야 한다.**
상담의 목표는 상담의 특성에 따라 단기목표나 장기목표로 설정된다. 단회상담의 경우 상담자는 지금 바로 내담자와 어떠한 목표를 중심으로 상담을 진행해야 할 것인지 판단해야 하는 반면, 장기상담의 경우 단기적 목표와 중장기적 목표를 함께 설정함으로써 상담을 융통성 있게 진행할 필요가 있다.

■ 목표 설정의 효과성 판단기준(Dyer & Vriend)

① 목표는 상담자와 내담자 간의 상호합의에 의해 이루어져야 한다.
② 목표는 구체적이고 명확하며, 달성하기 쉬운 것이어야 한다.
③ 자기파괴적 행동을 보이는 내담자에게는 쉽게 달성할 수 있는 목표가 적합하다.
④ 효과적으로 설정된 목표는 성취할 가능성이 높으며 성공지향적이다.
⑤ 효과적으로 설정된 목표는 수량화·수치화할 수 있으며 측정이 가능하다.
⑥ 효과적으로 설정된 목표는 행동적이며 관찰이 가능하다.
⑦ 효과적으로 설정된 목표는 내담자가 이를 명확히 이해하며 재진술할 수 있다.

기출키워드

21년 3회

목표 설정

※ 실기시험에는 상담 목표 설정 시 지켜야 할 기준을 5가지 제시하도록 하는 문제가 출제되었습니다.

OX Quiz

17세 내담자 휘리는 상담 목표를 '이번 학기 자율학습 잘 하기'로 설정했다. 이는 효과적으로 설정된 목표이다.

정답 X(수량화·수치화할 수 없으며 측정이 불가능하므로 효과적으로 설정된 목표가 아님)

기출복원 48
13, 16, 24년 기출

상담의 초기 단계에 반드시 이루어져야 하는 내용을 3가지 쓰시오. (3점)

해설 체크!

① 상담관계(Rapport) 형성
② 내담자의 이해와 평가
③ 상담의 구조화
④ 상담 목표 설정

52 상담관계(Rapport)

■ **관계형성의 구체적 요인**

① 상담자는 인간 존중의 가치관을 가지고 내담자를 대해야 한다.
② 상담자는 내담자가 편안한 분위기에서 자연스럽게 자신을 표현할 수 있도록 허용적인 분위기를 조성해야 한다.
③ 상담자는 내담자 쪽으로 자세를 기울이며, 적극적인 표정이나 자세를 통해 내담자의 말에 경청하고 있음을 표현해야 한다.
④ 상담자는 내담자의 말에 공감하며, 민감한 반응을 보여야 한다.
⑤ 상담자는 내담자의 표현에 면박을 주거나 비판하지 않으며, 내담자가 처한 현실과 감정을 거부하지 않은 채 있는 그대로 수용해야 한다.
⑥ 상담자는 내담자에게 친절하고 따뜻하며 부드러운 태도를 취해야 한다.
⑦ 상담자는 내담자에게 은혜를 베푼다는 인상을 주지 말아야 한다.

■ **관계형성을 위한 상담자의 노력**

① 감정이입
  ㉠ 내담자가 두려움 없이 상담자를 신뢰하고 좋은 관계를 유지하기 위해서는 상담자가 내담자의 기분과 경험 등을 이해할 수 있어야 한다.
  ㉡ 감정이입은 상담자가 내담자의 입장에 있다고 상상하는 결과로서, 내담자와 유사한 정서적 감정을 가지는 것이다.

전문가의 한마디

관계형성을 위한 상담자의 노력은 인간중심 상담에서 로저스(Rogers)가 강조한 상담자의 태도 혹은 조건, 즉 일치성과 진실성, 공감적 이해와 경청, 무조건적인 긍정적 관심(수용) 또는 존중과 밀접하게 연관됩니다.

② 진실성
  ㉠ 내담자는 자신의 모습 그대로를 거짓 없이 방어적이지 않으며 일관되고 솔직하게 드러내야 한다.
  ㉡ 진실성은 상담자가 언어적·비언어적 표현의 일치를 통해 내담자로 하여금 신뢰감을 느낄 수 있도록 하는 것이다.
③ 온정과 인정
  ㉠ 상담자는 내담자가 안정감을 느끼며 자신이 수용되고 이해되고 있음을 알 수 있도록 만들어야 한다.
  ㉡ 온정과 인정은 상담자와 내담자 간의 친밀감 속에서 내담자로 하여금 스스로 가치 있는 존재임을 느끼며, 자신의 긍정적·부정적 감정을 표현하도록 하는 것이다.

OX Quiz
진실성은 상담자가 내담자로 하여금 신뢰감을 느낄 수 있도록 하는 것이다.
정답 O

■ 관계형성을 위한 상담자의 바람직한 태도로서 관심 기울이기(Attending)

① '관심 기울이기'는 상담자가 내담자의 이야기에 주의를 집중시키고 관심을 가지는 태도를 말한다.
② 상담자의 비언어적 행동이나 태도와 관련된 것으로, 특히 상담자와 내담자의 비언어적·신체적 메시지가 중요한 의미를 지닌다.
③ 이건(Egan)은 상담자의 관심 기울이기를 다음의 5가지 행동으로 제시하였다.
  ㉠ 상담자는 내담자를 바로 본다. 이는 상담자가 내담자와 함께 있으며, 내담자의 어떠한 이야기도 피하거나 불편해하지 않은 채 이를 받아들일 수 있다는 메시지를 전달하는 태도이다.
  ㉡ 상담자는 어떤 이야기도 들을 수 있다는 열린 자세를 취한다. 다리를 꼬거나 팔짱을 끼고 몸을 과도하게 뒤로 젖힌 태도는 방어적 혹은 권위적으로 보이는 닫힌 자세가 될 수 있다.
  ㉢ 상담자는 가끔 내담자를 향해 몸을 앞으로 기울인다. 일상적인 대화에서처럼 상담자는 내담자의 이야기에 관심을 가지게 될 때 몸을 자연스럽게 앞으로 기울이게 된다.
  ㉣ 상담자는 내담자와 자연스럽게 눈 맞춤을 유지한다. 이는 상담자의 관심과 자신감을 내담자에게 전달할 수 있는 방법이다.
  ㉤ 상담자는 최대한 긴장을 풀고 내담자를 편안하고 자연스럽게 대한다. 상담자가 긴장하고 있는 경우 이는 비언어적으로 내담자에게 전달되며, 그로 인해 내담자로 하여금 자신의 내면세계를 표현하는 데 방해가 될 수 있다.

전문가의 한마디
'관심 기울이기'는 내담자로 하여금 상담자가 자신에 대한 관심과 자신을 이해하려는 마음을 가지고 있음을 느끼게 함으로써 자신이 하기 힘들어하는 이야기를 계속해 나가도록 돕습니다.

■ 관계형성을 위한 상담자의 바람직한 태도로서 적극적 경청(Active Listening)

① '적극적 경청'은 상담자가 귀로써 내담자의 말을 듣고 눈으로써 비언어적 표현을 관찰하여 그의 생각과 감정을 이해하는 것이다.

OX Quiz

'적극적 경청'이란 상담자가 비판적·충고적 태도로 내담자의 말을 듣고 그의 생각과 감정을 이해하는 것이다.

정답 X(비판적·충고적 태도에서 벗어나야 함)

② 상담자는 비판적·충고적인 태도에서 벗어나 내담자의 말을 피드백하며, 내담자가 말하고 있는 의미 전체를 이해하고자 노력해야 한다.
③ 이건(Egan)은 상담자의 적극적 경청이 다음의 4가지 측면에서 이루어져야 한다고 주장하였다.
　㉠ 내담자의 언어적 메시지를 잘 듣는 것이다. 언어적 메시지에는 내담자가 한 말의 내용은 물론 내담자의 경험, 행동, 감정, 정서 등이 포함된다.
　㉡ 내담자의 비언어적 메시지를 잘 관찰하며 듣는 것이다. 비언어적 메시지에는 얼굴 표정, 몸의 움직임, 목소리의 높낮이나 억양 등이 포함된다.
　㉢ 내담자가 설명하는 상황의 맥락을 잘 듣는 것이다. 상담자는 내담자가 처한 상황 및 맥락 안에서 내담자를 이해해야 한다.
　㉣ 내담자의 이야기를 냉철하게 듣는 것이다. 냉철하게 듣는다는 것은 내담자의 독특한 관점이나 경향, 자기 자신과 세상에 대한 왜곡된 인식 등을 잘 들어야 한다는 것이다.

기출복원 49 03, 06, 16, 20년 기출

다음은 상담 초기에 흔히 볼 수 있는 대화이다. 보기의 내용을 읽고 질문에 답하시오. **4점**

> 내담자 : 선생님, 저는 솔직히 확신이 서지 않습니다. 상담 받고 나면 과연 좋아질까요?
> 상담자 : 그렇게 말씀하시니 다행이군요. 솔직하게 이야기한다는 것 자체가 쉽지 않거든요.
> 내담자 : 오해는 마세요. 선생님을 믿지 못해서가 아니에요. 단지, 상담을 받아도 나아지지 않는다면 어떻게 해야 할지 불안해서요.
> 상담자 : _____

보기에서 내담자는 상담의 효과에 대한 의문과 회의를 표명하였다. 이와 같은 경우 상담자는 어떻게 반응해야 하며, 그러한 반응의 근거는 무엇인지 설명하시오.

해설 체크!

1. 상담자의 반응
상담자는 내담자의 마음을 잘 이해하고, 내담자로 하여금 최대한 편안한 상태에서 자신의 어려움을 이야기할 수 있는 분위기를 조성해 나가며, 신뢰관계 형성을 위해 노력해야 한다.

2. 반응의 근거
내담자가 상담의 효과에 대해 의문과 회의를 표명하는 것은 결국 내담자와 상담자 간에 아직 신뢰관계, 즉 라포(Rapport)가 형성되어 있지 않은 것으로 볼 수 있다. 따라서 라포 형성을 통해 상담자는 감정이입과 진실성, 온정, 인정으로 내담자를 대하는 한편, 내담자는 상담자와 협력함으로써 자신의 문제를 적극적으로 해결할 수 있게 된다.

전문가의 한마디

상담의 효과는 상담자와 내담자 간의 인간 대 인간으로서의 깊은 정서적 만남을 통해 나타나게 됩니다. 상담자는 내담자를 깊이 있게 이해하고 공감하며, 진실한 태도로 내담자와 대화를 나누어야 합니다. 또한 내담자를 문제가 있는 인간이 아닌 이미 완성된 인간으로서 바라보고 존중할 줄 알아야 하며, 자신의 이기적인 목적을 위해 내담자를 이용하지 않아야 합니다. 결국 상담자는 끊임없이 자기성찰을 해야 하며, 전문성을 확보하기 위해 지속적으로 노력해야 하는 것입니다.

53 촉진적 관계형성의 기술

■ 공감적 이해

① 의의 및 특징
  ㉠ '감정이입적 이해' 또는 '내적 준거체제에 의한 이해'로도 불린다.
  ㉡ 상대방이 주관적으로 경험하는 사적 세계를 정확하고 민감하게 이해하는 것을 의미한다.
  ㉢ 상담자가 내담자의 입장이 되어 그가 가진 감정, 의견, 가치, 이상, 고민, 갈등 등을 그가 처해 있는 여러 상황에서 보고 이해하는 것이다.
  ㉣ 눈에 보이지 않는 내담자의 내면행동까지 이해할 수 있으므로 '제3의 귀(눈)'라는 용어로 표현하기도 한다.
  ㉤ 상담관계에서의 공감적 이해는 주관적 내면에 대한 이해, 공감으로서의 이해, 내담자의 입장에서의 이해, 비언어적 메시지의 경청, 궁극적 동기에 대한 이해 등으로 이루어진다.
  ㉥ 상담장면에서 상담자는 내담자의 말 속에 깔려있는 중요한 감정, 태도, 신념, 가치기준 등을 포착하며, 내담자의 외적인 측면뿐만 아니라 내적인 측면까지 이해하게 되었음을 내담자에게 알려 준다.

② 공감적 이해의 5가지 수준
  ㉠ 수준 1 : 상대방의 언어 및 행동 표현의 내용에 대해 별다른 주의를 기울이지 않으므로 감정 반응이나 의사소통에 있어서 상대방이 표현한 것보다 훨씬 못 미치게 소통이 이루어진다.
    예 자네가 지난번에 처리했던 일이 아마 잘못 됐었지?
  ㉡ 수준 2 : 상대방의 표면적인 감정에는 어느 정도 반응하지만 상대방의 의도와 관련된 주목할 만한 감정이나 의사를 제외시킨 채 소통이 이루어진다.
    예 기분이 나쁘더라도 상사의 지시대로 해야지.
  ㉢ 수준 3 : 상대방이 표현한 것과 본질적으로 같은 정서 및 의미를 표현함으로써 상호교류적인 의사소통이 이루어진다.
    예 자네가 알아서 할 일을 내가 부당하게 간섭한다고 생각하지 말게.
  ㉣ 수준 4 : 상대방이 스스로 표현할 수 있는 것보다 더 내면적인 감정을 표현하면서 의사소통이 이루어진다.
    예 자네 업무에 대해 이야기하는 것이 간섭받는다고 생각이 되어서 기분이 상했군.
  ㉤ 수준 5 : 상대방의 표면적인 감정은 물론 내면적인 감정에 대해 정확하게 반응하며, 상대방의 내면적인 자기탐색과 동일한 몰입 수준에서 상대방이 표현한 정서 및 의미에 첨가하여 의사소통이 이루어진다.
    예 믿고 맡겨준다면 잘 할 수 있을 것 같은데, 간섭받는다는 기분이 들어 불쾌한 게로군.

OX Quiz
공감적 이해는 다른 말로 '감정이입적 이해'라고도 불린다.
정답 O

전문가의 한마디
공감적 이해는 3가지 수준, 즉 '인습적 수준', '기본적 수준', '높은 수준'으로 구분하기도 합니다. 이때 인습적 수준은 내담자의 언어적·비언어적 표현에 주의를 기울이지 않으므로 표면적인 감정조차 정확히 지각하지 못하는 수준인 반면, 높은 수준은 상담자가 내담자의 내면적 사고와 깊은 감정을 정확하게 지각하여 이를 내담자의 적극적인 성장 동기로써 이해하고 표현하는 수준에 해당합니다.

■ 수용적 존중(긍정적 수용)

① 의의 및 특징
  ㉠ 로저스(Rogers)는 수용을 '무조건적 긍정적 관심(존중)'으로, 트루액스와 카크허프(Truax & Carkhuff)는 '비소유적 온정'으로 제시하였다.
  ㉡ 수용은 내담자의 심리적인 필요와 현실적인 필요를 충족하기 위해 가능한 조건을 제공하려는 상담자의 마음의 태세를 의미한다.
  ㉢ 상담관계에서의 수용은 존재 그 자체에 대한 수용, 인간의 제 특성에 대한 수용, 인간의 구체적 행동에 대한 수용 등으로 이루어진다.
  ㉣ 수용적 존중 또는 긍정적 수용은 인간의 가치와 존엄에 대한 인식에서 비롯되는 것으로서, 상담자가 내담자의 모든 인간적인 결점, 죄악 및 과오의 여부를 떠나 그를 있는 그대로 받아들이고 존중하는 것이다.
  ㉤ 상담자가 내담자의 의견에 동의하지 않는 것과 내담자를 거부하는 것은 명확히 구분되어야 한다. 즉, 내담자의 의견에는 동의하지 않아도 내담자를 하나의 인격체로 존중할 수 있는 것이다.
  ㉥ 거부나 이의가 수용적 행동이 아니라는 생각에서 내담자의 말을 덮어놓고 받아들이는 것을 의미하지는 않는다. 반대 의사를 전달할 경우 부드러운 음성이나 비언어적 단서로써 내담자를 인격적으로 수용하고 있음을 전달해야 한다.

② 수용적 존중의 5가지 수준
  ㉠ 수준 1 : 상대방에 대한 존중이 결여되어 있으며, 부정적인 배려만 이루어진다.
    예 또 조퇴니? 일하기 싫으니 별 핑계를 다 대는구나.
  ㉡ 수준 2 : 상대방의 감정, 경험 및 잠재력에 대한 존중과 관심이 부족하다.
    예 몸이 조금 아프다고 자꾸 조퇴하면 안 되지.
  ㉢ 수준 3 : 상대방의 감정, 경험 및 잠재력에 대해 기본적인 수준에서의 긍정적 존중과 관심의 전달이 이루어진다.
    예 몸이 아프면 힘들지. 그동안 좀 무리했지.
  ㉣ 수준 4 : 상대방에 대해 보다 깊은 긍정적 존중과 관심을 표명한다.
    예 아플 땐 쉬어야지. 건강해야 일도 잘 할 수 있지.
  ㉤ 수준 5 : 상대방을 한 인간으로서의 가치와 자유인으로, 잠재력에 대해 매우 깊은 긍정적 존중을 전달한다.
    예 그래, 자네니까 그만큼이나 참았지. 자네 웬만하면 조퇴하지 않는 거 알지.

전문가의 한마디

상담자의 수용적 존중에 대해 내담자는 "상담자는 나를 판단하지 않고 있는 그대로 받아들이고 있구나"를 느끼게 됩니다.

OX Quiz

상대방에 대한 존중이 결여되어 있으며, 부정적인 배려만 이루어지는 것은 수용적 존중의 5가지 수준 중 가장 낮은 수준 1에 해당한다.

정답 O

■ 일관적 진실성(일관적 성실성)

① 의의 및 특징
  ㉠ 진실성은 '일치', '성실성', '진솔성', '솔직성', '일관성', '순수성' 등으로도 불린다.
  ㉡ 내적인 경험과 그에 관한 인식의 합일을 의미하는 것으로서, 상담자가 내담자와의 관계에서 나타내는 반응의 순간순간 그가 내적으로 경험하고 느끼는 바와 합치되는 상태로 볼 수 있다.
  ㉢ 내면적인 심리세계의 경험과 그에 대한 인식만이 아니라 그에 관한 표현이 모두 합치되는 것이다.
  ㉣ 상담관계에서의 일치는 통합으로서의 일치, 내적인 경험과 외적인 경험의 일치, 상담목표 및 동기의 일치 등으로 이루어진다.
  ㉤ 상담자는 감정을 표현하기에 앞서 자신의 감정이 무엇인지 지각해야 하며, 자신의 신념이나 가치관, 태도 등이 내담자에게 어떠한 영향을 주고 있는지 항상 민감하게 파악해야 한다.

② 일관적 진실성의 5가지 수준
  ㉠ 수준 1 : 자신이 느끼는 감정과는 무관한 표현을 하거나 부정적인 것에만 진지한 반응을 나타내 보이므로 상대방에게 전체적으로 파괴적인 영향을 준다.
    예 뭐 별로 신경 안 써.
  ㉡ 수준 2 : 자신이 느끼는 감정과 거의 관계가 없는 표현을 하거나 상대방에 대한 진지함이 주로 부정적인 반응에 대해 나타난다.
    예 네 성적에 대해 걱정 안 하기로 했어.
  ㉢ 수준 3 : 말하고 느끼는 것 중에서 부정적인 단서를 보이지는 않지만 그렇다고 진지한 반응을 나타내는 긍정적인 단서를 제공하지도 못한다. 즉, 상대방의 말을 잘 듣고 따라가지만 그 이상의 아무것도 하지 못한다.
    예 물론 걱정이 되지. 왜 안 되겠어.
  ㉣ 수준 4 : 상대방에게 긍정적이든 부정적이든 진지한 반응을 나타내며, 긍정적인 반응 단서를 건설적인 방식으로 제시한다. 자신의 감정을 충분히 표현하는 것에는 주저하지만, 표현의 내용과 감정은 일치한다.
    예 그럼. 네 성적이 아무래도 신경이 많이 쓰이지.
  ㉤ 수준 5 : 완전히 자발적인 상호작용이 이루어진다. 상대방과의 비타산적인 관계에서 자기 자신의 모습이 자유롭고 깊은 수준에 도달한다.
    예 그래. 걱정이 많이 되지. 엄마는 그저 네가 공부를 잘 해서 성공하기를 바랄 뿐이야.

전문가의 한마디

상담자의 일관적 진실성(일관적 성실성)에 대해 내담자는 "상담자는 위선적이 아니고 항상 순수하게 나를 대하는구나"를 느끼게 됩니다.

OX Quiz

상담자는 자신의 감정을 자각하기 전에 자유롭게 표현하려고 노력해야 한다.
정답 X(감정 표현에 앞서 자각해야 함)

기출복원 50
08, 10, 14, 17, 18, 19, 24년 기출

인간중심치료에서 치료자가 갖춰야 할 필요충분조건 3가지를 쓰시오. (3점)

> **● 해설 체크! ●**
>
> 1. **일치성과 진실성**
>   일치성과 진실성은 상담자(치료자)의 내적인 경험과 외적인 표현이 일치되며, 내담자와의 관계에서 개방적인 표현이 이루어지도록 노력하는 것을 의미한다. 상담자의 일치성과 진실성은 내담자의 진솔한 감정 표현을 유도하며, 이를 통해 진솔한 의사소통이 촉진된다. 상담자는 내담자와의 상담관계에서 순간순간 경험하는 자신의 감정이나 태도를 있는 그대로 솔직하게 인정해야 한다.
> 2. **공감적 이해와 경청**
>   상담자는 내담자의 주관적인 경험을 감지하고 내담자의 마음속으로 들어감으로써 내담자가 자신의 감정을 더욱 강렬하게 경험하며, 내부의 불일치를 인식할 수 있도록 돕는다. 그러나 공감적 이해는 동정이나 동일시로써 내담자의 감정에 빠져드는 것을 의미하는 것이 아닌 객관적인 입장에서 내담자를 깊이 있게 이해하는 것을 뜻한다.
> 3. **무조건적인 긍정적 관심(수용) 또는 존중**
>   상담자는 내담자의 사고나 감정, 행동에 대해 옳고 그름, 좋고 나쁨을 평가 또는 판단해서는 안 된다. 상담자는 아무런 조건 없이 수용적인 태도로써 내담자를 존중하며, 내담자의 사고나 감정, 행동에 대한 권리를 인정해야 한다.

54 상담관계의 윤리문제

■ 상담자와 내담자의 상담관계에서 윤리문제에 대한 기본원칙 및 윤리적 지침(행동지침)

① 기본원칙

상담자는 내담자의 권리 및 상담자 자신의 상담에 대한 윤리관의 중요성을 충분히 인식하고 있어야 하며, 어떤 경우에도 내담자의 인간으로서의 가치는 존중받고 보호되어야 한다.

② 윤리적 지침(행동지침)
  ㉠ 상담자는 자신이 어떠한 개인적 욕구를 가지고 있으며, 자신의 그와 같은 욕구가 내담자에게 어떠한 영향을 미치는지를 명확히 자각하고 있어야 한다.
  ㉡ 상담자는 내담자의 복리에 대한 책임이 있으며, 내담자를 자신의 욕구충족을 위해 이용해서는 안 된다.
  ㉢ 상담자는 치료적 관계를 명백히 해칠 수 있는 내담자와의 어떠한 다른 관계(예 금전적 관계, 성적 관계 등)를 가져서는 안 된다.
  ㉣ 상담자는 내담자의 비밀을 보장해야 하며, 상담관계에 부정적인 영향을 미칠 수 있는 다른 문제들에 대해 알려 줄 책임이 있다.

> **! 전문가의 한마디**
>
> 상담관계에서 윤리문제에 대한 윤리적 지침은 상담의 특정 주제나 영역에서의 윤리적 지침에 관한 것이 아닌 보다 일반적인 측면에서의 윤리적 지침에 관한 것입니다. 상담자의 직업적 혹은 윤리적 문제에 대한 명확하고 최종적인 지침은 사실상 있을 수 없습니다.

ⓜ 상담자는 자신의 태도, 가치관 등을 자각하고 있어야 하며, 그것이 상담관계 및 내담자에게 어떠한 영향을 미치는지를 인식하고 있어야 한다.
ⓗ 상담자는 상담의 목표, 절차 등을 비롯하여 상담관계를 시작함으로써 내담자에게 닥칠지도 모르는 위험, 상담 결정을 내리기 전에 고려해야 할 요인들에 대해 미리 내담자에게 알려 주어야 한다.
ⓢ 상담자는 자신이 제공할 수 있는 전문적인 도움의 한계를 명확히 알고 있어야 하며, 내담자에게 적절한 도움을 제공하기 어렵다고 판단하는 경우, 지도감독자의 도움을 받거나 내담자를 다른 상담자에게 의뢰해야 한다.
ⓞ 상담자는 상담 과정에서 자신이 내담자에게 모델이 될 수 있음을 알아야 하며, 따라서 상담자 자신의 생활에서 내담자에게 영향을 미칠 수 있는 일이나 행동을 인식하고 있어야 한다.

■ 다중관계(이중관계)

① 다중관계의 의미와 이를 피해야 하는 이유
  ㉠ 다중관계는 상담자가 내담자와 함께 상담자-내담자로서의 관계를 맺는 것 이외에 다른 관계를 맺는 것을 말한다. 금전이나 상품의 거래관계, 친구나 친척 등 지인과의 친밀관계, 이성친구나 애인과의 성적 관계 등이 대표적인 다중관계에 해당한다.
  ㉡ 다중관계는 상담자-내담자 관계에 부정적인 영향을 미치기 쉽다. 다중관계로 인해 상담자와 내담자가 거래관계를 맺는 경우 상대적으로 약자에 해당하는 어느 한쪽이 상대방의 부탁을 거절하기 어렵게 되며, 상담시간에 집중할 수도 없게 된다. 또한 다중관계로 인해 친밀관계나 성적 관계를 맺는 경우 서로 간의 정확한 공감을 방해할 수 있으며, 전이 혹은 역전이 감정을 가지게 될 수도 있다.
  ㉢ 다중관계가 항상 비윤리적이고 비전문적인 것은 아니지만, 심리상담 관련 전문가 협회의 윤리강령들은 다중관계에 대해 공통적으로 전문가로서의 객관성을 손상시킬 수 있음을 경고하고 있다.

② 다중관계의 예
  ㉠ 내담자가 인테리어 가게를 하고 있는데, 상담자가 자기 상담소의 인테리어를 새로 하고 싶을 때 내담자에게 이를 부탁하는 경우

  > 인테리어 가게를 하는 내담자는 상담자의 인테리어 요청을 거절하기 어려울 것이고, 실제로 인테리어를 하게 될 지도 모른다. 보통 내담자는 상담자를 권위적인 존재이거나 자신에게 도움을 주는 존재로 여기기 때문에 상담자의 부탁을 거절하지 못하는 것이다. 그런데 이와 같은 판매자-소비자 관계에서는 만족스럽지 못한 잡음이 일어나기 마련이며, 이 경우 기존의 상담관계 때문에 상담자나 내담자는 자신의 마음을 허심탄회하게 이야기하지 못할지도 모른다. 또한 판매자-소비자 관계로 인해 상담자와 내담자가 상담시간에 집중할 수 없게 될 수도 있다.

기출키워드

21년 1회

윤리문제 기본원칙 및 행동지침

※ 실기시험에는 상담자가 상담 시 알고있어야 할 윤리문제의 기본원칙을 쓰고, 행동지침을 5가지 기술하도록 하는 문제가 출제되었습니다.

전문가의 한마디

'이중관계'는 상담장면에서의 상담자-내담자 관계가 아닌 다른 모든 관계를 포괄적으로 지칭하는 것으로, 최근에는 '다중관계'라는 용어를 사용하는 경향이 있습니다.

기출키워드

21년 1회 / 23년 2회

다중관계(이중관계)

※ 21년 실기시험에는 심리치료자가 내담자에 대해 비밀보장을 할 수 없는 경우를 6가지 쓰도록 하는 문제가 출제되었습니다.
※ 23년 실기시험에는 상담자의 윤리적 책임으로, 이중관계의 의미와 이를 피해야 하는 이유에 대해 구체적으로 예를 들어 설명하도록 하는 문제가 출제되었습니다.

ⓒ 상담자와 내담자가 서로에 대해 연모의 감정을 갖게 되는 경우

> 내담자는 상담자에게 의지하면서 상담자에게서 이전에 자신이 만났던 남자들과 달리 자신의 아버지와 같은 믿음직스러운 면모를 발견하게 되었다. 다른 한편으로, 상담자는 내담자가 몇 해 전 세상을 떠난 자신의 어머니를 닮았다고 여기면서, 내담자에게 애틋한 감정을 품게 되었다. 이와 같이 내담자와 상담자 간 특별한 감정에서 비롯되는 전이와 역전이로 인해 상담자-내담자 관계에 불필요한 감정이 개입되고, 그로 인해 두 사람은 상담장면에서 서로 간에 정확한 공감을 할 수 없게 되었다.

기출복원 51
06, 12, 17, 20, 21년 기출

상담자와 내담자의 상담관계에서 제시되는 일반적인 윤리적 지침을 5가지 기술하시오. (5점)

• 해설 체크! •

1. 상담자는 자신의 개인적인 욕구가 내담자에게 어떠한 영향을 미치는지를 명확히 자각하고 있어야 한다.
2. 상담자는 자신의 욕구충족을 위해 내담자를 이용해서는 안 된다.
3. 상담자는 내담자와 금전적 관계나 성적 관계 등을 가져서는 안 된다.
4. 상담자는 내담자의 비밀을 보장해야 하며, 상담관계에 부정적인 영향을 미칠 수 있는 다른 문제들에 대해 내담자에게 알려야 한다.
5. 상담자는 자신의 태도, 가치관 등이 상담관계 및 내담자에게 어떠한 영향을 미치는지를 인식하고 있어야 한다.

55 윤리원칙과 윤리위반

■ 상담자, 심리상담자의 윤리원칙

① 자율성(Autonomy)
  ㉠ 상담자는 내담자의 자율성을 최대한 존중해야 한다. 비록 내담자의 선택과 결정이 다소 잘못되었더라도 내담자의 자율적인 선택과 행동을 존중해야 한다.
  ㉡ 다만, 자율성은 타인의 권리를 침해하지 않는 범위에서 자신의 행위를 결정할 수 있음을 말한다.
② 선행 또는 덕행(Beneficence)
  ㉠ 상담자는 내담자의 성장과 복지에 기여해야 한다. 능력이 부족하거나 정직하지 못한 상담자는 오히려 내담자에게 해를 끼칠 수 있다.
  ㉡ 다만, 효과적인 상담을 한다는 명분하에 자율성의 원칙을 어겨서는 안 된다.

> **전문가의 한마디**
>
> 임상심리사 시험에서는 윤리원칙과 관련하여 크게 2가지 방식으로 출제되는 경향이 있습니다. 하나는 보통 심리학자 혹은 임상심리사의 윤리원칙으로 제시되는 것이고, 다른 하나는 보통 상담자 혹은 심리상담자의 윤리원칙으로 제시되는 것입니다. 다만, 모든 문제가 항상 그런 것은 아니며, 2가지를 혼합해서 문제의 지문으로 출제하기도 합니다.

③ 무해성 또는 비해악성(Nonmaleficence)
  ⊙ 상담자는 내담자에게 피해를 끼쳐서도, 내담자가 타인에게 피해를 끼치는 것을 내버려 두어서도 안 된다.
  ⊙ 상담에서 내담자가 피해를 입게 되거나 내담자에 대한 잘못된 진단으로 문제가 생기는 것 등은 무해성의 원칙에 어긋나는 일이다.
④ 정의 및 공정성(Justice/Fairness)
  ⊙ 상담자는 내담자에게 차별적인 대우를 해서는 안 되며, 인종, 성별, 종교적 신념에 관계없이 내담자를 동등하게 대우해야 한다.
  ⊙ 정의롭다(혹은 공정하다)는 것은 상담자가 내담자에게 필요한 사회적 봉사를 적절하고 평등하게 해 준다는 의미이다.
⑤ 성실성 또는 충실성(Fidelity)
  ⊙ 상담자는 내담자를 상담할 때 신뢰를 바탕으로 성실히 임해야 한다. 여기서 성실은 곧 충실, 신뢰, 약속 이행 등을 의미한다.
  ⊙ 상담 약속 불이행이나 비밀보장 파기 등 상담 계약을 이행하지 않거나 허위로 하는 것은 성실성의 원칙에 어긋나는 일이다.

■ 심리학자, 임상심리사의 윤리원칙

① 유능성
  ⊙ 심리학자는 자신의 강점과 약점, 자신이 가지고 있는 기술과 그것의 한계에 대해 충분히 자각해야 한다. 이를 위해 자신의 적절한 수련 및 경험에서 나온 서비스만을 제공하여야 한다.
  ⊙ 심리학자는 지속적으로 교육수련을 받고 경험을 쌓음으로써 변화와 발전의 시대적 흐름 속에서도 항상 최신의 기술을 가지고 있어야 한다.
  ⊙ 심리학자는 자신의 개인적 생활이 유능한 서비스를 제공하는 데 방해가 되지 않도록 노력해야 한다.
  ⊙ 무엇이 유능성과 무능성을 구성하는지는 분명하지 않다. 즉, 유능성은 일반적으로 절대적인 방식으로 평가될 수 없다.
② 성실성
  ⊙ 심리학자는 전문적이고 개인적인 성실성을 유지해야만 한다. 이를 위해 다른 사람들을 다루는 데 있어서 그들을 존중해야 하며, 공정하고 정직해야 한다.
  ⊙ 심리학자는 성실하고 정직한 자세로 내담자에게 자신의 서비스로부터 기대할 수 있는 바를 설명하며, 자신의 작업과 관련하여 스스로의 욕구 및 가치가 어떠한 영향을 미치는지 알고 있어야 한다.
  ⊙ 심리학자는 다른 전문가에게 의뢰하는 것이 환자에게 최선의 이득을 가져다준다고 판단하는 경우, 환자를 기꺼이 의뢰해야 한다.

기출키워드

19년 3회 / 22년 3회 / 24년 2회

윤리원칙

※ 19, 22년 실기시험에는 윤리원칙으로서의 유능성의 의미를 설명하고, 이를 위반하는 이유를 3가지 쓰도록 하는 문제가 출제되었습니다.

※ 24년 실기시험에는 임상심리사가 지켜야 할 일반 상담윤리로서의 윤리원칙을 6가지 쓰도록 하는 문제가 출제되었습니다.

OX Quiz

심리학자는 다른 전문가에게 의뢰하는 것이 환자에게 최선이라고 하더라도, 한 번 맡은 환자는 끝까지 상담하여 책임져야 한다.

정답 X(기꺼이 의뢰해야 함)

ⓔ 심리학자는 자신의 환자나 내담자, 학생들과 부적절한 이중관계나 착취관계를 맺어서는 안 되며, 성적인 문제에 연루되어서는 안 된다.

③ 전문적이고 과학적인 책임
　　㉠ 심리학자는 전문적이고 과학적인 기초 위에서 활동함으로써 자신의 지식과 능력의 범위를 인식할 의무가 있다.
　　㉡ 심리학자는 자신의 환자나 내담자에게 최선을 다해 서비스를 제공하며, 이를 위해 필요에 따라 타 분야의 전문가들에게 자문을 구해야 한다.
　　㉢ 심리학자는 다른 동료들이 전문가적인 윤리를 유지하는 것을 확실히 하는 데에 조력해야 한다.
　　㉣ 심리학자는 다른 동료들이 관여하고 있는 비윤리적 행위를 중지하게 하거나 보고해야 한다. 동료들에 의해 행해지는 비윤리적인 행위의 대부분은 비공식적이고 교육적인 자문을 통해 교정될 수 있지만, 비공식적인 수단에 의해 해결될 수 없는 심각한 위반이나 갈등들은 관련 윤리위원회에 보고되어야 한다.

④ 인간의 권리와 존엄에 대한 존중
　　㉠ 심리학자는 각 개인의 개성과 문화의 차이에 대해 민감해야 하며, 자신의 일방적인 지식과 편견을 지양해야 한다.
　　㉡ 심리학자는 자유, 개인적 사생활 그리고 기밀성에 대한 권리를 존중해야 한다. 특히 성, 종교, 민족성, 성적 지향 또는 기타 요인들에 대해 타인을 차별해서는 안 된다.
　　㉢ 심리학자는 자신의 환자나 내담자가 잘못된 결정을 내리고 있는 것으로 판단될지라도, 그들의 의지에 반하여 자신의 소망이나 의견을 강요해서는 안 된다.
　　㉣ 심리학자는 분명하게 지도해 줄 수 있으며, 환자들의 결정에 대한 장점 및 단점을 논의할 수도 있다.

⑤ 타인의 복지에 대한 관심
　　㉠ 심리학자는 자신이 제공하는 서비스를 통해 타인의 삶의 질이 개선될 수 있도록 노력해야 한다.
　　㉡ 심리학자는 자신의 환자나 내담자를 착취하거나 그들에게 해가 되는 일을 삼가야 한다.
　　㉢ 연구는 인간조건을 개선시키는 방법을 발전시키는 것은 물론 인간 행동을 더 잘 이해하기 위해 수행된다.

⑥ 사회적 책임
　　㉠ 심리학자는 타인을 도우며, 인간 행동에 대한 과학과 지식을 진보시키기 위해 일한다.
　　㉡ 심리학자는 인간의 행동과 심리에 모순되거나 부당한 착취의 우려가 있는 정책에 대해 반대하여야 한다.
　　㉢ 심리학자는 시간을 할애하여 개인적 · 금전적인 이득을 가져오지 않는 일에 참여한다.

전문가의 한마디

타인의 복지에 대한 관심은 특히 선의와 보살핌을 전제로 하는 집단상담자에게 있어서 필수적인 특성입니다. 집단상담자는 집단성원들을 착취하거나 상담자 자신의 개인적 바람을 만족시키기 위해 그들을 이용해서는 안 됩니다.

■ **심리학자가 유능성의 원칙을 위반하는 이유**

① 개인적인 심리적 문제를 가지고 있는 경우
  ㉠ 심리학자는 다른 사람과 마찬가지로 자신의 판단이나 행동을 손상시키는 정신과적 장애나 심리적인 문제를 가지게 될 수 있다. 또한 인간으로서 가질 수 있는 전 범위의 문제들을 경험할 수 있다.
  ㉡ 예를 들어, 이혼이나 질병, 경제적 문제 등과 관련하여 나타날 수 있는 우울, 불안, 스트레스 등이 개인적인 문제와 약점으로 작용하여 심리학자로서 유능한 서비스 제공을 어렵게 만들 수 있는 것이다.

② 너무 많은 부담으로 인해 지쳐 있는 경우
  ㉠ 심리학자는 너무 많은 부담을 지게 되어 기력이 소진될 수 있다. 이와 같은 소진은 심리학자로 하여금 자신의 직업이나 환자들에 대해 보다 덜 관심을 기울이게 만든다.
  ㉡ 심리학자가 최소한의 관심만을 가진 채 치료시간을 보내려고 할 경우 결국 무능한 전문가 활동으로 이어질 수 있다.

③ 교만하여 더 이상 배우지 않고 배울 필요가 없다고 생각하는 경우
  ㉠ 심리학자는 교만하고 자기도취적일 수 있으며, 그로 인해 최신의 정보를 습득하거나 배울 필요가 없다고 생각할 수 있다.
  ㉡ 교만한 심리학자는 자기 자신이 다른 전문적인 연구결과나 문헌보다 더욱 뛰어나다고 생각하므로, 이와 같은 최신의 정보들을 자신의 지식에 통합시키려 하지 않은 채 새로운 정보와 자문에 대해 폐쇄적인 태도를 보이게 된다.

④ 해당되는 특정 전문교육수련을 받지 않고도 특정 내담자군을 잘 다룰 수 있다고 여기는 경우
  ㉠ 심리학자는 자신의 이기심에 의해 어떤 사례라도 맡는 데 동의할 수 있다. 다시 말해 이기적인 심리학자는 특정 장애에 대한 전문적인 수련이나 치료경험이 없음에도 불구하고 그와 같은 장애를 가진 사람을 치료하겠다고 나설 수 있는 것이다.
  ㉡ 이기적인 심리학자는 양질의 전문적인 서비스를 제공하겠다는 의지보다는 돈을 벌거나 경력을 쌓는 것에 몰두하는 등 자신의 욕구를 다른 환자나 동료의 욕구보다 위에 둘 수 있다. 그가 비록 유능해지고자 동기화될 수도 있겠으나, 자신의 무지나 무경험, 잘못된 정보로 인해 무능한 서비스를 제공하게 되는 것이다.

OX Quiz

심리학자라면 특정 장애에 대한 수련이나 치료 경험이 없더라도 모든 내담자군의 사례를 도맡아 해결할 수 있어야 한다.

정답 X(유능성의 원칙을 위반하는 내용)

> **전문가의 한마디**
>
> 지베르(Sieber)는 심리학자들이 비윤리적인 방식으로 행동하는 이유와 관련하여 심리학자들이 범하는 윤리적 위반의 범주를 6가지로 분류하였습니다.

■ 윤리적 위반의 6가지 범주(Sieber)

① 심리학자의 무경험과 무지
어떤 심리학자는 지능검사의 기록 형식을 복사하여 수검자의 부모나 학교 선생님에게 제공하는 것이 비밀 유지 및 노출에 따른 윤리적 문제를 야기할 수 있음을 깨닫지 못할 수 있다.

② 윤리적 문제의 잠재성에 대한 과소평가
어떤 심리학자는 심리검사 시행과 관련하여 시간을 절약하기 위해 수검자에게 동의서를 제공하거나 사후 설명을 하는 등의 적절한 조치를 취하지 않을 수 있다.

③ 피할 수 없는 윤리적 딜레마
어떤 심리학자는 청소년 내담자의 절도, 약물사용 등과 같은 행위를 염려하여 그와 상담회기를 진행하는 동안 기밀성을 깨뜨리는 것이 필요하다고 생각할 수 있다.

④ 새로운 절차 혹은 접근법에서 제기되는 예측할 수 없는 윤리적 딜레마
어떤 심리학자가 새로운 치료법을 환자에게 적용했으나 그로 인해 환자에게서 부작용이 나타날 수 있다.

⑤ 명백한 지침이 존재하지 않거나 그 지침이 특정 상황에서 모호할 때
현재의 윤리규약에서 직접적으로 다루어지지 않는 새로운 기술이나 상이한 접근들의 발달이 또 다른 형태의 윤리적 딜레마를 야기할 수 있다.

⑥ 윤리적 지침과 법률의 모순
환자의 모든 기록에 대해 법원이 소환장을 발부할 경우, 심리학자는 환자의 허락 없이 그에 대한 중요한 정보를 제3자에게 제공할 수밖에 없는 상황에 놓이게 된다.

기출복원 52
11, 16, 19년 기출

임상심리사의 윤리원칙으로서 유능성의 의미를 설명하고, 이를 위반하는 이유를 3가지 쓰시오.
[5점]

해설 체크!

1. 유능성의 의미
'유능성'은 임상심리사 또는 임상심리학자가 자신의 강점과 약점, 자신이 가지고 있는 기술과 그것의 한계에 대해 자각해야 한다는 것이다. 그리하여 지속적인 교육수련으로 최신의 기술을 습득하며, 이를 통해 사회의 변화에 민첩하게 대응해야 한다는 것이다.

2. 유능성의 원칙을 위반하는 이유
- 개인적인 심리적 문제를 가지고 있는 경우
- 너무 많은 부담으로 인해 지쳐 있는 경우
- 교만하여 더 이상 배우지 않고 배울 필요가 없다고 생각하는 경우
- 해당되는 특정 전문교육수련을 받지 않고도 특정 내담자군을 잘 다룰 수 있다고 여기는 경우

56 상담심리사 윤리강령(출처 : 한국상담심리학회)

■ 전문가로서의 태도

① 전문적 능력
  ㉠ 상담심리사는 자신의 능력의 한계를 인정하고 교육과 수련, 경험 등에 의해 준비된 역량의 범위 안에서 전문적인 서비스와 교육을 제공한다.
  ㉡ 상담심리사는 자신이 가진 능력 이상의 것을 주장하거나 암시해서는 안 되며, 타인에 의해 능력이나 자격이 오도되었을 때에는 수정해야 할 의무가 있다.
  ㉢ 상담심리사는 문화, 신념, 종교, 인종, 성적 지향, 성별 정체성, 신체적 또는 정신적 특성에 대한 자신의 편견을 자각하고, 이를 극복하기 위해 노력해야 한다. 특히 위와 같은 편견이 상담 과정을 방해할 우려가 있을 경우 자문, 사례지도 및 상담을 요청해야 한다.
  ㉣ 상담심리사는 자신의 활동분야에 있어서 최신의 과학적이고 전문적인 정보와 지식을 유지하기 위해 지속적인 교육과 연수의 필요성을 인식하고 참여한다.
  ㉤ 상담심리사는 자신의 전문적 능력에 대해 정확히 인식하고 정기적으로 전문인으로서의 능력과 효율성에 대해 자기점검 및 평가를 해야 한다. 상담자로서 직무를 수행하는 데 방해가 되는 개인적 문제나 능력의 한계를 인식하게 될 경우 지도감독이나 전문적 자문을 받을 책무가 있다.

② 성실성
  ㉠ 상담심리사는 자신의 신념체계, 가치, 제한점 등이 상담에 미칠 영향력을 자각해야 한다.
  ㉡ 상담심리사는 내담자에게 상담의 목표와 이점, 한계와 위험성, 상담료 지불방법 등을 명확히 알린다.
  ㉢ 상담심리사는 능력의 한계나 개인적인 문제로 내담자를 적절하게 도와줄 수 없을 때, 전문적 자문과 지원을 받는 등의 적절한 조치를 취한 뒤, 직무수행을 제한할지 아니면 완전히 중단할지 여부를 결정해야 한다.
  ㉣ 상담심리사는 내담자가 더 이상 도움을 필요로 하지 않거나, 상담을 지속하는 것이 더 이상 내담자에게 도움이 될 가능성이 없거나, 오히려 내담자에게 해가 될 것이 분명하다면 상담관계를 종결해야 한다. 내담자가 다른 전문가를 필요로 할 경우에는 적절한 과정을 거쳐 의뢰하거나 관련 정보를 제공한다.
  ㉤ 상담심리사는 개인의 이익을 위해 상담전문직의 가치와 품위를 훼손하는 행동을 해서는 안 된다.

전문가의 한마디

본문의 상담심리사 윤리강령은 전체 중 일부 내용을 발췌한 것입니다. 상담심리사 윤리강령의 전문은 한국상담심리학회(KCPA) 홈페이지(www.krcpa.or.kr)에서 확인하실 수 있습니다.

기출키워드

20년 1회, 22년 3회
상담자의 윤리

※ 실기시험에서는 보기에 사례를 제시하고, 등장인물의 행동에 대한 윤리적 타당성 여부와 그 이유를 제시하도록 하는 문제가 출제되었습니다.

■ 사회적 책임

① 사회와의 관계
  ㉠ 상담심리사는 사회의 윤리와 도덕기준을 존중하고, 사회공익과 상담분야의 발전을 위해 최선을 다한다.
  ㉡ 상담심리사는 필요 시 무료 혹은 저가의 보수로 자신의 전문성을 제공하는 사회적 공헌 활동에 참여한다.
  ㉢ 상담비용을 책정할 때 상담심리사들은 내담자의 재정상태를 고려하여야 한다. 책정된 상담료가 내담자에게 적절하지 않을 때에는, 대안적 서비스를 받을 수 있도록 돕는다.

② 고용 기관과의 관계
  ㉠ 상담심리사는 자신이 종사하는 기관의 목적과 방침에 공헌할 수 있는 활동을 할 책임이 있다. 기관의 목적과 방침이 상담자 윤리와 상충될 때에는 이를 해결하기 위해 노력해야 한다.
  ㉡ 상담심리사는 근무기관의 관리자 및 동료들과 상담업무, 비밀보장, 직무에 대한 책임, 공적 자료와 개인자료의 구별, 기록된 정보의 보관과 처분에 관하여 상호 협의해야 한다. 상호 협의한 관계자들은 협의 내용을 문서화하고 공유한다.

③ 상담 기관 운영자
  ㉠ 상담기관 운영자는 기관 내에서 이루어지는 제반 상담활동을 관리 감독함에 있어, 내담자의 권리와 복지를 최우선으로 고려해야 한다.
  ㉡ 상담기관 운영자는 상담심리사를 포함한 피고용인의 권리와 복지 보장 및 전문성 제고를 위해 최선의 노력을 다할 책임이 있다.

④ 다른 전문직과의 관계
  ㉠ 상담심리사는 함께 일하는 다른 전문적 집단의 특성을 존중하고, 상호 협력적 관계를 도모한다.
  ㉡ 상담심리사는 내담자가 다른 정신건강 전문가의 서비스를 받고 있음을 알게 되면, 내담자로 하여금 상담 사실을 그 전문가에게 알리도록 권유하고, 긍정적이고 협력적인 치료관계를 맺도록 노력한다.
  ㉢ 상담심리사는 내담자 의뢰나 소개와 관련한 비용을 수취하거나 요구하지 않는다.

■ 내담자의 복지와 권리에 대한 존중

① 내담자 복지
  ㉠ 상담심리사의 1차적 책임은 내담자의 복지를 증진하고 존엄성을 존중하는 것이다.
  ㉡ 상담심리사는 내담자의 잠재력을 개발하여 건강한 삶을 영위하도록 도움을 주며, 어떤 방식으로도 해를 끼치지 않는다.

OX Quiz
상담심리사는 필요 시 무료의 보수로 사회적 공헌 활동에 참여할 수 있다.
정답 O

OX Quiz
상담기관 운영자는 기관 내의 상담내용을 관리 감독함에 있어 상담자의 권리를 최우선으로 고려해야 한다.
정답 X(내담자의 권리 최우선 고려)

ⓒ 상담심리사는 상담관계에서 오는 친밀성과 책임감을 인식해야 한다. 상담심리사의 개인적 욕구충족을 위해서 내담자를 희생시켜서는 안 되며, 내담자와 의존적인 상담관계를 형성하지 않도록 노력해야 한다.

ⓔ 상담심리사는 직업 문제와 관련하여 내담자의 능력, 일반적인 기질, 흥미, 적성, 욕구, 환경 등을 고려하면서 내담자와 함께 노력하지만, 내담자의 일자리를 찾아주거나 근무처를 정해줄 의무가 있는 것은 아니다.

② 내담자의 권리와 사전 동의

ⓐ 내담자는 상담 계획에 참여할 권리, 상담을 거부하거나 상담 개입 방식의 변화를 거부할 권리, 그러한 거부에 따른 결과를 고지 받을 권리, 자신의 상담 관련 정보를 요청할 권리 등이 있다.

ⓑ 상담심리사는 상담을 시작할 때 내담자가 충분한 설명을 듣고 선택할 수 있도록 적절한 정보를 제공해야 하고, 상담자와 내담자 모두의 권리와 책임에 대해서 알려줄 의무가 있다. 이러한 사전 동의 절차는 상담 과정의 중요한 부분이며, 내담자와 논의하고 합의된 내용을 적절하게 문서화한다.

③ 다양성 존중

ⓐ 상담심리사는 모든 인간의 기본적인 권리, 존엄성, 가치를 존중하며 성별, 장애, 나이, 성적 지향, 성별 정체성, 사회적 신분, 외모, 인종, 가족형태, 종교 등을 이유로 내담자를 차별하지 않는다.

ⓑ 상담심리사는 내담자의 다양한 문화적 배경을 이해하려고 적극적으로 시도해야 하며, 상담심리사 자신의 고유한 문화적 정체성이 상담 과정에 어떤 영향을 주는지 인식해야 한다.

ⓒ 상담심리사는 자신의 고유한 가치, 태도, 신념, 행위를 인식하고, 내담자에게 자신의 가치를 강요하지 않는다.

> **전문가의 한마디**
> 상담심리사가 내담자에게 설명해야 할 사전 동의 항목으로는 상담자의 자격과 경력, 상담 비용과 지불 방식, 치료기간과 종결 시기, 비밀보호 및 한계 등이 있습니다.

■ 상담관계

① 다중관계

ⓐ 상담심리사는 객관성과 전문적인 판단에 영향을 미칠 수 있는 다중관계는 피해야 한다. 가까운 친구나 친인척, 지인 등 사적인 관계가 있는 사람을 내담자로 받아들이면 다중관계가 되므로, 다른 전문가에게 의뢰하여 도움을 준다. 의도하지 않게 다중관계가 시작된 경우에도 적절한 조치를 취해야 한다.

ⓑ 상담심리사는 상담할 때에 내담자와 상담 이외의 다른 관계가 있다면, 특히 자신이 내담자의 상사이거나 지도교수 혹은 평가를 해야 하는 입장에 놓인 경우라면 그 내담자를 다른 전문가에게 의뢰한다.

ⓒ 상담심리사는 내담자와 상담실 밖에서 연애 관계나 기타 사적인 관계(소셜미디어나 다른 매체를 통한 관계 포함)를 맺거나 유지하지 않는다.

> **전문가의 한마디**
> '다중관계'는 기존의 '이중관계'를 지칭하는 것으로, 임상심리사 시험에서는 아직까지 '이중관계'의 명칭으로 문제를 출제하는 경향이 있습니다.

ⓔ 상담심리사는 내담자와의 관계에서 상담료 이외의 어떠한 금전적, 물질적 거래를 해서는 안 된다.
ⓜ 상담심리사는 내담자의 선물로 인해 발생할 수 있는 문제를 숙고해야 한다. 선물의 수령 여부를 결정함에 있어서 상담관계에 미치는 영향, 선물의 의미, 내담자와 상담자의 동기, 현행법 위반 여부 등을 신중하게 고려해야 한다.

② 성적 관계
 ㉠ 상담심리사는 내담자 및 내담자의 보호자, 친척 또는 중요한 타인에게 자신의 지위를 이용하여 성희롱 또는 성추행을 포함한 성적 접촉을 해서는 안 된다.
 ㉡ 상담심리사는 내담자 및 내담자의 보호자, 친척, 또는 중요한 타인과 성적 관계를 가져서는 안 된다.
 ㉢ 상담심리사는 이전에 연애 관계 또는 성적인 관계를 가졌던 사람을 내담자로 받아들이지 않는다.
 ㉣ 상담심리사는 상담관계가 종결된 이후 적어도 3년 동안은 내담자와 성적 관계를 맺지 않아야 한다. 그 후에라도 가능하면 내담자와 성적인 관계는 갖지 않는다.

③ 여러 명의 내담자와의 관계
 ㉠ 상담심리사가 두 명 이상의 사람들에게 상담 서비스를 제공하는 경우(예 남편과 아내, 부모와 자녀), 누가 내담자이며 각각의 사람들과 어떤 관계를 맺어갈지를 명확히 하고 상담을 시작해야 한다.
 ㉡ 만약에 상담심리사가 내담자들 사이에서 상충되는 역할을 해야 된다면, 상담심리사는 그 역할에 대해서 명확히 하거나, 조정하거나, 그 역할로부터 벗어나도록 한다.

④ 집단상담
 ㉠ 상담심리사는 집단 목표에 부합하는 집단원들을 모집하여 집단상담이 원활히 진행되도록 한다.
 ㉡ 상담심리사는 집단참여자를 물리적 피해나 심리적 외상으로부터 보호하기 위해 충분한 주의를 기울인다.
 ㉢ 집단 리더는 지위를 이용하여 집단원의 권리와 복지를 훼손하지 않는다. 또한, 집단 과정에서 집단원의 선택의 자유를 존중하고, 이들이 집단 압력으로부터 보호받을 권리가 있음을 유념한다.
 ㉣ 집단 리더는 다중관계가 될 수 있는 가까운 친구나 친인척, 지인 등을 집단원으로 받아들이지 않는다. 또한, 집단상담이 끝난 후 집단원과 사적인 관계를 맺거나 유지하지 않는다.

OX Quiz
상담심리사는 현재가 아닌 이전 연인 관계였던 사람을 내담자로 받아들일 수 있다.
정답 X(이전의 연애 관계를 가졌던 내담자도 받아들이지 않는다)

전문가의 한마디
'집단상담'의 하위규정은 최근 개정강령에 새롭게 포함된 것입니다.

OX Quiz
집단 리더는 집단상담이 끝난 후에도 사적인 관계를 유지하며 집단원들을 관리할 의무가 있다.
정답 X(사적인 관계를 유지하지 않음)

> **참고**
>
> 한국상담심리학회 윤리강령이 2018년 1월 1일부터 개정 시행되고 있습니다. 개정강령에서 '상담관계'에 관한 하위규정은 다음과 같이 변경되었습니다.
>
> | 2009년 11월 21일 시행 | 2018년 1월 1일 시행 |
> | --- | --- |
> | 4. 상담관계
　가. 이중관계
　나. 성적 관계
　다. 여러 명의 내담자와의 관계 | 4. 상담관계
　가. 다중관계
　나. 성적 관계
　다. 여러 명의 내담자와의 관계
　라. 집단상담 |
>
> 특히 개정강령에서는 기존 '이중관계'를 '다중관계'로 변경한 것이 눈에 띕니다. 이는 '이중관계'라는 표현이 이차적인 관계의 복잡성을 충분히 설명하지 못한다는 지적에 따른 것으로, 최근에는 '이중관계'보다 '다중관계'의 용어를 사용하는 추세입니다.

■ 정보의 보호 및 관리

① 사생활과 비밀보호
　㉠ 상담심리사는 상담 과정에서 알게 된 내담자의 민감 정보를 다룰 때 특별히 주의해야 하고, 상담과 관련된 모든 정보의 관리에 있어 개인정보 보호와 관련된 법을 준수해야 한다.
　㉡ 상담심리사는 사생활과 비밀유지에 대한 내담자의 권리를 최대한 존중해야 할 의무가 있다.
　㉢ 내담자의 사생활 보호가 제한되는 경우라 하더라도, 상담심리사는 내담자의 사생활 침해를 최소화하기 위해 노력해야 하고, 문서 및 구두 보고 시 사생활에 관한 정보를 포함시켜야할 경우 그 목적과 밀접한 관련이 있는 정보만을 포함시킨다.

② 비밀보호의 한계
　㉠ 내담자의 생명이나 타인 및 사회의 안전을 위협하는 경우, 내담자의 동의 없이도 내담자에 대한 정보를 관련 전문인이나 사회에 알릴 수 있다.
　㉡ 내담자가 감염성이 있는 치명적인 질병이 있다는 확실한 정보를 가졌을 때, 상담심리사는 그 질병에 위험한 수준으로 노출되어 있는 제3자(내담자와 관계 맺고 있는)에게 그러한 정보를 공개할 수 있다. 상담심리사는 제3자에게 이러한 정보를 공개하기 전에 내담자가 자신의 질병에 대해서 그 사람에게 알렸는지, 아니면 스스로 알릴 의도가 있는지를 확인한다.
　㉢ 법원이 내담자의 동의 없이 상담심리사에게 상담관련 정보를 요구할 경우, 상담심리사는 내담자의 권익이 침해되지 않도록 법원과 조율하여야 한다.

기출키워드

24년 1회

비밀보장의 한계

※ 실기시험에는 심리치료자가 내담자에 대해 비밀보장을 할 수 없는 경우를 6가지 쓰도록 하는 문제가 출제되었습니다.

전문가의 한마디

한국상담학회에서는 비밀보호의 한계 사유를 ① 내담자가 자신이나 타인의 생명 혹은 사회의 안전을 위협하는 경우, ② 내담자가 감염성이 있는 치명적인 질병이 있다는 확실한 정보를 가졌을 경우, ③ 미성년인 내담자가 학대를 당하고 있는 경우, ④ 내담자가 아동학대를 하는 경우, ⑤ 법적으로 정보의 공개가 요구되는 경우 등으로 제시하고 있습니다.

OX Quiz

내담자의 사생활 보호가 제한되는 경우에도 상담심리사는 사생활 침해를 최소화하여야 한다.

정답 O

㉣ 상담심리사는 내담자 정보를 공개할 경우, 정보 공개 사실을 내담자에게 알려야 한다. 정보 공개가 불가피할 경우라도 최소한의 정보만을 공개한다.
㉤ 여러 전문가로 구성된 팀이 개입하는 상담의 경우, 상담심리사는 팀의 존재와 구성을 내담자에게 알린다.
㉥ 비밀보호의 예외 및 한계에 관한 타당성이 의심될 때에 상담심리사는 동료 전문가 및 학회의 자문을 구한다.

기출복원 53

15, 20년 기출

다음 보기의 사례를 읽고 물음에 답하시오. 5점

> A군은 임상심리학 전공 대학원생으로, ○○상담센터에서 실습을 하고 있다. A군은 자신이 개발한 새로운 프로그램을 상담에 적용해 보려던 차에, 마침 평소 자신이 호감을 가지고 있던 한 여학생이 상담센터를 찾아와 상담을 신청한 사실을 알게 되었다. A군은 그 여학생과의 상담을 자신이 맡겠다고 제안하였다.

보기의 내용에 제시된 A군의 행동이 윤리적으로 타당한지의 여부를 쓰고, 그에 대한 이유를 제시하시오.

해설 체크!

1. 윤리적 타당성 여부(상담을 진행해도 되는가?)
윤리적 문제 동반(상담 불가)

2. 이유
- 전문가로서의 태도 – 전문적 능력과 성실성의 결여
  A군은 자신이 제공할 수 있는 전문적인 도움의 한계, 자신이 개발한 새로운 프로그램이 내담자에게 미칠 수 있는 위험 등을 인식하고 지도감독자의 도움을 요청하는 것이 바람직하다.
- 상담관계 – 다중관계(이중관계)의 위험
  A군은 내담자에 대한 자신의 개인적 욕구와 영향력을 충분히 자각하고 있어야 하며, 어떠한 경우에도 상담관계에서 비롯된 내담자의 신뢰와 의존을 자기 자신을 위해 이용해서는 안 된다.

57 집단상담 Ⅰ

■ 집단상담의 의의 및 특징

① 집단상담은 집단성원들로 하여금 자기 이해 및 자기 수용, 발달과업의 성취 등을 실현할 수 있도록 돕는 과정이다.
② 집단성원 개개인 자체에 초점을 두어 그들의 실제적인 행동상의 변화를 이끌어내는 것을 목적으로 한다.
③ 집단성원들 간의 상호작용을 통해 개인의 부적응행동과 문제에 접근하며, 주로 개인적·정서적인 문제의 해결에 주력한다.
④ 과거 부정적 행동의 원인보다는 현재의 문제를 해결하는 데 관심을 기울인다.
⑤ 집단치료가 성격장애 등의 심각한 문제를 다루는 데 반해, 집단상담은 태도나 상황의 변화, 직업선택 등 비교적 쉬운 갈등을 다룬다.
⑥ 집단상담의 규모는 집단의 특성 및 상황에 따라 다르나 보통 5~15명 또는 6~12명 정도이며, 대체로 5~8명 정도가 적당한 것으로 알려져 있다.

■ 집단의 일반적인 조건

① 심리적 유의성
  ㉠ 집단은 집단성원들에게 심리적으로 의미 있는 특성을 지녀야 한다.
  ㉡ 집단성원들이 심리적 유의성을 가지기 위해서는 집단이 최소한 자기 지도(Self-Guidance)의 능력을 갖춘 사람들로 구성되어야 한다. 여기서 자기 지도 능력이란 자율적·독립적인 생활을 영위할 수 있을 정도의 지적 수준과 정신 상태, 기본적인 위생관리 능력 등을 말한다.
② 직접적인 의사소통
  ㉠ 집단 내의 의사소통은 간접적으로 이루어지는 것이 아닌 집단성원 당사자들 간에 면대면(Face-to-Face) 상태에서 직접적인 방식으로 이루어진다.
  ㉡ 의사소통은 보통 제한된 시간 내에 이루어지며, 집단성원들에게 심리적인 의미를 부여하는 역할을 한다. 따라서 주어진 시간 내에 집단성원들이 생산적인 대화를 나눌 수 있도록 돕는 것이 집단상담자의 중요한 임무가 된다.
③ 유의미한 상호작용
  ㉠ 집단에는 일정한 사회체제를 갖춘 집단성원들 사이에 유의미한 상호작용(Significant Interaction)이 있어야 한다.
  ㉡ 집단성원들 간의 심리적 상호작용은 그들이 어떤 구분된 전체에 속해 있다는 느낌, 즉 '우리(We-Ness)'라는 집단의식을 전제로 한다. 여기서 집단의식은 집단성원들이 공통적으로 가지고 있는 문제들을 해결하기 위해서는 물론 개인적인 요구를 충족시키기 위해서도 필요하다.

OX Quiz
집단상담은 집단원들의 자기 이해는 돕지만 실제적 행동 변화를 이끌어내는 것은 불가능하다.
정답 X(행동 변화가 목적)

전문가의 한마디
집단상담 연구의 권위자로서 코리 부부(Corey & Corey)는 집단상담자 1명에 집단성원 8명 정도를, 얄롬(Yalom)은 대략 7~8명 정도를 제시한 바 있습니다.

OX Quiz
집단 내 의사소통은 보통 간접적인 방식으로 이루어진다.
정답 X(면대면 상태에서 직접적으로 이루어짐)

④ 역동적 상호관계
  ㉠ 집단성원들은 자발적이고 적극적인 태도로 집단에 참여함으로써 상호 신뢰를 바탕으로 역동적 상호관계를 형성하게 된다.
  ㉡ 역동적 상호관계는 구성원들의 명확한 위치와 역할관계를 토대로 구성되며, 각 성원의 행동을 조절하는 일련의 가치관이나 규준이 있는 집단의 구조에서 형성된다.
⑤ 생산적 상호 의존
  ㉠ 집단은 두 명 이상의 상호 독립적인 사람들 간의 상호 의존적(Interdependent) 관계에서 비롯된다.
  ㉡ 집단에서는 상호 의존적인 관계 속에서 공통 목적을 가지고 있는 여러 사람들이 함께 모여 지속적으로 생산적인 변화를 시도하는 활동을 펼치게 된다.

■ 집단 구성 시 현실적 고려사항(Corey & Corey)

① 집단성원(집단원) 구성
  ㉠ 집단 성원의 동질성 혹은 이질성 여부는 집단의 목표에 의해 결정된다.
  ㉡ 일반적으로 어떤 욕구와 목표를 가진 특정 집단의 경우 이질적인 사람들보다는 동질적인 사람들로 집단을 구성하는 것이 낫다. 특히 집단의 동질성은 집단의 응집력을 높이며, 그들의 삶의 위기를 개방적이고 깊게 탐색하도록 한다.
② 집단의 크기
  ㉠ 집단의 크기는 보통 집단성원들의 연령, 집단상담자의 경험정도, 집단의 형태, 집단에서 탐색할 문제 등에 따라 달라질 수 있다.
  ㉡ 집단의 크기는 집단성원 간의 상호작용을 위한 충분한 기회를 제공해 주고, 모든 집단성원들이 참여하여 '집단'이라는 느낌을 가질 수 있는 정도가 적당하다. 예를 들어, 아동 대상 집단의 크기는 3~4명, 청소년 대상 집단의 크기는 6~8명이 적당하며, 매주 만나는 성인 집단의 경우 집단상담자 1명에 집단성원 8명이 이상적인 것으로 알려져 있다.
③ 회기의 빈도와 기간
  ㉠ 일반적으로 아동 및 청소년 대상 집단의 경우 비교적 짧은 시간 동안 자주 만나도록 하는 것이 주의력을 집중시키는 데 유리하다. 반면, 대학생 및 성인 대상 집단의 경우 매주 1회기 2시간 정도가 적당한데, 이는 집중적인 작업이 가능할 만큼 충분한 동시에 지루하지 않을 정도의 시간이다.
  ㉡ 기본적인 기능이 뒤떨어지는 입원 환자 집단의 경우 매일 45분씩 만나는 것이 집중력을 유지시키는 데 유리한 반면, 기능 수준이 상대적으로 양호한 입원 환자 집단의 경우 한 주에 여러 번 만나되 한 회기의 길이를 90분 정도로 길게 잡는 것이 효과적이다.

> **전문가의 한마디**
> 집단의 적정 크기에 대해서는 학자들마다 의견이 다양합니다. 다만, 집단성원들 간의 상호작용을 위한 충분한 기회를 제공해 주고, 모든 집단성원들이 참여하여 '집단'이라는 느낌을 가질 수 있는 정도가 적당하다는 데에는 이견이 없습니다.

> **전문가의 한마디**
> 집단 회기의 빈도는 "얼마나 자주 만나야 하는가?"를, 집단 회기의 기간은 "얼마만큼의 기간 동안 회기를 지속해야 하는가?"를 말합니다.

④ 전체 집단회기의 길이
  ㉠ 대부분의 집단 프로그램은 시작할 때부터 종료 일자를 명시하므로, 집단성원들은 자신들이 참여하고 있는 프로그램의 시간적 한계에 대해 명확히 알게 된다. 이와 같이 종료일이 정해진 집단은 집단성원들로 하여금 그들이 개인적인 목표를 달성할 수 있는 시간이 영원하지 않다는 것을 깨닫도록 한다.
  ㉡ 어떤 집단은 동일한 집단성원으로 구성되어 여러 해 동안 진행되는데, 이러한 구조는 집단성원으로 하여금 문제 사항을 깊이 있게 다루도록 하며, 인생의 변화를 위한 도전을 돕는다.

⑤ 집단 실시 장소
  ㉠ 집단 실시 장소를 선정하는 데 있어서 중요한 것은 집단성원들의 사생활을 보호해야 한다는 점이다. 즉, 집단성원은 옆방에서 다른 사람들이 자신의 이야기를 듣지 않는다는 안도감을 가질 수 있어야 한다.
  ㉡ 혼란스러운 병실이나 강당은 바람직하지 않으며, 의자나 탁자 등으로 혼잡스럽지 않고 편안히 앉을 수 있는 집단상담실이 좋다. 특히 집단성원들이 둥글게 원형으로 앉는 배열이 효과적인데, 이는 모든 참여자들이 서로를 바라볼 수 있고 자유롭게 신체적인 접촉을 할 수 있기 때문이다.

⑥ 개방집단 대 폐쇄집단
  ㉠ 개방집단은 회원들의 변화로 인해 집단 진행 동안 몇몇 집단성원들이 나가고 새로운 집단성원들이 들어온다. 반면, 폐쇄집단은 일반적으로 시간적인 제한이 있는데, 새로운 회원을 받지 않은 채 집단이 끝날 때까지 원래의 집단성원들이 계속해서 집단에 남아있는 것을 원칙으로 한다.
  ㉡ 개방집단은 집단성원들의 변화를 통해 집단성원들을 자극하는 장점이 있는 반면, 집단성원들 간 결속력이 약해질 수 있는 단점도 있다. 특히 개방집단에서는 새로운 집단성원을 한 번에 1명씩 받아들이는 것이 좋으며, 입회 면담 때 집단의 기본원칙에 대해 설명하는 것이 바람직하다.

■ 동질집단과 이질집단의 장점

① 동질집단의 장점
  ㉠ 보편성의 경험에 의해 공감하기 쉬우며, 상호 간에 즉각적인 지지가 이루어질 수 있다.
  ㉡ 집단 내 갈등이 비교적 적으며, 출석률이 상대적으로 높다.
  ㉢ 집단의 응집력과 소속감이 빠르고 강하게 발달하는 경향이 있다.

전문가의 한마디
개방집단은 집단성원이 얼마나 오랫동안 집단에 참여할 것인지에 대한 추측이 어려우므로, 가급적 각 회기에서 종결지을 수 있는 문제만을 다루는 것이 필요합니다.

OX Quiz
이질집단의 경우 서로 다른 대인 간의 상호작용으로 집단의 응집력과 소속감이 빠르고 강하게 발달하는 경향이 있다.
정답 X(응집력과 소속감이 빠르고 강하게 발달하는 것은 동질집단의 장점임)

② 이질집단의 장점
　㉠ 다양한 대인 간의 상호작용이 가능하므로 서로 의미 있는 자극을 주고받을 수 있다.
　㉡ 서로 간의 차이점을 발견하고 이해하게 된다.
　㉢ 현실검증의 기회가 풍부하다.

기출복원 54
18, 24년 기출

집단상담의 집단 과정에서 집단 구성 시 현실적 고려사항을 5가지 쓰시오. (5점)

> **해설 체크!**
> 1. 집단의 목표에 따라 집단의 구성원을 동질적으로 구성할 것인지 혹은 이질적으로 구성할 것인지를 결정한다.
> 2. 집단성원들의 연령, 집단상담자의 경험정도, 집단의 형태 등에 따라 집단의 적정 크기를 결정한다.
> 3. 집단성원들의 연령이나 기능수준 등에 따라 집단 회기의 빈도와 기간을 결정하며, 집단에서 다루는 문제의 특성에 따라 전체 집단회기의 길이를 결정한다.
> 4. 집단성원들의 사생활 보호 및 효과적인 접촉이 이루어지도록 집단 실시 장소를 결정한다.
> 5. 집단성원들의 변화를 활용할 것인지의 여부에 따라 집단을 개방집단으로 운영할 것인지 혹은 폐쇄집단으로 운영할 것인지를 결정한다.

58 집단상담 Ⅱ

■ 집단상담의 형태

① 지도집단 또는 가이던스집단(Guidance Group)
　㉠ 토론의 내용이 정의적이거나 심리적인 집단토의 장면으로 이루어지는 비교적 구조적인 형태의 집단상담이다.
　㉡ 집단지도자(집단상담자)가 집단성원들의 개인적 요구나 관심사에 따라 교육적·직업적·사회적 정보들을 제공하는 것을 주된 목표로 한다.

② 상담집단(Counseling Group)
　㉠ 상담집단은 지도집단과 달리 어떠한 주제나 문제보다는 사람에게 초점을 둔다. 즉, 개인의 성장과 발달뿐만 아니라 성장에 방해요소를 제거시키거나 자기인식에 초점을 둔다.
　㉡ 집단지도자는 집단성원들로 하여금 사적인 문제들을 편안하게 나눌 수 있도록 안정감과 신뢰감이 있는 집단분위기를 조성하는 데 주력한다.

전문가의 한마디
지도집단(가이던스집단)은 집단지도자에 의한 강의, 교수 등의 방법이 활용되며, 집단의 방향이나 집단의 진행 내용 등이 사전에 계획적으로 구조화됩니다.

OX Quiz
상담집단은 지도집단과 달리 문제보다는 사람에 초점을 둔다.
정답 O

③ 치료집단(Therapy Group)
  ㉠ 제2차 세계대전 중 정신질환자의 치료를 담당할 전문가의 부족으로 발달하게 되었으며, 치료를 주된 목표로 한다.
  ㉡ 집단지도자는 전문적인 훈련을 받고 전문적인 기술을 습득한 사람으로서, 주로 정상적인 기능을 할 수 없는 환자들을 대상으로 집중적인 심리치료를 적용한다.

④ 자조집단(Self-Help Group)
  ㉠ 서로 유사한 문제나 공동의 관심사를 가진 사람들이 자발적으로 구성하여 각자의 경험을 공유하는 형태의 집단상담이다.
  ㉡ 개인이 각자 자신의 문제 상황에 대처할 수 있도록 하며, 자신에 대한 긍정적인 느낌과 함께 자신의 삶에 책임감을 가지도록 하는 것을 목표로 한다.

⑤ 감수성집단 또는 감수성훈련집단(Sensitivity Group)
  ㉠ 집단의 목표는 심리사회적 문제나 정신적 장애의 해결보다는 집단성원들의 의식화 또는 일정한 훈련을 통한 효과에 있다.
  ㉡ 집단성원들로 하여금 자기 자신은 물론 타인에 대한 인식을 증진하도록 하며, 보다 효율적인 상호작용 패턴을 구축할 수 있도록 돕는다.

⑥ T집단(Training Group)
  ㉠ 소집단을 통한 훈련이 프로그램의 핵심을 이루므로 '훈련집단'이라고 부르며, 실험실 교육 프로그램의 방법을 활용하므로 '실험실적 접근'이라고도 부른다.
  ㉡ 집단 활동을 관찰·분석·계획·평가하고 집단성원으로서의 역할을 학습하는 등의 보다 직접적인 경험을 통해 집단의 전반적인 과정에 대해 학습하며, 커뮤니케이션 및 피드백의 구체적인 행동기술을 습득하는 것을 주된 목표로 한다.

⑦ 참만남집단 또는 대면집단(Encounter Group)
  ㉠ T집단의 한계를 보완하기 위한 것으로서, 동시대의 실존주의와 인도주의 사상을 도입한 것이다. 특히 개별성원들로 하여금 다른 사람과의 의미 있는 만남을 통해 인간관계 및 인간 실존에 대해 자각하도록 돕는다.
  ㉡ 개인의 성장과 함께 개인 간 의사소통 및 대인관계의 발전을 도모함으로써 궁극적으로 자아실현에 이를 수 있도록 하는 것을 1차적인 목표로 한다. 또한 개인의 성장 및 변화를 통해 그가 소속한 조직의 풍토를 변혁하는 것을 2차적인 목표로 한다.

■ 집단상담과 개별상담

① 집단상담이 필요한 경우
  ㉠ 내담자가 여러 사람들을 보다 잘 이해하고, 다른 사람이 자기를 어떻게 보는지 알아야 할 필요성이 있는 경우
  ㉡ 내담자 본인의 성격이나 생활배경 등이 다른 사람들에 대해 배려와 존경심을 습득할 필요성이 있는 경우

> **전문가의 한마디**
>
> T집단은 집단역학의 원리를 토대로 집단 내 인간관계 및 생산적 풍토에 초점을 두는 반면, 참만남집단은 정서적 경험의 솔직한 표현이나 직관적 체험의 확대를 통한 인간적 성장에 보다 주력합니다.

OX Quiz

T집단은 다른 말로 '훈련집단'이라고도 불린다.

정답 O

ⓒ 내담자가 다른 사람과의 의사소통이나 대인관계 등 사회성 향상을 위한 기술을 습득할 필요성이 있는 경우
ⓔ 내담자가 다른 사람과의 유대감, 소속감, 협동심을 향상할 필요가 있는 경우
ⓜ 내담자가 자신의 관심사나 문제에 대한 다른 사람의 반응 및 조언을 필요로 하는 경우
ⓗ 동료나 타인의 이해와 지지가 내담자의 행동 변화에 도움이 되리라고 판단되는 경우
ⓢ 내담자가 자신의 문제에 대한 검토나 분석을 기피하거나 유보하기를 원하고, 자기노출에 대해 필요 이상의 위협을 느끼는 경우

② 개별상담이 필요한 경우
ⓐ 내담자가 처한 문제가 위급하고, 원인과 해결방법이 복잡하다고 판단되는 경우
ⓑ 내담자 및 관련 인물들의 신상을 보호할 필요가 있는 경우
ⓒ 내담자의 심리검사 결과를 해석해 주는 면담의 경우
ⓔ 내담자가 집단에서 공개적으로 발언하는 것에 대해 심한 불안공포를 가지고 있는 경우
ⓜ 내담자가 상담집단의 동료들로부터 수용될 수 없을 정도로 대인관계가 좋지 못한 경우
ⓗ 내담자의 자기 자신에 대한 탐색 및 통찰력이 극히 제한되어 있는 경우
ⓢ 내담자가 상담자나 다른 사람들에게서 주목과 인정을 강박적으로 요구할 것으로 판단되는 경우
ⓞ 내담자가 폭행이나 비정상적인 성적 행동을 나타내 보일 가능성이 있는 경우

■ 집단상담(집단치료)의 치료적 요인(Yalom)

① 희망의 고취(Instillation of Hope)
집단은 집단성원들에게 문제가 개선될 수 있다는 희망을 심어주는데, 이때 희망 그 자체가 치료적 효과를 가질 수 있다.

② 보편성(Universality)
참여자 자신만 심각한 문제, 생각, 충동을 가진 것이 아니라 다른 사람들도 자기와 비슷한 갈등과 생활경험, 문제를 가지고 있다는 것을 알고 위로를 얻는다.

③ 정보전달(Imparting Information)
집단성원들은 집단상담자에게서 다양한 정보를 습득함으로써 자신의 문제에 대해 보다 명확하게 이해하며, 동료 참여자에게서 직·간접적인 제안, 지도, 충고 등을 얻는다.

OX Quiz
내담자의 심리검사 결과를 해석해 주는 면담의 경우 집단상담이 알맞다.
정답 X(개별상담이 알맞음)

전문가의 한마디
얄롬(Yalom)은 자신의 저서 『집단정신치료의 이론과 실제(The Theory and Practice of Group Psychotherapy)』 개정 제5판 서문을 통해 그동안 심리치료의 결실을 '치유(Cure)'로 여긴 것이 자신의 착각이었음을 고백하면서, 치유가 아닌 '변화(Change) 또는 성장(Growth)'을 강조하였습니다. 그와 함께 변화나 성장을 가져오는 요인을 기존의 '치유적 요인(Curative Factors)'에서 '치료적 요인(Therapeutic Factors)'으로 변경하였습니다.

④ 이타심(Altruism)

집단성원들은 위로, 지지, 제안 등을 통해 서로 도움을 주고받는다. 자신도 누군가에게 도움을 줄 수 있고, 타인에게 중요할 수 있다는 발견은 자존감을 높여준다.

⑤ 1차 가족집단의 교정적 재현(The Corrective Recapitulation of the Primary Family Group)

집단은 가족과 유사한 점이 있다. 다시 말해 집단상담자는 부모, 집단성원은 형제자매가 되는 것이다. 집단성원은 부모형제들과 교류하면서 집단 내에서 상호작용을 재현하는데, 그 과정을 통해 그동안 해결되지 못한 갈등상황에 대해 탐색하고 도전한다.

⑥ 사회기술의 발달(Development of Socializing Techniques)

집단성원으로부터의 피드백이나 특정 사회기술에 대한 학습을 통해 대인관계에 필요한 사회 기술을 개발한다.

⑦ 모방행동(Imitative Behavior)

집단상담자와 집단성원은 새로운 행동을 배우는 데 좋은 모델이 될 수 있다.

⑧ 대인관계학습(Interpersonal Learning)

집단성원과의 상호작용을 통해 자신의 대인관계에 대한 통찰과 자신이 원하는 관계형성에 대한 아이디어를 가질 수 있으며, 대인관계 형성의 새로운 방식을 시험해 볼 수 있는 장이 된다.

⑨ 집단응집력(Group Cohesiveness)

집단 내에서 자신이 인정받고, 수용된다는 소속감은 그 자체로 집단성원의 긍정적인 변화에 영향을 미친다.

⑩ 정화(Catharsis)

집단 내의 비교적 안전한 분위기 속에서 집단성원은 그동안 억압되어온 감정을 자유롭게 발산할 수 있다.

⑪ 실존적 요인들(Existential Factors)

집단성원과의 경험 공유를 통해 자기 자신이 다른 사람에게 아무리 많은 지도와 후원을 받는다고 해도 자신의 인생에 대한 궁극적인 책임은 스스로에게 있다는 것을 배운다.

> **전문가의 한마디**
>
> 집단상담은 개인상담보다 실제 생활에 더욱 가깝습니다. 트로처(Trotzer)는 집단을 '소사회(Minisocieties)'라고 불렀는데, 이는 집단이 가정, 직장, 조직, 지역사회의 일시적인 대체물이 될 수 있음을 의미합니다.

> **기출키워드**
>
> 21년 1회 / 22년 3회 / 24년 1회
> **집단상담의 치료적 요인**
>
> ※ 실기시험에는 '얄롬이 제시한 집단상담의 치료적 요인'을 5가지 기술하도록 하는 문제가 출제되었습니다.
>
> ※ 22년 실기시험에는 집단상담의 치료적 요인을 개인상담과 비교하여 6가지 기술하도록 하는 문제가 출제되었습니다.

전문가의 한마디

집단상담(집단치료)의 치료적 요인에 관한 문제는 19년 1회와 3회에 연이어 출제된 바 있습니다. 이와 같이 빈출문제는 같은 해에도 반복해서 출제될 수 있다는 점 유념하시기 바랍니다.

기출복원 55 09, 12, 13, 14, 17, 18, 19, 21, 24년 기출

얄롬(Yalom)이 제시한 집단상담의 치료적 요인을 5가지 기술하시오. 5점

> **해설 체크!**
>
> 1. 희망의 고취
>   집단은 집단성원들에게 문제가 개선될 수 있다는 희망을 심어주는데, 이때 희망 그 자체가 치료적 효과를 가질 수 있다.
> 2. 보편성
>   참여자 자신만 심각한 문제, 생각, 충동을 가진 것이 아니라 다른 사람들도 자기와 비슷한 갈등과 생활경험, 문제를 가지고 있다는 것을 알고 위로를 얻는다.
> 3. 정보전달
>   집단성원들은 집단상담자에게서 다양한 정보를 습득함으로써 자신의 문제에 대해 보다 명확하게 이해하며, 동료 참여자에게서 직·간접적인 제안, 지도, 충고 등을 얻는다.
> 4. 사회기술의 발달
>   집단성원으로부터의 피드백이나 특정 사회기술에 대한 학습을 통해 대인관계에 필요한 사회기술을 개발한다.
> 5. 대인관계학습
>   집단성원과의 상호작용을 통해 자신의 대인관계에 대한 통찰과 자신이 원하는 관계형성에 대한 아이디어를 가질 수 있으며, 대인관계 형성의 새로운 방식을 시험해 볼 수 있는 장이 된다.

---

59 집단상담 Ⅲ

■ 집단상담의 일반적인 효과

① 시간 및 비용의 절감
   집단상담은 상담자가 다수의 내담자들과 접촉하므로 시간 및 비용 측면에서 효과적이다.

② 편안함 및 친밀감
   집단상담은 상담자와의 1 대 1 개인상담보다 집단성원들 간의 친밀감을 통해 여러 가지 문제를 더욱 쉽게 다룰 수 있다.

③ 구체적 실천의 경험
   집단상담은 현실적이고 실제 생활에 근접한 사회 장면을 제공하므로 새로운 행동을 검증하거나, 문제해결 행동을 구체적으로 실천할 수 있는 경험을 가질 수 있다.

④ 현실검증의 기회 제공
   집단상담에서 개인은 외적인 비난이나 처벌의 두려움 없이 새로운 행동을 시험해 보며, 현실을 검증해볼 수 있는 기회를 제공해 준다.

OX Quiz

내담자들은 집단상담을 통해 구체적 실천의 경험을 할 수 있다.

정답 O

⑤ 소속감 및 동료의식

집단상담에서는 동료들 간에 서로의 관심사나 감정들을 터놓고 이야기할 수 있으므로 소속감과 동료의식을 발전시킬 수 있다.

⑥ 풍부한 학습 경험

집단상담에서는 다양한 구성원들을 접할 수 있으므로 개인상담이 줄 수 없는 여러 가지 풍부한 학습 경험을 제공한다.

⑦ 지도성의 확대

집단성원들은 상호 간에 경청하고 수용하고 지지하고 대면하고 해석해 주는데, 이와 같은 행동을 통해 서로 상담자로서의 역할을 하게 된다.

⑧ 관찰 및 경청

집단상담에서 집단성원들은 다른 사람들의 이야기나 행동을 경청하고 관찰하면서 함께 생각하고 느낄 수 있다.

⑨ 개인상담으로의 연결

내담자가 개인상담을 기피하는 경우 우선 집단상담을 통해 개인상담의 필요성을 느끼도록 하며, 내담자가 용기를 얻어 개인상담에 응하도록 유도할 수 있다.

■ 집단상담의 장점(이장호)

① 경제성
  ⑦ 집단상담은 개인상담과 달리 한 명 혹은 소수의 상담자가 여러 내담자들에게 동시에 상담 서비스를 제공하므로 시간과 노력을 절약할 수 있다.
  ⓛ 집단상담은 한정된 시간에 더욱 많은 내담자들을 상담할 수 있으므로 효율적(Efficient)이고, 비용이 적게 소요되므로 경제적(Economical)이며, 학교나 기업 또는 다양한 임상장면에서 널리 활용할 수 있으므로 실용적(Practical)이다.

② 다양한 자원 획득
  ⑦ 집단상담은 여러 사람들과의 상호작용을 통해 서로 간의 사고, 행동, 생활양식 등을 탐색해 보는 기회를 가짐으로써 인간적 성장의 기틀을 마련할 수 있다.
  ⓛ 연령, 배경, 사회경제적 지위, 문제 및 관심사 등이 서로 다른 성원들로 구성되는 경우, 폭 넓은 성격을 가진 사람들과의 접촉을 통해 다양한 피드백을 얻을 수 있다.

③ 인간적 성장 환경 제공
  ⑦ 개인의 자아(Ego)가 집단 속에서 성장하고 발전한다는 점에서, 집단은 자연스럽게 자아 성장을 위한 환경을 제공한다.
  ⓛ 집단성원은 신뢰할 수 있는 관계 속에서 다른 성원들의 경험, 감정, 관심 등에 대해 알게 되어 간접경험을 통한 학습을 하게 되며, 자기 자신에 대해 관찰해 봄으로써 자신에 대해 보다 심도 있게 탐색하고 이해할 수 있게 된다.

전문가의 한마디

집단상담의 일반적인 효과와 집단상담의 장점은 내용상 크게 다르지 않습니다. 요컨대, 집단상담의 효과, 장점 및 단점, 제한점 등에 관한 내용들은 학자마다 교재마다 약간씩 다르게 제시되고 있습니다. 따라서 해당 내용에 대한 무조건적인 암기보다는 그에 대한 충실한 이해가 요구됩니다.

기출키워드

21년 1회
집단상담의 장점 및 제한점
※ 실기시험에는 집단상담의 장점 및 제한점을 각각 3가지씩 쓰도록 하는 문제가 출제되었습니다.

OX Quiz

집단상담은 한정된 시간에 많은 내담자에게 상담 서비스를 제공해야 하므로 비효율적이다.

정답 X(효율적)

전문가의 한마디

집단은 참여자들이 공통 관심사를 함께 나누고 보다 적응적이고 건설적인 새로운 행동과 사회기술을 직접 시험해 보거나 연습할 수 있는 일종의 실험실(Laboratory)로 볼 수 있습니다.

④ 실생활의 축소판
  ㉠ 집단은 실생활의 축소판으로서 지지적·수용적·양육적인 대리가족(Vicarious Family)을 제공한다.
  ㉡ 집단성원들은 집단 참여를 통해 그동안 누적되었던 감정을 해소하고 자신의 입장과 처지에 대해 공감적 이해를 받게 되며, 이를 통해 기꺼이 변화를 시도하고자 하는 동기와 자신감을 얻게 된다. 이 과정에서 습득한 적응 능력과 기술을 자신의 실생활에 적용함으로써 더욱 생산적인 삶을 영위할 수 있게 된다.

⑤ 문제 예방
  ㉠ 집단성원들은 집단상담을 통해 잠재적인 문제가 악화되거나 발생하기 전에 그에 대한 사전 대처기술을 습득할 수 있다.
  ㉡ 집단의 수용적·지지적인 환경은 집단성원들이 새로운 행동을 시도할 자신감을 불어넣어 주며, 발달상의 문제를 겪고 있는 사람에게 그것이 자신만의 문제가 아닌 보편적인 문제임을 깨닫도록 함으로써 심리적 고통에서 벗어나게 한다. 또한 집단에의 소속감을 통해 외로움, 고립감, 무기력감 등 정서적인 문제들을 해소할 수 있도록 한다.

⑥ 상담에 대한 긍정적 인식의 확대
  ㉠ 집단상담은 상담에 대해 잘 알지 못하거나 막연하게 부정적인 인식을 가지고 있는 사람에게 집단 경험을 통해 긍정적인 인식을 가지도록 할 수 있다.
  ㉡ 집단에 대한 긍정적인 인식을 가지게 된 사람은 필요한 경우 자연스럽게 상담서비스를 요청할 가능성이 그만큼 높아진다.

■ **집단상담의 단점(이장호)**

① 비밀보장의 한계
  ㉠ 집단장면에서는 집단성원의 비밀보장(Confidentiality)에 한계가 있다. 따라서 집단상담자는 집단성원들에게 집단에서 노출된 다른 성원들의 사적인 정보에 대한 비밀유지의 중요성을 수시로 강조해야 한다.
  ㉡ 집단의 비밀보장 원칙은 다른 사람의 사적인 정보를 집단 밖으로 유출하는 행위는 물론 집단 회기 중에 나누었던 대화 내용을 집단 밖에서 언급하는 행위에도 적용된다.
  ㉢ 집단상담자는 집단 초기에 비밀보장의 한계를 설명해 줌으로써 집단성원들이 자기 개방을 할 때 적절한 한계를 설정하도록 도와야 한다.

② 개인에 대한 관심 미약
  ㉠ 집단상담은 한 두 사람의 집단상담자가 동시에 여러 명의 집단성원들을 상대하게 되므로, 개인상담에 비해 집단성원 개개인에 대해 주의를 기울여 그를 수용하고 이해하는 데 한계가 있다.

OX Quiz

집단 회기 중 나누었던 대화 내용을 집단 밖에서 언급하는 행위에도 비밀보장 원칙이 적용된다.

정답 O

  ⓒ 집단상담자가 한정된 시간에 특정 성원에게 집중하는 경우 나머지 성원들의 개인적인 문제가 자칫 등한시되기 쉽다.
  ⓒ 지나치게 소극적이고 소심하며, 집단 상황에서 제대로 기능을 발휘하지 못하는 사람의 경우 집단상담보다는 개인상담이 더욱 효과적이다. 즉, 집단상담은 상담자의 개인적인 관심이나 보살핌이 더욱 필요한 사람, 보다 집중적인 치료적 접근이 요구되는 사람에게는 적합하지 않다.
③ 대상의 부적합성에 따른 역효과의 가능성
  ㉠ 집단상담은 집단성원의 성격적 특징이나 집단 활동에의 부적응 등에 따라 예상치 못한 부정적인 결과를 초래할 수 있다.
  ⓒ 집단 참여를 원하지 않았거나 집단 활동을 위한 준비가 되어 있지 않은 상태로 집단에 참여하게 된 사람은 오히려 개인적인 문제로 집단의 분위기를 해치거나 다른 사람들의 집단 경험을 방해할 수 있다.
  ⓒ 집단상담에 적합하지 않거나 집단의 분위기를 해칠 가능성이 높은 사람의 경우, 개인상담이나 다른 형태의 정신건강 전문가에게 의뢰하는 것이 바람직하다.
④ 집단 압력의 가능성
  ㉠ 집단상담은 집단 내 개별성원들로 하여금 집단의 규준과 기대치에 부응해야 한다는 미묘한 압박감을 유발할 수 있다.
  ⓒ 집단 내 다른 성원들과 매우 다른 특성이나 배경을 가진 성원의 경우, 집단의 지배적인 소집단 구성원들의 가치관에 동조해야만 할 것 같은 압력을 받을 수 있다.
  ⓒ 집단 내 개별성원이 다른 성원들의 피드백을 무조건 받아들이게 되는 경우, 자신의 행동을 면밀히 탐색하거나 다른 대안을 고려해 보지 않은 채 다수의 의견을 자신의 개인적인 목표로 설정할 수도 있다.
⑤ 변화에 따른 부작용
  ㉠ 집단상담은 독특한 감정 표현과 사고방식을 조장하는 경향이 있다. 특히 집단상담이 내담자 개인의 생활양식 및 가치관의 변화를 초래하기도 하는데, 이는 내담자에게 안정감 상실과 개인생활에서의 균열의 문제를 야기할 수 있다.
  ⓒ 왜곡된 집단 경험은 현실에 대한 불안을 증가시키고 부적응 행동을 초래하기도 한다.
⑥ 목적전치
  ㉠ 어떤 사람은 집단상담의 이해와 수용을 오용하여 자신의 문제를 집단에 풀어놓기만 한 채 행동변화에는 관심을 두지 않는 경우도 있다.
  ⓒ 집단성원이 집단상담 경험에 도취되어 집단경험 자체를 목적으로 삼는 경우, 오히려 현실 도피의 기회를 제공할 우려가 있다.

전문가의 한마디

'개인에 대한 관심 미약'이 집단상담의 일반적인 한계이기는 하나, 경우에 따라서는 여러 성원들이 공통된 관심을 보임으로써 더욱 강력한 관심의 표현이 될 수도 있습니다.

OX Quiz

집단상담 과정 중 변화에 따른 부작용이 발생할 수도 있다.

 정답 O

기출키워드

22년 1회

면접의 기본방법

※ 실기시험에는 면접의 기본방법을 5가지 쓰도록 하는 문제가 출제되었습니다.

22년 3회

상담 개입기술

※ 실기시험에는 상담자의 반응 예시를 제시하고, 각각 어떤 개입기술에 해당하는지 쓰도록 하는 문제가 출제되었습니다.

⑦ 지도자의 전문성 부족
  ㉠ 집단상담에서 상담자의 역할은 개인상담에서의 역할보다 더욱 복잡하다. 그럼에도 불구하고 정식 훈련을 받지 않은 사람이 집단을 지도하는 경우가 있다.
  ㉡ 집단지도에 대한 관심의 증가로 인해 적절한 훈련이나 경험 없이 집단상담지도자가 되는 경우가 있는데, 이는 부적절한 지도성의 문제를 야기할 수 있다.

기출복원 56 15, 21, 24년 기출

집단상담의 제한점을 3가지 쓰시오. **3점**

• 해설 체크! •

1. 집단성원의 비밀보장에 한계가 있다.
2. 개인상담에 비해 집단성원 개개인에 대한 관심이 미약하다.
3. 집단 압력의 가능성이 있다.

60 상담의 기술 Ⅰ - 반영, 재진술, 명료화

■ 반영(Reflection)

① 의의 및 특징
  ㉠ '반영'은 상담자가 내담자의 행동 속에 내재된 내면감정을 정확히 파악하여 이를 내담자에게 전달해 주는 것을 말한다.
  ㉡ 상담자는 반영을 통해 내담자의 태도를 거울에 비추어 주듯이 보여줌으로써 내담자의 자기 이해를 도와줄 뿐만 아니라 내담자로 하여금 자기가 이해받고 있다는 인식을 주게 된다.
  ㉢ 반영할 때는 말로 표현된 내용 자체보다는 그것의 밑바탕에 깔려 있는 감정을 그대로 되돌려주기 위해 노력해야 한다.
  ㉣ 상담자는 내담자의 행동을 유심히 관찰하여 말로써 표현한 것뿐만 아니라 자세, 몸짓, 목소리, 눈빛 등 비언어적 행동에서 나타나는 감정까지도 반영해 주어야 한다.
  ㉤ 상담자는 내담자가 실제로 말한 핵심 내용을 간단하게 재진술하거나 바꾸어 말함으로써 내용을 반영할 수 있다.
  ㉥ 상담자가 "당신은 …을 말하는 것 같군요", "당신은 …을 느끼고 있는 거로군요" 등의 표현을 사용하여 반영하는 경우, 내담자는 "네, 맞아요", "정말 그래요" 등과 같은 반응을 보이게 된다.

전문가의 한마디

'반영적 반응'과 '공감적 반응'은 다릅니다. '반영적 반응'은 상담자가 내담자의 태도를 거울에 비추어 주듯이 보여줌으로써 내담자의 자기 이해와 수용을 돕는 것을 주된 목표로 하는 반면, '공감적 반응'은 상담자가 내담자의 주관적 내면에 대해 민감하게 이해하고 있음을 보여줌으로써 궁극적으로 촉진적 상담관계를 형성하는 것을 주된 목표로 합니다.

OX Quiz

집단상담에서 상담자의 역할은 개인상담보다는 간단하다.

정답 X(복잡함)

② 반영의 효과
  ㉠ 내담자는 상담자가 마치 거울처럼 자신의 감정을 반영해줌으로써 자신의 생각과 감정을 더욱 절실히 느낄 수 있으며, 이를 통해 자신의 감정을 명확히 파악하고 수용할 수 있게 된다.
  ㉡ 내담자가 자신의 감정을 명확히 파악하고 수용하는 경우, 이후 자신에 대해 보다 깊은 탐색을 수행할 수 있게 된다.
  ㉢ 반영은 평소 감정표현이 서툴거나 감정을 억압하는 성향이 있는 내담자에게 매우 유효하다. 그러한 내담자는 상담자를 감정표현의 모델로 삼음으로써 보다 능숙하게 자신의 감정을 표현할 수 있다.
  ㉣ 내담자는 자신의 감정을 충분히 경험하게 됨으로써 카타르시스(Catharsis)를 느낄 수 있다.
  ㉤ 내담자는 상담자에게서 이해받는다는 느낌을 가지게 되며, 이러한 과정을 통해 상담자와 내담자 간에 촉진적 상담관계가 형성된다.

■ 재진술(Paraphrasing)

① 의의 및 특징
  ㉠ '재진술'은 '환언' 또는 '부연하기'라고도 하며, 내담자의 메시지 내용에 초점을 두고 내담자가 말한 바를 바꿔 말하는 것이다.
  ㉡ 자신의 표현양식으로 내담자의 말을 재진술함으로써 내담자의 입장을 이해하기 위해 노력하고 있다는 인상을 줄 수 있다.
  ㉢ 내담자가 한 말을 간략하게 반복함으로써 내담자가 한 말에 대해 자신이 제대로 이해하고 있는지 확인할 수 있으며, 내담자의 생각을 구체화할 수 있다.
  ㉣ 반영이 내담자의 말과 행동의 정서적인 측면에 초점을 두는 반면, 재진술은 인지적인 측면과 내용을 강조한다.
  ㉤ 재진술은 보통 내담자가 한 말보다 수가 적으나 유사한 단어들을 포함하며, 그 내용에 있어서 더 구체적이고 분명하다.
  ㉥ 내담자의 말을 새롭게 바꿀 때 명료화 및 요약의 차원에서 요점을 명확히 전달하도록 해야 한다.
  ㉦ 내담자에게 "그러니까 당신의 생각으로는 …", "지금 당신이 한 말은 …하다는 말인가요?" 등의 표현을 사용하여 재진술할 수 있다.
② 재진술의 방법
  ㉠ 내담자의 말 가운데 상담의 주제와 연관된 핵심적인 내용에 대해 재진술한다.
  ㉡ 재진술할 때 가급적 짧고 간략하게 하도록 한다.
  ㉢ 내담자의 말에 서둘러 반응하지 말고 내담자가 말을 멈출 때 재진술한다.
  ㉣ 지지적인 태도로 재진술하며, 이때 내담자의 언어구사 스타일을 따르는 것이 효과적이다.

기출키워드
21년 1회 / 23년 2회 / 24년 1회
반영, 직면, 해석

※ 21년, 23년 실기시험에는 사례를 제시하고 상담자가 제시해야 할 적절한 반응을 반영, 직면, 해석의 상담기법으로 표현하도록 하는 문제가 출제되었습니다.

※ 24년 실기시험에는 사례를 제시하고, 명료화, 직면의 상담기법으로 표현하도록 하는 문제가 출제되었습니다.

OX Quiz
'환언' 또는 '부연하기'라고도 하며, 내담자의 메시지 내용에 초점을 두고 내담자가 말한 바를 바꿔 말하는 상담 기술은 '재진술'이다.
정답 O

OX Quiz
재진술은 가급적 구체적으로 풀어서 하도록 한다.
정답 X(짧고 간략하게 함)

ⓜ 내담자의 말을 이해하는 척 하기보다는 명확하지 않은 부분에 대해서는 다시 말해달라고 요청하는 것이 바람직하다.

■ 명료화(Clarification)

① 의의 및 특징
ⓐ '명확화'라고도 하며, 내담자의 말 속에 포함되어 있는 불분명한 내용에 대해 상담자가 그 의미를 분명하게 밝히는 것을 말한다.
ⓑ 상담자는 내담자로 하여금 모호한 점이나 모순된 점을 명확히 이해하고 넘어가도록 하기 위해 내담자에게 다시 그 부분에 대해 질문한다.
ⓒ 상담자는 내담자에게 자신의 생각이나 감정을 분명하게 표현할 수 있도록 격려하며, 상담자 자신 또한 그것을 잘 이해하고 있음을 입증한다.
ⓓ 상담자가 내담자의 말을 정확히 이해하기 위해서도 필요하고, 내담자가 스스로의 의사와 감정을 구체화하여 재음미하도록 하기 위해서도 필요하다.
ⓔ "~라고 말한 것은 구체적으로 무엇을 뜻합니까?", "~에 대해 자세하게 말해 줄 수 있나요?" 등의 표현을 사용한다.

② 명료화의 방법
ⓐ 상담자는 내담자의 말이 모호하거나 명확히 이해하기 어렵다는 사실을 밝힌다.
ⓑ 상담자는 내담자에게 스스로 자신의 말을 재음미하도록 하거나, 구체적인 예를 제시하여 명확히 해 줄 것을 요청한다.
ⓒ 내담자에게 명료화를 요청할 때는 상담자가 내담자에게 도움을 주기 위해 질문하고 있다는 인상을 주도록 한다.
ⓓ 상담자는 내담자의 진술에 대한 상담자 자신의 반응을 나타냄으로써 내담자의 반응을 명료화한다.
ⓔ 이와 같은 명료화의 과정은 상담자나 내담자의 일방적인 반응으로 국한되지 않도록 하며, 직면과 같은 직접적이고 강렬한 방식으로 전개되지 않도록 한다.

> **전문가의 한마디**
>
> '명료화'는 내담자가 한 말 중에서 모호한 부분에 대해 상담자가 내담자의 말하고자 하는 의미를 생각하여 이를 내담자에게 다시 전해주는 기술이라는 점에서 '재진술'과 매우 유사합니다. 다만, 재진술이 내담자의 말의 내용에 대한 상담자의 이해에 보다 초점을 두는 반면, 명료화는 내담자의 말의 내용에 대한 상담자의 이해는 물론 내담자 자신의 의사 및 감정의 재음미를 통해 생각을 보다 구체적이고 명확하게 정리하도록 하는 데 초점을 둡니다.

기출복원 57

03, 05, 12, 14, 18년 기출

다음 보기의 사례를 읽고 물음에 답하시오. (5점)

> 내담자 : 이건 정말 믿을 수가 없어요. 선생님. 지난번 상담을 받을 때 남편이 집에 일찍 들어오겠다고 약속했었잖아요? 그런데 정말로 남편이 제 시간에 맞춰 집에 오더라고요. 그렇게 약속을 잘 지킬 줄 몰랐는데, 정말 깜짝 놀랐다니까요.

보기에서 내담자의 말에 대한 반영적 반응을 적절히 제시하시오.

• 해설 체크! •

반영을 할 때는 내담자의 말로 표현된 내용 자체보다는 그것의 밑바탕에 깔려 있는 감정을 그대로 되돌려주기 위해 노력해야 한다. 보기에서 내담자는 남편의 변화된 모습에 놀라움을 느끼고 있으므로, 상담자는 다음과 같이 내담자의 감정을 반영해 줄 수 있다.

> 상담자 : 남편이 집에 일찍 들어오겠다고 약속했는데, 정말로 집에 일찍 들어오는 모습을 보고 뜻밖의 상황에 무척이나 놀랐나 보군요.

전문가의 한마디

'반영적 반응'과 '공감적 반응'은 동일한 것이 아닙니다. 만약 보기의 사례에 대해 상담자가 '공감적 반응'을 한다면, 내담자의 경험을 마치 자기 자신의 것처럼 지각하고 이해하면서 이를 내담자에게 전달하게 됩니다.

예 "남편 분께서 지난번 상담에서 한 집에 일찍 들어오겠다는 약속을 지켜주어서 상담자인 저로서도 정말 놀랍고 기쁘네요."

---

61 상담의 기술 Ⅱ – 경청

■ 경청의 의의 및 특징

① '경청(Listening)'은 상대방의 감정과 생각을 이해하기 위해 그의 말을 주의 깊게 듣는 것이다.
② 상담자는 관심의 초점을 내담자에게 두며, 내담자의 말에 주의를 기울인다.
③ 상담자는 '아하', '예', '그랬군요' 등의 최소 반응을 통해 내담자가 자신의 생각이나 감정을 자유롭게 표현할 수 있도록 격려한다.
④ 상담자는 내담자의 이야기에 간간히 짧고 적절한 의견이나 질문을 던져주거나 이해의 말을 덧붙임으로써 이야기의 요점을 파악했다는 것을 나타낸다.
⑤ 내담자의 언어적인 표현은 물론 비언어적인 표현까지 자세히 살피며, 내담자가 말한 단어의 뜻 자체보다는 내담자의 잠재적인 감정에 주목한다.
⑥ 경청은 내담자가 자신의 생각이나 감정을 자유롭게 표현할 수 있도록 격려하고 자신의 방식으로 문제를 탐색하도록 해 주며, 상담에 대한 책임감을 느끼게 해 준다.
⑦ 상담에서의 경청이 일상 대화에서의 경청과 다른 점은 '선택적'이라는 점이다. 즉, 상담자는 내담자가 핵심적인 문제에서 벗어난 이야기를 할 때는 주목하지 않고, 내담자가 현재의 심경과 문제를 토로할 때에 주목하여 경청한다.

기출키워드

22년 1회

경청

※ 실기시험에는 상담 초기 상담자가 경청하고 배려하고 있다는 것을 내담자가 알 수 있게 하는 방법을 3가지 쓰고, 각각에 대해 설명하도록 하는 문제가 출제되었습니다.

OX Quiz

상담자는 내담자의 잠재적인 감정보다는 내담자가 말하는 단어의 뜻 하나하나에 주목하여야 한다.

정답 X(내담자의 잠재적인 감정에 주목하여야 함)

> **전문가의 한마디**
>
> 경청은 상담자가 내담자의 말에 '선택적'으로 주목하는 것을 말합니다. 즉, 상담자가 상대적으로 더 비중을 두어야 할 내담자의 말과 행동을 선택하여 주목하는 것입니다.

■ 경청의 요소

① 주목과 시선

상담자는 주목으로 내담자에 대한 관심을 표현하고, 시선으로 내담자와 함께 있음을 알린다.

② 상담자의 자세

상담자는 자연스럽고 이완된 자세를 취한다.

③ 상담자의 몸짓

상담자는 자신의 몸짓이 어떠한 의미로 내담자에게 전해지는지에 대해 항상 주목하며, 자신이 의도한 것인지의 여부를 염두에 둔다.

④ 상담자의 언어

상담자는 내담자의 말을 가로막거나 내담자의 발언 중에 질문을 던져 새로운 문제를 제기하지 않는다.

> **OX Quiz**
>
> 상담자의 몸짓 또한 경청의 요소에 포함된다.
>
> 정답 O

■ 경청의 종류

① 수동적 경청 또는 경청하지 않기(Passive Listening or Not Listening)

사실상 '경청(Listening)'이 아닌 '듣기(Hearing)'를 의미하는 것으로서, 의사소통이 필요하지 않은 경우 또는 상대방의 이야기에 무관심할 때 나타난다.

② 경청하는 척 하기(Pretend Listening)

경청하는 것 같지만 주의를 기울이지 않으므로 상대방의 이야기를 기억하지 못한다.

③ 선택적 경청(Selective Listening)

상대방의 이야기 중 일부만 수용하는 것으로서 문제의 핵심을 파악하는 데 유용한 반면, 고정된 사고의 틀에 부합하는 내용만 수용할 수 있는 문제점도 있다.

④ 오해의 경청(Misunderstood Listening)

선택적 경청에 의해 받아들인 정보를 일방적 관점에서 해석함으로써 오류를 발생시키는 부정적인 경청이다.

⑤ 사실만 경청(Attentive 'Data-Only' Listening)

상대방의 이야기 내용 자체에만 주의를 기울임으로써 목소리나 몸짓 등에서 나타나는 비언어적인 메시지를 간과한다.

⑥ 적극적 경청(Active Listening)

상대방의 언어적인 메시지는 물론 비언어적인 메시지에도 주의를 기울인다.

⑦ 공감적 경청(Empathic Listening)

상대방의 언어적·비언어적인 메시지뿐만 아니라 그의 감정, 상황, 사회문화적 배경에도 주의를 기울임으로써 상대방을 보다 존중하고 배려한다.

⑧ 촉진적 경청(Facilitative Listening)

가장 높은 수준의 경청으로서 상대방과의 충분한 공감이 이루어진 상태에서 그의 진정한 동기나 의도, 무의식적인 내용 등 평소 깨닫지 못한 부분까지 포착함으로써 문제에 대한 해법을 스스로 찾을 수 있도록 돕는다.

> **전문가의 한마디**
>
> 경청의 종류는 경청의 태도와 수준을 8단계로 나타낸 것입니다. 즉, '수동적 경청'은 가장 낮은 수준의 경청인 반면, '촉진적 경청'은 가장 높은 수준의 경청에 해당합니다.

■ 비언어적 경청과 언어적 경청

① 비언어적 경청
㉠ 언어적인 의사소통은 간헐적인 반면, 비언어적인 의사소통은 연속적이다. 또한 언어적인 메시지와 비언어적인 메시지가 서로 모순이 될 때 내담자는 보통 비언어적인 메시지를 믿게 된다. 예를 들어, 상담자가 "당신의 이야기를 듣고 있으니 계속하세요."라고 말하더라도 내담자는 상담자의 부주의한 태도를 보면서 상담자의 그와 같은 언어적인 메시지를 믿지 않을 것이다.
㉡ 사람들 사이에서 발생하는 의사소통의 상당 부분은 언어적인 것보다는 비언어적인 것으로 표현된다. 효과적인 비언어적 주의는 적절한 눈 마주침, 머리의 끄덕임, 얼굴 표정, 신체 자세, 상담자와 내담자 간의 거리 등을 포함한다.

② 언어적 경청
㉠ 비언어적 경청은 언어적 경청에 의해 지지된다. 언어적 경청은 상담자의 내담자에 대한 관심을 전달하고 내담자의 표현을 격려하는 데 강력한 영향력을 가질 수 있다.
㉡ 상담자는 내담자에게 '음', '알겠어요', '그렇군요', '계속하세요'와 같은 짧은 언어적 격려를 사용할 수 있다. 다만, 상담 과정에서 상담자가 이와 같은 말들을 지나치게 남용하는 것은 오히려 내담자의 주의를 산만하게 하고, 내담자의 표현을 방해할 수 있다.

■ 소극적 경청과 적극적 경청

① 소극적 경청
㉠ 상담자가 내담자의 이야기를 수동적으로 들어주는 것으로서, 내담자의 이야기에 대해 질문하거나 반박하는 등 외현적 표현을 하지 않는 것이다.
㉡ 상담자가 내담자로 하여금 더 많은 이야기를 털어놓도록 격려해 주는 동시에 침묵을 통해 내담자의 이야기를 수용함으로써 내담자에게 공감과 온정을 전달할 수 있는 비언어적 메시지로 볼 수 있다.
㉢ 소극적 경청은 산만한 내담자가 이야기의 주제에 집중하지 못하도록 하여 자신의 생각을 정리하고 새로운 아이디어를 창조해 내는 데 어려움을 유발할 수도 있다.

② 적극적 경청
- ㉠ 내담자의 입장에서 상담자가 그의 이야기에 집중하고 있다는 것을 지각할 수 있도록 상담자가 외현적인 표현을 하면서 경청하는 것이다.
- ㉡ 내담자의 이야기 중 불명확하거나 이해되지 않는 부분에 대해 상담자가 주의를 집중하여 적절히 질문을 하며, 내담자의 이야기에 대해 이해와 공감을 표시함으로써 상담자와 내담자 간 의미 있는 관계를 맺도록 할 수 있다.
- ㉢ 상담자의 반응하는 말은 가능한 한 시험적이어야 한다. 예를 들어, 부모는 자녀에 대해, 부부는 상대 배우자에 대해 그의 느낌을 정확하게 알고 있다고 확신할 수 없기 때문이다. 또한 목소리의 어조를 높인다든지 내담자의 마음을 읽고 있다는 식의 어투를 삼가야 한다.

■ 상담자의 바람직한 경청의 자세(SOLER) (Egan)

① S(Squarely) : 내담자를 정면으로 마주본다.
② O(Open) : 내담자에게 개방적인 자세를 취한다.
③ L(Leaning) : 내담자 쪽으로 약간 몸을 기울인다.
④ E(Eye Contact) : 적당한 거리에서 내담자와 지속적으로 시선을 접촉한다.
⑤ R(Relaxed) : 내담자를 편안하고 자연스럽게 대한다.

■ 상담자의 바람직한 경청의 자세(ENCOURAGES) (Hill & O'Brien)

① E(Eye) : 적당한 정도로 눈을 마주친다(다른 곳을 보거나 뚫어지게 응시하지 않는다).
② N(Nod) : 가끔 고개를 끄덕인다.
③ C(Cultural Differences) : 문화적 차이를 인식하고 이를 존중한다.
④ O(Open Mind) : 내담자 쪽으로 열린 자세를 유지한다(팔짱을 끼지 말고, 내담자 쪽으로 자세를 기울인다).
⑤ U(Unhmn) : '음' 등의 최소 반응을 사용하여 격려한다.
⑥ R(Relaxed) : 편안하고 자연스럽게 대한다.
⑦ A(Avoid) : 산만한 행동을 삼간다.
⑧ G(Grammatical) : 내담자의 언어스타일에 맞추어 표현한다.
⑨ E(Ear) : 제3의 귀로 경청한다(언어적 메시지는 물론 비언어적 메시지를 주의하여 듣는다).
⑩ S(Space) : 공간적 거리를 적절히 유지한다(너무 가깝거나 멀지 않도록 한다).

OX Quiz

상담자는 내담자의 이야기 중 이해되지 않는 부분에 대해 질문할 수 있다.

정답 O

기출키워드
24년 3회
SOLER

※ 실기시험에는 이건(Egan)의 SOLER가 의미하는 바를 각각 쓰도록 하는 문제가 출제되었습니다.

전문가의 한마디
본래 'Encourages'는 '격려하다' 혹은 '용기를 북돋우다'는 의미를 지니고 있습니다.

■ 생산적인 경청자로서 상담자의 바람직한 면담행동

① 반응하기에 앞서 내담자가 자신에 대해 충분히 말할 시간을 제공한다.
② 내담자가 심각하게 말하고 있는 것을 스스로 그렇게 받아들인다.
③ 내담자의 말에 충분한 주의를 기울인다.
④ 고개를 끄덕이거나 '음' 하는 등의 최소 반응으로 주의를 기울이고 있음을 보여준다.
⑤ 필요한 질문을 하며, 불필요한 질문은 삼간다.
⑥ 내담자와 자주 눈을 맞추며, 시계를 보는 등의 행위를 삼간다.
⑦ 내담자의 말을 가로막지 않으며, 내담자와의 논쟁을 회피하지 않는다.
⑧ 주제를 바꾸는 등 내담자의 문제나 호소를 회피하지 않는다.
⑨ 내담자가 할 말을 찾을 때 충분히 인내하고 기다린다.
⑩ 말하기 전에 생각하며, 즉각적인 충고를 삼간다.

기출키워드
20년 1회 / 23년 2회

생산적인 경청

※ 실기시험에서는 '상담장면에서 생산적인 경청을 하는 상담자가 보이는 구체적인 태도'를 5가지 쓰도록 하는 문제가 출제되었습니다.

기출복원 58
06, 15, 20년 기출

내담자의 말을 경청하는 데 있어서 좋은 상담자가 되기 위한 구체적인 방법을 5가지 쓰시오.

5점

● 해설 체크! ●

1. 반응하기에 앞서 내담자가 자신에 대해 충분히 말할 시간을 제공한다.
2. 내담자가 심각하게 말하고 있는 것을 스스로 그렇게 받아들인다.
3. 내담자의 말에 충분한 주의를 기울인다.
4. 고개를 끄덕이거나 '음' 하는 등의 최소 반응으로 주의를 기울이고 있음을 보여준다.
5. 필요한 질문을 하며, 불필요한 질문은 삼간다.
6. 내담자와 자주 눈을 맞추며, 시계를 보는 등의 행위를 삼간다.
7. 내담자의 말을 가로막지 않으며, 내담자와의 논쟁을 회피하지 않는다.
8. 주제를 바꾸는 등 내담자의 문제나 호소를 회피하지 않는다.
9. 내담자가 할 말을 찾을 때 충분히 인내하고 기다린다.
10. 말하기 전에 생각하며, 즉각적인 충고를 삼간다.

62 상담의 기술 Ⅲ - 직면, 질문, 침묵 다루기

■ 직면(Confrontation)

① 의의 및 특징
  ㉠ 내담자의 말이나 행동이 일치하지 않은 경우 또는 내담자의 말에 모순점이 있는 경우 상담자가 그것을 지적해 주는 것이다.
  ㉡ 내담자의 자기 이해를 돕기 위해 상담자의 눈에 비친 내담자의 행동 특성 또는 사고방식의 스타일을 지적하여, 내담자가 상담자나 외부에 비친 자신의 모습을 되돌아보고 통찰의 순간을 경험하도록 하는 직접적이고 모험적인 자기대면의 방법이다.
  ㉢ 내담자의 성장을 저해하는 방어에 대항하여 도전을 이끌어내는 것을 주된 목적으로 한다.
  ㉣ 상대방에게 공격이나 위협으로 받아들여질 수 있으므로 사용 시 주의가 필요하다.
  ㉤ 내담자의 강한 감정적 반응을 야기할 수 있으므로, 내담자가 받아들일 준비가 되어있을 때를 이용하여 시기적절하게 이루어져야 한다.
  ㉥ 상담자는 내담자에 대해 평가하거나 비판하는 인상을 주지 않도록 해야 하며, 이를 위해 내담자가 보인 객관적인 행동과 인상에 대해 서술적으로 표현하는 것이 바람직하다.

② 직면의 유형
  ㉠ 방어기제에 대한 직면
   • 아동이나 청소년은 어린 시절 의지할 대상을 찾지 못한 경우, 부모나 다른 사람의 처벌 또는 학대를 피하여 자신을 보호하기 위한 경우 방어기제를 발달시킨다.
   • 어떤 내담자들의 경우 아동기 때 사용하던 방어기제를 이후 더 이상 필요로 하지 않는 성인기에 이르기까지 사용하는 경우도 있다.
   • 상담자는 직면을 통해 내담자로 하여금 방어기제 사용이 필요한 경우와 그렇지 않은 경우를 구별할 수 있도록 도와야 한다.
   • 상담자는 내담자의 방어기제를 제거하는 것이 목적이 아닌, 내담자가 적절한 시기와 상황에서 그에 적합한 방어기제를 효율적으로 사용할 수 있도록 돕는 것에 초점을 두어야 한다는 사실을 기억해야 한다.

ⓒ 불일치 또는 모순에 대한 직면
- 내담자의 말에서 나타나는 불일치나 모순은 흔히 미해결된 문제에 대한 부정적인 감정이나 양면감정, 내면에 억압된 감정 등이 원인일 수 있다.
- 내담자는 그와 같은 문제들로 인해 발생한 부정적인 감정들을 효과적으로 다루지 못함으로써 불일치 또는 모순을 경험하게 된다.
- 불일치 또는 모순은 말과 행동, 이상과 실제, 의견의 대립 사이에서 발생한다.

  - 언어적 진술 간의 불일치 : 당신은 아무런 문제가 없다고 말합니다. 그런데 그 사람이 당신에게 화가 났다고 말하고 있고요.
  - 말과 행동 간의 불일치 : 당신은 좋은 성적을 받고 싶다고 하면서 정작 대부분의 시간을 친구들과 노는 데 활용하고 있군요.
  - 행동과 행동 간의 불일치 : 지금 당신은 웃는 표정을 보이지만 이를 악물고 있군요.
  - 감정과 감정 간의 불일치 : 당신은 어머니에게 화가 나 있으면서도 어머니의 지금 모습에 대해 안타까워하고 있군요.
  - 자아와 경험 간의 불일치 : 당신은 아무도 당신을 좋아하지 않는다고 말합니다. 그런데 일전에 당신이 누군가에게서 식사초대를 받았다고 말하지 않았나요?
  - 이상과 실제 간의 불일치 : 당신은 시험에 합격하고 싶다고 말하면서 자신이 떨어질 거라고 이야기하는군요.

ⓒ 비합리적인 사고에 대한 직면
- 인지이론은 개인의 비합리적 사고와 신념을 정서적 혼란을 야기하는 원인으로 간주하고 있다.
- 내담자가 어떠한 문제를 호소하는 경우, 상담자는 내담자의 사고가 어떻게 비합리적인 양상으로 전개되는지 포착하여야 한다.
- 상담자는 내담자가 자신을 혼란스러운 감정 상태로 빠뜨린 비합리적 신념체계를 자각하고 이를 적절히 수정하도록 도와야 한다.

③ 직면 사용 시 유의사항
ⓐ 상담자는 직면의 기본적인 목적과 의미를 명확히 이해한 후 직면을 시작해야 한다.
ⓑ 사회적 직면과 치료적 직면을 혼동해서는 안 된다.
ⓒ 직면의 사용은 공감과 지지의 분위기에서 이루어져야 한다.
ⓓ 상담의 초기단계에서 직면을 사용하는 것은 바람직하지 않다.
ⓔ 내담자와의 충분한 관계형성이 이루어진 후 직면을 사용해야 한다.
ⓕ 직면의 첫 단계에서는 가급적 구체적인 방법으로 접근해야 한다.
ⓖ 내담자에게서 치료적 징후가 보이는 경우 직면의 과정을 시작한다.
ⓗ 내담자가 정서적으로 직면을 받아들일 수 있는 상태에서 직면의 과정을 시작한다.

OX Quiz

"당신은 시험에 합격하고 싶다고 말하면서 자신이 떨어질 거라고 이야기하는군요."라고 말하는 것은 이상과 실제 간의 불일치에 대한 직면에 해당한다.

정답 O

전문가의 한마디

직면은 내담자의 변화와 성장을 증진시킬 수도, 내담자에게 심리적인 위협이나 상처를 줄 수도 있는 만큼 매우 강력한 기술입니다. 특히 상담자가 직면 반응을 할 때 시의성, 즉 내담자가 그것을 받아들일 수 있는 준비가 되어 있는지를 면밀히 고려해야 합니다.

■ 질문(Question)

① 의의 및 특징
- ㉠ 상담자가 내담자의 문제를 탐색할 때 가장 많이 사용하는 기술이다.
- ㉡ 실제 상담장면에서 상담자가 질문을 많이 사용하여 내담자에게 지속적으로 응답을 요구하는 것은 바람직하지 못하며, 질문을 사용할 경우 그 방법 및 분량, 적절한 시기 등을 고려해야 한다.
- ㉢ 내담자가 이야기를 계속하여 자기탐색을 중단하지 않고 진행하도록 유도하기 위해 또는 내담자의 자기이해를 돕기 위해 수행하는 명료화나 직면의 한 기법으로서 사용될 때에 이상적이다.
- ㉣ 상담은 심리치료가 아니므로 상담자가 심문자나 조사관의 역할을 수행해서는 안 된다.
- ㉤ '왜' 질문, 유도질문 등은 내담자의 문제해결에 도움이 되지 못하며, 오히려 내담자로 하여금 상담자의 역할과 상담의 성격을 오해하게 만들 소지가 있다.

② 상담 시 피해야 할 질문
- ㉠ 유도질문 : 상담자는 내담자로 하여금 바람직한 결과를 나타내 보이도록 하려는 의도에서 간접적으로 특정한 방향으로의 응답을 유도할 수 있다. 이때 내담자는 자신의 진정한 의향과 달리 상담자가 원하거나 기대하는 방향으로 거짓응답을 할 수 있다.

  - 당신의 행동이 잘못됐다고 생각해 보지는 않았나요? (×)
  - 당신은 그와 같은 상황에서 어떻게 행동하는 것이 더욱 좋았으리라 생각하나요? (○)

- ㉡ 모호한 질문 : 내담자가 질문의 방향을 명확히 인지하지 못하거나 받아들이지 못하는 형태의 질문이다. 상담자가 명확하고 구체적으로 질문하는 경우 내담자 또한 그와 같은 양상으로 답변하게 되므로 효율적인 상담이 가능해진다.

  - 당신은 어렸을 때 어땠나요? (×)
  - 당신은 어렸을 때 친구들과 어떻게 지냈나요? (○)

- ㉢ 이중질문 : 한 번에 2가지 이상의 내용을 질문하는 것으로서, 내담자는 복수의 질문 가운데 어느 하나를 선택하여 답변할 수도, 아니면 어느 쪽에 답변해야 하는지 알 수 없어 머뭇거릴 수도 있다. 이와 같은 질문은 상담관계에 아무런 도움을 주지 못하며 오히려 내담자가 제멋대로 응답할 수 있으므로, 이중질문 대신 단일질문을 사용하는 것이 바람직하다.

  - 당신은 선생님께는 어떻게 말했고, 부모님께는 어떻게 말했나요? (×)
  - 당신은 학교 성적이 떨어진 것에 대해 부모님께 어떻게 말했나요? (○)

전문가의 한마디

보통 상담장면에서 질문은 폐쇄형 질문보다는 개방형 질문이 바람직합니다. 개방형 질문은 내담자의 관점, 의견, 사고, 감정까지 끌어내어 촉진적인 관계를 형성하지만, 폐쇄형 질문은 명백한 사실만을 요구하므로 상담이 효율적으로 진행되기 어려울 수 있습니다.

OX Quiz

모호한 질문은 다양한 답변에 대한 가능성을 열어두므로, 효과적이다.

정답 X(피해야 함)

② '왜' 질문 : '왜(Why)' 의문사를 남용함으로써 내담자가 비난받는다고 느끼도록 하는 질문이다. 내담자는 '왜?' 질문에 대해 방어적인 태도를 보이며 사회적으로 바람직한 응답을 하게 되므로, 어떠한 행동이나 상황에 대해 '왜' 대신 '무엇'이나 '어떻게' 등에 초점을 두어 질문을 하거나 간접질문 형태를 사용하는 것이 바람직하다.

> • 당신은 왜 상담받기를 꺼려하나요? (×)
> • 당신이 상담에 대해 어떤 부정적인 생각을 가지고 있는지 궁금하군요. (○)

⑩ 폭탄형 질문 : 상담자가 한꺼번에 너무 많은 질문을 쏟아내는 경우 내담자는 피상적인 답변을 하게 되므로 오히려 내담자에 대한 정보를 수집하는 데 있어서 비효율적이다. 폭탄형 질문은 내담자를 당황하게 만들 수 있으므로, 상담자는 한 번에 한 가지씩 질문하는 것이 바람직하다.

> • 당신은 친구에게 절교를 당했을 때 어떤 느낌이 들었나요? 혹시 당신이 친구에게 나쁜 행동을 했다고 생각해보진 않았나요? 그렇게 친구가 절교선언을 했을 때 당신은 어떤 반응을 보였나요? (×)
> • 당신은 친구에게 절교를 당했을 때 어떤 느낌이 들었나요? … 당신은 친구가 절교선언을 했을 때 어떻게 반응했나요? (○)

OX Quiz
'왜' 질문 대신 간접질문 형태를 사용하는 것이 바람직하다.
정답 ○

■ 침묵 다루기

① 의의 및 특징
㉠ 상담 과정에서 내담자가 종종 침묵을 지속하는 경우가 있다. 만약 내담자의 침묵이 길어지는 경우 상담은 성공에 이르지 못한다.
㉡ 경험이 부족한 상담자의 경우 내담자의 침묵을 내담자의 의사소통 능력 부족 또는 불안이나 불만 등의 감정적 문제로 간주하는 경향이 있다.
㉢ 대개의 경우 내담자가 자기 자신을 음미해 보거나 머릿속으로 생각을 간추리는 과정에서 침묵이 발생하므로, 이때의 침묵은 유익한 필요조건이 된다. 즉, 내담자는 '창조적 침묵'으로써 자신이 처한 상황의 의미와 중요성, 자신에 대한 긍정적인 생각과 감정에 몰두하게 된다.
㉣ 상담자는 '조용한 관찰자'의 태도로써 내담자의 침묵을 섣불리 깨뜨리려 하지 말고, 인내심을 가지고 어느 정도 기다려 보는 것이 바람직하다.
㉤ 상담관계가 잘 이루어지지 않거나 상담자에 대한 저항으로 침묵이 발생하는 경우 대개 내담자가 눈싸움을 하는 듯한 자세나 부정적인 표정을 지으며 침묵을 지키는 수가 있다. 이 경우 상담자는 무조건 기다릴 것이 아니라 그 침묵과 원인이 되는 내담자의 그때 그 자리에서의 숨은 감정을 언급하고 다루어 나가야 한다.

OX Quiz
내담자의 침묵은 대표적인 상담 실패의 표지이다.
정답 X(침묵은 다양한 상황에서 발생하며, 유익한 필요조건이 되기도 한다)

기출키워드

23년 1회

침묵의 발생원인

※ 실기시험에는 심리상담에서 내담자가 침묵을 지키는 이유를 5가지 기술하도록 하는 문제가 출제되었습니다.

전문가의 한마디

상담자는 내담자의 침묵에 대한 기다림의 자세를 길러야 합니다. 내담자의 입장에서 자신의 문제에 관심을 가지고 해결을 돕고자 하는 사람과 같이 시간을 보낸다는 것만으로도 문제해결에 많은 도움이 될 수 있기 때문입니다.

② **침묵의 발생원인**
  ㉠ 내담자가 상담 초기 관계형성에서 두려움을 느끼는 경우
  ㉡ 상담 중 논의된 것을 내담자가 음미하고 평가하며 정리하려는 경우
  ㉢ 내담자가 상담자에게 적대감을 가지고 저항하는 경우
  ㉣ 내담자가 자신의 말에 대한 상담자의 확인이나 해석을 기대하고 있는 경우
  ㉤ 내담자가 자신의 감정 표현으로 인한 피로에서 회복하고 있는 경우
  ㉥ 내담자가 다음에 무엇을 논의할 것인지 상담자가 결정해 주기를 기다리는 경우
  ㉦ 내담자가 할 말이 더 이상 생각나지 않거나 무슨 말을 해야 할지 모르는 경우
  ㉧ 내담자가 자신의 생각이나 느낌을 표현하고자 노력하고 있음에도 불구하고 적절한 표현이 떠오르지 않는 경우

③ **침묵을 다루는 방법**
  ㉠ 내담자에게 말하지 않은 생각에 대해 질문하기

> (내담자는 부모의 이혼으로 인해 정서적 혼란 상태에 놓여있다)
> 상담자 : 지금 무엇에 대해 생각하고 있는지 한 번 말해 보세요.

  ㉡ 침묵의 내용과 다른 직접적인 질문하기

> (내담자는 학교 친구의 자살로 인해 정서적 혼란 상태에 놓여있다)
> 상담자 : 그 친구는 공부를 잘 했나요?

  ㉢ 내담자가 이야기를 계속할 때까지 기다리기

> (가정불화 문제로 찾아온 부부 내담자가 상담자 앞에서 서로 의견다툼을 벌이다가 이내 침묵의 상태로 들어간다)
> 내담자 : (잠시 침묵을 깨고) 선생님은 왜 아무런 말도 하지 않으세요?
> 상담자 : 두 분이 서로에 대해 어떠한 생각과 감정을 가지고 있는지 듣기 위해 기다리고 있습니다.

OX Quiz

상담 초기에도 침묵이 발생할 수 있다.

정답 O

기출복원 59

08, 10, 12, 15, 19년 기출

심리상담의 과정에서 내담자가 침묵을 지키는 이유 6가지를 기술하시오. 6점

> **해설 체크!**
> 1. 내담자가 상담 초기 관계형성에서 두려움을 느끼는 경우
> 2. 상담 중 논의된 것을 내담자가 음미하고 평가하며 정리하려는 경우
> 3. 내담자가 상담자에게 적대감을 가지고 저항하는 경우
> 4. 내담자가 자신의 말에 대한 상담자의 확인이나 해석을 기대하고 있는 경우
> 5. 내담자가 자신의 감정 표현으로 인한 피로에서 회복하고 있는 경우
> 6. 내담자가 다음에 무엇을 논의할 것인지 상담자가 결정해 주기를 기다리는 경우
> 7. 내담자가 할 말이 더 이상 생각나지 않거나 무슨 말을 해야 할지 모르는 경우
> 8. 내담자가 자신의 생각이나 느낌을 표현하고자 노력하고 있음에도 불구하고 적절한 표현이 떠오르지 않는 경우

63 상담의 기술 Ⅳ – 해석, 자기노출

■ 해석(Interpretation)

① 의의 및 특징
  ㉠ 내담자가 새로운 방식으로 자신의 문제들을 돌아볼 수 있도록 사건들의 의미를 설정해 주고, 자신의 문제를 새로운 각도에서 이해할 수 있도록 그의 생활 경험과 행동, 행동의 의미를 설명하는 것이다.
  ㉡ 외견상 분리되어 있는 내담자의 말 또는 사건들의 관계를 서로 연결하거나 방어, 저항, 전이 등을 설명한다.
  ㉢ 내담자의 사고, 행동, 감정의 패턴을 드러내거나 이를 통해 나타나는 문제를 이해할 수 있도록 새로운 틀을 제공한다.
  ㉣ 내담자에게 자신에 대한 통찰을 촉진하고 자기통제력을 향상하도록 한다.
  ㉤ 내담자에게 자신의 감정을 파악하여 그 원인을 이해하도록 함으로써 좀 더 자유롭게 감정을 인정하고 받아들일 수 있도록 한다.
  ㉥ 내담자로 하여금 자신의 문제에 대한 주지화를 유발할 수 있으며, 그로 인해 내담자가 자신의 감정을 드러내지 않으려는 방어수단으로 이용될 수도 있다.
  ㉦ 내담자가 받아들일 준비가 되어 있을 때 조심스럽게 해야 하며, 내담자의 심리적인 균형을 깨뜨리지 않도록 주의해야 한다.

전문가의 한마디

'해석(interpretation)'은 정신분석적 상담 접근법의 전통에서 유래한 용어입니다. 정신분석적 상담에서는 내담자의 마음 속 깊은 곳의 무의식적 욕망이나 갈등에 대해 설명해 주는 것을 '해석'이라는 전문용어로써 표현합니다.

OX Quiz

상담의 기술 중 해석은 내담자에게 주지화를 유발할 수 있다.

정답 O

기출키워드

22년 3회

결과 해석

※ 실기시험에는 제시된 검사결과 해석 과정을 순서대로 나열하도록 하는 문제가 출제되었습니다.

② 단 계

준비작업 (제1단계)	• 상담자는 내담자가 해석을 들을 준비가 되어 있는지 또는 내담자가 해석을 듣고 싶은 마음이 있는지 살핀다. • 내담자에 대한 공감, 감정의 반영, 직면을 통해 해석의 토대를 마련한다.
의도 명확히 하기 (제2단계)	• 상담자는 상담 과정에서 어느 특정한 시점에 해석을 제시하는 의도에 대해 생각하며, 그 의도가 시기적절한 것인지 파악한다. • 이 경우 해석은 내담자가 자신을 좋게 보이도록 하거나 자기과시를 하는 등의 부적절한 태도를 제재하기 위함이다.
해석의 제시 (제3단계)	• 상담자는 내담자가 어떠한 이유로 그와 같은 행동을 하는지 관심과 호기심을 가지고 해석 과정에 임해야 한다. • 해석의 과정에 내담자를 적극적으로 참여시키는 것이 중요하며, 특히 내담자에게 먼저 스스로에 대한 해석을 요구함으로써 내담자가 자신에 대해 생각해 보도록 자극한다.
반응 살펴보기 (제4단계)	• 상담자는 내담자가 해석에 대해 어떠한 반응을 보이는지 수시로 살펴보아야 한다. • 만약 내담자가 상담자의 해석에 부정적인 반응을 보이는 경우 해석의 정확성 여부를 검토해야 하며, 내담자가 해석을 들을 준비가 되어 있는지 재점검해야 한다.

③ 해석의 형식과 예

　㉠ 직접적인 진술 : "당신은 평소 아버지의 독선적이고 권위적인 태도에 대해 반감을 가지고 있습니다. 그래서 다른 사람들도 당신을 이해하기는커녕 당신에게 일방적으로 어떤 지시를 내리고 있다고 생각하고 있고요."

　㉡ 가설의 사용 : "내가 당신의 아버지를 기억나게 하는 것은 아닌지 의문스럽군요. 당신은 아버지가 모든 것을 아는 것처럼 행동한다고 말했는데요, 혹시 그와 같은 생각이 평소 아버지에 대해 가지고 있던 부정적인 감정과 연관이 있는지 궁금하군요."

　㉢ 질문의 사용 : "당신은 당신의 아버지와의 좋지 못한 관계 때문에 다른 사람들에 대해서도 신뢰감을 가질 수 없다고 생각하고 있는 건 아닌가요?"

④ 해석의 제시형태

　㉠ 잠정적 표현 : 상담자가 판단한 내용을 단정적으로 해석해 주기보다는 암시적이거나 잠정적인 표현을 사용한다. 또한 내담자의 저항을 줄이기 위해 부드러운 표현을 사용한다.

> **예** • 부적절한 표현
> 　－ 그것이 바로 당신의 문제입니다.
> 　－ 나는 당신이 ~ 해야 한다고 생각합니다.
> • 적절한 표현
> 　－ 그것인 것 같은데요. 그 점을 가장 고려해야 할 것 같습니다.
> 　－ 이 생각에 찬성을 하는지요?

전문가의 한마디

해석이 직접적인 진술로 제시되든 가설이나 질문을 통해 제시되든 간에, 내담자가 명시적으로 드러내지 않았던 관계를 가정하고 행동에 대한 분석을 제공한다는 점에서 포괄적으로 '해석(Interpretation)'이라고 볼 수 있습니다.

OX Quiz

반응 살펴보기는 제1단계에 해당된다.

정답 X(제4단계에 해당)

ⓒ 점진적 진행 : 상담자의 해석은 내담자의 생각보다 뒤늦어서도 안 되고 너무 앞서도 안 된다. 내담자가 생각하거나 느낀다고 믿는 방향으로 점차적으로 진행해야 한다.

> **예** 내담자는 아버지와의 의사소통에서 어려움을 보이고 있다.
> - 내담자 : 아버지께 그런 이야기를 하기가 무척 어려워요.
> - 상담자 : 그런 이야기가 아버지의 심기를 불편하게 할 것 같은 두려움이 있는지도 모르지요.
> - 내담자 : 그래요, 하지만 아버지께 직접 말씀드려야 하는지에 대해서는 잘 모르겠어요.
> - 상담자 : 그건 용기가 필요한 일이지요. 그런데 당신은 그걸 말씀드려야겠다고 생각하고는 있군요. 그렇게 하는 것이 스스로 마음을 정리하고 아버지에게서 이해를 받을 수 있는 길이라는 말이지요. 아버지께 이야기하고 나면 마음이 한결 가벼워질 수 있겠네요.
> - 내담자 : 예, 일단 말씀을 드리고 나면 더 이상 심각하게 고민할 것 같지는 않아요.
> - 상담자 : 그런 것이 마음의 부담을 떨치는 과정이라고 할 수 있겠지요.

ⓒ 반복적 제시 : 내담자가 해석된 내용을 이해하지 못하거나 저항을 하는 경우, 상담자는 적절한 때에 부수적인 경험적 증거를 제시하면서 해석을 반복해야 한다. 이는 흔히 내담자가 처음의 해석을 이해 또는 수용하지 못하다가 나중에 이해하는 경우가 많기 때문이다.

> **예** 내담자는 형에 대한 열등감을 가지고 있다.
> - 상담자 : 오늘 네가 그런 행동을 한 것을 보면, 너의 형이 집에 없어야 네가 마음 놓고 지낼 수 있을 것 같다는 느낌을 가지고 있는 모양이군.
> - 내담자 : 꼭 그런 것은 아니에요. 형과 대화가 잘 될 때도 있어요.
> - 상담자 : 형이 너의 자존심을 건드리지 않는 경우에는 대화가 그런대로 잘 이루어지겠지. 하지만 역시 형이 집에 없어야 네가 형에 대한 열등감을 잊고 마음 편히 있을 수 있으니 말이지.

ⓔ 질문 형태의 제시 : 해석은 내담자를 관찰하여 얻은 예감이나 가설을 토대로 하므로 가능한 한 질문 형태로 제시하여 내담자 스스로 해석하도록 돕는다. 해석적 질문 형태는 신도적 질문, 의미 탐색적 질문, 해석적 질문, 직면적 질문 등이 포함된다.

> **예**
> - 선도적 질문 : 그와 같은 생각에 대해 조금 더 이야기해 보시겠어요?
> - 의미 탐색적 질문 : 그것이 당신에게 어떤 의미가 있는지요?
> - 해석적 질문 : 지금 당신이 여자에 대해 불신감을 가지게 된 것은 당신의 어머니가 당신을 잘 돌보지 못했다는 생각 때문인지요?
> - 직면적 질문 : 당신은 그렇게 당신 자신을 계속적으로 학대해도 괜찮다고 생각하는지요?

OX Quiz

내담자가 해석 내용에 대해 저항하는 경우, 상담자는 즉시 상담을 중단해야 한다.

정답 X(해석을 반복해서 제시해야 함)

ⓓ 감정몰입을 위한 해석 : 흔히 초심자들은 내담자의 생각이나 내면적 동기만을 지적으로 해석하려는 경향이 있다. 그러나 유능한 상담자는 지적인 차원보다는 감정적 차원에 해석의 초점을 두는 경향이 있다.

> **예**
> - 당신은 그 친구들에 대해 마치 무관심한 제3자인 것처럼 이야기를 하는데요. 실제로 그 친구들과 함께 있을 때는 어떤 느낌이 드는지요?
> - 당신은 그 남자가 결혼한 것에 대해 이야기를 할 때마다 뭔가 석연치 않은 표정을 지어 보이는데요… 당신이 아직도 그 사람과의 이별로 인한 상처에서 완전히 벗어난 것은 아니라는 느낌이 드는군요.

⑤ 해석의 시기
  ㉠ 해석에서 가장 중요한 것은 시기의 문제이다. 해석은 내담자가 받아들일 준비가 되어 있다고 판단될 때 조심스럽게 실행한다. 만약 내담자가 받아들일 준비가 되어 있지 않을 때 해석을 할 경우 내담자의 심리적인 균형이 깨지고 내담자를 불안에 빠뜨릴 수 있다.
  ㉡ 일반적으로 상담의 초기 단계에는 감정의 반영을 많이 하게 되며, 그 다음에는 내담자의 성격과 태도를 명료화하는 해석을 하게 된다. 보통 구체적인 해석이나 심층적인 해석은 상담관계가 형성되는 중기까지는 보류한다. 특히 내담자의 성격을 파악하지 못했을 때나 해석의 실증적인 근거가 없을 때에는 해석을 삼가야 한다.
  ㉢ 해석의 기법과 상담 과정 간의 관계는 다음과 같이 상담 단계별로 구분할 수 있다.

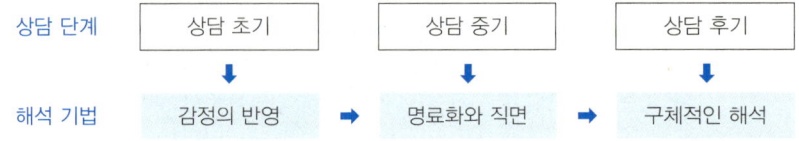

⑥ 내담자의 반응을 해석할 때의 주의사항
  ㉠ 내담자가 받아들일 준비가 되어 있다고 판단되는 경우 조심스럽게 실행한다.
  ㉡ 내담자의 성격을 파악하지 못한 경우 또는 해석에 대한 실증적인 근거가 없는 경우 해석을 삼간다.
  ㉢ 상담 초기에는 감정의 반영, 상담 중기에는 명료화와 직면, 상담 후기에는 구체적인 해석의 과정을 거쳐 해석이 전개되도록 한다.
  ㉣ 즉각적인 해석이나 충고적인 해석을 삼가며, 모순은 지적하지 않는다.
  ㉤ 가급적 내담자가 스스로 해석을 내리도록 인도한다.

전문가의 한마디

해석은 그 자체로 하나의 상담 기법이며, 이는 감정의 반영, 명료화, 직면 또한 마찬가지입니다. 다만, '해석의 시기'에서 해석은 단지 하나의 기법으로서 의미를 지니기보다는 상담장면에서 그것이 어떻게 전개되는가에 초점이 맞추어져 있습니다. 내담자의 내면세계에 접근하는 깊이의 정도는 '반영 → 명료화 → 직면 → 해석'의 순이라고 말할 수 있습니다.

전문가의 한마디

해석은 잠정적인 표현으로 제시하는 것이 좋습니다. 즉, 상담자가 판단한 내용을 단정적으로 해석해 주기보다는 이를 암시적이거나 잠정적으로 표현하는 것이 바람직합니다. 예를 들어, "그것이 바로 당신의 문제입니다"라고 말하기보다는 "그것인 것 같은데요" 혹은 "당신은 그 점을 가장 고려해야 할 것 같습니다"라고 말합니다.

■ 자기노출(Self-Disclosure)

① 의의 및 특징
   ㉠ 상담자가 상담을 효과적으로 전개하기 위해 내담자에게 자신에 대한 주관적인 정보, 즉 자신의 경험이나 생각, 느낌 등을 내담자에게 노출하는 기술이다.
   ㉡ 상담자는 자기노출로써 내담자에게 유사성과 친근감을 전달할 수 있으며, 이를 통해 상담자와 내담자 간의 보다 깊은 이해를 도모할 수 있다.
   ㉢ 자기노출은 내담자에게 단순한 정보의 제공을 뛰어넘어 공감의 효과를 불러오기도 하는데, 이는 내담자가 상담자를 자신과 마찬가지의 평범한 인간으로 볼 수 있는 기회를 제공하기 때문이다.
   ㉣ 내담자는 상담자의 자기노출에 공감의 분위기가 형성돼 있음을 인식하면서, 자신이 무엇을 말하고 있으며 무엇을 느끼고 있는지 이해하는 데 도움을 얻을 수 있다.
   ㉤ 때로 위험을 수반하므로 민감하게 다루어야 한다.
   ㉥ 자기노출에는 상담자가 내담자와 대화하는 동안 경험하게 되는 자신의 생각이나 느낌을 이야기하는 '여기-지금'의 자기노출과 함께, 과거에 있었던 상담자 자신의 경험과 느낌을 토대로 현재 내담자가 경험하고 있는 것에 대해 이야기하는 과거 경험의 자기노출이 있다.

② 대화 촉진의 조건으로서 상담자의 진실성에 기반한 자기노출의 2가지 유형(Danish)

자기관여반응 (Self-Involving Response)	• 현 상담시간에 내담자의 언행에 대한 상담자의 개인적인 감정이나 반응을 그 근거와 함께 직접적이고 즉각적으로 표현한다. • "당신이 그렇게 이야기하니 서운한 감정이 드네요"와 같이 주로 현재시제로 기술된다. • 신뢰관계가 충분히 형성되지 않은 상담 초기에는 잘 사용되지 않지만, 이후 적절한 시기에 사용하는 경우 내담자로 하여금 상담자를 현실세계에 실재하는 사람으로 경험하도록 하여 다음 단계로 성숙하게 할 수 있다.
자기공개반응 (Self-Disclosing Response)	• 내담자의 문제와 관련하여 상담자 자신이 과거에 경험한 유사한 사건에 대해 이야기한다. • "저도 당신처럼 믿었던 친구에게서 배신을 당한 경험이 있는데요…"와 같이 주로 과거시제로 기술된다. • 내담자가 느끼는 상담자에 대한 거리감을 없애고 친밀감을 줄 수 있지만, 상담자가 자신에 대해 너무 상세히 이야기하는 경우 상담의 초점이 벗어나게 되어 내담자의 자기탐색을 방해할 수 있다.

기출키워드

21년 3회 / 24년 3회

자기노출

※ 실기시험에는 집단상담의 내담자로서 집단성원들의 적절한 자기노출을 위한 지침을 4가지 쓰도록 하는 문제가 출제되었습니다.

OX Quiz

상담자의 진실성에 기반한 자기노출의 2가지 유형에는 자기관여반응, 타인관여반응이 있다.

정답 X(자기관여반응, 자기공개반응)

③ 내담자의 자기노출 수준(자아의식 모델)

	타 인	
자 신	개방영역(Open Area)	맹인영역(Blind Area)
	은폐영역(Hidden Area)	미지영역(Unknown Area)

- 개방영역(Open Area) : 자신의 사고, 감정, 행동이 자기 자신은 물론 타인에게도 알려진 영역에 해당한다. 인간관계에 있어서 의사소통이 원활히 이루어지며, 생산적이고 효과적인 관계를 형성한다.
- 맹인영역(Blind Area) : 자신의 사고, 감정, 행동이 타인에게는 알려져 있으나 정작 자기 자신은 깨닫지 못하는 영역에 해당한다. 자아도취적인 사람, 자신의 잘못을 깨닫지 못하는 사람들에게서 나타나며, 인간관계에서 별다른 이유가 드러나지 않음에도 불구하고 타인과 생산적이고 효과적인 관계를 형성하지 못한다. 이 영역은 타인의 피드백에 의해 개방영역으로 전환될 수 있다.
- 은폐영역(Hidden Area) : 자신의 사고, 감정, 행동에 대해 자기 자신은 잘 알고 있으나 타인은 알지 못하는 영역에 해당한다. 자기 표현력이 부족한 사람, 자기 자신을 타인에게 있는 그대로 내보이기를 주저하는 사람에게서 나타나며, 인간관계에서 자신의 기능을 충분히 발휘하지 못하여 생산적이고 효과적인 관계를 형성하지 못한다. 이 영역은 자기개방을 통해 개방영역으로의 전환이 가능하다.
- 미지영역(Unknown Area) : 자신의 사고, 감정, 행동을 자기 자신은 물론 타인 또한 알지 못하는 영역에 해당한다. 예기치 않은 행동이나 감정을 표출하는 사람에게서 나타나며, 인간관계에서 타인의 접근이 용이하지 않다. 이 영역은 추리나 회상, 경험이나 관찰을 통해 파악되는 것으로, 개인이 가진 근본적이면서 독특한 힘이 축적되어 있는 곳이기도 하다.

> **전문가의 한마디**
>
> 자아의식 모델은 의사소통의 관점에서 자기개방 모형으로도 불리는 것으로, 자기노출 정도와 피드백 정도에 따라 4가지 영역으로 구분합니다. 참고로 개방영역은 '개방형', 맹인영역은 '자기주장형', 은폐영역은 '신중형', 미지영역은 '고립형'으로도 불립니다.

> **OX Quiz**
>
> 자신의 사고, 감정이 타인에게는 알려져 있으나 정작 자기 자신은 깨닫지 못하는 영역은 '맹인영역'이다.
>
> 정답 O

기출복원 60
  06, 08, 11, 15, 18년 기출

내담자의 반응을 해석할 때의 주의사항을 5가지 제시하시오. **5점**

● 해설 체크! ●

1. 내담자가 받아들일 준비가 되어 있다고 판단되는 경우 조심스럽게 실행한다.
2. 내담자의 성격을 파악하지 못한 경우 또는 해석에 대한 실증적인 근거가 없는 경우 해석을 삼간다.
3. 상담 초기에는 감정의 반영, 상담 중기에는 명료화와 직면, 상담 후기에는 구체적인 해석의 과정을 거쳐 해석이 전개되도록 한다.
4. 즉각적인 해석이나 충고적인 해석을 삼가며, 모순은 지적하지 않는다.
5. 가급적 내담자가 스스로 해석을 내리도록 인도한다.

64 상담의 종결

■ 상담 종결 상황의 유형

① 상담자에 의한 조기 종결
   ㉠ 상담의 목표를 달성하기 전에 외부적인 원인(예 전근, 학기의 종료 등)에 의해 상담자가 내담자와의 면접을 종결해야 하는 경우에 해당한다.
   ㉡ 상담자와 내담자 간의 심리적으로 긴밀한 관계가 아직 형성되지 않은 경우 심각한 어려움은 없으나, 만약 긴밀한 관계가 형성되었을 경우 예정보다 빠른 종결로 인해 내담자로 하여금 격앙된 감정을 불러일으킬 수 있다.
   ㉢ 상담자는 내담자와 함께 조기 종결에 따른 감정들을 다루어 나가야 한다. 즉, 내담자의 감정을 이해 및 수용하고, 종결에 따른 사후 대책에 대해 논의하여야 한다.

② 내담자에 의한 조기 종결
   ㉠ 내담자가 더 이상 상담이 도움이 되지 않는다고 생각하고 상담을 거부하는 경우에 해당한다.
   ㉡ 상담에 대한 내담자의 거부적 태도는 상담 과정 중 어느 단계에서도 일어날 수 있다. 또한 내담자의 거부적 반응은 직접 말로 표현할 수도, 다음 면접 회기에 나타나지 않는 방식 등으로도 표출할 수 있다.
   ㉢ 상담자는 내담자에게 거절당한 데 대한 자신의 감정(예 불안, 분노, 무능감 등)을 정확히 파악하여야 한다. 또한 내담자와의 관계에서 긴장이 발생하는 경우 그 긴장을 피하기보다는 이를 개방적으로 다루며, 긴장에 대해 솔직히 반응하는 것이 바람직하다.

③ 성공적인 결과 후의 종결
   ㉠ 상담자와 내담자는 목표설정 단계에서 상담 목표의 내용 및 달성기준에 대해 미리 생각해 두는 것이 좋다. 종결 단계에서는 그와 같은 기준을 토대로 그동안 일어난 변화나 결과를 평가해야 하기 때문이다.
   ㉡ 상담이 설정된 목표에 도달함으로써 상담자와 내담자 간의 긴밀한 관계 또한 종결되며, 이 과정에서 내담자는 허전하고 외로운 감정을 느끼게 된다. 또한 내담자는 자신이 상담 종결을 받아들일 준비가 되어 있는지에 대해 확신을 가지지 못한다.
   ㉢ 상담자는 종결에 따른 내담자의 정서 내용을 다루면서, 그동안 상담 과정을 통해 일어난 일 혹은 변화 내용을 재음미하고 요약한다. 특히 종결에 따른 내담자의 불안감, 어려움 등을 미리 예견하고 종결 전에 여러 차례의 면접을 통해 이를 충분히 다루는 것이 바람직하다.

전문가의 한마디

조기 종결에 따른 상담자 교체 상황에서 내담자가 새로운 상담자와 상담을 계속할 의사가 없을 경우 상담자는 내담자의 결정을 받아들여야 합니다. 다만, 내담자의 장래 생활에서 심한 장애가 있을 것으로 예상되는 경우 내담자의 결정을 그대로 받아들여서는 안 되며, 대안을 모색하도록 권고해야 합니다.

OX Quiz

상담자는 내담자에게 거절당한 데 대한 자신의 분노 같은 감정은 억제해야 한다.

정답 X(정확히 파악하고 솔직하게 반응해야 함)

전문가의 한마디

상담의 종결은 언제, 누가, 어떻게 실시하느냐에 따라 그 형태가 다양하나, 어떤 경우의 종결일지라도 종결을 위해서는 내담자의 상태를 파악하고 내담자에게 종결을 준비할 시간을 제공해야 합니다. 따라서 상담 초기부터 내담자와 종결 시기에 대해 미리 합의해 두는 것이 좋습니다.

기출키워드

20년 1회 / 23년 1회

상담 종결

※ 실기시험에는 상담 종결 시 다루어야 할 사항을 5가지 기술하도록 하는 문제가 출제되었습니다.

■ 바람직한 상담 종결을 위해 상담관계를 마무리하면서 해야 할 일

① 이별의 감정 다루기
   ㉠ 상담은 상담자와 내담자의 특별한 만남에서 비롯되는 치료적 관계이므로, 내담자의 입장에서 상담의 종결로 인한 이별을 쉽게 받아들이지 못할 수 있다. 특히 의존적인 내담자의 경우 이별에 따른 분리불안이 더욱 클 수 있으므로, 상담자는 이별의 감정을 다루어 나가면서 내담자 스스로 일어설 수 있도록 지지해야 한다.
   ㉡ 상담자는 상담 종결 이후에도 언제든지 다시 상담할 수 있음을 알려 주어 내담자에게 심리적인 안정감을 줄 수 있도록 해야 한다.

② 상담성과에 대한 평가 및 문제해결력 다지기
   ㉠ 상담자는 내담자가 상담과정을 통해 얼마만큼 변화하고 성장했는지, 상담을 통해 해결하지 못한 것은 무엇인지 탐색해 보아야 한다.
   ㉡ 특히 상담성과에 도달하기 위한 과정에 대해서도 검토하며, 상담성과가 일상생활에서도 지속적으로 유지되도록 필요한 방안을 구체화해야 한다.

③ 추수상담(추후상담)에 대해 논의하기
   ㉠ 추수상담 또는 추후상담은 상담성과에 의한 내담자의 행동변화를 지속적으로 점검하면서, 내담자의 긍정적인 변화를 강화하는 한편, 부족한 부분을 보완하는 것을 목표로 한다.
   ㉡ 추수상담은 상담자 입장에서도 상담문제 해결과정의 적합성 여부를 판단할 수 있도록 한다는 측면에서 의미 있는 작업이다.

> **참고**
>
> 바람직한 상담 종결을 위해 다루어야 할 내용에 대해서는 교재에 따라 약간씩 다르게 제시되어 있으나 내용상 큰 차이는 없습니다. 참고로 다음의 내용도 함께 기억해 두시기 바랍니다.
>
> - 지난 상담 과정에 대해 점검 및 평가하기
> - 증상의 재발 가능성에 대해 논의하기
> - 다시 찾아올 수 있음을 알리기
> - 자기 분석을 격려하기
> - 의존성 문제 다루기
> - 이별의 감정에 대해 이야기하기

전문가의 한마디

사실 아무리 긴밀했던 상담관계라 할지라도 일시적인 인간관계에 불과합니다. 그래서 상담을 종결할 때에는 가능한 한 '심리적 이유(離乳)'가 이루어지는 것과 같아야 한다고 말합니다. 이는 아이가 어머니의 젖을 떼는 것과 같이 내담자가 더 이상 상담자의 도움에 의존하지 않은 채 혼자 수행해 나갈 수 있어야 한다는 것을 의미합니다.

■ 상담 종결 시기 결정 시 고려사항(Young, Hackney & Cormier)

① 내담자가 상담 계약에 명시했던 인지적·정서적·행동적 목표에 도달하였는지를 확인한다.
  상담자와 내담자가 특정 상담목표에 도달하였는지의 여부에 대해 명확히 인식하고 있을 경우 상담 종결 시기를 결정하는 문제가 용이해진다.
② 내담자 스스로 자신이 획득하고자 원했던 영역에서 긍정적인 발전이 있음을 확신할 수 있는지를 확인한다.
  내담자의 문제 해결과 관련하여 구체적인 진전이 있었는지의 여부를 확인하는 것이 상담 종결 시기를 결정하는 데 도움이 된다.
③ 상담관계가 도움이 되었는지를 확인한다.
  상담자나 내담자가 현재 진행되는 상담회기에 대해 별로 도움이 되지 않는다고 판단하는 경우 상담을 종결한다.
④ 상담 초기에 설정되었던 상황이 변화되었는지를 확인한다.
  내담자가 이사를 하는 경우, 만성적 질병 증상이 나타나는 경우, 상담을 종결하거나 다른 상담자에게 의뢰하는 등의 방법을 고려해야 한다.

■ 상담 종결 여부 결정 시 구체적으로 고려할 사항(Maholick & Turner)

① 내담자의 초기 문제와 증상이 감소 혹은 제거되었는지를 확인한다.
② 내담자의 상담 원인이 되었던 스트레스 유발 감정이 제거되었는지를 확인한다.
③ 내담자의 대처능력과 자기 자신 및 타인에 대한 이해능력 정도를 평가한다.
④ 내담자의 대인관계 능력을 확인한다.
⑤ 내담자의 생활계획 수립능력과 생산적인 활동능력을 평가한다.
⑥ 내담자의 여가생활 활동능력을 평가한다.

■ 성공적인 상담의 기준 설정을 위한 주의사항

① 상담자는 내담자가 일반화하거나 명확히 의식하지 못하는 문제를 행동적 차원에서 구체화시켜야 한다.
② 상담자는 내담자가 제시하는 문제영역 중 가장 중요하면서도 성취 가능한 목표를 중심으로 기준을 설정해야 한다.
③ 상담자는 내담자에게 과도하게 계량적인 분석의 인상을 주지 않으면서, '언제, 누구와, 어디서, 어떤 방법을 사용하여, 어떤 결과로 나타났고, 그 결과를 어떻게 받아들이는가?'와 같은 이른바 육하원칙 방식과 유사한 접근 방식을 따르도록 한다.

기출키워드
21년 1회
상담 종결 단계의 평가
※ 실기시험에는 상담 종결 단계에서 지난 상담 과정을 되돌아보며 평가하여야 할 사항을 4가지 쓰도록 하는 문제가 출제되었습니다.

전문가의 한마디
상담 종결 시기를 결정하는 데 있어서 고려해야 할 사항은 내담자가 상담을 끝낼 준비가 되었는지를 판단할 수 있는 방법을 의미합니다.

전문가의 한마디
상담 종결 시기를 결정하는 것과 상담 종결 여부를 결정하는 것은 미묘한 차이가 있습니다. 메홀릭과 터너(Maholick & Turner)는 내담자가 상담을 끝낼 준비가 되었는지를 평가할 때 유용한 영역을 제시한 바 있는데, 이는 상담 종결 여부를 결정할 때 구체적으로 고려해야 할 사항을 담고 있습니다.

OX Quiz
상담은 내담자뿐 아니라 상담자에 의해서도 조기 종결 될 수 있다.

정답 O

기출복원 61
20년 기출

내담자가 상담을 끝낼 준비가 되었는지를 평가할 때 유용한 영역을 6가지 쓰시오. **6점**

• 해설 체크! •

1. 내담자의 초기 문제와 증상이 감소 혹은 제거되었는지를 확인한다.
2. 내담자의 상담 원인이 되었던 스트레스 유발 감정이 제거되었는지를 확인한다.
3. 내담자의 대처능력과 자기 자신 및 타인에 대한 이해능력 정도를 평가한다.
4. 내담자의 대인관계 능력을 확인한다.
5. 내담자의 생활계획 수립능력과 생산적인 활동능력을 평가한다.
6. 내담자의 여가생활 활동능력을 평가한다.

65 상담 슈퍼비전

■ 상담 슈퍼비전의 의의 및 특징

① 슈퍼비전(Supervision)은 'Super(위에서 혹은 능가하여)'와 'Vision(관찰하다, 지켜보다)'이 결합된 용어로서, '감독하다'라는 의미를 가진다. 즉, 글자 그대로의 의미에서 다른 사람이 하는 일에 대해 책임을 가지고 지켜보는 감독자(Overseer)가 하는 일의 의미로 해석될 수 있다.

② 슈퍼비전은 보다 다양한 경험을 가지고 있는 슈퍼바이저에게 지도를 받아, 상담에 필요한 적절한 지식, 기술, 태도, 습관 등을 학습하며, 실제 상담장면에서 내담자에게 필요한 효과적인 서비스를 제공하는지 피드백을 받음으로써 상담자로서의 전문성을 함양할 수 있도록 돕는 전 과정이다.

③ 상담자 자신의 이해를 돕는 데 필요한 중요한 훈련으로서, 다양한 상담기술을 실제적으로 배우며, 사례 이해를 위한 탐색 및 절차에 대한 방법을 습득하는 과정이다.

④ 교육, 지도, 자문, 감독 등은 물론 상담자의 자기 탐색, 자기 이해, 자기 성장을 돕는 도제적 성격의 전문적 훈련이다.

⑤ 전문적 관계로 이루어지는 슈퍼비전은 상담자의 자기 발전을 강화하여 결국 내담자에게 제공하는 상담 서비스의 질을 제고한다.

■ 슈퍼비전의 3가지 기능(Kadushin)

① 교육적 기능(Education)
  ㉠ 상담자가 내담자와의 작업에 관한 탐색과 숙고를 통해 상담자의 기술, 이해, 능력, 전문적 정체감을 발달시키는 것을 의미한다.

전문가의 한마디

상담에서의 슈퍼비전은 경험이 많은 선배 상담자로부터 지식과 경험을 전수받는 과정으로 볼 수 있습니다. 슈퍼비전을 통해 상담자는 자기자각(Self-Awareness)을 향상시키고 전문적인 상담기술을 습득하며, 상담 과정에 대한 세세한 이해와 함께 내담자에 대한 철저한 사례 이해를 통해 내담자의 복지를 위한 전문적인 노하우를 획득하게 됩니다.

전문가의 한마디

슈퍼비전의 교육적 기능은 상담자의 지식과 기술 향상, 관리적·행정적 기능은 기관의 목적에 맞는 서비스 제공, 지지적 기능은 상담자의 동기와 사기 진작에 초점을 둡니다.

ⓒ 교육적 슈퍼비전의 핵심은 슈퍼비전을 받는 슈퍼바이지(Supervisee)로서 상담자의 지식과 기술을 향상시키는 데 있다. 슈퍼바이저(Supervisor)는 기관의 기본가치, 임무 및 목적에 대한 교육과 함께 다양한 서비스 실천이론 및 모델에 대한 교육을 통해 상담자의 문제해결 및 실천기술 향상을 도모한다.

② 관리적 · 행정적 기능(Administration)
  ㉠ 슈퍼비전의 질적 통제를 제공하는 것으로, 슈퍼바이저는 내담자의 욕구가 명확히 정의된 윤리적 · 전문적 실천의 규준 내에서 언급되고 있는가를 분명히 하기 위해 상담자를 조력한다.
  ㉡ 관리자로서 슈퍼바이저의 역할은 기관의 규정과 절차에 부합하는 서비스를 제공하는 데 초점을 둔다. 가장 적합한 상담자에게 특정 내담자의 사례를 위임하는 것을 비롯하여 상담자의 사례관리 및 서비스 제공을 감독하고 평가하는 역할을 수행한다.

③ 지지적 기능(Support)
  ㉠ 슈퍼바이저가 제공하는 수용과 확인을 통해 상담자가 상담작업의 정서적 효과를 처리하고 보고하여 풀 수 있도록 한다.
  ㉡ 슈퍼비전의 교육적 기능 및 관리적(행정적) 기능은 상담자의 수단적 욕구에 관심을 두지만, 지지적 기능은 상담자의 개별적 욕구에 관심을 둔다. 슈퍼바이저는 슈퍼바이지인 상담자의 동기와 사기를 진작시키는 한편 불만족과 좌절을 해결함으로써 업무 만족을 높이는 데 초점을 둔다.

■ 슈퍼비전의 5가지 기능(Holloway)

① 점검하기/평가하기(Monitoring/Evaluating)
  슈퍼바이저는 슈퍼바이지의 전문적 역할과 관련된 행동을 판단하고 평가한다.
② 가르치기/조언하기(Instructing/Advising)
  슈퍼바이저는 슈퍼바이지에게 전문적 지식과 기술에 기초한 정보, 견해, 제안을 제공한다.
③ 모델링(Modeling)
  슈퍼바이저는 전문적 행동과 실제에서 슈퍼바이지의 모델이 된다.
④ 자문하기(Consulting)
  슈퍼바이저는 슈퍼바이지의 정보와 견해를 토대로 임상적이고 전문적인 상황에서의 문제를 해결하도록 촉진한다.
⑤ 지지하기/공유하기(Supporting/Sharing)
  슈퍼바이저는 공감적 관심과 격려를 통해 슈퍼바이지를 지지한다.

기출키워드

20년 1회 / 24년 1회

슈퍼비전의 기능

※ 실기시험에는 슈퍼비전의 기능에 대한 설명을 보기로 제시하고 그에 맞는 슈퍼비전의 기능을 쓰도록 하는 문제가 출제되었습니다.

■ 상담자에게 슈퍼비전이 필요한 이유(Bond)

① 상담자를 위한 개인적인 지지체계를 제공한다.
　　상담은 본질적으로 상담자에게 많은 것을 요구한다. 이때 슈퍼비전은 상담에서 발생되는 다양한 어려움들을 극복할 수 있도록 해 준다.
② 비밀성 보장에 도움이 된다.
　　체계적인 슈퍼비전은 개인적인 지지를 얻기 위해 부적절하게 정보를 노출할 필요를 느끼는 상담자의 위험을 감소시킨다.
③ 상담은 복잡한 과정이다.
　　상담이 요구하는 상담관계에 있어서 상담자가 개인적으로 참여하고 동시에 객관성을 유지하는 것은 쉽지 않다. 특히 슈퍼바이저의 독립성은 상담자로 하여금 이전에 인식하지 못했던 다른 일들을 탐지할 수 있게 한다.
④ 상담자의 발달을 돕는다.
　　상담 슈퍼비전은 상담자로 하여금 더 많은 학습을 위한 중요한 토론과 비판의 장(場)을 제공한다.
⑤ 윤리적인 문제를 주지시킨다.
　　독립적인 슈퍼바이저는 간과될 수 없는 실습의 윤리적 문제와 규범에 대해 상담자로 하여금 주의를 갖도록 할 수 있다.

OX Quiz
상담은 복잡한 과정이기 때문에 상담자에게 슈퍼비전이 필요하다.

정답 O

전문가의 한마디
슈퍼바이지는 슈퍼비전을 받으러 오면서 자신의 부족한 부분이 드러나는 상황에 대해 불안을 느끼고 긴장하는 경우가 많은데, 그와 같은 지나친 불안과 긴장은 슈퍼바이저가 한 말의 의미가 제대로 전달되는 데도 영향을 줄 수 있습니다. 따라서 슈퍼비전에 있어서도 회기 기록이 필요합니다.

■ 상담 슈퍼비전에서 회기 기록의 필요성(장점)

① 슈퍼바이지의 자기통찰
　　슈퍼바이지(Supervisee)는 슈퍼비전 회기를 기록하면서 자신만의 편안한 공간에서 좀 더 깊은 통찰을 얻을 수 있다. 즉, 슈퍼비전 회기 중 자신이 통찰한 것을 토대로 생각을 더욱 발전시키며, 슈퍼바이저의 말을 참고하여 자신이 세운 가정과 임상적 판단에 대해 다시 한 번 점검한다.
② 슈퍼바이저의 슈퍼비전 점검 및 평가를 통한 향후 전략 수립
　　슈퍼바이저(Supervisor)는 슈퍼비전 회기를 기록하면서 자신의 슈퍼비전 양식을 확인할 수 있다. 또한 회기 기록을 근거로 어떤 내용을 어떤 방식으로 다루었는지, 지난 슈퍼비전 회기에서 다룬 내용들이 다음 상담에 실제 반영되고 있는지를 살펴보면서 슈퍼바이지를 평가하고 다음 슈퍼비전에 대한 전략을 세운다.
③ 교육적·행정적 자료
　　슈퍼바이지에 대한 종합적 평가가 교육적·행정적 결정에 중대한 영향을 미치는 상황에서는 슈퍼바이저의 세심한 기록이 추후 슈퍼바이저와 슈퍼바이지 간의 갈등을 줄이는 중요한 자료가 될 수 있다.

■ 임상적 슈퍼비전과 행정적 슈퍼비전

구 분	임상적 슈퍼비전	행정적 슈퍼비전
주요 목적	전문성의 발달	조직 내 효율적인 업무 처리
슈퍼바이저의 역할	임상, 상담 분야에서 전문적인 지식과 기술을 가진 경험 있는 전문가	조직의 근무자, 관리자, 상사
슈퍼비전의 내용	• 지식과 기술의 전달 • 상담 과정에 대한 지속적인 관찰 및 평가	• 조직의 근무자로서 가지는 역할 및 책임과 관련된 이슈 • 인사, 시간관리, 기록관리 등

OX Quiz

임상적 슈퍼비전에서 슈퍼바이저의 역할은 조직의 근무자, 관리자, 상사이며 주 목적은 조직 내 효율적 업무 처리이다.

정답 X(행정적 슈퍼비전의 내용에 해당함)

기출복원 62

17년 기출

카두신(Kadushin, 1985)이 제시한 슈퍼비전의 기능 3가지 분류에 따라 괄호 안에 들어갈 알맞은 말을 쓰시오. **6점**

> (A) 기능은 상담자가 내담자와의 작업에 관한 탐색과 숙고를 통해 상담자의 기술, 이해, 능력, 전문적 정체감을 발달시키는 것을 의미한다.
> (B) 기능은 상담자가 슈퍼바이저가 제공하는 수용과 확인을 통해 상담작업의 정서적 효과를 처리하고 보고하여 풀 수 있도록 한다.
> (C) 기능은 슈퍼비전의 질적 통제를 제공하는 것으로 슈퍼바이저는 내담자의 욕구가 명확히 정의된 윤리적·전문적 실천의 규준 내에서 언급되고 있는가를 분명히 하기 위해 상담자를 조력한다.

● 해설 체크! ●

A : 교육(Education)
B : 지지(Support)
C : 관리 또는 행정(Administration)

전문가의 한마디

슈퍼비전의 기능에 관한 문제는 20년, 24년 실기시험에도 출제되었으나, 두 문제는 보기의 내용에서 차이가 있습니다. 다만, 보기의 내용이 다르다고 해서 문제에서 요구하는 답안까지 다른 것은 아니므로, 해설의 내용을 충분히 이해하도록 합니다. 참고로 슈퍼비전의 기능은 다양한 학자들에 의해 제안되었으나, 카두신이 제안한 3가지가 널리 알려져 있습니다.

66 단기상담

■ 단기상담의 의의 및 특징

① 단기상담은 상담을 수행하는 기간이 비교적 짧은 상담으로서, 상담 시작에서부터 시간제한성에 직면한다.
② 상담의 회기 수가 평균적으로 6~8회 정도에 불과하다.
③ 내담자의 성격구조나 생활상에 대한 전반적인 통찰 등의 포괄적인 목표가 아닌 내담자가 즉시 해결하기를 희망하는 현실중심의 목표에 초점을 둔다.
④ 내담자는 보통 문제발생 이전에 기능적인 생활을 해왔다.
⑤ 내담자는 구체적인 호소문제를 가지고 있다.
⑥ 내담자에 대한 생애발달적 접근을 통해 내담자의 심리사회적 발달단계 및 그 수준을 고려한다.
⑦ 문제중심 접근방식이지만 문제의 원인에 초점을 두기보다는 내담자가 가진 자원 또는 강점에 중점을 둔다.
⑧ 내담자가 힘을 느끼는 영역이나 성공 경험 등 내담자가 가진 자원을 조기에 활용한다.
⑨ 상담자와 내담자의 능동적이고 적극적인 자세가 요구된다.
⑩ 단기상담은 본래 심하고 만성적인 문제에 적용하는 것이 효과적이지 못한 것으로 알려져 왔으나, 최근에는 장기상담만큼 효과적으로 적용될 수 있는 것으로 밝혀지고 있다.
⑪ 단기상담은 정신병이나 심각한 장애 등의 문제에는 적용할 수 없다.
⑫ 단기상담은 단 한 번으로 끝날 수도 있으나 필요한 경우 언제든 재상담이 이루어질 수 있다.
⑬ 단기상담은 상황에 따라 시간을 융통적으로 사용하며, 효과성 여부에 따라 상담의 길이나 간격 등을 변경하는 것이 바람직하다.
⑭ 단기상담은 장기상담에 비해 상대적으로 비용이 적게 들어간다.

■ 단기상담이 기존의 상담이론과 다른 차별화된 관점

① 실용적·절약적으로 개입하며, 작은 변화가 전체에 파급효과를 미친다고 본다.
② 내담자의 강점 및 잠재력을 강조하며, 내담자의 호소문제에 초점을 둔다.
③ 상담이 끝난 후에도 눈에 보이지 않지만 상담의 효과가 지속된다고 본다.
④ 내담자가 상담에 얼마나 협조하느냐보다는 현실생활에 어떻게 적응할 수 있는가에 초점을 둔다.

전문가의 한마디

'상담의 단기화'는 최근 상담의 추세이기도 합니다. 이는 상담의 효과는 그대로 유지하면서 상담 기간을 가능한 줄이고자 하는 노력의 일환으로 볼 수 있습니다.

OX Quiz

단기상담은 정신병, 발달상의 문제 등에 적용하는 것이 적합하다.
정답 X(정신병에는 적용할 수 없음)

■ 단기상담에 적합한 내담자

① 내담자가 비교적 건강하며 그 문제가 심각하지 않은 경우
② 내담자가 자신의 경미한 문제에 대한 명확한 인식을 원하는 경우
③ 내담자가 임신, 출산 등 발달과정상의 문제를 경험하는 경우
④ 내담자가 중요 인물의 상실로 인해 생활상의 적응을 필요로 하는 경우
⑤ 내담자가 급성적 상황으로 인해 정서적인 어려움을 겪는 경우
⑥ 내담자가 조직이나 기관의 구성원으로 소속되어 있는 경우

■ 단기상담에 적합한 내담자의 특성

① 호소하는 문제가 비교적 구체적이다.

　단기상담을 하는 상담자는 내담자가 호소하는 구체적인 문제에 초점을 두며, 경우에 따라 내담자의 문제를 구체화하여 단기상담에 적합하도록 목표를 조정하기도 한다. 예를 들어, 결혼 후 남편에게서 잦은 폭행을 경험한 부인이 이혼을 해야 할지 말아야 할지를 결정하고자 하는 경우 단기상담이 적합하다. 그 이유는 호소하는 문제가 구체적이기 때문이다(예 가정폭력).

② 주 호소문제가 발달상의 문제와 연관된다.

　사람은 성장하면서 다양한 발달상의 어려움을 경험할 수 있으며, 이와 같은 발달과정상의 문제는 단기상담에서 효과를 기대할 수 있다. 예를 들어, 이성교제, 임신 및 출산, 직업선택 및 진로 문제 등은 단기상담에 적합하다.

③ 호소문제가 발생하기 이전에는 생활기능이 정상적이었다.

　평소 우울증이나 대인관계 등 다른 모든 생활기능에서 정상적이었던 사람이 사랑하는 사람과 이별을 하고 나서 우울증이 생긴 경우 단기상담이 적합하다. 그 이유는 이별이 우울증과 직접적으로 연관된 것이므로, 상담을 통해 이별을 사실로 인정하도록 함으로써 그로 인한 상실감, 외로움, 후회 등을 다룰 수 있기 때문이다.

④ 내담자를 사회적으로 지지해 주는 사람이 있다.

　일반적으로 단기상담은 내담자의 문제가 완전히 해결되기 이전에 종결되는 경우가 많다. 상담 기간 동안에는 상담자가 내담자를 지지해 줌으로써 정서적인 문제가 감소될 수 있으나, 상담 종결 이후에는 그와 같은 정서적인 문제가 재발하거나 내담자가 용기를 잃을 수도 있다. 이때 내담자를 지지해 주고 조언해 주는 사람이 있다면, 상담자의 전문적인 조력 없이도 어려움을 극복해 나갈 수 있다.

⑤ 과거든 현재든 상보적 인간관계를 가져본 적이 있다.

　상보적 인간관계는 당사자들 간에 서로 돕고 지지해 주는 관계를 의미한다. 이와 같은 관계를 맺은 경험이 있는 사람은 상담자와도 조기에 상보적 관계를 형성할 수 있는 반면, 그와 같은 경험이 없는 사람은 상담자를 신뢰하지 않거나 반대로 상담자에게 의존적인 양상을 보일 수 있다.

전문가의 한마디

내담자가 성격장애를 가지고 있다거나, 만성적이고 복합적인 문제가 있다거나 혹은 지지적인 대화상대자가 전혀 없는 경우 단기상담은 적합하지 않습니다. 이와 관련된 문제가 1차 필기시험에 출제된 바 있습니다.

OX Quiz

주 호소문제가 발달상의 문제와 연관되는 내담자의 경우 단기상담이 적합하다.

정답 O

⑥ 성격장애를 가지고 있지 않다.

성격장애로 진단된 내담자는 단기상담을 통해 효과를 거두기 어렵다. 예를 들어, 반사회적성격장애나 경계선 성격장애를 가진 청소년 내담자의 경우, 상담자가 그의 문제를 단기간에 해결할 수 있을 것으로 기대하기 어렵다.

■ 단기상담의 주요 모델

교육적 단기상담	교육적 기능에 초점을 두는 것으로서, 내담자가 한 가지 문제를 호소하고 문제의 성격이 비교적 단순하며, 문제 발생 기간이 짧은 경우에 적합하다.
치료적 단기상담	치료적 기능에 초점을 두는 것으로서, 호소 문제가 비교적 반복적으로 발생하는 경우에 적합하다.
지지적 단기상담	지지적 기능에 초점을 두는 것으로서, 내담자를 이해하고 공감해 주며, 격려하고 존중해 주는 등 내담자에 대한 지지에 적합하다.
문제해결중심 단기상담	내담자가 가지고 있는 문제를 해결하는 데 초점을 두는 것으로서, 의사결정, 선택, 일시적 고충 등 구체적이고 명확한 문제를 안고 있는 사례에 적합하다.

> **전문가의 한마디**
>
> 내담자가 평소 이성에게 접근하지 못하여 고민하는 경우 '교육적 단기상담'을 적용할 수 있습니다. 단기간의 자기표현훈련이나 역할연습, 조언 및 격려 등의 방법으로 효과를 볼 수 있습니다.

■ 내담자의 문제 대처 방식을 알기 위한 질문 요령

① 내담자가 왜 '지금' 상담을 받으려고 하는지를 물어본다.
② 상담 예약을 하고 나서 문제 해결에 진전이 있었는지를 물어본다.
③ 상담이 성공했다면 이를 무엇으로 알 수 있는지를 물어본다.
④ 다룰 문제를 정의할 때 구체적인 증상이나 행동용어를 사용한다.
⑤ 내담자가 호소하는 것이 왜 문제가 되는지에 대해 알아본다.
⑥ 호소문제가 여러 개일 경우 중요하거나 시급히 해결할 순서를 정하도록 한다.

■ 내담자에게 과제를 부여할 때의 요령

① 과제를 정할 때 내담자를 참여시킨다.
   과제는 내담자의 목표, 가치관, 능력, 흥미와 일치해야 한다. 따라서 과제를 상담자가 일방적으로 정해서는 안 되며, 그 과정에 내담자를 참여시키는 것이 바람직하다.
② 과제는 내담자의 동기 수준에 부합해야 한다.
   자발적인 내담자에게는 행동을 변화시키거나 새로운 행동을 하도록 하는 과제가 적합한 반면, 비자발적인 내담자에게는 '생각해 보기', '관찰해 보기'와 같은 소극적인 과제가 적합하다.

③ 과제는 실행 가능할 정도로 작고 구체적이어야 한다.
　상담자는 내담자에게 다음 상담 회기까지 확인할 수 있는 작은 변화를 생각하며, 실천 가능한 작은 과제를 제시해야 한다.
④ 과제 수행을 촉진하는 단서를 정해 본다.
　내담자에게 과제를 잊지 않고 기억하려면 어떻게 해야 할지를 생각해 보도록 하며, 이를 위해 시간, 장소 등을 단서로 정한다.
⑤ 과제 수행의 방해 요소를 생각해 본다.
　과제를 수행하는 데 방해가 될 만한 요소는 무엇인지 생각해 보고, 그것을 극복하는 데 도움이 될 만한 요소를 찾아 활용하도록 동기화시킨다.

OX Quiz

내담자에게 과제를 부여할 때 과제는 가능한 한 원대하고 포괄적일 필요가 있다.

정답 X(과제는 실행 가능할 정도로 작고 구체적이어야 함)

기출복원 63

15, 18, 24년 기출

단기상담에 적합한 내담자의 특성 5가지를 기술하시오.　　5점

해설 체크!

1. 호소하는 문제가 비교적 구체적이다.
2. 주 호소문제가 발달상의 문제와 연관된다.
3. 호소문제가 발생하기 이전에는 생활기능이 정상적이었다.
4. 내담자를 사회적으로 지지해 주는 사람이 있다.
5. 과거든 현재든 상보적 인간관계를 가져본 적이 있다.
6. 성격장애를 가지고 있지 않다.

기출키워드
23년 1회
단회상담

※ 실기시험에는 단회상담의 원리 및 기술을 5가지 기술하도록 하는 문제가 출제되었습니다.

67 단회상담

■ 단회상담의 의의 및 특징

① 단회상담 또는 단회기 상담은 상담의 가장 짧은 형태로서, 상담이 1회기로 종료되는 유형의 상담을 말한다.

② 실제적으로 전화상담, 심리검사의 해석상담, 진로 및 취업지도, 정보제공상담, 응급상담 등에서 빈번히 사용되고 있다.

③ 상담이 단회로 끝나는 이유는 내담자가 자신의 심리적 문제에 대한 간단한 진단 및 조언을 요구하는 경우, 내담자가 연속상담에 거부감을 나타내는 경우, 내담자의 호소문제가 단회로 해소될 수 있는 경우, 상담자가 내담자의 문제를 전문적으로 다룰 수 없거나 그 밖의 다른 사유로 인해 다른 상담자에게 소개하는 경우 등이 있다.

④ 전화상담은 대표적인 단회상담으로서 내담자는 즉석에서 당면문제에 대한 해결방안을 얻고자 기대하는 경향이 있다. 특히 방송전화상담의 경우 짧은 통화시간에 상담이 이루어지므로, 상담자의 전문적인 지식과 기술이 요구된다.

⑤ 법률상담, 의료상담, 심리교육상담 등은 전문가의 의견을 묻는 자문의 방식으로 진행되며, 이와 같은 자문 목적의 상담은 대체로 단회로 이루어지는 경우가 많다.

⑥ 심리검사의 해석상담은 각종 심리검사가 실시된 후 해당 결과를 해석하여 내담자에게 전달하는 것으로서, 일방적 전달모형·자문모형·상담모형의 방식으로 진행된다. 일반적으로 단순한 검사 결과의 전달이나 간단한 심리상담으로 전개된다는 점에서 단회상담인 경우가 대부분이지만, 내담자가 지속적인 상담치료를 원하는 경우 연속상담으로 발전하기도 한다.

⑦ 자살위기, 극심한 스트레스의 체험, 급성 정신질환 또는 발작 등으로 인해 임박한 의사결정 상태에 놓이는 경우 응급상담이 이루어진다. 응급상담은 응급상태나 응급증상으로부터 벗어나도록 하는 것을 1차적인 목적으로 하므로 1회기적인 경우가 대부분이다.

전문가의 한마디
사실 단회상담은 지금까지 등한시되어 온 영역이었으나 실생활 문제와 관련시켜 볼 때 결코 간과할 수 없는 중요한 위치를 차지하고 있으므로, 최근 들어 많이 논의되고 있습니다.

■ 단회상담의 원리 및 기술

① **단회 여부의 신속한 결정**

상담자는 상담 사례의 성격이나 상황조건에 따라 상담을 단회로 할 것인지 다회로 할 것인지 신속하게 결정해야 한다. 특히 진단할 문제가 비교적 단순한 사례, 자문이나 조언 또는 정보 제공 등 비교적 짧은 시간 내에 진단 및 평가가 이루어질 수 있는 사례, 의사결정이 시급하거나 응급상황으로 인해 즉각적인 처치가 필요한 사례, 다른 전문가 또는 전문기관에 의뢰해야 할 사례 등의 경우 단회상담이 적합하다.

OX Quiz
전화상담 내담자는 즉석에서 해결방안을 얻고자 기대하는 경향이 있다.

정답 O

② 내담자가 원하는 것(Wants)의 발견

상담자는 내담자의 문제나 병리, 그것의 발생 및 지속요인을 파악해야 한다. 그러나 내담자가 진정으로 원하는 것이 무엇인지를 깨달아야만 효과적이고 능률적인 상담이 이루어질 수 있다.

③ 원하는 것 및 상담목표의 논의와 합의

상담자는 내담자가 원하는 것과 관련하여 내담자와 더불어 합리적인 상담목표를 수립해야 한다. 다만, 내담자가 원하는 것이 항상 그 자체로 상담목표가 되는 것은 아니다.

④ 대화 과정의 능동적 조절

내담자는 상담 과정에서 소극적일 수도 적극적일 수도 있다. 이 경우 상담자는 일방적으로 내담자를 이끌기보다는 적극적 경청이나 질문, 해석적 반영, 초점화 등의 기술을 동원하여 내담자와의 대화 과정을 능숙하게 조절해야 한다.

⑤ 융통성과 단호함

상담자는 내담자의 성격이나 대인관계 양식, 인지상태 등에 따라 유효적절하고 융통성 있게 대처해야 한다. 또한 단회상담의 특징상 매우 짧은 시간 내에 소기의 목적을 달성해야 하므로, 상담자는 자신의 업무에 대한 전문적인 확신과 함께 과감한 추진력을 지니고 있어야 한다.

⑥ 문제 해결 동기의 지속성 유지

상담을 통해 내담자의 문제를 해결하고 상황을 개선하기 위해서는 무엇보다도 내담자가 문제 해결에 대한 의지와 동기를 잃지 않도록 도와야 한다. 이를 위해 상담자는 내담자의 비관적이고 파괴적인 감정을 탐색하는 한편, 내담자의 긍정적이고 희망적인 동기에 주의를 기울여야 한다.

⑦ 조언 및 지시의 적절한 사용

조언 및 지시의 남용은 내담자의 의존성을 유발하여 내담자의 바람직한 성장을 방해하지만, 유효적절한 사용은 상담의 효과성을 높인다. 내담자의 성장이 상담의 장기적인 목표가 될 수 있으나, 단기상담에서는 내담자의 문제행동에 대한 수정 및 치료, 문제의 신속한 해결, 의사 결정에 대한 적절한 조언도 중요하다.

⑧ 탈이론적 융통성 및 주체성

상담자는 상담과 관련된 이론적 지식과 전문적 치료경험을 가지고 있어야 한다. 그러나 단회상담이 즉각적인 효과를 필요로 하는 만큼, 상담자는 특정 이론에 얽매여 해당 이론이 강조하는 기술을 고집하기 보다는 내담자의 인간적인 속성에 비추어 가장 적합한 방법을 주체적이고 융통적으로 적용할 필요가 있다.

⑨ 직면의 기술적인 사용

직면은 본래 내담자의 말이나 행동이 일치하지 않는 경우 또는 내담자의 말에 모순점이 있는 경우 상담자가 그것을 지적해 주는 기술이다. 직면은 내담자의 강한 감정적 반응을 야기할 수도 있으나, 단회에 소기의 목적을 달성해야 하는 상담에서는

> **전문가의 한마디**
>
> 단회상담의 능률성을 위해 내담자가 상담자에게 바라는 것이나 상담을 통해 얻고자 하는 것을 질문을 통해 확인해야 합니다. 만약 상담 내용이 단회상담에 적절치 못한 것으로 판단될 경우, 가급적 단회에 효과를 볼 수 있는 방향으로 내담자의 목표를 조절할 수도 있습니다.

> **OX Quiz**
>
> 단회상담 시 상담자는 내담자의 성격이나 인지상태 등에 따른 차이가 없이 동일하게 대처해야 한다.
>
> 정답 X(융통성 있게 대처)

> **전문가의 한마디**
>
> 단회상담이 '탈이론적'이라고 해서 인간 이해에 대한 이론 자체를 배격한다는 의미로 받아들여서는 안 됩니다.

상담의 구조화와 명료화를 통해 상담 과제를 명확히 하며, 문제 상황에 대한 대처 행동을 합리적이고 신속하게 결정짓기 위해 기술적으로 사용할 필요가 있다.

⑩ 해당 회기에서 결과 및 성취에 도달하기

상담자는 비록 짧은 단회기의 상담에서라도 목표를 달성하기 위해 노력해야 한다. 이를 위해 상담자는 내담자가 원하는 것(Wants)과 상담의 목표를 명료화하며, 이를 토대로 기술적이고 전략적인 상담이 이루어지도록 노력해야 한다. 그러나 단회상담에 의한 결과가 최종적인 결론이 아님을 내담자에게 인식시키며, 언제든 재상담이 가능하다는 사실 또한 알려야 한다.

■ 단회상담의 장점

① 상담이 1회에 이루어질지라도 단기상담이나 장기상담에 비해 효율성이 높은 편이다.
② 내담자의 구체적인 문제에 대한 즉각적인 해결책이 마련되므로, 내담자의 상담에 대한 거부감을 줄여준다.
③ 시간 및 비용의 소요가 덜 하며, 더 많은 내담자에게 상담의 기회를 제공할 수 있다.
④ 상담관계의 지속에 따라 발생되는 내담자의 상담자에 대한 의존성을 효과적으로 방지한다.
⑤ 장기적인 치료로 인한 부작용을 방지하는 한편, 스스로 해결할 수 있는 가능성을 높인다.

■ 단회상담의 단점

① 단회상담이 불가능한 내담자들도 있다.
② 시간제한으로 인해 상담이 다소 지시적인 양상으로 전개될 가능성이 있다.
③ 짧은 시간 내에 내담자의 문제는 물론 그의 성격 및 상황까지 파악해야 하므로, 효과적인 상담을 위해 상담이론이나 기법에 대한 전문성이 요구된다.
④ 사회복지기관이나 일반적인 전화상담의 경우와 같이 상담을 전공하지 않은 자원봉사자들에 의해 이루어지는 경우가 많으므로 전문성이 결여될 수 있다.

전문가의 한마디

단회상담이 1회의 상담으로 높은 효율성을 보이는 이유는 내담자로 하여금 상담에 대한 압박을 적게 받도록 함으로써 적극적인 태도를 유도할 수 있기 때문입니다.

기출복원 64
11, 15, 19년 기출

단회상담은 다른 일반적인 심리상담과 달리 극히 제한된 시간 내에 문제 상황을 처리해야 하는 경우가 많다. 이러한 단회상담에서 강조되는 원리 또는 기술을 7가지만 제시하시오. **(7점)**

> **• 해설 체크! •**
> 1. 상담자는 상담 사례의 성격이나 상황조건에 따라 상담을 단회로 할 것인지 다회로 할 것인지 신속히 결정해야 한다.
> 2. 상담자는 내담자가 원하는 것(Wants)을 발견해야 한다.
> 3. 상담자는 내담자가 원하는 것과 관련하여 내담자와 더불어 합리적인 상담목표를 수립해야 한다.
> 4. 상담자는 적극적 경청이나 질문, 해석적 반영, 초점화 등의 기술을 동원하여 내담자와의 대화 과정을 능숙하게 조절해야 한다.
> 5. 상담자는 융통성과 단호함을 겸비해야 한다.
> 6. 상담자는 내담자로 하여금 문제 해결에 대한 의지와 동기를 잃지 않도록 도와야 한다.
> 7. 상담자는 조언 및 지시를 적절히 사용하여 효과적이고 능률적인 상담이 이루어지도록 해야 한다.

68 행동평가 Ⅰ

■ 행동평가의 기본전제(Haynes)

① 행동의 결정요인은 환경적 사건이다.
② 문제행동과 시간적으로 인접한 환경적 요인 혹은 행동과 환경과의 상호작용이 중요하다.
③ 행동의 발생이나 특성을 설명함에 있어서 행동에 선행되거나 동반되는 상황적 요인이 중요하다.
④ 행동의 다요인 결정론(Multiple Causality)을 지지한다.
⑤ 평가의 대상이 되는 문제행동이 다양한 요소들로 구성되어 있다는 반응의 단편화(Response Fractionation)를 전제한다.

■ 전통적 접근과 행동적 접근의 주요 차이점

① 전통적 접근은 내현적 행동(예 생각과 느낌)이 외현적 행동(예 그것들을 통제하는 변인)과 기본적으로 다르다고 본다. 반면, 행동적 접근은 내현적 행동이 외현적 행동과 같다고 보며, 다른 특별한 상태를 부여하지 않는다.
② 전통적 접근은 행동에 대한 심리내적 혹은 성격특질과 관련된 원인을 밝히는 것을 평가 목적으로 한다. 반면, 행동적 접근은 현재 문제행동의 원인을 밝히는 것을 평가 목적으로 한다.

OX Quiz

행동평가의 기본전제에서 행동의 결정요인은 인지적 사건이다.

정답 X(환경적 사건)

OX Quiz

전통적 접근은 내현적 행동이 외현적 행동과 기본적으로 동일하다고 본다.

정답 X(다르다고 봄)

전문가의 한마디

보통 심리검사가 내적인 정보들을 평가하는 것이라고 할 때, 행동평가는 외적인 정보들을 평가하는 것이라고 볼 수 있습니다.

③ 전통적 접근은 개인을 진단하거나 분류하는 데 초점을 둔다. 반면, 행동적 접근은 개인의 행동 과잉이나 행동 결핍을 찾아내는 데 초점을 둔다.
④ 전통적 접근은 표준화된 검사를 토대로 개인의 상태나 심리내적 요인들에 대한 간접평가를 수행한다. 반면, 행동적 접근은 개인의 특정 행동을 직접 관찰하는 것을 선호한다.

■ 행동평가의 강조점

① 행동평가는 개인 내적인 심리적 상태보다는 문제가 일어나는 상황을 중요시하고 이를 강조한다.
② 행동평가는 개인의 행동이 환경적인 맥락 안에서 어떻게 상호작용을 하는지에 관심을 기울인다.
③ 행동평가는 개인을 이해하는 데 있어서 가능한 한 추론적인 가정을 배제하며, 관찰 가능한 행동을 대상으로 이를 평가하는 데 초점을 둔다.

■ 행동평가의 기능

① 목표행동의 결정

치료목표가 되는 행동을 선정하고 이를 구체화해야 한다. 목표행동은 행동수정의 가능성 및 행동수정으로 인해 다른 행동에 미치는 영향력 등을 선택기준으로 한다.

② 동일 기능 행동들의 발견

동일한 기능을 지닌 행동들을 밝혀 바람직한 행동이 바람직하지 못한 행동을 대신할 수 있도록 한다.

③ 대안적 행동의 발견

목표행동은 단순히 바람직하지 못한 행동을 밝히는 데 그치지 않고 대안으로서 긍정적 행동을 선정하고 문제행동이 일어날 가능성을 감소시키는 행동 선정의 과정을 포함한다.

④ 결정요인의 발견

행동장애의 원인적 요인은 치료적 노력이 투입되는 목표가 되므로, 이러한 요인을 발견하는 것이 행동평가의 주요목표이자 기능에 해당한다.

⑤ 기능적 분석의 발달

기능적 분석은 목표행동에 적용할 수 있는 통제 가능하고 원인이 되는 기능적 관계를 밝히는 것이다. 이와 같은 기능적 분석은 문제행동을 선정하고 치료적 개입을 고안하는 데 중요한 역할을 하게 된다.

⑥ 치료적 전략의 고안

행동치료적 입장에서는 행동적 결정요인의 독특성으로 인해 문제행동을 단순히 분류하는 것만으로 치료계획을 세우는 데 한계가 있음을 지적한다. 따라서 행동평가를 통해 적절한 치료적 전략을 세울 필요가 있다.

⑦ 치료적 개입의 평가

행동평가의 주요 기능은 치료결과의 평가에 있다. 따라서 치료개입 전, 개입 중간, 개입 후 목표행동을 평가하는 과정을 거친다. 또한 평가는 목표행동의 변화만을 대상으로 하는 것이 아닌 개입에 따른 부작용, 치료개입 후 변화된 행동의 일반화도 대상으로 고려한다.

⑧ 내담자-치료자(평가자) 상호작용 촉진

치료적 평가면담을 통해 내담자-평가자 사이의 긍정적이고 촉진적인 관계형성이 이루어지도록 한다.

■ 행동평가의 양식 혹은 행동평가의 평가요소로서 4가지 변인(SORC)

① 자극(Stimuli)

개인의 증상이나 문제행동에 선행되는 조건 및 환경적 상황을 의미한다.

② 유기체(Organismic)

자극을 받아들이는 유기체의 내부에서 일어나는 생리적 혹은 심리적 요인들 모두를 의미한다.

③ 반응(Overt Responses)

초점을 두게 되는 문제행동이나 증상으로서, 자극에 대해 유기체가 보인 외양적 반응 혹은 행동을 의미한다.

④ 후속변인(Consequent Variables)

반응으로 일어난 문제행동이나 증상을 강화하거나 처벌하는 등 반응에 영향을 미치는 후속변인들을 의미한다.

> **전문가의 한마디**
>
> 'SORC'는 여러 학자들에 의해 연구되고 실제장면에서 사용되어 온 만큼 약간씩 변형된 형태로 제시되기도 합니다. 예를 들어, 'Stimulus → Organism Variable → Response Variable → Consequence Variable'로 표현하기도 합니다.

> **OX Quiz**
>
> 행동평가의 평가요소 4가지 변인 중 'O'는 '유기체'를 나타내는 철자이다.
>
> 정답 O

■ 직접적 행동평가에서 행동의 직접 측정 시 포함시키는 6가지 특성

① 움직임의 형태(Topography)

'움직임의 형태'는 특정 반응이 나타나는 형태를 의미한다. 예를 들어, 교사가 발달장애아에게 수업 중 질문을 할 때는 팔을 높이 들어야 한다고 알려주고 그 행동을 조형하기를 원한다고 가정할 때, 교사는 팔을 들어 올리는 위치를 정하여 이를 단계별로, 즉 '팔을 책상 위로 약간 떨어뜨리기 → 턱 높이로 올리기 → 눈 높이로 올리기 → 머리 위로 올리기'의 순서로 조형해 나간다.

> **전문가의 한마디**
>
> 행동의 전체 양을 측정하는 방법에 '빈도'와 '지속기간'이 포함된다는 점을 반드시 기억해 두시기 바랍니다.

② 양(Amount) - 빈도와 지속기간

행동의 전체 양(Amount)을 측정하는 2가지 일반적인 방법으로 '빈도(Frequency)'와 '지속기간(Duration)'을 들 수 있다. '빈도'는 주어진 일정 시간 내에 발생하는 행동의 수를 말한다. 예를 들어, 피겨스케이트 선수가 연습을 통해 수행상의 개선이 있는지를 알아보기 위해, 그 선수가 수행한 점프와 회전의 빈도를 기록할 수 있다. 반면, '지속기간'은 어떤 기간 내에 행동이 일어나는 시간의 길이를 말한다. 예를 들어, 장시간 TV를 보는 습관이 어느 정도 개선되었는지 알아보기 위해, 가로축에 날짜, 세로축에 TV 시청시간 항목이 있는 차트에 TV를 시청한 누적시간을 기록할 수 있다.

③ 강도(Intensity)

'강도'는 반응의 강도 혹은 힘을 측정하는 것을 의미한다. 이와 같은 강도를 평가할 경우 기계를 자주 사용하게 된다. 예를 들어, 목소리의 크기와 관련된 행동의 경우 소리측정기(Voice Meter)를 이용하여 소리의 데시벨(dB) 수준을 측정할 수 있다.

④ 자극통제(Stimulus Control)

'자극통제'는 어떤 자극이 있을 때 어떤 행동이 발생하는가를 나타내는 데 사용된다. 예를 들어, 중증도 이상의 지적 장애를 가진 사람의 행동을 측정하기 위한 객관적 행동평가를 통해 중증도 지적 장애자의 자기 돌보기 기술, 가사 기술, 직업학교에서의 동작성 기술, 작업수행 등의 자극통제를 평가할 수 있다. 즉, "양말을 신어라"는 언어적 지시와 촉진자극에도 불구하고 아무런 수행을 보이지 않는 경우, 언어적 지시와 촉진자극이 행동의 모델링과 함께 제시된 후 수행을 보이는 경우, 언어적 지시와 촉진자극 후에 수행을 보이는 경우, 다른 촉진자극 없이 언어적 지시만으로 적절히 수행이 이루어지는 경우로 구분하여 행동평가점수를 기록할 수 있다.

⑤ 잠재기간(Latency)

'잠재기간'은 자극이 발생하여 반응을 하기까지의 시간을 말한다. 예를 들어, 어떤 아이는 비록 능률적으로 과제를 수행하지만, 그 전에 비교적 긴 잠재기간을 보인다. 즉, 과제에 착수할 시간에 이를 바로 시작하지 않고 한참을 빈둥거리다가 수행하는 것이다. 이와 같은 잠재기간은 지속기간(Duration)과 마찬가지로 시계를 가지고 평가한다.

⑥ 질(Quality)

'질'은 앞서 언급된 특성들에 부가되는 것이 아닌 그 특성들이 개선된 것이라 할 수 있다. 움직임의 형태(Topography)를 토대로 질의 차이를 판단할 수 있는데, 예를 들어 피겨스케이트 선수가 점프를 할 때 두 발로 착지하는 경우보다 한 발로 착지하는 경우 더 잘한 것으로 평가된다. 또한 빈도를 토대로 질의 차이를 판단할 수 있는데, 작업자의 업무능력은 그가 주어진 기간 내에 얼마나 많은 행동을 수행하는가에 따라 평가된다.

■ 행동과잉과 행동결핍

행동과잉	행동과잉은 어떤 것을 너무 많이 하는 것으로 이루어진다. 이와 같은 행동과잉에는 즉각적인 강화물이 수반된다. 예 과식하기 → 음식의 좋은 맛 ; TV 오래 시청하기 → TV의 재미있는 장면 등
행동결핍	행동결핍은 증가될 필요가 있는 반응으로 이루어진다. 이와 같은 행동결핍에는 보통 작고 즉각적인 벌칙이 수반된다. 예 규칙적인 운동 → 시간의 소요, 즉각적인 활력 소모, 스트레스 ; 치실로 이 닦기 → 불편함, 즉각적인 가벼운 통증 등

■ 행동과잉의 부정적인 결과에도 불구하고 문제가 지속되는 이유

① 행동에 대해 강화가 즉각적으로 이루어지는 반면, 벌칙은 지연된다.
아이가 숙제를 끝마치고 친구와 놀겠다고 부모에게 약속하고도 이를 어길 경우를 가정하자. 아이의 거짓말은 즉각적으로 강화를 받지만(예 친구와의 즐거운 만남), 그 거짓말에 수반되는 처벌(예 외출금지)은 거짓말을 한 때부터 오래도록 지연된다. 이와 같이 벌칙이 지연되는 경우, 처벌보다는 즉각적 강화를 우선시하게 된다.

② 행동에 대해 강화가 즉각적으로 이루어지는 반면, 벌칙은 축적되면서 유의미해진다.
자기-통제 문제에서 해로운 물질(예 기름진 음식의 콜레스테롤)을 소비할 때 오는 즉각적인 강화(예 음식의 좋은 맛)는 축적됨에 따라 유의미해지기 때문에 바로 알아차릴 수 없는 부정적인 효과(예 비만, 건강이상)를 무시하게 만든다.

③ 즉각적 강화와 지연된 강화 사이에서 자주 즉각적 강화를 선택한다.
직장인이 연말을 맞이하여 성과급을 받았다고 가정하자. 이 성과급을 스키여행을 가는 데 쓸 것인가? 아니면 적금을 넣는 데 쓸 것인가? 충동적인 소비를 유발하는 문제행동의 즉각적 강화(예 스키여행)가 대안적인 바람직한 행동을 위한 지연된 강화(예 적금 넣기)보다 종종 우선시된다.

■ 행동결핍의 부정적인 결과에도 불구하고 문제가 지속되는 이유

① 행동에 대해 벌칙이 즉각적으로 이루어지는 반면, 강화는 축적되면서 유의미해진다.
평소 운동을 하지 않는 사람이 시간계획을 세워 운동을 하기로 결심했다고 가정하자. 그에게 초기 운동시간은 매우 유쾌하지 못한 경험일 것이다(예 시간의 소요, 즉각적인 활력 소모, 스트레스). 그러나 운동으로 인한 긍정적 효과는 금방 알아차릴 수 있는 것이 아니므로, 결국 운동을 중도에 포기할 가능성이 높아지게 된다.

전문가의 한마디

이기적이고 협동심이 부족하다거나, 게으르고 무능력하다는 평판을 지닌 사람들은 행동과잉이나 행동결핍을 나타내는 사람인 경우가 많습니다.

OX Quiz

남학생 민규는 공부를 해야 하는 것을 알면서도 새벽까지 TV를 본다. 이 때 민규의 TV를 보는 행위는 행동결핍에 해당된다.

정답 X(행동과잉)

② 행동에 대해 벌칙이 즉각적으로 이루어지는 반면, 그 행동을 하지 않을 경우 받게 될 더 큰 벌칙의 발생 가능성이 희박하다.

사람들은 자전거를 탈 때 헬멧을 착용해야 안전하다는 사실을 알고 있다. 그럼에도 불구하고 헬멧을 착용하지 않는 이유는 그와 같은 행동이 즉각적인 벌칙(예 불편하고 답답함)을 가져오는 반면, 그 행동을 하지 않을 경우 그보다 더 큰 벌칙(예 교통사고)이 즉각적으로 따라올 수 있으나 그 가능성이 매우 희박하다는 사실을 인지하고 있기 때문이다.

③ 행동에 대해 벌칙이 즉각적으로 이루어지는 반면, 그 행동을 하지 않을 경우 받게 될 더 큰 벌칙이 지연되어 나타난다.

사람들은 평소 치과병원에 구강검진을 받으러 가는 것을 꺼린다. 그 이유 중 하나는 치과병원에서 흔히 들을 수 있는 드릴 소리가 매우 불쾌하게 들리기 때문이다. 그러나 평소 구강검진을 받지 않고 이나 잇몸의 통증에도 불구하고 치과병원을 계속해서 찾지 않는다면, 이후 발치를 하거나 틀니를 해야 하는 상황에까지 이를 수 있다.

기출복원 65

15, 24년 기출

행동치료에서 치료자들은 내담자의 행동을 간접 측정하기보다는 직접 측정하는 것을 선호한다. 이와 같이 행동을 직접 측정하는 경우 일반적으로 포함시키는 특성 6가지를 쓰시오. 6점

- 해설 체크! -
1. 움직임의 형태(Topography)
2. 양(Amount)
3. 강도(Intensity)
4. 자극통제(Stimulus Control)
5. 잠재기간(Latency)
6. 질(Quality)

69 행동평가 Ⅱ

■ 내담자의 면접 평가를 위한 행동평가 방법

① 행동적 면접
  ㉠ 내담자의 구체적인 문제행동, 문제행동을 유지시키는 상황 요인, 문제행동 뒤에 수반되는 결과가 무엇인지 파악하기 위한 것이다.
  ㉡ 내담자의 현재 문제와 함께 그 문제를 유지시키는 요인이 무엇인지, 과거에 어떻게 대응해 왔는지, 치료에 대한 기대가 무엇인지 등을 알아본다.

② 관찰법
  ㉠ 행동평가에서는 자연적인 상황에서의 관찰법, 통제된 관찰법, 자기관찰법 등 여러 가지 관찰법을 사용한다.
  ㉡ 자연적인 상황에서의 관찰법은 내담자의 집, 학교, 병원 등에서 자연스럽게 나타나는 문제행동을 관찰하는 것이고, 통제된 관찰법은 내담자가 문제행동을 보이는 상황을 조작해 놓은 채 그 조건에서의 문제행동을 관찰하는 것이다. 자기관찰법은 내담자 스스로 자신의 행동, 사고, 정서 등을 관찰하고 기록하는 것이다.

③ 질문지 혹은 평정척도
  ㉠ 질문지나 평정척도와 같은 간단한 지필검사로 내담자의 외현적인 행동은 물론 우울, 불안, 주의력결핍 등을 평가하는 것이다.
  ㉡ 기존에 만들어진 지필검사를 이용하거나 연구자가 관찰하고자 하는 행동이나 태도, 정서에 대해 적절한 질문지나 평정척도를 만들어 평가하는 방법이 있다.

■ 행동평가 방법으로서 관찰법의 유형

① 자연관찰법(직접관찰법)
  ㉠ 관찰자가 내담자의 문제행동이나 증상을 실생활에서 직접 관찰하고 평가하는 방법이다.
  ㉡ 여러 상황에 걸쳐 많은 정보를 확보하도록 함으로써 문제행동에 대한 리스트 작성 및 기초 자료 수집에 효과적이다.
  ㉢ 내담자의 문제행동이 나타나는 데 시간이 오래 걸리며, 비용면에서도 효율적이지 못하다.

② 유사관찰법(통제관찰법 또는 실험적 관찰법)
  ㉠ 관찰자가 내담자의 문제행동이나 증상을 실생활에서가 아닌 상담실이나 실험실 등의 통제된 공간 내에서 관찰하는 방법이다.

기출키워드

19년 3회 / 23년 2회

행동평가

※ 실기시험에는 내담자를 면접 평가할 때 사용하는 행동평가 방법 3가지를 쓰고 설명하도록 하는 문제가 출제되었습니다.

전문가의 한마디

'안창일, 『임상심리학(제1판)』, 시그마프레스 刊'의 제1판에서는 관찰법의 유형 4가지를 행동평가 방법으로 제시한 반면, 개정판에서는 관찰법의 각 유형들을 '관찰법' 범주 안에 포함시키되 행동적 면접과 지필검사(질문지나 평정척도)를 추가하여 3가지 행동평가 방법을 제시하고 있습니다. 따라서 만약 실제 시험에서 4가지를 쓰도록 요구할 경우 전자를, 3가지를 쓰도록 요구할 경우 후자를 답안으로 작성하시기 바랍니다.

ⓒ 가상적인 상황에서 내담자의 행동을 부각시킴으로써 문제 장면을 포착하는 데 보다 적은 시간이 소요되며, 비용면에서도 효율적이다.
　　ⓓ 내담자의 반응요인에 의해 수집된 자료의 타당도를 확보하는 데 어려움이 있다.
③ 참여관찰법
　　㉠ 관찰자가 내담자와 자연스러운 환경에서 생활하는 사람에게 내담자의 문제행동이나 증상에 대한 관찰의 역할을 대신하도록 하는 방법이다.
　　ⓛ 자연스러운 환경에서의 자료수집이 가능하며, 광범위한 문제행동에 적용이 가능하다.
　　ⓒ 관찰자의 편견이나 선입견이 개입될 수 있으며, 관찰 이전의 상호작용에 의해 관찰 기록의 정확성을 확신하기 어렵다.
④ 자기관찰법
　　㉠ 내담자 자신이 관찰자가 되어 스스로의 행동을 관찰하며, 자신과 환경 간의 상호작용에 대해 기록하는 방법이다.
　　ⓛ 내담자 자신의 행동에 대한 피드백을 통해 문제행동을 통제할 수 있는 계기를 마련할 수 있다.
　　ⓒ 내담자가 자신에 대한 관찰 및 기록을 왜곡할 수 있다.

■ 관찰법의 주요 종류

① 시간표집법(Time Sampling)
　　㉠ 일상적인 조건하에서 관찰장면을 제한하지 않은 채 관찰대상자의 행동을 관찰하는 방법이다.
　　ⓛ 관찰되는 행동의 대표적인 표집을 위해 짧은 시간(보통 1~10분) 동안 관찰이 이루어진다.
　　ⓒ 보통 행동의 출현 여부만을 표시하며, 행동의 빈도와 지속시간을 세기표 등을 사용하여 추가로 표시한다.
　　ⓓ 빠르게 일어나는 행동을 체계적으로 관찰하는 데 가장 적합한 방법으로, 행동의 발생빈도를 파악함으로써 수량화 및 통계처리가 용이하다.
　　ⓔ 다만, 시간의 제한으로 인해 빈도수가 극히 적은 행동의 관찰에는 부적합하며, 질적인 자료를 수집하기 어렵다.
② 사건표집법(Event Sampling)
　　㉠ 관찰하고자 하는 행동이 잘 나타나는 장면을 선택해서 관찰하는 방식이므로 '장면표집법(Situational Sampling)'이라고도 한다.
　　ⓛ 관찰의 대상이 되는 사건 또는 행동의 특성에 따라 시간이 결정된다.
　　ⓒ 구체적인 사건이 잘 나타나는 장면을 객관적으로 선택하는 것이 관건이다.
　　ⓓ 특정 행동의 발생빈도보다는 그 행동이 어떻게 발생해서 진행되는지를 알아보고자 할 때 유용하다.

> **전문가의 한마디**
> 참여관찰법은 반응성 효과가 적고 관찰자로 하여금 광범위한 자연장면에서 행동을 기록할 수 있도록 해 주므로 생태학적 타당도를 높일 수 있는 행동평가 방법입니다.

> **전문가의 한마디**
> 자기관찰법은 자기-감찰(Self-Monitoring)이라고도 합니다. 행동평가 방법 중 흡연자의 흡연개수, 비만자의 음식섭취 등을 알아보는 데 가장 적합한 방법입니다.

> **OX Quiz**
> 일상적 조건 하에 관찰 장면에 제한이 없이 관찰대상자의 행동을 관찰하는 방법은 시간표집법이다.
> 정답 O

ⓜ 다만, 수량화하지 않은 자료에 대해서는 신뢰도를 측정하기 어려우므로 자료의 신뢰도 면에서 의문이 제기될 수 있다.
③ 일화기록법(Anecdotal Records)
　　　㉠ 관찰자가 관찰대상자의 중요한 행동 사례를 비형식적으로 보고하는 것이다.
　　　㉡ 한 번에 하나의 사건만을 간결하게 기록하는 방법으로, 개인의 선택된 행동에 대한 질적인 기술들을 제공해준다.
　　　㉢ 관찰된 행동에 대해 객관적·구체적·서술적·지속적·누적적으로 설명한 기록이다.
　　　㉣ 다양한 상황에서 관찰대상자의 자연적 행동에 관한 정보를 제공함으로써 개인의 기본적이고 중요한 특성을 이해할 수 있도록 한다.
　　　㉤ 다만, 기록하는 데 상당한 시간이 소요되며, 전체 행동 중 일부만을 기록하므로 해석 시 오류의 가능성이 있다.
④ 표본기록법(Specimen Description)
　　　㉠ 관찰자가 관찰대상, 관찰장면, 관찰시간 등을 미리 정해놓은 채 정해진 시간 내에 일어나는 사건과 관련하여 관찰대상자의 행동과 상황 모두를 낱낱이 집중적으로 기록하는 방법이다.
　　　㉡ 일화기록법과 같이 어떤 부분만이 선택되어 관찰되고 기록되는 것이 아닌 정해진 시간 동안 발생하는 모든 것이 기록 대상이 된다.
　　　㉢ 어떤 행동에 대한 해석이나 평가보다는 가능한 한 많은 자료를 수집하고자 할 때 적합한 방법이다.
　　　㉣ 특별한 관찰기술을 필요로 하지 않으며, 행동 발생의 전후맥락을 파악할 수 있다.
　　　㉤ 다만, 평가하는 데 많은 시간이 소요되며, 해석 과정에서 주관이 개입되기 쉽다.

■ 관찰법 시행 시 유의사항

① 관찰대상 및 관찰장면을 명확히 한정해야 한다.
② 관찰대상 및 관찰장면의 선정이 어느 정도 전체를 대표할 수 있어야 한다.
③ 체계적이고 과학적인 방법으로 관찰해야 한다.
④ 관찰 계획 및 방법을 사전에 세밀하게 수립해야 한다.
⑤ 관찰 당시의 환경적 조건을 기록하는 것이 필요하다.
⑥ 관찰자는 객관적이고 일관적인 태도를 유지해야 한다.
⑦ 관찰대상을 신속하고 빠짐없이 기록해야 한다.
⑧ 관찰대상에게 관찰을 전후하여 관찰자가 영향을 미치지 않도록 해야 한다.

전문가의 한마디

사건표집법은 특정 사건 혹은 행동이 나타날 때까지 기다렸다가 그 사건 혹은 행동이 발생하면 관찰하고 기록하는 방식이므로, 꼭 언제 관찰해야 한다는 시간적 제약이 없습니다.

전문가의 한마디

아동의 학습문제를 알아보기 위해 관찰자가 관찰대상이나 장면을 미리 정해놓고 그 장면에서 일어나는 아동의 행동과 상황, 말을 모두 일어난 순서대로 기록한다면, 이는 '표본기록법'에 해당합니다. 이와 관련된 문제가 2018년 3회 필기시험에 출제된 바 있습니다.

OX Quiz

관찰법 시행 시 관찰 계획을 사전에 세밀하게 수립해야 한다.

정답 O

기출복원 66

08, 11년 기출

내담자에 대한 심리평가를 위해 사용되는 행동평가 방법을 4가지 제시하시오. **4점**

> **해설 체크!**
>
> 1. **자연관찰법(직접관찰법)**
>   관찰자가 내담자의 문제행동이나 증상을 실생활에서 직접 관찰하고 평가하는 방법이다.
> 2. **유사관찰법(통제관찰법 또는 실험적 관찰법)**
>   관찰자가 내담자의 문제행동이나 증상을 실생활에서가 아닌 상담실이나 실험실 등의 통제된 공간 내에서 관찰하는 방법이다.
> 3. **참여관찰법**
>   관찰자가 내담자와 자연스러운 환경에서 생활하는 사람에게 내담자의 문제행동이나 증상에 대한 관찰의 역할을 대신하도록 하는 방법이다.
> 4. **자기관찰법**
>   내담자 자신이 관찰자가 되어 스스로의 행동을 관찰하며, 자신과 환경 간의 상호작용에 대해 기록하는 방법이다.

> **참고**
>
> 관찰법의 유형은 '행동관찰법' 혹은 '행동평가 방법'의 명칭으로 임상심리사 1차 필기시험에 문제로 출제되고 있습니다. 이와 관련하여 2009년 및 2016년 3회 필기시험에서 행동평가의 방법으로 자연관찰, 유사관찰, 참여관찰, 자기관찰이 문제의 선지로 제시되었습니다.
>
> > **행동평가 방법에 관한 설명으로 틀린 것은?** 09, 16년 기출
> >
> > ① 자연관찰은 참여자가 아닌 관찰자가 환경 내에서 일어나는 참여자의 행동을 관찰하고 기록하는 방법이다.
> > ② 유사관찰은 제한이 없는 환경에서 관찰하는 방법이다.
> > ③ 참여관찰은 관찰하고자 하는 개인이 자연스러운 환경에 관여하면서 기록하는 방식이다.
> > ④ 자기관찰은 자신이 개인과 환경 간의 상호작용에 관한 자료를 수집하도록 한다.
> >
> > 정답 ②

70 자기표현훈련

■ 자기표현의 유형

① 비자기표현형
  ㉠ 자신의 필요나 요구를 무시함으로써 문제 상황을 회피하고자 한다.
  ㉡ 자신은 아무런 행동을 취하지 않으면서 문제가 저절로 해결되기를 바란다.
② 직접 공격형
  ㉠ 비자기표현형과 달리 과도하게 행동을 감행한다.
  ㉡ 자신의 행동으로 인해 상심과 분노를 느끼며, 대인관계에 있어서 손실을 초래한다.
③ 간접 공격형
  ㉠ 직접 공격형과 달리 교묘하게 간접적인 방법으로 공격성을 드러낸다.
  ㉡ 외면적으로 드러나는 온건한 불만과 분노를 지속적으로 유지하기 어려우며, 결국 상대방의 반감을 유발하거나 대인관계의 손실을 초래한다.
④ 자기표현형
  ㉠ 자신의 욕구·생각·감정을 직접적이고 명확하게 표현함으로써 문제 상황에 직면하여 능숙하게 대처한다.
  ㉡ 자신이 바라던 바를 이루거나 적어도 최선의 기회를 얻기에 이르며, 상호존중의 대인관계를 형성한다.

■ 자기표현의 구성요소

① 내용적 요소
  ㉠ 자신의 욕구·생각·감정을 적극적으로 표현한다.
  ㉡ 대화의 초반부터 자신의 의사를 명확하게 밝힌다.
  ㉢ 상대방에 대해 존중과 예의를 지키며, 거짓 사과나 변명을 하지 않는다.
  ㉣ 자신의 말이나 행동으로 인해 상대방이 가질 수 있는 느낌을 자신이 먼저 상대방에게 나타내 보인다.
  ㉤ 자신의 행동의 이유에 대해 상대방에게 솔직하고 간명하게 설명한다.
  ㉥ 의견이나 행동상의 불일치가 있는 경우 서로가 받아들일 수 있는 적절한 타협점을 제시한다.
② 음성적 요소
  ㉠ 상대방이 명확히 알아들을 수 있도록 충분히 큰 소리로 말한다.
  ㉡ 중얼거리면서 말하지 않으며, 또렷한 음성으로 발음한다.
  ㉢ 음성이 떨리지 않도록 하며, 단호한 어조로 자신의 의사를 전달한다.
  ㉣ 자연스러운 억양으로 상대방의 거부감을 최소화한다.
  ㉤ 말이 중도에 끊이지 않도록 하며, 유창하고 능숙한 모습을 보인다.

> **전문가의 한마디**
> '자기표현(Self-Expression)'은 확신을 가지고 기술적으로 자신의 생각이나 감정을 폭넓게 전달하는 능력을 말합니다.

> **OX Quiz**
> 자기표현의 유형 중 직접 공격형은 자신이 바라던 바를 이루거나 적어도 최선의 기회를 얻기에 이르며, 상호존중의 대인관계를 형성하는 유형이다.
> 정답 X(자기표현형에 해당함)

③ 제언적 요소
  ㉠ 하고 싶은 말이나 행동이 있는 경우 이를 주저하거나 지나치게 서둘러 표현하지 않는다.
  ㉡ 대화를 할 때에는 상대방을 바로 보면서 이야기한다.
  ㉢ 진지한 자세와 얼굴 표정으로 상대방의 이야기를 경청하고 있음을 나타낸다.
  ㉣ 편안한 자세를 유지하며 굳어있는 듯한 모습을 보이지 않는다.
  ㉤ 손이나 다리를 흔드는 등 부산한 동작을 반복하지 않는다.

전문가의 한마디
자기표현훈련의 기본취지는 대인관계에서의 억제된 생각이나 감정을 적절한 방식으로 표현하도록 함으로써 보다 적극적이고 생산적인 생활태도를 갖추도록 하는 데 있습니다.

■ 자기표현훈련에 의한 내담자의 행동변화

구 분	부적응 행동	적응 행동
상대방에 대한 접근방식	자신과 상대방 중 어느 한쪽만 옳다고 단정한다.	자신도 상대방도 모두 옳다고 인정한다.
의사결정의 방식	의사결정을 상대방에게 미루거나, 상대방을 위해 결정을 내린다.	자신의 자유로운 선택의지에 따라 의사결정을 내린다.
자부심 또는 자긍심	자신에 대한 자부심이나 자긍심의 수준이 대체로 낮다.	자신에 대한 자부심이나 자긍심의 수준이 대체로 높다.
문제 상황에서의 행동	문제에 직면하는 경우 이를 회피하거나 굴복하는 양상을 보인다.	문제에 직면하는 경우 이를 직접 대면하고자 한다.
상대방의 반응방식	상대방의 불만이나 불평, 방어적인 태도를 유발한다.	상대방의 상호 존중적인 행동을 유도한다.
성공의 양상	운이나 상대방의 조력에 의해 성공을 경험한다.	자신의 노력에 의해 완전한 성공을 경험한다.

■ 자기표현적인 사람의 특징

① 상호존중의 바람직한 인간관계를 형성할 줄 안다.
② 자신의 적극적인 의사표현을 두려워하지 않는다.
③ 자기표현에 대한 두려움을 받아들이고 이를 적절하게 다스릴 줄 안다.
④ 자신의 감정을 적절하게 표출할 줄 안다.
⑤ 다른 사람의 무리한 요청을 거절할 줄 안다.
⑥ 다른 사람의 비난이나 비평에 능숙하게 대처할 줄 안다.
⑦ 문제 상황으로 인한 스트레스에 능숙하게 대처할 줄 안다.
⑧ 자신이 유용한 기술을 가지고 있다고 스스로 자부한다.

OX Quiz
지윤은 친구가 물건을 빌려달라는 말을 거절하자 볼펜을 바닥에 던지며 불쾌한 감정을 표현하였다. 이때 지윤은 자기표현적인 사람이라고 할 수 있다.
정답 X(적절한 방법으로 표현하지 않음)

■ 자기표현훈련이 필요한 내담자의 특성

① 남의 시선을 회피한다.
② 상대방의 잘못에 대해 지적하거나 언급하기를 두려워한다.
③ 모임이나 회의에서 습관적으로 구석자리를 찾는다.
④ 자기를 비난하는 소리를 듣고만 있다.
⑤ 불만이나 적개심 등의 표현을 주저한다.
⑥ 지나치게 변명하고 사과하는 태도를 보인다.
⑦ 지배적인 인물에 대해 전혀 반박하지 못한다.
⑧ 좋아하거나 사랑하는 대상에게 애정을 표시하지 못한다.
⑨ 남을 칭찬할 줄도 남에게서 칭찬을 받을 줄도 모른다.
⑩ 친한 사람의 비합리적인 요구를 차마 거절하지 못한다.

■ 자기표현훈련을 통해 내담자가 인식해야 할 사항

① 자신 또한 다른 사람과 마찬가지로 인간으로서의 기본 권리를 가지고 있다.
② 자기 스스로 결정할 권리를 가지고 있다.
③ 타인으로부터 침해받지 않을 권리를 가지고 있다.
④ 자신의 생각과 감정을 표현할 권리를 가지고 있다.

■ 자기표현훈련 과정에서의 유의사항

① 자기표현 행동은 상황에 따라 구체적으로 한다.
② 자기표현 행동은 완전한 해결책이 아니므로 항상 자기표현적일 필요는 없다.
③ 지금까지 소극적으로 행동해온 뒤에 갑자기 자기표현적인 행동을 보이는 경우 다른 사람들이 그것을 공격적이라고 볼 수도 있다.
④ 새로운 것을 시도하는 것이 처음에는 불편하고 이상하게 보일 수도 있으나 인내심을 가지고 행동하면 차차 쉽고 자연스럽게 된다.
⑤ 자기표현 행동이 구체적인 소득을 가져오지 않는다고 해도 그와 같은 노력을 했다는 것 자체에 만족을 느낄 수 있다.
⑥ 불안을 느낄수록 자기표현이 어려울 수 있으므로 처음에는 낮은 불안을 야기하는 반응부터 시작한다.
⑦ 자기표현 행동을 하는 데 있어서 다른 사람의 권리도 인식한다.
⑧ 소극적 의사소통, 공격적 의사소통, 자기표현적 의사소통으로 얻을 수 있는 것이 무엇인지 예상해 본다.
⑨ 상황에 따른 의사소통 행동을 선택한다.
   예 "나는 이 때만은 소극적으로 행동하겠다."

전문가의 한마디

자기표현훈련은 특히 치료자와 내담자가 문제된 대인관계 상황을 놓고 서로 역할을 바꿔가면서 자유롭게 자신의 감정과 의사를 표현하는 역할행동의 연습을 통해 이루어질 수 있습니다.

OX Quiz

자기표현훈련에서 내담자가 지금껏 소극적으로 행동해왔을 경우, 다른 사람들이 자기표현 행동을 공격적이라고 느낄 수도 있다.

정답 O

> **OX Quiz**
> 자기표현 행동에 타인의 결점을 이야기하는 것은 포함되지 않는다.
>
> 정답 X(포함됨)

⑩ 변화에는 시간이 걸린다. 인식이 우선이며, 결심은 그 다음이다.
⑪ 자기표현 행동에는 타인에 대한 좋은 점과 결점을 이야기하는 것도 포함된다.

기출복원 67   10, 18, 21, 24년 기출

자기표현훈련이 필요한 내담자의 특성을 5가지 쓰고, 자기표현훈련을 통해 내담자가 인식해야 할 사항을 2가지 쓰시오.   9점

해설 체크!

1. 자기표현훈련이 필요한 내담자의 특성
- 남의 시선을 회피한다.
- 상대방의 잘못에 대해 지적하거나 언급하기를 두려워한다.
- 모임이나 회의에서 습관적으로 구석자리를 찾는다.
- 자기를 비난하는 소리를 듣고만 있다.
- 불만이나 적개심 등의 표현을 주저한다.
- 지나치게 변명하고 사과하는 태도를 보인다.
- 지배적인 인물에 대해 전혀 반박하지 못한다.
- 좋아하거나 사랑하는 대상에게 애정을 표시하지 못한다.
- 남을 칭찬할 줄도 남에게서 칭찬을 받을 줄도 모른다.
- 친한 사람의 비합리적인 요구를 차마 거절하지 못한다.

2. 자기표현훈련을 통해 내담자가 인식해야 할 사항
- 자신 또한 다른 사람과 마찬가지로 인간으로서의 기본 권리를 가지고 있다.
- 자기 스스로 결정할 권리, 타인으로부터 침해받지 않을 권리를 가지고 있다.

71 사회기술훈련

■ 사회기술훈련의 의의 및 특징

① 사회기술은 좁은 의미에서 의사소통을 통해 대인관계의 효율성을 향상시키는 기술을 말하는 한편, 넓은 의미에서 사회생활을 통해 자신이 원하는 것을 성취하는 데 필요한 모든 기술을 말한다.
② 사회기술훈련은 사회기술이 부족한 사람은 누구나 대상이 될 수 있으나, 특히 급성 또는 만성정신질환을 앓고 있는 환자들을 대상으로 유효하게 시행할 수 있다.
③ 정신질환자들의 경우 치료가 된 이후에도 사회기술의 결핍과 정신적 결핍으로 인해 지역사회 내에서 만족스러운 생활을 유지하기 어렵다.
④ 사회기술훈련은 사회성 향상 및 대인관계능력 향상의 기본적인 목적과 함께 재활치료를 위한 방편으로써 정신질환자들이 경험하는 질환 자체의 재발 예방 및 사회적응을 돕기 위한 목적으로 수행된다.
⑤ 사회기술훈련은 행동의 효과성을 강조하므로 개인의 무의식적 갈등이나 성격장애가 아닌 부적응적인 행동 자체에 초점을 둔다.

> **전문가의 한마디**
> 일반적으로 사회기술훈련 프로그램에는 문제해결기술, 의사소통기술, 자기주장훈련 등이 포함됩니다.

■ 사회기술의 결핍 유형

① **지식의 결핍**
   어떤 기술을 수행하는 데 있어서 그 구체적인 방법을 알지 못하고 있다.
   예 중장년 구직자가 인터넷을 사용하는 방법을 배우지 못했다.

② **숙달의 결핍**
   연습 부족으로 인해 어떤 기술을 능숙하게 수행하지 못한다.
   예 장기간 병원에 입원한 정신질환자는 금전관리에 익숙하지 못하다.

③ **변별의 결핍**
   어떤 기술을 수행하는 데 적합한 상황(시간, 장소 등)을 알지 못한다.
   예 어떤 학생은 수업시간에 선생님이 수업을 진행하는 동안 옆에 있는 친구와 대화를 나눈다.

④ **동기의 결핍**
   어떤 기술을 수행하기 위한 적절한 동기를 가지고 있지 않다.
   예 노인요양원에 장기간 머물고 있는 어떤 노인은 자기관리 기술을 수행하고자 하는 의욕을 가지고 있지 못하다.

> **OX Quiz**
> 사회기술의 결핍 유형 중 지식의 결핍이란 어떤 기술을 수행하는 데 적합한 상황을 알지 못하는 것이다.
> 정답 X(변별의 결핍에 해당함)

■ 사회기술훈련을 위한 목표설정 기준

① 달성할 수 있어야 한다.
② 기능적 행동이어야 한다.
③ 높은 빈도로 발생하는 행동이어야 한다.
④ 긍정적이고 건설적인 행동이어야 한다.
⑤ 구체적이어야 한다.
⑥ 정신장애인의 권리 및 책임과 일치하여야 한다.
⑦ 정신장애인 본인이 선택하여야 한다.

> **OX Quiz**
> 사회기술훈련 목표설정 시 목표는 구체적으로 정해야 한다.
> 정답 O

■ 사회기술훈련에서 활용되는 주요 기술

① 모델링
  ㉠ 다른 사람의 행동을 보고 들으면서 그 행동을 따라하는 것으로 관찰학습을 의미한다.
  ㉡ 참가자들에게 목표행동의 본보기를 보임으로써 관찰과 모방을 통해 그와 같은 행동을 학습하도록 유도한다.
  ㉢ 집단치료자(집단지도자)는 특정 장면을 설정하여 직접 모델연기를 보여주거나 참가자들에게 모델링을 하도록 요구할 수 있으며, 비디오 등의 매체를 이용하여 학습 환경을 조성할 수도 있다.

② 역할연습(역할시연)
  ㉠ 문제 상황을 구체적으로 재현하거나 새로운 행동을 연습하는 데 활용한다.
  ㉡ 집단치료자는 연습 장면을 설정하여 참가자들과 함께 역할연기를 수행할 배역을 정하며, 필요한 장치와 소도구들을 준비한다.
  ㉢ 집단치료자는 사회기술의 심한 결핍으로 집단 앞에서 역할연기를 수행하는 데 불안감을 느끼는 참가자에게 지속적인 격려와 지지를 보내어 용기를 가지도록 도와야 한다.

③ 강화(피드백)
  ㉠ 역할연습과 더불어 특히 많이 활용되는 것으로서, 참가자들이 각자 맡은 배역을 예행연습할 때 긍정적인 피드백을 부여하는 것이다.
  ㉡ 피드백은 긍정적인 측면 또는 변화된 점을 우선적으로 다루며, 이후 부족한 점이나 개선할 점을 제시하는 방향으로 전개한다.
  ㉢ 집단치료자는 참가자들에게 배역을 맡은 성원들에 대한 칭찬과 지지를 표현하도록 유도함으로써 긍정적인 강화를 통해 목표행동을 습득할 수 있도록 돕는다.

> **전문가의 한마디**
> 집단으로 사회기술훈련을 실시할 때 좋은 점은 여러 성원들이 한 성원의 역할연기에 대해 칭찬이나 지지와 같은 정적 강화를 반복해 줄 수 있다는 점입니다.

④ 과제부여
　㉠ 학습한 사회기술의 일반화를 위해 사회기술훈련의 매 회기가 끝날 때마다 참가자들에게 습득한 사회기술을 실제 생활에서 연습할 수 있도록 과제를 부여하는 것이다.
　㉡ 과제는 실질적이고 구체적이며, 성취 가능한 것이어야 한다.
　㉢ 집단치료자는 과제를 부여할 때 조성화의 원칙에 따라 쉬운 것에서부터 어려운 것으로 과제의 난이도를 조절함으로써 참가자들이 자신감을 가지고 도전할 수 있도록 배려해야 한다.

■ 사회기술훈련의 단계

제1단계	• 집단성원들에게 사회기술훈련의 필요성과 함께 대상이 되는 표적사회기술의 내용을 설명한다. • 집단성원들이 사회기술을 학습하는 데 보다 흥미를 가지도록 하며, 이로써 훈련 과정에 적극적으로 동참하도록 유도한다.
제2단계	• 표적사회기술의 구성요소들에 대해 설명한다. • 특정 기술을 성공적으로 수행하기 위해 각각의 구성요소들이 어떠한 의미와 기능을 가지는지 설명한다.
제3단계	• 사회기술을 시연하며, 토론의 시간을 가진다. • 시연을 관찰한 후 그것에 대해 집단성원들의 생각과 느낌을 서로 나눌 수 있도록 기회를 마련한다.
제4단계	• 역할극(역할연습)을 통해 표적사회기술의 개별 요소들을 연습한다. • 집단성원들은 특정 역할을 번갈아 연습하며, 서로에게 피드백을 제공한다.
제5단계	• 역할극에 대한 평가를 실시하며, 역할극에 기술적인 요소들을 결합한다. • 집단성원들은 역할극을 통해 다양한 구성요소들을 종합적으로 연습하며, 서로에게 피드백을 제공하면서 숙달될 때까지 반복한다.
제6단계	• 표적사회기술을 실제 상황에 적용한다. • 집단성원들은 철저한 연습과 준비과정을 거쳐 실제 상황에서의 난관을 예상하며, 이를 극복할 수 있는 방법을 익힌다. 나아가 실제 상황에서 표적사회기술을 적용한 후 그 결과에 대해 의견을 교환할 수 있는 후속 모임을 마련한다.

전문가의 한마디

사회기술훈련의 단계는 '계획단계 → 실행단계 → 평가단계'로 삼분하기도 합니다.

OX Quiz

사회기술훈련 제4단계에는 역할극을 통해 표적사회기술의 개별 요소를 연습한다.

정답 O

■ 사회기술훈련에 임하는 치료자의 태도 및 자질

① 권위적인 자세가 아닌 적극적인 자세로 임한다.
② 확신감을 가지고 자신의 스타일에 맞게 모임을 이끌어 나간다.
③ 모임 동안 참석자들의 주의력을 유지시키며, 분위기를 고조시키기 위해 노력한다.
④ 정신역동적 탐색이나 동기에 중점을 두지 말고 행동의 교정에 초점을 둔다.
⑤ 참석자들이 모방할 수 있는 좋은 모델링이 되도록 노력한다.
⑥ 부정적인 측면보다는 긍정적인 측면을 강화시킨다.
⑦ 개방적인 자세로 자신의 경험을 이야기하며, 자신의 반응을 솔직히 표현한다.
⑧ 인간관계를 유연하게 이끌어 나가는 유머감각이 필요하다.

■ 사회기술훈련을 집단으로 시행하는 경우의 장점

① 정신장애인 간의 사회적 반응이 쉽게 일어나므로 다양한 사회기술을 자연스럽고 자발적으로 연습할 기회를 가지게 된다.
② 집단이 공개토론 장소로 이용되므로 치료자가 참여자의 사회기술 습득 및 진행 정도를 자연스럽게 평가할 수 있다.
③ 치료자는 물론 다른 참여자들의 칭찬이나 인정을 받으면서 학습한 기술의 강화 효과가 증폭된다.
④ 참여자들이 적절한 시범연기를 보다 실감나게 보여줄 수 있으므로, 치료자를 포함하여 보다 많은 시범연기자들을 확보할 수 있다.
⑤ 참여자들이 친구가 되어 주어진 과제를 완수하도록 격려 혹은 촉구함으로써 서로에게 도움을 준다.
⑥ 많이 호전된 참여자가 집단에 처음 참석한 다른 참여자를 격려함으로써 그들이 사회기술훈련에 계속 참여할 수 있도록 동기를 부여한다.
⑦ 치료자 외에도 계속 참석하고 있는 참여자들이 처음 참석한 참여자에게 사회기술훈련에 대한 오리엔테이션을 해 주며, 바람직한 기대감을 심어줄 수 있다.
⑧ 집단 내의 우호적인 관계가 참여자의 증상 호전에 긍정적인 영향을 미친다.
⑨ 집단치료 방식은 한 명의 치료자가 보통 4~8명 정도의 참여자들을 동시에 지도할 수 있으므로 개인치료보다 시간이나 비용 면에서 효율적이다.

전문가의 한마디

사회기술훈련은 집단으로 시행하는 것이 보다 효과적인데, 이는 참여자들 간의 피드백과 지지가 치료의 효과를 더욱 공고히 할 수 있기 때문입니다.

OX Quiz

사회기술훈련을 집단으로 시행하는 경우 보통 개인치료보다 시간이나 비용 면에서 비효율적이다.

정답 X(효율적임)

기출복원 68 08, 18, 24년 기출

사회기술훈련을 집단으로 시행하는 경우의 장점을 3가지 제시하시오. `6점`

- 해설 체크! -

1. 정신장애인 간의 사회적 반응이 쉽게 일어나므로 다양한 사회기술을 자연스럽고 자발적으로 연습할 기회를 가지게 된다.
2. 집단이 공개토론 장소로 이용되므로 치료자가 참여자의 사회기술 습득 및 진행 정도를 자연스럽게 평가할 수 있다.
3. 치료자는 물론 다른 참여자들의 칭찬이나 인정을 받으면서 학습한 기술의 강화 효과가 증폭된다.
4. 참여자들이 적절한 시범연기를 보다 실감나게 보여 줄 수 있으므로, 치료자를 포함하여 보다 많은 시범 연기자들을 확보할 수 있다.
5. 참여자들이 친구가 되어 주어진 과제를 완수하도록 격려 혹은 촉구함으로써 서로에게 도움을 준다.
6. 많이 호전된 참여자가 집단에 처음 참석한 다른 참여자를 격려함으로써 그들이 사회기술훈련에 계속 참여할 수 있도록 동기를 부여한다.
7. 치료자 외에도 계속 참석하고 있는 참여자들이 처음 참석한 참여자에게 사회기술훈련에 대한 오리엔테이션을 해 주며, 바람직한 기대감을 심어줄 수 있다.
8. 집단 내의 우호적인 관계가 참여자의 증상 호전에 긍정적인 영향을 미친다.
9. 집단치료 방식은 한 명의 치료자가 보통 4~8명 정도의 참여자들을 동시에 지도할 수 있으므로 개인치료보다 시간이나 비용 면에서 효율적이다.

전문가의 한마디

사회기술훈련의 집단적인 시행에 따른 장점 및 단점은 교재에 따라 약간씩 다르게 제시되고 있습니다. 참고로 본문의 해설은 '김규수 外, 『정신장애인의 사회통합』, 학지사 刊'을 참조하였습니다.

제 3 과목
심리치료

> **학습공략**

3과목 학습에서 가장 중요한 것은 다양한 심리치료에 대한 접근법과 기법을 혼동하지 않고 정확하게 파악하는 것입니다. 최근 시험에서 3과목은 출제비중이 큰 편이며, 신출유형도 자주 출제되고 있습니다. 실제 시험에서도 막힘 없이 답안을 작성하기 위해서는 로저스와 같은 주요 학자들의 이론을 여러 번 회독하고 자신의 언어로 설명할 수 있을 정도로 명확하게 숙지하여야 합니다.

72 심리치료 Ⅰ	82 인지치료 Ⅰ
73 심리치료 Ⅱ	83 인지치료 Ⅱ
74 심리적 응급처치	84 인간중심상담(인간중심심리치료)
75 정신역동적 치료 Ⅰ	85 실존주의상담(실존치료)
76 정신역동적 치료 Ⅱ	86 가족치료 Ⅰ
77 행동치료 Ⅰ	87 가족치료 Ⅱ
78 행동치료 Ⅱ	88 아동상담과 놀이치료
79 행동치료 Ⅲ	89 우울증과 자살상담
80 인지·정서·행동치료(REBT) Ⅰ	90 인터넷중독 상담
81 인지·정서·행동치료(REBT) Ⅱ	91 성폭력 상담

임상심리사 2급

심리치료

72 심리치료 Ⅰ

■ 심리치료의 공통된 6가지 기본적인 치료목표(Kleinke)

① 사기저하를 극복하고 희망을 얻도록 한다.
② 정복감과 자기효능감을 높이도록 한다.
③ 회피를 극복하도록 한다.
④ 개인의 잘못된 생각을 자각하도록 한다.
⑤ 현실적인 삶을 수용하도록 한다.
⑥ 통찰을 획득하도록 한다.

■ 심리치료의 일반적인 공통요인

① 치료자-내담자 관계 또는 치료적 관계
   ㉠ 치료자와 내담자의 긍정적인 치료적 관계는 그 자체로 심리치료의 성공을 보장하는 것은 아니지만, 심리치료의 전제조건이자 중요한 치료적 요인에 해당한다.
   ㉡ 치료자들 간의 차이에도 불구하고 그들 모두가 특정 유형의 심리치료에서 권위 있는 전문가인 만큼 내담자의 기대에 어느 정도 영향을 미칠 수 있는 잠재력이 있다.
   ㉢ 각각의 치료자들은 자신의 치료법이 효용성과 타당성을 가지고 있다고 확신하고 있으며, 그와 같은 확신이 내담자에게 영향을 미치게 된다.
   ㉣ 내담자들은 각각의 치료자들을 상당히 다르게 지각하고 그에 따라 다른 반응을 보이기는 하지만, 그들 모두가 저마다의 장단점을 가지고 있다고 평가한다.
② 해석·통찰·이해
   ㉠ 심리치료는 내담자 자신 및 그의 개인적인 어려움에 대한 이해를 증가시킨다.
   ㉡ 특히 해석과 통찰은 내담자가 자신을 이해하고, 현재 자신이 처한 문제를 깨닫도록 한다. 즉, 내담자에게 제시되는 체계적인 설명과 이론적인 근거는 치료 효과에 긍정적인 영향을 미친다.

OX Quiz
회피를 극복하는 것 또한 심리치료의 기본적 치료목표에 해당된다.
정답 O

전문가의 한마디
심리치료는 정신분석적 치료, 인간중심적 치료, 인지·정서·행동적 치료 등 다양한 유형으로 분류할 수 있으나 그럼에도 불구하고 기본적으로 심리치료가 가지는 공통점을 공유하고 있습니다. 그와 같은 공통점으로 인해 각각의 방법을 통합적으로 적용한 통합치료가 가능한 것입니다.

ⓒ 치료자가 자신의 치료법에 대해 확신과 식견을 가지고 제시하는 한편, 환자가 이를 의미있게 받아들이기만 한다면, 설명, 해석, 이론적 근거의 내용이 무엇인가 하는 것은 더 이상 중요한 문제가 아니다. 즉, 모든 종류의 치료에 공통적으로 중요한 것은 내담자가 그와 같은 설명, 해석 등을 받아들이는지의 여부이다.

ⓓ 심리치료를 통해 얻게 되는 내담자의 자신에 대한 이해는 대응기제로서의 역할을 하기도 하며, 이는 내담자에게 의미 있는 한 잠재적인 유용성을 가진다고 볼 수 있다.

③ 정화와 방출

ⓐ 치료 과정에서 치료자는 내담자가 자신의 문제를 이야기하고 불편한 과거와 현재 사건을 자세히 열거하도록 하며, 그에 따른 감정을 표현하도록 돕는다.

ⓑ 어떤 내담자들에게는 죄의식을 유발하는 고통스러운 문제와 함께 그와 관련된 감정을 털어 놓는 것 자체가 매우 치료적일 수 있다.

ⓒ 심리치료는 그 유형에 따라 내담자의 감정 표현을 강조하는 정도가 다르지만, 기본적으로 내담자의 그와 같은 표현을 격려하고 허용하는 경향이 있다.

④ 치료자의 내담자 특정 행동 관찰 및 그에 대한 반응

ⓐ 일부 치료자들은 내담자가 말하는 내용이나 감정표현에 전적으로 열중하기도 하지만, 대부분의 치료자들은 내담자가 회기 중 나타내 보이는 행동에 주의를 기울이게 된다.

ⓑ 내담자의 특정 행동에 대한 해석 자체가 모든 심리치료 유형에서 공통적인 결과로 나타나는 것은 아니다.

ⓒ 다만, 모든 심리치료에 있어서 내담자의 행동이 다루어진다는 점에서 공통점을 가진다고 볼 수 있다.

■ 그 밖의 심리치료의 공통적 치료요인

① 강화

ⓐ 행동주의치료의 기본적인 기술로서, 자극과 자극 또는 반응과 자극을 연결하는 일련의 조작적 과정을 통해 바람직한 반응의 확률을 높이는 것이다.

ⓑ 행동주의치료에서는 유쾌 자극을 부여하거나(정적 강화) 불쾌 자극을 제거하여(부적 강화) 표적행동의 빈도를 증가시킨다.

ⓒ 정신분석치료에서는 강화를 비롯한 조작적 절차들이 내담자의 무의식적인 문제를 해결할 수 없다고 주장하지만, 치료장면에서 치료자가 자신의 행동이나 말투로 내담자에게 자신의 생각이나 가치관을 전달함으로써 내담자에게 영향을 미치게 된다.

ⓓ 인간중심치료에서는 치료자가 내담자에게 긍정적인 이해와 관심을 전달함으로써 내담자의 긍정적인 반응을 유발하기도 한다.

OX Quiz

내담자의 특정 행동에 대한 해석은 모든 심리치료 유형에서 공통적인 결과로 나타나야 한다.

정답 X(모두 공통적인 결과로 나타나는 것은 아님)

전문가의 한마디

'심리치료의 공통요인', '심리치료의 공통적 치료요인', '통합 심리치료의 공통요인' 등은 사실상 동일한 내용을 담고 있습니다. 그러나 이와 관련된 내용은 학자마다 혹은 교재마다 다양하게 제시되고 있으며, 400개가 넘는 심리치료 이론의 수에서 볼 수 있듯 공통요인의 수 또한 매우 많습니다.

OX Quiz

내담자가 자신의 문제를 치료자에게 반복적으로 표현하여 점차 덜 위협적인 것으로 간주하게 되는 것은 둔감화이다.

정답 O

② 둔감화
- ㉠ 내담자는 자신의 문제를 치료자에게 반복적으로 표현함으로써 점차적으로 자신의 문제를 덜 위협적인 것으로 간주하게 된다.
- ㉡ 내담자가 자신의 문제에서 비롯된 복잡한 감정을 파악함으로써 점차적으로 불안을 해소하기에 이른다.
- ㉢ 특히 내담자의 부적응적인 감정의 해소에 유효하며, 불안장애나 공포증 등의 심리적 장애에 효과적으로 적용된다.
- ㉣ 행동주의치료에서는 특히 체계적 둔감법(Systematic Desensitization)을 통해 내담자로 하여금 특정한 상황이나 상상에 의해 조건형성된 불안이나 공포를 극복하도록 한다.

③ 노출 및 직면
- ㉠ 치료자는 내담자에게 감정을 노출하도록 함으로써 내담자가 자신의 감정을 경험하고 표현하는 데 있어서 가로막는 것이 무엇인지 탐색할 수 있다.
- ㉡ 고통스러운 상황으로의 체계적인 노출과 직면은 내담자의 거부감이나 불안감을 감소시키며, 자신감을 회복하도록 한다.
- ㉢ 인지·정서·행동치료에서는 특히 내담자의 비언어적인 메시지를 통해 나타나는 정서와 행동상의 불일치를 포착하여, 내담자의 이중적인 의사소통 방식이 타인에게 미치는 영향에 대한 책임을 수용하도록 한다.

④ 내담자의 기대 및 플라시보 효과
- ㉠ 내담자의 기대는 그 자체로 치료적인 효과를 가지고 있다.
- ㉡ 내담자의 기대는 주로 치료자의 숙련도나 전문성, 명성 등에서 비롯되지만, 내담자 자신의 성격에 의해 다르게 나타날 수 있다.
- ㉢ 내담자가 치료자를 전적으로 신뢰하거나 치료자에게 의존적인 양상을 나타내 보이는 경우 치료 효과는 더욱 크다.
- ㉣ 플라시보 효과(Placebo Effect)는 약효가 전혀 없는 가짜 약을 진짜 약으로 가장하여 환자에게 복용하도록 했을 때 환자의 병세가 호전되는 것을 말한다. 내담자의 치료에 대한 기대와 희망은 때로 과학적인 설명을 뛰어넘어 기적과도 같은 치료 효과를 나타내기도 한다.

전문가의 한마디

항우울제로 유명한 프로작(Prozac)이 처음 출시됐을 당시 사람들은 그 신약으로 우울증이 완치될 것이라 열광하였고, 많은 우울증 환자들이 그 효과를 경험했다고 밝히기도 하였습니다. 그러나 그와 관련된 연구에 따르면, 실제로 약의 화학성분으로 효과를 경험한 환자는 25% 정도이고, 나머지 75%는 약의 화학성분과는 무관한 요인이 작용한 것으로 보고되기도 하였습니다.

기출복원 69
11, 17년 기출

심리치료의 이론과 기법은 매우 다양하다. 그러나 그와 같은 이론과 기법에도 치료 효과를 가지는 공통요인이 존재한다. 심리치료의 공통요인을 3가지만 설명하시오. 6점

> **● 해설 체크! ●**
>
> 1. **치료자-내담자 관계 또는 치료적 관계**
>   치료자와 내담자의 긍정적인 치료적 관계는 그 자체로 심리치료의 성공을 보장하는 것은 아니지만, 심리치료의 전제조건이자 중요한 치료적 요인에 해당한다. 치료자들 간의 차이에도 불구하고 그들 모두가 특정 유형의 심리치료에서 권위 있는 전문가인 만큼 내담자의 기대에 어느 정도 영향을 미칠 수 있는 잠재력이 있다.
> 2. **해석·통찰·이해**
>   심리치료는 내담자 자신 및 그의 개인적인 어려움에 대한 이해를 증가시킨다. 특히 해석과 통찰은 내담자가 자기 자신에 대한 이해와 함께 현재 자신이 처한 문제를 깨닫도록 한다. 즉, 내담자에게 제시되는 체계적인 설명과 이론적인 근거는 치료 효과에 긍정적인 영향을 미친다.
> 3. **정화와 방출**
>   치료 과정에서 치료자는 내담자가 자신의 문제를 이야기하고 불편한 과거와 현재 사건을 자세히 열거하도록 하며, 그에 따른 감정을 표현하도록 돕는다. 특히 어떤 내담자들에게는 죄의식을 유발하는 고통스러운 문제와 함께 그와 관련된 감정을 털어놓는 것 자체가 매우 치료적일 수 있다.

73 심리치료 II

■ 심리치료의 일반적인 수행단계

① 제1단계 – 초기 자문
  ㉠ 초기 자문은 일반적으로 환자가 왜 도움을 구하기로 결심했는지, 심리치료 경험으로부터 얻고자 희망하는 것은 무엇인지에 대해 논의한다.
  ㉡ 자문은 환자의 욕구, 목표 및 관심이 심리학자의 기술에 잘 부합하는지의 여부를 결정하는 기회를 제공한다.
  ㉢ 심리학자는 기밀성의 한계, 치료비, 이용 가능한 약속시간, 치료적 접근방법 등 전문적 서비스의 윤곽을 세운다.

② 제2단계 – 문제 및 상황 평가
  ㉠ 심리학자는 치료 프로그램을 계획하기에 앞서 진단 및 방향에 관한 합리적인 수준의 이해를 발달시켜야 하며, 이를 위해 환자와 상황을 파악해야만 한다.
  ㉡ 심리학자는 문제의 발생 및 지속, 문제의 해소를 위한 적절한 전략을 이끌어 주는 요인들에 대한 통찰을 획득해야만 한다.

전문가의 한마디

심리치료의 단계는 학자마다 교재마다 약간씩 다르게 제시되고 있습니다. 참고로 본문의 내용은 'Plante, Th. G., 『현대 임상심리학』, 손정락 譯, 시그마프레스 刊'을 참조하였습니다.

OX Quiz

초기 자문 단계에는 환자가 왜 도움을 구하기로 결심했는지 논의한다.

정답 O

ⓒ 대다수의 전문가들은 치료 과정 전반에 걸쳐서 뿐만 아니라 치료 종결 후에도 치료 목표, 증상 및 서비스에 대한 만족을 정규적으로 평가함으로써 평가와 치료를 동시에 수행한다.

③ 제3단계 – 치료 목표 설정
ⓐ 일단 문제의 본질에 대한 합리적인 수준의 이해가 확립되면 치료 목표의 설정이 이루어진다.
ⓑ 치료 목표 설정은 공식적으로도 혹은 비공식적으로도 이루어질 수 있으나, 환자와 심리학자 모두 동일한 목표를 향해 작업할 수 있도록 각자의 마음에 있는 목표에 대해 이해하는 것이 중요하다.
ⓒ 치료 목표가 설정되면 그에 도달하기 위한 치료계획의 윤곽이 잡혀져야 한다.

④ 제4단계 – 치료 실시
ⓐ 치료 과정에서의 실제 치료는 치료 목표에 도달할 수 있다는 희망과 함께 제공된다.
ⓑ 치료는 격주, 매주 혹은 매일 회기로 진행될 수 있으며, 개인, 커플, 가족 혹은 집단을 단위로 이루어질 수 있다.
ⓒ 치료 과정에서 상이한 이론적 접근이 사용될 수 있으며, 생물학적 중재, 심리적 중재, 사회적 중재 등이 수행될 수 있다.

⑤ 제5단계 – 치료 평가
ⓐ 치료계획이 효과를 보이고 있는지 혹은 환자에게 보다 유용하도록 변경될 필요가 있는지를 결정하기 위해 치료 과정 동안 치료에 대한 평가가 요구된다.
ⓑ 보통 치료시설들, 보험단체들의 경우 질문지, 점검표, 기타 도구들을 사용하여 정기적이고 공식적인 치료 평가를 수행하는 반면, 대다수의 심리학자들은 정기적인 회기 동안 환자들과 비공식적으로 치료 진행을 논의한다.
ⓒ 치료는 평가에 기초하여 변경될 수 있는 것은 물론, 심지어 종결될 수도 있다.

⑥ 제6단계 – 치료 종결
ⓐ 보통 심리치료는 치료 목표에 도달하게 될 때 종료되지만, 경우에 따라 환자의 재정적 제한이나 시간적 제한, 변화에 대한 저항, 심리학자의 변경이나 이동 등 다양한 요인들로 인해 조기에 종결되기도 한다.
ⓑ 일반적으로 치료 종결 동안 심리치료의 진전에 관한 검토와 재발 전략에 관한 논의가 이루어진다.
ⓒ 심리치료의 종결은 수개월 혹은 수년간 함께 긴밀히 작업을 수행한 환자와 치료자 모두에게 어려울 수 있다.

⑦ 제7단계 – 추적 회기
ⓐ 치료 종결 이후 종종 치료 과정 동안 성취된 변화들이 잘 유지되고 있는지를 확인하기 위해 추적 회기가 계획되거나 환자에게 제공된다.

전문가의 한마디

치료에는 과제(숙제), 자기조력독서, 다른 전문가와의 자문 등이 있을 수 있습니다. 참고로 자기조력독서(Self-Help Bibliotherapy)는 독서치료에서 널리 사용하는 방법으로, 특히 자기조력 서적(Self-Help Books)은 독자로 하여금 직면한 문제들을 다룰 수 있는 구체적인 제안과 조언들을 제공합니다.

OX Quiz

치료 목표가 도달되었을 때 이외에는 치료 종결을 하면 안 된다.
정답 X(다양한 요인들로 종결되기도 함)

ⓒ 환자의 진전을 검토하고 후에 발생하는 문제를 다루기 위해 정기적인 효능촉진(Booster) 회기가 계획될 수 있다.
  ⓒ 추적 회기는 환자에게 치료의 연속감을 제공하며, 집중적인 치료 후에 오는 종결의 급작스러움을 경감시켜 줄 수 있다.

> **OX Quiz**
> 추적 회기는 환자에게 치료 종결 후 치료의 연속감을 제공한다.
> 정답 O

■ 심리치료의 효과성 검증 조건

① 처치의 표준화
  ㉠ 한 연구자가 비행청소년에 대한 개인치료로서의 인지요법이 효과적인지를 검증하고자 할 때, 과연 수행된 인지요법이 순수하게 인지요법인지, 아니면 다른 치료법의 절차들이 뒤섞인 치료법인지 불분명할 수 있다.
  ㉡ 처치의 표준화는 처치법 절차의 매뉴얼화, 연구자들의 해당 처치법에 대한 훈련, 처치를 수행하는 절차상의 통일성 등을 통해 처치의 제반 과정들이 일관성이 있음을 확신하는 것이다.

② 실험설계법의 적용
  ㉠ 상담 및 심리치료의 효과성 연구를 위한 실험설계법으로는 주로 '집단 간 실험설계법(Between-Group Design)'과 '피험자 내 설계법(Within-Subjects Design)'이 사용된다. '집단 간 실험설계법'은 처치를 받은 집단과 처치를 받지 않은 집단 간의 차이를 비교 분석하는 방법이다. 반면, '피험자 내 설계법'은 피험자가 어떤 처치를 받기 이전, 처치 도중, 그리고 처치를 받은 이후의 증상이나 행동 등을 여러 차례 측정하고 그 측정치의 추세를 분석함으로써 실질적인 변화가 해당 처치 때문인지를 판별하는 것이다.
  ㉡ 이와 같은 실험설계법은 처치 이후에 생긴 변화가 바로 그 처치로 야기된 것인지를 보다 분명히 알 수 있도록 한다.

③ 효과의 정의 및 측정의 객관화
  ㉠ 심리치료의 효과를 검증할 경우 그 효과를 무엇으로 정의하였는지, 정의된 그 효과를 제대로 측정하였는지가 중요하다. 예를 들어, 시험불안을 감소시키기 위한 상담프로그램의 효과를 검증할 때, 그 효과는 불안 감소, 불안통제능력 향상, 시험성적 상승 등으로 정의할 수 있다.
  ㉡ 효과성 연구가 잘 된 것인지를 판단하기 위해서는 효과에 대한 측정이 연구의 목적에 얼마나 잘 부합하는지가 중요하다. 예를 들어, 가치관 명료화 프로그램의 효과를 검증할 때, 상담시간 중 내담자가 했던 말들 중 가치관이 명료화된 단서라고 추정할 수 있는 발언의 횟수를 활용할 수 있다. 그러나 이와 같은 방법은 가치관이 명료화되었다고 추정할 만한 단서가 무엇인지, 단서에 대한 정의가 얼마나 공적으로 인정받을 수 있는지, 측정 과정에서 측정자 간 일관성이 얼마나 확보되었는지 등의 문제가 우선적으로 해결되어야 한다.

> **OX Quiz**
> 처치를 받은 집단과 처치를 받지 않은 집단 간의 차이를 비교 분석하는 방법은 피험자 내 설계법이다.
> 정답 X(집단 간 실험설계법)

■ 심리치료의 효과성 검증 방법

① 통계적 유의성

㉠ 대부분의 과학 분야에서 활용되어온 것으로서, 연구가설의 지지 여부, 즉 치료적 개입의 효과성 여부를 밝히기 위해 과학적인 확률 및 통계방법을 활용한 것이다.

㉡ 통계적 유의성은 실험 결과가 확률적으로 단순한 우연에 의해 야기된 것이 아니라고 생각할 수 있을 정도를 의미한다.

㉢ 관례적으로 동일한 전집에서 나온 두 집단의 평균이 100분의 5 이하로 나오는 경우 이는 오류의 확률이 5% 이하임을 의미하는 것이며, 그에 따라 영가설이 기각되고 연구가설이 지지를 얻게 된다.

② 임상적 유의성 또는 실질적(실무적) 유의성

㉠ 대부분의 임상심리학 연구자들은 다른 과학 분야와 마찬가지로 전통적인 방법으로 사용해 온 통계적 유의성에 따라 치료방법의 효과성 여부를 밝히는 것이 불충분하다고 판단하였다.

㉡ 임상적 유의성은 치료적 개입에 의한 문제증상의 변화 정도가 실질적인지, 그로 인해 환자의 문제증상에 유의미한 변화가 나타났는지를 임상적 관점에서 분석한 것이다.

㉢ 임상적 유의성에는 "환자의 문제증상이 병전 혹은 기저선 수준으로 어느 정도 회복하였는가?", "사회적 혹은 직업적 기능에서 어느 정도 개선의 변화를 나타내 보이는가?", "현존하는 증상이 어느 정도 제거되었는가?" 등이 포함된다.

■ 통계적 판단과 임상적 판단의 장단점

① 통계적 판단

장 점	• 개념의 구체화 및 조작화 과정을 통해 모호한 개념을 보다 명확하게 정의함으로써 통계적 공식에 따른 보다 구체적인 예측이 가능하다. • 객관적으로 도출된 공식, 명확한 준거, 회귀분석 등을 통해 임상적 판단이 극복하기 어려운 신뢰도 결여의 문제를 상당부분 해결할 수 있다.
단 점	• 인간의 본질적 복잡성을 수량화하는 것은 그 자체로 한계가 있다. • 개인의 내면적 특성을 점수로 환원하는 것에 대해 내담자의 심리적인 거부감을 유발할 수 있으며, 윤리적인 문제가 나타날 수 있다.

전문가의 한마디

통계적 유의성과 임상적 유의성이 항상 일치하는 것은 아닙니다. 예를 들어, 우울증 치료 후 우울 정도 변화에 대한 측정을 한다고 했을 때, 환자는 치료 후 우울 정도 측정에서 낮은 점수를 보일 수 있지만 여전히 우울감을 느끼고 있을 수 있습니다.

기출키워드

20년 3회

통계적 판단의 장점과 단점

※ 시험에는 임상적 판단보다 통계적 판단을 사용할 경우 나타날 수 있는 장점 및 단점을 각각 2가지씩 쓰는 문제가 출제되었습니다.

② 임상적 판단

장점	• 다양한 검사자료, 사례사, 의학적 기록, 언어적 행동 및 비언어적 행동의 관찰에 의한 광범위한 정보들을 토대로 비교적 정확성 있는 판단을 기할 수 있다. • 과학적 예측모델이나 회귀분석에 근거한 통계적 접근이 어려울 경우에도 적용할 수 있다.
단점	• 통계적 접근에 비해 신뢰성이 떨어진다. • 임상가의 주관적 편견이 개입될 수 있으며, 검사 과정상의 편향이 나타날 수 있다.

> **OX Quiz**
>
> 임상적 판단은 통계적 접근에 비해 신뢰성이 높다.
>
> **정답** X(신뢰성이 떨어짐)

기출복원 70   12년 기출

심리치료의 효과성을 검증하는 방법 2가지를 쓰고 설명하시오.   `4점`

• 해설 체크! •

1. 통계적 유의성
   치료적 개입의 효과성 여부를 밝히기 위해 과학적인 확률 및 통계방법을 활용한 것으로서, 실험 결과가 확률적으로 단순한 우연에 의한 것이 아님을 입증하는 방법이다.
2. 임상적 유의성(실질적 유의성)
   치료적 개입에 의한 문제증상의 변화 정도가 실질적인지, 그로 인해 환자의 문제증상에 유의미한 변화가 나타났는지를 임상적 관점에서 분석하는 방법이다.

74 심리적 응급처치

■ 심리적 응급처치(Psychological First Aid)의 의의 및 특징

① 재난이나 외상 사건에 노출된 사람들을 돕는 단기간의 적극적인 조력 과정이다.
② 생존자들의 안정을 도모하고 초기의 고통을 경감하며, 정상적인 회복을 촉진하는 것을 주된 목적으로 한다.
③ 생존자들의 정상적인 기능 회복을 위해 사건이 발생한 가까운 장소에서 필요가 발생한 즉시 서비스를 제공한다.
④ 사건의 경과 단계에 따라 생존자들의 요구가 변화하므로, 사건 발생 후 어느 정도 시간이 지난 시점인지 파악하고, 어떤 사람에게 어떤 심리적 도움이나 실질적 도움이 필요한지를 평가하여 그 사람의 요구에 부합하는 적절한 개입을 하는 것이 강조된다.

> **OX Quiz**
>
> 심리적 응급처치란, 재난이나 외상 사건에 노출된 사람들을 돕는 장기간의 적극적인 조력 과정이다.
>
> **정답** X(단기간의 조력 과정임)

■ 심리적 응급처치의 5단계 과정

① 사건 전 단계(사건 발생 이전)
  ㉠ 사람들은 미래에 일어날 수 있는 사건에 대비하거나 그와 같은 일이 일어날 가능성을 부인하는 행동을 보인다.
  ㉡ 이 단계에서 심리요원은 사건이 발생하기 전에 사람들을 훈련시키고 정보를 제공하며, 사건이 발생할 경우 신속히 협력할 수 있는 네트워크를 구성한다.

② 충격 단계 혹은 급성 단계[사건 발생 직후(0~48시간)]
  ㉠ 생존자들은 외상 사건에 대해 투쟁하거나 도피하는 반응을 보이며, 얼어붙거나 항복하는 등의 행동을 보인다.
  ㉡ 이 단계에서 심리요원은 생존자들의 기본적인 욕구를 파악하고 심리적 응급처치를 수행한다. 이때 응급처치의 주된 내용은 정보를 제공하고 위안을 주며, 실질적인 도움을 제공하는 것이다.

③ 구출 단계 혹은 반응 단계(사건 발생 후 0~1주)
  ㉠ 생존자들은 탄력적 행동이나 소진 행동을 보인다.
  ㉡ 이 단계에서 심리요원은 크게 다음의 3가지 역할을 수행한다.
    • 첫째, 생존자들의 현재 상태를 평가하며, 그들의 욕구가 얼마나 잘 다루어지고 있는지를 파악한다.
    • 둘째, 선별 작업을 통해 고위험자를 가려내며, 그들을 적절한 의료기관에 의뢰한다.
    • 셋째, 아웃리치 연계활동을 한다.

④ 회복 단계(사건 발생 후 1~4주)
  ㉠ 생존자들은 애도하고 재평가하며, 침습적인 기억을 경험하기도 한다.
  ㉡ 이 단계에서 심리요원은 회복이 일어나고 있는 환경, 생존자, 제공되는 서비스를 종합적으로 점검하며, 회복과 탄력적 적응을 돕는다.

⑤ 재통합 단계(사건 발생 후 2주~2년)
  ㉠ 생존자들이 외상 사건을 자신의 삶에 통합하는 단계로서, 개인에 따라 재통합에 걸리는 기간이 짧게는 2주에서 길게는 2년까지 다양하게 나타난다.
  ㉡ 이 단계에서 심리요원은 필요한 경우 생존자들을 치료에 의뢰하여 증상을 감소시키고 기능을 증진하도록 돕는다.

■ 심리적 응급처치의 활동 과정

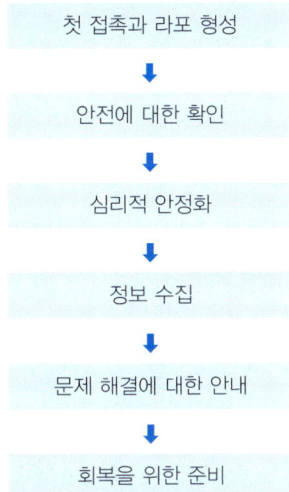

OX Quiz

심리적 응급처치 활동 과정에서는 응급상황 특성상 라포 형성 단계를 건너뛰는 것이 일반적이다.

정답 X(라포 형성도 활동 과정에 포함)

기출복원 71 17년 기출

심리적 응급처치의 방법을 5단계로 구분하여 설명하시오. **5점**

> **● 해설 체크! ●**
>
> 1. 사건 전 단계(사건 발생 이전)
>   사건 발생 전 사람들을 훈련시키고 정보를 제공하며, 사건 발생 시 신속히 협력할 수 있는 네트워크를 구성한다.
> 2. 충격 단계 혹은 급성 단계[사건 발생 직후(0~48시간)]
>   생존자들의 기본적인 욕구를 파악하고 심리적 응급처치를 수행한다.
> 3. 구출 단계 혹은 반응 단계(사건 발생 후 0~1주)
>   생존자들의 현재 상태를 평가하며, 그들의 욕구가 얼마나 잘 다루어지고 있는지를 파악한다. 또한 고위험자를 적절한 의료기관에 의뢰하며, 아웃리치 연계활동을 한다.
> 4. 회복 단계(사건 발생 후 1~4주)
>   회복이 일어나고 있는 환경, 생존자, 제공되는 서비스를 종합적으로 점검하며, 회복과 탄력적 적응을 돕는다.
> 5. 재통합 단계(사건 발생 후 2주~2년)
>   필요한 경우 생존자들을 치료에 의뢰하여 증상을 감소시키고 기능을 증진하도록 돕는다.

75 정신역동적 치료 Ⅰ

■ 정신역동적 관점

① 인간의 의식과 무의식을 포함하는 정신의 내면적인 힘과 정신적 갈등이 어떻게 작용하는가를 밝히는 여러 심리학파들을 합쳐서 정신역동적 이론이라고 한다.
② 인간심리에 대한 구조적 가정 및 여러 가지 형태의 부적응 행동에 대한 역동적 이해 등의 이론적 배경에 기초를 둔다.
③ 대표적으로 프로이트(Freud)의 정신분석이론, 융(Jung)의 분석심리이론, 아들러(Adler)의 개인심리이론 등이 정신역동적 관점에 포함된다.

정신분석이론	• 프로이트는 인간의 마음을 의식(Consciousness), 전의식(Preconsciousness), 무의식(Unconsciousness)으로, 성격의 구조를 원초아(Id), 자아(Ego), 초자아(Superego)로 분류하였다. • 무의식적 갈등상태, 즉 불안상태에서 개인은 막연하게 어떤 위험이 발생할 것이라 느끼게 되는데, 이는 곧 어린 시절에 경험했던 공포, 위협, 처벌에 대한 예상에서 비롯된다. • '방어기제(Defense Mechanism)'는 자아가 위협받는 상황에서 무의식적으로 자신을 속이거나 상황을 다르게 해석함으로써 감정적 상처로부터 자신을 보호하려는 심리 의식이나 행위를 가리킨다.
분석심리이론	• 융은 전체적인 성격을 '정신(Psyche)'으로 보았으며, 성격의 발달을 '자기(Self)'실현의 과정으로 보았다. • 정신을 크게 의식(Consciousness)과 무의식(Unconscious)의 두 측면으로 구분하며, 무의식을 다시 개인무의식(Personal Unconscious)과 집단무의식(Collective Unconscious)으로 구분한다. • 인간은 인생의 전반기에 자기의 방향이 외부로 지향되어 분화된 자아(Ego)를 통해 현실 속에서 자기(Self)를 찾으려고 노력하며, 중년기를 전환점으로 자아가 자기에 통합되면서 성격발달이 이루어진다.
개인심리이론	• 아들러는 인간을 목적론적 존재로 보며, 사회적 존재로서 열등감을 극복하고 우월성을 성취하기 위해 노력하는 것으로 생각했다. • 인간은 어린 시절에 비롯된 3가지 원인, 즉 기관열등감, 과잉보호, 양육태만으로부터 생긴 열등감을 극복하고 이를 보상하려고 한다. • 개인은 3가지 인생과제, 즉 '일과 여가(Work & Leisure)', '우정과 사회적 관계(Friendship & Society)', 그리고 '성과 사랑(Sex & Love)'을 가진다.

■ 정신역동적 조망의 인간 행동과 심리적 문제에 대한 가정(Plante, T. G.)

① 정신역동적 조망은 인간의 행동에 영향을 미치는 정신내적인 추동, 동기, 갈등 및 충동이 주로 무의식적이라는 입장을 취한다.

전문가의 한마디

최근의 정신역동은 정신분석보다 넓은 의미를 포함하나 프로이트의 정신분석이론의 주요 개념에 근거하므로 사실상 정신분석과 같은 개념으로 이해하기도 합니다.

전문가의 한마디

'기관열등감'은 외모나 신체적 불완전 등 자신의 신체에 대한 부정적인 인식에서 비롯되는 열등감을 말합니다. 자신의 외모에 대해 어떻게 생각하는지, 신체적으로 건강한지 혹은 자주 아픈지 등 신체적으로 불완전하거나 만성적으로 아픈 아이들은 다른 아이들과 성공적으로 경쟁할 수 없고 열등감 속에 움츠러들게 됩니다.

② 다양한 적응적 및 부적응적 자아 방어기제들이 정상행동과 이상행동에 기여하는 미해결된 갈등, 욕구, 소원 및 공상을 다루는 데 사용되곤 한다.
③ 아동의 초기경험과 부모 사이의 관계는 이후의 심리발달과 성인으로서의 행동에 중요하며 지속적인 영향을 미친다.
④ 대부분의 무의식적 영향에 대한 통찰은 심리기능과 행동을 향상시키기 위한 처리 절차로 연결된다.
⑤ 환자와 치료자 사이에 발전되는 전이 관계의 분석은 환자의 갈등을 해결하는 동시에 환자의 심리기능과 행동을 향상시켜 준다.

■ 정신역동적 치료의 특징

① 환자의 감정과 정서 표현에 초점을 둔다.
② 특정한 주제를 회피하거나 치료적 진전을 지연시키는 환자의 행위를 탐색한다.
③ 환자가 나타내는 행위, 사고, 감정, 경험, 관계양상의 패턴을 파악한다.
④ 과거 경험을 강조한다.
⑤ 대인관계의 경험에 주목한다.
⑥ 치료적 관계를 강조한다.
⑦ 환자의 소망, 꿈, 공상 등 심리내적 역동을 탐색한다.

> **기출키워드**
> 20년 2회
> **정신역동적 치료의 특징**
> ※ 시험에는 정신역동적 치료의 특징을 5가지 기술하는 문제가 출제되었습니다.

■ 정신분석적 상담의 주요 기법

① **자유연상(Free Association)**
  ㉠ 내담자에게 무의식적 감정과 동기에 대해 통찰하도록 하기 위해 마음속에 떠오르는 것을 의식의 검열을 거치지 않은 채 표현하도록 격려하는 것이다.
  ㉡ 내담자는 자신의 감정과 경험을 개방함으로써 더 이상 자신의 감정과 경험을 억압하지 않은 채 자유로울 수 있다.
② **해석(Interpretation)**
  ㉠ 내담자가 새로운 방식으로 자신의 문제들을 돌아볼 수 있도록 사건들의 의미를 설정해 주고, 자신의 문제를 새로운 각도에서 이해할 수 있도록 그의 생활 경험과 행동, 행동의 의미를 설명하는 것이다.
  ㉡ 상담자는 내담자의 자유연상, 꿈, 저항, 전이 등에 내재된 숨은 의미를 통찰하며, 내담자의 사고, 행동, 감정의 패턴을 드러내거나 이를 통해 나타나는 문제를 이해할 수 있도록 새로운 틀을 제공한다.
③ **저항의 분석(Resistance Analysis)**
  ㉠ 저항은 상담의 진행을 방해하고 현재 상태를 유지하려는 의식적 또는 무의식적 사고와 감정을 말한다.

ⓒ 상담자는 내담자가 무의식적 내용의 의식화에 따른 불안감에서 벗어나도록 함으로써, 내담자의 갈등을 해소하는 동시에 상담을 원활히 진행할 수 있다.

④ 꿈의 분석(Dream Analysis)
ⓒ 내담자의 꿈속에 내재된 억압된 감정과 무의식적인 욕구를 꿈의 내용을 분석함으로써 통찰하도록 하는 것이다.
ⓒ 상담자는 내담자에게 꿈의 내용에 대해 자유연상을 하도록 하며, 그와 관련된 감정도 이야기하도록 요구한다.

⑤ 훈습(Working-Through)
ⓒ 내담자의 전이 저항에 대해 기대되는 수준의 통찰과 이해가 성취될 때까지 상담자가 반복적으로 직면하거나 설명함으로써 내담자의 통찰력이 최대한 발달하도록 하며, 자아통합이 이루어지도록 하는 것이다.
ⓒ 내담자의 심리적 문제에 대한 통찰을 현실 생활에 실제로 적용하도록 함으로써 내담자의 변화를 유도한다.

⑥ 버텨주기(Holding)와 간직하기(Containing)
ⓒ 버텨주기는 내담자가 막연하게 느끼지만 스스로는 직면할 수 없는 불안과 두려움에 대한 상담자의 이해를 적절한 순간에 적합한 방법으로 표현하면서, 내담자에게 의지가 되고 따뜻한 배려로 안심시키는 것이다.
ⓒ 간직하기는 내담자가 불안과 두려움을 느끼는 충동과 체험에 대해 상담자가 즉각적으로 반응하는 대신 이를 마음속에 간직하여 적절히 통제함으로써 위험하지 않도록 변화시키는 것이다.

■ 정신분석적 치료의 이상적인 치료 목표

① 증상을 유발한 무의식적 갈등의 해소와 성격구조의 건강한 변화
정신분석적 치료의 궁극적인 목표는 내담자의 성격구조를 건강하게 변화시키는 것이다. 이는 내담자가 호소하는 증상이 성격의 구조적 갈등에서 비롯된다는 인식에 따른 것이다. 따라서 내담자의 무의식적 갈등을 해결하고 건강한 성격을 함양하도록 함으로써 증상은 자연히 해소된다. 이와 같이 정신분석적 치료는 증상의 제거 자체에 초점을 두기보다는 증상을 유발한 무의식적 갈등과 성격적 문제의 해결을 치료 목표로 한다.

② 무의식적 갈등의 의식화와 심리적 문제에 대한 통찰
대부분의 정신장애는 어린 시절의 좌절경험에 뿌리를 둔 무의식적 갈등에서 비롯되므로, 치료자는 내담자가 무의식적 갈등의 의식화를 통해 이를 자아(Ego)의 통제하에서 해결될 수 있도록 한다. 내담자는 자신의 증상에 대한 무의식적 의미를 이해하고 자신의 심리적 문제에 대해 통찰함으로써 부적절한 방어기제의 사용을 자제하며, 건강하게 일하고 사랑할 수 있는 성숙한 성격으로 변화할 수 있다.

전문가의 한마디

정신분석 상담의 기술로서 '버텨주기'는 종종 내적 위험으로부터 아이를 보호하고 안정시키는 어머니의 역할로 비유됩니다.

기출키워드
24년 2회
정신분석적 치료의 목표
※ 실기시험에는 정신분석적 치료의 이상적인 치료 목표를 설명하도록 하는 문제가 출제되었습니다.

전문가의 한마디

일반적으로 정신분석적 치료 혹은 정신분석적 상담의 목표는 구체적인 관점에서 몇 가지로 나열할 수 있으나, 그 궁극적인 치료 목표는 내담자의 성격구조를 건강하게 변화시키는 데 있습니다.

■ 정신분석적 치료에서 치료의 종결 여부에 대한 결정 기준

① 심각한 갈등의 해결 및 자아기능의 향상
② 병리적 방어기제의 사용 감소
③ 성격구조상의 중요한 긍정적 변화
④ 증상의 상당한 호전 또는 증상을 스스로 극복할 수 있는 능력이 생겼다는 증거의 존재

기출복원 72   20년 기출

정신역동적 치료의 특징을 5가지 기술하시오.   5점

• 해설 체크! •

1. 환자의 감정과 정서 표현에 초점을 둔다.
2. 특정한 주제를 회피하거나 치료적 진전을 지연시키는 환자의 행위를 탐색한다.
3. 환자가 나타내는 행위, 사고, 감정, 경험, 관계양상의 패턴을 파악한다.
4. 과거 경험을 강조한다.
5. 대인관계의 경험에 주목한다.
6. 치료적 관계를 강조한다.
7. 환자의 소망, 꿈, 공상 등 심리내적 역동을 탐색한다.

76 정신역동적 치료 II

■ 상담 과정에서의 전이(Transference)

① 전이의 의의
  ㉠ 전이는 과거의 경험에서 어떤 이유로든 억압된 느낌을 현재의 비슷한 대상에게 표현하려는 현상을 말한다.
  ㉡ 상담 과정에서 전이는 과거에 충족되지 못한 욕구를 현재의 상담자를 통해 해결하고자 하는 일종의 투사현상으로 나타난다.
  ㉢ 내담자는 어린 시절 어떤 중요한 인물과 가졌던 관계를 상담자에게 표출할 수 있다. 예를 들어, 내담자는 상담자가 어린 시절 권위적인 자신의 아버지를 닮았다고 판단하는 경우 상담자에게 부정적인 감정을 가지게 된다.
② 해결방안
  ㉠ 상담자는 내담자에게 전이를 각성하도록 하여, 문제와 밀접하게 관련되어 있는 과거의 경험과 갈등들에 대한 통찰을 제공한다.

> **전문가의 한마디**
>
> 전이(Transference)와 역전이(Counter Transference)는 정신분석 상담에서 매우 중요하게 다루어지는 개념입니다. 전이 분석은 내담자에게 현재 관계에 대한 과거의 영향을 깨닫도록 해 주며, 상담자가 내담자에게 느끼는 역전이 감정은 치료의 도구로 활용할 수도 있기 때문입니다.

기출키워드

23년 1회

전이와 역전이

※ 실기시험에는 정신분석적 상담 과정에서 나타나는 전이와 역전이를 설명하도록 하는 문제가 출제되었습니다.

전문가의 한마디

'교육분석(Training Analysis)'은 상담자가 전문 교육분석가에게서 상담 과정에 영향을 미칠 수 있는 자신의 정신내적 갈등에 대한 이해를 얻기 위한 것입니다.

ⓒ 내담자가 과거 중요한 대상에게 가졌던 애정, 욕망, 기대, 적개심 등의 복잡한 감정들을 상담자에게 표현하도록 격려한다.
ⓒ 전이 분석과 훈습(Working-Through)을 통해 내담자가 유아기에서 비롯된 대인관계 또는 방위패턴을 통찰하도록 함으로써 자아통합을 돕는다.
ⓔ 집단상담에서 집단상담자는 집단성원이 문제에 대한 통찰의 수준을 높여 경험적 확신을 가지고 자아통합에 이를 수 있도록 집단에서의 전이를 훈습으로써 반복적으로 설명하고 분석하여야 한다.

■ 상담 과정에서의 역전이(Counter Transference)

① 역전이의 의의
  ⊙ 역전이는 내담자의 태도 및 외형적 행동에 대한 상담자의 개인적인 정서적 반응이자 투사이다.
  ⓒ 상담자가 내담자를 자신의 과거 경험 속 인물로 착각하도록 하여 무의식적으로 반응하도록 함으로써 현실에 대한 왜곡을 야기한다.

② 해결방안
  ⊙ 상담자는 자신의 과거 경험이 현재 자신에게 미치는 영향에 대해 지속적으로 점검해야 할 필요가 있다.
  ⓒ 상담자는 상담 과정에서 자신의 역전이 감정을 포착하여 자기 자신은 물론 내담자에 대한 이해를 도모해야 한다.
  ⓒ 교육분석을 통해 자신에 대한 분석 결과 및 경험 내용을 지속적으로 축적하며, 슈퍼바이저의 지도·감독을 받도록 한다.
  ⓔ 집단상담에서 집단상담자는 집단성원에게 그와 같은 사실을 감추기보다는 자신의 감정을 집단에 솔직히 내어놓고 이야기하는 것이 바람직하다.

■ 불안의 유형

① 현실 불안(Reality Anxiety)
  ⊙ '객관적 불안(Objective Anxiety)'이라고도 하며, 외부세계에서의 실제적인 위협을 지각함으로써 발생하는 감정적 체험이다.
  ⓒ 예를 들어, 높은 굽의 구두를 신은 여성은 가파른 내리막길에서 넘어질지도 모른다는 불안감을 느끼게 된다.

② 신경증적 불안(Neurotic Anxiety)
  ⊙ 자아(Ego)가 본능적 충동인 원초아(Id)를 통제하지 못할 경우 발생할 수 있는 불상사에 대해 위협을 느낌으로써 나타난다.
  ⓒ 신경증적 불안의 근본적인 원인은 원초아의 쾌락을 탐닉하는 경우 처벌을 받을 수 있다는 불안감에서 비롯된다.

③ 도덕적 불안(Moral Anxiety)
  ㉠ 원초아와 초자아(Superego) 간의 갈등에 의해 야기되는 불안으로서, 본질적 자기 양심에 대한 두려움과 연관된다.
  ㉡ 원초아의 충동을 외부로 표출하는 것이 도덕적 원칙에 위배될 수 있다는 인식 하에 이를 외부로 표출하는 것에 거부감을 느끼며, 경우에 따라 수치심과 죄의식에 사로잡힌다.

■ 주요 방어기제

① 억압(Repression)
  죄의식이나 괴로운 경험, 수치스러운 생각을 의식에서 무의식으로 밀어내는 것으로서 선택적인 망각을 의미한다.
  예 부모의 학대에 대한 분노를 억압하여 부모에 대한 이야기를 무의식적으로 꺼리는 경우

② 부인 또는 부정(Denial)
  의식화되는 경우 감당하기 어려운 고통이나 욕구를 무의식적으로 부정하는 것이다.
  예 애인이 교통사고로 사망했음에도 불구하고 그의 죽음을 인정하지 않은 채 여행을 떠난 것이라고 주장하는 경우

③ 합리화(Rationalization)
  현실에 더 이상 실망을 느끼지 않기 위해 또는 정당하지 못한 자신의 행동에 그럴듯한 이유를 붙이기 위해 자신의 말이나 행동을 정당화하는 것이다.
  예 여우가 먹음직스러운 포도를 발견하였으나 먹을 수 없는 상황에 처했을 때 "저 포도는 신 포도라서 안 먹는다"고 말하는 경우

④ 반동형성(Reaction Formation)
  자신이 가지고 있는 무의식적 소망이나 충동을 본래의 의도와 달리 반대되는 방향으로 바꾸는 것이다.
  예 미운 놈에게 떡 하나 더 준다.

⑤ 투사(Projection)
  사회적으로 인정받을 수 없는 자신의 행동과 생각을 마치 다른 사람의 것인 양 생각하고 남을 탓하는 것이다.
  예 자기가 화가 난 것을 의식하지 못한 채 상대방이 자기에게 화를 낸다고 생각하는 경우

⑥ 전치 또는 치환(Displacement)
  자신이 어떤 대상에 대해 느낀 감정을 보다 덜 위협적인 다른 대상에게 표출하는 것이다.
  예 종로에서 뺨 맞고 한강에서 눈 흘긴다.

⑦ 전환(Conversion)
  심리적인 갈등이 신체 감각기관이나 수의근육계의 증상으로 바뀌어 표출되는 것이다.
  예 집필 과정에서 심한 갈등을 느끼는 소설가에게 팔의 마비가 나타나는 경우

전문가의 한마디

정신분석적 상담에서는 불안 개념을 '현실 불안', '신경증적 불안', '도덕적 불안'으로 구분하는 반면, 실존치료에서는 이를 '정상적 불안'과 '신경증적 불안'으로 구분하고 있습니다.

기출키워드

21년 1회 / 22년 3회 / 23년 2회

방어기제

※ 21년, 22년 실기시험에는 방어기제의 유형을 3가지 쓰고, 간략히 설명하도록 하는 문제가 출제되었습니다.
※ 23년 실기시험에는 방어기제의 의미를 쓰고, 방어기제의 유형을 4가지 제시하도록 하는 문제가 출제되었습니다.

OX Quiz

지윤은 학교에서 선생님께 꾸중을 듣고 화가 나서 자기보다 약한 같은 반 친구에게 화풀이를 했다. 이는 방어기제 중 '전치'에 해당한다.

정답 O

⑧ 격리(Isolation)

과거의 고통스러운 기억에서 동반된 부정적인 감정을 의식으로부터 격리시켜 무의식 속에 억압하는 것이다.

예 직장 상사와 심하게 다툰 직원이 자신의 '상사살해감정'을 무의식 속으로 격리시킨 채 업무에 있어서 잘못된 것이 없는지 강박적으로 서류를 반복하여 확인하는 경우

⑨ 보상(Compensation)

어떤 분야에서 탁월하게 능력을 발휘하여 인정받음으로써 다른 분야의 실패나 약점을 보충하여 자존심을 고양시키는 것이다.

예 작은 고추가 맵다.

⑩ 대치(Substitution)

받아들여질 수 없는 욕구나 충동 에너지를 원래의 목표에서 대용 목표로 전환시킴으로써 긴장을 해소하는 것이다.

예 꿩 대신 닭

> **전문가의 한마디**
>
> 강박적 사고를 가지고 있는 사람은 자신의 본래적 욕구를 다른 것으로 대치하여 위장함으로써 불안 감정을 회피하려는 경향이 있습니다.

기출복원 73
08, 15, 19, 23년 기출

정신분석적 상담 과정에서 나타나는 전이와 역전이에 대해 설명하시오. (4점)

● 해설 체크! ●

1. **전이(Transference)**
   상담 과정에서 전이는 내담자가 어린 시절 어떤 중요한 인물에 대해 가졌던 관계를 상담자에게 표출하는 것이다. 과거에 충족되지 못한 욕구를 현재의 상담자를 통해 해결하고자 하는 일종의 투사현상으로 볼 수 있다.

2. **역전이(Counter Transference)**
   내담자의 태도 및 외형적 행동에 대한 상담자의 개인적인 정서적 반응이자 투사를 말한다. 상담자가 내담자에게 자신의 욕구나 소망을 투사함으로써 내담자의 전이에 반응하는 것으로 볼 수 있다.

77 행동치료 I

■ 행동치료의 학습이론

① 행동 학습의 기본원리로서 ABC 패러다임
  ㉠ 행동치료는 내담자의 부적응 행동을 수정하고 이를 적응 행동으로 바꾸는 것을 목표로 한다.
  ㉡ 행동치료는 모든 행동이 그 행동에 앞서서 혹은 뒤이어 일어나는 사상들의 영향을 받아 유발된다는 가정에서 비롯된다. 이는 행동주의이론의 'ABC 패러다임'의 원리를 토대로 한 것으로서, 행동에 앞서서 일어나는 것(선행요인)이 행동을 하게 하는 자극이 되며, 행동에 뒤이어 일어나는 것(후속결과)이 그와 같은 행동을 빈번히 일으키는 동기, 즉 강화요인이 된다는 것이다.
  ㉢ 개인의 행동을 유발시키는 선행요인과 후속결과는 행동을 지속하게 하는 유지조건이 되므로, 이를 각각 '유지선행요인(Maintaining Antecedents)'과 '유지후속결과(Maintaining Consequences)'라고 한다.

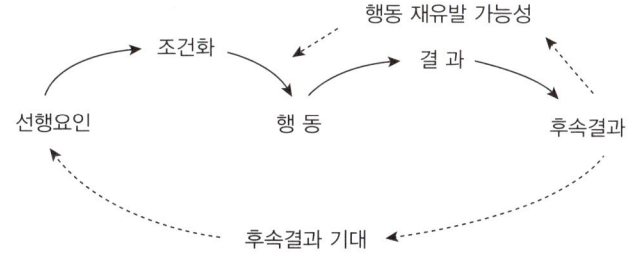

② 공포증 형성 및 유지에 대한 2요인이론
  ㉠ 불안장애를 가진 환자들에게서 나타나는 공포증은 다양한 경로를 통한 두려움의 학습에서 비롯되며, 이는 회피반응에 의해 유지되고 강화된다. 이와 같은 회피행동은 두려움을 피하게 하는 부적 강화 효과를 지니므로 계속적인 양상을 보이며, 그로 인해 공포자극이 유해하지 않다는 것을 학습할 기회를 얻지 못하게 되어 공포반응은 소거되지 않은 채 지속된다.
  ㉡ 모어(Mower)는 불안장애의 원인과 관련하여 '불안의 학습' 및 '회피행동의 학습'의 2가지 학습 과정에 의한 2요인이론을 제시하였다. 즉, 특정 자극에 대한 공포나 불안감은 고전적 조건형성을 통해 학습되는 반면, 그러한 자극을 회피하는 행동은 조작적 조건형성을 통해 유지된다는 것이다.
  ㉢ 따라서 불안의 발달과 지속에 대한 학습이론은 ABC 패러다임의 기본원리를 토대로 고전적 조건형성과 조작적 조건형성에 의한 학습 양상을 강조하는 2요인이론에 의해 잘 설명된다.

기출키워드

23년 1회

행동치료

※ 실기시험에는 행동치료의 특징을 5가지 기술하도록 하는 문제가 출제되었습니다.

OX Quiz

공포증 형성 및 유지에 대한 2요인이론은 학습요인과 인지요인이 결합된 이론이다.

정답 X(고전적 조건형성과 조작적 조건형성이 결합된 이론임)

■ 행동치료의 불안감소기법

① **체계적 둔감법 또는 체계적 둔감화(Systematic Desensitization)**
행동치료에서 널리 사용되고 있는 고전적 조건형성의 기법으로, 혐오스런 느낌이나 불안한 자극에 대한 위계목록을 작성한 다음 낮은 수준의 자극에서 높은 수준의 자극으로 상상을 유도함으로써 혐오나 불안에서 서서히 벗어나도록 유도한다. 불안과 공포증이 있는 내담자에게 그로 인한 부적응 행동이나 회피행동을 치료하는 데 효과가 있다.

② **금지조건형성(Inhibitory Conditioning) 또는 내적 금지(Internal Inhibition)**
내담자에게 충분히 불안을 일으킬 수 있을 만한 단서를 어떠한 추가적인 강화 없이 지속적으로 제시함으로써 처음에 불안반응을 보이던 내담자가 점차적으로 불안반응을 느끼지 않게 되는 것이다. 즉, 불안야기단서의 계속적인 제시에도 불구하고 반응 중지 현상이 나타나는 것이다.

③ **반조건형성 또는 역조건형성(Counterconditioning)**
조건 자극과 새로운 자극(조건 자극과 조건 반응과의 연합을 방해하는 자극)을 함께 제시함으로써 불안을 감소시키는 기법이다.
  예 엘리베이터와 같이 밀폐된 공간 안에서 공포감을 느끼는 아이에게 장난감, 인형 등의 유쾌 자극을 제시하여 밀폐된 공간에서의 공포감을 소거시킬 수 있다.

④ **홍수법(Flooding)**
불안이나 두려움을 발생시키는 자극들을 계획된 현실이나 상상 속에서 지속적으로 제시하는 기법이다. 혐오스런 느낌이나 불안한 자극에 대해 미리 준비를 갖추도록 한 후 가장 높은 수준의 자극에 오랫동안 지속적으로 노출시킴으로써 시간이 경과함에 따라 혐오나 불안을 극복하도록 한다.

⑤ **혐오치료(Aversion Therapy)**
고전적 조건형성의 기법으로, 바람직하지 못한 행동에 혐오 자극을 제시하여 부적응적인 행동을 제거하는 방법이다. 주로 흡연, 음주문제, 과식 등의 문제를 해결하기 위해 사용되며, 부적응적이고 지나친 탐닉이나 선호를 제거하는 데 효과적이다. 체계적 둔감법이 불안이나 공포의 반응을 유발하는 자극을 보다 긍정적인 자극으로 변화하도록 조건형성을 실시하는 것인 반면, 혐오치료는 특정 자극이 더욱 혐오적인 것이 되도록 조건형성을 실시한다.
  예 술을 끊고자 하는 사람에게 술을 맛보도록 하는 동시에 전기 쇼크나 구토를 일으키는 약물을 부여함으로써 점차적으로 술에 대해 혐오적인 반응을 보이도록 한다.

⑥ **(자기)주장훈련 또는 주장적 훈련(Assertive Training)**
내담자의 대인관계에 있어서의 불안과 공포를 해소하기 위한 효과적인 기법으로서, 내담자가 불안 이외의 감정을 표현하도록 하여 불안을 제거하도록 하는 것이다. 행동시연을 활용하여 치료자(상담자)가 가상의 대인관계 장면을 설정함으로써 내담자에게 자신의 감정을 나타내도록 유도한다.

기출키워드
21년 1회
체계적 둔감법의 단계
※ 실기시험에는 체계적 둔감법의 각 과정을 간략히 설명하도록 하는 문제가 출제되었습니다.

전문가의 한마디
'체계적 둔감법'은 '체계적 둔감화', '체계적 탈감화', '체계적 탈감법', '단계적 둔감화', '단계적 둔감법', '단계적 둔화법', '체계적 감감법', '체계적 감도 감강법'이라고도 합니다.

전문가의 한마디
혐오치료를 적용하기에 적합한 장애로 '소아기호증(Pedophilia)'을 정답으로 제시한 문제가 2019년 3회 필기시험에 출제된 바 있습니다. 행동치료에서는 소아기호증과 같은 성도착 장애를 성적 흥분이 부적절한 대상에 잘못 조건형성되었기 때문이라고 봅니다. 따라서 혐오적 조건형성을 통해 그와 같이 잘못된 조건형성을 제거할 수 있다고 주장합니다.

⑦ 자기표현훈련(Self-Expression Training)

자기표현을 통해 다른 사람과 상호작용하는 방법을 습득하도록 하는 기법으로서, 대인관계에서 비롯되는 불안요인을 제거하기 위한 것이다. 자기표현행동을 하는 사람은 자신을 자유롭게 표현하고 자신의 가치를 높이며, 자신을 위해 신중하게 행동을 선택함으로써 설정된 목표를 달성할 수 있다.

기출키워드

22년 1회

행동치료

※ 실기시험에는 행동치료의 기법을 5가지 쓰도록 하는 문제가 출제되었습니다.

■ 행동치료의 학습촉진기법

① 강화(Reinforcement)

어떤 특정한 반응이 일어날 확률을 증가 또는 감소시키기 위해 자극과 자극 또는 반응과 자극을 연결시키는 것이다. 이는 내담자의 행동이 만족스러운 결과로 나타나는 경우 더욱 강한 행동의 반복을 가져온다는 강화의 원리를 토대로 한다. 치료자는 내담자의 행동에 개입하여 보상교환 등의 긍정적인 피드백을 제공함으로써 적응적인 행동을 유도하거나 특정 행동을 조장할 수 있다.

> **예** 구직을 희망하는 내담자에게 직업선택이나 직업결정 행동에 대해 적절하게 긍정적 반응이나 부정적 반응을 보임으로써, 내담자가 우유부단이나 무결단성을 극복하고 자신에게 적합한 직업을 스스로 선택할 수 있도록 한다.

② 변별학습(Discrimination Learning)

변별 또는 자극 변별(Stimulus Discrimination)은 둘 이상의 자극을 서로 구별하는 것을 말한다. 변별학습은 보다 정교하게 학습이 이루어지는 것으로서, 유사한 자극에서 나타나는 조그만 차이에 따라 서로 다른 반응을 보이도록 유도하는 것이다. 특히 자극에 대한 반응과 그에 대한 보상이 시간적으로 근접해 있을수록 학습은 촉진된다.

③ 사회적 모델링과 대리학습(Social Modeling & Vicarious Learning)

모델링은 다른 사람의 행동을 보고 들으면서 그 행동을 따라하는 것으로 관찰학습을 의미한다. 타인의 행동에 대한 관찰 및 모방에 의한 학습을 통해 내담자는 문제행동을 수정하거나 학습을 촉진시킬 수 있다. 특히 집단상담에서 주로 사용하는 방법으로, 동료 집단성원의 성공적인 행동을 관찰함으로써 자신의 태도를 바꾸거나 새로운 기술을 학습할 수 있다.

④ 행동조성 또는 조형(Shaping)

내담자가 원하는 방향 안에서 일어나는 다양한 반응들만을 강화하고, 원하지 않는 방향의 행동에 대해 강화받지 못하도록 하여 결국 원하는 방향의 행동을 할 수 있도록 하는 것이다. 점진적 접근방법으로서, 행동을 구체적으로 세분화하여 단계별로 구분한 후 각 단계마다 강화를 제공함으로써 내담자가 단번에 수행하기 어렵거나 그 반응을 촉진하기 어려운 행동 또는 복잡한 행동 등을 학습하도록 한다.

OX Quiz

집단원 A가 다른 집단원 B의 성공적인 행동을 관찰하여 본인도 같은 행동을 했을 경우, 이는 모델링에 해당한다.

정답

> **전문가의 한마디**
> 토큰은 실물(예 포커칩, 종이화폐 등)이거나 상징적인 것(예 점수 등)일 수 있습니다.

⑤ **토큰경제 또는 상표제도(Token Economy)**
행동치료에서 널리 사용되는 조작적 조건형성의 기법으로서, 바람직한 행동들에 대한 체계적인 목록을 정한 후 그러한 행동이 이루어질 때 그에 상응하는 보상(토큰)을 하는 기법이다. 특히 물리적 강화물(토큰)과 사회적 강화물(칭찬)을 연합함으로써 내적 동기의 가치를 학습하도록 한다.

> 예 조현병(정신분열증) 환자에게 매일 아침 침대를 정리하면 토큰을 부여하여 환자들이 이를 모아 매점이나 극장에 갈 수 있도록 함으로써 환자 스스로 정리하는 습관을 가질 수 있도록 한다.

■ 용암법과 조형법

> **전문가의 한마디**
> 용암법은 '적절한 행동 발달시키기', 조형법은 '새로운 행동 만들기'로 정리할 수 있습니다. 이 둘은 점진적으로 변화를 주는 절차라는 점에서 공통적이지만, 용암법의 경우 자극에 점진적으로 변화를 주되 반응은 동일하게 유지되는 것인 반면, 조형법의 경우 반응에 점진적으로 변화를 주되 자극은 동일하게 유지되는 것이라는 점에서 차이가 있습니다.

용암법 (Fading)	• 연속적인 시도를 통해 반응을 통제하는 자극을 점진적으로 변화시킴으로써 적절한 행동을 발달시키는 행동치료의 방법이다. • 자극이 반응에 대해 강한 통제를 발휘하는 상황에서 자극통제를 변화시키는 데 유용하게 사용될 수 있다. 특히 시행착오의 과정 없이도 하지 말아야 할 행동과 해도 되는 행동을 변별할 수 있도록 한다.
조형법 (Shaping)	• 현재 수행되지 않는 행동을 형성하는 데 사용하는 절차로, 새로운 행동을 만들기 위한 행동치료의 방법이다. • 목표행동에 좀 더 가깝게 근접하는 행동을 연속적으로 강화하면서 그 전의 행동은 소거하고 새로운 행동을 발달시키는 점진적 접근법이다.

■ 자극통제, 자극변별 학습, 통제자극

① **자극통제(Stimulus Control)**
자극과 뒤이은 반응 간의 상관의 정도를 말한다. 따라서 특정 자극의 발생과 특정 반응의 발생 사이에 강한 상관을 보일 때 좋은(효과적인) 자극통제라 할 수 있다.

② **자극변별 학습(Stimulus Discrimination Learning)**
어떤 자극이 있을 때 특정 행동을 방출하고, 다른 자극이 있을 때 그 행동을 방출하지 않는 것을 배우는 절차를 말한다.

③ **통제자극(Controlling Stimulus)**
특정 자극이 어떤 행동을 강화하고 다른 자극이 그 행동을 소거하는 양상을 보일 때, 행동의 강화와 소거에 관계된 자극을 말한다. 통제자극의 유형 중 어떤 반응이 특정 자극이 존재하는 경우에만 강화되었다면 이는 S^D(변별자극 혹은 강화자극)이며, 어떤 반응이 특정 자극이 존재하는 경우에만 소거되었다면 이는 $S^\triangle$(소거자극)이다.

기출복원 74 13, 16, 20, 23년 기출

불안장애에 대한 행동치료에 근거한 학습이론과 그 구체적인 치료기법을 예를 들어 설명하시오. (4점)

> **해설 체크!**
> 1. 불안의 발달과 지속에 대한 학습이론은 ABC 패러다임의 기본원리를 토대로 고전적 조건형성과 조작적 조건형성에 의한 학습 양상을 강조하는 2요인이론에 의해 잘 설명된다.
> 2. 예를 들어, 특정한 상황이나 상상에 의해 조건형성된 불안이나 공포에 대해 불안 자극을 단계적으로 높여가며 노출시키는 체계적 둔감법으로써 내담자의 불안 반응을 경감 또는 제거할 수 있다.

78 행동치료 II

■ 체계적 둔감법의 원리 및 시행 과정

① 원리

체계적 둔감법은 고전적 조건형성의 학습원리에 기초한 것으로, 양립할 수 없는 새로운 반응(이완)을 통해 부적응적 반응(불안)을 억제하는 상호억제의 원리(Principle of Reciprocal Inhibition)를 이용하는 치료기법이다.

② 표준절차 3단계(Morris)

근육이완훈련 (제1단계)	근육이완 상태에서는 불안이 일어나지 않는다는 원리를 토대로 한다. 치료자(상담자)는 수회에 걸쳐 내담자가 근육의 긴장을 이완할 수 있도록 훈련시킨다.
불안위계목록 작성 (제2단계)	치료자는 내담자가 가지고 있는 불안이나 공포에 대한 구체적인 정보와 함께 각각의 증상과 관련된 행동들을 파악한다. 불안이나 공포를 일으키는 유발상황에 대한 위계목록은 대략 10~20개 정도로 작성한다.
불안위계목록에 따른 둔감화 (제3단계)	치료자는 역조건형성을 통해 내담자가 이완상태에서 불안을 유발하는 상황을 상상하도록 유도한다. 이때 불안과 공포를 유발하는 상황을 상상하는 순서는 위협을 가장 적게 느끼는 상황에서부터 시작하여 가장 위협적인 상황으로 옮겨가도록 한다. 불안유발자극과 불안반응의 관계가 완전히 소거될 때까지 절차를 반복하여 실시한다.

> **전문가의 한마디**
>
> 체계적 둔감법은 그 근간이 되는 학습원리로서 파블로프(Pavlov)의 고전적 조건형성(Classical Conditioning)에서부터 고전적 조건형성의 이론적 가정에 기초한 역조건형성(Counterconditioning), 그리고 그와 같은 이론적 원리들을 보다 치료적 관점으로 발전시킨 상호억제(Reciprocal Inhibition)에 이르기까지 다양한 명칭의 원리들과 서로 밀접하게 연결되어 있습니다.

전문가의 한마디

점진적 근육이완훈련(PMR ; Progressive Muscle Relaxation)은 1938년 제이콥슨(Jacobson)이 최초로 개발한 것으로서, 그는 분노, 공포, 우울, 스트레스, 틱(Tic)과 말더듬 등 신체적·심리적 장애와 관련된 긴장을 치료하는 방법으로 근육이완법을 실시하였습니다. 이후 1958년 볼페(Wölpe)가 제이콥슨의 근육이완법과 행동주의이론의 주요 원리이기도 한 고전적 조건형성의 학습 원리에 기초하여 체계적 둔감법을 개발하게 되었습니다.

기출키워드
22년 1회

노출치료

※ 실기시험에는 행동치료의 노출치료법을 통해 환자가 가지게 되는 인지적 측면의 치료효과를 3가지 쓰도록 하는 문제가 출제되었습니다.

■ 점진적 근육이완훈련의 시행 과정

① 근육군을 하나하나 긴장시킨다.
② 잠시 숨을 멈추고 약 5~10초간 그 긴장을 유발시키면서 긴장의 느낌을 기억한다.
③ 긴장시킨 근육에 갑자기 힘을 빼면서 조용히 "편안하다."라고 속삭인다.
④ 이완시킬 때의 느낌을 긴장했을 때의 느낌과 비교해 가면서 음미해 본다.
⑤ 다시 깊이 숨을 들이쉰 후 천천히 숨을 내쉬면서 조용히 "편안하다."라고 속삭인다.

■ 노출치료의 인지적 치료효과

① 상황에 대한 현실적 인식
　노출치료는 안전한 상황에서 환자로 하여금 불안유발 상황에 노출시킨다. 이 경우 환자는 그 상황들에 대해 보다 현실적으로 생각하게 되며, 이와 같은 현실적인 사고가 상황을 덜 위협적인 것으로 느끼도록 만든다.

② 불안 수준의 감소
　환자가 노출치료를 통해 불안유발 상황에 노출되는 경우 그것이 생각했던 것보다 덜 두렵다고 기대할 수 있게 된다. 이와 같은 기대의 변화는 환자의 불안 수준이 둔감화 과정 동안 줄어들기 때문이다.

③ 불안 대처에 대한 믿음
　노출치료는 환자로 하여금 자신이 불안에 잘 대처할 수 있다는 믿음을 가지도록 한다. 환자가 불안유발 상황에 대해 부정적인 결과를 경험하지 않은 채 이를 반복적으로 성공리에 상상함으로써 그와 같은 믿음은 더욱 확고해지게 된다.

■ (자기)주장훈련과 관련된 주장행동의 5가지 유형

① 당당히 받아야 할 것을 받는다.
　거스름돈을 잘못 받은 경우 그것을 올바르게 정정해 줄 것을 요구한다.
② 자신의 권리를 지킨다.
　자신이 서 있는 줄 앞에 어떤 사람이 끼어드는 경우 그에 대해 항의한다.
③ 불합리한 요구를 거절한다.
　경제적인 여유가 없는 상황에서 친구가 돈을 빌려달라고 요구하는 경우 이를 거절한다.
④ 다른 사람이 자신의 의견에 무관심하거나 부정적인 반응을 보이더라도 이를 표현한다.
　대다수가 다른 한쪽을 지지하는 상황에서도 자신의 소신대로 지지의사를 표명한다.
⑤ 욕구와 요구를 표현한다.
　생일을 맞이하여 친구에게 자신이 구체적으로 어떤 선물을 받고 싶은지 이야기한다.

■ 모델링의 5가지 주요 기능

① 교 수

관찰자는 모델을 관찰함으로써 새로운 행동을 학습한다.

예 아동은 어른들의 말을 들으면서 언어를 학습한다.

② 촉 진

모델의 어떤 행동은 관찰자가 그와 유사한 행동을 따라하도록 촉진한다.

예 TV 코미디 프로그램을 시청할 때 다른 사람들이 웃는 것을 보고 같이 웃게 된다.

③ 동기부여

모델의 행동과 그 후속결과가 긍정적으로 나타나는 것을 봄으로써 관찰자도 그와 같은 행동을 하도록 동기를 가지게 된다.

예 수업시간에 어떤 학생이 책을 큰 소리로 읽자 선생님이 이를 칭찬해 주었다. 그 모습을 본 다음 학생들도 책을 큰 소리로 읽게 되었다.

④ 불안 감소

불안을 불러일으키는 행동을 모델이 안전하게 수행하는 것을 봄으로써 관찰자의 불안도 감소하게 된다.

예 그네를 타는 것에 대해 두려움을 가진 아이는 다른 아이들이 그네를 즐겁게 타는 모습을 봄으로써 그네에 대한 두려움을 극복하게 된다.

⑤ 억 제

모델의 행동이 좋지 않은 결과를 가져오는 것을 봄으로써 관찰자가 모델의 행동을 모방할 가능성을 덜 가지게 된다.

예 폭력사건에 연루되어 벌을 받는 친구를 보고 그와 같거나 유사한 행동을 덜 하게 된다.

■ 행동계약의 4가지 주요 기능

① 계약에의 동의

행동계약은 관련자 모두 계약 목표와 절차에 동의하였으며, 처치 기간 동안 그 목표와 절차를 잊지 않을 것이라는 점을 확실히 한다.

② 목표의 구체화

행동용어로써 목표를 구체화하므로, 프로그램 내내 모든 관련자들이 목표에 얼마나 가까이 도달했는지에 대해 동의하도록 해 준다.

③ 시간, 비용, 노력의 추정

프로그램 수행에 소요되는 시간, 비용, 노력 등이 얼마나 되는지 현실적으로 추정할 수 있도록 해 준다.

④ 절차 이행에 대한 서약

계약에의 서명을 통해 모든 관련자들이 계약에서 제시한 구체적인 절차들을 신뢰롭게 따르겠다는 서약을 확실히 한다.

OX Quiz

모델의 행동이 좋지 않은 결과를 가져오는 것을 봄으로써 관찰자가 행동 모방할 가능성이 감소하는 것은 '억제'이다.

정답 O

전문가의 한마디

행동계약은 두 사람 혹은 그 이상의 사람들이 정해진 기간 내에 각자 자신이 해야 할 행동을 분명히 정한 후 그 내용을 지키기로 서로 계약을 맺는 것입니다. 만약 계약 내용이 어느 한쪽에 의해 불이행될 경우 공정성이 문제시되므로 다시 논의하여 새로운 계약을 설정해야 합니다.

> **전문가의 한마디**
>
> 토큰경제는 행동조성(Shaping)과 함께 사용할 때 효과적입니다. 예를 들어, 사회적으로 매우 위축되어 있는 조현병 환자로 하여금 사회적 상호작용을 강화하기 위해 토큰경제 프로그램에 참가하도록 할 경우, 우선 최소한의 사회적 접촉(예 간호사에게 자신이 원하는 것을 부탁하기 등)을 하면 토큰을 제공하고, 이후 차츰 사회적 접촉을 늘려 나가도록 유도할 수 있습니다(예 다른 환자들과 대화를 나누는 것 등).

■ 토큰경제(상표제도)의 활용방법

① 제1단계 - 표적행동의 선정

문제행동의 분석을 위해 표적행동을 선정하는 단계이다. 이때 표적행동은 변화시키고자 하는 행동, 즉 평소 잘 하지 않았지만 해야만 하는 일들(예 인사하기, 침대 정리, 청소하기 등)을 의미한다.

② 제2단계 - 표적행동의 측정

개입(치료) 효과를 판정하기 위해서는 우선 교정하려는 표적행동부터 측정해 두어야 한다.

③ 제3단계 - 적절한 강화물의 선정

목표로 하는 바람직한 행동에 대한 보상을 어떻게 해야 할 것인가를 대상자와 충분히 토론하여 결정한다.

④ 제4단계 - 상관표 작성

바람직한 행동과 강화물을 효과적으로 배합하고 상관표로 작성한다.

⑤ 제5단계 - 진전의 기록

치료의 진전 상황을 측정하는 것이 행동치료에서 특히 중요한 의미를 가진다. 진전이 있다는 것 자체가 곧 강화가 되어 치료를 더욱 촉진시키기 때문이다.

■ 토큰경제(상표제도)의 장점

① 토큰은 다양한 강화물로의 교환이 가능하므로 환자의 필요에 따라 효과가 좌우되는 포화현상을 제거할 수 있다.
② 장기간 토큰을 저장하여 더 크고 값진 물건이나 특혜와 교환할 수 있으므로 강화의 효과가 상대적으로 크다.
③ 환자의 행동을 강화할 때 간편하게 주고받을 수 있다.
④ 토큰의 즉각적인 배분을 통해 강화의 지연을 예방할 수 있다.

> **OX Quiz**
>
> 토큰은 즉각적인 배분을 통해 강화의 지연을 예방할 수 있다는 장점이 있다.
>
> 정답 O

■ 관찰학습의 과정

① 제1단계 - 주의집중 과정

모델에 주의를 집중시키는 과정으로서 모델은 매력적 특성을 가지고 있어서 주의를 끌게 되며, 관찰자의 흥미와 같은 심리적 특성에 대해서도 영향을 받는다.

② 제2단계 - 보존 과정(기억 과정, 파지 과정)

모방한 행동을 상징적 형태로 기억 속에 담는 것을 말한다. 이때 행동의 특징을 회상할 수 있는 능력이 관찰학습에서 중요하다.

③ 제3단계 – 운동재생 과정(재생 과정)
모델을 모방하기 위해 심상 및 언어로 기호화된 표상을 외형적인 행동으로 전환하는 단계이다. 이때 전제조건은 신체적인 능력이다.

④ 제4단계 – 동기화 과정(동기유발 과정, 자기강화 과정)
관찰을 통해 학습한 행동은 강화를 받아야 동기화가 이루어져 행동의 수행가능성을 높인다. 행동을 학습한 후 그 행동을 수행할 여부를 결정하는 데 중요한 역할을 하는 것이 바로 강화이다.

■ 관찰학습이 효과적으로 일어날 수 있는 조건

① 모델에 대한 관심
모델에 대해 관심을 가져야 한다. 모델에 대한 관심을 높이기 위해 보상을 줄 수 있다.

② 획득한 정보의 유지
모델에게서 얻은 정보를 유지해야 한다. 획득한 정보를 조직하고 유지하기 위해 상상 기술이나 언어적 부호화 전략 등을 사용할 수 있다.

③ 모델 행동의 재현
모델 행동을 재현해야 한다. 행동은 학습과 행동변화를 위해 모방되고 연습되어야 한다.

④ 모델 행동의 동기화
모델 행동을 하도록 동기화되어야 한다. 행동은 충분한 유인가나 동기가 있어야 지속적으로 일어날 수 있다.

기출키워드
21년 1회 / 23년 3회
관찰학습
※ 실기시험에는 관찰학습이 효과적으로 일어날 수 있는 조건을 4가지 기술하도록 하는 문제가 출제되었습니다.

기출복원 75
09, 10, 15, 18, 19, 21, 23년 기출

공포증 환자를 대상으로 체계적 둔감법을 실시하고자 한다. 체계적 둔감법의 3단계 과정을 순서대로 쓰고, 각 단계에 대해 간략히 설명하시오. [6점]

> **• 해설 체크! •**
>
> 1. **근육이완훈련**
>   치료자는 수회에 걸쳐 내담자가 근육의 긴장을 이완할 수 있도록 훈련시킨다.
> 2. **불안위계목록 작성**
>   내담자가 가지고 있는 불안이나 공포에 대한 구체적인 정보와 함께 각각의 증상과 관련된 행동들을 파악하여 불안위계목록을 작성한다.
> 3. **불안위계목록에 따른 둔감화**
>   역조건형성을 통해 내담자가 이완상태에서 불안을 유발하는 상황을 단계적으로 강도를 높여가면서 상상하도록 유도한다.

OX Quiz
모델을 모방하기 위해 기호화된 표상을 외형적 행동으로 전환하는 단계는 운동재생 과정이다.
정답 O

OX Quiz
관찰학습이 효과적으로 일어나도록 하려면 모델 행동을 하도록 동기화되면 안 된다.
정답 X(동기화되어야 함)

79 행동치료 Ⅲ

■ 자기-통제 프로그램의 일반적인 5단계 과정

① **제1단계 – 문제 구체화 및 목표설정**
   ㉠ 내담자가 변화시키고 싶어 하는 행동이 무엇인지, 내담자가 자기-통제에 성공한 것을 어떻게 알 수 있는지 등의 물음에 답하기 위해 양적으로 문제를 구체화하고, 몇 가지 목표를 설정하는 것이 필요하다. 예를 들어 체중감량을 목표로 하는 경우, 3개월 동안 5kg을 감량하겠다는 목표보다는 매일 유산소 운동으로 약 1,000kcal를 더 소모하겠다는 보다 구체적인 목표가 바람직하다.
   ㉡ 내담자의 목표 중 자기-개선 목표(예 학교생활에 대해 긍정적인 태도 갖기, 긴장 감소시키기, 친구와의 관계진전 등)는 측정하기 어렵다. 이 경우 목표를 달성했다고 명확히 말할 수 있는 행동의 목록을 만듦으로써 추상적인 목표를 구체적이고 명확한 목표로 전환시켜야 한다.

② **제2단계 – 변화에 대한 서약**
   ㉠ 변화에 대한 서약(Commitment to Change)은 내담자가 행동을 변화시키는 것이 중요하고, 행동을 변화시키기 위해 노력하여야 하며, 그와 같은 변화가 자신에게 이롭다는 사실을 인식하고 있음을 나타내는 진술 내지 행동이다.
   ㉡ 행동변화가 성공적으로 이루어지기 위해서는 내담자의 서약이 강력해지도록 하는 행위가 필요하다. 이를 위해 행동변화로 인한 모든 이득을 나열하여 기록해 보도록 하고, 변화에 대한 서약을 공연히 공표하며, 서약과 목표를 자주 상기시킬 수 있는 환경을 조성하도록 한다. 또한 프로그램 초기에 많은 시간과 에너지를 투자하도록 하고, 중단의 유혹에 대비하여 이를 다룰 수 있는 여러 가지 방안들을 계획하도록 한다.

③ **제3단계 – 자료수집 및 문제 원인의 분석**
   ㉠ 문제행동의 발생, 즉 언제, 어디서, 얼마나 자주 그와 같은 행동이 발생하는지에 대한 자료를 수집하는 것이 중요하다. 이는 과잉행동을 감소시키려고 할 때에 특히 중요하다.
   ㉡ 자료수집을 통해 행동을 기록하고 문제행동의 발생빈도를 나타내는 그래프를 그리는 것만으로도 행동의 진전이 일어날 수 있다. 특히 초기 관찰 동안 문제의 빈도를 기록할 때 문제행동의 선행자극과 그 문제를 유지시킬 수 있는 즉각적인 결과를 면밀히 살펴봄으로써 문제행동의 강화요인을 파악할 수 있다.

④ **제4단계 – 프로그램 설계 및 실행**
   ㉠ 어떤 상황에서 어떤 행동을 했을 때 어떤 결과에 이르게 된다는 것은 그동안의 경험을 통해 알 수 있다. 이와 같은 상황, 행동, 결과의 3가지 변인은 자기-통제 기술을 선택하는 데 중요한 요인이 된다.

전문가의 한마디

자기-통제 프로그램의 5단계에 관한 내용은 교재에 따라 약간씩 다르게 제시되고 있으나 내용상 큰 차이는 없습니다. 예를 들어, 일부 교재에서는 해당 5단계를 '문제의 규정 → 기초선 결정 → 자기통제 프로그램의 설계 → 계약하기 및 프로그램의 관리 → 행동수정자로부터 젖떼기'로 제시하기도 합니다.

OX Quiz

행동변화가 성공적으로 이루어지기 위해서는 내담자의 변화에 대한 서약이 강력해지도록 하는 행위가 필요하다.

정답 O

ⓒ 상황 관리에서는 자기-지시, 모델링, 신체적 지도(바람직한 동작의 유도), 즉각적인 주위 환경(바람직한 대안행동의 단서를 주는 환경으로의 재배치) 등의 기술이 효과적이며, 행동 관리에서는 숙달준거(Mastery Criteria)와 행동조성(Shaping)을 통한 목표행동의 세분화가 이루어져야 한다. 또한 결과 관리에서는 특정 상황에서 바람직하지 않은 특정 행동을 부주의하게 강화하는 강화물을 제거하는 한편, 행동상의 긍정적인 진전에 대해 의미 있는 강화물을 제공하는 등의 강화물 관리가 이루어져야 한다.

⑤ 제5단계 – 재발 예방 및 유지
  ㉠ 자기-통제 프로그램에서는 일반적으로 재발 현상이 나타난다. 이때 재발은 내담자가 프로그램을 시작하기 전에 있었던 것과 거의 같은 비율로 원하지 않던 행동을 다시 하게 되는 것을 말한다.
  ㉡ 상황, 행동, 결과의 3가지 변인은 자기-통제 프로그램 설계 시 고려해야 할 중요한 영역인 동시에, 재발의 원인에 대한 분석과 그것의 방지 방법을 분석하는 데도 유용한 틀을 제공한다.

■ 자기-통제 프로그램의 효과적인 강화 전략(Watson & Tharp)

① 자신을 위한 강화물을 다른 사람으로 하여금 관리하도록 요청한다.
  비만인 내담자가 매일 30분씩 걷기운동을 하기로 결심하고, 만약 일주일 중 하루도 빠짐없이 걷기운동을 하는 경우 작은 선물을 받기로 남편과 약속했다고 가정하자. 내담자의 남편은 그녀가 스스로의 약속을 지키는 것에 강화물(작은 선물)을 제공함으로써, 이 프로그램의 성공 가능성은 높아지게 된다.

② 행동이 일어난 후 즉각적으로 받게 될 자연스런 강화를 자신에게 스스로 상기시킨다.
  쇼핑중독인 사람이 자신이 사고 싶은 명품가방을 미리 사서 이를 크리스마스가 될 때까지 개봉하지 않기로 했다고 하자. 그의 쇼핑 행동은 비교적 오랫동안 지연되면서도 선물이 주는 즐거움과 기대감으로 인해 당장 또 다른 가방을 사려고 하지는 않을 것이다.

③ 자신의 행동 결과를 자기 스스로 다룬다.
  친구와의 약속과 시험공부 사이에서 갈등하는 학생은 시험을 망쳤을 때 느끼게 될 좌절감과 A학점을 받게 될 때 느끼게 될 행복감을 떠올리면서, 다시 한 번 시험공부에 매진할 것을 다짐하게 된다.

> **OX Quiz**
> 행동 관리에서는 숙달준거와 행동조성을 통한 목표행동의 세분화가 이루어져야 한다.
> 정답 O

> **OX Quiz**
> 자기-통제 프로그램에서 강화 전략을 효과적으로 이끌기 위해서는 자신의 행동 결과를 스스로 다루어서는 안 된다.
> 정답 X(스스로 다루어야 함)

■ 정적 강화 원리의 직접-작용 효과와 간접-작용 효과

① '직접-작용 효과(Direct-Acting Effect)'는 직접적인 강화로 인한 반응의 빈도가 증가하는 것인 반면, '간접-작용 효과(Indirect-Acting Effect)'는 강화물이 지연된다고 하더라도 그 강화물에 의해 반응이 증가하는 것이다.
② 지연된 강화물은 강화물을 받는 행동에 관한 지시 때문이거나 행동과 지연된 강화물 사이를 매개하는 자기-진술(혹은 생각)로 인해 효과를 나타낸다.
③ 예를 들어, 한 달 동안 정시에 출근한 직원들에게 월말에 보너스를 주기로 한 경우, 평소 지각이 잦던 직원도 월말에 받을 보너스를 어떻게 쓸 것인지에 대해 자기-진술(생각)을 하면서 평소보다 일찍 직장으로 출근할 것이다.

> **OX Quiz**
> 강화물이 지연된다고 하더라도 그 강화물에 의해 반응이 증가하는 것을 간접-작용 효과라고 한다.
> **정답** O

■ 학교생활에 적응하지 못하는 아동 및 청소년 내담자의 행동변화를 위한 행동수정의 주요 원리

① 상반행동의 강화원리

아동(혹은 청소년)이 바람직하지 못한 행동을 중단하도록 하기 위해 수정하고자 하는 행동과 모순되거나 혹은 동시에 그 행동과 함께 수행될 수 없는 상반행동을 강화한다.

예 치료자는 고립적 행동이 심한 아동에게 놀이상황을 조장하여 관심과 칭찬으로써 어울려서 노는 행동을 강화한다.

② 점진적 접근원리

아동이 이전에 하지 못했던 새로운 행동을 하도록 가르치기 위해서는 그 하위단계의 행동들을 계속 강화해 가면서 점차적으로 목표행동에 접근해 나가도록 한다.

예 치료자는 대인관계에서 부적응 행동을 보이는 아동에게 상대방과 눈을 맞추고 미소를 띤 표정을 짓도록 하며, 단순한 문장을 발음하는 것에서부터 복잡한 문장을 발음하는 데 이르기까지 행동을 조성한다.

③ 모방원리

아동에게 새로운 행동을 가르치기 위해 영향력 있는 사람의 바람직한 행동을 관찰할 기회를 제공하여 그 행동을 모방하도록 유도함으로써 목표행동을 배우도록 한다.

예 치료자는 자신의 문제들을 쉽게 포기하려는 아동에게 모델로 삼을만한 영향력 있는 사람들을 소개하여 그들의 극복경험을 이야기해 주거나 그들의 과거 및 현재 활동을 탐색하도록 지도한다.

■ **파괴적 행동문제를 보이는 청소년을 대상으로 행동치료를 수행할 때 행동원리에 의한 정적 강화의 수준을 높여야 하는 이유**

① 보상 추구의 반응양식

강화자극은 표적행동의 발생률을 높일 수 있는 후속자극으로서 정적 강화인이 되며, 이러한 후속자극으로 인해 기대행동이 증가하게 된다. 예를 들어, 교사가 교내 폭력사건에 연루된 학생에게 따뜻한 관심을 보여준다면 그 학생은 자신이 다른 누군가의 관심 대상이라는 사실을 알게 되어 자신의 부적절한 행동을 점차적으로 삼가게 될 것이다.

② 처벌의 낮은 효과성

파괴적 행동문제를 보이는 청소년은 자극과 모험을 추구하며, 사회적인 제재 등 부적절한 행위로 인해 나타날 수 있는 결과에 대해 별다른 두려움을 느끼지 않는 경우가 많다. 이와 같이 청소년이 자신에게 가해지는 제재의 위협에 대해 별다른 두려움을 느끼지 못하는 상황에서 처벌의 효과를 기대하기 어렵다.

③ 역기능적인 훈육 및 교육 방식으로 인한 부적응 행동의 강화

부모나 교사가 청소년의 파괴적인 행동에 대해 무관심하거나 별다른 개입을 하지 않는 경우, 일관되지 못한 태도를 보이는 경우, 고함을 지르거나 과도하게 화를 내는 경우 오히려 청소년의 파괴적 행동을 강화할 수 있다. 예를 들어, 교사가 수업 중 떠드는 학생에게 계속 고함을 지르는 경우, 교사는 그와 유사한 상황에서 똑같은 반응을 보일 것이며, 그로 인해 학생들은 그 교사를 멀리 하게 되고 심지어 교사의 고함치는 버릇을 모방할 수도 있다.

기출복원 76
11, 17, 24년 기출

파괴적 행동문제를 보이는 청소년을 대상으로 행동치료를 수행할 때 행동원리에 의한 정적 강화의 수준을 높여야 하는 이유를 3가지 쓰시오. **6점**

— 해설 체크! —
1. 교사의 따뜻한 관심(정적 강화인)은 파괴적 행동문제를 보이는 청소년이 더욱 따뜻한 관심을 받도록 유인하므로 파괴적 행동이 줄어들게 된다.
2. 파괴적 행동문제를 보이는 청소년은 자신에게 가해지는 제재의 위협에 대해 별다른 두려움을 느끼지 못하므로 처벌의 효과를 기대하기 어렵다.
3. 청소년의 파괴적 행동에 대해 무관심하거나, 별다른 개입을 하지 않거나, 일관되지 못한 태도를 보이는 경우 오히려 파괴적 행동이 강화될 수 있다.

전문가의 한마디

행동수정의 원리는 크게 '새로운 행동을 발달시키기 위한 원리', '새로운 행동을 유지시키기 위한 원리', '부적절한 행동을 감소 또는 중단시키기 위한 원리', '정서적 반응수정을 위한 원리'의 범주로 구분할 수 있습니다. 참고로 본문의 해설에서 상반행동의 강화원리는 '부적절한 행동을 감소 또는 중단시키기 위한 원리'로, 점진적 접근원리와 모방원리는 새로운 행동을 발달시키기 위한 원리로 분류할 수 있습니다.

전문가의 한마디

일반적으로 강화와 처벌 모두 행동수정에 유효한 것으로 알려져 있습니다. 다만, 청소년을 대상으로 하는 학교현장에서는 학생들의 지도 및 훈육을 위해 처벌보다는 강화가 보다 바람직하다고 주장하고 있습니다. 그러나 강화가 반드시 좋은 결과만을 가져오는 것은 아니라는 의견도 있습니다. 아동의 파괴적인 행동이 부모에게서 관심을 끌기 위한 것일 수 있으며, 이 때 부모가 자녀에게 관심을 보이는 것이 오히려 그와 같은 역기능적 행동을 강화할 수도 있다는 것입니다.

80 인지·정서·행동치료(REBT) Ⅰ

■ 인지·정서·행동치료(Rational Emotive Behavior Therapy)의 의의 및 특징

① 인지이론과 행동주의적 요소가 결합된 것으로서, 인지과정의 연구로부터 도출된 개념과 함께 행동주의 및 사회학습이론으로부터 나온 개념들을 통합하여 적용한 것이다.
② 1955년 엘리스(Ellis)는 인본주의적 치료와 철학적 치료, 행동주의적 치료를 혼합하여 '인지적 치료(RT ; Rational Therapy)'를 고안하였으며, 1962년 '인지적·정서적 치료(RET ; Rational Emotive Therapy)'로 명칭을 변경하였다. 이후 1993년 행동의 중요성이 강조됨에 따라 '인지·정서·행동치료(REBT ; Rational Emotive Behavior Therapy)'로 명칭을 변경하였으며, 이는 앞선 치료 및 상담의 영역들을 포괄적으로 지칭한다.
③ 엘리스는 인간의 정서적인 문제가 일상생활에서 구체적으로 경험하는 사건 자체에 기인하는 것이 아닌 이를 합리적이지 못한 방식으로 받아들이는 것에서 비롯된다고 보았다.
④ 인간의 역기능적인 사고는 잘못된 생각 또는 인지체계에 의해 나타나며, 이는 정서상의 왜곡과 함께 행동에 직접적인 영향을 미친다.
⑤ 문제에 초점을 둔 시간제한적 접근으로서, 내담자가 자신의 사고와 행동을 통제하기 위한 대처기제를 학습하는 교육적 접근을 강조한다.

■ 인지·정서·행동치료의 기본원리

① 인지는 인간 정서의 가장 중요한 핵심적 요소이다.
② 역기능적 사고는 정서적 장애의 중요한 결정요인이다.
③ 사고와 감정의 연관성을 기초로 사고의 분석에서부터 시작한다.
④ 비합리적 사고와 정신병리를 유도하는 원인적 요인들은 유전적·환경적 영향을 포함하는 중다요소로 되어 있다.
⑤ 행동에 대한 과거의 영향보다 현재의 상태에 초점을 둔다.
⑥ 인간은 본래 비합리적으로 사고하지만, 그러한 비합리적인 사고를 바꿀 수 있는 힘이 있다고 믿는다.

전문가의 한마디

REBT는 인간의 문제는 철학적인 문제에 있다고 가정하면서, 증상 자체의 제거보다는 인간의 성장을 방해하는 여러 가지 근본적 신념이나 가치체계를 검토하여 이를 변화시키고자 합니다. 이를 통해 내담자로 하여금 자기패배적 사고에서 벗어나 실제적이고 관대한 인생철학을 습득하도록 도우며, 자신이나 타인을 비난하는 경향을 감소시키고 미래의 어려움을 효과적으로 다루는 방법을 습득하도록 합니다.

전문가의 한마디

인지를 인간 정서의 핵심요소로 간주한다는 것은 곧 "우리가 생각하는 것을 느낀다"는 의미입니다. 즉, 다른 사람이 나의 기분을 좋게 또는 나쁘게 만드는 것이 아니라 나 스스로 인지적으로 그렇게 만든다는 것입니다. 결국 과거나 현재의 어떤 외적인 사건보다는 내적인 사건이 인간의 정서적 반응에 더욱 직접적이고 강한 영향을 준다고 볼 수 있습니다.

OX Quiz

1955년 엘리스는 인지적 치료를 고안하였으며 후에 인지적·정서적 치료로 명칭을 변경하였다.

정답 O

■ 인지·정서·행동치료(REBT)의 기법

① 인지적 기법

비합리적 신념 논박하기	• 상담자(치료자)는 내담자가 가지고 있는 비합리적 신념을 논박함으로써 내담자가 느끼는 장애가 내담자 자신의 지각과 자기진술에 의한 것임을 강조한다. • 이러한 비합리적 신념에 대한 논박은 내담자가 자신의 비합리적 신념을 포기할 때까지 또는 그 강도가 약화될 때까지 지속적이고 당위적으로 이루어져야 한다.
인지적 과제 부여하기	• 상담자는 내담자가 자신의 문제를 목록표로 만들도록 하며, 이를 통해 자신의 절대론적 사고를 논박하도록 요구한다. • 이 과정에서 상담자는 내담자 스스로 자신의 제한적 사고에 대한 도전을 감행하도록 촉구한다.
내담자의 언어 변화시키기	• 상담자는 내담자의 부정확한 언어사용에 주의를 기울이는 한편, 내담자의 언어 패턴을 포착한다. • 특히 상담자는 내담자에게 '~ 해야 한다' 또는 '~ 하지 않으면 안 된다'와 같은 표현을 '~ 하는 것이 더 낫다'와 같은 표현으로 대체할 수 있음을 주지시킨다.

② 정서적 기법

합리적 정서 심상법	• 상담자는 내담자에게 최악의 상황을 상상하도록 요구하며, 그 상황에 맞지 않는 부적절한 감정을 적절한 감정으로 대치하도록 한다. • 이와 같은 정서적 모험을 통해 상담자는 내담자가 정서적으로 자신을 개방할 수 있도록 하며, 지속적인 합리적 상상으로써 부적절한 신념에 의해 유발되는 혼란을 방지하도록 돕는다.
합리적 역할극	• 내담자가 심리적인 고통을 경험했거나 그러할 것으로 예상되는 상황을 상담자와 함께 역할연기를 통해 체험해 본다. • 역할극은 내담자의 비합리적 신념을 확인하는 기회가 될 수 있는 것은 물론 내담자에게 다양한 피드백을 제공하는 기회가 되기도 한다.
유머 사용하기	• 상담자는 내담자가 진지하고 과장된 사고로 생활상의 사소한 문제를 심각한 문제 상황으로 확대하지 않도록 조치한다. • 유머는 진지한 사고가 내담자의 정서적 혼란을 야기할 때, 틀에 박힌 생활철학에 대해 논박할 필요가 있을 때 유용하게 사용될 수 있다.

③ 행동적 기법

강화와 처벌 기법	• 상담자는 내담자가 특정한 과제를 성공적으로 수행한 경우 보상을 하는 한편, 실패한 경우 벌칙을 부과한다. • 이와 같이 과제의 수행 여부에 따라 강화 혹은 처벌을 부여함으로써 체계적으로 행동 변화를 유도한다.
기술 훈련	• 내담자에게 부족한 행동기술을 향상시킬 수 있도록 교육하고 훈련하는 것이다. • 사회적응기술, 대인관계기술을 비롯하여 직업 관련 기술 훈련을 통해 내담자의 직업활동이나 대인관계에서의 자신감을 증가시킨다.

기출키워드

21년 3회

인지·정서·행동치료(REBT)의 기법

※ 실기시험에는 내담자의 문제와 관련하여 적절한 치료계획을 인지적·정서적·행동적 측면에서 4가지 기술하도록 하는 문제가 출제되었습니다.

전문가의 한마디

'합리적 정서 심상법'은 '합리적 정서 상상' 혹은 '합리적 상상하기' 등으로도 불립니다.

OX Quiz

'내담자의 언어 변화시키기'는 인지적 기법에 해당한다.

정답 O

역설적 과제	• 내담자가 외면적으로 치료를 통해 변화하고자 하는 모습과 정반대로 행동해 보도록 하는 것이다(예 불안한 생각으로 고통을 받는 사람에게 하루에도 몇 번씩 의도적으로 그 생각을 하도록 요구한다). • 내담자는 역설적 과제를 통해 자신의 문제를 새로운 관점에서 바라봄으로써 좀 더 객관적으로 현실 인식을 할 수 있게 된다.

■ **엘리스(Ellis)가 제시한 합리적·정서적 행동치료의 구체적인 목표**

① 자기에 대한 관심(Self-Interest)
   정서적으로 건강한 사람은 자기 자신에게 완전히 빠져버리지 않으면서도 자신에게 관심을 가질 수 있다.

② 사회에 대한 관심(Social-Interest)
   건강한 사람은 소외된 실존을 택하지 않으며, 사회집단에서 다른 사람과 조화롭게 사는 데 관심을 가진다.

③ 자기 지시 또는 자기지향(Self-Direction)
   건강한 사람은 다른 사람과의 행동이나 지지를 좋아한다고 해서 그러한 지지를 요구하는 것은 아니며, 자신의 삶에 책임을 느낄 수 있고 혼자서 자신의 문제를 독립적으로 해결할 수 있다.

④ 관용(Tolerance)
   성숙한 개인은 다른 사람이 실수하거나 잘못한 것을 수용하며, 그러한 행동을 경멸하지 않는다.

⑤ 유연성 또는 융통성(Flexibility)
   건강한 사람은 사고가 유연하고 변화에 개방적이며, 다른 사람들에 대해 고집스럽지 않은 관점을 가지고 있다.

⑥ 불확실성의 수용(Acceptance of Uncertainty)
   성숙한 개인은 자신이 불확실한 세상에 살고 있음을 인식한다. 비록 질서정연함을 좋아하지만, 이런 질서나 확실성에 대한 감각을 투덜대며 요구하는 것은 아니다.

⑦ 이행 또는 몰두(Commitment)
   건강한 개인은 자기 외부의 어떤 일에 적극적인 관심을 가진다.

⑧ 과학적 사고(Scientific Thinking)
   성숙한 개인은 깊이 느끼고 확실하게 행동하며, 자신과 결과에 대해 반성함으로써 감정과 행동들을 조절해 나간다.

⑨ 자기 수용(Self-Acceptance)
   건강한 개인은 그가 살아있다는 것만으로도 자신을 수용하며, 자신의 가치를 외적 성취나 다른 사람과의 비교로 평가하지 않는다.

전문가의 한마디

합리적·정서적 행동치료의 구체적인 목표는 합리적·정서적 행동치료의 정신건강 기준이기도 합니다.

OX Quiz

정서적으로 건강한 사람은 자기 자신에게 몰입하고, 완전히 빠져서 관심을 가진다.

정답 X(자신에게 빠져버리지 않으면서도 관심을 가질 수 있음)

⑩ 모험 실행 또는 위험 무릅쓰기(Risk-Taking)

정서적으로 건강한 개인은 어리석게 빠져들지는 않지만 모험적인 경향을 지닌다.

⑪ 반유토피아주의 또는 비이상주의(Non-Utopianism)

성숙하고 정서적으로 건강한 사람은 자신이 유토피아적인 실존을 할 수 없다는 사실을 받아들이고, 자신이 얻고자 하는 모든 것들을 다 얻을 수는 없으며, 원하지 않는 모든 것들을 다 회피할 수 없다는 것을 인식한다.

■ ABCDE 모델(Ellis)

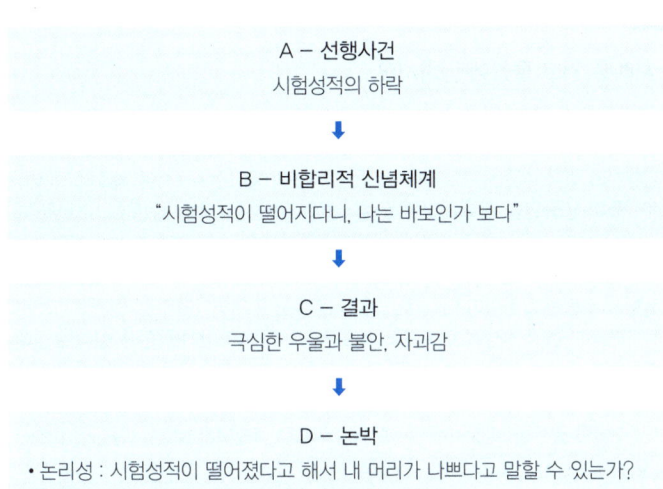

① 선행사건(Activating Event)

내담자의 감정을 동요시키거나 내담자의 행동에 영향을 미치는 사건을 의미한다.

② 비합리적 신념체계(Belief System)

선행사건에 대한 내담자의 비합리적 신념체계나 사고체계를 의미한다.

③ 결과(Consequence)

선행사건을 경험한 후 자신의 비합리적 신념체계를 통해 그 사건을 해석함으로써 느끼게 되는 정서적·행동적 결과를 말한다.

전문가의 한마디

'모험 실행'은 다소의 위험을 감수한다는 의미이며, 실패를 하더라도 거기서 벗어나려고 스스로 노력한다는 것입니다.

기출키워드

23년 3회

ABCDE 모형

※ 실기시험에는 합리적·정서적 치료 상담의 ABCDE 모형을 각 단계별로 설명하도록 하는 문제가 출제되었습니다.

전문가의 한마디

엘리스(Ellis)가 제안한 'ABCDE 모델'은 종종 'ABCD 모델' 혹은 'ABCDEF 모델'로 제시되기도 합니다. 'ABCDEF 모델'에서 'F'는 'Feeling(감정)'을 의미하는 것으로서, 내담자가 합리적인 신념을 통해 새로운 감정이나 행동을 경험하는 것을 말합니다.

④ 논박(Dispute)

내담자가 가지고 있는 비합리적 신념이나 사고에 대해 그것이 사리에 부합하는 것인지 논리성·현실성·효용성에 비추어 반박하는 것으로서, 내담자의 비합리적 신념체계를 수정하기 위한 것이다.

⑤ 효과(Effect)

논박으로 인해 나타나는 효과로서, 내담자가 가진 비합리적인 신념을 철저하게 논박하여 합리적인 신념으로 대체한다.

> **OX Quiz**
> ABCDE 모델에서 'D'는 '논박'에 해당된다.
> 정답 O

기출복원 77
19년 기출

다음 보기의 사례를 읽고 물음에 답하시오. 　4점

> 올해 15세로 중학교 3학년인 A군은 평소 학교 친구들과 어울리지 못하며, 거의 매일 아침 등교 시간마다 학교가기를 거부하고 있다. A군은 학교에서 아이들이 자신과 놀아주기는커녕 괴롭히고 따돌린다면서, 학교에 가는 것이 죽고 싶을 만큼 싫다고 불평을 늘어놓았다. A군은 또래 아이들에 비해 골격이 크고 당당한 체구이며, 어려서부터 태권도를 좋아하여 현재까지 도장에 다니고 있다. 그러나 A군은 중학교에 진학한 이후 성적이 최하위권으로 떨어졌으며, 현재 A군의 담임선생님은 최근 실시한 집단지능검사의 결과와 함께 A군의 일반계 고등학교 진학이 어렵다는 이야기를 A군의 어머니에게 알려주었다고 한다. A군의 어머니는 자신의 아들이 담임선생님의 이야기처럼 고등학교 진학이 어려울 만큼 심각한 상태인지, A군이 학교생활에 적응하지 못하는 것을 어떻게 해결할 수 있을지, 앞으로 A군을 어떠한 방식으로 훈육해야 할 것인지 등의 문제를 호소하고 있다. 심리평가를 위해 A군과 A군의 어머니가 내원했을 때, A군은 무표정한 얼굴에 약간 어눌한 말투를 보였으며, 발음도 부정확했다. 또한 대답하는 것을 귀찮아하는 듯 매우 짧은 답변으로 일관했으며, 자신의 문제들을 쉽게 포기하려는 모습을 보였다.

보기의 내용에 제시된 내담자 A군의 문제와 관련하여 적절한 치료계획을 인지적·정서적·행동적 측면에서 4가지 기술하시오.

> **● 해설 체크! ●**
>
> 1. 인지적 측면 : 비합리적 신념 논박하기
>   상담자는 A군의 비합리적 신념을 논박하고, 자기패배적인 자기대화를 합리적인 자기대화로 바꾸어 말하도록 유도한다.
> 2. 정서적 측면 : 합리적 역할극 및 합리적 정서 심상법 사용하기
>   상담자는 합리적 역할극을 통해 A군의 부적응적 감정이 비합리적 신념에서 비롯된 것임을 피드백하는 한편, 다른 사람의 무관심에 대해 그들을 미워할 필요도, 스스로 우울해 할 필요도 없음을 인식시킨다.
> 3. 인지·행동적 측면 : 자기교습훈련
>   상담자는 A군의 행동 변화를 위해 자기관찰, 자기대화(새로운 내적 대화의 시작), 자기교습(새로운 기술의 학습)으로 이어지는 3단계 행동변화법을 적용하여 부적응적 행동을 스스로 통제하고 효과적으로 대처하도록 돕는다.
> 4. 행동적 측면 : 기술훈련(사회기술훈련)
>   상담자는 모델링, 역할연기, 피드백, 실제상황에의 적용 등의 방법으로 기술훈련을 실시함으로써 A군의 대인관계에 대한 자신감을 증가시킨다.

81 인지·정서·행동치료(REBT) II

기출키워드
21년 3회
비합리적 신념

※ 실기시험에는 엘리스(Ellis)가 제시한 비합리적인 신념을 5가지 쓰도록 하는 문제가 출제되었습니다.

■ 엘리스(Ellis)가 제시한 11가지 비합리적 신념

① 인간은 주위의 모든 중요한 사람들에게서 항상 사랑과 인정을 받아야만 한다.
② 인간은 모든 면에서 반드시 유능하고 성취적이어야 한다.
③ 어떤 사람은 악하고 나쁘며 야비하다. 따라서 그와 같은 행위에 대해서는 반드시 준엄한 저주와 처벌이 내려져야 한다.
④ 일이 내가 바라는 대로 되지 않는 것은 끔찍스러운 파멸이다.
⑤ 인간의 불행은 외부 환경 때문이며, 인간의 힘으로는 그것을 통제할 수 없다.
⑥ 위험하거나 두려운 일이 일어날 가능성은 상존하므로, 그것이 실제로 일어날 가능성에 대해 항상 유념해야 한다.
⑦ 인생에 있어서 어떤 난관이나 책임을 직면하는 것보다 회피하는 것이 더욱 쉬운 일이다.
⑧ 인간은 타인에게 의지해야 하며, 자신이 의지할 만한 더욱 강력한 누군가가 있어야 한다.
⑨ 인간의 현재 행동과 운명은 과거의 경험이나 사건에 의해 결정되며, 인간은 과거의 영향에서 결코 벗어날 수 없다.
⑩ 인간은 다른 사람의 문제나 곤란에 대해 항상 신경을 써야 한다.
⑪ 인간의 문제에는 항상 정확하고 완전한 해결책이 있으므로, 이를 찾지 못하는 것은 매우 유감스러운 일이다.

■ 비합리적 신념의 뿌리를 이루는 3가지 당위성

① 자신에 대한 당위성
  ㉠ 개인이 자기 자신에게 현실적으로 충족시키기 어려운 과도한 기대와 요구를 부과하는 것이다.
  ㉡ 인간은 누구나 실수할 수 있고 실패할 수 있음에도 불구하고 이를 고려하지 않은 채 자신에게 부과한 당위적 요구에 의해 부적응적인 결과를 초래한다.
  예 나는 반드시 훌륭하게 일을 수행해내야 하며, 중요한 타인들로부터 인정받아야만 한다. 만약 그렇지 못하다면 끔찍하고 참을 수 없는 일이며, 나는 썩어빠진 하찮은 인간이다.
② 타인에 대한 당위성
  ㉠ 개인이 타인에 대해 가지는 과도한 기대와 요구에 해당하는 것으로서, 타인에게 그와 같은 기대에 따르도록 일방적으로 요구하는 것이다.
  ㉡ 이와 같은 과도한 기대와 요구는 필연적으로 실망, 좌절, 배신을 가져오며, 그로 인해 분노, 적개심, 질투 등을 유발한다.

OX Quiz
'인간은 다른 사람의 문제나 곤란에 대해 항상 신경을 써야 한다'는 생각은 엘리스의 비합리적 신념에 해당된다.
정답 O

OX Quiz
다희는 항상 '나는 가족과 주변 친구들에게 꼭 훌륭하게 인정받아야 해'라는 생각을 가지고 있다. 이는 타인에 대한 당위성에 해당한다.
정답 X(자신에 대한 당위성에 해당함)

예 타인은 반드시 나를 공정하게 대우해야 한다. 만약 그렇지 못하다면 끔찍하고 참을 수 없는 일이며, 나 또한 그러한 상황을 참아낼 수 없다.

③ 세상에 대한 당위성(조건에 대한 당위성)
  ㉠ 개인이 사회체제뿐만 아니라 자연세계에 대해 과도하게 비현실적인 기대를 가지는 것이다.
  ㉡ 이와 같은 비현실적인 기대는 세상에 대한 막연한 분노와 공포, 비관적이고 소극적인 행동, 우울감과 자기연민 등을 유발한다.
  예 세상의 조건들은 내가 원하는 방향으로 돌아가야만 한다. 만약 그렇지 못하다면 끔찍하고 참을 수 없는 일이며, 나 또한 그와 같은 끔찍한 세상에서 살아갈 수 없다.

■ 비합리적 신념의 4가지 특징(유형)

① 당위적 사고
  ㉠ 영어의 'Must'와 'Should'로 대변되는 것으로서, 우리말로는 "반드시 ~해야 한다"로 표현된다.
  ㉡ 인간은 자기 자신, 타인 그리고 세상에 대해 비현실적인 과도한 기대를 만들어서 그것을 일방적으로 부과하는 것은 물론 이를 반드시 지키도록 요구하고 강요한다.
  예 나는 반드시 성공해야만 한다.

② 파국화(Awfulizing) 또는 재앙화(Catastrophizing)
  ㉠ 지나친 과장을 의미하는 것으로서, 우리말로는 "~하는 것은 끔찍한 일이다"로 표현된다.
  ㉡ 당위적 요구가 충족되지 않았을 때 그와 같은 현실의 결과를 과장되게 해석하는 것이다.
  예 기말시험을 망치는 것은 정말 끔찍한 일이다.

③ 좌절에 대한 인내심 부족
  ㉠ 좌절을 유발하는 상황을 잘 견디지 못하는 것으로서, 세상에 대한 부정적·비관적인 시각을 가지게 된다.
  ㉡ 당위적 요구가 좌절된 상황을 참을 수 없다고 생각하는 것으로서, 이와 같은 비합리적 사고에 의한 다양한 심리적 문제는 '좌절 또는 불편감에 대한 인내력 장애'라고 일컬어지기도 한다.
  예 나는 다른 사람들에게서 죄인으로 오해를 받으면서 살 수 없다.

④ 자기 및 타인에 대한 비하
  ㉠ 자기 자신이나 타인 혹은 상황에 대해 경멸하거나 비하함으로써 파멸적인 사고를 하는 것이다.

전문가의 한마디

'비합리적 신념의 특징'은 교재에 따라 '비합리적 신념의 유형', '비합리적 신념의 차원', '비합리적 신념의 요소' 등으로도 제시되고 있습니다.

OX Quiz

반에서 1등을 놓치지 않는 학생 도엽은 '1등을 놓치는 것은 끔찍한 일이야'라는 생각을 자주 한다. 이는 '파국화'라고 할 수 있다.

정답 O

ⓒ 당위적 요구를 충족시키지 못한 자신 또는 타인은 무가치할 뿐만 아니라 비난받거나 질책당하는 것이 마땅하다고 생각한다.

예 열심히 공부하고도 성적이 떨어졌으니, 나와 같은 바보가 세상에 또 있을까?

기출복원 78
12, 14, 18년 기출

엘리스(Ellis)가 제시한 비합리적인 신념을 5가지 쓰시오. 5점

● 해설 체크! ●

1. 인간은 주위의 모든 중요한 사람들에게서 항상 사랑과 인정을 받아야만 한다.
2. 인간은 모든 면에서 반드시 유능하고 성취적이어야 한다.
3. 어떤 사람은 악하고 나쁘며 야비하다. 따라서 그와 같은 행위에 대해서는 반드시 준엄한 저주와 처벌이 내려져야 한다.
4. 일이 내가 바라는 대로 되지 않는 것은 끔찍스러운 파멸이다.
5. 인간의 불행은 외부 환경 때문이며, 인간의 힘으로는 그것을 통제할 수 없다.

참고

합리적·정서적 치료에서 비합리적 신념(사고)의 유형

완전주의	자신은 완전하며 또한 완전해야 한다고 믿는다. 예 선생님의 사소한 지적에 상처를 받거나 조언을 받아들이기를 거부하는 경우
당위성	모든 현상이나 사건이 반드시 어떠한 일정한 방식이나 방향으로 전개되리라고 믿는다. 예 부모가 자신의 가치관에 따라 자녀를 훈육하려는 경우
과잉일반화	한두 개의 고립된 사건에 근거해서 일반적인 결론을 내리고 그것을 서로 관계 없는 상황에 적용하려고 한다. 예 여자친구가 피곤하여 만날 수 없다고 했을 때, 사랑이 식었다고 결론을 내리는 경우
부정적 예언	자신이 시도하는 일은 결과적으로 성공할 수 없다고 믿는다. 예 수험생이 자신이 하는 일은 실패할 것이 분명하다고 단정을 내림으로써 시험을 미리 포기하거나 체념하는 경우
무력감	자신의 능력을 스스로 과소평가하거나 무기력 상태에 놓임으로써 자신은 결코 그렇게 할 수 없다고 믿는다. 예 비행청소년에게서 곤란을 겪고 있는 친구에게 자신은 도움을 줄 수 없다며 회피하는 경우

82 인지치료 Ⅰ

■ 인지치료(Cognitive Therapy)의 의의 및 특징

① 엘리스(Ellis)가 개인이 가진 비합리적 사고나 신념에 문제의 초점을 두었다면, 벡(Beck)은 개인이 가지고 있는 정보처리 과정상의 인지적 왜곡에 초점을 두었다.
② 벡은 사람들이 느끼고 행동하는 방식이 경험의 지각과 구조화의 방식에 의해 결정된다고 보았다.
③ 인지치료는 개인이 정보를 수용하여 처리하고 반응하기 위한 지적인 능력을 개발시키는 방법을 말한다.
④ 역기능적이고 자동적인 사고 및 도식, 신념, 가정의 대인관계행동에서의 영향력을 강조하며, 이를 수정하여 내담자의 정서나 행동을 변화시키는 데 역점을 둔다.
⑤ 구조화된 치료이자 단기적·한시적 치료로서 '여기-지금(Here & Now)' 내담자가 가지고 있는 문제를 파악하며, 그에 대한 교육적인 치료를 수행하는 과정으로 이루어진다.

■ 자동적 사고(Automatic Thoughts)

① 사람은 어떤 상황에서 사실적인 정보를 이해하고 통합하고자 할 때 그와는 다른 수준에서 매우 빠르게 자동적인 사고를 한다.
② 한 개인이 어떤 상황에 대해 내리는 즉각적이고 자발적인 평가를 말하는 것으로서, 의도적이거나 심사숙고해서 형성되는 사고가 아니다.
③ 우울증을 경험하는 사람은 실패, 무능함, 손실 등과 관련된 부정적인 자동적 사고를 가지고 있으며, 이러한 자동적 사고가 그 사람의 심리적인 문제로 이어진다.
④ 인지치료는 역기능적이고 불쾌한 감정을 유발하며, 건전한 사고를 저해하는 자동적 사고를 식별하는 데 역점을 둔다.
⑤ 인지치료는 상황 자체보다는 한 개인이 처한 상황에 대해 어떠한 해석을 내리느냐에 따라 감정의 변화가 다르게 나타난다고 본다.

■ 우울증상을 동반한 부정적인 자동적 사고로서 인지삼제(Cognitive Triad)

① 자기 자신
자기 자신에 대한 비관적 사고를 말한다.
예 나는 아무짝에도 쓸모없는 사람이다.

전문가의 한마디

자동적 사고는 상황과 정서를 매개합니다. 예를 들어, 친구에게서 연락이 뜸하다고 하여 이를 자신에 대한 무관심 때문인 것으로 생각하고 그것에 대해 슬픔의 감정을 느낀다면, 그 슬픔의 감정은 상황 자체가 아닌 그것이 무관심 때문이라는 자동적 사고에서 기인합니다.

전문가의 한마디

역기능적 사고는 특히 우울증상을 유발하는 독특한 역기능적 태도나 내적 규칙을 가진 사고를 말합니다. 이와 관련하여 벡은 우울한 사람들이 3가지 점에서 부정적인 역기능적 인지도식을 가지고 있다고 보았으며, 이 3가지 역기능적 인지도식을 '인지삼제(Cognitive Triad)'라고 불렀습니다.

② 자신의 미래

자기 자신의 앞날에 대한 염세주의적 사고를 말한다.

예 내겐 더 이상 희망이 존재하지 않는다.

③ 주변 환경(상황)

자기 주변은 물론 세상 전반에 대한 부정적 사고를 말한다.

예 세상 살기가 정말로 어렵다.

■ 도식(Schema)

① 인간이 사물을 받아들이는 데 사용하는 정신체계로서, 사물이나 사건에 대한 전체적인 윤곽 또는 지각의 틀을 말한다.
② '핵심신념(Core Belief)'에 의해 형성되는 것으로, 일종의 가정에 해당하는 '중간신념(Intermediate Belief)'을 거쳐 상황에 대한 자동적 사고로 연결된다.
③ 기억에서 정보를 인출하는 단서가 되며, 감각 자료를 해석하고 행동을 조직화하는 기능을 가진다.
④ 개인의 인지구조에 따라 특정 자극에 선택적인 주의를 기울임으로써 서로 다른 양상을 보이게 되며, 이것이 경우에 따라 왜곡된 자동적 사고로 나타나기도 한다.
⑤ 인지이론은 인간의 인지상의 문제가 효과적인 사고를 방해하는 도식에서 비롯된 것으로 가정한다.
⑥ 예를 들어, 학업에 대한 자신감이 부족한 학생의 경우, 다음과 같은 인지 과정을 거칠 수 있다.

전문가의 한마디

'핵심신념'은 개인의 수많은 자동적 사고의 기저에 있으면서 중간신념으로 반영되어 나오는 자기 자신에 대한 중심적인 생각들을 말합니다. 또한 '중간신념'은 핵심신념이 자동적 사고를 유발하는 데 중간 역할을 하는 것으로, 흔히 사람들의 자동적 사고를 형성하는 극단적이고 절대적인 규칙 및 태도를 반영합니다.

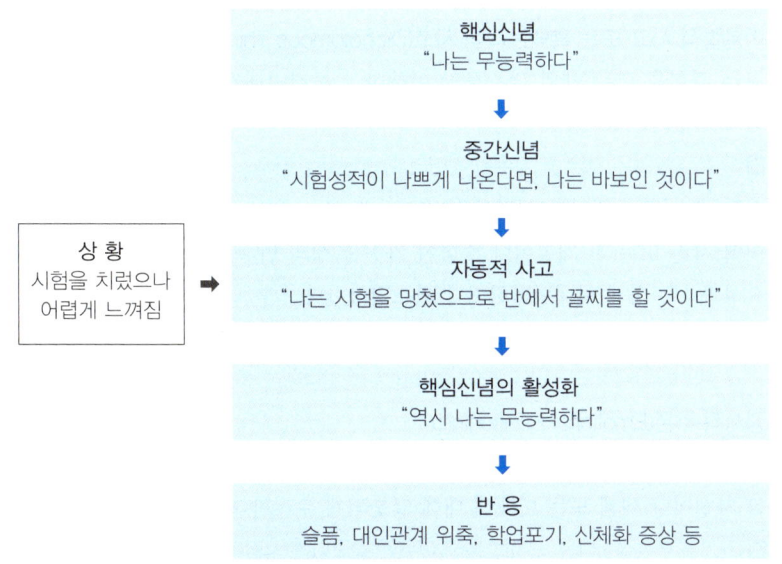

OX Quiz

우울증상을 동반한 자동적 사고로서 자기 자신, 자신의 미래, 주변 환경에 대한 부정적 사고는 '인지사고'이다.

정답 X(인지삼제)

OX Quiz

도식은 핵심신념에 의해 형성되며, 중간신념을 거쳐 상황에 대한 자동적 사고로 연결된다.

정답 O

전문가의 한마디

사실 인지적 오류의 유형과 그 예는 명확한 정답이 있는 것이 아닙니다. 그 이유는 어떤 예가 보는 사람의 관점에 따라 2가지 이상의 유형에 동시에 포함될 수도 있기 때문입니다.

기출키워드

22년 1회, 3회 / 23년 1회 / 24년 1회

인지적 오류

※ 실기시험에는 벡(Beck)의 인지적 오류 5가지를 쓰고, 각각에 대해 설명하도록 하는 문제가 출제되었습니다. 22년 제3회 실기시험에는 같은 내용을 3가지, 23년 실기시험에는 4가지 기술하도록 하는 문제가 출제되었습니다. 자주 출제되는 내용인 만큼, 모든 인지적 오류를 숙지해야 합니다.

OX Quiz

교사인 경숙은 학생이 처음 지각을 하자 그 학생은 게으르다는 판단을 내렸다. 이는 인지적 오류 중 과장/축소에 해당된다.

정답 O

■ 인지적 오류(Beck)

① **임의적 추론(Arbitrary Inference)**
  어떤 결론을 지지하는 증거가 없거나 증거가 결론에 위배됨에도 불구하고 그와 같은 결론을 내린다.
  - 예 자신의 메시지에 답변이 없다고 하여 상대방이 의도적으로 회피하는 것이라고 판단하는 경우

② **선택적 추상화(Selective Abstraction)**
  다른 중요한 요소들은 무시한 채 사소한 부분에 초점을 맞추고, 부분적인 것에 근거하여 전체 경험을 이해한다.
  - 예 필기시험에서 우수한 성적을 거두었으나 실기시험의 결과에 스스로 만족하지 못하는 사람이 전체 시험을 망쳤다고 판단하는 경우

③ **과도한 일반화 또는 과잉 일반화(Overgeneralization)**
  한두 가지의 고립된 사건에 근거해서 일반적인 결론을 내리고 그것을 서로 관계없는 상황에 적용한다.
  - 예 맞선으로 처음 만난 사람에게서 좋은 인상을 받았다고 하여 그 사람의 모든 됨됨이가 올바르고 선하다고 판단하는 경우

④ **개인화(Personalization)**
  자신과 관련시킬 근거가 없는 외부사건을 자신과 관련시키는 성향으로서, 실제로는 다른 것 때문에 생긴 일에 대해 자신이 원인이고 자신이 책임져야 할 것으로 받아들인다.
  - 예 자신이 시험을 망쳤기 때문에 여자친구와 헤어졌다고 판단하는 경우

⑤ **이분법적 사고 또는 흑백논리적 사고(Dichotomous Thinking)**
  모든 경험을 한두 개의 범주로만 이해하고 중간지대가 없이 흑백논리로써 현실을 파악한다.
  - 예 완벽하지 않은 것은 곧 잘못된 것이라고 판단하는 경우

⑥ **과장/축소 또는 의미확대/의미축소(Magnification/Minimization)**
  어떤 사건 또는 한 개인이나 경험이 가진 특성의 한 측면을 그것이 실제로 가진 중요성과 무관하게 과대평가하거나 과소평가한다.
  - 예 어떤 학생이 한두 번 지각했다고 해서 그 학생이 게으르다고 판단하는 경우 혹은 시험에 수석으로 합격하고도 단지 운이 좋아서 좋은 결과에 이르렀다고 보는 경우

⑦ **정서적 추론(Emotional Reasoning)**
  자신의 정서적 경험이 마치 현실과 진실을 반영하는 것인 양 간주하여 이를 토대로 그 자신이나 세계 또는 미래에 대해 그릇되게 추리한다.
  - 예 자신이 부적절하다는 느낌을 통해 아무런 쓸모없는 사람이라고 단정하는 경우

⑧ 긍정 격하(Disqualifying the Positive)

자신의 긍정적인 경험이나 능력을 객관적으로 평가하지 않은 채 그것을 부정적인 경험으로 전환하거나 자신의 능력을 낮추어 본다.

예 자신의 계획이 성공했음에도 불구하고 이를 자신의 실력이 아닌 운에 의한 것으로 돌리는 경우

⑨ 재앙화(Catastrophizing)

어떠한 사건에 대해 자신의 걱정을 지나치게 과장하여 항상 최악을 생각함으로써 두려움에 사로잡힌다.

예 길을 걷다가 개에게 물린 사람이 이제 곧 광견병으로 목숨을 잃게 될 것이라 생각하는 경우

⑩ 잘못된 명명(Mislabelling)

어떠한 하나의 행동이나 부분적 특성을 토대로 사람이나 사건에 대해 완전히 부정적이고 단정적으로 명명한다.

예 한 차례 지각을 한 학생에게 '지각대장'이라는 이름표를 붙이는 경우

> **OX Quiz**
> 벡의 인지적 오류에 흑백논리적 사고는 포함되지 않는다.
> **정답** X(포함됨)

기출복원 79
07, 15, 18년 기출

벡(Beck)의 인지적 오류 6가지를 쓰고, 각각에 대해 설명하시오. **6점**

해설 체크!

1. 임의적 추론(Arbitrary Inference)
   어떤 결론을 지지하는 증거가 없거나 그 증거가 결론에 위배됨에도 불구하고 그와 같은 결론을 내린다.

2. 선택적 추상화(Selective Abstraction)
   다른 중요한 요소들은 무시한 채 사소한 부분에 초점을 맞추고, 그 부분적인 것에 근거하여 전체 경험을 이해한다.

3. 과도한 일반화 또는 과잉일반화(Overgeneralization)
   한두 가지의 고립된 사건에 근거해서 일반적인 결론을 내리고 그것을 서로 관계없는 상황에 적용한다.

4. 개인화(Personalization)
   자신과 관련시킬 근거가 없는 외부사건을 자신과 관련시키는 성향으로서, 실제로는 다른 것 때문에 생긴 일에 대해 자신이 원인이고 자신이 책임져야 할 것으로 받아들인다.

5. 이분법적 사고 또는 흑백논리적 사고(Dichotomous Thinking)
   모든 경험을 한두 개의 범주로만 이해하고 중간지대가 없이 흑백논리로써 현실을 파악한다.

6. 과장/축소 또는 의미확대/의미축소(Magnification/Minimization)
   어떤 사건 또는 한 개인이나 경험이 가진 특성의 한 측면을 그것이 실제로 가진 중요성과 무관하게 과대평가하거나 과소평가한다.

83 인지치료 II

■ 인지치료의 일반적인 과정

① 제1단계 - 문제의 구체화·명료화
내담자가 호소하는 심리적인 문제를 정서적·행동적·신체적 문제별로 구체적으로 명료화하여 이를 내담자와의 합의하에 치료목표로 삼는다.

② 제2단계 - 인지치료의 기본원리에 대한 이해
내담자의 심리적인 문제에 인지적 요인이 관련되어 있음을 내담자가 납득할 수 있도록 인지치료의 기본원리를 이해시킨다.

③ 제3단계 - 부적응적인 자동적 사고의 탐색·조사
내담자의 심리적 증상을 야기하는 부적응적인 자동적 사고를 내담자와 함께 탐색·조사한다. 특히 내담자가 일상생활 속에서 경험하는 사건들의 의미를 어떻게 해석하고 있는가를 구체적으로 살피는 것이 중요하며, 이때 다양한 질문법과 함께 역기능적 사고의 일일기록지(사고기록지)를 사용한다.

④ 제4단계 - 자동적 사고에 대한 현실적 타당성 검증
내담자와 함께 확인된 자동적 사고에 대한 현실적 타당성을 살펴본다. 즉, 생활사건의 사실적 자료를 토대로 자동적 사고의 객관성, 논리성, 유용성 등을 다각도로 살펴본다. 특히 인지적 오류의 개입 가능성을 논의하는 과정에서 내담자의 부적응적인 사고 내용을 직접적으로 논박하기보다는 소크라테스식 질문(Socratic Questioning)을 통해 내담자 스스로 자신의 사고 내용을 평가하도록 유도한다.

⑤ 제5단계 - 현실적·적응적인 대안적 사고의 탐색 및 대안적 사고로의 교체
내담자의 부적응적 사고에 대해 보다 현실적이고 적응적인 대안적 사고를 탐색하며, 이와 같은 대안적 사고로 대체하도록 한다. 또한 그로 인해 경험되는 감정의 긍정적인 변화에 대해 논의한다.

⑥ 제6단계 - 적응적 사고의 유지를 위한 노력에의 지속적인 격려
내담자는 일상생활에서 과거의 습관화된 부정적 사고패턴을 언제든 다시 나타내 보일 수 있다. 이때 그와 같은 부정적 사고패턴을 적응적인 사고로 대체하는 작업을 꾸준히 계속하도록 격려한다.

■ 인지치료의 인지적 기술

① 재귀인(Reattribution)
㉠ 사건의 대안적인 원인을 고려하여 자동적 사고와 가정을 검증하도록 하는 것이다.
㉡ 상담자는 내담자가 어떠한 사건을 개인적인 것으로 받아들이거나 그것에 대해 부정적으로 지각하여 단일변인을 사건의 유일한 원인으로 결론짓는 경우, 그러한 사건과 관련된 모든 변인을 검토하도록 요구한다.

전문가의 한마디

인지치료의 과정은 '초기 → 중간 및 후기 → 종결'의 3단계로 제시되기도 합니다. 인지치료는 보통 4~14회기의 비교적 짧은 과정으로 진행되는데, 내담자가 자기의 역기능적 사고에 대해 수용적이 되면 회기의 빈도는 감소하며, 내담자가 새로운 기술과 조망을 실행할 수 있을 때 종결을 준비하게 됩니다.

OX Quiz
인지치료는 보통 20~30회기의 비교적 긴 과정으로 진행된다.
정답 X(4~14회기의 비교적 짧은 과정임)

② 재정의(Redefining)
  ㉠ 문제가 자신의 개인적인 통제를 넘어선 것이라고 믿는 내담자의 부적절한 신념을 수정하는 것이다.
  ㉡ 상담자는 문제를 보다 구체적이고 특징적으로 제시하여 내담자에게 자신의 행동관점에서 이야기하도록 요구한다.
③ 탈중심화(Decentering)
  ㉠ 특히 불안 증상을 나타내 보이는 내담자에게 유효한 기술로서, 다른 사람들의 관심이 자신에게 집중되어 있다고 부적절하게 믿는 경우 적용한다.
  ㉡ 다른 사람들이 자신을 응시한다고 생각하는 이유와 함께 어떻게 자신의 마음을 알게 되는지에 대해 그 이면에 내재한 논리를 검토한 후 그와 관련된 특정 신념을 검증하도록 행동적 실험이 설계된다.

■ 내담자의 자기점검을 위한 역기능적 사고의 일일기록지(사고기록지)

① 역기능적 사고의 일일기록지, 즉 사고기록지는 내담자의 역기능적 사고를 탐색하기 위한 것이다.
② 'ABC 패러다임'의 원리에 기초한 것으로서, 종이 위에 구체적인 사건(상황)과 함께 그때의 감정 및 행동반응을 기술하도록 하며, 그 사이에 어떤 사고가 개입되었는지 작성하도록 한다.
③ 내담자는 자동적 사고의 타당성을 검토하고 이를 보다 현실적인 사고로 전환함으로써 자신에게 어떤 감정상의 변화가 나타나는지 체험할 수 있게 된다.
④ 사고기록지는 내담자에게 사고를 좀 더 구체적이고 분명하게 만드는 것은 물론 자신의 불쾌 감정과 관련된 사고 내용을 인식하도록 함으로써, 합리적 사고능력 및 자기관찰 능력을 향상시킨다.
⑤ 내담자의 자기점검을 목적으로 하는 사고기록지 5개 칼럼
  ㉠ 상황(Situation) : 불쾌한 감정을 유발한 실제 사건, 생각의 흐름, 기억의 내용을 기술한다.
  ㉡ 감정 또는 정서[Emotion(s)] : 앞선 상황에서 발생한 감정의 유형(슬픔, 불안, 분노 등) 및 그 감정의 강도를 기술한다.
  ㉢ 자동적 사고[Automatic Thought(s)] : 감정과 연관된 자동적 사고 및 그 사고의 확신 정도를 기술한다.
  ㉣ 합리적 반응(Rational Response) : 자동적 사고에 대한 합리적 반응 및 그 반응의 확신 정도를 기술한다.
  ㉤ 결과(Outcome) : 현 상황에서 자동적 사고에 대한 확신 정도를 재평정하며, 그에 대한 감정 강도를 기술한다.

> **전문가의 한마디**
>
> 척도화 기법은 전형적인 이분법적 사고를 극복하도록 하기 위해 극단적인 해석을 차원적인 해석으로 변환시키는 것입니다. 이분법적 사고의 인지적 오류에 최적화된 기법으로서, 상담장면에서도 널리 사용되고 있습니다.

■ 내담자의 이분법적 사고를 수정하기 위한 척도화 기법

'척도화 기법 또는 척도화하기(Scaling Technique)'는 탈이분법적 인지치료 전략에서 비롯된 것으로, 어떤 사건이나 경험을 판단할 때 양단 결정을 하지 않고 이를 비율(%)로 제시하도록 하여 중간지대를 떠올려 보도록 하는 것이다.

> **참고**
>
> 가정불화로 극심한 우울을 호소하는 내담자를 대상으로 한 척도화 기법의 예
> (내담자는 평소 남편과의 갈등으로 인해 슬픔에 빠져있다)
>
> 치료자 : 슬픔의 척도를 1~100까지로 볼 때, 현재 당신은 어느 정도로 슬픕니까?
> 내담자 : 95 이상은 되는 것 같아요.
> 치료자 : 매우 높은 수준이군요. 그렇다면 지금껏 살아오면서 가장 슬펐던 때는 언제였나요?
> 내담자 : 가장 친했던 친구가 교통사고로 세상을 떠났을 때예요.
> 치료자 : 그럼 그 슬픔의 정도를 100으로 볼 수 있겠네요. 자, 이번에는 슬프지 않았던 때, 즉 즐거웠던 때를 떠올려 보세요. 그것이 언제였나요?
> 내담자 : 남편과 함께 신혼여행을 갔을 때예요.
> 치료자 : 그럼 그 슬픔의 정도를 0으로 볼 수 있겠네요. 이제 2가지 사건, 즉 친구를 잃었을 때와 남편과 신혼여행을 갔을 때를 비교해 본다면, 현재 당신은 얼마나 슬픈가요?
> 내담자 : 글쎄요... 그 때의 일들과 비교해 본다면 대략 50 정도 될 것 같네요.

> **전문가의 한마디**
>
> 일반적으로 '소크라테스식 질문'은 의문문 형식의 문장 자체를 지칭한다기보다는 이른바 '소크라테스 방식(Socratic Method)', '소크라테스식 대화(Socratic Dialogue)' 또는 '소크라테스식 질문법 혹은 문답법(Socratic Questioning)'으로 불리는 기법 혹은 방법을 의미합니다.

■ 소크라테스식 질문의 목표(Beck & Young)

① 내담자의 문제를 구체화하거나 명확하게 규정한다.
② 내담자의 생각, 시각적 심상, 신념 등을 포착하도록 한다.
③ 사건들에 대해 내담자가 부여한 의미를 재검토하도록 한다.
④ 특정한 사고와 행동의 결과를 평가하도록 한다.

■ 소크라테스식 질문의 특징

① 일련의 신중한 질문을 통한 내담자 자신의 대안적 해결책 탐색
　　소크라테스식 대화는 치료자(상담자)가 내담자의 문제에 해결책을 제시하거나 그들의 지각 및 해석 내용을 직접적으로 논박하는 것이 아니다. 치료자는 일련의 신중한 질문을 통해 먼저 내담자가 어떤 결론을 내리고 있는지 이해한 다음, 다른 대안이 가능한지 여부를 살펴보도록 함으로써 내담자 스스로 자신의 해결책을 찾아내도록 돕는다.

② 내담자 자신이 경험한 사건에 대한 보다 자세하고 진솔한 진술 유도

소크라테스식 대화는 내담자로 하여금 치료자가 제시한 해석 내용에 동의해야 한다는 부담감 및 위협감을 덜 갖도록 한다. 그로 인해 내담자는 자신이 경험한 사건에 부여한 의미, 상상 내용, 두려워하는 것, 미래에 대한 예상 등에 대해 보다 자세하고 진솔하게 이야기할 수 있게 된다.

③ 치료자의 비판단적 · 교육적 접근을 통한 내담자의 역기능적 신념에의 변화 유도

소크라테스식 대화는 내담자가 자기모순에 빠지도록 함정을 파거나 내담자의 신념이 잘못된 것임을 직설적으로 폭로하는 것이 아니다. 오히려 일련의 질문을 통해 내담자는 자신의 생각을 어떻게 살펴보아야 하는지에 대한 비판단적 · 교육적인 접근을 펼친다.

■ 소크라테스식 질문의 유형(Gandy)

① 논리적 논박
그와 같은 신념이 타당하다는 논리적인 근거는 무엇인가?

② 경험적 논박
그와 같은 신념이 타당하다는 현실적 · 경험적 근거는 무엇인가?

③ 실용적(기능적) 논박
그와 같은 신념이 당신이 추구하는 목적을 달성하는 데 어떠한 도움이 되는가?

④ 철학적 논박
그와 같은 신념이 당신의 인생에 있어서 어떠한 의미를 지니는가?

⑤ 대안적 논박
현 상황에서 좀 더 타당한 대안적 신념은 없는가?

■ 소크라테스식 질문을 사용할 때의 유의사항

① 변화 가능성을 보여주는 질문을 한다.
좋은 소크라테스식 질문은 종종 내담자에게 가능성을 열어 준다. 치료자는 생각을 변화시키는 것이 어떻게 고통스러운 감정을 감소시키고 대처능력을 향상시키는지 내담자가 알 수 있도록 돕는 질문을 한다.

② 구체적인 성과를 얻을 수 있는 질문을 한다.
치료자의 질문은 내담자의 완고하고 부적응적인 사고의 패턴을 깨고 내담자에게 합리적이고 생산적인 대안들을 보여 줄 수 있을 때 효과적이다.

③ 내담자를 학습 과정에 참여하도록 이끄는 질문을 한다.
소크라테스식 질문은 내담자가 '생각에 대해 생각하기(Thinking about Thinking)'에 익숙해지도록 돕는 것을 목표로 한다. 치료자의 질문은 내담자의 호기심을 자극하고 내담자 스스로 새로운 관점을 보도록 격려하는 것이어야 한다.

기출키워드

22년 3회

소크라테스식 질문법

※ 실기시험에는 소크라테스식 질문법 사용 시 유의사항을 6가지 기술하도록 하는 문제가 출제되었습니다.

전문가의 한마디

자동적 사고에 대한 소크라테스식 질문법 사용 시 자동적 사고를 찾는 데만 몰두하여 환자에게 취조를 받는 듯한 느낌을 주어서는 안 되며, 환자의 어려움을 공감하고 그에 대해 관심어린 태도를 보여야 합니다.

OX Quiz

'그와 같은 신념이 당신의 목적을 달성하는 데 어떠한 도움이 되는가?'는 소크라테스식 질문유형 중 철학적 논박에 해당한다.

정답 X(실용적 논박)

④ 내담자의 인지기능, 주의집중력 등을 고려하여 도움이 되는 수준의 질문을 한다.
치료자는 내담자의 인지기능, 증상에 따른 고통, 주의집중력 등을 고려하여 내담자를 압도하거나 위협하지 않으면서도 충분한 도전을 제공하는 질문을 하는 것이 바람직하다.
⑤ 정해진 결론으로 이끄는 질문을 삼간다.
소크라테스식 질문은 내담자의 유연하고 창의적인 사고능력을 향상시키기 위해 사용되어야 한다. 결코 치료자가 모든 해답을 알고서 내담자를 자신과 동일한 결론으로 이끌기 위해 사용해서는 안 된다.
⑥ 가급적 선다형의 질문을 사용하지 않는다.
소크라테스식 질문은 개방형이므로 가급적 폐쇄형 질문은 삼가고 선다형 질문은 필요한 경우에 한하여 사용하도록 한다. 물론 그와 같은 질문이 효과적인 경우도 있으나 대부분의 소크라테스식 질문은 다양한 응답을 위한 여지를 남겨두어야 한다.

> **참고**
>
> **소크라테스식 대화를 통해 우울증을 가진 내담자를 치료하는 구체적인 예**
> (환자는 퇴근 후 나머지 대부분의 시간을 침대에서 보내고 있다)
> 치료자 : 당신이 퇴근 후 집에 가서 침대에 눕게 될 확률이 얼마나 되나요?
> 내담자 : 거의 100%입니다.
> 치료자 : 당신이 대부분의 시간을 침대에 눕는 이유는 무엇인지요?
> 내담자 : 기분이 나아지기 때문이죠.
> 치료자 : 얼마 동안 기분이 나아지나요?
> 내담자 : 몇 분 동안이요.
> 치료자 : 그러면 그 다음에는 어떻게 되나요?
> 내담자 : 글쎄요, 다시 우울한 기분이 들 겁니다.
> 치료자 : 그렇게 된다는 것을 어떻게 알 수 있나요?
> 내담자 : 매번 반복되어 일어나니까요.
> 치료자 : 정말 그런가요? 침대에 누워 있으면서 오랫동안 기분이 나아진 적은 없나요?
> 내담자 : 그런 적은 없는 것 같은데요.
> 치료자 : 침대에 눕고 싶은 충동에 따르지 않을 경우 기분이 나아진 적은 없나요?
> 내담자 : 글쎄요, 어떤 활동을 할 때 기분이 나아지긴 하지요.
> 치료자 : 자, 그럼 침대에 눕고자 하는 당신의 충동으로 돌아갑시다. 침대에 눕는 이유가 무엇이었지요?
> 내담자 : 기분이 나아지는 것이지요.
> 치료자 : 그렇다면 침대에 눕지 않고 무언가 생산적인 활동을 하면 어떻게 될까요?
> 내담자 : 기분이 나아지겠죠.
> 치료자 : 그 이유가 무엇인지요?
> 내담자 : 그건 우울한 기분을 잊게 하고 다른 것에 집중할 수 있기 때문이죠.

전문가의 한마디

소크라테스식 질문의 예는 치료자가 충고나 지시를 해 주지 않고도 적절한 질문만으로 내담자가 어떤 유익한 결론에 도달하게 되는지를 보여 줍니다. 치료자는 내담자가 주제의 양면(침대에 누워 있는 행위와 생산적인 활동의 득과 실)을 스스로 말하게 하고, 더 나아가 생산적인 활동을 해야 하는 이유에 대해서도 묻고 있습니다.

기출복원 80　　　　　　　　　　　　　　　　　　　　**14, 17, 20, 23년 기출**

소크라테스식 대화의 특징을 3가지 제시하고, 소크라테스식 대화의 구체적인 예를 2가지 쓰시오.　　**5점**

> • 해설 체크! •
>
> 1. 소크라테스식 대화의 특징
>   - 일련의 신중한 질문을 통해 내담자 스스로 자신의 대안적 해결책을 탐색하도록 한다.
>   - 내담자 자신이 경험한 사건에 대해 보다 자세하고 진솔한 진술을 유도한다.
>   - 치료자의 비판단적·교육적 접근을 통해 내담자의 역기능적 신념에의 변화를 유도한다.
>
> 2. 구체적인 예
>   - 논리적·경험적·실용적 논박
>   그와 같은 신념이 타당하다는 논리적·경험적 근거는 무엇인가? 그 신념이 당신의 목적 달성에 어떠한 도움이 되는가?
>   - 대안적 논박
>   다른 사람은 이 상황을 어떻게 볼 것인가? 현 상황에서 좀 더 타당한 대안적 신념은 없는가?

84 인간중심상담(인간중심심리치료)

■ 인간중심상담의 의의 및 특징

① 1940년대 초 미국의 심리학자 로저스(Rogers)에 의해 창안된 것으로서, 초창기의 비지시적 상담과 이후의 학생중심교육, 내담자중심상담에 이어 인본주의 심리학에 근간을 둔다.

② 상담의 기본목표는 개인이 일관된 자기개념을 가지고 자신의 기능을 최대로 발휘할 수 있는 '완전히(충분히) 기능하는 사람(Fully Functioning Person)'이 되도록 환경을 마련하는 것이다.

③ 인간에게는 자신이 나아가야 할 방향을 스스로 찾고 건설적인 변화를 이끌 수 있는 능력이 있음을 가정한다.

④ 상담자중심이 아닌 내담자중심의 상담을 강조하며, 내담자의 문제보다는 개인 그 자체를 중요시한다.

⑤ 공감을 기본적인 요소로 하므로 상담자와 내담자 간의 관계형성(Rapport)을 강조한다.

⑥ 상담 이전에 심리진단이 필요하지 않다고 본다.

전문가의 한마디

로저스는 인본주의 심리학의 주도적인 인물로서, 그의 이론은 1940년대 초에 '비지시적 상담(Non-Directive Counseling)', 1950년대 초에 '내담자중심이론(Client-Centered Theory)', 그리고 1970년대 이후부터 '인간중심이론(Person-Centered Theory)'으로 발전되어 왔습니다.

OX Quiz

인간중심상담은 상담자와 내담자 간의 관계형성을 강조한다.

정답

■ 인간에 대한 기본관점

① 인간은 단순히 기계적인 존재도, 무의식적 욕망의 포로도 아니다.
② 인간은 스스로 자신의 삶의 의미를 능동적으로 창조하며, 주관적 자유를 실천해 나간다.
③ 인간에게는 주관적 현실세계만이 존재한다.
④ 인간은 자신의 사적 경험체계 또는 내적 준거체계와 일치하는 방향으로 객관적 현실을 재구성한다.
⑤ 한 개인의 사고와 행동을 이해하기 위해서는 그의 내적 준거체계를 명확히 파악해야 한다.
⑥ 인간이 지닌 기본적 자유는 그에 따른 책임을 전제로 한다.
⑦ 인간은 유목적적인 존재인 동시에 합리적이고 건설적인 방향으로 성장해 나가는 미래지향적 존재이다.
⑧ 자기실현 경향은 인간행동의 가장 기본적인 동기이다.

■ 로저스(Rogers) 현상학적 이론의 주요 개념

① 자기(Self)
 ㉠ 자기 자신에 대한 조직적이고 지속적인 인식, 즉 '자기상(Self Image)'을 말한다.
 ㉡ 자기는 '주체로서의 나(I)'와 '객체로서의 나(Me)'의 의식적 지각과 가치를 포함한다.
 ㉢ 현재 자신의 모습에 대한 인식으로서 '현실적 자기(Real Self)'와 함께, 앞으로 자신이 나아가야 할 모습에 대한 인식으로서 '이상적 자기(Ideal Self)'로 구성된다.
 ㉣ 로저스는 현재 경험이 자기구조와 불일치할 때 개인은 불안을 경험한다고 보았다.

② 자기실현 경향(Self-Actualizing Tendency)
 ㉠ 인간행동의 기본적인 동기는 자기실현의 욕구에서 비롯된다.
 ㉡ 인간은 성장과 자기증진을 위하여 끊임없이 노력하는 성장지향적 유기체이다.
 ㉢ 자기실현의 과정은 자신을 창조하는 과정이다.
 ㉣ 모든 인간은 삶의 의미를 찾고 주관적인 자유를 실천해나감으로써 점진적으로 완성되어간다.

③ 현상학적 장(Phenomenal Field)
 ㉠ '경험적 세계' 또는 '주관적 경험'이라고도 하며, 특정 순간에 개인이 지각하고 경험하는 모든 것을 의미한다.
 ㉡ 개인은 동일한 현상에 대해 서로 다르게 지각하고 경험하므로, 이 세상에는 개인적 현실, 즉 '현상학적 장(場)'만이 존재한다.
 ㉢ 개인은 객관적 현실이 아닌 자신의 현상학적 장에 입각하여 재구성된 현실에 반응한다.

전문가의 한마디

'자아(Ego)'와 '자기(Self)'는 엄밀한 의미에서 차이가 있습니다. 로저스의 이론에서는 인간의 성격발달을 신체적·심리적·사회적 발달과정에서의 적응과정에서 형성되는 '자아(Ego)'가 아닌 자신에 대해 가지고 있는 조직적이고 지속적인 인식으로서의 '자기(Self)'로 설명하고 있습니다. 다만, 일부 교재에서는 로저스가 강조한 'Self'를 '자아'로 번역하고 있습니다.

OX Quiz

현상학적 이론에서의 자기는 '주체로서의 나'의 지각과 가치는 포함하지만 '객체로서의 나'의 지각과 가치는 포함하지 않는다.

정답 X(모두 포함함)

ⓔ 동일한 사건을 경험한 두 사람도 각기 다르게 행동할 수 있으며, 그로 인해 모든 개인은 서로 다른 독특한 특성을 보이게 된다.

■ 인간중심상담에서 강조하는 상담자의 특성 혹은 자세(태도)

① 일치성과 진실성
  ㉠ 일치성과 진실성은 상담자의 내적인 경험과 외적인 표현이 일치되며, 내담자와의 관계에서 개방적인 표현이 이루어지도록 노력하는 것을 의미한다.
  ㉡ 상담자의 일치성과 진실성은 내담자의 진솔한 감정 표현을 유도하며, 이를 통해 진솔한 의사소통이 촉진된다.
  ㉢ 상담자는 내담자와의 상담관계에서 순간순간 경험하는 자신의 감정이나 태도를 있는 그대로 솔직하게 인정해야 한다.

② 공감적 이해와 경청
  ㉠ 상담자는 내담자의 주관적인 경험을 감지하고 내담자의 마음속으로 들어감으로써 내담자가 자신의 감정을 더욱 강렬하게 경험하며, 내부의 불일치를 인식할 수 있도록 돕는다.
  ㉡ 공감적 이해는 동정이나 동일시로써 내담자의 감정에 빠져드는 것을 의미하는 것이 아닌 객관적인 입장에서 내담자를 깊이 있게 이해하는 것을 뜻한다.

③ 무조건적인 긍정적 관심(수용) 또는 존중
  ㉠ 상담자는 내담자의 사고나 감정, 행동에 대해 옳고 그름, 좋고 나쁨을 평가 또는 판단해서는 안 된다.
  ㉡ 상담자는 아무런 조건 없이 수용적인 태도로써 내담자를 존중하며, 내담자의 사고나 감정, 행동에 대한 권리를 인정해야 한다.

■ 완전히(충분히) 기능하는 사람(Fully Functioning Person)의 특성

① 경험에 대해 개방적이다.
② 실존적인 삶을 사는 사람이다.
③ '자신'이라는 유기체에 대해 신뢰한다.
④ 경험적인 자유를 지니고 있다.
⑤ 창조적으로 살아간다.

■ 인간중심심리치료에서 로저스(Rogers)가 제시한 내담자의 긍정적 성격변화를 위한 치료의 필요충분조건

① 첫째, 두 사람(내담자와 치료자)이 심리적 접촉을 한다.
② 둘째, 내담자는 불일치 상태, 즉 상처받기 쉽거나 초조한 상태에 있다.

기출키워드

21년 1회, 3회 / 23년 2회
인간중심치료자의 특성과 태도
※ 실기시험에는 인간중심치료에서 로저스가 강조한 치료자의 특성 혹은 태도를 3가지 쓰도록 하는 문제가 출제되었습니다.

22년 1회
내담자중심치료
※ 실기시험에는 내담자중심치료에서 강조하는 치료자의 기본 태도를 3가지 쓰도록 하는 문제가 출제되었습니다.

전문가의 한마디

인간중심상담에서는 상담자의 정확한 공감에서 비롯되는 공감적 이해가 중요합니다. 따라서 경청에 있어서도 적극적 경청(Active Listening)보다는 내담자의 생각과 감정을 진심으로 이해하려는 공감적 경청(Empathic Listening)의 자세가 필요합니다. 참고로 공감적 경청은 적극적 경청에 비해 한 단계 높은 수준의 경청에 해당합니다.

전문가의 한마디

'완전히(충분히) 기능하는 사람'은 자신의 잠재력을 인식하고 능력과 재능을 발휘하여 자신에 대한 완벽한 이해와 경험을 풍부히 하는 방향으로 나아가는 사람을 가리킵니다.

기출키워드
21년 1회
치료의 필요충분조건
※ 실기시험에는 내담자의 긍정적 성격변화를 위한 치료의 필요충분조건을 4가지 쓰도록 하는 문제가 출제되었습니다.

③ 셋째, 치료자는 내담자와의 관계에서 일치성 혹은 통합성을 보인다.
④ 넷째, 치료자는 내담자를 위한 무조건적 긍정적 관심을 경험한다.
⑤ 다섯째, 치료자는 내담자의 내적 참조틀에 대한 공감적 이해를 경험하며, 이러한 경험을 내담자에게 전달하려고 노력한다.
⑥ 여섯째, 치료자의 무조건적 긍정적 관심과 공감적 이해가 내담자에게 어느 정도 전달되어야 한다.

기출복원 81
08, 10, 14, 17, 18, 19, 20, 21, 23, 24년 기출

인간중심상담에서 로저스(Rogers)가 강조한 치료적 조건, 즉 내담자의 변화를 촉진하는 치료자의 태도를 3가지 쓰시오. 6점

> **해설 체크!**
> 1. 일치성과 진실성
> 2. 공감적 이해와 경청
> 3. 무조건적인 긍정적 관심(수용) 또는 존중

85 실존주의상담(실존치료)

■ 실존주의상담의 의의 및 특징

① 실존적 접근은 전통적인 정신분석이나 급진적인 행동주의에 대한 반발로 생겨났다. 즉, 자유가 무의식적인 힘이나 비합리적인 충동, 과거의 사상들에 의해 제한된다고 보는 정신분석에 반발하는 한편, 자유가 사회문화적 조건에 의해 제한된다고 보는 행동주의에도 반발한 것이다.
② 실존주의상담 혹은 실존치료는 인간이 근본적으로 자유로우며, 자신의 선택과 행동에 대해 책임이 있다는 가정에 기초한다.
③ 상담 혹은 치료의 주된 목적은 내담자가 실행 가능한 모든 방법을 인식하여 그 방법들 중에서 선택하도록 격려하는 것이다.
④ 내담자는 자신이 환경을 통제하기를 단념한 채 그동안 수동적으로 환경을 수용했음을 깨닫기 시작하면서, 비로소 자신의 삶을 의식적으로 형성하는 통로 위에 서 있게 된다.
⑤ 상담(치료)은 삶에서 곧 가치와 의미를 찾는 과정이므로, 상담자(치료자)의 기본적인 과제는 내담자가 의미 있는 실존을 만들기 위한 자신의 선택들을 탐색하도록 독려하는 것이다.

전문가의 한마디
실존주의상담 혹은 실존치료는 전통적인 의학모형으로 사람을 치료하도록 설계되어 있지 않습니다. 내담자는 삶이 병든 사람이 아니라 단지 삶을 사는 데 있어서 서투른 사람일 뿐입니다.

⑥ 상담(치료)을 통해 내담자는 환경의 수동적인 희생자로 남는 것이 아닌 자신의 의도대로 삶을 설계하는 주인공이 된다.

■ 실존주의상담에서 제시하는 인간본성에 대한 철학적 기본가정

① 인간은 자각하는 능력을 가지고 있다.

인간은 자기 자신, 자신이 하고 있는 일, 그리고 자신에게 '여기-지금' 일어나고 있는 일들에 대해 자각하는 능력을 가지고 있다. 이와 같은 능력이 인간을 다른 모든 동물들과 구분 지으며, 인간의 선택과 결단을 가능하게 한다.

② 인간은 정적인 존재가 아닌 항상 변화하는 상태에 있는 존재이다.

인간은 하나의 존재가 아닌 존재로 되어가고 있는 혹은 무엇을 향해 계속적인 변화의 상태에 있는 존재이다.

③ 인간은 자유로운 존재인 동시에 자기 자신을 스스로 만들어 가는 존재이다.

외적 영향은 인간 실존에게 제한조건이 될 수 있으나 결정요인은 될 수 없다. 인간 실존은 주어지는 것이지만 그 본질은 그가 어떻게 자신의 삶을 의미 있게 그리고 책임감 있게 만들어 가느냐에 달려있다.

④ 인간은 즉각적인 상황과 과거 및 자기 자신을 초월할 수 있는 능력을 가지고 있다.

인간은 초월의 능력을 통해 과거와 미래를 '여기-지금'의 실존 속으로 가져올 수 있다. 또한 자기 자신과 상황을 객관적으로 볼 수 있으며, 여러 가지 대안을 고려하여 결단을 내릴 수 있다.

⑤ 인간은 장래의 어느 시점에서 무존재가 될 운명을 지니고 있으며, 자기 스스로 그와 같은 사실을 자각하고 있는 존재이다.

인간은 누구나 자신이 죽게 된다는 사실을 자각하고 있으며, 궁극에는 그와 같은 사실에 직면하게 된다. 그러나 인간은 실존의 의미와 가치를 깨닫기 위해 끊임없이 비존재, 죽음, 고독의 불가피성을 자각해야 하며, 그것에 직면하는 용기를 지녀야 한다.

■ 정상적 불안과 신경증적 불안

① 정상적 불안의 특징

㉠ 첫째, 정상적 불안은 직면하고 있는 상황에 부합된다. 즉, 정상적 불안은 당면한 사상에 대한 적절한 반응이다.

㉡ 둘째, 정상적 불안은 억압을 요구하지 않는다. 우리 모두가 결국 죽게 된다는 사실에 타협할 수 있는 것처럼, 우리는 그것과 화해할 수 있다.

㉢ 셋째, 정상적 불안은 창조적으로 사용될 수 있다. 예를 들어, 어떤 자극이 불안을 일으키는 딜레마에 직면하고 이를 확인하도록 돕기도 한다.

> **전문가의 한마디**
>
> 실존치료에서는 불안을 인간생활의 필수조건으로 봅니다. 그 이유는 불안이 인간으로 하여금 생존하고 자기 존재를 유지하고 표현하기 위한 욕구에서 비롯된다고 보기 때문입니다. 그로 인해 실존치료자들은 불안을 정상적 불안과 신경증적 불안으로 구분합니다.

기출키워드

22년 3회

인간의 궁극적 관심사

※ 실기시험에는 얄롬이 제시한 실존주의상담에서 인간의 궁극적 관심사를 4가지 기술하도록 하는 문제가 출제되었습니다.

전문가의 한마디

실존주의상담이론의 학자들은 '자유와 책임', '삶의 의미성', '죽음과 비존재', '진실성'을 내담자의 궁극적 관심사와 관련된 중요 주제로 제시하기도 합니다. 실존주의상담에서 상담자는 궁극적 관심사에 대한 내담자의 자각이 어떻게 그의 심리적 문제와 연관되어 있는지를 파악하여 내담자를 조력하게 됩니다.

② 신경증적 불안의 특징
 ㉠ 신경증적 불안은 상황에 적합하지 못하다. 예를 들어, 어떤 부모는 아이가 차에 치일까봐 불안해서 아이를 절대 집 밖에 나가지 못하도록 할 수 있다.
 ㉡ 신경증적 불안은 억압된다. 이는 대부분의 사람들이 핵전쟁의 두려움을 억압하는 것과 유사하다.
 ㉢ 신경증적 불안은 건설적이지 못하고 파괴적이다. 또한 창조성을 자극하기보다는 개인을 마비시키는 경향이 있다.

■ **실존주의상담에서 내담자의 궁극적 관심사와 관련된 중요 주제(Yalom)**

① 죽 음
 죽음은 불안의 가장 기본적인 원천으로, 삶과 죽음, 존재와 비존재는 상호적이다. 이때 실존적 갈등은 죽음의 불가피성에 대한 자각과 삶을 지속하려는 소망 간의 갈등이다. 이러한 죽음의 불가피성과 삶의 유한성은 오히려 삶을 더욱 가치 있게 만들며, 죽음의 불안은 현재의 삶에 충실하도록 자극하는 역할을 한다.

② 자 유
 자유와 그에 대한 책임을 갖고 태어난 인간은 안정되고 구조화된 세상에 살지 않으므로 갈등을 경험하게 된다. 이때 실존적 갈등은 자유 및 근거 없음에 대한 자각과 안정된 근거 및 구조에 대한 소망 간의 갈등이다. 실존적 의미에서 자유는 인간이 스스로 선택하고, 자신의 삶에 대해 책임을 질 수 있는 존재임을 강조한다.

③ 고립 또는 소외
 고립(소외)은 3가지 형태, 즉 '대인관계적 고립', '개인내적 고립', '실존적 고립'으로 구분된다. 특히 실존적 고립은 인간과 세계 간의 근본적인 분리를 의미하는 것으로, 인간은 자신의 실존적 고립에 대해 인정하고 직면함으로써 타인과 성숙한 관계를 맺을 수 있다.

④ 무의미성
 무의미성은 삶의 의미가 무엇인가 하는 질문에 대한 내적 갈등으로, 이때 실존적 갈등은 전혀 의미가 없는 세계에서 자신의 의미에 대한 욕구를 어떻게 발견할 것인가에서 비롯된다. 인간은 자신의 삶과 인생에서 끊임없이 어떤 의미를 추구하는 존재로, 삶은 예정된 각본이 없기에 개인 각자는 자신의 의미를 스스로 구축해야 한다.

■ 고립 또는 소외(Isolation)의 3가지 유형

① 대인관계적 고립(Interpersonal Isolation)
  일반적으로 '외로움'이라 불리는 것으로서, 타인과의 소원한 관계를 의미한다.
② 개인내적 고립(Intrapersonal Isolation)
  개인의 내면적 요소가 자아와 통합되지 못한 채 유리된 상태를 의미한다.
③ 실존적 고립(Existential Isolation)
  개인이 아무리 노력해도 타인과 연결될 수 없는 간격 혹은 인간과 세계 간의 근본적인 분리를 의미한다.

■ 실존치료에서 가정하는 양식의 세계

주변세계 (Umwelt)	인간이 접하며 살아가는 환경 혹은 생물학적 세계를 의미한다. 인간에게 주변세계는 생물학적 욕구, 추동 및 본능을 포함한다.
공존세계 (Mitwelt)	인간이 사회적 존재로서 더불어 살아간다는 것으로, 인간관계 영역에 관심을 두는 것을 의미한다. 개인은 타인과의 관계로 이루어지는 공동체 세계에 존재한다.
고유세계 (Eigenwelt)	개인 자신의 세계이자, 개인이 자신에게 가지는 관계를 의미한다. 고유세계는 오로지 인간에게만 나타나는 것으로 자각, 즉 자기 관계성을 전제로 한다.
영적세계 (Überwelt)	실존적 존재로서 인간 각자가 갖는 믿음이나 신념의 세계로 영적 혹은 종교적 가치와의 관계를 의미한다. 영적세계는 이상적 세계이자, 개인이 세계가 되기를 원하는 방식이다.

> **전문가의 한마디**
>
> 실존철학자들은 실존을 인간에게 특유한 존재양식이자, 각 개인에게 고유한 존재양식으로 이해합니다. 따라서 어떤 사물을 기준으로 인간 문제를 측정할 수 없으며, 개인에 주안점을 두면서 구체적 상황 속의 인간을 연구대상으로 삼습니다.

■ 실존치료에서 내담자(환자)의 자기인식능력 증진을 위한 상담자(치료자)의 치료원리

① **죽음의 실존적 상황에의 직면에 대한 격려**
  상담자는 내담자가 죽음의 실존적 상황에 직면하도록 격려한다. 죽음에의 자각은 사소한 문제에서 벗어나 핵심적인 것에 근거한 새로운 삶의 관점을 제공해 준다. 또한 죽음의 주제를 반복적으로 다룸으로써 둔감화 과정을 통해 내담자로 하여금 죽음에 익숙해지고 죽음에 대한 불안을 감내할 수 있도록 해 준다.
② **삶의 자유와 책임에 대한 자각 촉진**
  상담자는 내담자에게 스스로의 삶에 대한 자유와 책임을 자각하도록 촉진한다. 내담자가 지닌 문제를 구체적으로 다룸으로써 내담자가 어떤 방식으로 책임회피 행동을 하는지 깨닫도록 돕는다.

③ 자신의 인간관계 양식에 대한 점검

상담자는 내담자를 실존적 고독에 직면시킴으로써 스스로 인간관계 양식을 점검하도록 돕는다. 이 과정에서 내담자는 인간 대 인간의 진실한 만남조차도 실존적 고독을 완전히 제거하지 못한다는 사실을 인식함으로써 고독 속에 머무르는 새로운 방법을 탐색하게 된다.

④ 삶의 의미에 대한 발견 및 창조에의 조력

상담자는 내담자가 삶의 의미를 발견하고 창조하도록 돕는다. 이 과정에서 내담자는 자신의 존재에 스스로 의미와 가치를 부여함으로써 삶을 충만하게 만들 수 있음을 깨닫게 된다. 또한 내담자는 자신의 실존에 대한 직면과 깨달음을 통해 삶의 진실성에 좀 더 다가가게 된다.

■ 프랭클(Frankl)의 의미치료(Logotherapy)에서 삶의 의미부여에 관한 가치체계

① 창조적 가치(Creative Values)

인간은 창조적 가치를 실현함으로써 자신에 대한 삶의 의미를 부여하게 된다. 이와 같은 의미의 실현은 개인이 자신의 사명과 구체적인 과업을 자각할 때 생기는 것이다.

② 경험적 가치(Experiential Values)

인간은 경험적 가치를 실현함으로써 삶에 의미를 부여할 수 있다. 경험적 가치는 비록 자신이 직접 창조해 내지는 않더라도 타인이 창조해 놓은 것을 경험함으로써 가치를 느끼는 것이다.

③ 태도적 가치(Attitudinal Values)

인간은 태도적 가치를 실현함으로써 삶의 의미를 경험할 수 있다. 개인이 극한 상황에서 창조도 경험도 하기 어려운 경우라도 태도적 가치를 통해 삶에 의미를 부여할 수 있다. 극도의 절망적인 상황에서도 스스로 운명을 어떻게 맞이하느냐 하는 태도는 개인의 자유의지에 의해 선택할 수 있기 때문이다.

> **전문가의 한마디**
>
> 프랭클은 의미에의 의지를 강조하면서 삶의 의미를 찾기 위한 독특한 치료기법으로 실존적 접근을 펼치는 의미치료를 개발하였습니다. 그는 의미치료에서 인간으로 하여금 삶의 의미를 부여할 수 있도록 하는 3가지 가치체계를 강조하였습니다.

기출복원 82　　　　　　　　　　　16, 19, 24년 기출

실존치료에서는 정상적 불안과 신경증적 불안을 구분하고 있다. 그중 정상적 불안의 특징을 3가지 쓰시오.　　　　　　　　　　　6점

● 해설 체크! ●

1. 정상적 불안은 직면하고 있는 상황에 부합된다.
2. 정상적 불안은 억압을 요구하지 않는다.
3. 정상적 불안은 창조적으로 사용될 수 있다.

86 가족치료 I

■ 가족치료의 기본전제(Becvar & Becvar)

① 사람들 간의 관계에 대한 주목
   가족치료는 개인과 개인의 문제를 별개로 보는 시각에서 벗어나 사람들 간의 관계와 관계 문제에 대해 주의를 기울인다.
② 관찰자와 관찰대상 간의 상호작용 맥락에 대한 고려
   가족치료는 전일적 관점에서 관찰자와 관찰대상 간의 상호의존을 강조하므로, 그 둘이 상호작용하는 맥락을 고려한다.
③ '왜(Why)'보다는 '무엇(What)'에 대한 강조
   가족 혹은 다른 체계에 대한 이해는 상호작용 패턴에 대한 사정을 필요로 하며, '왜(Why)' 일어나는지보다는 '무엇(What)'이 일어나고 있는지를 강조한다.

> **기출키워드**
> 19년 3회 / 24년 3회
> **가족치료의 기본전제**
> ※ 실기시험에는 벡바와 벡바(Becvar & Becvar)의 가족치료 기본전제 3가지를 기술하도록 하는 문제가 출제되었습니다.

■ 일반적으로 가족치료를 권하게 되는 경우

① 내담자의 어떤 증상이 역기능적인 가족관계에 얽혀 있다고 판단되는 경우
   내담자의 문제증상이 가족 전체의 고통이나 역기능을 표현한다고 판단될 때 가족치료(가족상담)가 최선의 선택이 될 수 있다.
② 내담자의 호소가 개인의 문제라기보다는 가족 간의 관계 변화에 있다고 판단되는 경우
   내담자가 부부관계, 부모자녀관계, 형제들 간의 갈등을 호소할 때 가족치료를 적용하는 것이 효과적이다.
③ 가족이 서로 분리되는 것에 대해 어려움을 겪는 경우
   아동이나 청소년의 문제행동의 이면에는 상당수의 경우 분리에 대한 갈등이 내재된 경우가 많은데, 이때 가족치료의 개입이 상당한 효과를 거둘 수 있다.

■ 가족치료를 하는 것이 바람직하지 않거나 가족치료를 적용하는 데 신중을 기해야 하는 경우(Walrond-Skinner)

① 가족 내 중요한 성원이 물리적인 이유나 가족치료에 대한 동기가 없어서 참여하지 못하는 경우
   치료 자체가 어려울 수 있으므로 가족치료의 선택을 신중히 생각해야 한다.
② 치료자 자신이 훈련 부족으로 인해 가족이 필요로 하는 것을 제공하지 못한다고 판단되는 경우
   가족치료는 개인치료와 달리 여러 사람과 만나게 되며 이들 간의 역동을 이해해야 하는 등 복잡한 과정이다.

③ 어려움을 겪고 있는 시기가 지나치게 길어서 어떤 장애의 말기에 있다고 판단되는 경우

치료에 투자하는 시간이나 비용에 비해 긍정적인 예후를 기대하기 어렵다.

④ 가족이 정서적으로 지나치게 불안정하다고 판단되는 경우

가족의 관계체계를 변화시키기 위한 개입이 한 성원의 희생을 초래할 수도 있다.

⑤ 가족성원 중에 우울 또는 심한 정서적 박탈을 보이는 사람이 있는 경우

치료자에 따라 문제증상을 보이는 성원을 돕는 데 지쳐서 가족치료 자체를 그르칠 가능성이 있다.

⑥ 가족이 학교와 같은 공공기관의 의뢰를 받고 찾아왔을 경우

가족이 실제로 어떤 변화를 원하기보다는 부수적인 이득(예 퇴학처분 모면 등)을 원하는 것일 수 있다.

■ 정신역동적 가족치료 - 다세대적 가족치료모델(세대 간 가족치료모델)

① 의의 및 특징

㉠ 보웬(Bowen)은 정신분석학적 측면에서 개인의 정서장애가 타인과의 관계에서 발생하며, 이를 해결하기 위해 치료적인 관계가 효과적이라고 주장하였다.

㉡ 가족은 살아 있는 체계로서 다양한 기능과 상호작용하며, 시간의 흐름과 환경의 변화에 대해 항상성과 변형성을 적절히 유지한다.

㉢ 가족을 일련의 상호 연관된 체계 및 하위체계들로 이루어진 복합적 총체로 인식하여 한 부분의 변화가 다른 부분의 변화를 야기한다고 본다.

㉣ 개인이 가족자아로부터 분화되어 확고한 자신의 자아를 수립할 수 있도록 가족성원의 정서 체계에 대한 합리적인 조정을 강조한다.

㉤ 불안의 정도와 자아분화의 통합 정도를 통해 개인의 감정과 지적 과정 사이의 구분능력을 강조한다. 즉, 정서적인 것과 지적인 것을 분화할 수 있는 능력을 키우도록 함으로써 '미분화된 가족자아집합체(Undifferentiated Family Ego Mass)'를 적절하게 분화하는 것을 목표로 한다.

㉥ 치료자는 가족성원들이 탈삼각화를 통해 미분화된 가족자아집합체로부터 벗어나도록 돕는다.

② 주요 개념

㉠ 자아분화

- 개인이 가족의 정서적인 혼란으로부터 자유롭고 독립적인 사고나 행동을 할 수 있는 과정을 의미한다.
- 독립의 상태를 0~100까지의 분화지수로 표시하며, 이때 '0'은 가족으로부터의 완전한 구속을, '100'은 가족으로부터의 완전한 독립을 의미한다.

전문가의 한마디

벡바와 벡바(Becvar & Becvar)는 가족치료의 권위자로서, 체계이론적 가족치료의 틀을 제시한 학자들입니다. 체계이론적 가족치료는 전통적인 가족치료의 개인주의적·환원주의적·기계론적 세계관에서 벗어나 유기체론적 세계관에 입각하여 관계적·맥락적·상대적인 특성을 띱니다.

전문가의 한마디

다세대적 가족치료모델에서는 '다세대 전수과정(Multigenerational Transmission Process)'에 주목합니다. 이는 자아분화 수준이 낮은 가족이 부적절한 가족투사로 삼각관계를 형성하여 가족 내 지나친 정서적 융합 또는 단절을 여러 세대에 걸쳐 지속시킴으로써 정신적·정서적 장애를 유발하는 것을 말합니다.

- 자아분화는 정서적인 것과 지적인 것의 분화를 의미하며, 감정과 사고가 적절히 분리되어 있는 경우 자아분화 수준이 높은 것으로 간주한다.
- 자아분화 수준이 낮은 사람은 합리적으로 의사결정을 하지 못하며, 반사적인 행동 수준에 머무른다. 특히 자아분화 수준이 낮은 사람은 삼각관계를 통해 자신의 불안을 회피하고자 한다.

ⓒ 삼각관계
- 스트레스는 두 사람(부부)의 관계체계에서 발생하는 관계의 균형을 유지하기 위한 시도 과정에서 발생한다.
- 삼각관계는 스트레스의 해소를 위해 두 사람 간의 상호작용체계에 다른 가족성원을 끌어들임으로써 갈등을 우회시키는 것이다.
- 보웬은 삼각관계를 가장 불안정한 관계체계로 보았으며, 실제로 삼각관계가 불안이나 긴장, 스트레스를 감소시키는 데 일시적인 도움은 줄 수 있지만 가족의 정서체계를 혼란스럽게 만들어 증상을 더욱 악화시키는 것으로 보았다.

ⓒ 핵가족 감정체계
- 정신분석학에서 사용하는 '미분화된 가족자아집합체'와 연관된다.
- 가족의 정서적 일체감이 독특한 정서체계를 형성함으로써 가족성원 간에 사고와 감정을 공유하다가 이후 서로를 배척하기에 이르는 정서적 관계를 의미한다.
- 개인은 자신의 해소되지 못한 불안을 가족에게 투사하며, 특히 미분화된 부부인 경우 사소한 스트레스 상황에도 심한 불안을 느낀다.
- 핵가족 감정체계는 부부 간에 정서적으로 거리가 먼 경우, 부부 중 한 사람이 신체적 또는 정서적으로 역기능 상태에 있는 경우, 부부갈등이 심각한 경우, 부부 간의 문제를 자녀에게 투사하는 경우 그 강도가 강해진다.

■ 의사소통 가족치료 - 경험적 가족치료모델

① 의의 및 특징
ⓐ 사티어(Satir)는 정신분석이론, 교류분석이론, 인간중심이론, 형태주의이론 등 다양한 이론에 영향을 받았으며, 특히 개인심리학을 토대로 가족의 기능으로서 의사소통의 방식에 관심을 기울였다.
ⓑ 가족은 올바른 의사소통 방식을 학습하고 이를 실제장면에 적용함으로써 상호작용의 과정을 통해 문제를 해결할 수 있다.
ⓒ 가족관계의 병리적 측면보다는 긍정적 측면에 초점을 두며, 가족의 안정보다는 성장을 목표로 한다. 즉, 가족치료의 주된 목적을 성장에 두기 때문에 증상의 경감이나 사회적응을 자아실현, 개인의 통합, 선택의 자유 등에 부수적인 것으로 파악한다.

OX Quiz
가족치료모델에서 독립의 상태를 나타내는 분화지수 중 'O'은 가족으로부터의 완전한 독립을 의미한다.

정답 X(완전한 구속을 의미)

OX Quiz
삼각관계는 스트레스의 해소를 위해 두 사람 간 상호작용체계에 다른 가족성원을 끌어들여 갈등을 우회시키는 것이다.

정답 O

전문가의 한마디
경험적 가족치료는 가족체계 내에서 현재 일어나는 상호작용에 초점을 둔 접근모델로서, 언어적·비언어적 의사소통을 연구하여 가족체계를 파악할 수 있다는 것을 전제로 합니다.

ⓔ 가족에게 통찰이나 설명을 해주기보다는 가족의 특유한 갈등과 행동양식에 맞는 경험을 제공하려고 노력한다.
ⓜ 인본주의적이고 현상학적인 사고에 영향을 받음으로써 치료적 기법을 강조하기보다는 최선을 다해 치료에 임하는 치료자의 개인적인 관여를 중시한다. 즉, 치료자 자신이 개방적이고 정직하며 자발적이어야 가족에게 참된 개인이 되도록 가르칠 수 있다고 강조한다.
ⓑ 치료자는 가족성원들이 각자 자신의 감정과 욕구에 민감하고 이를 가족과 나누며, 기쁨뿐만 아니라 실망, 두려움, 분노에 대해서도 대화하고 수용할 수 있도록 돕는 데에 초점을 둔다.

② 주요 개념
㉠ 가족조각(Family Sculpting)
- 특정 시기의 정서적인 가족관계를 사람이나 다른 대상물의 배열을 통해 나타내는 것이다.
- 가족조각의 목적은 가족관계 및 가족의 역동성을 진단함으로써 치료적인 개입을 하는 데 있다.
- 가족성원은 말을 사용하지 않은 채 대상물의 공간적 관계나 몸짓 등으로 의미 있는 표상을 만든다.
- 가족의 상호작용에 따른 친밀감 또는 거리감, 가족성원 간의 연합 또는 세력 구조, 비언어적인 의사소통 유형 등의 관계 유형을 살펴볼 수 있다.

㉡ 가족그림
- 가족성원 각자에게 가족이 어떻게 조직되어 있는지 생각나는 대로 그리도록 하는 것이다.
- 가족 내 개별성원들은 자신이 그린 그림을 다른 성원들 앞에서 설명함으로써 자신을 객관적으로 평가하는 기회를 가진다.
- 치료자는 가족성원들로 하여금 예전에 미처 생각하지 못했거나 서로 소통하지 못했던 상황이나 경험을 충분히 이해하도록 돕는다.

㉢ 역할극
- 가족성원들이 자기 자신이나 다른 사람의 생활을 단막극으로 표현하는 것이다.
- 치료자는 역할수행자에게 자신의 고유한 역할을 수행하도록 또는 이전과 다르게 행동해 보도록 요구할 수 있다.
- 가족성원들은 가족 내 다른 성원의 역할을 수행해봄으로써 다른 성원의 내면에 대해 보다 깊이 이해할 수 있다.
- 실제상황의 위험부담 없이 새로운 행동을 연습할 수 있는 장점이 있다.

전문가의 한마디

가족조각은 공간 속에서 가족성원들의 몸을 이용하여 가족의 상호작용 양상을 표현해 내는 움직이는 형상의 조각으로 볼 수 있습니다.

OX Quiz

가족조각의 목적은 가족의 외부관계를 진단함으로써 치료적인 개입을 하는 데 있다.

정답 X(가족관계 및 역동성을 진단함)

③ 의사소통 유형

일치형	• 자신이 중심이 되어 타인과 관계를 맺으며, 다른 사람과 연결이 필요한 경우 스스로 직접 선택한다. • 의사소통 내용과 내면의 감정이 일치함으로써 매우 진솔한 의사소통이 가능하다. • 알아차린 감정이 정확하고 적절한 언어로 표현된다. • 자신·타인·상황을 신뢰하고 높은 가치관을 가지고 있으며, 심리적으로도 안정된 상태이다.
회유형	• 자신의 내적 감정이나 생각을 무시한 채 타인의 비위와 의견에 맞추려 한다. • 자신이 안정을 유지하기 위해서는 상대방에게 '예'라고 대답해야 한다고 생각한다. • 다른 사람의 의견에 지나치게 동조하고 비굴한 자세를 취하며, 사죄와 변명을 하는 등 지나치게 착한 행동을 보인다.
비난형	• 회유형과 반대로 자신만을 생각하며, 타인을 무시하고 비난하는 양상을 보인다. • 약해서는 안 된다는 의지로 자신을 강하게 보이도록 하기 위해 타인을 통제하고 명령한다. • 외면적으로는 공격적인 행동을 보이나, 내면적으로는 자신을 소외자 또는 외로운 실패자라고 느낀다.
초이성형 (계산형)	• 자신 및 타인을 모두 무시하고 상황만을 중시한다. • 비인간적인 객관성과 논리성의 소유자로서 원리와 원칙을 강조한다. • 내면적으로는 쉽게 상처받고 소외감을 느낀다.
산만형 (혼란형)	• 초이성형과 달리 자신 및 타인은 물론 상황까지 모두 무시한다. • 가장 접촉하기 어려운 유형으로서, 위협을 무시하고 상황과 관계없이 행동하며, 말과 행동이 불일치하고 정서적으로 혼란스러워 보인다. • 내면적으로 모두가 자신을 거부한다고 생각함으로써 무서운 고독감과 자신의 무가치함을 느낀다.

기출복원 83

11, 23년 기출

다음 보기의 내용은 사티어(Satir)의 경험적 가족치료모델의 의사소통 유형에 대한 설명이다. 빈 칸에 들어갈 각각의 의사소통 유형을 쓰시오. **5점**

(A) : 다른 사람을 존중하면서도 자신의 진정한 가치나 감정은 무시한다.
(B) : 오로지 자기 자신만을 생각하며, 다른 사람들은 무시한다.
(C) : 비인간적인 객관성과 논리성의 소유자이며, 자신과 타인을 무시한다.
(D) : 주변상황과 관계없이 행동하며, 버릇없고 혼란스럽다.
(E) : 자신 및 타인, 상황을 모두 신뢰하고 존중한다.

전문가의 한마디

사티어의 의사소통 가족치료에서 의사소통의 유형에 관한 문제는 단순히 각 유형의 명칭을 쓰는 방식으로도 혹은 각 유형별 특징을 통해 해당 유형의 명칭을 기술하는 방식으로도 출제될 수 있습니다.

OX Quiz

아현은 속으로 자신을 실패자라고 느끼지만 강하게 보이기 위해 주변 사람들을 통제하거나 명령하곤 한다. 이는 의사소통 유형 중 비난형에 해당한다.

정답 O

> **해설 체크!**
> A : 회유형
> B : 비난형
> C : 초이성형(계산형)
> D : 산만형(혼란형)
> E : 일치형

87 가족치료 Ⅱ

■ 구조적 가족치료 - 구조적 가족치료모델

① 의의 및 특징
  ㉠ 미누친(Minuchin)이 제안한 것으로서, 가족구조를 재구조화하여 가족이 적절한 기능을 수행할 수 있도록 돕는 방법이다.
  ㉡ 가족을 하나의 체계로 보며, 개인의 문제를 정신적 요인보다 체계와의 관련성에 둔다. 또한 가족의 구조를 변화시킴으로써 체계 내 개인의 경험이 변화되어 구조를 평가하고 새로운 구조로 변화시키는 전략을 사용한다.
  ㉢ 가족 간의 명확한 경계를 강조하고 특히 하위체계 간에 개방되고 명확한 경계를 수립하는 것을 치료의 목표로 삼는다.
  ㉣ 경직된 경계선에서의 분리와 혼돈된 경계선에서의 밀착이 모두 가족의 문제를 유발할 수 있으므로 명확한 경계선이 설정되어야 하며, 명확한 경계선에서 가족성원들은 지지받고 건강하게 양육되며 독립과 자율이 허락된다.
  ㉤ 명확한 경계선은 개인체계뿐만 아니라 하위체계 간의 경계가 명백하여 '부모-자녀' 체계에서 부모는 자녀에게 권위를 지켜야 하고 부부 중 어느 한쪽이 자녀와 배우자보다 더 친하지 말아야 함을 강조한다.

② 가족구조의 제한요인

보편적 제한요인	대부분의 가족에 적용되는 일반적인 규범체계이다. 즉, 대부분의 가족은 위계구조를 확립하고 가족성원은 서로 상보적인 역할을 수행하여 가족의 구조를 기능적으로 유지하게 된다. 예 남편이 지나치게 간섭할 경우 아내는 뒤로 물러서는 경향이 있으며, 형이 지나치게 순할 경우 동생이 거친 성향을 보이는 경향이 있다.
특수한 제한요인	특정한 가족이 특정한 상호교류 유형을 발전시킴으로써 가족성원의 행동을 규제하는 것이다. 예 A씨 가족은 거실에 TV를 설치하는 대신 책과 책장, 낮은 탁자 등을 배치함으로써 가족이 함께하는 공간에서 책을 읽고 이야기를 나누는 그 가족만의 특수한 상호교류 유형을 발전시킬 수 있다.

전문가의 한마디
가족구조는 반복적이고 체계화되어 있으므로 예측할 수 있는 행동양식을 말합니다. 미누친은 가족구조를 "가족성원이 상호작용하는 방식을 조직화하는 하나의 보이지 않는 기능적 요구"로 정의한 바 있습니다.

OX Quiz
미누친은 구조적 가족치료모델을 제안하였다.
정답 O

③ 가족의 하위체계

부부 하위체계	• 두 사람의 결혼에 의해 형성되는 것으로서, 성, 사랑, 친밀감 등의 기능과 연관된다. • 이 하위체계가 기능적이기 위해서는 부부가 각자 원가족의 영향에서 어느 정도 독립적이고 적절히 분화되어야 한다.
부모 하위체계	• 부부 사이에 자녀가 있을 때 형성되는 것으로서, 자녀양육, 지도, 통제 등의 기능과 연관된다. • 이 하위체계가 기능적이기 위해서는 부모가 자녀의 발달단계에 맞는 규칙을 설정하고 권위를 적절히 사용하여 자녀의 성장과 발달을 도와야 한다.
부모-자녀 하위체계	• 부모와 자녀로 구성된 체계로서, 세대가 다른 사람으로 구성된다는 특징이 있다. • 이 하위체계가 기능적이기 위해서는 위계구조를 확립하는 것이 중요하다. 만약 부모가 자녀에게 적절한 권위를 행사하지 못한 채 오히려 부모의 권한이 한 자녀에게 이양되는 경우 그 자녀는 부모역할을 하는 자녀(Parental Child)가 될 수 있다.
형제자매 하위체계	• 동일한 세대에 속한 형제자매로 구성된 체계로서, 형제자매는 서로 지지하고, 분화하고, 희생하는 법을 일종의 실험을 통해 배우게 된다. • 이 하위체계가 기능적이기 위해서는 부모에 대항하여 자신들만의 세계와 흥미를 개발 및 확립할 수 있어야 하며, 부모의 부적절한 개입 없이 사생활이 보호되고 시행착오의 자유를 경험할 수 있어야 한다.

> **전문가의 한마디**
>
> 페미니스트들은 구조적 가족치료모델이 부부 하위체계와 부모 하위체계에 존재하는 권력의 불균형에 주목하지 않음으로써 가족성원들 간 힘의 불균형을 치료적 개입에서 다루지 않았다고 비판하고 있습니다.

■ 해결중심 가족치료 – 해결중심 단기치료모델

① 의의 및 특징

　㉠ 스티브 드 세이저(Steve de Shazer)와 인수 김 버그(Insoo Kim Berg)에 의해 개발된 것으로서, 가족의 병리적인 면보다 건강한 면에 초점을 둔다.
　㉡ 가족에게서 강점, 자원, 건강한 특성, 탄력성 등을 발견하여 이를 상담에 활용한다.
　㉢ 탈이론적 입장에서 가족의 견해를 중시하므로 인간행동에 대한 가설에 근거하여 가족을 사정하지 않으며, 해결방법의 간략화를 추구하여 작은 변화에서부터 시도한다.
　㉣ 예외적인 상황을 탐색하여 문제 상황과의 차이점을 발견하며, 문제가 발생하지 않은 상황을 증가시켜 가족의 긍정적인 부분을 강화한다.
　㉤ 과거의 문제보다는 미래와 해결방안 구축에 관심을 기울임으로써 현재와 미래 상황에 적응하도록 돕는다.
　㉥ 상담자와 가족이 함께 해결방안을 발견 및 구축하는 과정에서 상호협력을 중시한다.

> **전문가의 한마디**
>
> 해결중심 가족치료는 '해결중심 단기치료모델'로도 불리는데, 이는 "문제 삼지 않는 것은 건드리지 않고, 효과가 없다면 그것 대신 다른 무엇인가를 하며, 효과가 있는 것을 알면 그것을 더 많이 한다"는 치료의 중심철학에서 비롯됩니다.

② 해결중심 단기치료모델에서 치료자-내담자 관계유형

방문형 (Visitor)	• 흔히 자신의 의사와 상관없이 상담을 받으러 온 비자발적 내담자에게서 주로 나타난다. • 내담자는 문제를 인식하고 있지 않거나, 문제가 자신이 아닌 다른 사람에게 있다고 생각한다. • 내담자는 치료자와 함께 공동으로 문제를 인식하거나 상담의 목표를 발견하기가 어렵다.
불평형 (Complainant)	• 치료자와 내담자 간 대화 속에 불평이 있는 경우 혹은 문제를 공동으로 확인하였으나 해결책을 구축하는 과정에서 내담자의 역할을 확인하지 못한 경우에 나타난다. • 내담자는 대화 속에서 문제와 해결의 필요성에 대해 상세히 설명하지만, 아직 자신을 문제해결의 일부로 보지 않는다. • 내담자는 대체로 문제해결이 자신이 아닌 다른 사람(예 배우자, 부모, 자녀, 친구, 동료 등)의 변화를 통해 이루어질 수 있다고 생각한다.
고객형 (Customer)	• 치료자와 내담자가 문제와 함께 도달하고자 하는 해결책을 공동으로 확인했을 때 이루어진다. • 내담자는 자신을 문제해결의 일부로 생각하면서, 문제해결을 위해 무엇인가 할 의지를 보인다. • 내담자는 상담을 통해 무엇을 이루고자 하는지에 대해 생각해 보았으며, 이를 달성하기 위해 자신의 노력이 필수적임을 잘 알고 있다.

OX Quiz
해결중심 단기치료모델에서 치료자-내담자 관계유형은 방문형, 불평형, 소모형으로 나눌 수 있다.
정답 X(방문형, 불평형, 고객형)

③ 해결중심 가족치료에서 사용하는 해결 지향적 질문 유형
  ㉠ 상담 전 변화에 관한 질문(Pre-Session Change Question)
    상담 전 변화가 있는 경우 내담자가 이미 보여준 해결능력을 인정하며, 이를 강화하고 확대할 수 있도록 격려하는 것이다.
    예 처음 상담을 신청했을 때와 상담을 받으러 오기까지의 시간 동안 어려운 상황이 좀 나아진 사람들을 종종 볼 수 있었습니다. 혹시 그와 같은 변화를 경험하셨습니까?
  ㉡ 예외질문(Exception-Finding Question)
    문제해결을 위해 우연적이며 성공적으로 실행한 방법을 찾아내어 이를 의도적으로 계속해 보도록 격려하는 것이다.
    예 문제가 발생하지 않은 때는 언제였습니까?
      문제가 해결된다면 어떻게 알 수 있겠습니까?
  ㉢ 기적질문(Miracle Question)
    문제 자체를 제거시키거나 감소시키지 않은 채 문제와 떨어져서 문제가 해결된 상태 혹은 그 해결책을 상상해 보도록 하는 것이다.
    예 잠자는 동안 기적이 일어나 당신을 여기에 오게 한 그 문제가 극적으로 해결됩니다. 아침에 일어나서 지난밤 기적이 일어나 모든 문제가 해결되었다는 것을 어떻게 알 수 있을까요?

ⓐ 척도질문(Scaling Question)

숫자를 이용하여 내담자에게 문제의 심각성 및 우선순위, 문제해결에 대한 희망, 자아존중감, 변화(혹은 치료)에 대한 확신, 변화(혹은 치료)에 대한 의지와 노력, 문제가 해결된 정도 등을 표현하도록 하는 것이다.

> 예 폭력을 행사하는 아버지가 어느 정도 싫은지 0점에서 10점까지 점수로 표현할 수 있을까요?
> 문제해결의 상태를 1점부터 10점까지의 척도로 나타냈을 때, 당신은 현재 6점에 있다고 했습니다. 만약 6점에서 7점으로 올라간다면 무엇이 달라질까요?

ⓑ 대처질문(Coping Question)

어려운 상황에서의 적절한 대처 경험을 상기시키도록 함으로써 내담자로 하여금 스스로의 강점을 발견하고, 자신이 대처 방안의 기술을 가지고 있음을 깨닫도록 하는 것이다.

> 예 당신은 그 어려운 상황 속에서 어떻게 지금까지 견딜 수 있었나요?
> 어떻게 해서 상황이 더욱 나빠지지 않을 수 있었나요?"

ⓑ 관계성질문(Relationship Question)

내담자와 중요한 관계에 있는 사람들이 갖고 있는 생각, 의견, 지각 등에 대해 묻는 것으로, 그들의 관점에서 내담자 자신의 문제에 대해 어떻게 생각할지 추측해 보도록 하는 것이다.

> 예 만약 당신의 아버지가 지금 여기에 있다고 가정할 때, 당신의 아버지는 당신의 문제가 해결될 경우 무엇이 달라질 거라 말씀하실까요?

ⓐ 악몽질문(Nightmare Question)

내담자에게 뭔가 더 나쁜 일이 일어나야만 내담자가 현재와 다른 무엇을 하려고 시도한다거나 문제에서 벗어날 수 있을 것으로 예상될 경우 사용하는 질문이다.

> 예 잠자는 동안 악몽을 꾸게 되어 당신을 여기에 오게 한 그 문제가 갑자기 더욱 나빠집니다. 아침에 일어나서 지난밤 악몽으로 인해 모든 문제가 나빠졌다는 것을 어떻게 알 수 있을까요?

ⓞ 간접적인 칭찬 – "어떻게 그렇게 할 수 있었습니까?" 질문

내담자가 자신의 강점이나 자원을 스스로 발견할 수 있도록 내담자의 어떤 측면이 긍정적이라는 것을 암시하는 질문이다.

> 예 그 어려운 상황에서도 어떻게 집안을 그토록 평온하게 유지할 수 있었나요?
> 당신은 아이들을 존중하는 것이 인성발달에 중요하다는 것을 어떻게 아셨습니까?

ⓩ "그 외에 또 무엇이 있습니까?" 질문

예외를 더 발견하고, 강점 및 자원, 성공적 경험 등 긍정적인 측면을 더욱 많이 이끌어내려는 의도를 가진 질문이다.

> 예 무엇이 더 있을까요? 또 다른 좋은 생각이 무엇일까요?
> 이전에 이야기한 것과 연결시켜 보면 또 무엇이 있을까요?

전문가의 한마디

해결중심 단기치료모델에서는 해결중심적 대화가 강조됩니다. 치료자는 자기 문제의 전문가인 내담자가 자신의 문제를 어떻게 지각하는지를 파악하기 위해 내담자를 한 발짝 뒤에서 인도하게 되는데, 이는 소크라테스식 질문법(Socratic Questioning)처럼 내담자 스스로 문제를 다른 시각에서 바라보게 하며, 내담자의 생활에서 문제시되지 않았거나 문제가 해결되는 시점의 예외적인 상황을 발견하도록 돕습니다.

전문가의 한마디

대처질문은 특히 자신의 미래를 매우 절망적으로 보아 아무런 희망이 없다고 생각하는 내담자에게 주로 사용합니다.

전문가의 한마디

악몽질문은 상담 전 변화에 관한 질문, 예외질문, 기적질문 등이 효과가 없을 때 유용하나, 섣부른 역설을 사용하여 생길 수 있는 부작용을 염두에 두어야 합니다.

> **전문가의 한마디**
>
> 마침표(Punctuation)는 의사소통의 연속성과 관련된 것으로서, 예를 들어 알코올중독자인 남편과 아내의 대화에서 남편은 아내가 잔소리를 많이 해서 술을 마신다고 하고, 아내는 술을 마셔서 잔소리를 한다고 말함으로써 순환적 사건에 대해 부부가 각기 다른 곳에 '마침표'를 찍는 것을 말합니다.

■ 전략적 가족치료 – 전략적 가족치료모델

① 의의 및 특징
   ㉠ 1960년대 정신조사연구소(MRI ; Mental Research Institute)에서 이루어진 가족 의사소통 연구 프로젝트에서 비롯된 것으로, 헤일리(Haley)가 의사소통 가족치료의 전통을 계승하여 제안한 것이다.
   ㉡ 인간행동의 원인에는 관심이 없으며, 단지 문제행동의 변화를 위한 해결방법에 초점을 둔다.
   ㉢ 목표설정에 있어서 가족이 호소하는 문제를 포함하며, 가족의 문제를 해결하기 위한 다양한 전략을 모색한다.
   ㉣ 이해보다는 변화에, 이론보다는 기법에 더 많은 관심을 가진다.
   ㉤ 단기치료에 해당하며, 증상처방 등 역설적 방법을 활용한다.

② MRI의 의사소통의 원리
   ㉠ 의사소통을 하지 않는 것은 불가능하다.
   ㉡ 의사소통은 내용과 관계의 측면이 있다.
   ㉢ 마침표(Punctuation)는 의사소통의 중요한 측면이다.
   ㉣ 의사소통은 디지털과 아날로그로 구분할 수 있다.
   ㉤ 의사소통은 대칭적 관계와 보완적 관계를 가진다.
   ㉥ 의사소통은 역설적일 수 있다.

③ 전략적 가족치료의 역설적 기법으로서 재명명(재정의)과 증상처방

재명명 또는 재정의 (Reframing)	• 가족의 문제를 재구성하는 것으로, 가족성원이 다른 측면에서 상호작용의 역동성을 볼 수 있도록 돕는 것이다. • 예를 들어, 아내의 잔소리에 대해 불평을 늘어놓는 남편에게 치료자는 그와 같은 잔소리가 남편과 더욱 가까워지고 싶다는 표현임을 설명해 줄 수 있다.
증상처방 (Prescribing the Symptom)	• 가족이 그 가족 내에서 문제시해 온 행동을 과장하여 계속하도록 하는 것이다. • 내담자가 자기 자신이나 가족의 변화를 위해 도움을 청하면서도 동시에 변화에 저항하려는 양가감정을 가지고 있음을 역으로 이용한 것으로, '치료적 이중구속'을 활용한 것이다.

> **전문가의 한마디**
>
> '치료적 이중구속(Therapeutic Double-Bind)'은 내담자에게 문제행동을 계속하도록 지시하는 다양한 역설적 개입을 일컫는 용어입니다. 내담자는 증상을 포기하거나 증상에 대한 자기통제력을 인정해야 하는 딜레마에 빠지게 됩니다.

기출복원 84
19년 기출

다음 보기에서 설명하는 내용이 공통적으로 어떤 가족치료 이론에 관한 것인지를 쓰시오.

3점

- 헤일리(Haley)가 제안한 가족치료모델이다.
- 인간행동의 원인보다는 문제행동의 변화를 위한 해결방법에 초점을 둔다.
- 목표설정에 있어서 가족이 호소하는 문제를 포함하며, 가족의 문제를 해결하기 위한 다양한 전략을 모색한다.
- 단기치료에 해당하며, 증상처방 등 역설적 방법을 활용한다.

● 해설 체크! ●

전략적 가족치료(Strategic Family Therapy)

---

88. 아동상담과 놀이치료

■ 아동상담 및 아동심리치료의 중요성

① 아동의 발달 과정에서 발생한 문제가 청소년기의 비행이나 성인기의 병리적인 문제로 발전하는 것을 사전에 예방할 수 있다.
② 아동의 신체적 발달에 영향을 미치는 정서적·환경적 요인들을 수정함으로써 아동의 건강한 발달을 돕는다.
③ 아동상담 및 아동심리치료는 아동뿐만 아니라 부모 자신의 이해에 도움이 되는 과정이다.
④ 아동의 변화는 가족의 변화를 유도한다.

■ 아동상담 및 아동심리치료의 특징

① 아동 내담자의 언어발달 및 인지발달을 고려한다.
② 치료(상담) 동기 부여를 위한 치료(상담) 초기 관계형성이 중시된다.
③ 치료 과정에 놀이 등 아동 내담자와의 문제 공유를 위한 다양한 방법들이 활용된다.
④ 아동 내담자의 전인적 발달을 위한 통합적 접근이 요구된다.
⑤ 아동 내담자에게 영향을 미치는 부모, 교사 등의 협조와 참여가 요구된다.

OX Quiz

아동상담에서는 치료 초기 관계형성이 중시된다.

정답 O

■ 아동상담 및 아동심리치료에 있어서 고려해야 할 아동의 특성

① 아동은 인지능력 및 대처능력이 부족하며, 자발적인 치료 동기를 갖기 어렵다.
② 행동화 경향이 있으므로, 놀이나 게임, 예술 활동 등을 심리치료에 활용할 필요가 있다.
③ 보호자 통제의 영향을 받으므로, 보호자의 역할 및 참여가 중요하다.

■ 아동 및 청소년의 인지발달단계에 따른 상담의 특성 및 주의점

① 전조작기(Preoperational Stage, 2~7세)
  ㉠ 이 시기의 아동은 아직 논리적인 사고를 하는 데 어려움이 있으며, 상상(상징)을 통해 보이지 않는 대상을 표현하려는 경향이 있다. 또한 자기중심적인 사고로 인해 또래아이들과 협동놀이를 하는 데 어려움이 있다.
  ㉡ 상담자는 듣기와 말하기만으로 상담을 이끌어 가는 데 어려움이 있음을 염두에 두고, 오감을 활용한 놀이법을 활용하거나, 상징놀이를 통해 자신을 표현할 수 있도록 놀잇감을 제공하는 등 다양한 기법을 활용할 필요가 있다.

② 구체적 조작기(Concrete Operational Stage, 7~12세)
  ㉠ 이 시기의 아동은 구체적이고 현실적으로 사고를 하며, 학교에서의 또래관계를 통해 자신과 타인의 관점 차이를 깨닫게 된다. 그러나 이와 같은 과정에서 오히려 복잡한 정서를 경험하게 되며, 학교에서의 수행이나 또래관계에서의 수용에 대한 불안감을 가지기도 한다.
  ㉡ 상담자는 아동이 가설·연역적 사고력 결핍으로 인해 여러 가지 가능성을 고려하는 데 어려움이 있음을 염두에 두고, 역할연기, 독서치료, 미술활동 등을 통한 다양한 체험이 이루어지도록 할 필요가 있다. 또한 학교 수행이나 또래 승인 등과 관련된 심리적 불안과 함께 가정의 특수한 상황(예 부모의 이혼, 알코올중독 등)에 따른 부적응적인 감정을 적절히 다루어야 할 필요가 있다.

③ 형식적 조작기(Formal Operational Stage, 12세 이상)
  ㉠ 이 시기의 청소년은 자신의 능력과 타인의 능력을 비교할 수 있으며, 자의식이 강해지면서 어른에 의지하기보다 또래들의 기준과 기대에 동조하려는 경향이 있다. 그러나 신체적 성숙과 실제 성숙도 간에 차이가 있으며, 특히 감정의 기복이 심하여 극도의 침울한 상태와 흥분된 상태를 자주 경험하기도 한다.
  ㉡ 상담자는 청소년의 진정한 감정이 표면적 행동으로 위장되어 있음을 염두에 두어 그의 행동을 의도적인 것으로 간주한 채 과잉반응하지 않도록 주의한다. 또한 청소년이 자신의 감정을 적절히 다루지 못하여 심각한 문제를 야기할 수 있으므로, 청소년기의 정서적 취약성을 이해하고 민감하게 반응할 필요가 있다.

기출키워드
23년 1회
피아제의 인지발달이론
※ 실기시험에는 피아제의 인지발달이론에 의한 인지발달단계별로 아동 및 청소년을 위한 상담의 특성 및 주의점을 기술하도록 하는 문제가 출제되었습니다.

전문가의 한마디
피아제(Piaget)는 인지발달이론을 통해 아동 및 청소년의 인지발달단계를 〈감각운동기(0~2세) → 전조작기(2~7세) → 구체적 조작기(7~12세) → 형식적 조작기(12세 이상)〉로 구분하였습니다. 임상심리사 시험에서는 영아기에 해당하는 '감각운동기'를 제외한 나머지 세 단계에서 상담의 특성 및 주의점에 대해 설명하도록 요구하고 있습니다.

■ 아동상담에서 놀이의 치료적 기능

① 관계형성의 기능
  놀이치료는 상담자와 아동 간에 신뢰롭고 특별한 관계가 발달할 수 있도록 돕는 데 효과적이다. 또한 아동이 상담 상황에 친숙하고 안정된 느낌을 가질 수 있도록 한다.

② 자기노출의 기능
  놀이치료는 아동이 자신의 감정, 갈등과 문제, 관계의 어려움 등을 직접적으로 혹은 상징적으로 재연하도록 한다. 따라서 다른 방법으로 표현하지 못하는 다양한 정보들을 제공하게 되며, 이를 통해 상담자는 아동을 더 잘 이해할 수 있게 된다.

③ 치유의 기능
  놀이치료는 아동이 자신의 감정과 갈등을 자유롭게 표현하도록 하여 감정의 발산과 정화를 촉진하므로 치료적인 효과를 가진다. 또한 아동은 안전한 환경에서 새로운 행동과 적절한 대처기술을 익히게 된다.

■ 아동상담에서 놀이의 치료적 가치

① 저항을 극복하는 데 도움이 되므로, 치료적 관계형성에 유용하다.
② 의사소통의 매체로써 아동을 이해하고 진단하는 데 유용하다.
③ 아동의 불안 감소 및 긴장 이완을 통해 효과적인 치료를 가능하게 한다.
④ 정화(Catharsis)를 통해 심리적인 외상을 극복할 수 있도록 한다.
⑤ 창조적 사고를 통해 참신한 문제해결능력을 발달시키도록 한다.
⑥ 유능성을 향한 욕구를 자극하고 그 실현 가능성을 높임으로써 자아존중감을 발달시킨다.
⑦ 역할놀이를 통해 새로운 행동을 연습하고 이를 획득하도록 하며, 나아가 공감력을 증진시킨다.
⑧ 은유적 교훈을 제시함으로써 통찰을 돕는다.
⑨ 환상과 상상을 통해 대리적인 욕구충족을 가능하게 한다.
⑩ 애착형성을 촉진하고 관계를 향상시킴으로써 타인과 친밀해지는 능력을 발달시킨다.
⑪ 일상생활에 일반적으로 적용될 수 있는 사회적 기술을 발달시킨다.

■ 아동상담에서 놀이의 3가지 역할(이장호)

① 감정발산의 수단
  아동이 주위 사람들에게 마음속으로 느꼈던 증오와 두려움을 놀이를 통해 발산하는 것은 성인이 이야기를 통해 감정을 표현하는 것과 유사하다.

> **전문가의 한마디**
>
> 관계치료적 접근법은 로저스(Rogers)의 인간중심치료에 근거한 것으로, 이른바 '아동중심치료'로도 불립니다. 아동중심치료의 목표는 자기실현을 향한 내적인 힘을 발견할 수 있도록 아동에게 긍정적인 성장 경험을 제공하는 것입니다.

② 자신의 갈등 및 생각과 행동의 다양한 측면으로의 표출

놀이 중인 아동을 관찰해 보면, 아동이 어떤 방식으로 환경에 대처해 나가는지를 알 수 있다. 아동 스스로도 놀이치료가 진행됨에 따라 갈등적 행동이 줄어들고 점차 안정된 행동양식을 갖추게 된다.

③ 아동상담에서 중요한 의사소통의 매체

아동은 놀이를 통해 자기 자신에 대한 의사표현을 한다. 특히 아동의 놀이를 통한 자기표현은 상담자 앞에서 놀이를 하는 동안 아동이 상담자의 존재를 어떻게 받아들이느냐에 따라 달라진다. 따라서 놀이의 내용 및 방식은 상담자에 대한 의사소통의 기능을 갖고 있다고 볼 수 있다.

■ 놀이치료에 사용되는 보편적인 3가지 접근법(Schaefer)

① 정신분석학적 접근법
  ㉠ 아동이 내면의 생각이나 감정, 욕구를 치료자에게 자유롭게 의사소통할 수 있도록 하는 일종의 비언어적인 의사소통 수단으로서 놀이가 유용하게 사용될 수 있다.
  ㉡ 놀이는 의식적인 면이나 무의식적인 면에서 아동의 정신생활에 대한 통찰력을 제공할 수 있다. 또한 아동이 대처하는 문제에 대한 단서를 제공할 수 있고, 그들이 대처하는 데 사용하는 기제를 제공할 수 있다.

② 관계치료적 접근법
  ㉠ 치료자는 전반적으로 수용적인 분위기를 만들기 위해 노력한다. 즉, 어떤 특별한 방법을 사용하여 치료를 강제로 시도하기보다는 비지시적이고 편안한 느낌을 주려고 노력한다.
  ㉡ 아동은 자신의 감정을 말이나 몸짓, 놀이를 통해 상징적인 의미로 표현하게 된다. 이때 치료자는 아동이 말하는 것이 무엇인지 정확히 파악하기 위해 노력하면서, 아동이 자신의 문제에 대한 통찰을 획득하도록 돕고, 아동이 스스로 문제를 해결할 능력이 있음을 인식시키도록 한다.

③ 구조적 접근법
  ㉠ 치료의 초기에 구체적인 목적과 분명한 전략으로 단기치료를 강조하며, 과거에 뿌리를 둔 무의식적 기제에 초점을 두기보다 현재의 실천에 초점을 둔다.
  ㉡ 과도한 상징적 해석을 사용하지 않으며, 치료자와 아동 간의 관계를 중시하되 지나치게 허용적인 분위기는 삼간다.

> **OX Quiz**
> 아동상담에서 놀이는 감정발산의 수단과 중요한 의사소통의 매체가 되기도 한다.
> 정답 O

> **OX Quiz**
> 구조적 접근법은 무의식적 기제에 초점을 두기보다 현재의 실천에 초점을 둔다.
> 정답 O

■ **놀이치료의 과정**

① 제1단계 – 초기 단계
- ㉠ 상담자가 내담자인 아동과 관계를 형성하는 단계이다. 이 과정에서 아동이 진정으로 원하는 변화가 무엇인지, 자신의 어려움을 어떻게 느끼고 있는지 등에 대해 이야기를 나눔으로써 함께 치료 목표를 정하게 된다.
- ㉡ 아동은 호기심을 나타내고 창조적인 놀이가 증가하며, 행복감과 불안감을 모두 표출한다. 이후 차츰 공격적인 놀이가 증가하기 시작하며, 자발적인 표현이 늘어나게 된다.
- ㉢ 아동은 자신이나 가족에 대해 이야기를 하면서 상담자에게 인정받으려고 노력하는 모습을 보이기도 한다. 이때 상담자는 아동이 상담자에게 인정받기 위해 치료를 받으러 온 것이 아닌 상담자와 함께 문제를 해결하기 위해 온 것임을 명확히 함으로써, 상담자가 자신을 돕는 전문가임을 인식시킨다.

② 제2단계 – 중기 단계
- ㉠ 아동은 상담자가 자기를 위한 존재라는 사실을 인식하면서 부정적인 감정을 자연스럽게 표현하기 시작한다. 특히 과거의 불쾌했던 경험을 재현하게 되는데, 이때 상담자는 아동이 그와 같은 어려움을 경험한 시기가 발달단계상 어느 시기였는지를 이해하는 것이 중요하다.
- ㉡ 상담자는 아동의 자아존중감이 향상될 수 있도록 통찰력을 높여 주며, 성취감을 느낄 수 있는 기회를 제공해 주어야 한다.
- ㉢ 아동은 상담자와의 관계를 통해 부모와의 관계에서 결핍되었거나 왜곡된 경험을 교정하는 기회를 가지게 된다. 또한 자기 문제를 새로운 각도에서 이해할 수 있는 과정을 거치면서 문제가 해결되기에 이른다.

③ 제3단계 – 종결 단계
- ㉠ 초기단계에서 아동과 함께 세웠던 치료 목표가 달성되면서 상담은 종결 단계에 이르게 된다.
- ㉡ 아동은 한편으로 자신의 문제를 있는 그대로 수용할 수 있게 되며, 다른 한편으로 자신의 장점을 인식하고 자아존중감이 향상되어 현실적인 문제에 보다 잘 대처해 나가게 된다.
- ㉢ 효과적인 치료 종결을 위해서는 사전에 종료 시기에 대해 이야기하며, 아동이 종료를 알기 쉽게 받아들일 수 있도록 합의하는 과정이 필요하다.

OX Quiz

놀이치료 초기단계에 상담자는 아동의 자아존중감이 향상될 수 있도록 통찰력을 높여 주며, 성취감을 느낄 수 있는 기회를 제공해 주어야 한다.

정답 X(중기 단계)

> **전문가의 한마디**
>
> 놀이치료라 하여 아동이 단순히 노는 것만으로 치료가 되는 것은 아닙니다. 상담자와의 상호적인 대인관계를 통해 감정의 정화가 일어나고 고통이 감소되며, 충동이 조절되는 등 교정적인 정서경험을 하게 됩니다.

■ 놀이치료의 장점

① 놀이는 저항을 극복하고 치료를 위한 관계를 맺도록 한다.
② 놀이를 통한 의사소통으로 아동을 보다 쉽게 이해할 수 있다.
③ 놀이를 하면서 감정이 이완되며, 억압된 감정이 해소된다.
④ 역할극 놀이로써 새로운 행동을 연습하고 이를 획득하여 다른 사람을 공감할 수 있게 된다.
⑤ 놀이를 통해 대인관계가 좋아지면서 자기를 존중하는 동시에 타인과 친밀하게 된다.

기출복원 85 19, 21년 기출

성인을 대상으로 한 심리치료와 구분되는 아동심리치료의 특징을 5가지 기술하시오. [5점]

> • 해설 체크! •
>
> 1. 아동 내담자의 언어발달 및 인지발달을 고려한다.
> 2. 치료(상담) 동기 부여를 위한 치료(상담) 초기 관계형성이 중시된다.
> 3. 치료 과정에 놀이 등 아동 내담자와의 문제 공유를 위한 다양한 방법들이 활용된다.
> 4. 아동 내담자의 전인적 발달을 위한 통합적 접근이 요구된다.
> 5. 아동 내담자에게 영향을 미치는 부모, 교사 등의 협조와 참여가 요구된다.

89 우울증과 자살상담

■ **DSM-5에 의한 주요우울증 삽화(Major Depressive Episode)의 진단 기준**

① 다음의 증상들 중 5가지 이상이 2주 연속으로 지속되며, 그러한 상태가 이전의 기능 상태와 비교할 때 변화를 보인다. 다만, 해당 증상들 중 '우울한 기분'이나 '흥미 또는 즐거움의 상실'을 반드시 하나 이상 포함해야 한다.

> ㉠ 우울한 기분이 거의 매일, 하루 중 대부분의 시간에 주관적인 보고(예 슬픈 느낌, 공허감 또는 절망감)나 객관적인 관찰(예 울 것 같은 표정)에 의해 나타난다(* 주의 : 아동 및 청소년의 경우 과민한 기분으로 나타날 수 있음).
> ㉡ 모든 또는 거의 모든 일상 활동에서 거의 매일, 하루 중 대부분, 흥미나 즐거움이 현저히 저하되어 있다.
> ㉢ 체중조절을 하지 않음에도 불구하고 체중에 의미 있는 감소(예 1개월 이내에 신체의 5% 이상 체중 변화가 나타남)가 나타나거나, 거의 매일 식욕 감소 또는 증가를 느낀다(* 주의 : 아동의 경우 체중 증가가 기대치에 미치지 못한 것에 주의할 것).
> ㉣ 거의 매일 불면에 시달리거나 과도한 수면을 한다.
> ㉤ 거의 매일 정신운동성의 초조나 지체가 나타난다(이는 객관적으로 관찰 가능하며, 단지 주관적인 좌불안석이나 침체감이 아님).
> ㉥ 거의 매일 피로를 느끼며 활력을 상실한다.
> ㉦ 거의 매일 자신이 무가치하다고 느끼거나 부적절한 죄책감(이는 망상적일 수 있음)을 느낀다(단지 병에 걸린 것에 대한 자책이나 죄책감이 아님).
> ㉧ 거의 매일 사고력이나 집중력이 감소되거나 우유부단함을 보인다(주관적인 호소나 객관적인 관찰로도 가능함).
> ㉨ 죽음에 대한 반복적인 생각(단지 죽음에 대한 공포가 아님), 구체적인 계획 없이 반복되는 자살 생각, 자살 시도나 자살 수행을 위한 구체적인 계획을 떠올린다.

② 이러한 증상들이 사회적·직업적 기능 또는 다른 중요한 기능 영역에서 임상적으로 유의미한 고통이나 손상을 초래한다.
③ 이러한 삽화는 물질이나 다른 의학적 상태의 생리적 효과에 기인한 것이 아니다.

■ **자살의 경고증상**

① 언어적 표현
㉠ 죽고 싶다는 이야기를 자주 한다.
㉡ 사후 세계에 대한 이야기를 자주 한다.
㉢ 자기 비하적인 말을 자주 한다.
㉣ 자살한 이후 자신의 모습에 대해 관심을 가진다.
㉤ 불안감, 초조감 등의 불편한 감정에 의한 신체적 증상을 호소한다.

② 행동적 표현
㉠ 대인관계를 기피하며 혼자 행동한다.
㉡ 타인에게 자신이 아끼던 물건을 주는 등 주변을 정리하는 행동을 한다.

기출키워드
22년 1회
주요우울증
※ 실기시험에는 주요우울 증상 4가지와 자살위험성 평가항목을 3가지 쓰도록 하는 문제가 출제되었습니다.

전문가의 한마디
본문의 ①~③으로 제시된 주요우울증 삽화의 진단 기준은 주요우울장애(Major Depressive Disorder)의 진단 기준과 동일한 구성을 보이고 있습니다.

OX Quiz
자살의 경고증상은 언어적 표현, 행동적 표현, 상황적 맥락 등 다양한 양상으로 나타날 수 있다.
정답 O

기출키워드
22년 3회

집단따돌림

※ 실기시험에는 사례를 제시하고, 집단따돌림 피해 청소년 내담자의 특성을 분석하여 기술하도록 하는 문제가 출제되었습니다.

ⓒ 오랜 기간 동안 불안정한 모습을 보이던 사람이 별다른 이유 없이 어느 순간 안정된 모습을 보인다.
② 자신의 능력에 대한 회의감과 무기력감을 표출한다.
⑩ 자살 시도에 사용할 수 있는 물건들을 몰래 보관한다.
ⓑ 자신의 외모관리에 지나치게 무관심하다.
ⓐ 인터넷 자살사이트에 관심을 가진다.

③ 상황적 맥락
㉠ 가족이나 애인, 가까운 친구의 죽음 또는 이별로 인해 상실감을 경험한다.
㉡ 학교나 직장에서 괴롭힘이나 따돌림, 신체적 폭행 등을 당한다.
㉢ 사회적으로 고립되어 오랜 기간 홀로 생활하고 있다.
㉣ 만성질환이나 장해 유발 질환, 예후가 좋지 않은 질환을 가지고 있다.
㉤ 실직으로 인해 자존감이 저하된 상태이다.
㉥ 경제적 빈곤으로 인해 생계유지가 어려운 상태이다.

전문가의 한마디

스웨덴의 한 연구기관에서 실시한 역학연구에 따르면, 치료받지 않은 우울장애 환자의 경우 치료받은 우울환자에 비해 자살 위험도가 2배 정도 높은 것으로 나타났습니다.

■ 자살 위험도의 2가지 평가

① 자살의도를 물어보기
상담자는 자살 가능성 의심자를 자극할 것을 우려하여 우회적으로 질문하기보다는 조심스럽고 진지하면서도 단도직입적으로 질문하는 것이 바람직하다. 상담자가 자살 의도를 묻는 질문을 할 경우 자살할 생각이 있는 사람들은 보통 자살할 생각이 있다고 대답한다.

② 자살 계획을 평가하기
자살 계획에 대하여 자살의도, 자살방법, 자살준비, 자살시도 등에 대해 평가한다.

OX Quiz

자살 가능성이 있는 사람은 타인에게 아끼던 물건을 주는 등 주변을 정리하기도 한다.
정답 O

OX Quiz

자살위험도평가 시 상담자는 자살 가능성 의심자를 자극하지 않도록 우회적으로 질문할 필요가 있다.
정답 X(단도직입적으로 질문해야 함)

자살의도평가 (제1단계)	• 상담자는 자살 가능성 의심자에게 자살의도가 있는지를 신중하게 묻는다. • 만약 그렇지 않다고 대답하는 경우 일단 넘어가지만, 자살할 생각을 가끔 한다는 식의 대답이 나오는 경우 다음 단계로 넘어간다.
자살방법평가 (제2단계)	• 앞선 단계에서 자살의도가 밝혀지는 경우 어떤 방법으로 자살할 생각을 가지고 있는지 물어본다. • 이때 그 방법이 더욱 위험한 것일수록, 그리고 그 계획이 보다 구체적인 것일수록 자살의 위험성이 더 큰 것으로 평가된다.
자살준비평가 (제3단계)	• 자살하기 위해 구체적으로 준비하고 있거나 준비한 적이 있는지를 질문하는 단계이다. • 만약 자살의도도 있고 방법도 생각하였으나 아직 준비 단계에 이르지 않았다면 자살의 위험성은 아직 낮은 것으로 볼 수 있다. 그러나 자살을 실제로 준비하고 있다고 대답한다면 자살이 임박한 것일 수 있으므로 그에 대한 긴급한 조치가 요구된다.

자살시도평가 (제4단계)	• 최근 자신이 생각한 방법으로 실제 자살시도를 한 적이 있는지를 평가한다. • 만약 최근에 몰래 약을 먹어 본 적이 있다거나 목을 매어 본 적이 있다고 진술하는 경우 자살의 위험성이 극도로 높은 것으로 평가되어야 하며, 이때 그와 같은 사실을 즉각 주위에 알리고 정신건강의학과 전문의를 통해 응급조치를 받도록 해야 한다.

> **OX Quiz**
>
> 내담자가 최근 자살을 시도하려 약을 먹어 본 적이 있다고 하거나, 목을 매어 본 적이 있다고 진술하면 상담자는 즉각 전문의를 통해 응급조치를 받도록 해야 한다.
>
> 정답 O

■ 자살위험도평가를 위한 주요 질문

① 자살시도의 원인
   "무슨 일 때문에 자살을 생각하는 건가요?"
② 자살시도의 시점
   "왜 지금 자살을 하려고 하는 건가요?"
③ 자살시도의 장소
   "자살을 어디에서 할 것인지 구체적으로 생각해 본 적이 있나요?"
④ 자살에 대한 생각
   "자살의 구체적인 방법에 대해 생각해 본 적이 있나요?"
⑤ 자살방법에 대한 진술
   "그 방법이 어떠한 것인지 구체적으로 이야기해 줄 수 있나요?"
⑥ 과거 자살시도의 경험
   "예전에 자살을 시도해 본 적이 있나요? 만약 그렇다면 언제, 어디서, 어떠한 방법으로 자살을 시도했나요?"

■ 자살위험도평가의 주요 고려사항(Cesnik & Nixon)

① 위험에 대한 자기보고
   ㉠ 상담자는 자살을 생각하는 내담자를 대상으로 그 위험수준에 대해 질문하며, 이를 평가해야 한다.
   ㉡ 질문 내용은 자살에 대한 생각이 얼마나 자주 떠오르는지, 이를 얼마나 오랫동안 견딜 수 있는지 등이다.
   ㉢ 내담자의 자기보고가 위험수준에 이르렀다고 판단되는 경우 이를 심각하게 다루어야 한다.
② 자살의 계획
   ㉠ 상담자는 내담자가 실제 자살을 계획하고 있는지 파악해야 한다.
   ㉡ 자살 계획의 치명성 또는 성공률, 자살의 방법 및 도구, 계획의 구체성 등에 대한 평가를 수행한다.

ⓒ 만약 내담자가 성공 확률이 높고 구체적인 자살계획을 가지고 있는 경우 즉각적인 치료적 개입이 요구된다.
③ 과거 자살시도 경험(자살력)
  ㉠ 과거 자살을 시도한 경험이 있는 사람의 경우 그 자살위험률은 유의미하게 증가한다.
  ㉡ 실제 자살한 사람의 대략 30~40% 정도가 이전에 자살을 시도한 경험이 있는 사람들인 것으로 알려져 있다.
  ㉢ 상담자는 내담자의 가족이나 친구 등 주변 인물들 중 자살을 시도했거나 실제 자살한 사람이 있는지도 파악해야 한다.
④ 심리적 증상
  ㉠ 평소 심리적 고통을 호소하거나 정신장애를 가지고 있는 사람의 경우 그렇지 않은 사람에 비해 자살할 가능성이 높다.
  ㉡ 상담자는 내담자와의 접수면접에서 간이정신진단검사(SCL-90-R) 등의 검사도구를 활용하여 내담자의 신체화, 강박증, 대인예민성, 우울, 불안, 적대감, 공포불안, 편집증, 정신증 등의 증상을 파악해야 한다.
  ㉢ 만약 내담자가 심각한 정신질환을 가지고 있는 경우 즉각적인 치료적 개입이 요구되며, 알코올중독이나 약물중독을 가지고 있는 경우 그 부작용으로서 우울 정도를 확인해야 한다.
⑤ 환경적 스트레스
  ㉠ 상담자는 내담자가 어떠한 스트레스 상황에서 자살충동을 느끼게 되는지 파악해야 한다.
  ㉡ 내담자의 스트레스 대처능력은 어떠한지, 자살을 문제 상황의 도피처로 생각하고 있는 것은 아닌지 평가해야 한다.
  ㉢ 내담자가 가까운 사람의 죽음, 이별, 실직, 학업실패 등 인생의 중요한 변화를 겪고 있는 경우, 상담자는 그와 같은 경험에 대한 내담자의 생각과 감정을 적절히 다루어야 한다.
⑥ 자원 및 지지체계
  ㉠ 상담자는 내담자에게 도움이 될 수 있는 유용한 자원 및 지지체계에 대해 살펴보아야 한다.
  ㉡ 과거 유사한 상황에서 내담자가 어떠한 도움을 얻었는지, 자살충동을 억제할 수 있었던 요인은 무엇인지, 미래에 대해 어떠한 계획을 가지고 있었는지에 대해 파악해야 한다.
  ㉢ 위기전화상담, 긴급상담센터 등 위기상황에 대비한 전문가 자원을 활용할 수 있도록 돕는 것도 중요하다.

전문가의 한마디

과거 자살시도 경험이 있는 사람은 그렇지 않은 사람보다 자살률이 5~6배 정도 높다는 보고가 있습니다. 어떤 연구자의 경우 자살력이 향후 자살에 대한 가장 좋은 단일 예측인자라고 주장하기도 합니다.

OX Quiz

평소 심리적 고통을 호소했던 사람인 경우 그렇지 않은 사람에 비해 자살 가능성이 높다.
정답 O

OX Quiz

상담자는 내담자의 자살위험성이 높아 보이더라도 비밀보장의 원칙을 지키기 위해 타인에게 알리거나 도움을 요청해서는 안 된다.
정답 X(즉시 가까운 사람에게 알리고 조치를 취해야 함)

■ **자살위험성이 높은 내담자에 대한 상담자의 조치방법**

① 가족이나 가까운 사람에게 알려야 한다.
② 혼자 있지 못하게 한다.
③ 자살을 시도할 수 있는 위험한 물건이나 상황에 가까이 있지 않게 한다.
④ 정신건강의학과 전문의를 포함한 자살 예방 전문가를 만나게 한다.

> **전문가의 한마디**
> 자살위험성이 높은 내담자에 대한 상담자의 조치방법은 꼭 상담자가 아니더라도 일반인 또한 할 수 있는 조치방법이기도 합니다. 이와 관련된 내용은 '이홍식 外, 『자살의 이해와 예방』, 학지사 刊'을 참조하였습니다.

기출복원 86

04, 09, 13, 18, 22년 기출

다음 보기의 사례를 읽고 물음에 답하시오.   [10점]

> 서울시 마포구에 사는 A씨는 30대 중반의 전업주부로, 결혼 후 직장을 그만두고 별다른 사회활동을 하지 않고 있다. 결혼 후 몇 년이 지나 남편이 회사일을 이유로 거의 매일 늦게 귀가하고, 주말에도 집에 머무는 경우가 극히 드물었다. A씨는 자신의 사회경력으로부터도 자신이 꿈꾸던 결혼생활로부터도 멀어지게 되었다고 생각하면서, 자신이 사회와 무관한 존재, 더 이상 아무런 가치도 없는 존재로 전락해 버렸다는 생각을 떨칠 수 없었다. 그와 같은 생각은 날이 갈수록 더해졌고, 이제는 하루 중 거의 대부분의 시간을 우울한 기분으로 보내야 했다. 결국 A씨는 더 이상 삶이 아무런 의미가 없다는 생각에 자살을 할 결심을 하게 되었다.

(1) A씨의 증상은 주요우울장애를 시사한다. 주요우울장애의 진단 기준에서 주요우울증상을 4가지 기술하시오.

• **해설 체크!** •
1. 하루의 대부분 우울한 기분이 거의 매일 지속된다.
2. 거의 모든 일상 활동에서 흥미나 즐거움을 상실한다.
3. 체중에 의미 있는 변화가 나타나거나 식욕 감소 또는 증가를 느낀다.
4. 불면 또는 과도한 수면을 한다.
5. 정신운동성의 초조나 지체가 나타난다.

(2) 자살위험성(가능성)에 대한 평가 항목을 3가지 기술하시오.

• **해설 체크!** •
1. 자살의도평가
2. 자살방법평가
3. 자살준비평가
4. 자살시도평가

> **전문가의 한마디**
> 이 문제는 정확한 복원이 이루어지지 않아 실제 문제와 차이가 있을 수 있습니다. 다만, 이 문제가 2013년 2번 문제와 사례의 내용에서 약간 차이가 있으나 사실상 동일한 문제로 볼 수 있다는 수험생들의 의견에 따라 해설을 작성하였습니다. 요컨대, 이 문제는 기존 기출문제와 달리 DSM-Ⅳ에 의한 주요우울증삽화의 진단 기준을 쓰라고 명시하지도 않았으며, 자살위험도 평가를 기존 2가지에서 이번에는 3가지를 쓰도록 하고 있다는 점에서 그 차이점을 발견할 수 있습니다.

(3) 자살위험이 높을 경우 해야 할 대처방법을 3가지 기술하시오.

> **• 해설 체크! •**
> 1. 가족이나 가까운 사람에게 알려야 한다.
> 2. 혼자 있지 못하게 한다.
> 3. 자살을 시도할 수 있는 위험한 물건이나 상황에 가까이 있지 않게 한다.
> 4. 정신건강의학과 전문의를 포함한 자살 예방 전문가를 만나게 한다.

90 인터넷중독 상담

■ 인터넷중독의 의의

① 중독이란 특정한 기호나 습관, 행위를 반복함으로써 자신의 의지와 상관없이 자신을 내맡기는 상태를 말하는 것이다. 니코틴이나 알코올, 약물 등 특정 물질에 의존하는 물질중독과 함께 도박, 쇼핑, 인터넷 등 특정 행위에 의존하는 행위중독으로 구분된다.
② 인터넷중독(Internet Addiction)이란 인터넷 사용에 있어서 자율적인 통제가 불가능하며, 인터넷 사용에 병적으로 집착하는 행위중독을 말한다.
③ 인터넷중독은 중독성 물질이 없는 충동조절장애에 해당한다.

■ 인터넷중독자의 특징

① 가상세계에 집착하며, 가상공간과 현실을 명확히 구분하지 못한다.
② 인터넷 사용에의 과도한 집착으로 인해 금단이나 내성 증상을 보이기 때문에 가정이나 학교, 직장 생활에 심각한 장애를 초래한다.
③ 충동적·공격적인 성향을 보이며, 죄책감 수준이 상대적으로 낮다.
④ 자신감이 부족하며, 자존감 수준이 상대적으로 낮다.
⑤ 현실세계에 대해 부정적인 사고를 가진다.
⑥ 사회활동에 대한 열의가 결여되어 있다.
⑦ 대인관계에 문제를 보이며, 가족 내 갈등이 심각하다.
⑧ 사회적 규칙과 도덕 그리고 윤리에 무관심하다.
⑨ 일탈행동을 통해 사회적 사건에 연루되기도 한다.
⑩ 두통, 심장마비, 혈전 등의 건강상 문제를 보인다.

전문가의 한마디

인터넷중독은 DSM-Ⅳ와 마찬가지로 DSM-5에서도 공식적인 진단명을 가지고 있지는 않습니다. 그러나 최근에 개정된 DSM-5에서는 제3부(Section Ⅲ)의 '추가적인 연구를 필요로 하는 장애들(Conditions for Further Study)'에서 앞으로 고려해야 할 장애들에 대해 소개하면서 '인터넷 게임 장애(Internet Gaming Disorder)'를 제시하고 있습니다. 인터넷 게임 장애는 게임을 하기 위해 지속적이고 반복적으로 인터넷을 사용함으로써 임상적으로 유의미한 손상이나 고통을 유발하는 것을 특징으로 합니다.

OX Quiz

인터넷중독자는 가상세계에 집착하는 경향이 있으나 충동적 성향은 보이지 않는다.
정답 X(충동적·공격적 성향)

■ 인터넷중독의 유형(Young)

① 사이버 섹스 중독(Cybersexual Addiction)
사이버 포르노물을 보고 성인 채팅방을 통해 사이버 섹스에 몰입하는 것을 말한다.

② 가상관계 중독(Cyber-Relationship Addiction)
실제 생활의 친구와 가족을 대체할 수 있는 채팅방, 뉴스그룹 등 온라인상의 친구 관계에 중독되는 것을 말한다.

③ 충동적 인터넷 사용(Net Compulsions)
새로운 문제로 부각되는 중독의 하위유형으로서, 충동적인 온라인 도박, 온라인 경매 중독, 강박적인 온라인 거래 등을 포함한다.

④ 정보 과부하(Information Overload)
충동적 웹서핑 및 자료 조사에 중독되는 것을 말한다.

⑤ 컴퓨터중독(Computer Addiction)
강박적인 컴퓨터 게임이나 컴퓨터 분야 프로그래밍 분야를 결합한 중독의 한 영역을 말한다.

OX Quiz
충동적 웹서핑 및 자료 조사에 중독되는 것을 정보 과부하라고 한다.
정답 O

■ 인터넷중독의 원인

① 사이버 공간의 특성
㉠ 영(Young)은 사이버 공간의 특성으로 이른바 ACE 모델을 제시하였다. 이때 ACE는 익명성(Anonymity), 편리성(Convenience), 현실탈출(Escape)과 함께 접근 가능성(Accessibility), 통제감(Control), 흥미감(Excite)을 의미한다.
㉡ 사이버 공간의 또 다른 특성으로 사회적 지지와 숨은 성격적 문제의 발현, 성적 만족 추구, 인정 욕구, 사회적 영향력 등을 제시할 수 있다.

② 개인적 요인
㉠ 인구통계학적 특성으로서, 대체로 여성보다 남성의 중독자 비율이 높으며, 젊은 세대일수록 중독자 비율이 높은 것으로 나타나고 있다.
㉡ 성격적 특성으로서, 우울 성향, 높은 사회불안, 낮은 자아존중감, 빈약한 문제해결능력, 왜곡된 인지적 특성 등을 제시할 수 있다.

③ 사회문화적 요인
㉠ 시대적 급변으로 인한 사회적응의 스트레스, 구세대와 신세대 간의 갈등, 건전한 놀이문화의 부재, 가족과의 여가활동 결여, 적절한 통제력을 배양하는 양육문화의 부재 등을 제시할 수 있다.
㉡ 정부 차원의 적극적인 정보화 주도 정책으로 인한 인터넷 보급률의 급상승 등도 인터넷중독의 원인으로 볼 수 있다.

OX Quiz
대체로 남성보다 여성의 인터넷중독자 비율이 높다.
정답 X(남성의 비율이 높음)

■ 인터넷중독의 3단계

① 제1단계 – 호기심
  ㉠ 인터넷 게임, 성인사이트, 사이버 채팅에 호기심을 가지고 참여한다.
  ㉡ 정기적인 접속을 통해 온라인상에서 정보를 교류한다.
② 제2단계 – 대리만족
  ㉠ 인터넷을 통해 현실에서 느끼기 어려운 즐거움을 만끽한다.
  ㉡ 폭력성·사행성·음란성의 내재적인 본성을 드러낸다.
  ㉢ 익명성을 통해 가상현실 속에서 자유롭게 활동한다.
③ 제3단계 – 현실탈출
  ㉠ 오로지 인터넷으로의 접속 상태를 희망한다.
  ㉡ 가상세계의 환상에 사로잡혀 현실을 인식하는 데 장애를 초래한다.
  ㉢ 현실세계의 질서와 규범을 무시하며, 사회적 사건의 주인공이 된다.

■ 인터넷중독의 증후

① 내성, 금단, 남용 증상이 있다.
② 현실에의 적응 및 일상생활에서의 곤란을 경험한다.
③ 신체적·정신적 건강상에 문제가 발생한다.
④ 수면장애가 발생한다.
⑤ 과도한 인터넷 사용으로 수업에 집중하기 어려우며, 수업시간에 잠을 자기도 한다.
⑥ 가족이나 또래친구와 소원해지는 등 대인관계에 문제가 발생한다.
⑦ 하루도 빠짐없이 인터넷을 한다.
⑧ 인터넷에 접속하는 경우 시간 가는 줄 모른다.
⑨ 인터넷 사용으로 상당한 시간을 소모한다는 사실을 부인한다.
⑩ 식사시간이 줄어들며, 모니터 앞에서 식사를 하기도 한다.
⑪ 가족이나 주위사람들이 모니터 앞에 너무 오래 앉아있다고 나무란다.
⑫ 가족이 없는 경우 오히려 편안한 마음으로 인터넷을 한다.

■ 인터넷중독의 치료재활(DREAM)

① Danger(위험)
  가정환경과 학교생활을 분석하고 인터넷 사용의 점검을 통해 인터넷중독의 원인 및 위험 요소와 함께 그로 인한 손실을 명확히 파악한다.
② Return(반향)
  평소 인터넷중독에 대한 기본적인 지식을 습득하여 중독자 스스로 위험을 인식하도록 도움으로써 변화에 대한 동기 및 욕구를 불러일으킨다.

전문가의 한마디

인터넷중독에 빠진 사람들은 인터넷에 접속을 하고 있지 않으면 왠지 허전하고 안절부절 못합니다. 특히 게임을 주로 하는 사람의 경우 계속 게임 생각이 나서 집중력이 떨어지고 쉽게 짜증과 화를 내기도 하는데, 이는 곧 금단 증상으로 볼 수 있습니다.

③ Evaluate(평가)

상담센터를 이용하여 인터넷중독 상태를 평가하는 등 인터넷 과몰입 상태를 객관적으로 분석하고 진단한다.

④ Appreciate(이해)

청소년 문화에 대한 이해와 변함없는 신뢰 형성의 노력을 통해 그들의 인격적인 가치를 인정하고 지지한다.

⑤ Miracle(기적)

인터넷중독의 근본적인 원인을 제거하는 동시에 미래 기적을 창조하기 위한 생활개조에 착수함으로써 가정환경과 학교생활에서 균형이 이루어지도록 한다.

■ 인터넷중독의 치료전략(Young)

① 반대로 실행하기(Practice the Opposite)

현재 인터넷 사용 습관이나 패턴에 대해 정확한 정보를 파악한 다음 내담자와 함께 새로운 스케줄을 짜는 방법이다. 이는 내담자의 컴퓨터 사용 패턴을 고치기 위해 평소의 패턴을 흐트러놓고 새로운 사용시간 패턴에 적응하도록 하는 데 목표를 둔다.

  예 내담자가 평소 집에 돌아오자마자 바로 컴퓨터 앞에 앉아 인터넷이나 게임을 하는 습관을 가지고 있다면, 새로운 스케줄에는 과제를 먼저 하고 저녁식사를 한 다음 컴퓨터를 사용하도록 시간을 조정한다.

② 외적 중지자 활용하기(Use External Stoppers)

내담자가 스스로 컴퓨터 사용을 제한할 수 있도록 해야 할 일이나 반드시 가야 할 장소 등의 외적 중지자를 이용하는 방법이다.

  예 어떤 내담자가 매일 정해진 시간에 학원에 가야 할 경우, 그 한 시간 전에 컴퓨터를 사용하도록 함으로써 사용시간에 외적인 제한을 둘 수 있다.

③ 컴퓨터 사용시간에 대한 구체적인 목표 세우기(Set Goals)

컴퓨터 사용시간을 통제하기 위해 합리적인 목표를 설정하여 구조적인 계획을 세우도록 하는 방법이다.

  예 현재 일주일에 40시간을 사용할 경우 20시간으로 조정하고, 이를 특정 시간대로 배분하여 달력이나 다이어리의 주별 계획표에 적어 넣는다. 이와 같은 방법은 내담자가 스스로 컴퓨터 사용을 통제해 나간다는 자신감을 경험할 수 있는 기회를 제공한다.

④ 특정 응용프로그램의 사용 금지(Abstain from a Particular Application)

내담자에게 가장 문제가 되는 특정 응용프로그램이 무엇인지 파악하여 해당 프로그램의 사용을 금지시키는 방법이다.

  예 내담자가 채팅 프로그램에 중독적인 성향을 보이는 경우, 채팅 프로그램의 사용을 금지시키는 대신 이메일 등을 활용하도록 한다.

기출키워드

22년 3회

인터넷중독

※ 실기시험에는 인터넷중독 치료방법을 4가지 기술하도록 하는 문제가 출제되었습니다.

전문가의 한마디

인터넷중독의 치료방법은 학자마다 교재마다 다양하게 제시되고 있습니다. 영(Young)은 인터넷중독에 관한 연구의 권위자로, 그가 제시한 인터넷중독의 치료전략은 인터넷중독의 치료방법으로도 볼 수 있습니다.

⑤ 득과 실을 상기시키는 카드를 활용하기(Use Reminder Cards)
컴퓨터중독으로 야기되는 문제 5가지와 함께 컴퓨터 사용시간을 줄이거나 특정 응용프로그램의 사용을 절제함으로써 얻게 되는 이점 5가지를 목록화하여 이를 카드로 작성하도록 하는 방법이다.
> 예 내담자가 다른 생산적인 활동 대신 컴퓨터를 사용하고 싶은 충동을 느끼게 될 해당 카드를 꺼내 보도록 함으로써, 컴퓨터 과다사용에 따른 문제와 이를 조절하여 얻는 이점을 되새겨 보도록 한다.

⑥ 그동안 소홀히 한 활동에 대한 목록 만들기(Develop a Personal Inventory)
내담자가 그동안 인터넷이나 컴퓨터게임에 몰두하느라 시간을 줄이거나 혹은 아예 무시한 활동들을 하나하나 적어서 이를 목록으로 만들도록 하는 방법이다.
> 예 목록에 적힌 각 활동들에 대해 '매우 중요', '중요', '그다지 중요하지 않음'의 등급을 매겨 중요성을 평가하도록 함으로써 컴퓨터중독 이전의 삶이 어떠했는지를 되돌아보도록 하는 한편, 가족관계 및 친구관계, 학교공부, 취미생활 등에서 어떤 즐거움이나 만족감을 느꼈는지를 떠올려 보도록 한다.

■ 인터넷중독 예방 지침(출처 : 한국정보화진흥원)

① 특별한 목적 없이 컴퓨터를 켜지 않는다.
② 컴퓨터 사용시간을 가족들과 협의하여 결정한다.
③ 컴퓨터 사용시간과 내용을 사용일지에 기록하는 습관을 들인다.
④ 컴퓨터 옆에 알람시계를 두어 사용시간을 수시로 확인한다.
⑤ 인터넷 사용 이외에 운동이나 취미활동시간을 늘린다.
⑥ 인터넷 때문에 식사나 취침시간을 어기지 않는다.
⑦ 스스로 인터넷 사용조절이 어려울 경우, 시간관리 소프트웨어를 설치한다.

■ 청소년 내담자로 하여금 인터넷중독에서 벗어나도록 하기 위한 방법

① 컴퓨터를 가족의 공동 장소인 거실에 두어 인터넷의 부적절한 사용을 방지한다.
② 컴퓨터 사용시간을 계획하도록 하여 청소년 내담자 스스로 자신의 컴퓨터 사용을 통제하도록 유도한다.
③ 컴퓨터 이외의 다른 취미활동이나 운동을 권유함으로써 관심 영역을 분산시키는 동시에 신체적·정신적 건강을 도모하도록 한다.
④ 학교 과제 등 자신이 해야 할 일을 먼저 완수하도록 한 후 일종의 보상으로서 정해진 시간만큼 컴퓨터를 사용할 수 있도록 유도한다.
⑤ 평소 대화 시간을 늘림으로써 학교생활이나 친구관계, 성적 및 진로문제 등의 고민을 가지고 있는 것은 아닌지 온화한 분위기에서 이야기를 나누도록 한다.

OX Quiz
특정 응용프로그램의 사용을 금지하는 것은 인터넷중독에는 전혀 효과가 없다고 밝혀졌다.
정답 X(치료전략 중 하나임)

OX Quiz
인터넷중독을 예방하기 위해서는 사용일지 기록, 알람시계 사용 등의 방법을 고려할 수 있다.
정답 O

기출복원 87
17, 20년 기출

최근 인터넷중독이 사회적인 관심으로 대두되고 있다. 인터넷중독이 의심되는 내담자로 하여금 인터넷중독에서 벗어날 수 있도록 일반적으로 추천하는 방법을 4가지만 쓰시오. **4점**

> **해설 체크!**
> 1. '반대로 실행하기'를 통해 내담자의 평소 컴퓨터 사용시간 패턴에 변화를 준다.
> 2. '외적 중지자 활용하기'를 통해 내담자의 컴퓨터 사용시간에 외적인 제한을 둔다.
> 3. '컴퓨터 사용시간에 대한 구체적인 목표 세우기'를 통해 컴퓨터 사용시간에 대한 구조적인 계획을 세우도록 한다.
> 4. '특정 응용프로그램의 사용 금지'를 통해 내담자에게 가장 문제가 되는 특정 응용프로그램의 사용을 금지시킨다.

91 성폭력 상담

■ 성폭력 상담의 의의 및 특징

① 성폭력 상담은 일반적인 상담과 마찬가지로 도움을 필요로 하는 사람, 즉 성폭력 피해자(혹은 가해자)와 전문상담사의 만남을 통해 당면 문제를 해결하는 것은 물론, 문제가 더욱 심각해지는 것을 예방하고 상담경험을 통해 보다 긍정적인 방향으로 나아갈 수 있도록 돕는 것이다.

② 성폭력 상담은 위기상담의 성격이 강하므로, 위기상황에 놓인 성폭력 피해자에게 직접적이고 신속한 위기개입을 통해 피해자의 좌절을 해소하는 한편, 급박한 위기상황을 중재해 주어야 한다.

③ 즉각적인 조치를 위해 의료적·법적 정보를 제공하며, 증거채취, 응급치료, 후유증으로 나타나는 정신장애나 행동장애의 치료, 가해자의 처벌 및 피해보상 등을 진행할 수 있는 의사, 경찰, 변호사 등에게 도움을 받도록 연계한다.

④ 성폭력은 신체적·경제적 손상 외에도 심각한 정신적 후유증을 남기므로, 피해자인 내담자의 불안, 적개심, 죄책감, 양가감정 등이 자연스럽게 표출되도록 분위기를 형성하는 데 힘써야 한다.

⑤ 성폭력 사건은 피해자 본인은 물론 피해자의 가족에게도 큰 충격을 주어 혼란과 갈등을 야기할 수 있으므로 이들에 대해서도 적절한 상담이 필요하다.

> **전문가의 한마디**
>
> 성폭력 상담의 기본적 관점은 피해자의 대부분이 여성이므로 상담의 진행이 여성주의에 입각하여 진행되어야 하며, 피해자 중심의 상담이어야 한다는 것입니다.

■ 성폭력 피해 후 피해자의 심리적 단계

충격과 혼란 (제1단계)	• 피해자는 성폭력 충격으로 인해 자신에 대한 무력감과 타인에 대한 불신감을 가진다. • 피해자는 자신의 성폭력 사실을 알려야 할지 혹은 숨겨야 할지 양가감정을 가진다.
부정 (제2단계)	• 피해자는 자신의 성폭력 피해 사실을 인정하지 않으려 한다. • 피해자는 외견상 적응된 것 같은 모습을 보이면서 상담을 받지 않으려는 경향이 있다.
우울과 죄책감 (제3단계)	• 피해자는 자신에 대해 수치스러워 하면서 스스로를 비난한다. • 피해자의 잘못된 분노 표출은 삶에 대한 절망감으로 이어지기도 한다.
공포와 불안 (제4단계)	• 피해자는 자신이 앞으로 건강한 삶을 살 수 없다는 불안감을 느끼면서 악몽을 꾸기도 한다. • 피해자는 자신이 커다란 약점을 가지게 되었다는 부적절한 생각으로 인해 다른 사람과 만나지 않으려고 한다.
분노 (제5단계)	• 피해자는 가해자는 물론 자기 자신, 상담자, 주변사람들에 대해서도 분노를 느낀다. • 피해자의 다른 사람들에 대한 분노감은 남성이나 사회에 대한 불신으로까지 이어진다.
재수용 (제6단계)	• 피해자는 성폭력 피해에 대한 재조명을 통해 성폭력이 자신의 잘못에 의해 발생한 것이 아님을 인식한다. • 피해자는 성폭력 경험에 대한 동화와 함께 자아개념을 회복하기 시작하며, 자신을 소중한 존재로 인정하게 된다.

OX Quiz
성폭력 피해 후 피해자는 외견상 적응된 것 같은 모습을 보이기도 한다.
정답 O

■ 성폭력 피해자 상담원리

① 상담자는 성폭력 피해자의 치유 가능성을 확신한다.
② 피해자의 말을 진지하게 경청하며, 있는 그대로 수용하고 존중한다.
③ 상담자 스스로 자신의 성에 대한 가치관이 왜곡된 것은 아닌지, 성폭력이나 학대받은 경험이 극복되지 않은 상태로 남아있는지 검토해 본다.
④ 상담자는 자신의 한계를 인정하고 필요한 경우 피해자가 보다 전문적인 상담자나 기관의 도움을 받을 수 있도록 배려한다.
⑤ 피해의 원인을 피해자의 부주의나 무저항으로 돌리지 않으며, 설령 쾌감을 느꼈더라도 모든 피해의 책임이 전적으로 가해자에게 있음을 주지시킨다.
⑥ 가해자의 폭력 유무, 피해자의 외상 유무를 떠나 성폭력 사건을 결코 개인화하거나 과소평가하지 않는다.
⑦ 피해자에게 가해자에 대한 이해와 용서를 구하거나 이를 공공연히 암시하지 않는다.
⑧ 상담자는 피해 이후에 나타날 수 있는 피해자의 심리적 방어기제, 신체적·정신적 후유증, 치유의 과정 및 단계 등을 명확히 알아야 한다.

OX Quiz
성폭력 피해자 상담 시 상담자는 피해자에게도 어느 정도 책임이 있다는 것을 이해시킨다.
정답 X(피해의 원인과 책임은 전적으로 가해자에게 있음)

⑨ 피해자의 고통이나 분노에 의한 격정적인 감정은 지극히 당연한 것이므로, 이를 억제하지 말고 외부로 표출할 수 있도록 용기를 북돋운다.

■ 성폭력 피해자 심리상담의 초기단계에서 유의해야 할 사항

① 상담자는 피해자인 내담자와 신뢰할 수 있는 관계를 유지함으로써 치료관계 형성에 힘써야 한다.
② 상담자는 내담자에게 상담 내용의 주도권을 줌으로써 내담자에게 현재 상황에서 표현할 수 있는 내용에 대해서만 이야기할 수 있도록 배려해야 한다.
③ 상담자는 내담자의 비언어적인 표현에 주의를 기울이며, 그에 대해 적절히 반응해야 한다.
④ 상담자는 내담자의 성폭력 피해로 인한 합병증 등을 파악해야 한다.
⑤ 상담자는 내담자가 성폭력 피해의 문제가 없다고 부인하는 경우 일단 수용하며, 언제든지 상담의 기회가 있음을 알려야 한다.

■ 성 피해 사실을 부인하는 성폭력 피해자를 위한 자문

① 성폭력 피해 후 피해자는 성폭력으로 인한 충격과 혼란의 단계를 거쳐 자신의 성폭력 피해 사실을 인정하지 않으려는 부정 단계(Denial Phase)에 접어들게 된다. 부정 단계에서 피해자는 여러 일상적인 문제에 관심을 보이면서 외견상 적응된 것 같은 모습을 보이지만, 정작 성폭력 자체에 대해서는 무관심한 듯한 태도를 보인다.
② 부정 단계는 개인이 현실을 직시하지 못하여 부정하는 것이기는 하나, 이를 무조건 건강하지 못하다고 판단할 필요는 없다. 그와 같은 반응은 피해자가 성폭력 경험을 직시하는 데 좀 더 시간이 필요함을 의미하는 것이기 때문이다.
③ 피해자가 성폭력 피해 이후 부정 단계에 들어갈 경우 성폭력 자체에 대해 외견상 무관심을 표명하는 만큼 상담을 받지 않으려는 경향을 보일 수 있다. 결국 성폭력 상담에 있어서 위기개입은 피해자에 대한 유일한 개입이 될 수도 있다는 점에서 중요하다.

■ 성 피해 사실을 부인하는 성폭력 피해자에 대한 조치

① 성폭력 피해자는 성폭력 관련 핵심감정들을 감당할 수 없을 때 의식적 혹은 무의식적 수준에서 핵심감정을 억압하거나 부인하는 경향이 있다. 따라서 성폭력으로 인한 내면의 상처를 치유하기 위해서는 우선적으로 억압했거나 부인했던 감정들을 인식하고 수용하며, 이를 표현하도록 하는 것이 선행되어야 한다.

> **전문가의 한마디**
> 성폭력 상담은 보통 수사기관이나 성폭력 피해자를 위한 지원기관과 연계되어 이루어집니다. 만약 성폭력 피해자가 자신의 성폭력 피해 사실을 부인할 경우 이를 해결할 수 있는 것은 결국 전문상담사의 적절한 위기개입 뿐이라고 볼 수 있습니다.

> **OX Quiz**
> 부정 단계에서 피해자는 여러 일상적인 문제에 관심을 보이기도 한다.
> 정답 O

전문가의 한마디

성폭력 피해자가 자신의 성 피해 사실을 부인하는 경우 상담자가 피해자인 내담자의 의사에 반하여 즉각적·적극적으로 개입하는 것은 바람직하지 않습니다. 상담자는 내담자로 하여금 상담 내용의 주도권을 가진 상태에서 자신을 개방할 수 있도록 유도해야 합니다.

② 상담자는 피해자인 내담자에게 보조를 맞추어 내담자가 화제를 주도하도록 개방함으로써 신뢰감을 촉진시킨 후 서서히 상담을 위한 유대를 발전시켜 나가야 한다. 이를 위해 상담자는 내담자에게 상담 내용의 주도권을 줌으로써 내담자에게 현재 상황에서 표현할 수 있는 내용에 대해서만 이야기할 수 있도록 배려해야 한다. 만약 내담자가 성폭력 피해의 문제가 없다고 계속해서 부인하는 경우 일단 수용하며, 언제든지 상담의 기회가 있음을 알려야 한다.

■ 성폭력 피해자가 긴급전화로 자신의 성폭행 피해사실을 알릴 경우 상담자의 조치방법

① 심리적 안정 및 지지하기

상담자는 우선 내담자를 안정시키고 지지해 주며 위로할 필요가 있다. 성폭력 피해 직후에는 아무것도 생각할 수 없을 정도로 혼란스럽고 힘든 상황이므로, 일단 피해 장소에서 벗어나 마음을 진정시키도록 한다. 그리고 가해자와 성관계를 한 것이 아니라 폭력을 당한 것임을 내담자에게 인식시키며, 수치심이나 순결 상실을 괴로워할 것이 아니라 상해를 입은 몸과 마음을 추스르고 돌보는 것이 중요함을 알린다.

② 성폭력 상황에 대한 구체적인 파악 및 증거 보관에의 당부

상담자는 내담자가 누구에게, 언제, 어느 정도의 성폭력을 당한 것인지에 대해 구체적으로 확인할 필요가 있다. 또한 성폭력을 평소 알고 지낸 사람에게 당한 것인지, 아니면 전혀 모르는 사람에게 당한 것인지를 파악해야 한다. 그리고 성폭력 신고에 대비하여 성폭력의 증거가 될 수 있는 속옷이나 도구 등을 반드시 보관하도록 당부한다.

③ 도움을 줄 수 있는 사람 찾기

내담자는 성폭력 피해 이후 모든 것이 싫어지고 부정적인 생각에 빠질 수 있으므로, 내담자의 말을 전적으로 신뢰하고 힘든 상황을 가슴으로 이해하면서 내담자의 심리적 안정을 도와줄 수 있는 사람을 찾는 것이 중요하다. 가까운 친구나 믿을 수 있는 가족, 전문상담원 등은 문제를 보다 객관적으로 볼 수 있도록 조언을 제공할 것이며, 병원 등에 동행하면서 큰 힘이 되어줄 것이다.

④ 병원 연계

내담자가 성폭력으로 인해 어떤 상처를 입었는지 알아보기 위해 병원에 가는 것은 필수적이다. 병원에 가는 시기는 피해 직후가 가장 바람직하고 빠를수록 좋다. 내담자는 피해 직후 정신적 충격으로 인해 몸의 상처를 미처 느끼지 못하는 경우도 있으므로, 상담자는 내담자가 가급적 빨리 병원에 갈 수 있도록 설득해야 하며, 더 나아가 임신이나 성병을 미리 예방하는 조치가 이루어지도록 도와야 한다.

OX Quiz

성폭력 피해자가 긴급전화로 피해사실을 알릴 경우 상담자는 병원으로 안내하기보다는 구체적 감정에 대해 상담해야 한다.

정답 X(피해 직후가 가장 바람직함)

⑤ 법적 · 의료적 절차에 관한 정보 제공 및 전문기관 연계

성폭력은 내담자가 혼자서 해결해 나가기 어려운 법률적 · 의료적 문제들과 연결되어 있다. 따라서 상담자는 내담자에게 법적 · 의료적 절차에 관한 정보를 제공하는 한편, 법적 · 의료적 차원에서 충분한 지원을 받을 수 있도록 내담자를 관련 전문기관에 연계해 주어야 한다. 또한 심리적 측면에서 지속적인 상담 및 치료가 이루어질 수 있도록 제반 조치를 취해야 한다.

기출복원 88

18년 기출

성폭행 사건과 관련하여 그 피해자로 지목된 한 여성이 수사기관에 의해 성폭력상담소에 의뢰되었다. 그러나 정작 피해자는 자신의 성 피해 사실을 부인하고 있다. 전문상담사로서 자문을 한다고 가정할 때 적절한 자문 내용 및 조치 방법을 기술하시오. **5점**

> **해설 체크!**
>
> **1. 자문 내용**
>
> 성폭력 피해 후 피해자는 성폭력으로 인한 충격과 혼란의 단계를 거쳐 자신의 성폭력 피해 사실을 인정하지 않으려는 부정 단계(Denial Phase)에 접어들게 되는데, 이는 피해자가 성폭력 경험을 직시하는 데 좀 더 시간이 필요함을 의미한다.
>
> **2. 조치 방법**
> - 성폭력으로 인한 내면의 상처를 치유하기 위해 우선적으로 억압했거나 부인했던 감정들을 인식하고 수용하며, 이를 표현하도록 유도한다.
> - 만약 내담자가 성폭력 피해의 문제가 없다고 계속해서 부인하는 경우 일단 수용하며, 언제든지 상담의 기회가 있음을 알린다.

전문가의 한마디

2012년 12월 18일 '성폭력범죄의 처벌 등에 관한 특례법'의 전부 개정에 따라 2013년 6월 19일부터 성폭력범죄에 대한 친고죄가 폐지되었습니다. 그동안 친고죄로 인해 성범죄에 대한 처벌이 합당하게 이루어지지 못한 채 피해자에 대한 합의 종용으로 2차 피해가 야기되는 문제가 불거짐에 따라 관련 조항이 삭제된 것입니다.

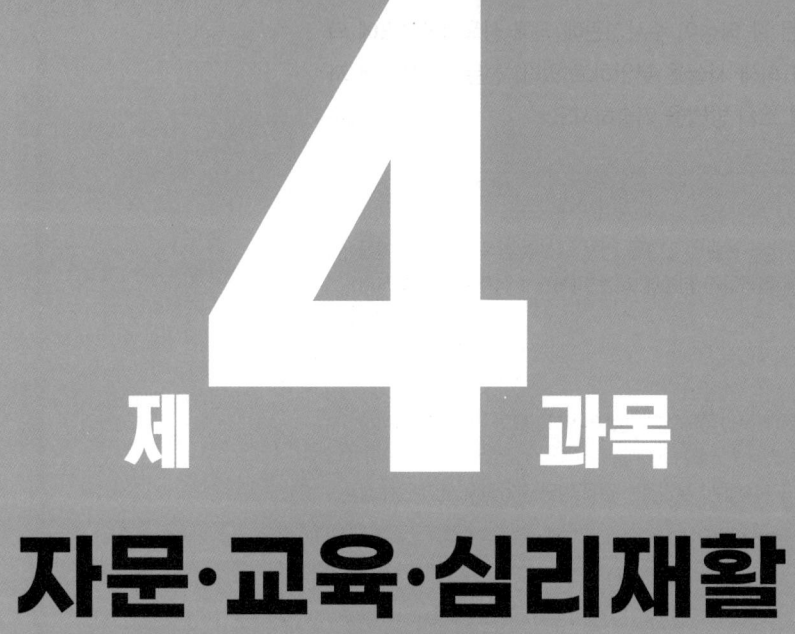

제4과목
자문·교육·심리재활

학습공략

4과목은 상대적으로 적은 수의 문제가 출제되는 경향이 있습니다. 그러나 동시에 다른 과목에 비해 이론의 분량과 범위도 적으므로 어느 한 부분도 소홀히 할 수 없습니다. 교재에 수록된 이론은 빠짐없이 학습할 필요가 있습니다. 특히 '자문 과정'과 '만성 정신질환자' 키워드는 자주 출제되었으므로 관련 내용을 답안으로 작성하는 연습을 충분히 하는 것을 추천합니다.

- 92 자 문
- 93 사례관리
- 94 임상심리사의 역할
- 95 임상심리학의 통합적 접근과 건강심리학의 발달
- 96 지역사회심리학
- 97 변화단계모델과 행동변화
- 98 정신재활 및 정신사회재활 Ⅰ
- 99 정신재활 및 정신사회재활 Ⅱ
- 100 만성 정신질환자의 회복과 치료

4과목 자문·교육·심리재활

임상심리사 2급

92 자문

> **전문가의 한마디**
>
> 월리스와 홀(Wallace & Hall)은 자문을 "자격 있는 심리 자문가들이 피자문자들에게 그들이 책임을 진 개인들, 내담자들 혹은 프로그램들에 내포되어 있는 업무 관련 쟁점들을 해결하도록 하고, 문제를 해결하는 데 능동적인 주체가 되게 하거나, 미래에 유사한 쟁점들을 다룰 수 있도록 피자문자들의 업무 관련 능력들을 강화시키도록 광범위한 도움을 주는 접근"이라 정의하였습니다.

> **OX Quiz**
>
> 피자문자와 자문가 간의 관계는 지속적·선택적이다.
>
> 정답 X(임의적·한시적)

■ 자문의 의의

① 자문이란 개인, 집단, 사회단체가 전문적인 조력자의 도움이 필요하여 요청한 자발적인 관계를 말한다.
② 임상심리학에서 자문은 병원, 진료소, 학교, 사업체 및 정부기관 등 다양한 공동체 장면에서 특정 질문과 문제들에 대해 인간행동의 지식과 이론을 응용하는 활동이다.
③ 자문은 사람들이 처한 장면에서 존재하는 문제들에 대해 전문적인 조언을 제공해 주는 것을 포함한다.
④ 자문은 보통 전문적인 지식과 기술이 있는 자문가, 그리고 그 자문가의 전문성으로 이득을 얻는 피자문자를 포함한다.

■ 자문의 특징

① 자문을 요청한 사람(피자문자)과 자문을 받아들이는 고문(자문가) 간의 관계는 임의적·한시적이다.
② 자문가는 피자문자나 그의 책임 업무와 관련이 있는 것이지 자문을 요청한 기관과는 관련이 없다.
③ 자문가는 관련 업무의 전문가로서 피자문자 개인보다는 그가 제시한 문제를 중점적으로 다루어야 한다.
④ 자문가에게는 치료자로서의 기술이 요구되지만, 원칙적으로 피자문자를 대신하여 내담자에 대한 직접적인 치료자로서의 역할을 대행하지 않는다.

■ 자문의 주요 모델

① 정신건강 모델

정신건강 모델은 기본적으로 자문 요청자(피자문자)에게 문제해결의 능력이 있다고 가정한다. 자문가와 자문 요청자 간의 관계는 평등하며, 자문가는 조언과 지시를 제공하여 촉진자로서의 역할을 수행한다.

② 행동주의 모델

자문가는 학습이론이 어떻게 개인, 집단 및 조직의 문제에 실질적으로 적용될 수 있는지를 가르치고 보여주는 인정된 전문가이다. 자문가와 자문 요청자 간에 보다 분명한 역할이 있으며, 문제해결에 있어 상호관계가 있을 수 있지만 행동지식 기반에 있어서 자문가와 자문 요청자 사이에는 커다란 불균형이 있다.

③ 조직인간관계 모델

조직 내에서 개인들 간의 상호작용이 어떻게 이루어지는가에 관심을 기울인다. 자문가는 인간관계의 촉진자로 묘사되는데, 개인의 가치 및 태도, 집단 과정에 초점을 두어 계획된 변화를 이끌어냄으로써 조직의 생산성 향상 및 사기 증진에 이바지한다.

④ 조직사고 모델

조직인간관계 모델의 변형된 형태로서, 조직 내 의사소통 및 의사결정, 목표설정 및 역할규정, 조직 내 갈등 등에 관심을 기울인다. 자문가는 시범을 보이고 훈련을 제공하는 등 보다 직접적인 개입을 통해 집단 과정을 촉진한다.

⑤ 과정 모델

기본적으로 자문가와 자문 요청자 간의 협동을 강조한다. 조직의 상호작용을 분석하여 문제를 파악하고 해결책을 모색하며, 자문 요청자로 하여금 조직의 생산성 및 조직 내 정서적 분위기에 영향을 미치는 대인관계 상호작용에 대한 이해도를 높인다.

■ 정신건강 자문의 주요 유형

① 비공식적 동료집단 자문

㉠ 임상가나 심리학자가 동료집단 내 다른 전문인에게 비공식적인 자문을 요청할 수 있다.

㉡ 심리학에서 가장 널리 사용되고 가치를 두는 자문 방법으로, 점심시간이나 휴식시간 동안 비공식적으로 도전적인 임상 사례에 대해 동료들에게 자문을 요청하는 것을 포함한다.

㉢ 이러한 자문은 도전적인 임상사례에 대한 보다 효과적인 치료전략의 수립을 위해 이루어진다.

전문가의 한마디

정신건강 모델에서 자문의 성공 여부는 자문 요청자(피자문자)의 진단, 대처, 기술적·정서적 문제해결능력의 확장 정도 등으로 평가합니다.

OX Quiz

상담사 은비는 점심시간에 동료들에게 사례에 대한 자문을 요청했다. 은비가 요청한 것은 비공식적 동료집단 자문에 해당한다.

정답 O

② 내담자 중심 사례자문
  ㉠ 임상가나 심리학자가 환자의 치료 및 보호에 대한 책임감을 가지고 환자의 특별한 요구를 효과적으로 충족시키기 위해 자문을 요청할 수 있다.
  ㉡ 특정한 환자의 치료나 보호에 책임이 있는 또 다른 심리학자 등의 동료 전문가에게 자문하는 것을 포함한다.
  ㉢ 자문가는 다른 분야의 전문가나 치료자로부터 환자의 치료를 위한 자문을 요청받기도 한다. 이때 자문가와 피자문자(자문 요청자)는 모두 환자의 치료에 어느 정도 책임이 있다.

③ 피자문자 중심 사례자문
  ㉠ 내담자나 환자 중심의 개인적인 사례 혹은 내담자와 관련된 문제들보다는 피자문자가 경험한 도전에 초점을 둔다.
  ㉡ 내담자나 환자의 임상적인 문제보다는 피자문자의 관심사가 주요 요인으로 작용한다.
  ㉢ 피자문자의 경험부족이나 정보부족, 오류나 실수 등이 토론의 주제가 된다.

④ 프로그램 중심 행정자문
  ㉠ 내담자나 환자 중심의 개인적인 사례보다는 프로그램 자체에 중점을 둔 자문에 해당한다.
  ㉡ 임상가나 심리학자는 내담자나 환자를 위한 집단치료프로그램의 구성 및 진행 과정에 대한 자문을 구할 수 있다.
  ㉢ 이 자문은 진료소, 실무·연구 프로그램 또는 기타 전체적인 쟁점의 기능에 관한 중요한 측면을 포함할 수 있다.

⑤ 피자문자 중심 행정자문
  ㉠ 어떤 조직 내에 소속되어 있는 피자문자가 조직의 행정이나 인사 등의 행정적인 업무에 대해 자문을 요청할 수 있다.
  ㉡ 자문가는 특정 조직의 효율적인 행정업무가 이루어지도록 지도 및 훈련을 제공하며, 경우에 따라 변호인으로서의 역할을 수행하기도 한다.
  ㉢ 이 자문은 기관 내의 행정적인 쟁점과 인사 쟁점에 관한 업무를 포함할 수 있다.

■ 자문가의 역할(Dougherty)

① 전문가로서의 자문가
  자문가는 피자문자가 문제를 해결하는 데 필요로 하는 전문적인 지식, 기술, 경험을 갖춘 기술적인 조언자이다.
  예 영재교육 프로그램을 운영하는 학교는 지원아동 선발을 위해 지능검사 도구를 활용할 수 있는 특별한 기술을 가진 자문가에게 자문을 요청한다.

전문가의 한마디
주의력결핍장애를 가진 아동의 혼란된 행동을 다루는 방법을 확신하지 못하고 있는 초등학교 담임교사에게 자문을 해 주었다면, 이는 '피자문자 중심 사례자문'에 해당합니다. 이와 관련된 문제가 1차 필기시험에 출제된 바 있습니다.

OX Quiz
기관 내의 행정적인 쟁점과 인사 쟁점에 관한 업무를 포함할 수 있는 자문은 내담자 중심 사례자문이다.
정답 X(피자문자 중심 행정자문)

② 교육자/수련가로서의 자문가

자문가는 다양한 장면에서 피자문자가 문제 상황을 극복할 수 있도록 하고 각종 병리적 증상이나 스트레스에 대처할 수 있도록 교육 또는 수련의 기회를 제공한다.

> 예 어떤 회사는 회사 직원들이 스트레스를 더 잘 다룰 수 있도록 훈련시켜 줄 것을 자문가에게 요청할 수 있다.

③ 협력자로서의 자문가

자문가는 우월한 위치에서 피자문자에게 일방적으로 지시를 내리는 것이 아닌 공동의 목표를 두고 이를 달성하기 위해 함께 노력하는 협력자이다.

> 예 동일한 환자를 치료하는 개인 심리치료자와 집단 심리치료자는 협력적 치료를 통해 각 치료 방식에서 환자의 진행 상태에 대해 보다 많은 것을 알게 된다.

④ 옹호자로서의 자문가

자문가는 인간존엄성의 가치에 입각하여 자신의 권리를 표출하는 데 어려움을 겪는 환자들을 위해 그들의 기본적인 권리가 침해되지 않도록 적극적으로 옹호한다.

> 예 신체장애를 가진 아동이나 성인이 그들을 위한 시설에 접근할 수 있는 권리를 얻게 하고, 최적의 독립을 유지할 수 있도록 돕는다.

⑤ 진상조사자로서의 자문가

자문가는 심리학적 지식 및 전문성의 결여, 시간적·상황적인 여건으로 인해 문제 상황에 효과적으로 대처하지 못하는 피자문자들을 위해, 그들이 스스로 문제 상황을 극복하고 과제를 완수할 수 있도록 다양한 정보를 찾아 그 결과를 전달해 준다.

> 예 어떤 회사는 직원들의 사기가 떨어진 것에 대해 외부의 자문가에게 문제의 원인을 조사하도록 요청할 수 있다.

⑥ 과정-전문가로서의 자문가

자문가는 피자문자가 문제 상황에 효과적으로 대처할 수 있도록 문제의 다양한 원인 요소와 사건의 제반 과정에 대한 피자문자의 이해를 돕는다.

> 예 어떤 진료소 관리자는 스탭 회의 운영방식에 불만족하여 자문가가 스탭 회의를 관찰하도록 하고, 의사소통을 비롯한 다양한 측면의 개선 방안을 제안해 주도록 요청할 수 있다.

■ 자문의 일반적인 과정

① 제1단계 – 질문의 이해

  ㉠ 자문가는 피자문자의 자문 의뢰 목적과 함께 의뢰된 문제의 성질을 명확히 파악한다.
  ㉡ 자신의 능력과 경험을 토대로 전문적인 자문을 제공할 수 있는지 판단한다.
  ㉢ 자문가는 자문을 의뢰한 조직이 실제로 그 경험을 받아들일 준비가 되어 있는지를 결정한다.

② 제2단계 – 평가

  ㉠ 자문가는 의뢰된 문제에 대해 조사하며, 상황을 명확하게 평가한다.

전문가의 한마디

교육자/수련가로서의 자문가는 전문가로서의 자문가와 마찬가지로 교육을 통해 획득될 수 있는 전문화된 정보를 가지고 있다고 가정합니다. 예를 들어, 교육자/수련가로서의 자문가는 여러 회기의 워크샵을 통해 아동의 질병이나 신체적 학대의 양상을 보육원 직원들에게 가르칠 수 있습니다.

OX Quiz

자문가는 전문가, 교육자, 협력자로서의 자문가 등 다양한 역할을 할 수 있다.

정답 O

기출키워드
21년 3회 / 23년 1회

자문의 순서
※ 실기시험에는 자문의 순서를 쓰도록 하는 문제가 출제되었습니다.

전문가의 한마디
자문의 중재 단계에서 이루어지는 평가는 형성적인 평가와 최종적인 평가로 구분됩니다. 형성적인 평가는 자문의 전반적인 과정을 검토하는 것인 반면, 최종적인 평가는 자문의 성과에 초점을 맞춥니다.

OX Quiz
추적조사는 전화통화 방식으로 이루어질 수 없다.
정답 X(가능함)

ⓒ 특히 조언을 제공하기에 앞서 피자문자들과의 신뢰관계를 발전시키려는 시도뿐만 아니라 관습, 신념, 규칙 그리고 일반적인 조직의 풍토를 평가한다.
ⓒ 면접법이나 관찰법, 기록물 등을 통해 다양한 정보·자료들을 수집 및 검토한다.

③ 제3단계 – 중재
㉠ 중재는 자문가가 변화를 위한 실제적인 조언이나 제안을 제공하는 단계이다.
ⓒ 자문가는 실제적인 자문을 통해 피자문자가 얻고자 하는 바에 대한 적확한 중재 전략을 전개한다.
ⓒ 일단 중재가 실행되는 경우 해당 중재의 유용성 여부를 판단하기 위해 전형적인 평가가 수행된다.

④ 제4단계 – 종결
㉠ 자문의 목적이 충족되거나 더 이상의 자문이 무의미하다고 판단되는 경우 자문이 종결된다.
ⓒ 특히 자문관계가 사려 깊거나 적절한 고려 없이 종결되는 경우 그 문제를 교정하기 위해 신중한 주의를 기울여야 한다.
ⓒ 자문가와 피자문자가 자문 과정에 대해 토론하고 경험과 중재에 대해 피드백을 공유하며, 잔여 쟁점들을 해결하고 추적을 계획하기 위해 종결면접을 수행하는 것이 바람직하다.

⑤ 제5단계 – 추적조사
㉠ 자문가는 자문의 효과를 극대화하기 위해 자문의 결과에 의한 새로운 변화를 지속적으로 추적한다.
ⓒ 행동과 습관은 종종 변화시키기 어려우므로 새로운 양식들을 유지시키기 위해 주기적인 추적 회기나 지속적인 프로그램들이 필요할 수 있다.
ⓒ 이와 같은 추적의 과정은 사전에 계획될 수 있으며, 직접방문이나 전화, 서신 등을 통해 이루어진다.

기출복원 89 13, 21, 23년 기출

자문의 정신건강 모델과 행동주의 모델의 차이점을 설명하시오. (4점)

• **해설 체크!** •
정신건강 모델은 기본적으로 자문 요청자(피자문자)에게 문제해결능력이 있다고 가정하며, 자문가와 자문 요청자 간의 평등한 관계를 강조한다. 반면, 행동주의 모델은 자문가와 자문 요청자 간에 보다 분명한 역할 구분이 있다고 가정하며, 특히 행동지식 기반에 있어서 자문가와 자문 요청자 간의 불균형을 강조한다.

93 사례관리

■ 사례관리의 등장배경(Moxley)

① 탈시설화

  탈시설화와 재가서비스가 강조되는 상황에서 클라이언트가 시설에서 벗어나 지역사회로 편입됨에 따라 이들의 욕구를 충족시킬 수 있는 포괄적인 서비스 공급체계 구축이 요구되었다.

② 지역사회서비스의 지방분권화

  지방분권화로 인해 지역사회서비스 기관들 간의 경계 전반에 걸친 조직화 및 통합화를 비롯하여 지방분권화의 부정적인 영향들을 감소시킬 수 있는 전문적 활동이 요구되었다.

③ 다양한 문제와 욕구를 가진 인구의 증가

  신체장애나 정신질환, 그 밖의 의료적 문제를 가진 사람들, 사회의 변화에 따라 다양한 욕구를 가진 사람들이 증가함에 따라 그들의 복합적인 문제와 욕구를 해결하기 위해 다양한 영역의 서비스들이 상호관련성을 가질 수 있도록 체계망을 구축할 필요성이 제기되었다.

④ 서비스의 분산화·단편화

  기존의 다양한 영역에 걸쳐 산발적으로 분산되어 있던 서비스들을 큰 틀에서 조정하는 동시에 이를 유효하게 통합할 수 있는 새로운 역할이 요구되었다.

⑤ 클라이언트의 삶의 질에 대한 사회적 인식

  대인서비스 실천 전문가들을 중심으로 지역사회 내 클라이언트의 삶의 질 향상을 위한 사회적 지원체계 및 사회적 망의 영향력에 대해 보다 많은 관심과 인식의 확대가 이루어졌다.

⑥ 대인서비스의 비용효과성

  부족한 자원, 제한된 재원으로 인해 대인서비스의 비용효과성에 대한 인식이 확대됨으로써 서비스 전달의 효과를 최대화하기 위한 체계적인 시도가 요구되었다.

■ 사례관리의 목적

① 개인의 욕구를 충족시키며 삶의 질을 개선하도록 한다.
② 보호의 연속성·지속성을 보장함으로써 보호서비스가 중단되지 않도록 한다.
③ 개인의 욕구를 지역을 기반으로 하는 공식적·비공식적 자원과 연계시킨다.
④ 서비스의 조정을 통해 효과적인 서비스를 제공한다.
⑤ 환경의 이용을 원활히 하여 개인의 잠재력을 개발하며, 능력을 최대화하도록 한다.
⑥ 가족 및 1차집단의 보호능력을 극대화시킨다.

전문가의 한마디

사례관리는 대상자의 사회생활상에서 여러 가지 욕구를 충족시키기 위해 적절한 사회자원과 연결시키는 절차의 총체를 말합니다.

OX Quiz

사례관리의 등장배경에는 탈시설화, 서비스 분산화 등이 있다.

정답 O

⑦ 1차적 보호체제와 공적 보호체제를 통합한다.

■ 사례관리의 기본원칙

① 개별화
   클라이언트 각각의 특성에 맞는 서비스를 제공해야 한다.
② 포괄성
   클라이언트의 다양한 욕구를 충족시키기 위해 서비스 및 자원을 연결시킨다.
③ 지속성(연속성)
   클라이언트 및 주위환경에 대한 지속적인 점검을 통해 클라이언트의 사회적 적응을 향상시킨다.
④ 연계성
   분산된 서비스 체계들을 서로 연계하여 서비스 전달체계의 효율성을 도모한다.
⑤ 접근성
   클라이언트가 쉽게 기관 및 자원에 접근할 수 있도록 돕는다.
⑥ 자율성
   서비스 과정에 있어서 클라이언트의 자율성을 극대화한다.

> **OX Quiz**
> 사례관리의 기본원칙에는 개별화, 포괄성, 지속성, 단기성, 접근성 등이 포함된다.
> 정답 X(단기성은 포함되지 않음)

■ 사례관리의 서비스 과정

접수 (제1단계)	• 클라이언트의 확인 및 등록 • 클라이언트의 문제 및 욕구에 대한 개략적 파악 • 원조의 내용에 대한 상세한 설명 • 원조 수령 여부의 확인 및 계약의 체결
사정 (제2단계)	• 클라이언트의 신체적·정서적 상태 및 욕구에 대한 광범위하고 구조화된 평가 • 클라이언트의 현재 기능수준 및 강점에 대한 사정 • 자원에 대한 사정 및 자원 이용의 장애물 찾기 • 클라이언트의 욕구 및 문제의 목록화
계획 (제3단계)	• 클라이언트의 문제 및 욕구를 해결하기 위한 구체적인 목표 설정 • 목표 실행을 위한 우선순위 정하기 • 목표 달성을 위한 전략 및 구체적인 서비스 계획 수립 • 전략 실행 후 성공여부에 대한 평가를 통해 미달성 목표를 다시 계획 단계로 환류

개입 (제4단계)	• 내부자원의 획득을 위한 직접적 서비스의 제공 　예 클라이언트에 대한 교육, 클라이언트의 결정 및 행동에 대한 격려·지지, 위기상황 시 적절한 개입, 클라이언트의 동기화 등 • 외부자원의 획득을 위한 간접적 서비스의 제공 　예 클라이언트에게 필요한 자원체계의 연계 또는 서비스의 중개, 클라이언트를 대신하여 다양한 체계에 대한 클라이언트의 욕구 옹호 등
점검 (제5단계)	• 서비스 및 자원의 전달과정에 대한 추적을 통해 목표의 계획적인 진행여부를 점검 • 사회적 지지의 정도 파악 및 사회적 지지의 산출 검토 • 클라이언트의 욕구 변화 유무에 대한 점검 • 서비스 계획 변경의 필요성 파악
평가 (제6단계)	• 서비스 계획, 서비스 구성요소, 서비스 활동 등의 가치성 유무에 대한 측정 • 사례관리 목표 달성에 대한 평가 • 사례관리의 전반적인 체계 및 효과성에 대한 평가 • 클라이언트의 긍정적인 변화에 대한 평가

OX Quiz

사례관리의 서비스 과정 중 개입 단계에는 내부자원의 획득을 위한 직접적 서비스를 제공한다.

정답 O

■ 사례관리자의 역할

① 사정자

　클라이언트의 문제 및 욕구를 수집·분석·종합하며, 특히 클라이언트의 긍정적인 요소에 주의를 기울인다.

② 계획가

　클라이언트의 문제 및 욕구를 해결하기 위해 사례에 대한 구체적인 계획, 치료, 서비스의 통합 및 연계 등을 설계한다.

③ 상담자

　상담을 통해 클라이언트의 자기이해를 도우며, 개인의 기능 향상 및 사회적 지지체계에 대한 개발의 필요성을 인식시킨다.

④ 조정자

　클라이언트와 원조자 간의 자원 연계 및 조정의 역할을 수행하며, 연계망의 효과성을 증진하기 위해 이들과 지속적으로 소통한다.

⑤ 중개자

　클라이언트의 문제 및 욕구가 기관의 서비스에 부합하지 않는 경우 또는 클라이언트에게보다 전문적인 서비스가 필요한 경우, 다른 적합한 자원과 연계가 이루어지도록 한다.

⑥ 옹호자

　클라이언트의 이해를 대변하고 그들의 권익을 옹호함으로써 클라이언트에게 필요한 자원이 원활히 공급될 수 있도록 적극적으로 활동한다.

전문가의 한마디

사실 사례관리는 임상심리사나 임상심리학자의 고유한 역할이라기보다는 사회복지사의 역할로 볼 수 있습니다. 사회복지사는 병원이나 정신건강복지센터(정신보건센터), 개인클리닉 등 정신건강 현장에서 의료전문가나 임상가 등과 함께 팀을 구성하여 환자를 돕습니다.

OX Quiz

클라이언트와 원조자 간 자원 연계 및 조정의 역할을 수행하는 사례관리자의 역할은 '연계자'이다.

정답 X(조정자)

⑦ 평가자

사례관리 프로그램에 대한 체계적·총체적인 평가를 통해 프로그램의 효과성 및 효율성을 검토한다.

기출복원 90 　　　　　　　　　　　　　　　　　　　　　　04년 기출

사례관리의 서비스 과정에 대해 기술하시오. 　5점

> **해설 체크!**
>
> 1. 접 수
>   사례를 통해 적절한 클라이언트를 확인하며, 사례관리의 수용 여부에 따라 계약을 체결한다.
> 2. 사 정
>   클라이언트의 신체적·정서적 상태 및 욕구, 주위의 자원 환경, 장애물 등에 대한 전체적·체계적인 이해를 통해 현재 시점에서 클라이언트의 문제를 진단한다.
> 3. 계 획
>   사정에 의해 수집된 정보를 토대로 클라이언트의 욕구 또는 문제를 해결하기 위한 구체적인 목표를 수립하며, 그에 따른 전략과 함께 서비스 계획을 설정한다.
> 4. 개 입
>   클라이언트, 클라이언트의 사회적 관계망, 관련 서비스제공자 등을 변화시키기 위해 직접적·간접적으로 관여한다.
> 5. 점 검
>   클라이언트의 욕구에 부합하는 서비스가 계획에 따라 원활히 이루어지고 있는지 서비스 및 자원의 전달과정을 추적하여 총체적으로 검토한다.
> 6. 평 가
>   사례관리자에 의해 형성·조정된 서비스 계획, 서비스 구성요소, 서비스 활동 등이 가치 있는 것인지의 여부를 측정한다.

94 임상심리사의 역할

■ 임상심리사의 일반적인 역할

① 진단 및 평가
  내담자의 심리적·사회적 문제를 파악하며, 내담자의 기능 및 능력의 한계를 관찰하고 검토한다.

② 심리치료
  내담자의 심리적 문제를 해결하고 원만한 가정생활과 사회생활을 영위하도록 하며, 대인관계의 유지 및 개선을 위해 내담자와 함께 노력한다.

③ 심리재활
  신체장애인 및 정신질환자를 비롯하여 그 가족을 대상으로 다양한 교육, 훈련, 상담지원 서비스 등을 제공함으로써 그들의 사회복귀를 촉진한다.

④ 교육 및 훈련
  임상심리학, 이상심리학, 지역사회심리학 등의 과학적 학문을 비롯하여 상담 및 치료, 심리검사, 행동수정 등에 대한 교육과 훈련을 실시한다.

⑤ 자문
  중앙정부나 지역자치단체, 교육기관, 정신건강 관련 단체 등에 종사하는 자의 자문요청에 응하여, 정신건강과 관련된 다양한 문제를 해결하고 정책을 수립하는 데 조력한다.

⑥ 행정 및 지도
  대인관계 기술과 집단역동에 대한 지식을 토대로 관련 업무를 수행하는 것은 물론, 기관 간 업무분담 및 협력을 위해 힘쓰며 지도력을 발휘한다.

⑦ 연구
  심리적·정신적 장애의 원인과 결과에 대해 연구하고 다양한 치료방법을 고안하며, 객관적이고 정확한 평가방법 등을 연구한다.

■ 과학자-전문가 모델(Scientist-Practitioner Model)에 따른 임상심리학자의 역할

① 임상심리학자의 수련 및 학재 간 관계 형성을 통한 진단, 평가, 연구, 치료와 관련된 역할을 강조한다.
② 기본적으로 과학과 임상실습의 통합적 접근을 통해 임상심리학자가 과학자이자 서비스제공자로서의 역할을 동시에 수행할 것을 강조한다.
③ 임상심리학자는 과학자와 전문가로서의 역할을 동시에 훈련받음으로써, 이론적·학문적·응용적·임상적인 역량을 강화할 수 있다.

OX Quiz

임상심리사는 내담자의 대인관계 유지 및 개선과는 관련 없다.

정답 X(심리치료 역할에 해당함)

전문가의 한마디

1949년 미국 콜로라도의 보울더(Boulder)에서 개최된 미국심리학회 회의에서 임상심리학자의 수련과 관련하여 '과학자-전문가 모델' 또는 '과학자-실무자 모델'이 제시되었습니다.

> **OX Quiz**
> 임상심리학자는 임상장면에 적용가능한 연구방법론을 개발할 필요는 없다.
> 정답 X(개발하는 역할)

④ 임상심리학자는 임상장면에 적용 가능한 연구방법론을 개발하고, 그 기술과 기법에 능숙한 임상가가 되어야 한다.
⑤ 임상심리학자는 인간행동을 이해하기 위해 연구자로서 끊임없이 연구하는 동시에 전문가로서 그 과정을 통해 발견한 지식을 인간행동의 변화를 위해 실천한다.

■ 관련 분야 정신건강 전문가들의 역할

① 정신과 의사
의학적 훈련을 통해 의사로서의 역할기능을 수행하며, 심리치료 및 정신과적 진단은 물론 환자의 심리적 문제를 치료하기 위해 약물들을 사용한다.

② 상담심리학자
임상심리학자의 활동과 많이 중첩되는 전문가로, 예방적 치료, 자문, 집단상담 프로그램의 개발, 직업상담, 단기상담 등의 활동을 수행한다.

③ 정신과 사회사업가
정신병리의 가족적·사회적 결정요인에 초점을 두고 개인 심리치료나 집단치료를 수행하며, 진단 과정에도 기여한다.

④ 학교심리학자
학령기 아동들의 지적·사회적·정서적 성장을 위한 학습환경을 계획하며, 학교정책이나 학급 운영 문제와 관련하여 학교 교사나 행정가들에게 자문을 제공한다.

⑤ 재활심리학자
신체적 혹은 인지적 손상을 입은 사람들로 하여금 신체적·심리적·사회적·환경적 장애물들에 적응하도록 돕는다.

⑥ 건강심리학자
연구나 임상 실제를 통해 건강을 촉진 및 유지시키는 데 기여하며, 질병의 예방과 치료에도 관여한다.

> **OX Quiz**
> 연구나 임상 실제를 통해 건강을 촉진·유지시키는 데 기여하고, 질병의 예방에도 관여하는 전문가는 건강심리학자이다.
> 정답 O

기출복원 91 04, 08, 18년 기출

다음 보기의 사례를 읽고 물음에 답하시오. **8점**

> 서울시 마포구의 ○○초등학교 5학년 학생인 김모 양은 평소 또래 친구들과 어울리지 못하고 집단따돌림을 당하던 중 일주일 전 자신이 거주하는 아파트에서 뛰어내려 스스로 목숨을 끊었다. 같은 반 학생들은 집단따돌림에 대한 가담 여부를 떠나 김모 양의 자살 소식을 듣고 실의에 잠겼으며, 심지어 김모 양의 죽음에 대해 죄책감까지 느끼게 되었다. 김모 양의 담임선생님은 이러한 사실을 교장선생님께 전하였고, 교장선생님은 아이들의 심리적 안정을 위해 임상심리사를 학교로 초대하였다.

(1) 보기의 내용과 관련된 임상심리사의 주요 역할 및 기능에 대해 기술하시오.

> ● 해설 체크! ●
>
> 1. **심리치료**
>   임상심리사는 동급생의 자살로 인해 심리적인 충격을 받고 있는 학생들의 심리적인 문제를 해결하기 위해 노력하게 되는데, 이는 임상심리사의 심리치료자로서의 역할에 해당한다.
> 2. **자 문**
>   김모 양의 담임선생님과 학교 교장선생님은 학생들의 심리적인 문제와 관련된 경험 혹은 정보 부족으로 인해 치료적 해결책을 제시할 수 없다. 임상심리사는 해당 분야의 전문가로서 요청에 의해 자문을 제공하게 되는데, 이는 임상심리사의 자문가로서의 역할에 해당한다.

(2) 임상심리사가 학생들을 도울 수 있는 방법을 구체적으로 4가지 기술하시오.

> ● 해설 체크! ●
>
> 1. 심리적인 충격을 받고 있는 학생, 학부모, 교사들에게 필요한 교육적 자료와 전문적 조언을 제공한다.
> 2. 교내 보건교사와 함께 학생들의 부적응적 정서를 해소하기 위한 놀이치료, 미술치료 등 집단치료 프로그램을 계획 · 수립 · 진행한다.
> 3. 심각한 후유증을 보이는 학생들을 대상으로 개인상담을 실시한다.
> 4. 지역사회기관과 연계하여 집중적이고 지속적인 도움이 필요한 학생들을 대상으로 치료프로그램이 제공되도록 지원한다.

> **전문가의 한마디**
>
> 본문의 사례문제는 문제의 배점과 보기의 사례에 등장하는 인물이 바뀌어 출제되고 있으나, 내용상 별다른 차이는 없습니다. 임상심리사의 다양한 역할들(예 진단 및 평가, 심리치료, 심리재활, 교육 및 훈련, 자문, 행정 및 지도, 연구 등)을 토대로 실제 임상장면에서 적용할 수 있는 구체적인 문제해결 방법을 제시하는 것이 문제의 핵심입니다.

95 임상심리학의 통합적 접근과 건강심리학의 발달

■ 임상심리학의 통합적 접근

① 취약성-스트레스 모델(Vulnerability-Stress Model)
  ㉠ 이상행동의 유발과정을 이해하기 위해 환경으로부터 주어지는 심리사회적 스트레스와 그에 대응하는 개인적 특성을 동시에 고려해야 한다는 입장이다.
  ㉡ 이상행동은 유전적 · 생리적 · 심리적으로 특정 장애에 걸리기 쉬운 개인적 특성과 스트레스 경험이 상호작용함으로써 발생한다.
  ㉢ 각 개인은 저마다 성격이나 심리적 특성이 다르므로 불행한 사건에 대처하는 방식이 각기 다르고 그 심리적 결과 또한 다르다고 본다.
② 생물심리사회적 모델(Biopsychosocial Model)
  ㉠ 신체질환 및 정신장애가 생물학적 · 심리적 · 사회적 요인의 다차원적 상호작용에 의해 나타난다는 입장이다.

> **전문가의 한마디**
>
> 취약성(Vulnerability)은 특정 장애에 걸리기 쉬운 개인적 특성을 말하며, 심리사회적 스트레스(Psychosocial Stress)는 심리적 부담을 야기하는 외부사건을 의미합니다.

ⓒ 신체질환은 생물학적 요인뿐만 아니라 심리사회적 요인에 의해서도 유발될 수 있다고 보며, 신체질환의 치료 및 예방을 위한 심리사회적 접근의 필요성을 제기한다.
ⓒ 생물심리사회적 모델은 건강심리학(Health Psychology) 분야의 형성에 중요한 이론적 근거를 제공하고 있다.

■ 건강심리학(Health Psychology)의 의의 및 특징

① 최근에 등장하여 급속도로 성장하고 있는 심리학 영역으로서, 건강의 유지 및 증진, 질병의 예방 및 치료를 목적으로 심리학적인 이론과 방법을 동원하는 학문이다.
② 현대인들의 주된 질병 및 사망의 원인을 심리사회적 관점에서 보는 것으로, 최근 현대인들의 건강에 대한 관심이 증폭되면서 현저하게 발전하고 있다.
③ 전통적인 임상심리학이 불안장애나 우울장애 등 정신적인 병리에 초점을 둔 반면, 건강심리학은 정신적 병리와 함께 암이나 심혈관질환 등 신체적 병리에도 관심을 가진다.
④ 신체적 질병이 특히 생활습관이나 스트레스에 대한 대처방식과 밀접한 연관을 가진다는 점을 강조한다.
⑤ 일상생활에서 현대인들의 건강과 밀접하게 연관된 금연, 체중조절, 스트레스 관리 등을 위한 다양한 프로그램을 연구·개발·실행하고 있다.

■ 건강심리학의 발달배경

① 급성질환에서 만성질환으로의 질병 양상의 변화
  ㉠ 과거에는 결핵, 폐렴, 그 밖의 감염병 등 급성질환(Acute Disorder)이 질병과 사망의 중요 원인이었으나, 이는 치료방법의 혁신과 공중보건위생 수준의 향상으로 감소하였다. 이와 같은 급성질환은 단기 질병으로서 바이러스나 세균의 침입에 의해 발병하며, 그 대부분은 치료가 가능한 것이었다.
  ㉡ 현대 산업사회에서는 심장질환, 암, 호흡기 질환 등 만성질환(Chronic Illness)이 질병과 사망의 중요 원인으로 대두되고 있다. 이와 같은 만성질환은 더 오래 사는 사람들에게 서서히 발병하며, 보통 치료할 수 없고 환자나 건강관리자들의 관리를 필요로 한다.
  ㉢ 만성질환은 심리사회적 요인을 주된 원인으로 하고 오랜 기간 관리를 필요로 하는 만큼 특히 심리학적 문제들이 대두된다. 따라서 만성질환을 가진 사람들로 하여금 자신들의 건강 상태 변화를 인식시키는 동시에 심리사회적으로 적응하여 스스로 관리할 수 있도록 돕는 치료적 개입이 요구된다.
② 과학과 의학 기술의 발전에 따른 건강심리학 영역의 확장
  ㉠ 과학과 의학 기술의 발전은 건강심리학자들에 의해 다루어질 수 있는 영역들을 확장하고 있다.

예를 들어, 유방암을 포함한 많은 질병들의 주된 원인 중 하나가 유전자에서 비롯된 것임이 최근에 비로소 알려지기 시작했다. 만약 유방암 진단을 받은 어머니를 둔 자녀에게서 유방암 유전자 검사상 양성반응이 나왔다면, 그로 인해 그녀의 삶이 어떻게 변화하게 될 것인지에 대해 건강심리학이 답하게 된다.

ⓒ 생명을 연장시키는 일부 치료들은 환자들의 삶의 질을 심각하게 떨어뜨릴 수 있으며, 환자들은 점차 생명 유지 조치에 대해 선택하도록 요구된다. 그들은 그와 같은 문제에 대해 상담을 필요로 하며, 이때 건강심리학자들이 그 과정에 개입하게 된다.

③ 건강관리 서비스의 확장

ⓐ 건강관리는 서비스 산업으로 빠른 성장을 보이고 있다. 최근 몇 년 동안 건강관리사업의 증가에 대한 검토가 이루어졌으나, 건강관리 비용의 급증에도 불구하고 기본적인 지표는 향상되지 않고 있다.

ⓒ 최근 건강관리 비용의 절감을 위해 건강심리학에서 예방에 대해 지속적으로 강조하고 있다. 또한 건강관리사업이 모든 국민을 서비스 수혜자로 하는 의료보험 제도와 직접적인 약정을 체결하게 됨으로써 건강심리학자들의 영향력이 날로 커지고 있다.

④ 건강 관련 의료 수요의 증가

ⓐ 건강심리학의 수요 증가는 다양한 단기 행동치료적 개입의 개발로 나타나고 있다. 이는 통증 관리, 흡연·음주 등 부적절한 건강습관의 수정, 치료의 부작용 관리 등을 포함한 건강 관련 문제들에 초점을 두고 있다.

ⓒ 비만, 흡연 등 위험요인의 제거를 목표로 하는 치료적 개입은 관상동맥성 심장 질환의 발병률을 낮추며, 치료의 전 과정을 설명해 주는 유효적절한 개입은 환자의 치료 후 적응력을 증가시키는 것으로 나타났다.

> **전문가의 한마디**
> 건강심리학은 건강관리, 즉 건강의 증진과 유지에 중점을 둡니다. 예를 들어, 아이들에게 어떻게 좋은 건강습관을 가지도록 할지, 규칙적인 운동을 어떻게 증진시킬지, 사람들의 식생활을 어떻게 개선시킬지 등 건강관리에 관한 다양한 방법들을 계획합니다.

■ 건강심리학과 임상심리학의 주요 차이점

① 임상심리학은 신체적 병리보다는 정신적 병리에 초점을 둔 반면, 건강심리학은 신체적 병리에 1차적인 관심을 기울인다.

② 임상심리학은 질병의 치료와 건강의 회복에 초점을 둔 반면, 건강심리학은 질병의 치료나 건강의 회복은 물론 건강의 유지 및 증진, 그리고 질병의 예방을 강조한다.

③ 건강심리학은 여러 다른 학문들과의 공동협력을 보다 강조한다.

■ 건강심리학의 주요 연구분야

① 생활 속의 스트레스와 신체적 질병 간의 관계를 파악하며, 효과적인 스트레스 대처 전략을 마련한다.

> **전문가의 한마디**
> 건강심리학과 밀접하게 연관된 학문 분야로 역학(Epidemiology)이 있습니다. 역학은 특정 인구의 전염성 및 비전염성 질병의 빈도, 분포 그리고 원인을 연구하는 학문 분야로, 특히 최근 사회적인 이슈로 떠오르고 있는 특정 지역에서의 신종 코로나 바이러스 집단감염이나 암 발병과 같은 문제들에 심층적으로 접근합니다.

② 일상생활에서 일어나는 주요 사건 및 변화가 각종 심장질환, 고혈압, 암 등에 미치는 영향을 연구한다.
③ 피부질환, 근육통증, 호흡부전, 순환계 질환, 소화계통 질환, 비뇨기계통 질환, 내분비선계통 질환 등 생리심리학적 장애들을 연구한다.
④ 입원환자의 행동이 질병치료에 미치는 영향, 환자의 행동이 의료진에 미치는 영향, 수술에 대한 두려움의 극복방법, 치료와 처방에 대한 환자의 순응행동 등을 연구한다.
⑤ 근육이완법, 체계적 둔감법, 바이오피드백 등을 통한 인지적·행동적 치료법의 효과를 연구한다.
⑥ 최면술, 침술, 인지적 책략 등을 이용한 통증완화의 방법들을 연구한다.
⑦ 비만의 예방과 치료, 식사조절, 알코올 중독이나 금연을 위한 치료 등을 연구한다.

기출복원 92

17, 24년 기출

건강심리학의 발달배경을 3가지 쓰시오.

6점

해설 체크!

1. 급성질환에서 만성질환으로 질병의 양상이 변화하고 있다.
2. 과학과 의학 기술의 발전에 따라 건강심리학의 영역이 확장되고 있다.
3. 건강관리가 서비스 산업으로 빠른 성장을 보이고 있으며, 건강 관련 의료 수요 또한 증가하고 있다.

96 지역사회심리학

■ 지역사회심리학(Community Psychology)의 의의 및 특징

① 사람과 환경 간의 적합성에 주의를 기울이면서, 정신건강 문제의 발생 및 완화에 영향을 미치는 환경적 힘의 역할에 주목한다.
② 삶의 문제 원인을 생물학적·심리적 원인에서 찾기보다는 사회적·지역적 선행사건에서 찾으려고 한다.
③ 사람과 지역사회의 자원 및 강점을 파악하고 이를 개발하여 지역 내 정신건강 문제의 해결을 위한 대안을 마련하는 데 주력한다.
④ 인간자원개발, 정치활동, 과학에 관심을 가지며, 치유보다는 예방을 목표로 한다.
⑤ 지역사회 중심의 공공 정신보건체계를 강조하며, 정신질환자 또는 정신장애자를 기존의 병원이나 수용소가 아닌 가족, 학교, 직장, 광범위한 장소 등 지역사회 내의 다양한 사회구조로 흡수한다.

OX Quiz

지역사회심리학은 삶의 문제 원인을 생물학적·심리적 원인에서 찾으려 한다.

정답 X(사회적·지역적 선행사건)

⑥ 전문가의 자문가로서의 역할과 함께 위기개입에 있어서 훈련된 준전문가의 역할을 강조한다.
⑦ 1차 · 2차 · 3차 예방을 통해 질병을 유발하는 해로운 환경을 제거하고 정신건강 문제에 대해 조기에 개입하며, 환자의 가정과 사회로의 복귀 및 적응을 돕기 위한 지지와 교육을 제공한다.

■ 지역사회심리학의 원리(Orford)

① 문제의 원인은 개인, 사회장면, 체계 간 오랜 기간의 상호작용에서 기인한다.
② 문제는 이웃, 조직, 지역사회 등 여러 수준에서 정의할 수 있다.
③ 지역사회심리학은 진료실이 아닌 실제 현장이나 사회적 맥락에서 실무를 수행한다.
④ 지역사회심리학자는 지역사회의 욕구와 위험을 전향적으로 평가한다.
⑤ 지역사회심리학은 기존 문제의 치료보다는 문제의 예방을 강조한다.
⑥ 전문가의 자문이 이루어지나, 실제 개입은 준전문가, 훈련된 비심리학자 혹은 자조 프로그램을 통해 이루어진다.

■ 자조집단의 1차적 기능(Orford)

① 정서적 지지를 제공한다.
② 집단성원들이 다루고 있는 문제를 직면하고 정복한 역할모델을 제공한다.
③ 집단성원의 문제들을 이해하는 방법을 제공한다.
④ 중요하고 적절한 정보를 제공한다.
⑤ 기존 문제에 어떻게 대처할 것인가에 대한 새로운 아이디어를 제공한다.
⑥ 집단성원들 간에 서로 돕는 기회를 제공한다.
⑦ 사교 관계(Social Companionship)를 제공한다.
⑧ 자신들의 문제에 대한 향상된 숙달감과 통제감을 제공한다.

■ 예방의 개념

1차 예방 (Primary Prevention)	• 해로운 환경이 질병을 야기하지 않도록 사전에 이를 제거하는 것이다. • 사회적 지지체계를 강화하고 스트레스의 근원을 제거하며, 스트레스에 적절히 대처할 수 있도록 개인의 능력을 함양시킨다.
2차 예방 (Secondary Prevention)	• 정신건강 문제를 조기에 확인하고 장애로 발전하기 이전 초기단계에서 문제를 치료하는 것이다. • 심리장애로 발전될 위기에 있는 사람들을 대상으로 조기에 치료를 제공하며, 사고나 재해의 피해자에 대해서는 위기개입을 한다.

전문가의 한마디

오포드(Orford)는 지역사회심리학 분야의 연구자로, 특히 지역사회 내 알코올중독이나 가정폭력 등 정서적인 문제를 경험한 사람들로 구성된 자조집단에 관한 연구로 유명합니다. 그는 자조집단이 집단 참가자들 간 서로 경험을 나누고 정서적 지지를 제공하며, 새로운 참가자에게 역할모델로서 희망을 발견하도록 방향성을 제공하는 등 긍정적인 기능을 한다고 주장하였습니다.

기출키워드

21년 1회

자조집단의 1차적 기능

※ 실기시험에는 오포드가 제시한 자조집단의 1차적 기능을 5가지 쓰도록 하는 문제가 출제되었습니다.

OX Quiz

해로운 환경이 질병을 야기하지 않도록 사전에 이를 제거하는 예방은 1차 예방이다.

정답 O

3차 예방 (Tertiary Prevention)	• 심리장애 발생 후에 그 지속기간 및 부정적인 영향을 최소화하는 것이다. • 심리장애의 악화 및 재발을 방지하고 재활프로그램을 실시하며, 가정과 사회로의 복귀 및 적응을 돕기 위한 지지와 교육을 제공하는 동시에 지역사회 전체를 대상으로 교육을 실시한다.

■ 예방 프로그램의 설계·실행·평가를 위한 절차

① 제1단계 – 문제나 장애의 감별 및 심각성 평가
문제나 장애를 감별하고 추가적인 정보들을 고려하여 그 심각성을 평가한다. 이때 프로그램이 다루는 문제나 장애는 유병률, 발병률, 사회적 비용의 측면에서 명확히 명시되어야 한다.

② 제2단계 – 위험 및 보호 요인 관련 정보의 평가
해당 문제나 장애의 위험 및 보호 요인을 확인하고, 예방 혹은 치료에 관한 기존 연구들을 개관한다. 이때 정보는 예방 영역 내의 자료는 물론 예방 영역 밖의 자료도 함께 얻는다.

③ 제3단계 – 예비연구의 설계 · 수행 · 분석
예방 개입 프로그램에 대한 예비연구를 설계하고 이를 수행하며 분석한다. 예비연구의 결과는 추후 연구를 통해 반복 검증하고 확증한다.

④ 제4단계 – 대규모 실험의 설계 · 수행 · 분석
예방 개입 프로그램의 효과성을 검증하기 위해 보다 큰 규모의 연구를 설계하고 이를 수행하며 분석한다.

⑤ 제5단계 – 지역사회에서 대규모 프로그램의 시행 및 효과 평가
실험 결과 고무적인 결과가 나올 경우 해당 프로그램을 지역사회에서 대규모로 시행하며, 그 효과를 지속적으로 평가한다.

기출복원 93
18, 21년 기출

오포드(Orford)가 제시한 자조집단의 1차적 기능을 5가지 쓰시오. 5점

해설 체크!

1. 정서적 지지를 제공한다.
2. 집단성원들이 다루고 있는 문제를 직면하고 정복한 역할모델을 제공한다.
3. 집단성원의 문제들을 이해하는 방법을 제공한다.
4. 중요하고 적절한 정보를 제공한다.
5. 기존 문제에 어떻게 대처할 것인가에 대한 새로운 아이디어를 제공한다.

97 변화단계모델과 행동변화

■ 변화단계모델의 의의 및 특징

① 변화단계모델(Model of Change)은 범이론모델(Transtheoretical Model)이라고도 불리는 것으로, 보다 유익한 행동으로의 변화 과정을 기술하는 이론이다.
② 개인의 의사결정에 중점을 두는 의도적인 변화모델로서, 사람들이 알코올이나 약물 등 물질중독은 물론 심지어 운동에 이르기까지 다양한 행동상의 문제를 어떻게 수정하는지 이해하기 위해 개발되었다.
③ 바람직하지 않은 행동에서 바람직한 행동으로 변화해 나갈 때 사람들이 겪는 단계에 대해 설명한다.
④ 사람들이 행동을 신속하고 단호하게 바꾸지 않는다는 가정하에, 행동의 변화에 있어서 특히 습관적인 행동이 주기적인 과정을 통해 지속적으로 발생한다고 주장한다.

■ 행동변화 6단계 과정(Prochaska et. al.)

① 제1단계 - 사전 단계(계획 전 단계 혹은 인식 전 단계)
  ㉠ 가까운 미래(6개월 이내)에 행동변화에 대한 의사가 전혀 없는 단계이다.
  ㉡ 문제를 인식하지 못하거나 성공에 대한 확신이 없으며, 자신의 행동이 문제가 아니라고 주장하면서 변화를 거부한다.
      예 "나는 지금 담배를 많이 피우지만, 그것을 끊어야 한다고 생각하지 않아."
② 제2단계 - 계획 단계(인식 단계)
  ㉠ 가까운 미래(6개월 이내)에 행동변화를 하려는 생각이 있는 단계이다.
  ㉡ 변화를 통해 얻을 수 있는 잠재적 혜택에 대해 인식하지만 그와 상반되는 감정을 느끼며, 실천계획을 구체화시키기에 이르지는 못한다.
      예 "담배를 끊는 것이 중요하다는 건 알지만, 지금 금연을 하면 일에 집중하기 어려운걸."
③ 제3단계 - 준비 단계
  ㉠ 가까운 시간 내에(1개월 이내) 행동변화를 취하기 위한 구체적인 계획을 세우는 단계이다.
  ㉡ 과거에 그와 같은 행동을 시도했을 가능성이 있으며, 자신의 행동을 변화시킬 수 있는 방법에 대해 가능한 많은 정보를 수집한다.
      예 "담배를 끊으려고 금연패치를 샀어. 아내한테도 금연을 시도하겠다고 다짐했어."
④ 제4단계 - 행동 단계
  ㉠ 현재 문제를 극복하기 위해 행동하는 단계이다.
  ㉡ 목표를 달성하기 위해 직접 행동을 펼치지만, 행동변화의 지속성을 유지하지는 못한다.
      예 "지금 담배를 피우지는 않지만 자꾸 생각이 나. 그래도 계속 시도해 봐야겠지?"

⑤ 제5단계 - 유지 단계
  ㉠ 새로 취한 행동을 일정 기간(6개월 이상) 지속하고 있는 단계이다.
  ㉡ 오래된 습관을 보다 긍정적인 행동으로 대체하며, 재발을 성공적으로 피할 수 있을 때 자신에게 보상한다.
    예 "나는 계속 금연을 하고 있어. 이제 금연이 그렇게 어렵게 느껴지지는 않지만, 그래도 주변의 협조가 필요한 것 같아."
⑥ 제6단계 - 종결 단계
  ㉠ 전혀 유혹을 받지 않고 행동이 완전히 정착되는 단계이다.
  ㉡ 자기효능감과 함께 어떤 상황에서도 행동변화를 유지할 수 있다는 확신을 가진다.
    예 "나는 어떤 상황에서도 담배 생각이 나지 않아."

■ 행동변화의 촉진을 위한 개입에 관한 가정

① 행동변화는 시간이 지남에 따라 진행되는 과정이다.
② 각 단계는 안정적인 동시에 변화하기 쉬우며, 특히 장단점을 고려하여 변화를 유도할 수 있다.
③ 현실적인 목표를 설정하도록 돕는 것이 변화 과정을 촉진한다.
④ 변화의 특정 과정과 원칙은 발생 단계에서 강조될 필요가 있다.

■ 사람들의 행동을 변화시키는 10가지 기본 과정

경험 지향 과정	• 의식향상 • 환경 재평가 • 자기개방	• 극적 안도감 • 자기 재평가
행동 지향 과정	• 역조건화 • 강화관리 • 사회적 평등화	• 조력관계 • 자극통제

기출키워드
23년 3회 / 24년 2회
행동변화 6단계 과정
※ 23년 실기시험에는 프로차스카(Prochaska) 등의 행동변화 6단계 과정 중 사전 단계, 준비 단계, 유지 단계에 대해 설명하도록 하는 문제가 출제되었습니다.
※ 24년 실기시험에는 행동변화 5단계를 쓰고, 각 단계에 대해 설명하도록 하는 문제가 출제되었습니다. 이 경우 마지막 제6단계(종결 단계)를 생략하도록 합니다.

OX Quiz
변화단계모델에서 사람들의 행동을 변화시키는 기본 과정 중 '자기개방'과 '자기 재평가'는 경험 지향적인 과정에 해당한다.
정답 O

기출복원 94   20년 기출

프로차스카(James O. Prochaska) 등의 행동변화 6단계 과정을 순서대로 쓰시오.   6점

해설 체크!
1. 제1단계 - 사전 단계(계획 전 단계 혹은 인식 전 단계)
2. 제2단계 - 계획 단계(인식 단계)
3. 제3단계 - 준비 단계
4. 제4단계 - 행동 단계
5. 제5단계 - 유지 단계
6. 제6단계 - 종결 단계

98 정신재활 및 정신사회재활 Ⅰ

■ 치료와 재활의 의미와 차이

① 의미

치료 (Therapy)	어떤 질병, 장애 또는 문제를 치료, 치유, 완화하기 위해 계획된 체계적 과정 및 활동을 의미한다.
재활 (Rehabilitation)	장애인의 신체적·정신적·사회적·경제적·직업적 가용능력을 최대한 회복시키기 위한 체계적 과정 및 활동을 의미한다.

② 차이
- ㉠ 치료는 개인의 증상과 병리를 감소시키는 데 초점을 두는 반면, 재활은 개인의 강점이나 자원을 개발시키는 데 초점을 둔다.
- ㉡ 치료는 개인의 역기능을 완화시키는 데 주력하는 반면, 재활은 개인의 기능을 회복시키는 데 주력한다.
- ㉢ 치료는 병의 경감에 관심을 두는 반면, 재활은 건강의 유도에 관심을 둔다.
- ㉣ 치료는 개인의 장애를 직접적으로 공략하는 반면, 재활은 개인이 가지고 있는 자원을 발견하고 이를 개발하는 데 주력한다.

치료	재활
개인의 증상과 병리 감소를 목적으로 함	개인의 강점이나 자원의 개발을 목적으로 함
다양한 인과이론에 기초하여 개입을 결정함	개입 결정 시 인과이론에 기초하지 않음
과거, 현재, 미래에 초점을 둠	현재와 미래에만 초점을 둠
증상 및 가능한 원인을 측정함	현재 요구되는 기술 및 자원을 측정함
정신의학, 정신역동이론 등의 역사적 근거를 가짐	인간자원개발, 신체재활, 직업재활, 특수교육 등의 근거를 가짐
1차적 기술로서 약물치료, 정신치료 등을 활용함	1차적 기술로서 자원조정, 직업기술훈련 등을 활용함

■ 정신사회재활의 의의 및 특징

① 정신사회재활(Psychosocial Rehabilitation)은 정신장애인의 사회통합을 강조하는 것으로서, 정신의학적 접근을 통한 일차적인 정신과적 증상 감소만으로 정신장애인의 재활에 한계가 있다는 인식에서 비롯되었다.

② 정신질환에 대한 개입은 물론 정신장애로 발생할 수 있는 기능결함 및 역할장애, 그리고 정신장애로 인한 불이익에 대해 기술개발 및 환경자원 개발 등 포괄적인 서비스를 제공함으로써 사회적응을 달성하고자 한다.

전문가의 한마디

'재활(Rehabilitation)'은 라틴어의 'Habitas'를 어원으로 합니다. 'Habitas'는 'to make able'혹은 'to make fit again'을 의미하는 것으로서, 우리나라 말로는 '할 수 있게 만들다'혹은 '건강한 상태로 되돌리다'로 번역할 수 있습니다. 다시 말해 '재활'은 인간이라면 누구나 누려야 할 권리와 존엄이 어떤 원인에 의해 손상되었으므로, 손상된 권리와 존엄을 '회복'시킨다는 의미를 가집니다.

OX Quiz

치료와 재활은 모두 다양한 인과이론에 기초하여 개입을 결정한다는 공통점이 있다.

정답 X(인과이론에 기초하여 개입을 결정하는 것은 치료만 해당함)

전문가의 한마디

변화단계모델(변화모델)의 대표적인 학자로 프로차스카(James Prochaska)와 디크레멘트(Carlo DiClemente) 등이 있습니다.

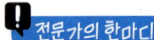

전문가의 한마디

정신사회재활을 위한 재활치료에는 증상 관리, 약물 관리를 비롯하여 금전 관리, 가족관계 호전, 직장 유지, 주거생활, 오락활동, 식사준비, 공공기관 이용 등 환자가 일상적인 사회생활을 유지하는 데 필요한 다양한 영역이 포함되어야 합니다.

③ 정신장애로 인해 오랫동안 기능적인 능력장애를 가진 사람이 스스로 선택한 환경 내에서 최소한의 전문적인 개입을 받으면서 성공적이고 만족스럽게 살아갈 수 있도록 기능을 증진시킨다.

④ 지역사회 생활 유지에 필요한 필수적인 기술을 교육하는 데 목적을 둔 주거·직업·사회·여가·교육적 서비스의 실제적인 필요성을 강조한다.

⑤ 모든 사람에게는 내적·정서적 잠재력과 대처능력이 있다는 희망과 기대의 분위기 속에서 클라이언트로 하여금 생산적인 시민으로서의 역할을 수행하는 데 필수적인 만족과 성취감을 경험하도록 함으로써 자발성 및 자율성을 획득해 나가도록 한다.

■ 정신사회재활의 기본원리(Cnaan, Blankertz, Messinger & Gardner)

① 강점의 강조(Emphasis on Strengths)
클라이언트의 병리보다 강점을 강조한다.

② 개별화된 평가 및 돌봄(Differential Assessment and Care)
각각의 클라이언트의 독특한 욕구, 결핍, 환경에 기초한다.

③ 여기-지금(Here & Now)
과거의 문제보다 현재의 상태를 강조한다.

④ 전문가의 열의(Commitment from Staff)
전문가는 매우 열성적이다.

⑤ 자기결정(Self-Determination)
인간은 자기결정의 권리와 책임을 가지고 있다.

⑥ 환경적 자원의 활용(Utilizing Environmental Resources)
서비스를 위해 환경 내의 인물과 자원을 동원한다.

⑦ 정상화(Normalization)
클라이언트에 대한 서비스는 최대한 정상적인 환경 내에서 제공한다.

⑧ 사회의 변화(Social Change)
사회적 환경의 변화를 시도한다.

⑨ 조기개입(Early Intervention)
조기개입을 선호한다.

⑩ 취업의 강조(Emphasis on Employment)
재활 과정에서 직업재활이 중요하다.

⑪ 기술의 습득(Equipping Clients with Skills)
개인은 사회적·직업적·교육적·대인관계적 기술을 비롯하여 그 밖의 다양한 기술들을 습득할 수 있다.

⑫ 친밀한 서비스 환경(Intimate Environment of Service)
전문가는 권위적인 태도나 가식적인 태도를 버리고 친절한 태도로 돌봄 서비스를 제공한다.

전문가의 한마디

정신사회재활의 기본원리에 관한 내용은 학자·교재마다 다양하게 제시되고 있습니다. 또한 정신보건학, 재활심리학, 사회복지학 등 다양한 학문 분야에서 약간씩 변형된 형태로 제시되고 있습니다.

⑬ 의학적 측면보다 사회적 측면의 강조(Social rather than Medical Emphasis)
돌봄 서비스 모델은 의학적이기보다는 사회적이다.

■ 정신사회재활의 목표 및 달성방법

① 목 표
  ㉠ 증상의 호전을 장기간 지속시킨다.
  ㉡ 대인관계 및 독립적인 생활 기술을 습득하도록 한다.
  ㉢ 보다 만족스러운 삶의 질을 성취하도록 한다.

② 달성방법
  ㉠ 정신장애를 가진 사람들이 학습을 통해 가능한 한 일반인과 비슷하게 사회적응을 할 수 있도록 그들의 능력을 호전시키고 오랫동안 유지시킨다.
  ㉡ 장기간 지속되는 장애 및 핸디캡을 보상할 수 있도록 주거 환경이나 사회적 환경을 변화시킨다.

기출키워드

23년 3회

정신사회재활의 목표

※ 실기시험에는 만성 정신질환자를 위한 정신사회재활의 일반적인 목표를 3가지 쓰도록 하는 문제가 출제되었습니다.

■ 정신사회재활 서비스 분류(Anthony)

① 임상적 재활

기술 개발 (Skill Development)	정신장애인이 지역사회에서 생활하는 데 필요한 주거기술, 직업기술, 대인관계기술, 학습기술, 일상생활기술, 여가선용기술 등을 교육 및 훈련을 통해 증진시켜 준다.
지지 (Supports)	정신장애인을 변화시키는 데 초점을 두기보다는 지지적인 사람이나 대상물 등을 제공하여 지지적 환경을 조성함으로써 정신장애인이 사회생활을 할 수 있도록 돕는다.

② 사회적 재활
환경체계를 변화시킴으로써 정신장애인의 사회적 불이익을 최소화한다.

전문가의 한마디

정신사회재활과 관련하여 환자의 증상이나 재입원율에 관한 임상적 측면의 연구, 지역사회 내에서의 재적응을 위한 사회적 대인관계 및 일상생활기술 등 기능적 측면의 연구, 자아존중감이나 사회적 지지 등 주관적 측면의 연구들이 이루어지고 있습니다.

■ 정신재활(정신사회재활) 절차의 3단계

① 제1단계 – 진단 및 기능적 평가
  ㉠ 진단과 기능적 평가를 통해 환자의 임상적 진단명과 행동적 기능 수준을 파악하며, 손상과 장애의 정도를 평가한다.
  ㉡ 증상에 근거한 진단 및 평가를 통해 환자의 정신생물학적 취약성 극복을 위한 최적의 약물 치료를 시행할 수 있으며, 기능적 평가를 통해 환자의 증상 악화 및 재발을 유발하는 스트레스원을 파악하여 이를 완화할 수 있는 대처기술과 능력을 알아낼 수 있게 된다.

OX Quiz

정신사회재활 절차는 진단 및 기능적 평가 → 재활계획의 수립 → 개입 순으로 이루어진다.

정답 O

② 제2단계 - 재활계획의 수립
  ㉠ 앞선 임상적 평가와 기능적 평가를 통해 환자의 현재 상태에 대한 종합적인 평가가 이루어진 후 이를 토대로 재활계획을 수립한다.
  ㉡ 재활계획에는 재활목표에 대한 구체화, 단기목표 및 장기목표의 설정, 획득해야 할 기술 및 자원들의 우선순위 설정, 목표 달성 기간의 설정, 연관 기관이나 지지모임과의 협력 내용 등이 포함된다.
③ 제3단계 - 개입
  ㉠ 환자에 대해 사회기술훈련과 환자 교육을 실시하며, 직업재활을 통해 사회적 접촉을 늘리도록 한다.
  ㉡ 가족 교육 및 치료를 통해 환자의 회복을 돕는 동시에 가족 내 긴장 및 스트레스를 해소하도록 한다. 또한 지역사회 지지서비스나 다양한 주거 프로그램을 활용할 수 있도록 함으로써 증상의 재발을 방지하고 사회로의 조기 복귀를 돕는다.

■ 정신재활(정신사회재활)에서 재활계획을 위한 4단계

① 제1단계 - 재활목표의 설정
  전반적인 목표와 구체적인 목표를 장기목표(매달 혹은 1년)와 단기목표(매주 혹은 매일)로 나누어 세운다.
  > 예 만약 환자가 지금부터 1년 이내에 직업을 가지고 부모로부터 독립하는 것을 목표로 삼는다고 가정하자. 독립생활을 위해서는 개인위생기술, 예산수립기술, 약물관리기술, 주거지 보수 및 관리 기술 등이 필요하므로, 환자는 그 기술들의 전반적인 습득을 장기목표로 설정하고, 단기목표는 그것을 세분화하여 단기간 내에 우선적으로 필요한 2가지 영역에서 진전을 이루는 것으로 설정할 수 있다.

② 제2단계 - 기술 및 자원의 우선순위 설정
  목표를 달성하기 위해 획득해야 할 여러 가지 기술과 자원들의 우선순위를 설정한다.
  > 예 환자가 대인관계의 개선을 목표를 설정하였다면, 대화기술보다는 개인위생을 유지하는 기술이 우선적으로 필요할 것이다.

③ 제3단계 - 목표 달성 기간의 설정
  목표를 달성하기 위해 소요되는 구체적인 기간을 설정한다.
  > 예 기간의 제한은 재활치료 팀과 환자 모두에게 기간 내에 증상이 호전되고 기능이 향상될 것이라는 기대감과 함께 그것이 실제 이루어졌을 때 보람과 만족감을 가져다 줄 수 있다.

④ 제4단계 - 목표 달성을 위한 협력 내용 및 치료방법의 결정
  목표 달성을 조력할 수 있는 연관 기관이나 지지모임과의 협력 내용, 치료와 자문에 관한 구체적인 방법 등을 결정한다.
  > 예 재활치료 팀은 치료와 자문을 책임질 사람을 정하는 등 구체적인 방법을 확인해야 한다. 예를 들어, 다른 연관 기관과의 협력은 보통 사례관리자나 사회사업가를 통해 이루어지는데, 그들은 환자의 목표, 욕구, 자원, 호전 정도 등을 추적하여 재활치료 팀에게 보고하게 된다.

전문가의 한마디

정신재활(정신사회재활)에서 재활계획을 위한 4단계는 앞선 정신재활(정신사회재활) 절차의 3단계 중 2단계에 해당하는 '재활계획의 수립'에 관한 세부적인 내용을 다루고 있습니다.

■ 정신재활(정신사회재활) 계획 개입 시 재활치료의 구성요소

① 사회기술훈련
  ㉠ 만성 정신질환자가 경험하는 가장 큰 어려움 중 하나는 가정 및 사회 내에서 자신의 의사나 감정을 표현하고 전달할 수 있는 능력이 부족하다는 점이다.
  ㉡ 사회기술훈련은 의사소통의 결여로 인해 발생하는 환자의 역기능적인 대인관계나 사회기술상의 결함을 극복하도록 하기 위한 구조화된 교육과정이다.

② 환자 교육
  ㉠ 만성 정신질환자는 자신의 질환에서 비롯되는 다양한 증상들을 체계적으로 관리하고 꾸준하게 약물을 복용함으로써 정신질환을 극복할 수 있다.
  ㉡ 환자 교육은 치료를 위한 효과적인 방법을 지도하는 것은 물론 환자의 자존감을 키우고 회복에 대한 희망을 심어줌으로써 환자가 보다 적극적인 자세로 치료 과정에 참여하도록 유도한다.

③ 가족교육 및 치료
  ㉠ 만성 정신질환자의 회복을 돕는 필수적인 요소로서 가족의 정신병에 대한 이해 및 적절한 대처기술의 습득을 들 수 있다.
  ㉡ 가족 교육 및 치료는 환자의 가족에게 정신병의 원인 및 진단, 증상, 예후, 난폭한 행동에 대한 대처요령 등을 가르치는 것은 물론 가족 내 긴장이나 스트레스에서 비롯되는 역기능적 의사소통의 해소 요령 등을 교육하는 것이다.

④ 직업재활
  ㉠ 직업은 경제적 소득보장은 물론 자기실현을 위해서도 빼놓을 수 없는 사회생활의 중심 영역이다.
  ㉡ 직업재활은 만성 정신질환자에게 필요한 물품 및 서비스를 제공받을 수 있는 수단을 제공하는 동시에 사회적인 접촉 기회를 제시하고 사회적인 역할을 부여하는 효과적인 재활치료의 중요 요소이다.

⑤ 지역사회 지지서비스
  ㉠ 만성 정신질환자를 병원에 수용하는 것은 인위적·일시적으로 사회적인 지지만을 제공하는 것일 뿐이며, 장기적인 측면에서 환자의 사회적인 지지체계를 약화시킴으로써 정신질환의 치료 가능성을 감소시키는 부작용을 초래한다.
  ㉡ 지역사회 지지서비스는 지역사회 내의 정신건강복지센터(정신보건센터)를 비롯한 다양한 기관과의 연계를 통해 의학적 치료는 물론, 재정적 지원 및 주거공간의 확보, 자원의 연결, 여가활동의 제공 등 다양하고 포괄적인 서비스를 제공하는 것이다.

⑥ 다양한 주거 프로그램
  ㉠ 중간 집, 요양소, 낮 병원 등 다양한 주거 형태는 만성 정신질환자의 입원기간을 단축시키고 보다 신속한 사회 복귀를 돕는 과정이다.

기출키워드

21년 1회
재활치료의 기본 구성요소
※ 실기시험에는 재활치료의 기본 구성요소를 5가지 쓰도록 하는 문제가 출제되었습니다.

22년 1회
재활개입 방법
※ 실기시험에는 만성 정신질환자에 대한 재활개입 방법을 3가지 쓰도록 하는 문제가 출제되었습니다.

전문가의 한마디

환자 교육은 환자로 하여금 자신의 병을 극복해 나가는 데 필요한 내용들을 교육시키는 것으로, 여기에는 증상 관리와 약물 관리에 대한 교육이 포함됩니다.

전문가의 한마디

「정신보건법」이 2017년 5월 30일부로 「정신건강증진 및 정신질환자 복지서비스 지원에 관한 법률」로 전부 개정됨에 따라 정신보건법령에 규정되어 있던 '정신보건센터'가 정신건강증진 및 정신질환자 복지서비스 지원에 관한 법률상 '정신건강복지센터'로 변경되었습니다.

ⓒ 주거 프로그램은 환자에게 외래치료의 대체형태로서 치료의 연속성을 유지하도록 하는 동시에 사회적 지지체계와의 접촉을 유지할 수 있도록 돕는 것이다.

■ 환자 교육 방법으로서 증상관리 교육과 약물관리 교육

증상관리 교육	• 환자들에게 문제증상이 일상생활에 미치는 영향을 최소화하는 방법을 교육시킴으로써 스스로 증상을 관리하여 재발과 입원을 막도록 돕는 교육 프로그램이다. • 치료자는 환자가 자신들의 증상에 대해 숙련된 관찰자가 되도록 하여 치료 과정에서 스스로 영향력 있는 참여자가 되도록 돕는다.
약물관리 교육	• 환자들에게 약물에 대한 올바른 지식과 함께 적절한 투약방법을 교육시킴으로써 약물을 더 잘 복용하고 재발을 막도록 돕는 교육 프로그램이다. • 치료자는 환자에게 정신과 질환의 재발 가능성을 인식시킴으로써 약을 계속 복용하도록 촉구하며, 약물 부작용의 관리법을 주지시킨다.

기출키워드
20년 1회 / 24년 3회
증상관리 교육과 약물관리 교육
※ 시험에는 재활치료를 받고 있는 정신과 환자들을 대상으로 한 환자 교육 방법 2가지를 쓰고 설명하도록 하는 문제가 출제되었습니다.

■ 직업재활이 필요한 이유

① 생계의 수단(경제생활 유지)
  ㉠ 직업은 생계의 수단이라는 경제적 의미를 지닌다. 개인은 직장을 구해 일을 함으로써 일정한 수입을 얻고 경제생활을 유지할 수 있다.
  ㉡ 경제활동은 인간의 욕구를 충족시키는 방법 중 하나로 각 개인은 직업을 통해 얻어지는 소득으로써 자신의 삶을 윤택하게 할 수 있다.

② 사회적 기여의 수단(사회적 욕구충족)
  ㉠ 직업은 사회적 기여라는 사회적 의미를 지닌다. 개인은 사회활동을 통해 자신의 욕구를 충족시키는데, 직업은 사회활동의 가장 중요한 수단이자 사회봉사의 수단이기도 하다.
  ㉡ 모든 직업은 사회가 필요로 하기 때문에 존재하는 것이며, 따라서 존재하는 모든 직업은 소명을 가지고 봉사할 만한 가치가 있다.

③ 자아실현의 수단(자기성취와 자기발전)
  ㉠ 직업은 자아실현이라는 심리적 의미를 지닌다. 개인은 직업을 통해 자신의 능력을 발휘하고 일하는 보람과 삶의 보람을 느끼면서 자아실현을 할 수 있다.
  ㉡ 자신이 하고 싶은 일을 통해 자기목적을 성취하고 자기발전을 경험하는 것은 누구나 바라는 보람된 일이다.

전문가의 한마디
직업재활의 궁극적인 목표는 장애인이 자신의 능력과 적성에 맞는 직업을 찾아서 취업하고, 그 직무에 만족하며 적응하면서 시민으로서의 역할을 수행할 수 있도록 하는 데 있습니다.

기출복원 95　　　　　　　　　　　　　　　　20, 22년 기출

정신사회재활에서 재활계획을 위한 4단계를 쓰시오.　　4점

> • 해설 체크! •
> 1. 제1단계 – 재활목표의 설정
> 2. 제2단계 – 기술 및 자원의 우선순위 설정
> 3. 제3단계 – 목표 달성 기간의 설정
> 4. 제4단계 – 목표 달성을 위한 협력 내용 및 치료방법의 결정

기출키워드
23년 1회
재활모형

※ 실기시험에는 재활모형 3단계 중 '장애'의 정의를 쓰고, 적절한 개입방법을 예시와 함께 기술하도록 하는 문제가 출제되었습니다. 과년도 기출문제 중에는 재활모형 3단계 전체를 개입방법과 함께 설명하도록 하는 문제도 있습니다.

99　정신재활 및 정신사회재활 Ⅱ

■ 재활모형의 3단계

① 제1단계 – 손상(Impairment)
　㉠ 생리적 · 심리적 · 해부학적 구조 또는 기능에 이상이 있는 상태를 말한다.
　㉡ 신체기관의 구조나 기능이 상실되는 것, 비정상적으로 병리적인 상태에 놓이는 것, 심리적 손상이 일시적 혹은 영구적으로 있는 것을 의미한다.
　㉢ 환자는 환각, 망상, 우울 등을 경험한다.
　㉣ 개입방법으로서 임상적 치료를 통해 장애를 제거 또는 경감하도록 한다.

② 제2단계 – 장애(Disability)
　㉠ 손상으로 인해 정상적인 행동을 수행할 능력이 제한 또는 결핍된 상태를 말한다.
　㉡ 기능상의 어려움으로 인해 일을 할 때나 자기 활동을 수행할 때, 의사소통이나 사회생활을 할 때 지장이 있다.
　㉢ 환자는 직무능력이나 일상생활의 유지능력 등이 부족하다.
　㉣ 개입방법으로서 임상적 재활을 통해 개인의 능력을 개발하도록 하고 환경적 자원을 활용하도록 한다.

③ 제3단계 – 핸디캡(Handicap)
　㉠ 손상이나 장애로 인해 정상적인 역할 수행에 제한 또는 장애(장해)가 발생함으로써 불이익을 경험하는 상태를 말한다.
　㉡ '장애인'이라는 수식어가 사회적인 불리조건을 형성하며, 그로 인해 사회생활에서의 한계를 유발한다.
　㉢ 환자는 대부분 일정한 거주지가 없거나 취업을 하지 못한 상태이다.
　㉣ 개입방법으로서 사회적 재활을 통해 사회체계의 변화를 이끌어 내도록 한다.

전문가의 한마디

정신장애인에게서 볼 수 있는 장애는 손상과 밀접한 관련이 있지만, 그렇다고 모든 손상이 장애를 초래하는 것은 아닙니다. 또한 비슷한 장애라도 서로 다른 손상에 의해 초래될 수 있습니다.

OX Quiz

손상으로 인해 정상적인 역할 수행에 제한이 발생하여 불이익을 경험하는 상태를 장애라고 한다.

정답 X(핸디캡)

기출키워드

19년 3회 / 24년 1회

병리/손상/장애/핸디캡

※ 실기시험에는 재활치료의 주요 개념으로서 병리, 손상, 장애, 핸디캡을 각각 설명하도록 하는 문제가 출제되었습니다.

■ 재활모형 3단계의 개입방법상 차이점

① 동일한 질환이나 사고에 의해 신체적 혹은 정신적 장애 상태에 놓인 경우에도 손상(Impairment)은 기관의 차원에서, 장애(Disability)는 개인의 차원에서, 핸디캡(Handicap)은 사회의 차원에서 접근이 이루어진다.

② 손상의 경우 약물치료, 정신치료 등 일반의학의 측면에서 손상의 경감에 초점을 둔 의학적·심리적 치료가 필요한 반면, 장애의 경우 재활상담, 일상생활 기술 훈련, 역할훈련 등 재활의학의 측면에서 개인의 능력 개발 및 환경자원의 활용에 초점을 둔 임상적 재활이 필요하다. 또한 핸디캡의 경우 권익 옹호, 편견 해소, 제도적 변화 등 사회적 측면에서 사회체계의 변화를 유도하는 데 초점을 둔 사회적 재활이 필요하다.

> **예** A씨는 교통사고를 당하여 한쪽 다리를 절단하는 수술을 받게 되었다.
> • 손상(Impairment) : 다리의 상실, 우울 경험 → 의학적·심리적 치료
> • 장애(Disability) : 걷는 능력의 저하, 일상생활 유지능력의 부족 → 임상적 재활
> • 핸디캡(Handicap) : 사회활동의 제약 → 사회적 재활

전문가의 한마디

'병리 → 손상 → 장애 → 핸디캡'의 4단계는 사실상 기존의 3단계 모형에 '병리'를 추가한 것에 불과합니다. 반면, '손상 → 기능결함 → 역할장애 → 불이익'의 4단계는 기존의 3단계 모형에 대한 수정모형에 해당합니다.

■ 재활모형의 4단계 Ⅰ

① 병리(Pathology)
중추신경계의 이상이 있는 경우로서 인지, 주의집중력, 자율신경 기능, 각성과 정보전달 과정에서 결손을 유발하는 상태이다.

② 손상(Impairment)
사고장애나 지리멸렬, 망상, 환각, 불안, 우울, 집중력이나 기억력 상실, 주의산만, 무감동 등의 증상을 의미한다.

③ 장애(Disability)
개인이 사회적 상황에서 주어진 역할이나 과제를 해내지 못하거나 수행하는 데 한계를 보이는 것이다.

④ 핸디캡(Handicap)
손상이나 장애로 인해 사회에서 다른 사람에 비해 상대적으로 불이익을 받는 것이다.

■ 재활모형의 4단계 Ⅱ

① 제1단계 - 손상(Impairment)
생리적·심리적 기능이 상실되거나 해부학적 구조에 이상이 생긴 상태를 말한다. 환각, 망상, 우울증 등 이상증상을 보이는 환자들에 대해 약물치료, 정신치료 등의 임상적 치료를 실시한다.

② 제2단계 – 기능결함(Dysfunction)

정상 범위 내에서의 활동수행 능력이 결여되거나 제한적인 상태를 말한다. 대인관계능력 부족, 업무수행능력 부족, 일상생활기술 부족 등 기술적·기능적 능력저하의 양상을 보이는 환자들에 대해 재활상담, 일상생활 기술훈련, 직무적응 기술훈련 등의 임상적 재활을 실시한다.

③ 제3단계 – 역할장애(Disability)

정상 범위 내에서의 역할수행 능력이 결여되거나 제한적인 상태를 말한다. 학교나 직장에 다니지 못하고 일정한 거주지를 확보하지 못하는 등 기회결핍의 양상을 보이는 환자들에 대해 직업재활상담, 역할훈련, 환경적 지원 등의 임상적 재활을 실시한다.

④ 제4단계 – 불이익(Disadvantage)

정상적인 역할을 수행하는 데 있어서 제한이나 방해를 받음으로써 불이익을 경험하는 상태를 말한다. 사회적 차별, 편견, 빈곤 등 사회적 불이익을 경험하는 환자들에 대해 권익 옹호, 편견 해소, 제도적 변화 등의 사회적 재활을 수행한다.

> **OX Quiz**
>
> 불이익이란 정상적인 역할을 수행하는 데 있어서 제한이나 방해로 인한 불이익을 경험하는 상태를 말한다.
>
> 정답 O

> **참고**
>
> 정신사회재활의 관점은 재활모형(Rehabilitation Model)으로 설명됩니다. 재활모형은 3단계와 4단계 모형이 있으며, 임상심리사 시험에서는 이 2가지가 모두 출제되고 있습니다. 그러나 4단계 재활모형은 교재에 따라 다음과 같이 서로 다르게 제시되고 있습니다.
>
> - 병리(Pathology), 손상(Impairment), 장애(Disability), 핸디캡(Handicap)
> - 손상(Impairment), 기능결함(Dysfunction), 역할장애(Disability), 불이익(Disadvantage)
>
> 요컨대 '손상 → 장애 → 핸디캡'의 3단계 재활모형은 1980년 세계보건기구(WHO)의 국제장애분류(ICIDH ; International Classification of Impairments, Disabilities and Handicaps)에서 비롯됩니다. 그러나 특히 정신사회재활과 관련하여 몇몇 학자들은 이를 '손상 → 기능결함 → 역할장애 → 불이익'의 4단계로 분류하는 것이 바람직하다고 주장한 바 있습니다. 즉, 손상 단계에서는 기존의 의학적 치료, 기능결함 단계에서는 기능 중심의 재활방법, 역할장애 단계에서는 사회적응을 돕는 재활방법, 불이익 단계에서는 사회적 편견해소 및 제도개선 등의 사회적 재활이 필요하다는 것입니다. 특히 전통적 의료모델에 기초한 3단계 장애분류가 일방적 인과관계를 강조하는 반면, 4단계 장애분류는 각 단계들 간의 상호작용 관계를 강조한다는 측면에서 사실 더욱 바람직한 것으로 보입니다. 다만, 임상심리사 시험에서는 기존의 3단계 모형에 '병리'를 추가한 4단계 모형을 재활치료의 주요 개념으로 제시하고 있습니다.

■ 정신질환자에 대한 지역사회 지지 프로그램

① 병원과 지역사회 내의 정신질환자들을 파악하며, 그들을 위한 적절한 서비스를 고안한다.
② 환자 및 그 가족이 지역사회 지지 프로그램에 참여할 수 있도록 프로그램 등록을 돕는다.
③ 환자의 자유로운 활동을 과도하게 침해하지 않는 환경에서 위기안정 서비스를 제공한다.
④ 임상적 재활, 사회적 재활, 직업적 재활 등 정신사회 재활서비스를 제공한다.
⑤ 거주지를 주선하고 취업을 알선하며, 다양한 문화적 활동에 참여할 수 있는 기회를 제시하는 등 지지적 서비스를 제공한다.
⑥ 의학적 치료 및 지역사회 정신보건치료 등 치료적 서비스를 제공한다.
⑦ 환자의 가족과 친구 또는 지역사회의 다양한 구성원들로 이루어진 후원회를 조직한다.
⑧ 지역사회구성원들이 환자의 주거 및 취업에 대한 방안을 제시하고 자원봉사활동을 통해 구체적인 도움을 제공한다.
⑨ 병원과 지역사회를 중심으로 환자의 권리를 옹호하기 위한 다양한 캠페인을 전개한다.
⑩ 환자가 적절한 서비스를 지속적으로 제공받을 수 있도록 체계적인 사례관리 서비스를 제공한다.

■ 정신사회재활의 긍정적 효과

① 질병의 재발률이 낮아진다.
② 환자의 사회적응력이 향상되며, 삶의 질이 개선된다.
③ 환자 가족의 부담이 감소된다.
④ 환경적 긴장이나 스트레스로 인한 충격이 완화된다.
⑤ 일상생활에서 다양한 문제들에 대한 대처능력 및 극복기술이 향상된다.
⑥ 직업적 자기관리 능력에서의 장애가 감소된다.

■ 정신사회재활에서 직업적 목표를 추구할 경우 생기는 이점(Weeghel & Zeelen)

① 정신장애인이 물품과 서비스를 제공받는 데 있어서 자율성을 가지도록 해 주는 수입이 발생한다.
② 환자의 치료를 위한 필수적인 요건으로서 시간과 공간의 구조를 제공한다.
③ 정신장애인이 사회적 접촉을 늘일 수 있는 기회를 제공한다.
④ 정신장애인에게 사회적인 역할을 부여한다.
⑤ 일은 환자의 적극적인 참여를 유도한다.

전문가의 한마디

지역사회 지지 프로그램은 환자에게 포괄적인 서비스를 제공하는 것이 특징입니다. 예를 들어, 지역사회 내 정신건강복지센터(정신보건센터)는 다른 관계기관과 긴밀히 협조하여 환자가 사회생활을 하는 데 필요한 의학적 · 정신과적 치료, 사회적 · 재정적 지원, 주거 공간 확보, 직업재활, 옹호 등 다양한 서비스를 제공받을 수 있도록 지원합니다.

OX Quiz

지역사회 지지 프로그램에서는 환자의 자유로운 활동을 과도하게 침해하지 않는 환경에서 위기안정 서비스를 제공한다.
정답 O

OX Quiz

환자의 학업성적이 상승하고, 유머감각이 증가하는 것 또한 정신사회재활의 긍정적 효과이다.
정답 X(해당되지 않음)

기출복원 96

10, 13, 18, 23년 기출

재활모형에서 손상, 장애, 핸디캡의 의미를 쓰고, 개입방법상의 차이점을 설명하시오. (7점)

해설 체크!

1. 의미

- 손상(Impairment)
  생리적·심리적·해부학적 구조 또는 기능에 이상이 있는 상태를 말한다. 신체기관의 구조나 기능이 상실되는 것, 비정상적으로 병리적인 상태에 놓이는 것, 심리적 손상이 일시적 혹은 영구적으로 있는 것을 의미한다.
- 장애(Disability)
  손상으로 인해 정상적인 행동을 수행할 능력이 제한 또는 결핍된 상태를 말한다. 기능상의 어려움으로 인해 일을 할 때나 자기 활동을 수행할 때, 의사소통이나 사회생활을 할 때 지장이 있다.
- 핸디캡(Handicap)
  손상이나 장애로 인해 정상적인 역할 수행에 제한 또는 장애가 발생함으로써 사회적 불이익을 경험하는 상태를 말한다. '장애인'이라는 수식어가 사회적인 불리조건을 형성하며, 그로 인해 사회생활에서의 한계를 유발한다.

2. 개입방법상의 차이점

- 동일한 질환이나 사고에 의해 신체적 혹은 정신적 장애 상태에 놓인 경우에도 손상은 기관의 차원에서, 장애는 개인의 차원에서, 핸디캡은 사회의 차원에서 접근이 이루어진다.
- 손상의 경우 일반의학의 측면에서 손상의 경감에 초점을 둔 의학적·심리적 치료, 장애의 경우 재활의학의 측면에서 개인의 능력 개발 및 환경자원의 활용에 초점을 둔 임상적 재활, 핸디캡의 경우 사회적 측면에서 사회체계의 변화를 유도하는 데 초점을 둔 사회적 재활이 필요하다.

전문가의 한마디

이 문제와 관련하여 2015년 1회 실기시험에서는 '손상', '장애', '핸디캡' 외에 '병리'를 추가하여 문제를 출제한 바 있습니다. 2015년 1회 16번 문제를 살펴보시기 바랍니다. 요컨대, '손상', '장애', '핸디캡'의 3단계 재활모형은 1980년 세계보건기구(WHO)의 국제장애분류(ICIDH ; International Classification of Impairments, Disabilities and Handicaps)에서 비롯됩니다.

100 만성 정신질환자의 회복과 치료

■ 만성 정신질환자의 탈시설화 추세가 나타나게 된 배경

① 약물치료의 효과

정신장애의 증상을 치료하는 정신의약물이 발견되기 이전에는 발작을 일으키거나 병의 증상이 심하여 조절이 불가능한 경우 감금하거나 족쇄를 채우는 등 신체적 구속을 필요로 하였다. 그러나 1950년대 말부터 향정신성 의약물들이 발견되기 시작하고 대부분의 증상들이 생리학적으로 조절 가능하게 되었으며, 그에 따라 정신장애인들을 더 이상 격리상태로 감금할 필요가 없게 되었다.

② 인도주의 이념

1960년대 미국을 비롯한 서구사회를 지배한 인도주의 이념은 지역사회정신건강의 등장에 큰 영향을 미쳤다. 인도주의 운동가들은 대단위 정신병원의 열악한 생활환경과 비인간적 처우에 반기를 들었고, 정신장애인들을 장기수용 상태에서 해방시켜 지역사회로 복귀시킬 것을 주장하였다.

③ 경제적 부담

대단위 정신병원들은 건물의 수리 및 보수, 시설의 유지 등에 엄청난 비용이 들었고, 한 번 입원하면 사망할 때까지 거의 퇴원이 이루어지지 않는 장기 입원환자들을 24시간 보호감독하기 위해 막대한 인건비가 소요되었다. 이와 같은 경제적 부담은 인도주의 운동에 편승하면서 지역사회보호의 등장에 박차를 가하였다.

④ 탈시설화 정책

탈시설화(Deinstitutionalization)의 움직임은 정책적 차원에서 1963년 미국 케네디 대통령의 〈지역사회 정신건강센터 건립법(Mental Retardation Facilities and Community Mental Health Centers Construction Act)〉으로 표면화되었다. 이는 '최소한의 규제'를 보장하는 곳에서 정신장애의 치료와 보호가 이루어지도록 한 것으로, 지역사회 정신건강센터의 설립 등 지역정신보건서비스의 확충을 골자로 하였다.

■ 만성 정신질환자와 그 가족을 위한 행동적 가족치료의 기본 구성요소

① 환자 및 그 가족에 대한 행동적 · 기능적 평가
② 정신질환의 상태 및 양상, 현재 치료방법 등에 대한 교육
③ 가족 간 의사소통기술 훈련
④ 체계적 · 조직적인 문제해결기술 훈련
⑤ 환자 및 가족의 부적응적 증상으로서 의욕상실, 낙담, 불안감 또는 불쾌감 등에 대한 행동치료기법

OX Quiz

정신의약물 발견 이전에는 발작이 일어나는 경우 족쇄를 채우는 등의 대처가 행해지기도 했다.

정답 O

기출키워드

23년 3회

만성 정신질환자의 탈시설화

※ 실기시험에는 만성 정신질환자의 탈시설화 추세가 나타나게 된 배경을 3가지 기술하도록 하는 문제가 출제되었습니다.

전문가의 한마디

탈시설화는 정신질환자를 정신병원이나 요양시설 등에 대규모로 수용하여 치료 · 보호하는 시설화(Institutionalization)에 대응하는 개념입니다.

■ 만성 정신질환자의 치료 및 재활을 위한 가족성원의 올바른 태도 및 피해야 할 태도

① 올바른 태도(긍정적인 태도)
　㉠ 환자가 치료와 재활을 지속적으로 받을 수 있도록 지지하고 돕도록 한다.
　㉡ 환자의 재발을 방지하기 위해 약을 지속적으로 복용하도록 격려한다.
　㉢ 환자가 병원이나 지역사회 내에서 보다 나은 서비스를 받을 수 있도록 환자의 입장을 대변해 준다.
　㉣ 차분하고 인내하는 집안 분위기를 유지하도록 한다.
　㉤ 환자의 역할 수행에 대한 기대치를 현실적인 수준으로 낮추도록 한다.
　㉥ 환자가 치료와 스트레스를 적게 주는 활동에 참여하도록 격려한다.

② 피해야 할 태도(부정적인 태도)
　㉠ 환자에게 지나치게 과잉개입하며, 자신의 모든 것을 희생한 채 환자를 헌신적으로 돌본다.
　㉡ 환자에게 지나치게 잔소리를 하거나 비판적인 어투로 말한다.
　㉢ 가족 내에서 환자를 따돌리거나 친구를 만나지 못하게 한다.
　㉣ 환자의 작은 호전을 마치 당연한 것으로 생각한다.
　㉤ 환자가 금세 호전될 것이라고 기대한다.
　㉥ 환자로 인해 자신이 좋아하는 여가 활동이나 개인적 활동을 포기한다.

■ 만성 정신질환자에 대한 약물치료 효과를 극대화하기 위한 지침

① 약물치료와 함께 상담 및 심리치료를 병행한다.
② 약 복용 시간·횟수·용량 등 약물처방의 규칙을 준수하도록 지시한다.
③ 정기적인 심리검사 및 행동관찰을 통해 환자의 상태를 점검하며, 그에 따라 약물처방을 조정한다.
④ 환자 및 환자가족에게 처방 약물의 특성 및 부작용에 대해 교육시킨다.
⑤ 약에 대한 자가 평가지를 작성하도록 유도하며, 약물 교육모임 등에 참여하여 관련 정보들을 입수하도록 한다.
⑥ 약 복용을 기피하거나 약 복용 여부가 의심스러운 환자의 경우 작용시간이 긴 주사제를 선택한다.
⑦ 한 달 중 대략 일주일 정도 약을 복용하지 않는 약 휴일 치료방식을 시도해 본다.

■ 정신질환자가 투약을 거부하는 이유

① 자신이 정신병에 걸렸다는 사실을 인정하지 않는다.
② 투약을 거부하여 자신의 정신병을 축소 또는 부정하고자 한다.

전문가의 한마디

가족성원은 환자에게 현실적인 기대를 가져야 하며, 과거에 기대했었던 것을 바꾸어야 합니다. 환자를 환자의 친구나 다른 사람과 비교해서는 안 되며, 단지 어제보다 더 나은 내일의 환자가 되기를 기대해야 합니다.

OX Quiz

만성 정신질환자의 치료 및 재활에서 재발 방지를 위해 가족성원은 환자가 약을 지속적으로 복용하도록 격려해야 한다.

정답 O

③ 극심한 환청이나 망상으로 인해 환자 스스로 계획적이고 지속적인 투약을 할 수 없다.
④ 자신의 정신병에 의한 여러 증상을 약의 부작용에 의한 것으로 간주함으로써 투약을 거부한다.
⑤ 약에 독이 있다는 의심, 자신이 약에 의존하게 될지도 모른다는 두려움, 약을 복용하기보다 스스로 증상을 조절해야 한다는 부적절한 생각으로 인해 투약을 거부한다.

■ 정신질환자의 투약 거부에 대한 대처요령

① 약물과 관련된 환자의 걱정이나 두려움에 대해 관심을 가지고 들어준다.
② 약물로 인한 부작용보다는 약물에 의한 이득이 더욱 크다는 사실을 환자에게 설명한다.
③ 환자 및 그 가족에게 약물의 효과와 부작용에 대해 교육한다.
④ 가급적 환자가 선호하는 약을 사용한다.
⑤ 간단한 투약 방식을 적용하여 투약에 대한 환자의 어려움을 최소화한다.
⑥ 투약이 계획적이고 지속적으로 이루어지고 있는지 약과 투약 일수를 비교하여 체크한다.
⑦ 매일 규칙적으로 약을 복용하는 것에 대해 칭찬과 격려를 보낸다.

> **전문가의 한마디**
> 환자 교육은 재활치료의 구성요소이기도 한데, 여기에는 약물관리 교육이 포함됩니다. 약물관리 교육에서는 약물에 대한 교육, 약물복용의 이유에 대한 교육, 정신과 약물의 특성 및 부작용에 관한 교육 등이 이루어집니다.

기출복원 97   05, 14, 20년 기출

만성 정신과 환자의 치료 및 재활을 위한 가족의 태도로서 긍정적인 태도와 부정적인 태도를 각각 3가지씩 쓰시오. [10점]

> **해설 체크!**
> 1. 긍정적인 태도
>   - 환자가 치료와 재활을 지속적으로 받을 수 있도록 지지하고 돕도록 한다.
>   - 차분하고 인내하는 집안 분위기를 유지하도록 한다.
>   - 환자의 역할 수행에 대한 기대치를 현실적인 수준으로 낮추도록 한다.
> 2. 부정적인 태도
>   - 환자에게 지나치게 과잉개입하며, 자신의 모든 것을 희생한 채 환자를 헌신적으로 돌본다.
>   - 환자에게 지나치게 잔소리를 하거나 비판적인 어투로 말한다.
>   - 환자가 금세 호전될 것이라고 기대한다.

당신이 저지를 수 있는 가장 큰 실수는,
실수를 할까 두려워하는 것이다.

– 앨버트 하버드 –

할 수 있다고 믿는 사람은 그렇게 되고,
할 수 없다고 믿는 사람도 역시 그렇게 된다.

– 샤를 드골 –

PART 2
최신기출복원문제

2024년 제1~3회 기출복원문제 및 해설

핵심이론 학습과 적중예상문제 풀이를 마쳤다면, 최신기출복원문제 풀이를 통해 가장 최근의 출제경향을 파악하고 실력을 점검해 보십시오. '전문가의 한마디'와 '알아두기'에 포함된 학습 팁도 놓치지 말고 완벽하게 공부합시다.

2024년 제1회 기출복원문제 및 해설

임상심리사 2급

※ 임상심리사 2급 실기시험은 기출 미공개 시험으로, 본 교재에는 기출키워드를 분석하여 복원한 문제를 수록하였습니다. 실제 문제와 차이가 있을 수 있으므로 참고하시기 바랍니다.

01 **심리치료**

상담장면에서 내담자는 성격발달의 수준이나 불안의 정도에 따라 여러 가지 유형의 방어기제를 사용한다. 내담자에게서 나타날 수 있는 방어기제의 유형을 5가지만 쓰시오.

5점 04, 07, 10, 17, 21, 22, 23년 기출

모범 답안

① 억압(Repression)
죄의식이나 괴로운 경험, 수치스러운 생각을 의식에서 무의식으로 밀어내는 것으로서 선택적인 망각을 의미한다.
예 부모의 학대에 대한 분노를 억압하여 부모에 대한 이야기를 무의식적으로 꺼리는 경우

② 부인 또는 부정(Denial)
의식화되는 경우 감당하기 어려운 고통이나 욕구를 무의식적으로 부정하는 것이다.
예 애인이 교통사고로 사망했음에도 불구하고 그의 죽음을 인정하지 않은 채 여행을 떠난 것이라고 주장하는 경우

③ 합리화(Rationalization)
현실에 더 이상 실망을 느끼지 않기 위해 또는 정당하지 못한 자신의 행동에 그럴듯한 이유를 붙이기 위해 자신의 말이나 행동을 정당화하는 것이다.
예 여우가 먹음직스러운 포도를 발견하였으나 먹을 수 없는 상황에 처했을 때 "저 포도는 신 포도라서 안 먹는다"고 말하는 경우

④ 반동형성(Reaction Formation)
자신이 가지고 있는 무의식적 소망이나 충동을 본래의 의도와 달리 반대되는 방향으로 바꾸는 것이다.
예 미운 놈에게 떡 하나 더 준다.

⑤ 투사(Projection)
사회적으로 인정받을 수 없는 자신의 행동과 생각을 마치 다른 사람의 것인 양 생각하고 남을 탓하는 것이다.
예 자기가 화가 난 것을 의식하지 못한 채 상대방이 자기에게 화를 낸다고 생각하는 경우

> **• 전문가의 한마디 •**
>
> 방어기제의 유형에 관한 문제는 보통 3~5가지를 쓰고 설명하는 방식으로 출제되고 있으므로, 가급적 위의 5가지 유형의 명칭과 함께 간략한 내용까지 기억해 두시기 바랍니다. 다만, 이번 문제에서는 설명하라는 별다른 지시가 없으므로, 각 유형의 명칭만 답안으로 작성하도록 합니다. 또한 방어기제의 유형은 그 수가 매우 많으므로, 위의 5가지 이외에 다른 것을 제시하여도 무방합니다. 참고로 방어기제는 지그문트 프로이트(Sigmund Freud) 이후 안나 프로이트(Anna Freud)에 의해 정리되었으며, 이후 많은 정신분석 이론가들이 첨삭해 왔습니다.

알아두기

그 밖의 주요 방어기제

전치 또는 치환 (Displacement)	자신이 어떤 대상에 대해 느낀 감정을 보다 덜 위협적인 다른 대상에게 표출하는 것이다. 예 종로에서 뺨 맞고 한강에서 눈 흘긴다.
전환 (Conversion)	심리적인 갈등이 신체 감각기관이나 수의근육계의 증상으로 바뀌어 표출되는 것이다. 예 글쓰기에 심한 갈등을 느끼는 소설가에게서 팔의 마비가 나타나는 경우
격리 (Isolation)	과거의 고통스러운 기억에서 동반된 부정적인 감정을 의식으로부터 격리시켜 무의식 속에 억압하는 것이다. 예 직장 상사와 심하게 다툰 직원이 자신의 '상사살해감정'을 무의식 속으로 격리시킨 채 업무에 있어서 잘못된 것이 없는지 강박적으로 서류를 반복하여 확인하는 경우
보상 (Compensation)	어떤 분야에서 탁월하게 능력을 발휘하여 인정받음으로써 다른 분야의 실패나 약점을 보충하여 자존심을 고양시키는 것이다. 예 작은 고추가 맵다.
대치 (Substitution)	받아들여질 수 없는 욕구나 충동 에너지를 원래의 목표에서 대용 목표로 전환시킴으로써 긴장을 해소하는 것이다. 예 꿩 대신 닭

심리치료

02 벡(Beck)의 인지적 오류 5가지를 쓰고, 각각에 대해 설명하시오. 〔10점〕 07, 15, 18, 22, 23년 기출

모범 답안

① 임의적 추론(Arbitrary Inference)

어떤 결론을 지지하는 증거가 없거나 그 증거가 결론에 위배됨에도 불구하고 그와 같은 결론을 내린다.
- 예) 자신의 메시지에 답변이 없다고 하여 상대방이 의도적으로 회피하는 것이라고 판단하는 경우

② 선택적 추상화(Selective Abstraction) 또는 정신적 여과(Mental Filtering)

다른 중요한 요소들은 무시한 채 사소한 부분에 초점을 맞추고, 그 부분적인 것에 근거하여 전체 경험을 이해한다.
- 예) 필기시험에서 우수한 성적을 거두었으나 실기시험의 결과에 스스로 만족하지 못하는 사람이 전체 시험을 망쳤다고 판단하는 경우

③ 과도한 일반화 또는 과잉일반화(Overgeneralization)

한두 가지의 고립된 사건에 근거해서 일반적인 결론을 내리고 그것을 서로 관계없는 상황에 적용한다.
- 예) 맞선으로 처음 만난 사람에게서 좋은 인상을 받았다고 하여 그 사람의 모든 됨됨이가 올바르고 선하다고 판단하는 경우

④ 개인화(Personalization)

자신과 관련시킬 근거가 없는 외부사건을 자신과 관련시키는 성향으로, 실제로는 다른 것 때문에 생긴 일에 대해 자신이 원인이고 자신이 책임져야 할 것으로 받아들인다.
- 예) 자신이 시험을 망쳤기 때문에 여자친구와 헤어졌다고 판단하는 경우

⑤ 이분법적 사고 또는 흑백논리적 사고(Dichotomous Thinking)

모든 경험을 한두 개의 범주로만 이해하고 중간지대가 없이 흑백논리로써 현실을 파악한다.
- 예) 완벽하지 않은 것은 곧 잘못된 것이라고 판단하는 경우

⑥ 과장/축소 또는 의미확대/의미축소(Magnification/Minimization)

어떤 사건 또는 한 개인이나 경험이 가진 특성의 한 측면을 그것이 실제로 가진 중요성과 무관하게 과대평가하거나 과소평가한다.

> **예** 어떤 학생이 한두 번 지각했다고 해서 그 학생이 게으르다고 판단하는 경우, 혹은 시험에 수석으로 합격하고도 단지 운이 좋아서 좋은 결과에 이르렀다고 보는 경우

⑦ 정서적 추론 또는 감정적 추리(Emotional Reasoning)

자신의 정서적 경험이 마치 현실과 진실을 반영하는 것인 양 간주하여 이를 토대로 그 자신이나 세계 또는 미래에 대해 그릇되게 추리한다.

> **예** 자신이 부적절하다는 느낌을 통해 아무런 쓸모없는 사람이라고 단정하는 경우

⑧ 긍정 격하(Disqualifying the Positive)

자신의 긍정적인 경험이나 능력을 객관적으로 평가하지 않은 채 그것을 부정적인 경험으로 전환하거나 자신의 능력을 낮추어 본다.

> **예** 자신의 계획이 성공에 이르렀음에도 불구하고 이를 자신의 실력이 아닌 운에 의한 것으로 돌리는 경우

⑨ 재앙화 또는 파국화(Catastrophizing)

어떠한 사건에 대해 자신의 걱정을 지나치게 과장하여 항상 최악을 생각함으로써 두려움에 사로잡힌다.

> **예** 길을 걷다가 개에게 물린 사람이 이제 곧 광견병으로 목숨을 잃게 될 것이라 생각하는 경우

⑩ 잘못된 명명(Mislabelling)

어떠한 하나의 행동이나 부분적 특성을 토대로 사람이나 사건에 대해 완전히 부정적이고 단정적으로 명명한다.

> **예** 한 차례 지각을 한 학생에 대해 '지각대장'이라는 이름표를 붙이는 경우

⑪ 독심술적 사고(Mind-reading)

충분한 근거 없이 다른 사람의 마음을 마음대로 추측하고 단정한다.

> **예** 자신이 타인의 마음을 정확하게 꿰뚫어 볼 수 있는 능력을 지녔다고 믿는 경우

⑫ 예언자적 오류(Fortune Telling)

충분한 근거 없이 미래에 일어날 일을 단정하고 확신한다.

> **예** 미팅에 나가봤자 호감 가는 이성과 짝이 되지 않거나 그에게 거부당할 것이 분명하다고 믿는 경우

● 전문가의 한마디 ●

벡(Beck)의 인지적 오류에 관한 문제는 인지적 오류의 유형을 제시된 개수만큼 쓰고 설명하거나(→ 2023년 1회 2번), 보기의 사례로 제시하여 그에 해당하는 인지적 오류의 명칭을 직접 작성하거나(→ 2022년 1회 5번), 보기에 주어진 인지적 오류의 명칭과 그것에 대한 각각의 설명을 서로 매칭시키는 방식으로 출제됩니다(→ 2023년 2회 12번).

요컨대, 이 문제에서는 인지적 오류에 해당하는 각각의 유형에 대한 예를 쓰라는 지시가 없으므로, 반드시 예를 답안으로 작성해야 하는 것은 아닙니다. 사실 인지적 오류의 유형과 그 예는 명확한 정답이 있는 것이 아닙니다. 그 이유는 어떤 예가 보는 사람의 관점에 따라 두 가지 이상의 유형에 동시에 포함될 수도 있기 때문입니다. 다만, 주의해야 할 것은 인지적 오류의 유형이 머릿속에 떠오르지 않은 나머지 벡(Beck)의 인지치료의 주요 개념으로서 '자동적 사고(Automatic Thoughts)'를 답안으로 작성할 경우 오답으로 처리된다는 점입니다. 그 이유는 인지적 오류가 곧 '부정적 자동적 사고'를 의미하기 때문입니다. 이와 관련하여 1차 필기시험에 다음과 같은 문제가 출제된 바 있습니다.

> Beck의 인지이론에 따르면 다양한 인지 오류가 내담자의 문제를 지속시키는 역할을 담당한다고 보고 있다. 이러한 인지 오류에 해당되지 않는 것은? **15년 기출**
>
> ① 자동적 사고
> ② 선택적 추상화
> ③ 임의적 추론
> ④ 이분법적 사고
>
> 정답 ①

기초심리상담

03 얄롬(Yalom)이 제시한 집단상담의 치료적 요인을 5가지 기술하시오.

5점 09, 12, 13, 14, 17, 18, 19, 21, 24년 기출

모범 답안

① 희망의 고취(Instillation of Hope)
집단은 집단성원들에게 문제가 개선될 수 있다는 희망을 심어주는데, 이때 희망 그 자체가 치료적 효과를 가질 수 있다.

② 보편성(Universality)
참여자 자신만 심각한 문제, 생각, 충동을 가진 것이 아니라 다른 사람들도 자기와 비슷한 갈등과 생활경험, 문제를 가지고 있다는 것을 알고 위로를 얻는다.

③ 정보전달(Imparting Information)
집단성원들은 집단상담자에게서 다양한 정보를 습득함으로써 자신의 문제에 대해 보다 명확하게 이해하며, 동료 참여자에게서 직·간접적인 제안, 지도, 충고 등을 얻는다.

④ 이타심(Altruism)
집단성원들은 위로, 지지, 제안 등을 통해 서로 도움을 주고받는다. 자신도 누군가에게 도움을 줄 수 있고, 타인에게 중요할 수 있다는 발견은 자존감을 높여준다.

⑤ 1차 가족집단의 교정적 재현(The Corrective Recapitulation of the Primary Family Group)
집단은 가족과 유사한 점이 있다. 다시 말해 집단상담자는 부모, 집단성원은 형제자매가 되는 것이다. 집단성원은 부모형제들과 교류하면서 집단 내에서 상호작용을 재현하는데, 그 과정을 통해 그동안 해결되지 못한 갈등상황에 대해 탐색하고 도전한다.

⑥ 사회기술의 발달(Development of Socializing Techniques)
집단성원으로부터의 피드백이나 특정 사회기술에 대한 학습을 통해 대인관계에 필요한 사회기술을 개발한다.

⑦ 모방행동(Imitative Behavior)
집단상담자와 집단성원은 새로운 행동을 배우는 데 좋은 모델이 될 수 있다.

⑧ 대인관계학습(Interpersonal Learning)

집단성원과의 상호작용을 통해 자신의 대인관계에 대한 통찰과 자신이 원하는 관계형성에 대한 아이디어를 가질 수 있으며, 대인관계 형성의 새로운 방식을 시험해 볼 수 있는 장이 된다.

⑨ 집단응집력(Group Cohesiveness)

집단 내에서 자신이 인정받고, 수용된다는 소속감은 그 자체로 집단성원의 긍정적인 변화에 영향을 미친다.

⑩ 정화(Catharsis)

집단 내의 비교적 안전한 분위기 속에서 집단성원은 그동안 억압되어온 감정을 자유롭게 발산할 수 있다.

⑪ 실존적 요인들(Existential Factors)

집단성원과의 경험 공유를 통해 자기 자신이 다른 사람에게 아무리 많은 지도와 후원을 받는다고 해도 자신의 인생에 대한 궁극적인 책임은 스스로에게 있다는 것을 배운다.

전문가의 한마디

얄롬(Yalom)은 자신의 저서 『집단정신치료의 이론과 실제, The Theory and Practice of Group Psychotherapy』 개정 제5판 서문을 통해 그동안 심리치료의 결실을 '치유(Cure)'로 여긴 것이 자신의 착각이었음을 고백하면서, 치유가 아닌 '변화(Change) 또는 성장(Growth)'을 강조하였습니다. 그와 함께 변화나 성장을 가져오는 요인을 기존의 '치유적 요인(Curative Factors)'에서 '치료적 요인(Therapeutic Factors)'으로 변경하였습니다. 얄롬이 제시한 집단의 치료적 요인은 위의 문제 해설에서 볼 수 있듯이 총 11가지입니다. 참고로 집단의 치료적 요인에 관한 내용은 교재에 따라 다르게 제시되기도 합니다. 'Corey, G., 『집단심리상담의 이론과 실제』, 조현재 外 譯, 시그마프레스 刊'에서는 집단의 치료적 요인을 다음과 같이 제시하고 있습니다.

- 신뢰와 수용
- 희망
- 변화를 위한 실천
- 정화
- 자기-드러내기
- 피드백의 이점
- 공감과 관심
- 자유로운 시도
- 친밀감
- 인지적 재구조화
- 직면
- 논평

기초심리상담

04. 다음 보기의 사례를 읽고 물음에 답하시오. [6점] [20년 기출]

> 내담자 : "저는 지난밤 너무도 기이한 꿈을 꾸었어요. 아버지와 함께 숲으로 사냥을 나섰는데요, 사냥감에 온통 주의를 기울이느라 깊숙한 곳까지 다다르게 되었죠. 그런데 갑자기 바위 뒤편에서 커다란 물체가 튀어나오는 거예요. 저는 순간 사슴인 줄 알고 방아쇠를 당겼지요. 어렴풋이 그 물체가 쓰러진 듯이 보였고, 저는 두근거리는 가슴을 부여잡은 채 서서히 다가갔어요. 가까이 가보니 그 물체는 사슴이 아닌 아버지였어요. 아버지가 숨을 쉬지 않은 채 죽어 있더라고요. 저는 너무도 황당하고 두려워서 잠에서 깨어났는데요. 등에서는 식은땀이 줄줄 흐르더라고요."

보기의 내담자가 이야기한 꿈의 내용을 듣고 상담자가 '명료화'와 '직면'으로 반응하는 것을 대화체로 쓰시오.

모범 답안

(1) 명료화
① "비록 꿈이지만, 총을 잘못 쏘아 아버지를 돌아가시게 한 것에 대해 죄책감 같은 것을 느꼈는지도 모르겠군요."
② "황당하고 두려웠다는 것은 구체적으로 어떤 죄책감이 들었다는 의미인가요?"

(2) 직 면
① "혹시 권위적이고 무관심한 아버지가 일찍 사고로 세상을 떠났으면 하는 생각이 마음 한구석에 있었는지도 모르겠군요."
② "평소 아버지를 미워했나요?"

(3) 반 영
① "당신은 그런 끔찍한 꿈을 꾸고 마음이 몹시 당황했군요."
② "당신은 지난밤 꿈으로 인해 정말 많이 놀랐나보군요."

(4) 해석

① "권위적인 존재에 대한 적개심을 간접적으로나마 인정하고 표현했다는 점이 중요하다고 볼 수 있겠군요."
② "아버지에 대한 적개심이 총을 오작동하도록 만든 것은 아닌가요?"

> **• 전문가의 한마디 •**
>
> 이 문제는 '아버지와 사슴', '형과 돼지'의 사례로 임상심리사 시험에 종종 등장하는 문제로서, 특히 2016년 3회 실기시험(8번) 및 2022년 3회 실기시험(3번)에 출제된 문제의 변형된 형태에 해당합니다. 수험생들의 의견에 따르면, 사슴이 등장하는 사례의 내용에는 큰 차이가 없으나, '반영'과 '해석'의 기법이 제외된 채 '명료화'와 '직면'의 반응 예를 대화체로 표현하도록 요구하고 있다는 것이었습니다. 사실 2016년 3회 및 2022년 3회 문제의 경우 상담자의 반응을 문제상에서 구체적인 대화체의 표현으로 제시하여 그에 가장 부합하는 개입기술의 명칭을 답안으로 제시하면 되었으므로 비교적 쉬운 문제로 볼 수 있었습니다. 그러나 이번 문제는 개입기술의 명칭만을 제시한 채 상담자가 내담자의 진술에 대해 특정 개입기술로써 어떻게 반응할지를 역으로 구체적인 대화체의 표현으로 쓰도록 요구하고 있다는 점에서 상당히 까다로운 문제로 볼 수 있습니다. 그 이유는 내담자의 진술에 대한 상담자의 반응에 있어서 단 하나의 표현, 즉 단 하나의 정답이 있는 것은 아니며, 앞선 두 회의 문제 지문에서 볼 수 있듯이 실제 시험에서조차 각각의 개입기술에 따른 표현들이 약간씩 다르게 제시되고 있기 때문입니다. 결국 이 문제는 다양한 답안이 제시될 수 있으며, 채점자에 따라 서로 다르게 채점이 이루어질 수도 있는 것입니다.
>
> 요컨대, 해설 본문에서는 '명료화'와 '직면'의 반응 예 외에 '반영'과 '해석'의 반응 예를 추가적으로 수록하였는데, 이는 임상심리사 시험이 동일한 문제를 그대로 반복해서 출제하기보다는 약간씩 변형된 형태로 출제하는 경향이 있다는 점을 염두에 둔 것입니다. 물론 이 문제의 답안으로 '명료화'와 '직면'의 반응 예 외에 다른 기법의 반응 예를 추가적으로 답안에 기술할 경우 오답 처리됩니다.

기초심리평가

05 행동치료기법 중 토큰 이코노미(Token Economy)의 장점을 5가지 쓰시오. `5점` `12, 18, 21년 기출`

모범 답안

① 후속강화에 의한 1차적 강화 효과의 극대화

토큰강화는 하나의 기대행동에 두 번의 강화인을 받는 결과를 유발한다. 즉, 기대행동을 했을 때 토큰을 받음으로써 1차적 강화가 이루어지고, 획득한 토큰으로 평소 가지고 싶은 물건이나 특혜(기회)를 얻게 됨으로써 2차적 강화가 이루어지는 것이다.

② 강화자극의 포화현상에서 비롯되는 강화력 감소의 예방

토큰은 다양한 강화물로의 교환이 가능하므로 환자의 필요에 따라 효과가 좌우되는 포화현상을 제거할 수 있다. 예를 들어, 사탕이 더 이상 강화력을 가지지 못한다면 이를 과자로 대체할 수 있다.

③ 토큰의 저장 및 적립에 따른 충족 지연 습성의 획득

장기간 토큰을 저장 및 적립하여 더 크고 값진 물건이나 특혜와 교환할 수 있으므로 강화의 효과가 상대적으로 크다. 예를 들어, 아동은 토큰을 즉시 교환하기보다 이를 장기간 저장하여 목돈을 만듦으로써 값비싼 장난감을 얻는 경험을 하게 된다.

④ 강화 제공의 간편성

환자의 행동을 강화할 때 간편하게 주고받을 수 있다. 예를 들어, 강화자극의 제공을 위해 사탕이나 장난감을 항상 들고 다닐 필요는 없다.

⑤ 토큰의 즉각적 배분을 통한 강화 지연의 예방

토큰의 즉각적인 배분을 통해 강화의 지연을 예방할 수 있다. 특히 아동은 기대행동을 하고 난 다음 강화자극이 즉각적으로 주어지지 않을 때 실망을 하게 된다. 한 학기나 한 학년이 끝났을 때 시상을 하는 방식으로는 아동의 지속적인 관심을 끌기 어렵다.

● **전문가의 한마디** ●

토큰경제 또는 토큰 이코노미(Token Economy)는 내담자와 행동계약을 체결하여 적응적 행동을 하는 경우 토큰(보상)을 주어 강화하는 기법입니다. 이러한 토큰경제의 장점에 대해서는 학자마다 교재마다 다양하게 제시되고 있습니다. 몇몇 학자들이 제시한 토큰경제의 장점을 한 데 모으면 다음과 같이 정리할 수 있습니다(Ayllon & Azrin, 1965 ; Kazdin & Bootzin, 1972 ; Maag, 1999).

- 토큰은 표적행동이 일어난 직후 강화인으로 사용할 수 있다.
- 토큰경제는 고도로 구조화되어 있으므로 바람직한 표적행동에 대해 보다 일관성 있게 강화할 수 있다.
- 토큰은 다양한 다른 강화인들과 짝지어져 있는 일반화된 조건 강화인이므로 내담자를 위해 설정된 특정한 조작과 관계없이 언제든지 강화인으로 기능할 수 있다.
- 토큰은 쉽게 분배할 수 있으며, 수납자가 모으기 쉽다.
- 토큰 강화인은 쉽게 수량화될 수 있으므로 다른 행동들에 대해 서로 다른 크기의 강화가 가능하다.
- 반응대가를 수행하기 쉽다. 이는 수납자가 모은 토큰을 문제행동 직후 즉시 박탈할 수도 있기 때문이다.
- 수납자는 더 큰 물품을 사기 위해 토큰을 저축함으로써 미래의 계획을 세우는 기술을 배울 수 있다.

알아두기

강화전략의 원칙

- 강화의 경험성 : 강화의 효과는 아동의 경험과 직결되므로, 강화인과 행동과의 인과관계를 먼저 파악하여야 한다.
- 강화의 즉각성 : 강화는 어떤 바람직한 행동이 발생하면 즉각적으로 주어져야 한다.
- 강화의 일관성 : 강화의 제공은 아동의 기대에 따라 일관되게 이루어져야 한다.
- 강화의 적절성 : 강화의 양은 행동변화를 위해 필요한 만큼 적절히 주어져야 한다.
- 강화의 단계성 : 강화는 계획된 단계에 따라 융통성 있게 운영되어야 한다.

기초심리상담

06 집단상담의 집단 과정에서 집단 구성 시 현실적 고려사항을 5가지 쓰시오.  5점 18년 기출

모범 답안

① 집단성원(집단원)의 구성 – 동질집단 대 이질집단
  ㉠ 집단의 목표를 고려하여 집단을 동질적인 사람들로 구성할지 아니면 이질적인 사람들로 구성할지 결정한다.
  ㉡ 일반적으로 어떤 욕구와 목표를 가진 특정 집단의 경우 이질적인 사람들보다는 동질적인 사람들로 집단을 구성하는 것이 낫다. 특히 집단의 동질성은 집단의 응집력을 높이며, 그들의 삶의 위기에 대한 개방적이고 깊숙한 탐색을 할 수 있도록 한다.

② 집단의 크기
  ㉠ 집단성원들의 연령, 집단상담자의 경험정도, 집단의 형태, 집단에서 탐색할 문제 등을 고려하여 집단의 크기를 결정한다.
  ㉡ 집단의 크기는 집단성원 간의 상호작용을 위한 충분한 기회를 제공해 주고, 모든 집단성원들이 참여하여 '집단'이라는 느낌을 가질 수 있는 정도가 적당하다. 예를 들어, 아동 대상 집단의 크기는 3~4명, 청소년 대상 집단의 크기는 6~8명이 적당하며, 매주 만나는 성인 집단의 경우 집단상담자 1명에 집단성원 8명이 이상적인 것으로 알려져 있다.

③ 회기의 빈도와 기간
  ㉠ 집단상담자의 집단 운영 스타일과 집단 참여자의 유형을 고려하여 회기의 빈도와 기간 등을 결정한다.
  ㉡ 일반적으로 아동 및 청소년 대상 집단의 경우 비교적 짧은 시간 동안 자주 만나도록 하는 것이 주의력을 집중시키는 데 유리하다. 반면, 대학생 및 성인 대상 집단의 경우 매주 1회기 2시간 정도가 적당한데, 이는 집중적인 작업이 가능할 만큼 충분한 동시에 지루하지 않을 정도의 시간이다.

④ 전체 집단회기의 길이
  ㉠ 집단 프로그램의 시간적 한계에 따른 구성원 개인의 목표 달성 정도나 삶에 미치는 영향력 등을 고려하여 전체 집단회기의 길이를 결정한다.

ⓒ 종료일이 정해진 집단은 집단성원들로 하여금 그들이 개인적인 목표를 달성할 수 있는 시간이 영원하지 않는다는 것을 깨닫게 함으로써 집단 참여에 대한 책임감을 느끼도록 돕는다. 반면, 일부 동질적인 집단은 여러 해 동안 진행되기도 하는데, 이러한 구조는 집단성원들로 하여금 문제 사항을 깊이 있게 다루도록 하며, 인생의 변화를 위한 도전을 돕는다.

⑤ 집단 실시 장소
  ㉠ 집단 프로그램의 물리적 환경과 구성원 개인의 사생활 보호 등을 고려하여 집단 실시 장소를 결정한다.
  ㉡ 혼란스러운 병실이나 강당은 바람직하지 않으며, 의자나 탁자 등으로 혼잡스럽지 않고 편안히 앉을 수 있는 집단상담실이 좋다. 특히 집단성원들이 둥글게 원형으로 앉는 배열이 효과적인데, 이는 모든 참여자들이 서로를 바라볼 수 있고 자유롭게 신체적인 접촉을 할 수 있기 때문이다.

⑥ 집단의 개방성 여부 – 개방집단 대 폐쇄집단
  ㉠ 집단 구성에 있어서 변화를 추구할지 아니면 원래의 구성을 유지할지를 고려하여 개방집단 혹은 폐쇄집단을 결정한다.
  ㉡ 개방집단은 집단성원들의 변화를 통해 집단성원들을 자극시키는 장점이 있는 반면, 집단성원들 간 결속력이 약해질 수 있는 단점도 있다. 특히 개방집단에서는 새로운 집단성원을 한 번에 한 명씩 받아들이는 것이 좋으며, 입회 면담 때 집단의 기본원칙에 대해 설명하는 것이 바람직하다.

> **전문가의 한마디**
>
> 집단상담에서 집단 구성 시 고려사항에 대해서는 여러 교재에서 약간씩 다르게 설명하고 있으나, 여기서는 문제상의 표현과 마찬가지로 "집단 구성 시 현실적 고려사항"을 구체적으로 소개하고 있는 'Corey, M. S. et al., 『집단상담 과정과 실제』, 김명권 外 譯, 시그마프레스 刊'의 해당 내용을 토대로 답안을 작성하였습니다. 참고로 문제상에서 고려사항을 5가지 쓰도록 요구하고 있으므로, 위의 해설에서 내용상 서로 연결되어 있는 '③ 회기의 빈도와 기간'과 '④ 전체 집단회기의 길이'를 하나로 통합하여 쓰도록 합니다.

알아두기

집단상담에서 기본적인 규칙의 수립에 관한 집단상담자의 준수사항(Corey & Corey)
- 비밀유지가 무엇이고 어떤 의미를 가지는지, 그것이 왜 중요한지, 그리고 이를 지키는 데 있어서의 어려움은 무엇인지 등을 명확히 정의하여 집단성원을 보호한다.
- 물리적 위협, 두려움, 강요, 과도한 동료들의 압박으로부터 집단성원의 권리를 보호한다.
- 집단에 참여함으로써 발생할 수 있는 위험부담(예 생활의 변화 등)에 대해 집단성원과 대화를 하며, 집단성원 스스로 그와 같은 위험을 직면하고자 하는지에 대해 탐색하도록 돕는다.
- 자발적으로 참여하는 집단성원은 물론 비자발적인 집단성원들로부터 참여에 대한 동의를 받고 이를 확인하는 절차를 거친다.
- 상담자가 집단성원에게 어떤 모습을 기대하고 있는지에 대해 말해준다.
- 집단성원에게 집단에서 활용되는 기법이나 활동에는 어떤 것들이 있는지를 알려준다.

기초심리상담

07 접수면접에 포함되어야 할 내용을 5가지 쓰시오.

`5점` `16, 20년 기출`

모범 답안

① 접수면접을 위한 기본 정보(인적사항)
　접수면접의 날짜, 내담자 및 면접자의 이름, 내담자의 생년월일 등

② 내담자의 호소문제
　내담자가 상담을 받으려는 이유, 상담소를 찾아온 목적 혹은 배경(내원의 계기) 등

③ 현재 및 최근의 주요 기능 상태
　내담자가 일상생활을 어떻게 진행하고 있는지에 관한 정보, 내담자의 현재 및 최근(6개월 혹은 1년) 기능 수행 정도

④ 스트레스의 원인
　내담자의 말과 표현방식에서 나타나는 스트레스 양상, 다양한 스트레스 조건에 대한 탐색(예 대인관계의 불화, 의사결정, 학업, 경제적 어려움 등)

⑤ 사회적 · 심리적 자원(지원체계)
　내담자가 문제 상황에서 주변으로부터 지원을 받거나 내담자를 심리적으로 지지해 줄 수 있는 지원체계

⑥ 호소문제와 관련된 개인사 및 가족관계
　과거 동일한 문제에 대한 내담자의 대처방식, 내담자의 호소문제에 대한 가족들의 행동 및 태도, 내담자의 가족 안에서의 역할 수행 및 관계 맺는 양식 등

⑦ 외모 및 행동
　내담자의 옷차림, 두발상태, 표정, 말할 때의 특징, 시선의 적절성, 면접자와 대화할 때의 태도, 행동, 예절 등

⑧ 진단평가 및 면접자의 소견
　정신의학적 · 심리학적 진단 및 분류체계를 이용한 내담자의 문제에 해당하는 적절한 진단명 부여, 내담자에 대한 느낌 · 인상, 내담자에 대한 관찰 내용, 상담전략이나 상담계획에 대한 의견제시 등

• **전문가의 한마디** •

접수면접에 포함되어야 할 내용 혹은 접수면접에서 다루어야 할 내용은 교재마다 약간씩 다르게 제시되고 있으나 내용상 큰 차이는 없습니다. 참고로 위의 해설 내용은 '김청자 外,『상담의 이론과 실제』, 동문사 刊', '강갑원,『알기 쉬운 상담이론과 실제』, 교육과학사 刊', '김춘경 外,『청소년상담』, 학지사 刊' 등에 제시된 비교적 공통된 내용을 간략히 정리한 것입니다. 이와 관련하여 임상심리사 2급 및 청소년상담사 2급 필기시험에 다음과 같은 문제들이 출제된 바 있습니다.

다음 중 접수면접에서 반드시 확인되어야 할 사항과 가장 거리가 먼 것은?   임상 09, 12, 19, 22년 기출

① 인적사항
② 주 호소문제
③ 내원하게 된 직접적 계기
④ 문제의 원인으로 추정되는 어린 시절의 경험

정답 ④

대면 접수면접에서 다루는 내용에 해당하지 않는 것은?   청소년 23년 기출

① 기본정보 파악
② 호소문제 탐색
③ 가족정보 파악
④ 태도와 행동 관찰
⑤ 통찰 촉진을 위한 직면

정답 ⑤

기초심리상담

08 다음 보기는 슈퍼비전의 기능에 대한 설명이다. 괄호 안에 들어갈 슈퍼비전의 기능을 쓰시오.

4점 20년 기출

> (1) (A) 기능은 슈퍼바이지의 업무능력 개선에 목표를 두고 업무에 필요한 지식과 기술을 제공하는 것이다.
> (2) (B) 기능은 슈퍼바이지의 업무만족감 고취를 목표로 하여 효과적인 업무수행을 위한 심리적 자원을 제공하는 것이다.

모범 답안

A : 교육적
B : 지지적

슈퍼비전의 기능(Kadushin)

① 교육적 기능

교육적 슈퍼비전의 핵심은 슈퍼비전을 받는 슈퍼바이지(Supervisee)로서 상담자의 지식과 기술을 향상시키는 데 있다. 슈퍼바이저(Supervisor)는 기관의 기본가치, 임무 및 목적에 대한 교육과 함께 다양한 서비스 실천이론 및 모델에 대한 교육을 통해 상담자의 문제해결 및 실천기술 향상을 도모한다.

② 관리적·행정적 기능

관리자로서 슈퍼바이저의 역할은 기관의 규정과 절차에 부합하는 서비스를 제공하는 데 초점을 둔다. 가장 적합한 상담자에게 특정 내담자의 사례를 위임하는 것을 비롯하여 상담자의 사례관리 및 서비스 제공을 감독하고 평가하는 역할을 수행한다.

③ 지지적 기능

슈퍼비전의 교육적 기능 및 관리적(행정적) 기능은 상담자의 수단적 욕구에 관심을 두지만, 지지적 기능은 상담자의 개별적 욕구에 관심을 둔다. 슈퍼바이저는 슈퍼바이지인 상담자의 동기와 사기를 진작시키는 한편 불만족과 좌절을 해결함으로써 업무만족을 높이는 데 초점을 둔다.

> **전문가의 한마디**
>
> 슈퍼비전의 기능에 관한 문제는 2017년 1회 실기시험(5번)에 출제된 바 있으나, 이 두 문제는 보기의 내용에서 차이가 있습니다. 다만, 보기의 내용이 다르다고 해서 문제에서 요구하는 답안까지 다른 것은 아니므로, 해설의 내용을 충분히 이해하도록 합니다. 참고로 슈퍼비전의 기능은 다양한 학자들에 의해 제안되었으나, 카두신(Kadushin)이 제안한 3가지가 널리 알려져 있습니다.

알아두기

슈퍼비전의 5가지 기능(Holloway)

점검하기/평가하기 (Monitoring/Evaluating)	슈퍼바이저는 슈퍼바이지의 전문적 역할과 관련된 행동을 판단하고 평가한다.
가르치기/조언하기 (Instructing/Advising)	슈퍼바이저는 슈퍼바이지에게 전문적 지식과 기술에 기초한 정보, 견해, 제안을 제공한다.
모델링 (Modeling)	슈퍼바이저는 전문적 행동과 실제에서 슈퍼바이지의 모델이 된다.
자문하기 (Consulting)	슈퍼바이저는 슈퍼바이지의 정보와 견해를 토대로 임상적이고 전문적인 상황에서의 문제를 해결하도록 촉진한다.
지지하기/공유하기 (Supporting/Sharing)	슈퍼바이저는 공감적 관심과 격려를 통해 슈퍼바이지를 지지한다.

기초심리상담

09 심리치료자가 내담자에 대해 비밀보장을 할 수 없는 경우를 6가지 쓰시오. 6점 11, 16, 20년 기출

모범 답안

① 내담자가 자신이나 타인의 생명을 위협하는 경우
② 내담자가 중대한 범죄행위로 사회의 안전을 위협하는 경우
③ 내담자가 감염성이 있는 치명적인 질병이 있다는 확실한 정보를 가졌을 경우
④ 미성년인 내담자가 학대를 당하고 있는 경우
⑤ 내담자가 아동학대를 하는 경우
⑥ 법적으로 정보의 공개가 요구되는 경우

— **전문가의 한마디** —

비밀보장의 예외사유에 관한 내용은 교재에 따라 약간씩 다르게 제시될 수 있으나 내용상 차이가 있는 것은 아닙니다. 위의 문제 해설은 한국상담학회 윤리강령 '제2장 정보의 보호' 中 '제7조 비밀보장의 한계'에 제시된 내용을 토대로 임상심리사 2급 및 청소년상담사 2급 필기시험의 지문을 참조하였습니다. 복습 차원에서 다음의 문제들을 풀어보시기 바랍니다.

치료관계에서 얻은 내담자의 정보에 대한 비밀보장의 예외적인 경우에 해당하지 않는 것은?

임상 17년 기출

① 자해의 위험성이 있는 경우
② 제3자에게 위해가 가해질 우려가 있는 경우
③ 감염성 질병이 있는 경우
④ 내담자에게 알리지 않고 내담자의 정보를 책에 인용한 경우

정답 ④

임상심리학자로서 지켜야 할 내담자에 대한 비밀보장에 관한 설명으로 틀린 것은? `임상 11, 21년 기출`

① 일반적으로 상담과정에서 내담자에 대해 알게 된 사실을 다른 사람들에게 말하면 안 된다.
② 아동 내담자의 경우에도 아동에 관한 정보를 부모에게 알려서는 안 된다.
③ 자살 우려가 있는 경우 내담자의 비밀을 지키는 것보다는 가족에게 알려 자살예방조치를 취하는 것이 더 중요하다.
④ 상담 도중 알게 된 내담자의 중요한 범죄사실에 대해서는 비밀을 지킬 필요가 없다.

정답 ②

집단상담에서 비밀보장 원칙의 예외상황으로 옳지 않은 것은? `청소년 20년 기출`

① 집단원이 자신을 해칠 의도나 계획을 갖고 있는 경우
② 집단원이 타인을 해칠 의도나 계획을 갖고 있는 경우
③ 집단원의 직장에서 집단원에 관한 정보를 요청한 경우
④ 법원에서 판결을 위해 집단원에 관한 정보를 요청한 경우
⑤ 집단원이 코로나19 확진자임을 알게 된 경우

정답 ③

알아두기

한국상담학회 윤리강령 '제2장 정보의 보호' 中 '제7조 비밀보장의 한계'

상담자는 아래와 같은 내담자 개인 및 사회에 임박한 위험이 있다고 판단될 때 내담자에 관한 정보를 사회 당국 및 관련 당사자에게 제공해야 한다.

1. 내담자가 자신이나 타인의 생명 혹은 사회의 안전을 위협하는 경우
2. 내담자가 감염성이 있는 치명적인 질병이 있다는 확실한 정보를 가졌을 경우
3. 미성년인 내담자가 학대를 당하고 있는 경우
4. 내담자가 아동학대를 하는 경우
5. 법적으로 정보의 공개가 요구되는 경우

기초심리평가

10 투사기법의 장점과 단점을 각각 4가지씩 기술하시오. 　8점　19년 기출

모범 답안

(1) 장 점

① 라포(Rapport) 형성

투사기법은 검사자와 수검자 간 라포를 형성시켜 준다. 대부분의 투사기법은 흥미롭기 때문에 검사 초기에 느끼는 불편감을 없애줄 수 있다.

② 자존감 유지

투사기법은 수검자의 자존감을 저하시키지 않는다. 투사기법을 사용한 투사검사들에는 상당한 융통성이 주어지는 검사들이 많으므로, 수검자의 자존감을 손상시키지 않으면서 검사를 수행하는 것이 가능하다.

③ 아동 수검자에게 적합

투사기법은 아동과 같이 언어적 이해력에 제한이 있는 사람들에게 실시하기가 용이하다.

④ 제한적 언어 기능을 가진 수검자에게 적합

투사기법은 비언어적 자극을 사용함으로써 언어 기능에 제한이 있는 수검자에게도 실시하기가 용이하다.

⑤ 왜곡 반응 방지

투사기법은 자기보고식 검사처럼 반응을 왜곡하기가 어렵다. 더욱이 숙련된 평가자를 속인다는 것이 그리 쉬운 일은 아니다.

(2) 단 점

① 표준화된 절차의 부족

투사기법을 사용한 투사검사들은 실시 과정에 대한 표준화된 절차가 부족하다. 실시 과정에서 검사자의 언어표현이 검사 결과에 영향을 미칠 수 있으며, 동일한 언어표현을 사용한다고 하더라도 검사자의 태도가 수검자의 검사 반응에 영향을 미칠 수 있다.

② 채점 및 해석 과정의 객관성 부족

검사의 초기 자료에 대해 객관적인 채점체계가 적용되었다 하더라도 해당 자료들을 통합하고 해석하는 과정에서 검사자의 임상적 경험 및 이론적 성향이 영향을 미치게 된다. 특히 해석 과정에서 수검자의 성격역동보다는 검사자의 이론적 성향이나 선호하는 가설 등이 반영될 가능성이 있다.

③ 규준자료에 대한 정보 부족

규준자료에 대한 정보 부족은 검사자로 하여금 자신의 경험이나 자신이 선호하는 이론에 기초하여 해석을 내리도록 한다. 그러나 검사자가 접한 대상이 전체 규준을 대표한다고 보기는 어렵다.

④ 신뢰도 관련 문제

심리검사의 채점 과정은 객관적이어야 하며, 마지막 통합 및 해석 과정에서 신뢰도 또한 갖추어야 한다. 그러나 투사기법을 사용한 투사검사들은 양적인 측정치들이 규준에 따라 바로 해석되지 않으며, 그로 인해 동일한 검사 결과라 하더라도 해석자에 따라 다른 결론에 도달할 수 있다.

⑤ 타당도 관련 문제

투사기법을 사용한 투사검사에서 대부분의 타당도 연구는 통계적인 분석이나 실험설계상 제한점이 있는 경우가 많다. 대다수 투사검사들은 정확한 공존타당도(동시타당도 또는 공인타당도)를 제시하지 못하는데, 이는 검사 해석에서 직접적인 영향을 미칠 수도 있다.

> **• 전문가의 한마디 •**
>
> 이 문제는 임상심리사 자격시험이 왜 어려운지, 왜 대다수 수험생들이 예상보다 낮은 점수를 받았다고 하소연하는지를 여실히 보여주는 문제이기도 합니다. 왜냐하면 대다수 수험생들이 이 문제에 대해 투사적 검사(투사검사)의 일반적인 장단점을 답안으로 작성하였을 것이기 때문입니다. 그러나 이 문제는 투사기법의 장단점에 관한 것으로, 기존 임상심리사 2급 1차 필기시험에도 출제된 바 있는 투사적 검사의 장단점에 관한 문제와는 약간 다른 것입니다. 물론 위의 해설에서 살펴볼 수 있듯이 문제상에 제시된 투사기법의 장단점과 일반적인 투사적 검사의 장단점의 차이점을 명확히 구분하기 어렵다고 해도, 이 문제는 비교적 정확한 출처가 있고 출제자 또한 해당 출처를 토대로 정답지를 마련하였을 것이므로, 가급적 위의 해설 내용을 충실히 작성하여야 정답으로 인정받을 수 있을 것으로 보입니다. 문제 해설과 관련된 내용은 '김재환 外, 『임상심리검사의 이해(제2판)』, 학지사 刊'에 기술되어 있습니다.

기초심리평가

11 K-WISC-Ⅳ의 4가지 지표점수를 쓰시오. 　　　4점　17, 22년 기출

모범 답안

① 언어이해지표(VCI ; Verbal Comprehension Index)
　㉠ 주요(핵심) 소검사 : 공통성(Similarities), 어휘(Vocabulary), 이해(Comprehension)
　㉡ 보충 소검사 : 상식(Information), 단어추리(Word Reasoning)

② 지각추론지표(PRI ; Perceptual Reasoning Index)
　㉠ 주요(핵심) 소검사 : 토막짜기(Block Design), 공통그림찾기(Picture Concepts), 행렬추리(Matrix Reasoning)
　㉡ 보충 소검사 : 빠진 곳 찾기(Picture Completion)

③ 작업기억지표(WMI ; Working Memory Index)
　㉠ 주요(핵심) 소검사 : 숫자(Digit Span), 순차연결(Letter-Number Sequencing)
　㉡ 보충 소검사 : 산수(Arithmetic)

④ 처리속도지표(PSI ; Processing Speed Index)
　㉠ 주요(핵심) 소검사 : 기호쓰기(Coding), 동형찾기(Symbol Search)
　㉡ 보충 소검사 : 선택(Cancellation)

전문가의 한마디

이 문제는 K-WISC-Ⅳ(한국판 웩슬러 아동용 지능검사 제4판)의 척도별 구성에 관한 것으로서, 이전 기출문제와 달리 K-WISC-Ⅳ의 4가지 지표(혹은 지표점수)에 포함되는 소검사를 쓰라는 별도의 지시 없이 각 지표의 명칭만 답안으로 작성하도록 요구하고 있습니다. 따라서 이 문제에 대해서는 '언어이해지표(VCI)', '지각추론지표(PRI)', '작업기억지표(WMI)', '처리속도지표(PSI)'의 4가지 지표 명칭을 답안으로 작성하도록 합니다. 다만, 이와 같은 문제는 보통 각 지표별 소검사의 명칭도 포함하여 쓰도록 요구하거나, 더 나아가 주요(핵심) 소검사와 보충 소검사를 구별하여 쓰도록 요구할 수 있으므로 반드시 위의 해설 내용을 충분히 암기하도록 합니다.
참고로 'Index'를 K-WAIS-Ⅳ에서는 '지수'로, K-WISC-Ⅳ에서는 '지표'로 부르기도 하며, 'Core Subtests'를 K-WAIS-Ⅳ에서는 '핵심 소검사'로, K-WISC-Ⅳ에서는 '주요 소검사'로 부르기도 하는 등 관련 매뉴얼에서 서로 다른 우리말 용어를 사용하는 경우들을 볼 수 있으나, 이는 번역상의 차이일 뿐입니다. 임상심리사 시험에서는 이와 같은 번역상의 차이를 서로 구분하지 않는 것으로 보이므로, 이점 착오 없으시기 바랍니다.

> **알아두기**

K-WAIS-IV와 K-WISC-IV의 척도별 구성 비교

척 도	소검사 구분	K-WAIS-IV	K-WISC-IV
언어이해	핵심 소검사	공통성, 어휘, 상식	공통성, 어휘, 이해
	보충 소검사	이해	상식, 단어추리
지각추론	핵심 소검사	토막짜기, 행렬추론, 퍼즐	토막짜기, 공통그림찾기, 행렬추리
	보충 소검사	무게비교, 빠진 곳 찾기	빠진 곳 찾기
작업기억	핵심 소검사	숫자, 산수	숫자, 순차연결
	보충 소검사	순서화	산수
처리속도	핵심 소검사	동형찾기, 기호쓰기	기호쓰기, 동형찾기
	보충 소검사	지우기	선택

전문가의 한마디

K-WAIS-IV(한국판 웩슬러 성인용 지능검사 제4판)와 K-WISC-IV(한국판 웩슬러 아동용 지능검사 제4판)의 척도별 구성(지표)에서 차이가 있음을 반드시 기억해 두시기 바랍니다. 예를 들어, 이해(Comprehension) 소검사의 경우 K-WISC-IV에서는 주요(핵심) 소검사에 해당하지만, K-WAIS-IV에서는 보충 소검사로 분류됩니다. 반면, 상식(Information)과 산수(Arithmetic) 소검사의 경우 K-WISC-IV에서는 보충 소검사에 해당하지만, K-WAIS-IV에서는 핵심 소검사로 분류됩니다.

기초심리평가

12 심리검사 결과 해석 시 주의할 사항을 5가지 기술하시오. 〔5점〕

모범 답안

① 검사해석의 첫 단계는 검사 매뉴얼을 알고 이해하는 것이다.
② 내담자가 받은 검사의 목적과 제한점 및 장점을 검토해 본다.
③ 백분위나 표준점수가 해석에 포함될 경우 채점되는 과정이 설명되어야 한다.
④ 결과에 대한 구체적 예언보다는 오히려 가능성의 관점에서 제시되어야 한다.
⑤ 내담자의 이해를 증가시키며, 내담자 스스로 해석을 할 수 있도록 격려해야 한다.
⑥ 검사 결과는 내담자가 이용 가능한 다른 정보와 관련하여 제시되어야 한다.
⑦ 내담자가 검사해석의 내용을 이해하는지 확인하며, 그 정보에 대한 반응을 표현할 수 있도록 격려해야 한다.
⑧ 검사 결과로 나타난 장점과 약점 모두가 객관적으로 검토되어야 한다.

> **전문가의 한마디**
>
> 이 문제는 앞서 2023년 1회 실기시험(10번)에 출제된 "심리검사 결과의 올바른 해석을 위한 해석지침"과는 다른 문제입니다. 그 이유는 해석지침이 본래 심리검사 결과 해석의 방향이나 큰 틀에서의 방법에 관한 내용을 담고 있다면, 주의사항은 심리검사 결과 해석에서 검사자가 지켜야 할 혹은 삼가야 할 구체적인 행동을 담고 있기 때문입니다. 또한 이 문제는 "심리검사 결과 해석 상담 시 주의해야 할 사항"과도 다른 내용입니다. 그 이유는 심리검사 결과 해석 시 주의사항이 심리검사의 결과를 해석할 때 특히 주의를 기울여야 할 사항에 초점을 맞춘다면, 심리검사 결과 해석 상담 시 주의사항은 해석된 내용을 토대로 상담을 진행할 때 특히 주의를 기울여야 할 사항에 초점을 두기 때문입니다. 사실 심리검사 결과 해석과 관련된 주의사항은 교재에 따라 약간씩 다르게 제시되고 있으나, 이 문제의 경우 1차 필기시험에도 출제되어 비교적 정확한 출처가 있으므로, 가급적 위의 해설로 제시된 내용을 암기하시기 바랍니다. 이와 관련된 보다 자세한 내용은 '김봉환 外,『학교진로상담』, 학지사 刊'을 참조하시기 바랍니다.
>
> **심리검사 결과 해석 시 주의할 사항과 가장 거리가 먼 것은?**   〔16, 22년 기출〕
>
> ① 검사해석의 첫 단계는 검사 매뉴얼을 알고 이해하는 것이다.
> ② 내담자가 받은 검사의 목적과 제한점 및 장점을 검토해 본다.
> ③ 결과에 대한 구체적 예언보다는 오히려 가능성의 관점에서 제시되어야 한다.
> ④ 검사 결과로 나타난 장점이 주로 강조되어야 한다.
>
> 정답 ④

알아두기

심리검사 결과 해석 상담 시 주의해야 할 사항

- 내담자가 검사 결과를 이해하고 이용할 수 있는 능력이 있음을 보여 주며, 내담자가 자신이 직면한 의사결정에 도움을 얻기 위해 검사 정보를 직접 이용하는 것이 중요하다는 사실을 강조한다.
- 해석 과정이 시작되기 전에 내담자에게 자신이 받은 검사에 대해 어떻게 느끼는지 물어보도록 한다.
- 논의될 검사가 어떤 것인가를 내담자에게 상기시키면서 검사 결과에 대해 논의하도록 한다.
- 검사 결과를 내담자가 가진 다른 정보와의 관계 속에서 논의하도록 한다.
- 전문적인 용어를 삼가고 이해하기 쉬운 용어로써 검사의 목적을 제시한다.
- 검사 결과에 대한 언어적인 해석과 함께 도식적인 제시를 병행한다.
- 내담자의 검사 결과를 지나치게 규정짓는 것을 삼간다.
- 면접이 끝날 무렵 전체 면접의 결과를 요약하되 내담자 스스로 직접 요약해 보도록 한다.

기초심리평가

13 MMPI 검사 결과 타당도 척도에 대한 T점수가 L척도 46, F척도 110, K척도 45로 나타났으며, 5번 Mf척도를 제외한 대부분의 임상척도가 높게 나타났다. 이와 같은 프로파일을 나타낼 수 있는 성향을 가진 사람들의 유형을 3가지 쓰시오.

6점 | 09, 20년 기출

모범 답안

① 자신의 문제성을 과장하여 반응함으로써 주위의 관심이나 도움을 받으려는 사람
② 검사 자체 또는 검사자에게 저항하는 사람
③ 자신의 책임을 회피하거나 다른 사람을 기만할 목적을 가진 사람(예 보상을 위한 감정의뢰자, 병역을 기피하는 징집의뢰자 등)

● 전문가의 한마디 ●

이 문제는 정확한 복원이 이루어지지 않아 실제 문제와 차이가 있을 수 있습니다. 특히 구체적인 수치에 있어서 이전 문제의 변형된 형태로 출제되었을 가능성을 배재할 수 없으므로, 이점 감안하여 학습하시기 바랍니다. 요컨대, MMPI의 타당도 척도 중 F척도는 검사태도의 지표로서 이상반응을 탐지하거나 프로파일의 유효성 여부 또는 정신병리 정도를 파악하기 위한 척도입니다. 특히 F척도에서 80 이상의 높은 점수는 극도의 불안이나 정체성의 위기에 의해 나타날 수도 있지만, 보통 정신병 상태 또는 정신병의 의도적인 가장을 반영합니다. 즉, 수검자가 생소하지 않은 문항에 대해 비전형적으로 응답함으로써 의도적으로 일탈된 반응을 나타내는 것으로 볼 수도 있다는 것입니다. 특히 F척도가 다른 타당도 척도인 L척도나 K척도보다 압도적으로 높게 나타나는 것은 부정왜곡(Faking-bad) 프로파일의 전형적인 형태입니다. 이는 정신병리를 가진 사람의 경우 F척도 점수가 70~90 정도로 나타나면서 L척도나 K척도와 함께 동반상승하는 양상을 보이는 반면, 부정왜곡 프로파일에서는 F척도가 단독으로 100 이상 높게 나타나는 양상을 보이기 때문입니다.

참고로 MMPI-2에서는 FBS척도(증상타당도 척도, Fake Bad Scale)가 일명 '부정왜곡 척도'로 불리는데, 특히 꾀병을 탐지하기 위해 고안된 FBS척도는 다른 모든 척도들 가운데 가장 낮은 타당도로 인해 표준채점 양식에서 제외시키는 경향이 있습니다. 이와 관련하여 청소년상담사 2급 필기시험에 다음과 같은 문제가 출제된 바 있습니다.

> MMPI-2에서 신체장애 등급을 받거나 상해관련 소송에서 증상의 과장 또는 가장을 탐지할 목적으로 개발된 척도는?
>
> 청소년 18년 기출
>
> ① L척도   ② FB척도   ③ FP척도   ④ S척도   ⑤ FBS척도
>
> 정답 ⑤

기초심리평가

14 MMPI 2개 척도에 대한 분석에서 4-9/9-4 척도의 임상 양상을 4가지 기술하시오.

4점 06, 08, 11, 15, 17, 20, 21, 23년 기출

모범 답안

① 재범 우려가 있는 범죄자나 신체노출, 강간 등의 성적 행동화를 보이는 사람, 결혼문제나 법적 문제 등에 연루된 사람에게서 종종 나타난다.
② 충동적·반항적 성격과 함께 과격하고 공격적인 행동을 특징으로 한다.
③ 일시적으로 다른 사람에게 좋은 인상을 주기도 하지만, 자기중심적 성향과 다른 사람에 대한 불신으로 대인관계가 피상적이다.
④ 자신의 행동에 대해 무책임하여 신뢰감을 주지 못하며, 사회적 가치를 무시하여 반사회적 범죄행위를 저지르기도 한다.
⑤ 합리화의 방어기제를 사용하여 자신의 문제를 외면하며, 실패의 원인을 다른 사람에게 전가하기도 한다.
⑥ 반사회성 성격장애(Antisocial Personality Disorder), 양극성 장애(Bipolar Disorder)의 진단이 가능하다.

● 전문가의 한마디 ●

이 문제는 명확한 정답이 있는 것이 아니므로 다양한 답안이 도출될 수 있습니다. 참고로 4-9(9-4) 유형을 해석하는 경우 다른 척도와의 관계를 주의 깊게 살펴볼 필요가 있습니다. 가령 척도 1(Hs, 건강염려증), 2(D, 우울증), 3(Hy, 히스테리), 7(Pt, 강박증)은 척도 4(Pd, 반사회성)가 상승했을 때 나타나는 행동화 가능성을 억제할 수 있는 반면, 척도 6(Pa, 편집증), 8(Sc, 정신분열증)은 그와 같은 행동화 가능성을 증가시킬 수 있습니다. 참고로 1차 필기시험에 다음과 같은 문제들이 출제된 바 있습니다.

다음 MMPI 프로파일에 대한 해석으로 적합하지 않은 것은? 〔17년 기출〕

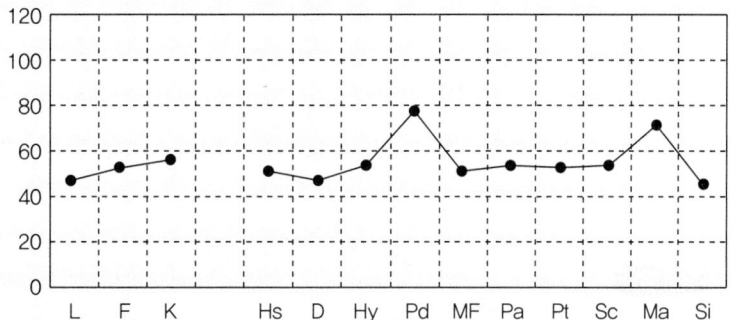

① 수동-공격성 프로파일로 볼 수 있다.
② 행동화 문제를 나타낼 가능성이 높다.
③ 비순응적이고 반사회적인 경향이 높다.
④ 대인관계가 피상적이고 이기적일 가능성이 높다.

정답 ①

해설 수동-공격성 프로파일은 4-6/6-4 상승척도쌍에서 나타난다.

다음은 MMPI의 2개 척도 상승 형태분석 결과이다. 어느 척도 상승에 해당하는 것인가? 〔19년 기출〕

> 이 프로파일은 반사회적 인격장애 특징을 나타낸다. 즉, 사회적 규범과 가치관, 제도에 대해 무관심하거나 무시하며, 반사회적 행위로 인해 권위적인 인물과 자주 마찰을 빚는다. 이들의 성격 특징은 충동적이고 무책임하며 타인과 관계에서 신뢰를 얻기 어렵다.

① 1-2   ② 2-7
③ 3-5   ④ 4-9

정답 ④

기초심리평가

15 기질 및 성격검사(TCI)의 하위척도를 이루는 4가지 기질과 3가지 성격을 쓰시오.

`7점` `18, 24년 기출`

모범 답안

(1) 4가지 기질(기질척도)

① 자극추구(NS ; Novelty Seeking)
  ㉠ 새로운 자극이나 보상 단서에 이끌려 행동이 활성화되는 유전적 성향과 연관된다. 특히 두뇌의 행동조절 시스템 중 행동활성화 시스템(BAS ; Behavioral Activation System)과 밀접한 관련이 있다.
  ㉡ 이 척도에서 높은 점수를 받은 사람은 충동적이고 호기심이 많으며, 신기한 것에 쉽게 이끌리고 빨리 흥분하는 경향이 있다. 반면, 낮은 점수를 받은 사람은 성미가 느리고 절제되어 있으며, 새로운 자극에 별다른 흥미가 없거나 오히려 저항적인 태도를 보이면서 익숙한 것을 더욱 편안하게 느낀다.

② 위험회피(HA ; Harm Avoidance)
  ㉠ 위험하거나 혐오스러운 자극에 대해 행동이 억제되고 위축되는 유전적 성향과 연관된다. 특히 두뇌의 행동조절 시스템 중 행동억제 시스템(BIS ; Behavioral Inhibition System)과 밀접한 관련이 있다.
  ㉡ 이 척도에서 높은 점수를 받은 사람은 조심성이 많고 세심하며, 겁이 많고 잘 긴장하는 경향이 있다. 반면, 낮은 점수를 받은 사람은 매사 낙천적이고 걱정이 없으며, 자신감이 있고 역동적이다.

③ 사회적 민감성(RD ; Reward Dependence)
  ㉠ 사회적 보상 신호, 즉 타인의 표정 및 감정 등에 대해 강하게 반응하는 유전적 성향과 연관된다. 특히 두뇌의 행동조절 시스템 중 행동유지 시스템(BMS ; Behavioral Maintenance System)과 밀접한 관련이 있다.
  ㉡ 이 척도에서 높은 점수를 받은 사람은 감수성이 풍부하고 공감적이며, 타인에게 헌신적이고 사회적 접촉을 좋아하는 경향이 있다. 반면, 낮은 점수를 받은 사람은 타인의 감정에 둔감하고 무관심하며, 혼자 있는 것에 만족하고 타인에게 자신의 감정을 잘 드러내지 않는다.

④ 인내력(P ; Persistence)
  ㉠ 지속적인 강화가 없더라도 한 번 보상된 행동을 일정 시간 동안 꾸준히 지속하려는 유전적 성향과 연관된다. 특히 두뇌의 행동조절 시스템 중 행동유지 시스템(BMS ; Behavioral Maintenance System)과 밀접한 관련이 있다.
  ㉡ 이 척도에서 높은 점수를 받은 사람은 근면하고 끈기가 있으며, 좌절이나 피로에도 불구하고 꾸준히 노력하는 경향이 있다. 반면, 낮은 점수를 받은 사람은 게으르고 비활동적이며, 일관성과 끈기가 부족하여 좌절이나 장애물에 부딪치면 쉽게 포기한다.

(2) 3가지 성격(성격척도)

① 자율성(SD ; Self-Directedness)
  ㉠ 자신이 선택한 목표와 가치를 이루기 위해 자신의 행동을 상황에 맞게 통제, 조절, 적응시키는 능력과 연관된다.
  ㉡ 이 척도에서 높은 점수를 받은 사람은 성숙하고 책임감이 있으며, 목표지향적이고 건설적이면서 자존감이 높고 자신을 신뢰하는 경향이 있다. 반면, 낮은 점수를 받은 사람은 미성숙하고 책임감이 부족하며, 내적으로 조직화된 원칙이 결여되어 있으므로 의미 있는 목표를 설정 및 추구하는 데 어려움이 있다.

② 연대감(CO ; Cooperativeness)
  ㉠ 자기 자신을 사회의 통합적인 한 부분으로 지각할 수 있는 정도에 관한 것으로, 타인에 대한 수용 능력 및 타인과의 동일시 능력과 연관된다.
  ㉡ 이 척도에서 높은 점수를 받은 사람은 타인에게 관대하고 친절하고 협조적이며, 자신과 다른 성향을 가진 사람도 인정할 줄 알고 타인의 욕구나 선호를 존중하는 경향이 있다. 반면, 낮은 점수를 받은 사람은 타인에게 비판적·비협조적이고 자신의 이익을 추구하며, 자신과 다른 성향을 가진 사람에 대한 배려와 인내심이 적다.

③ 자기초월(ST ; Self-Transcendence)
  ㉠ 자기 자신을 우주의 통합적인 한 부분으로 지각할 수 있는 정도에 관한 것으로, 우주만물과 자연을 수용하고 동일시하면서 이들과 일체감을 느낌으로써 도달하는 개인의 영성(Spirituality)과 연관된다.
  ㉡ 이 척도에서 높은 점수를 받은 사람은 정서적으로 집중된 상태에서 자기와 시공간을 잊고 몰입하며, 모호함이나 불확실성을 잘 견디면서 창조적이고 독창적으로 자신의 활동을 충분히 즐기는 경향이 있다. 반면, 낮은 점수를 받은 사람은 현실적·세속적이고 상상력이 부족하며, 모호함이나 불확실성을 잘 견디지 못하면서 자신이 하는 일의 모든 것을 통제하려고 한다.

> **전문가의 한마디**
>
> 기질 및 성격검사(TCI)의 하위척도로서 기질과 성격에 대해서는 2018년 1회 실기시험(5번)에서 4가지 기질과 3가지 성격을 쓰고 설명하도록, 2023년 3회 실기시험(19번)에서 3가지 성격 척도를 쓰고 설명하도록 요구한 바 있으므로, 가급적 위의 7가지 기질 및 성격 척도의 명칭과 함께 간략한 내용까지 기억해 두시기 바랍니다. 다만, 이번 문제에서는 설명하라는 별다른 지시가 없으므로, 각 척도의 명칭만 답안으로 작성하도록 합니다.
>
> 요컨대, 기질(Temperament)은 자극에 대해 자동적으로 일어나는 정서적 반응 경향성을, 성격(Character)은 개인이 추구하는 목표 및 가치에서의 개인차를 반영합니다. 기질 및 성격검사(Temperament and Character Inventory)는 미국 워싱턴 대학교 교수인 클로닝거(Cloninger)의 심리생물학적 인성모델에 기초하여 개발된 것으로, 기질을 측정하는 4개의 척도와 성격을 측정하는 3개의 척도를 포함하여 총 7개의 기본척도로 이루어져 있습니다. 클로닝거의 심리생물학적 인성모델에서 기질과 성격은 인성(Personality)을 이루는 두 개의 큰 구조로 분리되는데, TCI는 이를 토대로 개인의 기질과 성격을 구분하여 측정함으로써 이를 명확히 구분하지 못한 기존 성격검사의 한계를 극복하고자 한 것입니다. 이와 같이 기질과 성격의 분리를 통해 개인의 인성발달에 영향을 미친 유전적 영향과 환경적 영향을 구분하여 인성발달 과정을 이해할 수 있도록 한 것이 TCI의 가장 큰 장점이라 할 수 있습니다.

기초심리평가

16 로샤 검사 결과를 엑스너(Exner) 방식으로 채점하고자 한다. 엑스너 종합체계방식의 주요 채점 항목을 5가지만 기술하시오. `5점` `15, 20, 23년 기출`

모범 답안

① 반응영역 또는 반응의 위치(Location)
   수검자의 주된 반응이 어느 영역에 대해 일어나고 있는가?
② 발달질(Developmental Quality)
   반응영역에서 발달수준은 어떠한가?
③ 결정인(Determinant)
   반응을 결정하는 데 영향을 미친 반점의 특징은 어떠한가?
④ 형태질(Form Quality)
   반응이 잉크반점의 특징에 얼마나 부합하는가?
⑤ 반응내용(Content)
   반응은 어떤 내용의 범주에 포함되는가?
⑥ 평범반응(Popular)
   일반적으로 흔히 나타나는 반응인가?
⑦ 쌍반응(Pair Response)
   사물에 대해 대칭적으로 지각하고 있는가?
⑧ 조직화 활동(Organizational Activity)
   자극을 어느 정도 조직화하여 응답하고 있는가?
⑨ 특수점수(Special Score)
   어떠한 특이한 반응을 보이고 있는가?

> **전문가의 한마디**
>
> 로샤 검사와 관련하여 최근 임상심리사 2급 실기시험에 출제된 문제들을 정리하면 다음과 같습니다.
>
> > A. 2023년 1회 17번 : "로샤 검사 결과를 엑스너(Exner) 방식으로 채점하고자 한다. 엑스너 종합체계방식의 주요 채점 항목을 5가지만 기술하시오."
> > B. 2015년 3회 10번 : "아동 로샤 검사에서 기호화하는 항목을 6가지만 쓰시오."
> > C. 2012년 5번 : "로샤 검사 결과를 엑스너(Exner) 방식으로 채점하고자 한다. 질문을 통해 탐색해야 할 내용을 3가지 기술하시오."
>
> 이 문제들은 모두 동일한 문제일까요? 아니면 서로 다른 문제일까요?
> 위의 문제들 중 A와 B는 사실상 동일한 문제인 반면, C는 그와 다른 문제에 해당합니다.
> 우선 A는 "…주요 채점 항목"으로, B는 "…기호화하는 항목"으로 서로 다르게 제시하고 있습니다. 그러나 여기서 기억해야 할 것은 '채점(Scoring)'이 곧 수검자의 반응을 기호화하는 것을 말한다는 점입니다. 따라서 이 두 문제는 동일한 내용을 묻고 있습니다. 그러나 C는 질문 단계(Inquiry)에서 탐색해야 할 정보에 대해 묻고 있는 것으로 보이며, 이 경우 반응영역 또는 반응의 위치(Location), 결정인(Determinant), 반응내용(Content) 등 3가지가 해당됩니다. 문제 역시 다른 문제들과 달리 3가지를 기술하도록 요구하고 있습니다. 이와 같이 임상심리사 시험에 출제되는 문제들은 약간의 차이로 서로 다른 정답이 존재합니다. 따라서 이를 위해 문제 자체를 적절히 분석할 수 있는 능력이 요구됩니다.

알아두기

엑스너(Exner)의 종합체계방식에 따른 주요 채점 항목

- 반응영역 및 발달질
  - 검사자는 수검자의 반응영역 자체를 평가하는 동시에 그와 관련된 인지적 활동을 평가한다.
  - 반응영역에 대한 평가는 전체반응(W ; Whole Response), 흔한 부분반응 또는 보통 부분반응(D ; Common Detail Response), 드문 부분반응 또는 이상 부분반응(Dd ; Unusual Detail Response), 공백반응 또는 간격반응(S ; Space Response)으로 기호화한다.
  - 발달질에 대한 평가는 통합반응(+ ; Synthesized Response), 모호-통합반응(v/+ ; Vague-Synthesized Response), 보통반응(o ; Ordinary Response), 모호반응(v ; Vague Response)으로 기호화한다.
- 결정인
  - 검사자는 수검자가 왜 그렇게 보았는지를 형태(Form), 운동(Movement), 유채색(Chromatic Color), 무채색(Achromatic Color), 음영(Shading), 형태차원(Form Dimension), 쌍반응 및 반사반응(Pairs / Reflections) 등 7가지 범주의 차원에서 평가한다.
  - 특히 음영(Shading)의 경우 재질(Texture), 차원(Dimension), 확산(Diffuse)의 3가지 하위범주로 세분된다.
- 형태질
  - 검사자는 수검자가 사용한 반점 영역의 형태가 지각한 대상의 형태와 어느 정도 일치하는지를 평가한다.
  - 우수-정교한(+ ; Superior-Overelaborated), 보통의(o ; Ordinary), 드문(u ; Unusual), 왜곡된(- ; Minus)으로 기호화한다.
- 반응내용 및 평범반응
  - 검사자는 수검자의 반응이 동시에 하나 이상의 대상을 포함하는 경우 반응에 포함된 내용들을 모두 기호로 표시한다.
  - 수검자들에게서 흔히 나타나는 반응을 평범반응(Popular)이라고 하며, 이는 'P'로 기호화하여 반응내용 기호 뒤에 기록한다.

- 쌍반응 및 반사반응
  - 검사자는 수검자가 반점에 대해 대칭을 근거로 하여 반응하고 있는지를 평가한다.
  - 쌍반응 기호인 '(2)'는 다른 결정인과 형태질 기호의 오른쪽에 표시한다.
  - 반사반응은 대상의 대칭성이라는 측면에서 쌍반응과 동일하나 해당 대칭이 반사된 것 또는 거울상이라는 점에서 다르다.
- 조직화 활동
  - 검사자는 수검자의 자극영역을 조직화하려는 인지적 활동 수준을 Z점수로써 나타낸다.
  - 이 경우 반드시 형태가 사용되어야 하며, 반점들 간의 의미 있는 관계가 형성되어야 유효한 것으로 인정된다.
- 특수점수
  - 검사자는 특이한 언어반응, 반응 반복, 통합 실패, 특수 내용, 개인적 반응, 특수 색채 반응 등의 항목에서 나타나는 수검자의 특징적 반응들을 계량화하여 평가한다.
  - 특수점수를 사용함으로써 종합체계 이전에는 내용분석의 대상이었던 여러 가지 반응 특징들에 대해 수량화를 적용하는 것이 가능해졌다.

기초심리평가

17 사회성숙도 검사(Social Maturity Scale)에서 아동의 발달을 측정하기 위해 이용하는 영역 6가지를 쓰시오. 6점 15, 22년 기출

모범 답안

① 자조 영역(SH ; Self-Help)
  자조 일반(SHG ; Self-Help General), 자조 식사(SHE ; Self-Help Eating), 자조 용의(SHD ; Self-Help Dressing)의 3가지 영역을 통해 자조능력을 측정하기 위한 것으로서, 총 39개 문항으로 구성되어 있다.

② 이동 영역(L ; Locomotion)
  기어다니는 능력부터 어디든지 혼자서 다닐 수 있는 능력까지를 측정하기 위한 것으로서, 총 10개 문항으로 구성되어 있다.

③ 작업 영역(O ; Occupation)
  단순한 놀이에서부터 고도의 전문성을 요하는 작업에 이르기까지 다양한 능력을 측정하기 위한 것으로서, 총 22개 문항으로 구성되어 있다.

④ 의사소통 영역(C ; Communication)
  동작, 음성, 문자 등을 매체로 수용능력 및 표현능력을 측정하기 위한 것으로서, 총 15개 문항으로 구성되어 있다.

⑤ 자기관리 영역(SD ; Self-Direction)
  금전의 사용, 물건의 구매, 경제적 자립 준비, 그 밖의 책임 있고 분별 있는 행동을 통해 독립성과 책임감을 측정하기 위한 것으로서, 총 14개 문항으로 구성되어 있다.

⑥ 사회화 영역(S ; Socialization)
  사회적 활동, 사회적 책임, 현실적 사고 등을 측정하기 위한 것으로서, 총 17개 문항으로 구성되어 있다.

전문가의 한마디

사회성숙도 검사(SMS ; Social Maturity Scale)는 돌(Doll)에 의해 고안된 바인랜드 사회성숙척도(Vineland Social Maturity Scale)를 김승국과 김옥기가 0~30세까지의 일반인 2,230명을 대상으로 표준화한 검사도구입니다. 특히 사회적응능력 발달 수준을 평가하여 아동의 인지적 성숙도를 측정할 수 있다는 점에서, 장애아동 및 비장애아동의 진단 및 치료 목적으로 활용되고 있습니다.

알아두기

사회성숙도 검사의 측정 영역별 주요 문항

측정 영역	주요 문항	평균 연령
자조 (SH)	• (자조 일반)머리를 가눈다. • (자조 일반)밖에 나갈 때 걸어가려고 한다. • (자조 일반)혼자서 대소변을 본다. • (자조 식사)음식을 씹어 먹는다. • (자조 식사)먹을 수 있는 것과 먹을 수 없는 것을 구별한다. • (자조 식사)무슨 음식이든 남의 힘을 빌리지 않고 먹는다. • (자조 용의)외투를 혼자서 벗는다. • (자조 용의)외투를 혼자서 입는다. • (자조 용의)혼자서 목욕을 한다.	0.20세 1.22세 3.14세 1.10세 1.47세 7.19세 2.23세 2.59세 8.05세
이동 (L)	• 방에서 배나 무릎으로 기어다닌다. • 집안이나 뜰에서 혼자 돌아다닌다. • 가까운 이웃집에 혼자서 놀러 다닌다. • 좀 먼 이웃 동네라도 혼자서 갔다 온다.	0.53세 1.47세 3.06세 11.65세
작업 (O)	• 물건을 옮긴다. • 연필이나 크레파스로 그림을 그린다. • 간단한 창의적인 일을 한다. • 일상적인 집안일을 맡아 책임지고 한다.	1.18세 4.16세 10.40세 14.05세
의사소통 (C)	• 깔깔대며 웃는다. • 짧은 문장으로 말을 한다. • 전화를 걸 줄 안다. • 시사 문제에 관심을 가진다.	0.19세 1.75세 8.07세 13.69세
자기관리 (SD)	• 소액의 돈을 가지고 사오라는 물건을 사온다. • 한 시간 이상 혼자서 집을 본다. • 자기가 가진 돈을 유용하게 쓴다. • 책임 있고 분별 있는 행동을 한다.	4.01세 9.13세 13.04세 17.18세
사회화 (S)	• 다른 사람의 주의를 끌려고 한다. • 다른 아이들과 같이 어울려 논다. • 산타클로스나 귀신이나 도깨비는 존재하지 않는 것으로 믿고 있다. • 협동을 요하는 집단 활동에 적극 참여한다.	0.63세 2.48세 7.23세 13.63세

재활

18 재활치료의 주요 개념으로서 병리(Pathology), 손상(Impairment), 장애(Disability), 핸디캡(Handicap)을 각각 설명하시오. `4점` `06, 15, 19년 기출`

모범 답안

① 병리(Pathology)
  ㉠ 원인 요소에 의한 중추신경계 이상이나 병적 소인을 말한다. 정신병적 증상을 일으킬 수 있는 뇌종양이나 감염 등 원인 요소가 이에 해당한다.
  ㉡ 인지, 주의집중력, 자율신경 기능, 각성과 정보전달 과정에서 결손을 유발하게 되며, 이상증상들이 상호 작용하여 급성적인 병리 상태를 일으킨다.

② 손상(Impairment)
  ㉠ 생리적·심리적·해부학적 구조 또는 기능에 이상이 있는 상태를 말한다. 신체기관의 구조나 기능이 상실되는 것, 비정상적으로 병리적인 상태에 놓이는 것, 심리적 손상이 일시적 혹은 영구적으로 있는 것을 의미한다.
  ㉡ 사고장애나 지리멸렬, 망상, 환각, 불안, 우울, 집중력이나 기억력 상실, 주의산만, 무감동 등의 증상을 나타낸다.

③ 장애(Disability)
  ㉠ 손상으로 인해 정상적인 행동을 수행할 능력이 제한 또는 결핍된 상태를 말한다. 즉, 개인이 사회적 상황에서 주어진 역할이나 과제를 해내지 못하거나 수행하는 데 한계를 보이는 것으로 볼 수 있다.
  ㉡ 기능상의 어려움으로 인해 일을 할 때나 자기 활동을 수행할 때, 의사소통이나 사회생활을 할 때 지장이 있다.

④ 핸디캡(Handicap)
  ㉠ 손상이나 장애로 인해 정상적인 역할 수행에 제한 또는 장애가 발생함으로써 사회적 불이익을 경험하는 상태를 말한다.
  ㉡ 핸디캡은 주로 낙인이나 편견에서 비롯되는데, '장애인'이라는 수식어가 사회적인 불리조건을 형성하며, 그로 인해 사회생활에서의 한계를 유발한다.

> **전문가의 한마디**
>
> 이 문제에서는 '병리', '손상', '장애', '핸디캡'을 재활치료의 주요 개념으로 제시하고 있으나, 교재에 따라 이를 정신재활모형의 4단계로 간주하기도 합니다. 사실 정신재활모형은 세계보건기구(WHO, 1980)가 제안한 '손상', '장애', '핸디캡'의 3단계가 가장 널리 알려져 있으며, 여기에 '병리'를 포함시킨 것은 리버만(Liberman, 1988)입니다. 임상심리사 1차 필기 및 2차 실기 시험에서도 보통 3단계가 출제되고 있으나, 경우에 따라 변형된 형태의 4단계에 관한 문제도 출제될 수 있습니다. 복습 차원에서 1차 필기시험에 출제된 다음의 문제들을 풀어보시기 바랍니다.
>
> **만성 정신질환에 대한 재활모델 단계 중 "핸디캡"의 정의로 가장 알맞은 것은?** `15년 기출`
>
> ① 원인 요소에 의한 중추신경계 이상
> ② 생물학적·심리학적 구조나 기능에 이상이 있는 것
> ③ 개인이 사회적 상황에서 주어진 역할이나 과제를 수행하지 못하거나 수행하는 데 한계를 보이는 것
> ④ 장애 때문에 사회에서 다른 사람에 비해 상대적으로 불이익을 받는 것
>
> 정답 ④
>
> **해설** ① 병리(Pathology), ② 손상(Impairment), ③ 장애(Disability), ④ 핸디캡(Handicap)
>
> **재활모형의 3단계(손상, 장애, 핸디캡) 중 핸디캡(불이익) 단계에서 발생하는 예로 가장 적합한 것은?** `10년 기출`
>
> ① 환각, 망상이 나타나는 것
> ② 직무능력이 부족한 것
> ③ 일상생활기술이 부족한 것
> ④ 취업이 안 되는 것
>
> 정답 ④
>
> **해설** ① 손상(Impairment), ②·③ 장애(Disability), ④ 핸디캡(Handicap)

2024년 제2회 임상심리사 2급 기출복원문제 및 해설

※ 임상심리사 2급 실기시험은 기출 미공개 시험으로, 본 교재에는 기출키워드를 분석하여 복원한 문제를 수록하였습니다. 실제 문제와 차이가 있을 수 있으므로 참고하시기 바랍니다.

기초심리상담

01 전문가로서 임상심리사가 지켜야 할 일반 상담윤리로서의 윤리원칙을 6가지 쓰시오. [6점]

모범 답안

① 유능성

임상심리사는 자신의 강점과 약점, 자신이 가지고 있는 기술과 그것의 한계에 대해 충분히 자각해야 한다. 이를 위해 자신의 적절한 수련 및 경험에서 나온 서비스만을 제공하여야 한다. 또한 지속적으로 교육수련을 받고 경험을 쌓음으로써 변화와 발전의 시대적 흐름 속에서도 항상 최신의 기술을 가지고 있어야 한다.

② 성실성

임상심리사는 전문적이고 개인적인 성실성을 유지해야만 한다. 이를 위해 다른 사람들을 다루는 데 있어서 그들을 존중해야 하며, 공정하고 정직해야 한다. 성실하고 정직한 자세로 내담자에게 자신의 서비스로부터 기대할 수 있는 바를 설명하며, 자신의 작업과 관련하여 스스로의 욕구 및 가치가 어떠한 영향을 미치는지 알고 있어야 한다.

③ 전문적이고 과학적인 책임

임상심리사는 전문적이고 과학적인 기초 위에서 활동함으로써 자신의 지식과 능력의 범위를 인식할 의무가 있다. 환자나 내담자에게 최선을 다해 서비스를 제공하며, 이를 위해 필요에 따라 타 분야의 전문가들에게 자문을 구하여야 한다.

④ 인간의 권리와 존엄에 대한 존중

임상심리사는 각 개인의 개성과 문화의 차이에 대해 민감해야 하며, 자신의 일방적인 지식과 편견을 지양해야 한다. 개인의 자유, 사생활 그리고 기밀성에 대한 권리를 존중해야 하며, 자신의 환자나 내담자가 잘못된 결정을 내리고 있는 것으로 판단될지라도, 그들의 의지에 반하여 자신의 소망이나 의견을 강요해서는 안 된다.

⑤ 타인의 복지에 대한 관심

임상심리사는 자신이 제공하는 서비스를 통해 타인의 삶의 질이 개선될 수 있도록 노력해야 한다. 특히 자신의 환자나 내담자를 착취하거나 그들에게 해가 되는 일을 삼가야 한다.

⑥ 사회적 책임

임상심리사는 타인을 도우며, 인간 행동에 대한 과학과 지식을 진보시키기 위해 일한다. 특히 인간의 행동과 심리에 모순되거나 부당한 착취의 우려가 있는 정책에 대해 반대하여야 한다.

> **• 전문가의 한마디 •**
>
> 이 문제는 정확한 복원이 이루어지지 않아 실제 문제와 차이가 있을 수 있습니다. 다만, 전문가로서의 윤리원칙이 강조되었다는 점, 윤리원칙을 5가지가 아닌 6가지를 쓰도록 요구했다는 점에서 2020년 2회 실기시험(3번)에 출제된 키치너(Kitchener)의 상담윤리의 5가지 기본원칙을 쓰는 문제와는 다른 유형이며, 2022년 3회 실기시험(4번)에 출제된 임상심리사의 윤리원칙으로서 '유능성'에 관한 문제와 연관된 것으로 파악되고 있습니다. 요컨대, 임상심리사 시험에 종종 출제되는 임상심리사 혹은 심리학자의 윤리원칙은 사실 1992년 미국심리학회(APA ; American Psychological Association)에서 수립한 《심리학자의 윤리원칙 및 행동규약, Ethical Principles of Psychologists and Code of Conduct》에 근거합니다. 이 윤리규약은 일반원칙(General Principles)으로 다음의 6가지를 제시하였습니다.
>
> Principle A : Competence(유능성)
> Principle B : Integrity(성실성)
> Principle C : Professional and Scientific Responsibility(전문적이고 과학적인 책임)
> Principle D : Respect for People's Rights and Dignity(인간의 권리와 존엄에 대한 존중)
> Principle E : Concern for Others' Welfare(타인의 복지에 대한 관심)
> Principle F : Social Responsibility(사회적 책임)
>
> 미국심리학회(APA)에서는 2002년 윤리규약을 대폭 개정하였으며, 개정된 윤리규약에 따른 일반원칙은 다음의 5가지입니다.
>
> Principle A : Beneficence and Nonmaleficence(유익성과 무해성)
> Principle B : Fidelity and Responsibility(신뢰와 책임감)
> Principle C : Integrity(성실성)
> Principle D : Justice(공정성)
> Principle E : Respect for People's Rights and Dignity(인간의 권리와 위엄에 대한 존중)
>
> 그럼에도 불구하고 임상심리사 시험에서는 임상심리사 혹은 심리학자의 윤리원칙과 관련하여 미국심리학회(APA)의 개정 전 윤리규약(예 유능성, 성실성 등)을 그대로 문제로 출제하고 있습니다. 이는 명확히 오류로 볼 수 있으나, 국내의 전문교재들조차 그와 같은 사실을 제대로 반영하고 있지 않다는 점을 유의해야 할 필요가 있습니다. 즉, 임상심리사 시험에서도, 국내의 다수 전문교재들조차도 미국심리학회(APA)의 개정된 윤리규약을 제대로 반영하고 있지 않으므로, 이점 착안하여 답안을 작성해야 한다는 것입니다. 참고로 임상심리사 2017년 1회 필기시험에 다음과 같은 문제가 출제된 바 있습니다.
>
> > **미국심리학회(2002)에서 제시하고 있는 윤리강령의 일반원칙에 해당하지 않는 것은?** `17년 기출`
> >
> > ① 전문능력 ② 성실성
> > ③ 타인의 복지에 대한 관심 ④ 치료자의 자기 인식능력
> >
> > 정답 ④

02 건강심리학의 발달배경을 3가지 쓰시오. `6점` `17년 기출`

모범 답안

① 급성질환에서 만성질환으로의 질병 양상의 변화
  ㉠ 과거에는 결핵, 폐렴, 그 밖의 감염병 등 급성질환(Acute Disorder)이 질병과 사망의 중요 원인이었으나, 이는 치료방법의 혁신과 공중보건위생 수준의 향상으로 감소하였다. 이와 같은 급성질환은 단기 질병으로서 바이러스나 세균의 침입에 의해 발병하며, 그 대부분은 치료가 가능한 것이었다.
  ㉡ 현대 산업사회에서는 심장질환, 암, 호흡기 질환 등 만성질환(Chronic Illness)이 질병과 사망의 중요 원인으로 대두되고 있다. 이와 같은 만성질환은 더 오래 사는 사람들에게 서서히 발전하며, 보통 치료할 수 없고 환자나 건강관리자들의 관리를 필요로 한다.
  ㉢ 만성질환은 심리사회적 요인을 주된 원인으로 하고 오랜 기간 관리를 필요로 하는 만큼 특히 심리학적 문제들이 대두된다. 따라서 만성질환을 가진 사람들로 하여금 자신들의 건강 상태 변화를 인식시키는 동시에 심리사회적으로 적응하여 스스로 관리할 수 있도록 돕는 치료적 개입이 요구된다.
② 과학과 의학 기술의 발전에 따른 건강심리학 영역의 확장
  ㉠ 과학과 의학 기술의 발전은 건강심리학자들에 의해 다루어질 수 있는 영역들을 확장하고 있다. 예를 들어, 유방암을 포함한 많은 질병들의 주된 원인 중 하나가 유전자에서 비롯된 것임이 최근에 비로소 알려지기 시작했다. 만약 유방암 진단을 받은 어머니를 둔 자녀에게서 유방암 유전자 검사상 양성반응이 나왔다면, 그로 인해 그녀의 삶이 어떻게 변화하게 될 것인지에 대해 건강심리학이 답하게 된다.
  ㉡ 생명을 연장시키는 일부 치료들은 환자들의 삶의 질을 심각하게 떨어뜨릴 수 있으며, 환자들은 점차 생명 유지 조치에 대해 선택하도록 요구된다. 그들은 그와 같은 문제에 대해 상담을 필요로 하며, 이때 건강심리학자들이 그 과정에 개입하게 된다.
③ 건강관리 서비스의 확장
  ㉠ 건강관리는 서비스 산업으로 빠른 성장을 보이고 있다. 최근 몇 년 동안 건강관리사업의

증가에 대한 검토가 이루어졌으나, 건강관리 비용의 급증에도 불구하고 기본적인 건강지표는 향상되지 않고 있다.

ⓒ 최근 건강관리 비용의 절감을 위해 건강심리학에서 예방에 대해 지속적으로 강조하고 있다. 또한 건강관리사업이 모든 국민을 서비스 수혜자로 하는 의료보험제도와 직접적인 약정을 체결하게 됨으로써 건강심리학자들의 영향력이 날로 커지고 있다.

④ 건강 관련 의료 수요의 증가

ⓘ 건강심리학의 수요 증가는 다양한 단기 행동치료적 개입의 개발로 나타나고 있다. 이는 통증 관리, 흡연·음주 등 부적절한 건강습관의 수정, 치료의 부작용 관리 등을 포함한 건강 관련 문제들에 초점을 두고 있다.

ⓒ 비만, 흡연 등 위험요인의 제거를 목표로 하는 치료적 개입은 관상동맥성 심장질환의 발병률을 낮추며, 치료의 전 과정을 설명해 주는 유효적절한 개입은 환자의 치료 후 적응력을 증가시키는 것으로 나타났다.

• 전문가의 한마디 •

건강심리학(Health Psychology)은 최근에 등장하여 급속도로 성장하고 있는 심리학 영역으로서, 건강의 유지 및 증진, 질병의 예방 및 치료를 목적으로 심리학적인 이론과 방법을 동원하는 학문입니다. 현대인들의 주된 질병 및 사망의 원인을 심리사회적 관점에서 보는 것으로, 최근 현대인들의 건강에 대한 관심이 증폭되면서 현저히 발전하고 있습니다. 특히 건강심리학이 병원에서 의료전문가와 환자 간 원만한 의사소통을 통한 치료의 효율성 증가, 환자가 느끼는 고통과 통증의 완화, 습관성 물질중독의 예방과 치료 등에 크게 공헌할 것으로 기대하고 있습니다. 참고로 건강심리학의 주요 영역에 관한 문제가 1차 필기시험에 몇 차례 출제된 바 있습니다.

임상심리학자의 새로운 전문영역 중에서 비만, 스트레스 관리 등과 가장 밀접히 관련되는 것은?　　　　　10, 13년 기출

① 신경심리학　　　　　　　　　　② 건강심리학
③ 법정심리학　　　　　　　　　　④ 아동임상심리학

정답 ②

건강심리학 분야의 초점 영역과 가장 거리가 먼 것은?　　　　　19년 기출

① 고혈압　　　　　　　　　　② 과민성대장증후군
③ 결 핵　　　　　　　　　　④ 통 증

정답 ③

알아두기

건강심리학과 임상심리학의 차이점

- 임상심리학은 신체적 병리보다는 정신적 병리에 초점을 둔 반면, 건강심리학은 신체적 병리에 일차적인 관심을 기울인다.
- 임상심리학은 질병의 치료와 건강의 회복에 초점을 둔 반면, 건강심리학은 질병의 치료나 건강의 회복은 물론 건강의 유지 및 증진, 그리고 질병의 예방을 강조한다.
- 건강심리학은 여러 다른 학문들과의 공동협력을 보다 강조한다.

교육

03 프로차스카(James O. Prochaska) 등의 변화단계모델은 개인의 행동이 5단계를 거쳐 변화하는 것으로 가정한다. 프로차스카 등의 행동변화 5단계를 쓰고, 각 단계에 대해 설명하시오.

10점 · 20, 23년 기출

모범 답안

① 제1단계 - 사전 단계(계획 전 단계, 인식 전 단계 또는 전 숙고 단계)
  ㉠ 가까운 미래(→ 6개월 이내)에 행동변화에 대한 의사가 전혀 없는 단계이다.
  ㉡ 문제를 인식하지 못하거나 성공에 대한 확신이 없으며, 자신의 행동이 문제가 아니라고 주장하면서 변화를 거부한다.
  예 "나는 지금 담배를 많이 피우지만, 그것을 끊어야 한다고 생각하지 않아."

② 제2단계 - 계획 단계(인식 단계 또는 숙고 단계)
  ㉠ 가까운 미래(→ 6개월 이내)에 행동변화를 하려는 생각이 있는 단계이다.
  ㉡ 변화를 통해 얻을 수 있는 잠재적 혜택에 대해 인식하지만 그와 상반되는 감정을 느끼며, 실천계획을 구체화시키기에 이르지는 못한다.
  예 "담배를 끊는 것이 중요하다는 건 알지만, 지금 금연을 하면 일에 집중하기 어려운걸."

③ 제3단계 - 준비 단계(결심 단계)
  ㉠ 가까운 시간 내에(→ 1개월 이내) 행동변화를 취하기 위한 구체적인 계획을 세우는 단계이다.
  ㉡ 과거에 그와 같은 행동을 시도했을 가능성이 있으며, 자신의 행동을 변화시킬 수 있는 방법에 대해 가능한 많은 정보를 수집한다.
  예 "담배를 끊으려고 금연패치를 샀어. 아내한테도 금연을 시도하겠다고 다짐했어."

④ 제4단계 - 행동 단계(실행 단계 또는 행동실천 단계)
  ㉠ 현재 문제를 극복하기 위해 행동하는 단계이다.
  ㉡ 목표를 달성하기 위해 직접 행동을 펼치지만, 행동변화의 지속성을 유지하지는 못한다.
  예 "지금 담배를 피우지는 않지만 자꾸 생각이 나. 그래도 계속 시도해 봐야겠지?"

⑤ 제5단계 - 유지 단계
  ㉠ 새로 취한 행동을 일정 기간(→ 6개월 이상) 지속하고 있는 단계이다.

ⓒ 오래된 습관을 보다 긍정적인 행동으로 대체하며, 재발을 성공적으로 피할 수 있을 때 자신에게 보상한다.
   예 "나는 계속 금연을 하고 있어. 이제 금연이 그렇게 어렵게 느껴지지는 않지만, 그래도 주변의 협조가 필요한 것 같아."

⑥ 제6단계 – 종결 단계
   ㉠ 전혀 유혹을 받지 않고 행동이 완전히 정착되는 단계이다.
   ㉡ 자기효능감과 함께 어떤 상황에서도 행동변화를 유지할 수 있다는 확신을 가진다.
   예 "나는 어떤 상황에서도 담배 생각이 나지 않아."

> **전문가의 한마디**
>
> 이 문제는 2020년 1회 실기시험(1번) 및 2023년 3회 실기시험(5번)에 출제된 문제의 변형된 형태로, 변화단계모델에서 행동변화 6단계의 명칭을 순서대로 쓰거나 해당 6단계 중 특정 단계를 설명하도록 한 이전 문제들과 달리, 주요 5단계를 쓰고 설명하도록 요구하고 있다는 점에서 차이가 있습니다. 이 경우 마지막 제6단계, 즉 '종결 단계'는 생략하도록 합니다.
>
> 요컨대, 프로차스카, 디클레멘트, 노크로스(Prochaska, DiClemente & Norcross)가 제안한 변화단계모델(Stages of Change Model) 혹은 범이론모델(Transtheoretical Model)은 바람직하지 않은 행동에서 바람직한 행동으로 변화할 때 사람들이 겪는 과정을 단계별로 제시하는데, 이를 통해 알코올중독이나 흡연과 같은 물질사용 문제에서부터 운동부족과 같은 행동 문제에 이르기까지 문제 수정의 방법을 단계별로 이해할 수 있도록 돕습니다. 특히 이 모델은 행동변화의 과정으로 5단계, 즉 '사전(전 숙고) 단계(Precontemplation)', '계획(숙고) 단계(Contemplation)', '준비 단계(Preparation)', '행동 단계(Action)', '유지 단계(Maintenance)'를 강조하는데, 여기에 '종결 단계(Termination)'를 추가하여 6단계로 확장하기도 합니다. 그리고 보통 습관적인 행동은 주기적인 과정을 통해 지속적으로 발생하게 되는데, 그에 따라 프로차스카 등도 행동변화의 단계를 선형이 아닌 순환형으로 기술하고 있습니다. 즉, 행동변화는 단 일회만의 수고에 의해 달성되는 것이 아니라 실수(Slip)나 재발(Relapse)을 거치면서 이전의 부적응적 행동을 버리고 적응적 행동 습관을 형성하게 된다는 것입니다. 따라서 6단계 과정의 마지막 단계를 '종결 단계(Termination)' 대신 '재발 단계(Relapse)'로 설명하기도 합니다. 참고로 프로차스카 등의 변화단계모델에 대한 보다 자세한 내용은 'Prochaska, J. O. et al., 《In Search of How People Change, Applications to Addictive Behaviors》, American Psychologist(Vol.47, No.9), American Psychological Association'을 살펴보시기 바랍니다.

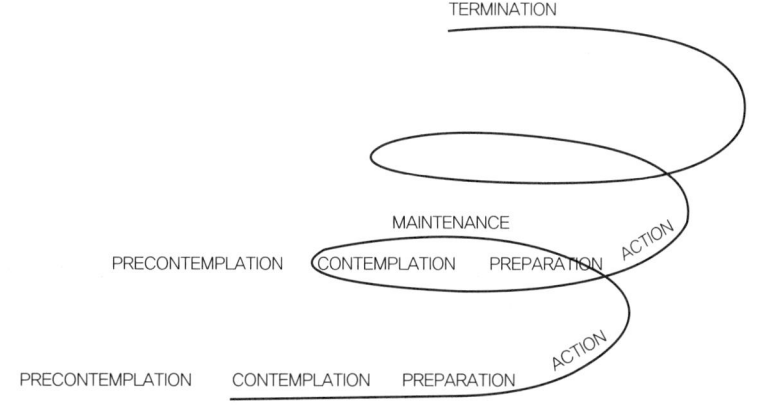

행동변화 단계의 순환적 모델
[출처 : Prochaska, J. O. et al., 《In Search of How People Change, Applications to Addictive Behaviors》]

재활

04 재활모형에서 손상(Impairment)과 불이익(Handicap)에 대한 대표적인 개입방법을 예시를 들어 각각 쓰시오.

4점 12년 기출

모범 답안

> 예) A씨는 교통사고를 당하여 한쪽 다리를 절단하는 수술을 받게 되었다.

① 손상(Impairment)
A씨는 한쪽 다리를 상실하였고 그로 인해 우울을 경험할 수 있으므로, 적절한 의학적·심리적 치료를 받도록 한다(→ 약물치료, 정신치료 등).

② 장애(Disability)
A씨는 걷는 능력이 제한되어 일상생활의 유지능력이나 직무수행능력이 부족할 수 있으므로, 임상적 재활을 통해 개인 능력을 향상시키고 환경적 자원을 활용할 수 있도록 돕는다(→ 직업재활상담, 역할훈련, 환경지원 등).

③ 불이익 또는 핸디캡(Handicap)
A씨는 취업 등 정상적인 사회활동에 있어서 제약을 받을 수 있다. 이는 개인적 차원의 접근보다는 사회적 차원의 접근을 통해 사회구조적 재활이 이루어질 수 있도록 사회체계의 변화를 이끌어 내려는 노력이 요구된다(→ 제도 변화, 권익 옹호, 편견 해소 등).

전문가의 한마디

이 문제와 관련하여 2023년 1회 실기시험(19번)에서는 '손상(Impairment), 장애(Disability), 핸디캡(Handicap)'의 3단계 재활모형 중 '장애(Disability)'의 개입방법에 대해 예를 들어 설명하도록 요구한 바 있습니다. 이와 같이 이 문제는 약간씩 변형되어 출제될 수 있으므로, 하나의 공통된 예시를 통해 재활모형의 각 단계에서 수행하는 개입방법들을 서로 비교하는 방식으로 학습하도록 합니다. 또한 이 문제는 이전 문제와 달리 "대표적인 개입방법"을 쓰도록 요구하고 있으므로, 각 단계에서의 대표적인 개입방법(예) '손상'의 경우 약물치료, 정신치료 등 / '불이익'의 경우 제도 변화, 권익 옹호, 편견 해소 등)을 함께 답안으로 작성하도록 합니다. 참고로 위의 해설에서 대표적인 개입방법에 대해서는 '박상규, 『정신재활의 이론과 실제』, 학지사 刊'을 참조하였습니다.

심리치료

05 파괴적 행동문제를 보이는 청소년을 대상으로 행동치료를 수행할 때 행동원리에 의한 정적 강화의 수준을 높여야 하는 이유를 3가지 쓰시오. 6점 11, 17년 기출

모범 답안

① 보상 추구의 반응양식
   ㉠ 정적 강화(Positive Reinforcement)는 바람직한 행동의 빈도를 증가시키기 위해 칭찬, 미소, 음식, 관심, 좋은 점수 등의 강화자극을 부여하는 것이다. 이때 강화자극은 표적행동의 발생률을 높일 수 있는 후속자극으로서 정적 강화인이 되며, 이러한 후속자극으로 인해 기대행동이 증가하게 되는 것이다.
   ㉡ 예를 들어, 교사가 교내 폭력사건에 연루된 학생에게 따뜻한 관심을 보여준다면, 그 학생은 자신이 다른 누군가의 관심 대상이라는 사실을 알게 되어 자신의 부적절한 행동을 점차적으로 삼가게 될 것이다. 즉, 교사의 따뜻한 관심(→ 정적 강화인)은 파괴적 행동문제를 보이는 청소년으로 하여금 더욱 따뜻한 관심을 받도록 유인하므로 파괴적 행동이 줄어들게 되는 것이다.

② 처벌의 낮은 효과성
   ㉠ 파괴적인 성향을 지닌 청소년은 자극과 모험을 추구하며, 사회적인 제재 등 부적절한 행위로 인해 나타날 수 있는 결과에 대해 별다른 두려움을 느끼지 않는 경우가 많다.
   ㉡ 파괴적 행동문제를 보이는 청소년에게 제재의 위협을 가하거나 실제 벌을 가한다고 해도 일시적으로 이전 행동을 억제할 수 있을 뿐 실질적인 효과를 기대하기는 어려우며, 오히려 처벌의 부작용에 따른 공격성을 증폭시킬 수 있다.

③ 역기능적인 훈육 및 교육 방식으로 인한 부적응 행동의 강화
   ㉠ 부모나 교사가 청소년의 파괴적인 행동에 대해 무관심하거나 별다른 개입을 하지 않는 경우, 일관되지 못한 태도를 보이는 경우, 고함을 지르거나 과도하게 화를 내는 경우 오히려 청소년의 파괴적 행동을 강화할 수 있다.
   ㉡ 예를 들어, 교사가 수업 중 떠드는 학생에게 계속 고함을 지르는 경우, 교사는 그와 유사한 상황에서 똑같은 반응을 보일 것이며, 그로 인해 학생들은 그 교사를 멀리하게 되고 심지어 교사의 고함치는 버릇을 모방할 수도 있다.

> **전문가의 한마디**
>
> 이 문제는 명확한 정답이 있는 것이 아니므로 다양한 답안이 도출될 수 있습니다. 일반적으로 강화와 처벌 모두 행동수정에 유효한 것으로 알려져 있습니다. 다만, 청소년을 대상으로 하는 학교현장에서는 학생들의 지도 및 훈육을 위해 처벌보다는 강화가 보다 바람직하다고 주장하고 있습니다. 그러나 일부 학자들은 강화가 반드시 좋은 결과만을 가져오는 것은 아니라는 의견을 제시하고 있습니다. 그들은 아동의 파괴적인 행동이 부모에게서 관심을 끌기 위한 것일 수 있으며, 이때 부모가 자녀에게 관심을 보이는 것이 오히려 그와 같은 역기능적 행동을 강화할 수도 있다는 것입니다.

알아두기

1. 정적 강화자극의 종류
   - 소모할 수 있는 강화물(Consumable Reinforcer) : 과자, 사탕, 음료수 등
   - 활동할 수 있는 강화물(Activity Reinforcer) : TV 보기, 컴퓨터게임 하기, 친구들과 놀기 등
   - 조작할 수 있는 강화물(Manipulative Reinforcer) : 장난감모형 만들기, 색칠하기 등
   - 소유할 수 있는 강화물(Possessional Reinforcer) : 좋아하는 옷이나 신발, 구슬이나 인형 등을 갖게 하기
   - 사회적인 강화물(Social Reinforcer) : 칭찬해 주기, 미소 지어주기, 안아주기 등
2. 강화자극의 선택 시 고려사항
   - 쉽게 구할 수 있는 것이어야 한다.
   - 바람직한 행동이 나타난 즉시 줄 수 있는 것이어야 한다.
   - 포화가 쉽게 일어나지 않으며, 반복적으로 사용할 수 있는 것이어야 한다.
   - 강화자극의 소모에 많은 시간을 필요로 하지 않는 것이어야 한다.

심리치료

06 정신분석적 치료에서는 이상적인 목표에 도달하게 될 때 치료를 종결하게 된다. 정신분석적 치료의 이상적인 치료 목표를 설명하시오.

6점 16년 기출

모범 답안

① 증상을 유발한 무의식적 갈등의 해소와 성격구조의 건강한 변화

정신분석적 치료의 궁극적인 목표는 내담자의 성격구조를 건강하게 변화시키는 것이다. 이는 내담자가 호소하는 증상이 성격의 구조적 갈등에서 비롯된다는 인식에 따른 것이다. 따라서 내담자의 무의식적 갈등을 해결하고 건강한 성격을 함양하도록 함으로써 증상은 자연히 해소된다. 이와 같이 정신분석적 치료는 증상의 제거 자체에 초점을 두기보다는 증상을 유발한 무의식적 갈등과 성격적 문제의 해결을 치료 목표로 한다.

② 무의식적 갈등의 의식화와 심리적 문제에 대한 통찰

대부분의 정신장애는 어린 시절의 좌절경험에 뿌리를 둔 무의식적 갈등에서 비롯되므로, 치료자는 내담자로 하여금 무의식적 갈등의 의식화를 통해 이를 자아(Ego)의 통제하에서 해결될 수 있도록 한다. 내담자는 자신의 증상에 대한 무의식적 의미를 이해하고 자신의 심리적 문제에 대해 통찰함으로써 부적절한 방어기제의 사용을 자제하며, 건강하게 일하고 사랑할 수 있는 성숙한 성격으로 변화할 수 있다.

• 전문가의 한마디 •

일반적으로 정신분석적 치료 혹은 정신분석 상담의 목표는 구체적인 관점에서 몇 가지로 나열할 수 있으나, 그 궁극적인 치료 목표는 내담자의 성격구조를 건강하게 변화시키는 데 있습니다. 프로이트(Freud)는 그 핵심으로 자아(Ego) 기능의 강화를 강조하였습니다. 즉, 자아의 기능을 강화하여 자아가 성격의 주인으로 확고하게 자리를 잡게 될 때 충동적이고 비합리적인 원초아(Id)를 효과적으로 제어할 수 있으며, 원초아(Id)와 초자아(Superego) 사이에서 현실의 요구를 적절히 조정할 수 있다는 것입니다. 이와 관련하여 프로이트는 "Wo Es war, soll Ich werden(Where Id was, there Ego shall be)", 즉 "원초아가 있는 곳에 자아를 있게 하라"는 유명한 말을 남기기도 했습니다.

알아두기

정신분석적 치료에서 치료의 종결 여부에 대한 결정 기준
- 심각한 갈등의 해결 및 자아기능의 향상
- 병리적 방어기제의 사용 감소
- 성격구조상의 중요한 긍정적 변화
- 증상의 상당한 호전 또는 증상을 스스로 극복할 수 있는 능력이 생겼다는 증거의 존재

07 심리치료
인간중심 상담에서 로저스(Rogers)가 강조한 치료자의 기본 태도를 3가지 쓰시오.

6점 08, 10, 14, 17, 18, 19, 20, 21, 22, 23년 기출

모범 답안

① 일치성과 진실성

치료자(상담자)의 내적인 경험과 외적인 표현이 일치되며, 내담자와의 관계에서 개방적인 표현이 이루어지도록 노력하는 것을 의미한다. 치료자의 일치성과 진실성은 내담자의 진솔한 감정 표현을 유도하며, 이를 통해 진솔한 의사소통이 촉진된다. 치료자는 내담자와의 상담관계에서 순간순간 경험하는 자신의 감정이나 태도를 있는 그대로 솔직하게 인정해야 한다.

② 공감적 이해와 경청

치료자는 내담자의 주관적인 경험을 감지하고 내담자의 마음속으로 들어감으로써 내담자로 하여금 자신의 감정을 더욱 강렬하게 경험하며, 내부의 불일치를 인식할 수 있도록 돕는다. 그러나 공감적 이해는 동정이나 동일시로써 내담자의 감정에 빠져드는 것을 의미하는 것이 아닌 객관적인 입장에서 내담자를 깊이 있게 이해하는 것을 뜻한다.

③ 무조건적인 긍정적 관심(수용) 또는 존중

치료자는 내담자의 사고나 감정, 행동에 대해 옳고 그름, 좋고 나쁨을 평가 또는 판단해서는 안 된다. 치료자는 아무런 조건 없이 수용적인 태도로써 내담자를 존중하며, 내담자의 사고나 감정, 행동에 대한 권리를 인정해야 한다.

전문가의 한마디

이 문제는 내담자중심치료(인간중심 상담)에서 로저스(Rogers)가 강조한 '치료자(상담자)의 특성', '치료자의 태도', '치료자의 자세', '치료자의 조건', '치료자의 필요충분조건' 등 다양한 표현으로 제시되고 있습니다. 주의해야 할 것은 이 문제를 2018년 1회(10번) 및 2021년 1회(14번) 실기시험 문제, 즉 "인간중심치료에서 로저스(Rogers)가 제시한 내담자의 긍정적 성격변화를 위한 치료의 필요충분조건을 4가지(혹은 5가지) 쓰시오"와 혼동해서는 안 된다는 점입니다. 로저스는 치료의 6가지 필요충분조건을 소개했는데, 위의 3가지는 그중 가장 핵심이 되는 조건에 해당합니다. 이 문제와 관련하여 1차 필기시험에 다음과 같은 문제들이 출제된 바 있습니다.

Rogers의 인간중심 상담에서 상담자에게 요구되는 3가지 태도에 해당하지 않는 것은? 『10년 기출』

① 일치성
② 객관적 관찰
③ 공감적 이해
④ 무조건적 존경(존중)

정답 ②

인간중심치료에서 자기와 경험 간의 일치를 촉진시키고, 자기실현을 하도록 치료자가 지녀야 할 특성과 가장 거리가 먼 것은? 『17년 기출』

① 공감
② 진실성
③ 객관적인 이해
④ 무조건적 긍정적 존중

정답 ③

심리치료 장면에서 치료자의 3가지 기본 특성 혹은 태도가 강조된다. 이는 인간중심 심리치료의 기본적 치료기제로도 알려져 있는데, 이러한 치료자의 기본 특성에 해당되지 않는 것은? 『19년 기출』

① 무조건적인 존중
② 정확한 공감
③ 적극적 경청
④ 진솔성

정답 ③

해설 '적극적 경청'이 아닌 '공감적 경청'이 옳다. 적극적 경청이 '듣기'에 초점을 둔다면, 공감적 경청은 '이해'에 보다 중점을 둔다.

심리치료

08 실존치료에서는 정상적 불안과 신경증적 불안을 구분하고 있다. 그중 정상적 불안의 특징을 3가지 쓰시오.

6점 16, 19년 기출

모범 답안

① 정상적 불안은 직면하고 있는 상황에 부합된다. 즉, 정상적 불안은 당면한 사상에 대한 적절한 반응이다.
② 정상적 불안은 억압을 요구하지 않는다. 우리 모두가 결국 죽게 된다는 사실에 타협할 수 있는 것처럼, 우리는 그것과 화해할 수 있다.
③ 정상적 불안은 창조적으로 사용될 수 있다. 예를 들어, 어떤 자극이 불안을 일으키는 딜레마에 직면하고 이를 확인하도록 돕기도 한다.

전문가의 한마디

실존치료에서는 불안을 인간생활의 필수조건으로 봅니다. 그 이유는 불안이 인간으로 하여금 생존하고 자기 존재를 유지하고 표현하기 위한 욕구에서 비롯된다고 보기 때문입니다. 그로 인해 실존치료자들은 불안을 정상적 불안과 신경증적 불안으로 구분합니다. 정상적 불안은 당면한 사상에 대한 적절한 반응으로서 병리적 상태가 아닌 긍정적 신호로 볼 수 있는 반면, 신경증적 불안은 상황과 조화를 이루지 못하는 부적절한 반응으로서 보통 의식 밖에서 사람을 무력화시키는 경향이 있기 때문입니다. 따라서 실존치료는 생존의 필수조건으로서 정상적 불안을 생활의 일부로 인정하도록 하는 한편, 신경증적 불안을 최소화하여 심리적 건강을 유지하도록 하는 것을 목표로 합니다. 참고로 실존주의에서 자주 언급되는 실존적 불안은 곧 정상적 불안이자 성장을 자극하는 건설적 불안을 의미하는 것으로 볼 수 있으며, 일부 교재에서는 아예 실존적 불안과 정상적 불안을 동일한 것으로 제시하기도 합니다.

알아두기

실존치료에서 신경증적 불안의 3가지 특징
- 신경증적 불안은 상황에 적합하지 못하다. 예를 들어, 어떤 부모는 아이가 차에 치일까봐 불안하여 아이를 절대 집 밖에 나가지 못하도록 할 수 있다.
- 신경증적 불안은 억압된다. 이는 대부분의 사람들이 핵전쟁의 두려움을 억압하는 것과 유사하다.
- 신경증적 불안은 건설적이지 못하고 파괴적이다. 또한 창조성을 자극하기보다는 개인을 마비시키는 경향이 있다.

09 심리치료

상담 과정에서 나타나는 저항의 의미를 쓰고, 내담자의 저항에 대응하는 방법을 기술하시오. 4점

모범 답안

(1) 저항의 의미

저항(Resistance)은 상담이나 심리치료의 진행을 방해하고 현재 상태를 유지하려는 내담자 또는 환자의 의식적 혹은 무의식적 사고, 태도, 감정, 행동을 의미한다.

(2) 저항의 대응방법

① 제1단계 – 저항의 수용
  ㉠ 저항의 이유가 무엇이든 간에 상담자는 내담자가 저항하며 나타내는 불안과 두려움 등을 있는 그대로 표현하도록 하며, 이를 수용한다.
  ㉡ 상담자는 내담자로 하여금 저항의 감정을 드러내도록 한 후 이를 판단하지 말고 내담자의 행동을 객관적으로 그대로 묘사해 준다.

② 제2단계 – 저항의 해석
  ㉠ 상담자는 내담자의 저항을 분석하고 해석함으로써 내담자로 하여금 저항 행동의 숨은 의미를 이해하고 통찰할 수 있도록 돕는다.
  ㉡ 상담자가 내담자의 저항을 권위적이고 방어적으로 대하지 않으면, 내담자 스스로 자신의 문제와 경험에 대해 방어를 풀고 자신이 방어하는 진정한 의미를 깨달을 수 있다.

> **• 전문가의 한마디 •**
>
> 저항(Resistance)은 정신분석이론의 주요 개념으로서, 정신분석이론에서는 이를 "내담자가 무의식에 눌러놓은 고통스러운 기억들을 꺼내놓기 싫어 무의식적으로 자신을 방어하는 행동"으로 간주합니다. 따라서 정신분석적 상담에서는 내담자의 저항 속에 감추어진 불안과 두려움 등에 초점을 맞추어 내담자의 저항을 적절히 해석해 줌으로써 내담자 스스로 자신의 문제에 대한 이해와 통찰에 이를 수 있도록 돕습니다. 이는 정신분석적 상담의 주요 기법인 '저항의 분석(Resistance Analysis)'의 기본원리로서, 비단 정신분석적 상담에만 유용한 것이 아니라 일반적인 상담 과정에서도 유효하게 적용됩니다.
>
> 요컨대, 코리(Corey)는 저항에 대한 정신분석적 개념을 인정하면서, 상담 과정에서 저항은 지극히 정상적인 현상이며, 저항을 처리하는 것을 치료의 일부로 보아야 한다고 강조하였습니다. 그는 상담 과정 중 내담자의 저항이 확인되면 이를 토대로 인지적·정서적·행동적인 측면에서 도움을 줄 수 있으므로, 저항은 더 이상 치료의 장애물이 아닌 단서일 수 있다고 보았습니다. 따라서 상담자는 저항을 제거하는 방법을 배우는 것이 아니라 저항을 다루는 방법을 배워야 한다고 주장하면서, 저항의 다양한 양상을 제시하고 이를 어떻게 처리하는지를 자신의 저서를 통해 설명한 바 있습니다. 이와 관련된 보다 자세한 내용은 'Corey, G., 「상담 및 심리치료의 통합적 접근」, 현명호 外 譯, 시그마프레스 刊'을 참조하시기 바랍니다.

심리치료

10 아동상담에서 놀이의 치료적 기능을 3가지 쓰고, 각각에 대해 설명하시오. 6점

모범 답안

① 관계형성의 기능

놀이치료는 상담자와 아동 간의 신뢰롭고 특별한 관계가 발달할 수 있도록 돕는 데 효과적이다. 또한 아동으로 하여금 상담 상황에 친숙하고 안정된 느낌을 가질 수 있도록 한다.

② 자기노출의 기능

놀이치료는 아동으로 하여금 자신의 감정, 갈등과 문제, 관계의 어려움 등을 직접적으로 혹은 상징적으로 재연하도록 한다. 따라서 다른 방법으로 표현하지 못하는 다양한 정보들을 제공하게 되며, 이를 통해 상담자는 아동을 더 잘 이해할 수 있게 된다.

③ 치유의 기능

놀이치료는 아동으로 하여금 자신의 감정과 갈등을 자유롭게 표현하도록 하여 감정의 발산과 정화를 촉진하므로 치료적인 효과를 가진다. 또한 아동은 안전한 환경에서 새로운 행동과 적절한 대처기술을 익히게 된다.

● 전문가의 한마디 ●

'놀이의 치료적 기능'과 '놀이의 치료적 가치'는 동일한 것일까요? 대부분의 수험생 분들이 이 문제를 2022년 1회 11번 및 2022년 3회 18번 문제와 동일한 것으로 착각한 것 같습니다. 그러나 이 두 가지는 완전히 다른 문제입니다. 이와 같이 임상심리사 시험에서는 출제자가 단어 하나를 살짝 바꿔서 정답이 다른 문제를 만드는 경우가 종종 있습니다. 이는 수험생 분들이 아는 문제라 판단하여 열심히 답안을 작성하고도 생각보다 낮은 점수를 받았다고 하소연하는 이유이기도 합니다.

참고로 '놀이의 치료적 기능'에 관한 위의 해설 내용은 브렘스(Brems)의 놀이치료에 대한 이론적 입장입니다. 이와 관련된 내용은 '신현균, 『아동 심리치료의 실제』, 학지사 刊', '김춘경, 『아동상담 – 이론과 실제』, 학지사 刊', '강정원 外, 『영유아교사를 위한 아동상담』, 정민사 刊'을 참조하시기 바랍니다.

> **알아두기**

아동상담에서 놀이의 3가지 역할(이장호)

- 감정발산의 수단

  아동이 주위 사람들에게 마음속으로 느꼈던 증오와 두려움을 놀이를 통해 발산하는 것은 성인이 이야기를 통해 감정을 표현하는 것과 유사하다.

- 자신의 갈등 및 생각과 행동의 다양한 측면으로의 표출

  놀이 중인 아동을 관찰해 보면, 아동이 어떤 방식으로 환경에 대처해 나가는지를 알 수 있다. 아동 스스로도 놀이치료가 진행됨에 따라 갈등적 행동이 줄어들고 점차 안정된 행동양식을 갖추게 된다.

- 아동상담에서 중요한 의사소통의 매체

  아동은 놀이를 통해 자기 자신에 대한 의사표현을 한다. 특히 아동의 놀이를 통한 자기표현은 상담자 앞에서 놀이를 하는 동안 아동이 상담자의 존재를 어떻게 받아들이느냐에 따라 달라진다. 따라서 놀이의 내용 및 방식은 상담자에 대한 의사소통의 기능을 갖고 있다고 볼 수 있다.

기초심리평가

11 DSM-5 진단 기준에 따른 특정공포증(Specific Phobia)의 하위유형을 3가지만 쓰고, 각각에 대해 간략히 설명하시오. 〔6점〕 〔19년 기출〕

모범 답안

① 동물형(Animal Type)
거미, 곤충, 개 등 동물이나 곤충에 대해 공포감을 느낀다.

② 자연환경형(Natural Environment Type)
고공(높은 장소), 폭풍, 물 등 자연환경에 대해 공포감을 느낀다.

③ 혈액-주사-상처형(Blood-Injection-Injury Type)
바늘, 침습적인 의학적 시술 등 피를 보거나 주사를 맞는 것에 대해 공포감을 느낀다.

④ 상황형(Situational Type)
비행기, 엘리베이터, 밀폐된 장소 등 폐쇄된 공간에 대해 공포감을 느낀다.

전문가의 한마디

임상적 장면에 찾아오는 성인들이 나타내 보이는 특정공포증(Specific Phobia)의 하위유형으로는 '상황형 > 자연환경형 > 혈액-주사-상처형 > 동물형' 순으로 많은 것으로 알려져 있습니다. 참고로 'Blood-Injection-Injury Type'은 '혈액-주사-상처형', '혈액-주사-손상형', '혈액-주사-부상형' 등 다양한 명칭으로 번역되고 있습니다.

요컨대, 이 문제의 답안으로 '광장공포증(Agoraphobia)'을 생각한 분들도 있을 겁니다. 그러나 광장공포증은 특정공포증과 별도로 불안장애(Anxiety Disorders)의 하위유형으로 분류되고 있습니다. DSM-5에서도 상황형 특정공포증이 광장공포증과 임상적으로 유사한 양상을 보이고 있음을 지적하고 있는데, 만약 개인이 광장공포증 상황 중 단 한 가지 상황에 대해서만 공포감을 느낀다면 상황형 특정공포증으로, 만약 두 가지 이상의 상황에 대해서 공포감을 느낀다면 광장공포증으로 진단을 내리도록 하고 있습니다.

자문

12 반복적으로 또래친구들을 괴롭히며 교사에게 반항하는 아동의 문제를 호소하는 초등학교 3학년 담임선생님에게 자문을 하고자 한다. 해당 아동의 문제를 해결하는 데 도움을 줄 수 있는 조언을 4가지 쓰시오.

8점 08, 14년 기출

모범 답안

① 학급의 규칙을 제시하도록 한다.
   학급의 규칙은 아동으로 하여금 다양한 상황에서 어떠한 행동이 기대되며, 어떠한 행동이 적절한 것으로 간주되는지에 대해 명백히 밝힐 수 있는 것이어야 한다. 특히 학급 내 행동의 가장 중요한 측면에 초점을 맞추어야 하며, 정기적으로 아동과 함께 검토가 이루어져야 한다.

② 관심과 칭찬을 제공하도록 한다.
   아동이 과제에 집중하는 태도를 보이는 것에 대해 관심을 기울이도록 한다. 특히 아동이 규칙을 잘 따르거나 적절한 행동을 보이는 경우 칭찬을 하도록 한다.

③ 토큰강화나 반응대가를 사용하도록 한다.
   한편으로 아동의 적절한 행동 발생 가능성을 높이기 위해 토큰을 이용한 강화를 사용하도록 하며, 다른 한편으로 아동의 부적절한 행동 발생 가능성을 줄이고 학급 중재의 효율성을 높이기 위해 아동이 습득한 토큰이나 특권을 잃도록 하는 반응대가 프로그램을 사용하도록 한다.

④ 고립을 사용하도록 한다.
   고립은 아동이 부적절한 행동을 보이는 경우 일정한 시간 동안 아동을 학급 활동에서 배제한 채 후속적 관찰로써 아동을 살피는 것이다. 다만, 고립은 윤리적인 문제와 부작용을 초래할 수도 있으므로, 아동을 학급에서 내보내는 완전고립은 가급적 삼가도록 한다.

⑤ 가정과 학교 간에 알림장을 통한 의사소통이 이루어지도록 한다.
   알림장은 부모와 교사 간의 의사소통을 증진시키고, 가정과 학교에서 아동의 행동을 중재하기 위한 일관성 있는 조치를 가능하게 한다. 알림장은 사용이 용이하고 작성이 간편해야 하며, 내용상 포함될 목표행동을 정하는 경우 쉽게 관찰될 수 있는 행동이어야 한다.

> **전문가의 한마디**
>
> 이 문제는 명확한 정답이 있는 것이 아니므로 다양한 답안이 도출될 수 있습니다. 인터넷 카페 등에서는 단순히 자문의 단계를 열거하거나 자문의 기능을 제시하는 방식으로 답안을 유도하고 있으나, 이는 출제자가 요구하는 답안과는 거리가 먼 것으로 보입니다. 더욱이 문제 자체를 보다 면밀히 살펴보면, 아동의 문제와 관련하여 가정, 학교, 지역사회 차원의 확장된 관점을 제시하기보다는 아동을 지도·훈육하는 담임선생님에게 아동의 부적응적인 문제 해결을 위한 심리학적 차원에서의 행동주의적 접근을 자문가로서 심리전문가의 보다 직접적인 '조언'의 형태로 제시하도록 유도하고 있습니다. 다시 말해 아동의 문제행동을 바람직한 행동으로 변화시키기 위한 기술적 조언을 요구하고 있는 것으로 볼 수 있습니다. 위의 문제 해설은 그와 같은 점에 착안하여 'Gimpel, G. A. et al., 『유아기 정서 및 행동장애』, 방명애 外 譯, 시그마프레스 刊', '강위영 外, 『정서·행동 발달과 문제 예방』, 대구대학교출판부 刊', 그리고 '방명애 外, 《장애학생의 문제행동 중재방안 및 사례(제15회 국내세미나)》, 국립특수교육원 刊'의 도서 및 학술세미나 자료 등을 참조하여 답안을 작성하였습니다.

기초심리평가

13 MMPI나 BDI와 같은 객관적 자기보고형 검사의 장점과 단점을 각각 2가지씩 쓰시오.

4점

모범 답안

(1) 장점
① 검사의 시행·채점·해석이 간편하며, 응답이 용이하다.
② 부호화와 분석이 용이하므로 시간과 노력이 절약된다.
③ 검사자나 상황변인의 영향을 덜 받으며, 검사 결과의 객관성이 보장된다.
④ 검사 제작 과정에서 신뢰도 및 타당도에 대한 증거를 확보할 수 있다.
⑤ 수검자의 무응답이나 검사 목적에 부합하지 않은 응답을 줄일 수 있다.

(2) 단점
① 수검자의 사회적 바람직성이 응답 결과에 영향을 미친다.
② 수검자는 일정한 흐름에 따라 응답할 수 있다.
③ 수검자가 자기 이해와 관계없이 협조적인 대답으로 일관할 수 있다.
④ 검사문항이 특정 상황에서의 특성과 상황 간의 상호작용 내용을 밝히기에 한계가 있다.
⑤ 응답의 범위가 제한되어 있으므로 수검자의 진술 기회가 상대적으로 적다.

> **전문가의 한마디**
>
> 객관적 검사(자기보고형 검사)의 장점과 단점에 관한 문제는 1차 필기시험에서 다음과 같이 출제되었습니다.
>
> **투사적 성격검사와 비교할 때, 객관적 성격검사의 장점은?** `16년 기출`
>
> ① 객관성의 증대
> ② 반응의 다양성
> ③ 방어의 곤란
> ④ 무의식적 내용의 반응
>
> 정답 ①
>
> **성격을 측정하는 자기보고 검사에 관한 설명으로 옳은 것은?** `21년 기출`
>
> ① 개인의 심층적인 내면을 탐색하는 데 흔히 사용된다.
> ② 응답결과는 개인의 반응 경향성과 무관하다.
> ③ 강제선택형 문항은 개인의 묵종 경향성을 예방하는 데 효과적이다.
> ④ 사회적으로 바람직하게 응답하려는 경향을 나타내기 쉽다.
>
> 정답 ④
>
> 해설 ① 투사적 검사의 특징에 해당한다.
> ② 개인의 응답 방식에서 나타나는 일정한 흐름이 결과에 영향을 미치는 반응 경향성은 객관적 검사의 단점에 해당한다.
> ③ 자기 이해와 관계없이 협조적인 대답으로 일관함으로써 결과에 영향을 미치는 묵종 경향성은 객관적 검사의 단점에 해당한다.

알아두기

투사적 검사의 장점과 단점

- 장 점
  - 수검자의 독특한 투사적 검사반응이 수검자에 대한 이해에 매우 효과적이다.
  - 수검자의 의도된 방어적 반응에 적절히 대처할 수 있다.
  - 모호한 자극에 의해 수검자의 다양한 반응이 나타난다.
  - 수검자의 전의식적이거나 무의식적인 심리적 반응을 유도한다.
- 단 점
  - 검사의 신뢰도가 전반적으로 결여되어 있다.
  - 검사 결과의 해석에 대한 타당도 검증이 빈약하다.
  - 여러 상황적 요인들이 검사반응에 영향을 미친다.

기초심리상담

14 내담자의 능력을 평가하는 지능검사를 시행할 때 내담자와 라포(Rapport)를 형성하는 것이 중요하다. 라포 형성의 구체적인 방법을 4가지 기술하시오. [4점] [18년 기출]

모범 답안

① 성취동기가 부족하고 쉽게 포기하는 수검자로 하여금 최선을 다하도록 격려한다.
② 평가 상황에서 지나치게 긴장하고 불안해하는 수검자로 하여금 안심하고 검사에 집중할 수 있도록 돕는다.
③ 검사에 대한 수검자의 관심을 유발하고, 침착하고 차분하게 과제를 제시하며, 각 소검사들을 부드럽게 연결시켜 준다.
④ 사전에 수검자가 알아두어야 할 일반적인 사항들을 설명해 준다.

> **전문가의 한마디**
>
> 이 문제는 일반적인 상담 과정에서 상담자와 내담자 간 라포(Rapport) 형성에 관한 문제가 아닙니다. 또한 아동을 대상으로 한 지능검사에서 검사자와 수검자 간 관계형성의 방법을 묻는 지난 2012년 6번 문제와도 다릅니다. 이 문제에서는 '아동'이 전혀 언급되지 않았고, 일반적인 심리검사 대신 '지능검사'로 문제가 제시되었으며, 널리 알려진 웩슬러 지능검사의 특정 버전(예 K-WAIS, K-WAIS-IV)이 소개되지 않았다는 수험생들의 진술을 토대로, '염태호 外, 『K-WAIS 실시요강』, 한국가이던스 刊', '박영숙 外, 『최신 심리평가』, 하나의학사 刊'에 소개된 웩슬러 지능검사와 관련된 일반적인 고려사항 중 '라포(Rapport) 형성'에 관한 내용을 답안으로 작성하였습니다.

알아두기

지능검사를 실시할 때 숙지하여야 할 사항

- 검사 시작 전 검사의 목적, 방법, 그 밖의 일반적인 사항들을 설명해 준다.
- 새로운 소검사를 시작하기 전에 수검자에게 이를 자연스럽게 알린다(예 "이번에는 다른 종류의 검사를 해 보겠습니다").
- 수검자의 반응이 모호하거나 분명하지 않을 때 중립적인 질문을 통해 탐색한다(예 "어떤 의미인지 좀 더 자세히 말씀해 주십시오").
- 수검자의 다양한 반응에 민첩하고 적절하게 대처한다. 특히 검사 수행 후 수검자를 안심시키고 격려해 줄 수 있지만, 정답 여부를 직접 알려주어서는 안 된다.

- 수검자의 연령, 교육 수준, 지적 능력 등을 고려하여 수검자가 이해할 수 있는 언어로 쉽게 설명해 준다.
- 시간제한이 있는 소검사의 경우 이를 채점에 정확히 적용하는 한편, 시간제한이 없는 소검사의 경우 독촉받는 느낌을 갖지 않도록 시간적 여유를 부여한다.
- 검사는 제시된 순서에 맞게 한 번에 실시하는 것을 원칙으로 하되, 수검자의 상태로 인해 한 번에 실시하는 것이 어려운 경우 이를 나누어 실시할 수 있다.
- 수검자가 사용한 언어 반응 그대로 기록하는 것을 원칙으로 하되, 기록의 편의를 위해 일반적으로 많이 사용하는 언어에 대해서는 축약어를 사용할 수 있다.
- 검사 수행 동안 수검자가 보인 특이한 행동반응이나 언어사용 등을 면밀히 관찰하고 기록하여 이를 결과 해석에 활용하도록 한다.

기초심리평가

15 카우프만(Kaufman)과 리히텐베르거(Lichtenberger)가 제시한 지능검사의 기본 철학을 5가지 쓰시오. 5점 22년 기출

모범 답안

① 지능검사의 소검사는 개인의 학습경험을 측정한다.
    지능검사의 소검사 유형에 따라 언어적 혹은 비언어적 요소의 관여 정도가 다르지만, 기본적으로 모든 과제는 개인의 문화적·교육적 경험이나 일상생활에서의 경험 등을 통한 학습을 반영한다.
② 지능검사의 소검사는 행동의 표집일 뿐 그 총체는 아니다.
    지능검사는 제한된 시간 내에 통제된 환경에서 몇몇 과제를 수행하는 동안 수집된 특정 행동 표집에 근거한 평가이므로, 지능의 본질적인 구성요소나 실생활에서의 전반적인 성취를 총망라하여 반영할 수 없다.
③ 개인 대상의 표준화된 지능검사는 특정한 실험 환경에서의 정신기능을 평가한다.
    개인은 일상생활에서 표준화된 절차나 통제된 환경하에 행동하지 않는다. 따라서 개인의 지능 수준을 보다 정확히 측정하기 위해 표준화된 절차를 엄격히 준수한다고 해도, 이는 일상생활의 조건과는 근본적인 차이가 있다.
④ 지능검사와 같은 종합검사는 이론적 모형을 토대로 해석해야 유용하다.
    여러 소검사가 포함된 종합검사는 이론적 모형을 토대로 검사 자료를 조직화해야 개인의 인지기능의 장단점을 보다 명확히 파악할 수 있으며, 실용적이고 의미 있는 해석을 할 수 있다.
⑤ 검사 프로파일을 통해 도출된 가설은 다양한 출처의 자료로써 지지되어야 한다.
    검사 결과에 기초하여 가설을 수립한 다음에는 해당 수검자에 대한 배경정보, 사회적 맥락, 행동관찰, 평상시 문제해결 방식 등 다양한 자료와 맥락을 통해 가설의 타당성을 검토하여야 한다.

> **전문가의 한마디**
>
> 지능검사는 과학적인 검증을 거쳐 개발되기는 하였지만 어디까지나 인위적으로 표집하여 구성된 문항의 집합일 뿐 결과의 일반화에는 신중을 기해야 합니다. 또한 각 소검사는 지능의 특수한 측면에 국한하여 측정이 이루어지므로, 이를 보완하기 위해 여러 소검사를 조합한 지표점수나 요인구조로 결과를 분석하며, 다양한 행동표집 자료들을 통합하여 해석하는 것이 바람직합니다.

알아두기

지능검사의 일반적인 목적
- 개인의 전반적인 지적 능력을 평가한다.
- 개인의 인지적 특성, 인지적 강점 및 약점을 파악한다.
- 검사 결과에 기초하여 임상적 진단을 명료화한다.
- 검사 결과에 기초하여 기질적 뇌손상 또는 뇌손상에 따른 인지적 손상을 평가한다.
- 검사 결과에 기초하여 합리적인 치료 계획 및 치료 목표를 수립한다.

기초심리평가

16. 로샤 검사(Rorschach Test)의 구조적 요약에 제시되는 형태질 종류 3가지를 쓰시오.

`6점` `17년 기출`

모범 답안

① FQx
  ㉠ 'Form Quality Extended'를 의미하는 것으로, 모든 반응에 대한 형태질 빈도를 기입한다.
  ㉡ 형태를 사용한 모든 반응에 대해 각 FQ의 빈도를 계산하며, 형태를 사용하지 않은 반응의 경우 'none' 항목에 별도로 기록한다.

② MQual
  ㉠ 'Human Movement Form Quality'를 의미하는 것으로, 인간 운동반응에서 형태질의 분포를 기입한다.
  ㉡ 모든 인간 운동반응(M)의 FQ를 각각 계산하며, 형태를 포함하지 않은 Mnone 반응은 'none' 항목에 별도로 기록한다.

③ W+D
  ㉠ 'Common Area Form Quality'를 의미하는 것으로, 반응영역에서 전체반응(W ; Whole Response)과 함께 흔한 부분반응 또는 보통 부분반응(D ; Common Detail Response)으로 채점된 반응에 대한 형태질 빈도를 기입한다.
  ㉡ W와 D 영역을 사용한 반응 모두의 FQ를 각각 계산한다.

> **전문가의 한마디**
>
> 로샤(Rorschach) 반응을 기호로 바꾼 다음 각 기호의 빈도, 비율, 백분율, 점수 등을 산출하여 체계적으로 요약하고 해석을 시도하게 되는데, 이를 '구조적 요약(Structural Summary)'이라 합니다. 이와 같은 구조적 요약을 위해 수검자의 반응을 채점한 후 각 반응에 대한 기호를 '점수계열지 혹은 점수계열 기록지(Sequence of Score)'에 옮겨 적게 됩니다. 구조적 요약은 상단부와 하단부로 구성되는데, 상단부에는 주로 각 변인의 빈도를 기록하고, 하단부에는 비율, 백분율, 산출점수 및 6개의 특수지표 점수를 기록하게 됩니다. 이와 같은 자료를 근거로 수검자의 심리적 특성과 인지적 기능들에 대한 여러 가지 가설들을 세울 수 있습니다.

기초심리평가

17. 주제통각검사(TAT)의 개념을 쓰고, 대인관계법의 해석 방식에 대해 설명하시오. (4점)

모범 답안

(1) 주제통각검사(TAT)의 개념

① 주제(Themes)
  개인의 이야기이자 공상 내용을 말하는 것으로, 개인의 내적 욕구와 환경적 압력의 관계, 생활체계와 환경과의 상호의존적 관계에서 생긴 것이다.

② 통각(Apperception)
  지각에 대한 의미 있는 해석을 말하는 것으로, 외부세계에 대한 객관적인 지각 과정에 주관적인 요소가 개입된 통합적인 인식 과정이다.

③ 주제통각검사(Thematic Apperception Test)
  개인에게 그림 속 인물의 주체적인 욕구와 환경이 갖는 객관적인 압력에 대한 공상적인 이야기를 만들도록 함으로써 이를 통해 개인의 역동적인 심리구조를 분석할 수 있도록 하는 검사도구이다.

(2) 주제통각검사(TAT)에 대한 5가지 해석 방식(Schneidman)

① 표준화법(Normative Approach)
  TAT 해석을 수량화하려는 입장으로, 반응상의 특징들을 항목별로 묶어 표준화 자료와 비교하여 해석하는 방법이다.

② 주인공 중심의 해석법(Hero-oriented Approach)
  이야기에 나오는 주인공이나 주요 인물을 중심으로 해석하는 방법으로, 주인공 중심법, 욕구-압력 분석법, 이야기 속의 인물 분석법 등이 있다.

③ 직관적 해석법(Intuitive Approach)
  정신분석에 기초한 것으로, 반응 내용 기저의 무의식적 내용을 자유연상을 통해 해석하는 방법이다.

④ 대인관계법(Interpersonal Approach)

이야기에 나오는 여러 인물의 사회적 지각 및 인물들의 상호관계를 중심으로 해석하는 방법으로, 인물 간 대인관계 사태 분석법, 수검자의 역할에 비추어 인물 간 및 인물들을 통해 표출되는 공격·친화·도피 감정을 중심으로 분석하는 방법 등이 있다.

⑤ 지각법(Perceptual Approach)

수검자의 이야기 내용의 형식을 분석하는 것으로, 도판의 시각 자극 왜곡, 언어의 이색적 사용, 사고나 논리의 특징적 양상, 이야기 자체의 기묘한 왜곡 등을 포착하는 방법이다.

> **전문가의 한마디**
>
> 주제통각검사(TAT)는 로샤(Rorschach) 검사와 더불어 전 세계적으로 널리 사용되고 있는 대표적인 투사적 검사로, 1935년 하버드대학의 머레이와 모건(Murray & Morgan)이 『공상연구방법론 A Method for Investigating Fantasies』을 통해 처음 소개하였습니다. 머레이는 프로이트(Freud)와 융(Jung)의 정신분석을 통해 '지각(Perception)'보다는 '상상(Imagenation)'에 의한 반응이 우선한다는 점을 강조하였으며, 상상을 통해 인간 내면의 내용들을 탐구하는 새로운 검사방식으로서 주제통각검사(TAT)를 제안하였습니다. 머레이의 뒤를 이어 벨락(Bellak)은 아동을 위한 주제통각검사, 즉 아동용 주제통각검사(CAT; Children's Apperception Test)를 고안하였는데, 벨락 또한 TAT 반응이 순수한 지각반응이 아닌 개인의 선행경험과 공상적 체험이 혼합된 통각적 과정이라 강조하였습니다.
>
> 요컨대, 이 문제에서는 슈나이드만(Schneidman)이 제시한 주제통각검사(TAT)의 5가지 해석 방식을 다루고 있습니다. 물론 문제상에서는 5가지 해석 방식 중 '대인관계법(Interpersonal Approach)'에 대해 설명하도록 요구하고 있으나, 추후 5가지 해석 방식 모두를 쓰도록 요구할 수 있으므로, 위의 해설로 제시된 5가지를 모두 기억해 두시기 바랍니다. 참고로 주제통각검사(TAT)에 대한 해석방법으로 '욕구-압력 분석법'이 널리 사용되고 있는데, 이는 위의 해설로 제시된 바와 같이 '주인공 중심의 해석법'에 해당합니다.

기초심리상담

18 임상적 면접은 그 필요성과 상황, 목적에 따라 다르게 구분된다. 다음 보기의 내용과 연관된 임상적 면접의 종류를 쓰시오. **3점**

> 환자 개인을 보다 정확히 이해하기 위해서는 그의 과거력을 아는 것이 중요하다. 임상심리사는 환자의 과거력을 중심으로 면접을 하게 되며, 이때 환자가 당면한 심리적 문제나 병적 증후는 크게 문제 되지 않는다. 그것보다는 환자의 생활 전반에 대한 평가가 중요하므로, 환자의 아동기 경험, 부모나 형제와의 관계, 학교생활이나 결혼생활 등에 관한 정보를 얻는다. 이를 위해 환자의 부모, 형제, 배우자 혹은 평소 가깝게 지내던 사람들을 면접하기도 한다.

모범 답안

사례사 면접(혹은 생활사 면접)

▶ 전문가의 한마디 ◀

이 문제는 정확한 복원이 이루어지지 않아 실제 문제와 차이가 있을 수 있습니다. 수험생들의 의견에 따르면, 이 문제는 임상적 면접의 종류를 단답식으로 쓰는 것으로, 보기의 예시가 주어지고 그 내용에서 특히 환자의 과거력, 부모·형제 등 환자와 관련된 중요인물에 대해서도 면접이 이루어질 수 있다는 점이 부각되었다고 합니다.

일반적으로 '임상적 면접'이라 하면 환자가 왔을 때 그들의 치료에 대한 요구와 동기, 치료에 대한 소개 등을 다루는 접수 면접, 환자의 진단을 위해 필요한 제반 사항들을 면접하는 진단 면접이 널리 알려져 있습니다. 그러나 임상적 면접은 그 구체적인 목적에 따라 다양한 형태로 나타나는데, 위의 해설로 제시된 사례사 면접이나 정신상태검진 면접 이외에도 자문 면접, 위기 면접, 검사 전 면접, 이송 면접, 퇴원 면접, 선발 면접 등 여러 종류가 있습니다.

요컨대, 사례사 면접(혹은 생활사 면접)이 환자의 핵심문제나 핵심정서를 다루기보다 환자의 과거력, 즉 과거 사건과 사실에 주로 초점을 맞추는 이유는 객관적 보고가 가능한 것들에 중점을 둠으로써 환자 개인을 보다 정확히 이해하기 위함입니다. 이러한 사례사 면접은 환자 스스로 자신의 정신병적 증후를 밝히기를 꺼리거나 비협조적인 태도를 보이는 경우, 정도가 심한 정신병 환자나 우울증 환자, 함구증 환자, 연소한 아동이나 의사소통이 어려운 노인 환자를 대상으로 하는 경우 유용하게 사용될 수 있습니다.

> **알아두기**
>
> 임상적 면접의 주요 종류

진단 면접 (Diagnostic Interview)	• 환자를 진단·분류하기 위한 것으로, 환자의 증상을 중심으로 그것이 어떠한 장애 범주에 해당하는지 장애 유형을 구분한다. • 정신질환자를 진료하는 임상장면에서 주로 사용하는 방법으로, 환자의 증상이 무엇인지, 언제부터 증상이 나타났는지, 과거력 및 경과는 어떠한지 등을 면접한다.
접수 면접 (Intake Interview)	• 환자가 도움을 받고자 내원했을 때 내원한 기관에 대한 소개 및 환자의 치료 동기에 대하여 면접한다. • 환자의 요구와 임상장면에 대한 기대, 임상장면의 특징에 대한 소개(예 치료기관, 치료절차 등), 치료적 동기와 대안적 치료방법 등에 초점을 둔다.
사례사 면접 (Case-history Interview)	• 환자의 개인적 혹은 사회적 과거력을 중심으로 환자와 환자의 문제의 배경 및 맥락을 파악하기 위한 것이다. • 환자의 핵심문제나 핵심정서를 다루기보다는 환자의 과거 사건과 사실에 주로 초점을 맞추는 것으로, 환자의 아동기 경험, 부모·형제와의 관계, 학교 및 직장생활, 결혼생활, 직업적 흥미와 적응 정도 등에 관한 정보를 얻는다.
정신상태검진 면접 (Mental Status Examination Interview)	• 진단 면접 시 부수적으로 사용하는 방법으로, 환자의 인지·정서·행동상의 문제점을 평가한다. • 직접 관찰이나 질문, 간단한 형태의 검사를 사용하여 환자의 정신병적 증후나 뇌 기능의 손상을 평가한다. 다만, 환자의 성격이나 신경증적 상태를 이해하기 위한 방법으로는 적합하지 않다.

2024년 제3회 기출복원문제 및 해설

임상심리사 2급

※ 임상심리사 2급 실기시험은 기출 미공개 시험으로, 본 교재에는 기출키워드를 분석하여 복원한 문제를 수록하였습니다. 실제 문제와 차이가 있을 수 있으므로 참고하시기 바랍니다.

기초심리상담

01 다음은 상담장면에서 상담자가 내담자에 대한 비밀보장을 할 수 없는 예외적인 경우에 해당한다. 각각의 질문에 답하시오. `6점` `19년 기출`

(1) 상담자는 내담자가 스스로 자살할 계획을 가지고 있음을 알게 되었다. 그에 대한 대처방법을 3가지 쓰시오.

(2) 상담자는 내담자가 타인을 살해할 계획을 가지고 있음을 알게 되었다. 그에 대한 대처방법을 3가지 쓰시오.

모범 답안

(1) 내담자의 자살계획을 알게 된 경우 대처방법

① 내담자의 가족이나 가까운 사람에게 알려야 한다.
② 내담자로 하여금 혼자 있지 못하게 하며, 자살을 시도할 수 있는 위험한 물건이나 상황에 가까이 있지 않게 한다.
③ 정신건강의학과 전문의를 포함한 자살 예방 전문가를 만나게 한다.

(2) 내담자의 타살계획을 알게 된 경우 대처방법

① 내담자에게 비밀보호가 불이행되는 상황에 대해 재차 인식시킨다.
② 내담자의 위험성을 진단하며, 잠재적 피해자 및 그 가족에게 그와 같은 사실을 알린다.
③ 해당 분야의 전문가나 관련 기관에 의뢰하여 적절한 도움을 받도록 한다.

> **전문가의 한마디**
>
> 정신건강 영역의 종사자들에게는 '경보조치의 의무(Duty to Warn and Protect)'가 있습니다. 특히 미국에서는 전문상담자 혹은 치료자 등 관련 전문가가 내담자의 위험성을 진단하거나 예측하는 데 실패했을 경우, 폭력의 피해를 입을 잠재적 피해자에게 경보를 알리는 데 실패했을 경우, 위험한 개인을 다른 전문체계로 위임하는 데 실패했을 경우, 위험한 개인을 병원에서 성급하게 퇴원조치 하는 경우, 전문가로서의 이중적 의무를 유기한 것으로 간주되어 소송의 대상이 되기도 합니다.
>
> 요컨대, 경보조치의 의무와 관련하여 타라소프(Tarasoff) 판례가 유명합니다. 1969년 캘리포니아 대학의 학생상담센터에서 상담을 받고 있던 포다르(Poddar)라는 학생이 자신의 여자 친구인 타라소프(Tarasoff)를 살해할 계획이라고 상담자에게 말하였고, 이후 그의 여자 친구는 살해되었습니다. 타라소프의 부모는 이 상황을 자신의 딸에게 알리지 않았다는 이유로 캘리포니아 대학 이사회를 상대로 소송을 제기하였고, 상담자는 비밀보호의 의무를 지킨 것이므로 죄가 없다고 주장하였습니다. 타라소프 부모가 제기한 소송은 지방법원에서 기각되었으나 1976년 캘리포니아 주 대법원은 타라소프 부모의 항소를 수용하여 원고승소 판결을 내렸습니다. 주 대법원에서는 예상되는 피해자를 폭력으로부터 보호할 수 있는 합리적인 조치를 취해야 할 의무, 즉 내담자가 제삼자에게 해를 끼치는 상황이 예견될 경우 내담자에 대한 정보를 제삼자에게 제공하는 일종의 '보호차원의 행위'를 해야 할 책임이 있다고 결론을 내렸습니다.

기초심리상담

02 상담에서는 상담자의 비언어적 태도로서 신체언어가 중요하다. 이건(Egan)은 상담자의 경청하는 자세와 관련하여 'SOLER'라는 명칭의 머리글자를 조합해서 만든 용어를 사용하였는데, 이때 'SOLER'가 의미하는 바를 각각 쓰시오. 〔5점〕

- S :
- O :
- L :
- E :
- R :

모범 답안

① S(Squarely) - 내담자를 정면으로 마주본다.
　상담자가 내담자에게 관여하고 있다는 자세를 취하는 것이다. 이러한 자세를 통해 '나는 당신과 함께 있다, 당신에게 도움이 되고 싶다'는 뜻을 전달하게 된다.
② O(Open) - 내담자에게 개방적인 자세를 취한다.
　상담자가 내담자에게 마음의 문을 열고 있다는 자세를 취하는 것이다. 이러한 자세를 통해 '나는 당신을 도울 태세가 갖추어져 있다'는 뜻을 전달하게 된다.
③ L(Leaning) - 내담자 쪽으로 약간 몸을 기울인다.
　상담자가 내담자의 말에 관심을 기울이고 있다는 자세를 취하는 것이다. 이러한 자세를 통해 '나는 당신과 당신이 하는 말에 관심이 많다'는 뜻을 전달하게 된다.
④ E(Eye contact) - 적당한 거리에서 내담자와 지속적으로 시선을 접촉한다.
　상담자가 내담자에게 좋은 시선 접촉을 유지하는 자세를 취하는 것이다. 이러한 자세를 통해 '나는 당신에게 관심을 느끼고 있다, 당신이 하는 말을 듣고 싶다'는 뜻을 전달하게 된다.
⑤ R(Relaxed) - 내담자를 편안하고 자연스럽게 대한다.
　상담자가 내담자에게 편안하고 이완된 자세를 취하는 것이다. 이러한 자세를 통해 '나는 편안하고 자연스러운 상태에서 당신의 말을 들을 준비가 되어 있다'는 뜻을 전달하게 된다.

> **전문가의 한마디**
>
> 이 문제는 상담자의 비언어적 태도로서 올바른 경청의 자세에 관한 것으로, "상담장면에서 '생산적인 경청'을 하는 상담자가 보이는 구체적인 태도"를 쓰도록 한 2023년 2회 6번 문제, "내담자의 말을 경청하는 데 있어서 좋은 상담자가 되기 위한 구체적인 방법"을 쓰도록 한 2020년 3회 3번 문제와 유사하나 동일한 문제는 아닙니다. 즉, 이 문제는 특정 학자[→ 이건(Egan)]를 언급하고 그가 제시한 구체적인 방법으로서 상담자의 비언어적 태도를 쓰도록 요구하고 있다는 점에서 이전 문제들과 달리 비교적 명확한 정답을 가진 것으로 볼 수 있습니다. 특히 이 문제에서는 'SOLER'라는 두문자가 제시되고 그 의미를 쓰도록 요구하고 있으므로, 답안 작성 시 가급적 각각의 두문자에 해당하는 영문 단어를 병기하도록 합니다. 참고로 각각의 두문자는 다음의 표현을 압축하여 나타낸 것입니다.
>
> - S : Face the client *Squarely*
> - O : Adopt an *Open* posture
> - L : Remember that it is possible at times to *Lean* towards the other
> - E : Maintain good *Eye contact*
> - R : Try to be relatively *Relaxed* or natural in these behaviours
>
> (출처 : Egan, G., 『The Skilled Helper ; A Client-Centred Approach』, Cengage Learning)

기초심리상담

03 얄롬(Yalom)이 제시한 집단상담의 치료적 요인을 6가지 기술하시오.

6점 09, 12, 13, 14, 17, 18, 19, 21, 24년 기출

모범 답안

※ 2024년 1회 3번 기출문제와 동일 또는 매우 유사하므로, 해당 해설을 참조하세요.

기초심리상담

04. 상담자가 내담자에 대한 심리치료 및 상담을 종결할 수 있는 상황을 3가지 쓰시오. 6점 23년 기출

모범 답안

① 내담자가 더 이상 심리학적 서비스를 필요로 하지 않는 경우
② 내담자에 대한 계속적인 서비스가 도움이 되지 않을 경우
③ 상담자나 내담자가 내담자 또는 내담자와 관계가 있는 제3자의 위협을 받는 경우
④ 상담자나 내담자가 심리학적 서비스 과정에서 위험에 처하게 될 경우

전문가의 한마디

이 문제는 2019년 1회 13번 문제, 즉 "상담 종결 상황의 3가지 유형"을 쓰는 문제와는 다른 문제입니다. 2019년 1회 13번 문제는 상담이 종결되는 상황을 조기 종결과 목표 달성에 따른 종결로 구분하여 '상담자에 의한 조기 종결', '내담자에 의한 조기 종결', '성공적인 결과 후의 종결' 등 상담 종결 상황의 일반적인 유형을 쓰도록 한 반면, 이 문제는 상담을 종결할 수 있는 구체적인 상황을 쓰도록 요구하고 있습니다. 따라서 이 문제는 정확한 정답이 있는 것으로 볼 수 없으며, 다양한 상황들이 답안으로 제시될 수 있습니다. 또한 2023년 3회 실기시험(2번)에서는 4가지를 쓰도록 요구한 바 있으므로, 가급적 위의 해설로 제시된 4가지를 기억해 두시기 바랍니다. 참고로 위의 해설 내용은 한국심리학회 윤리규정에 근거한 것으로, 이와 관련된 내용이 임상심리사 2급 2021년 3회 필기시험에 출제된 바 있습니다.

제64조 (치료 종결하기)
1. 심리학자는 내담자/환자가 더 이상 심리학적 서비스를 필요로 하지 않거나, 계속적인 서비스가 도움이 되지 않거나 오히려 건강을 해칠 경우에는 치료를 중단한다.
2. 심리학자는 내담자/환자 또는 내담자/환자와 관계가 있는 제3자의 위협을 받거나 위험에 처하게 될 경우에는 치료를 종결할 수 있다.

(출처 : 한국심리학회 윤리규정)

상담자가 내담자에 대한 치료를 중단 또는 종결할 수 있는 경우에 해당하지 않는 것은? 21년 기출
① 내담자가 제3자의 위협을 받는 등 중대한 사유가 있는 경우
② 내담자가 치료과정에 불성실하게 임하는 경우
③ 내담자에 대한 계속적인 서비스가 도움이 되지 않을 경우
④ 내담자가 더 이상 심리학적 서비스를 필요로 하지 않는 경우

정답 ②

기초심리상담

05 행동치료에서 치료자들은 내담자의 행동을 간접 측정하기보다는 직접 측정하는 것을 선호한다. 이와 같이 행동을 직접 측정하는 경우 일반적으로 포함시키는 특성 6가지를 쓰시오.

6점 15년 기출

모범 답안

① 움직임의 형태(Topography)

'움직임의 형태'는 특정 반응이 나타나는 형태를 의미한다. 예를 들어, 교사가 발달장애아에게 수업 중 질문을 할 때는 팔을 높이 들어야 한다고 알려주고 그 행동을 조형하기를 원한다고 가정할 때, 교사는 팔을 들어 올리는 위치를 정하여 이를 단계별로, 즉 〈팔을 책상 위로 약간 떨어뜨리기 → 턱 높이로 올리기 → 눈 높이로 올리기 → 머리 위로 올리기〉의 순서로 조형해 나간다.

② 양(Amount) – 빈도와 지속기간

행동의 전체 양(Amount)을 측정하는 2가지 일반적인 방법으로 '빈도(Frequency)'와 '지속기간(Duration)'을 들 수 있다. '빈도'는 주어진 일정 시간 내에 발생하는 행동의 수를 말한다. 예를 들어, 피겨스케이트 선수가 연습을 통해 수행상의 개선이 있는지를 알아보기 위해, 그 선수가 수행한 점프와 회전의 빈도를 기록할 수 있다. 반면, '지속기간'은 어떤 기간 내에 행동이 일어나는 시간의 길이를 말한다. 예를 들어, 장시간 TV를 보는 습관이 어느 정도 개선되었는지 알아보기 위해, 가로축에 날짜, 세로축에 TV 시청시간 항목이 있는 차트에 TV를 시청한 누적시간을 기록할 수 있다.

③ 강도(Intensity)

'강도'는 반응의 강도 혹은 힘을 측정하는 것을 의미한다. 이와 같은 강도를 평가할 경우 기계를 자주 사용하게 된다. 예를 들어, 목소리의 크기와 관련된 행동의 경우 소리측정기(Voice Meter)를 이용하여 소리의 데시벨(dB) 수준을 측정할 수 있다.

④ 자극통제(Stimulus Control)

'자극통제'는 어떤 자극이 있을 때 어떤 행동이 발생하는가를 나타내는 데 사용된다. 예를 들어, 중증도 이상의 지적장애를 가진 사람의 행동을 측정하기 위한 객관적 행동평가를 통해 중

중도 지적장애자의 자기 돌보기 기술, 가사 기술, 직업학교에서의 동작성 기술, 작업수행 등의 자극통제를 평가할 수 있다. 즉, "양말을 신어라"라는 언어적 지시와 촉진자극에도 불구하고 아무런 수행을 보이지 않는 경우, 언어적 지시와 촉진자극이 행동의 모델링과 함께 제시된 후 수행을 보이는 경우, 언어적 지시와 촉진자극 후에 수행을 보이는 경우, 다른 촉진자극 없이 언어적 지시만으로 적절히 수행이 이루어지는 경우로 구분하여 행동평가점수를 기록할 수 있다.

⑤ 잠재기간(Latency)

'잠재기간'은 자극이 발생하여 반응을 하기까지의 시간을 말한다. 예를 들어, 어떤 아이는 비록 능률적으로 과제를 수행하지만, 그 전에 비교적 긴 잠재기간을 보인다. 즉, 과제에 착수할 시간에 이를 바로 시작하지 않고 한참을 빈둥거리다가 수행하는 것이다. 이와 같은 잠재기간은 지속기간(Duration)과 마찬가지로 시계를 가지고 평가한다.

⑥ 질(Quality)

'질'은 앞서 언급된 특성들에 부가되는 것이 아닌 그 특성들이 개선된 것이라 할 수 있다. 예를 들어, 움직임의 형태(Topography)를 토대로 질의 차이를 판단할 수 있는데, 피겨스케이트 선수는 점프를 할 때 두 발로 착지하는 경우보다 한 발로 착지하는 경우 더 잘한 것으로 평가된다. 또한 빈도(Frequency)를 토대로 질의 차이를 판단할 수 있는데, 작업자의 업무능력은 그가 주어진 기간 내에 얼마나 많은 행동을 수행하는가에 따라 평가된다.

> **전문가의 한마디**
>
> 이 문제는 직접적 행동평가의 기록 내용 및 방법에 관한 것으로서, 기록 행동의 6가지 특징을 기술하는 문제에 해당합니다. 특히 행동의 전체 양(Amount)을 측정하는 방법에 '빈도(Frequency)'와 '지속기간(Duration)'이 포함된다는 점을 반드시 기억해 두시기 바랍니다.

심리치료

06 아동심리치료에 있어서 고려해야 할 아동의 특성을 3가지 쓰시오. 〔6점〕 〔17년 기출〕

모범 답안

① 인지능력, 대처능력 부족

아동은 덜 발달된 자아로 인해 현실을 객관적으로 파악하기 어려우며, 대처능력 또한 미숙할 수밖에 없다. 아동은 자신이 겪고 있는 어려움에 대해 잘 인식하지 못하므로 자발적인 치료 동기를 갖기 어렵다.

② 행동화 경향

성인을 대상으로 하는 심리치료는 대화를 통해 이루어지는 경우가 대부분이다. 그러나 아동은 언어발달 및 인지능력이 미숙하고 특히 행동화하려는 경향이 있으므로, 대화를 주된 방법으로 하는 심리치료를 하는 것이 어려운 경우가 많다. 따라서 이와 같은 아동의 특성을 고려하여 놀이나 게임, 예술 활동 등을 위주로 하는 심리치료를 수행하는 것이 바람직하다.

③ 보호자 통제의 영향

아동의 삶은 상당 부분 보호자에 의해 통제되고 영향을 받는다. 이는 아동의 심리적인 문제를 이해하고 치료하는 데 있어서 부모를 포함한 보호자의 역할 및 참여가 중요하다는 점을 시사한다.

전문가의 한마디

이 문제는 아동기의 일반적인 특성을 기술하는 문제가 아닙니다. 따라서 2023년 1회 3번 문제와 같이 전조작기, 구체적 조작기 및 형식적 조작기에 이르는 아동 및 청소년의 특성을 기술하거나, 아동기의 신체발달, 인지발달, 정서발달, 사회성 발달 등 아동발달의 일반적인 내용을 답안으로 작성하는 경우 오답 처리됩니다.

> **알아두기**

아동심리치료자가 가져야 할 기본적인 태도(Landreth)
- 온화하고 일관된 방식으로 아동을 대함으로써 안정적·보호적인 환경을 제공한다.
- 아동의 말과 행동에 대해 관심을 보여주면서, 아동의 관점을 이해하고 인정하며 수용하도록 노력한다.
- 아동으로 하여금 자신의 감정을 수용하면서 정서를 표현하도록 격려한다.
- 놀이도구의 선택과 사용법 등 치료 과정에서 아동이 스스로 선택할 수 있도록 허용적인 환경을 제공함으로써 자기책임감과 의사결정 능력을 향상시킬 수 있도록 격려한다.
- 아동 스스로 다양한 사건들과의 상호작용 경험을 통해 자기통제력을 발달시키고 사건들을 통제할 수 있는 기회를 제공한다.
- 치료자가 아동의 감정과 행동을 경험하고 관찰한 것을 언어로 표현해 줌으로써, 아동으로 하여금 자신의 내적 동기, 정서, 상호작용 패턴 등을 통찰하도록 돕는다.

07 기초심리상담

자기표현훈련이 필요한 내담자의 특성을 5가지 쓰시오. 5점 10, 18, 21년 기출

모범 답안

① 남의 시선을 회피한다.
② 상대방의 잘못에 대해 지적하거나 언급하기를 두려워한다.
③ 모임이나 회의에서 습관적으로 구석자리를 찾는다.
④ 자기를 비난하는 소리를 듣고만 있다.
⑤ 불만이나 적개심 등의 표현을 주저한다.
⑥ 지나치게 변명하고 사과하는 태도를 보인다.
⑦ 지배적인 인물에 대해 전혀 반박하지 못한다.
⑧ 좋아하거나 사랑하는 대상에게 애정을 표시하지 못한다.
⑨ 남을 칭찬할 줄도 남에게서 칭찬을 받을 줄도 모른다.
⑩ 친한 사람의 비합리적인 요구를 차마 거절하지 못한다.

전문가의 한마디

이 문제와 관련하여 2021년 3회(8번) 및 2018년 3회(3번) 실기시험에서는 자기표현훈련이 필요한 내담자의 특성과 함께 자기표현훈련을 통해 내담자가 인식해야 할 사항을 쓰는 문제가 출제된 바 있으므로, 해당 문제의 해설을 함께 살펴보시기 바랍니다. 참고로 위의 문제 해설은 자기표현훈련이 필요한 내담자에게서 나타나는 구체적인 행동적 특성의 예를 열거한 '이장호, 『상담심리학』, 박영사 刊'을 참조하였습니다.

08 기초심리상담

사회기술훈련을 집단으로 시행하는 경우의 장점을 3가지 쓰시오.

모범 답안

① 사회기술훈련을 집단으로 시행하는 경우 정신장애인 간의 사회적 반응이 쉽게 일어나므로 다양한 사회기술을 자연스럽고 자발적으로 연습할 기회를 가지게 된다.
② 집단이 공개토론 장소로 이용되므로 치료자가 참여자의 사회기술 습득 및 진행 정도를 자연스럽게 평가할 수 있다.
③ 치료자는 물론 다른 참여자들이 칭찬이나 인정을 해 주므로 학습한 기술의 강화 효과가 증폭된다.
④ 참여자들이 적절한 시범연기를 보다 실감나게 보여줄 수 있으므로, 치료자를 포함하여 보다 많은 시범연기자들을 확보할 수 있다.
⑤ 참여자들이 친구가 되어 주어진 과제를 완수하도록 격려 혹은 촉구함으로써 서로에게 도움을 준다.
⑥ 많이 호전된 참여자가 집단에 처음 참석한 다른 참여자를 격려함으로써 그로 하여금 사회기술훈련에 계속 참여하도록 동기를 부여한다.
⑦ 치료자 외에도 계속 참석하고 있는 참여자들이 처음 참석한 참여자에게 사회기술훈련에 대한 오리엔테이션을 해 주며, 바람직한 기대감을 심어줄 수 있다.
⑧ 집단 내의 우호적인 관계가 참여자의 증상 호전에 긍정적인 영향을 미친다.
⑨ 집단치료 방식은 한 명의 치료자가 보통 4~8명 정도의 참여자들을 동시에 지도할 수 있으므로 개인치료보다 시간이나 비용 면에서 효율적이다.

전문가의 한마디

사회기술훈련의 집단적인 시행에 따른 장점 및 단점은 교재에 따라 약간씩 다르게 제시되고 있습니다. 특히 이 문제는 단순히 집단상담의 장점(이점)을 묻는 문제와는 근본적으로 출처가 다르므로, 이점 감안하여 학습하시기 바랍니다. 참고로 위의 문제 해설은 '김규수 外, 『정신장애인의 사회통합』, 학지사 刊'을 참조하여 답안을 작성하였습니다.

> **알아두기**
>
> **사회기술훈련을 조직하고 체계적으로 실시해 나가는 데 이용되는 학습원칙**
> - 각 개인의 문제점과 목표를 행동적 개념으로 구체화한다.
> - 행동적 측면에서 경과를 평가하고 추적한다.
> - 기능적 분석을 통해 행동상의 문제와 결손을 지속시킬 수 있는 환경적 요인 및 결과를 알아낸다.
> - 정신장애인의 적극적인 참여에 대한 동기를 불러일으키는 강화인자가 무엇인지 알아낸다.
> - 학습 시 청각적·시각적 도구들을 이용함으로써 정신장애인의 인지적 결손을 보상한다.
> - 학습을 촉진시킬 수 있는 최적의 약 용량과 종류를 결정한다.
> - 목표행동을 한꺼번에 가르치기보다는 이를 세분화하여 가르치고 그 호전을 강화시킨다.
> - 정신장애인에게 치료적 지시를 하며, 호전될 것이라는 기대감을 심어준다.
> - 정신장애인에게 직접적으로 혹은 영상을 통해 시범연기를 보여준다.
> - 반복적인 연습 및 학습이 이루어지도록 한다.
> - 적극적으로 격려하고 구체적으로 지도한다.
> - 호전에 대해 인정, 칭찬 등의 긍정적인 피드백을 준다.
> - 배운 기술을 실제 생활에서 활용할 수 있도록 일반화시킨다.

심리재활

09 재활치료를 받고 있는 정신과 환자들을 대상으로 한 환자 교육 방법 중 2가지를 쓰고, 각각에 대해 설명하시오. 4점 20년 기출

모범 답안

① 증상관리 교육
  ㉠ 증상관리 교육은 환자들에게 문제 증상이 일상생활에 미치는 영향을 최소화하는 방법을 교육시킴으로써 스스로 증상을 관리하여 재발과 입원을 막도록 돕는 교육 프로그램이다.
  ㉡ 치료자는 환자로 하여금 자신들의 증상에 대해 숙련된 관찰자가 되도록 함으로써 치료 과정에서 스스로 영향력 있는 참여자가 되도록 돕는다.
  ㉢ 일반적으로 조현병의 증상·징후, 조현병의 원인·발병·경과, 지속증상에 대한 대처방법, 재발증상 등이 교육의 내용에 포함된다.

② 약물관리 교육
  ㉠ 약물관리 교육은 환자들에게 약물에 대한 올바른 지식과 함께 적절한 투약방법을 교육시킴으로써 약물을 더 잘 복용하고 재발을 막도록 돕는 교육 프로그램이다.
  ㉡ 치료자는 환자로 하여금 정신과 질환의 재발 가능성을 인식시킴으로써 약을 계속 복용하도록 촉구하며, 약물 부작용의 관리법을 주지시킨다.
  ㉢ 일반적으로 약물의 이해, 약물복용 이유에 대한 이해, 정신과 약물의 종류 및 특성, 약물 부작용 등이 교육의 내용에 포함된다.

> **전문가의 한마디**
>
> 정신과 환자들을 대상으로 한 환자 교육 방법은 여러 가지가 있고, 전공교재에서도 여러 가지 방법들이 언급되고 있는 만큼, 이 문제는 다양한 답안이 도출될 수 있습니다. 다만, 이 문제는 비교적 정확한 출처가 있고 출제자 또한 해당 출처를 토대로 정답지를 마련하였을 것이므로, 가급적 위의 해설로 제시된 2가지를 답안으로 작성하시기 바랍니다.
>
> 요컨대, 이 문제는 재활치료의 구성요소 중 '환자 교육'에 관한 것입니다. '안창일, 『임상심리학』, 시그마프레스 刊'에서는 재활치료의 구성요소를 '사회기술훈련', '환자 교육', '가족교육 및 치료', '직업재활', '지역사회 지지서비스', '다양한 주거 프로그램'으로 구분하고, 특히 환자 교육의 구체적인 방법으로 '증상관리 교육' 및 '약물관리 교육'을 제시하고 있습니다. 반면, 일부 수험서에서는 이 문제의 답안으로 '사회기술훈련', '직업재활' 등을 제안하고 있는데, 이는 '환자 교육'의 구체적인 방법이라기보다는 단지 재활치료의 구성요소에 해당하는 바, 출제자가 요구하는 정답이라고 보기 어렵습니다.
>
> 사실 '환자 교육'은 환자로 하여금 자신의 병을 빨리 극복하여 재기할 수 있도록 돕는 것으로, 여기에는 증상관리 교육, 약물관리 교육 외에도 자기 보살피기, 성 교육, 대인관계 교육 등 다양한 교육 방법들이 포함됩니다. 다만, 증상관리 교육과 약물관리 교육이 여러 교재들에서 가장 중요하게 언급되고 있으므로, 위의 해설에 제시된 2가지를 반드시 기억해 두시기 바랍니다.

심리재활

10. 직업재활을 해야 하는 이유를 3가지 쓰시오. 〔6점〕 〔20년 기출〕

모범 답안

① 생계의 수단 – 경제생활 유지
  ㉠ 직업은 생계의 수단이라는 경제적 의미를 지닌다. 개인은 직장을 구해 일을 함으로써 일정한 수입을 얻고 경제생활을 유지할 수 있다.
  ㉡ 경제활동은 인간의 욕구를 충족시키는 한 가지 방법으로, 각 개인은 직업을 통해 얻어지는 소득으로써 자신의 삶을 윤택하게 할 수 있다.

② 사회적 기여의 수단 – 사회적 욕구충족
  ㉠ 직업은 사회적 기여라는 사회적 의미를 지닌다. 개인은 사회활동을 통해 자신의 욕구를 충족시키는데, 직업은 사회활동의 가장 중요한 수단이자 사회봉사의 수단이기도 하다.
  ㉡ 모든 직업은 사회가 필요로 하기 때문에 존재하는 것이며, 따라서 존재하는 모든 직업은 소명을 가지고 봉사할만한 가치가 있다.

③ 자아실현의 수단 – 자기성취와 자기발전
  ㉠ 직업은 자아실현이라는 심리적 의미를 지닌다. 개인은 직업을 통해 자신의 능력을 발휘하고 일하는 보람과 삶의 보람을 느끼면서 자아실현을 할 수 있다.
  ㉡ 자신이 하고 싶은 일을 통해 자기목적을 성취하고 자기발전을 경험하는 것은 누구나 바라는 보람된 일이다.

> **전문가의 한마디**
>
> 국제노동기구(ILO)는 장애인 직업재활에 관한 권고(제99호)에서 직업재활을 "직무지도와 훈련, 취업알선 등의 직업적 서비스를 포함한 연속적이고 협력적인 재활과정의 일부로 장애인이 적절한 고용을 확보하고 유지할 수 있도록 돕는 것"이라 명시하고 있습니다. 이러한 직업재활의 궁극적인 목표는 장애인이 자신의 능력과 적성에 맞는 직업을 찾아서 취업하고, 그 직무에 만족하며 적응하면서 시민으로서의 역할을 수행할 수 있도록 하는 데 있습니다. 참고로 재활 분야는 크게 의료재활, 교육재활, 직업재활, 사회재활, 심리재활로 분류되며, 최근에는 재활공학도 중요한 분야로 다루어지고 있습니다.

기초심리상담

11 집단상담의 내담자로서 집단성원들의 적절한 자기노출을 위한 지침을 5가지 쓰시오.

5점 21년 기출

모범 답안

① 집단성원들의 자기노출은 집단상담의 목적 및 목표와 관계가 있어야 한다.
② 집단성원들이 어떤 사람에 대해 계속적으로 같은 반응을 보인다면 그 문제를 공개적으로 다루도록 유도해야 한다.
③ 집단성원들은 무엇을, 그리고 어느 정도로 자신을 드러낼 것인지를 결정해야 한다.
④ 집단성원들은 자기노출을 위해 어느 정도 위험을 감수해야 한다.
⑤ 집단의 발전 단계에 따라 자기노출의 정도를 적절히 조절해야 한다.

전문가의 한마디

이 문제는 일반적인 인간관계에서 의사소통을 위한 자기노출이 아닌 집단상담 장면에서 집단의 생산적인 변화를 위한 자기노출에 관한 문제이며, 더 나아가 집단상담에서 상담자의 자기노출이 아닌 내담자로서 집단성원들의 자기노출에 관한 문제입니다. 이와 같이 자기노출에 관한 문제라 하더라도 주어진 조건에 따라 답안이 달라지므로, 이점 유념하시기 바랍니다. 참고로 자기노출(Self-disclosure)은 '자아개방' 혹은 '자기개방'으로도 널리 불리고 있습니다.

알아두기

집단상담에서 상담자의 자기노출 문제에 관한 지침(Corey & Corey)
- 상담자가 자신의 개인적인 문제를 탐색하고 싶다면 자신을 위한 치료집단을 찾도록 한다. 즉, 상담자로서의 역할과 집단원으로서의 역할을 혼동하지 않도록 한다.
- 상담자가 자신의 사생활을 밝히고자 한다면 스스로 그 이유에 대해 자문해 보도록 한다.
- 상담자는 집단 내 상호작용과 관련이 없는 개인적인 사항을 밝히기보다 집단에서 진행되는 일과 관련하여 자기노출을 하도록 한다.
- 상담자는 앞으로 만나게 될 사람들에게 어느 정도 사생활을 공개하고 싶은지 자문해 보도록 한다.

심리치료

12 가족을 하나의 유기체로 보는 벡바와 벡바(Becvar & Becvar)의 가족치료의 기본전제를 3가지 기술하시오.

6점 19년 기출

모범 답안

① 사람들 간의 관계에 대한 주목

가족치료는 개인과 개인의 문제를 별개로 보는 시각에서 벗어나 사람들 간의 관계와 관계 문제에 대해 주의를 기울인다.

② 관찰자와 관찰대상 간의 상호작용 맥락에 대한 고려

가족치료는 전일적 관점에서 관찰자와 관찰대상 간의 상호의존을 강조하므로, 그 둘이 상호작용하는 맥락을 고려한다.

③ '왜(Why)'보다는 '무엇(What)'에 대한 강조

가족 혹은 다른 체계에 대한 이해는 상호작용 패턴에 대한 사정을 필요로 하며, '왜(Why)' 일어나는지보다는 '무엇(What)'이 일어나고 있는지를 강조한다.

> **● 전문가의 한마디 ●**
>
> 벡바와 벡바(Becvar & Becvar)는 가족치료의 권위자로서, 체계이론적 가족치료의 틀을 제시한 학자들입니다. 그들은 가족치료에 대한 기존의 개인심리학 접근의 한계를 지적하였습니다. 개인심리학 접근은 서구 로크주의(Lockean) 전통의 가정들에 기초한 것으로서, 로크주의는 세상을 주체와 객체로 분리하고 실재(Reality)를 우리의 마음 밖에 존재하는 것으로 간주하며, 환원주의를 통해 실재에 관한 몇 가지 절대적 진실에 도달할 수 있다고 주장합니다. 그러나 그와 같은 개인주의적·환원주의적·기계론적인 세계관은 새로운 패러다임, 즉 유기체론적 세계관의 출현과 함께 혁신적인 변화를 경험하게 됩니다. 유기체론적 세계관의 확산에 따라 개인의 증상은 개인의 심리내적 요인에 의한 것이라기보다는 개인이 유기적인 관계를 맺고 있는 체계인 가족의 역기능적 상호작용을 반영하는 것이며, 따라서 개인의 증상 해결을 위해서는 가족의 역기능적 상호작용에 개입할 필요성이 있음을 인식하기에 이른 것입니다. 벡바와 벡바는 유기체론적 세계관에 기초하여 체계이론적 가족치료를 제안하였으며, 그것이 이론 중의 이론, 즉 메타이론이 되기를 내심 염원하였습니다.

알아두기

개인치료 및 가족치료 인식론의 비교

구 분	개인치료	가족치료
세계관	기계론적 세계관 (Mechanistic World View)	유기체론적 세계관 (Organismic World View)
주요 특징 (기본가정)	• '왜(Why)'라는 질문 • 선형적 인과성(직선적 인과관계) • 주체/객체의 이원론 • 이분법적(이것 아니면 저것) • 결정론적/반응적 • 법칙 및 법칙과 같은 외재적 실재 • 역사(과거사)에 초점 • 개인주의적 • 환원주의적 • 절대적	• '무엇(What)'이라는 질문 • 상호적 인과성(순환적 인과관계) • 전체성, 전일성(Holism) • 변증법적(이것과 저것 모두) • 선택의 자유/능동적 • 패 턴 • '여기-지금'에 초점 • 관계적 • 맥락적 • 상대적

기초심리평가

13. 심리평가의 목적을 크게 3가지로 구분하시오.

3점 13, 21년 기출

모범 답안

① 임상적 진단
　임상적 진단을 명료화·세분화하며, 증상 및 문제의 심각성 정도를 구체화한다.

② 자아기능 평가
　성격 및 정신병리에 대한 이해를 위해 내담자의 자아기능, 자아강도, 인지기능 등을 측정 및 평가한다.

③ 치료전략 평가
　적절한 치료유형, 치료전략, 치료적 개입에 의한 효과 등을 평가한다.

> **전문가의 한마디**
>
> 심리평가의 목적에 관한 내용은 교재에 따라 약간씩 다르게 제시되어 있으나 내용상 큰 차이는 없습니다. 다만, 이 문제에서는 심리평가의 목적을 크게 3가지로 구분하여 제시할 것을 요구하고 있으므로, 보다 구체적인 목적들을 임상적 진단, 자아기능 평가, 치료전략 평가의 3가지 관점으로 축약하여 제시할 필요가 있습니다. 그러나 보다 일반적인 문제 유형으로서 심리평가의 목적을 제시할 것을 요구하는 경우, 다음과 같이 심리평가의 보다 구체적인 목적들을 작성하면 됩니다.
>
> - 임상적 진단을 명료화·세분화한다.
> - 증상 및 문제의 심각도를 구체화한다.
> - 자아강도를 평가한다.
> - 인지적 기능을 측정한다.
> - 적절한 치료유형을 제시한다.
> - 치료전략을 기술한다.
> - 환자를 치료적 관계로 유도한다.
> - 치료적 반응을 검토하고 치료효과를 평가한다.
>
> 참고로 위의 문제 해설은 '안창일, 『임상심리학』, 시그마프레스 刊', '박영숙, 『심리평가의 실제』, 하나의학사 刊'을 토대로 답안을 작성하였습니다.

기초심리평가

14 심리검사 도구 선정 시 고려사항을 3가지 쓰시오. `6점` `10년 기출`

모범 답안

① 심리평가의 목적을 분명히 하여 그 목적에 부합하는 적절한 검사도구를 선정한다.
② 표준화된 검사를 사용하는 경우 반드시 신뢰도와 타당도를 검토한다.
③ 검사 시행 및 채점의 간편성, 검사 시행 시간, 검사지의 경제성 등 심리검사의 실용성을 고려한다.

• 전문가의 한마디 •

심리검사 도구 선정 시 고려사항에 대한 내용은 교재마다 다양하게 제시되어 있으나 내용상 큰 차이는 없습니다. 심리검사는 상담 과정의 일부분으로서 상담의 효과를 높이기 위한 것이지만, 경우에 따라 상담 과정 및 결과에 부정적인 영향을 미치기도 합니다. 이를테면 내담자(수검자)가 능력검사에서 실패를 두려워하여 불안해 한다거나, 성격검사에서 자신의 성격적 약점 혹은 결함이 드러날 것을 우려하여 왜곡된 반응을 보일 수도 있습니다. 검사도구 선정 시 내담자를 포함시키는 이유는 내담자로 하여금 검사의 목적이 내담자를 평가하기 위한 것이 아닌 내담자 스스로 자신을 더 잘 이해할 수 있도록 돕기 위한 것임을 알려줄 수 있기 때문입니다. 내담자는 검사의 유용성에 대해 확신을 가지게 되면서, 능력검사에서 최대한 노력하고, 성격검사에서 보다 솔직하게 응답하게 됩니다.
참고로 이와 유사한 내용으로, 심리검사의 선정기준에 관한 문제가 1차 필기시험에 출제된 바 있습니다.

> **심리검사 선정기준으로 틀린 것은?** `21년 기출`
> ① 신뢰도와 타당도가 높은 검사를 선정한다.
> ② 검사의 경제성과 실용성을 고려해 선정한다.
> ③ 수검자의 특성과 상관없이 의뢰 목적에 맞춰 선정한다.
> ④ 객관적 검사와 투사적 검사의 장·단점을 고려하여 선정한다.
>
> 정답 ③

> **알아두기**

심리검사 도구 선정 시 주요 고려사항
- 다양한 심리검사의 내용 및 특징 등에 대한 정확한 정보를 토대로 검사 내용상 검사 목적에 가장 잘 부합하는 심리검사를 선정하여야 한다.
- 타당성, 신뢰성, 객관성, 경제성, 실용성 등을 종합적으로 고려하여 검사도구를 선정하여야 한다.
- 검사로 인해 발생할 수 있는 결과에 대해 명확히 알고 있어야 한다.
- 검사 사용 시 발생할 수 있는 편향을 감소시키기 위해 필요한 과정들에 대해 명확히 알고 있어야 한다.
- 특정 검사의 특징과 함께 해당 검사의 사용과 관련된 폭넓은 지식을 가지고 있어야 한다.
- 검사도구 선정 시 내담자를 포함시키는 것이 바람직하다.

기초심리평가

15
지능을 평가할 때의 주요 쟁점으로 임상적 접근과 개념적 접근에 대해 설명하시오.

4점 18, 21년 기출

모범 답안

① 임상적 접근

지능평가의 합리성을 강조하는 것으로, 지능이 측정 가능한 구체적인 실체라고 가정하는 입장이다. 따라서 심리학자는 현재 주로 사용되는 지능검사 도구들을 가지고 어떻게 지능을 측정할 것인가의 실용적인 측면에 초점을 두게 된다.

② 개념적 접근

지능을 가설적 혹은 이론적 구성개념으로 가정하면서, 지능의 구성개념이 매우 복잡하므로 현재 사용되는 지능검사로는 완전히 측정될 수 없다고 보는 입장이다. 따라서 심리학자는 지능의 정의와 분석방법을 연구하는 데 초점을 두는 반면, 현재 주로 사용되는 지능검사의 활용에 대해서는 그다지 관심을 가지지 않는다.

전문가의 한마디

지능의 평가와 관련된 두 가지 접근방법으로 '임상적 접근'과 '개념적 접근'은 오랫동안 논쟁이 되어 온 문제이기도 합니다. 다만, 이와 같은 두 가지 접근은 서로 무관할 수 없다고 보는 것이 타당합니다. 임상가는 어떤 구성개념이 정의되기 이전에는 이를 적절히 평가할 수 없으며, 연구자 또한 기존의 지능에 대한 경험적 정의가 없다면 지능을 평가하는 데 사용되는 도구의 타당도를 적절히 평가할 수 없을 것입니다. 참고로 이 문제는 지능에 관한 임상적 접근과 개념적 접근의 논쟁을 다루고 있으므로, 위의 해설과 같이 그 두 가지 접근의 대비되는 특징을 기술하여야 정답으로 인정받을 수 있습니다.

알아두기

지능에 대한 임상적 평가를 하는 데 있어서 유념해야 할 사항
- 지능의 본질이나 정의와 연관된 문제들을 인식하고 있어야 한다.
- 지능검사 결과를 무비판적으로 타당한 측정치로 받아들여서는 안 된다.

기초심리평가

16
MMPI 임상척도 중 9번 척도의 T점수가 27점일 때 임상적 양상을 2가지 쓰시오.

모범 답안

① 무감동, 무기력, 피로감

무감동적이고 기운이 없으며, 의욕이 없고 만성적인 피로감이나 무력감을 호소한다.

② 우울증상

척도 2 D(Depression, 우울증)의 점수가 높지 않더라도 우울증상을 호소한다.

> **• 전문가의 한마디 •**
>
> 척도 9 Ma(Hypomania, 경조증)에서의 과도하게 낮은 점수는 많은 경우에 있어서 우울장애에서 나타나는 정신운동성의 지체를 반영하는 것으로 알려져 있습니다. 따라서 척도 9에서 매우 낮은 점수를 보이는 경우 척도 2의 점수가 비교적 정상범위에 있다고 하더라도 우울할 가능성을 고려해 보아야 합니다. 이는 척도 2가 우울의 정서 상태를 반영하는 반면, 척도 9는 우울의 행동적 표현을 반영하기 때문입니다. 그로 인해 척도 9의 점수가 매우 낮은 사람은 소극적·통제적인 성향을 보이며, 정서적 표현을 삼가는 경향이 있습니다. 참고로 척도 9의 점수가 70T 이상인 경우 외향적·충동적·과대망상적 성향, 사고의 비약 등을 반영하며, 특히 80T를 넘어서는 경우 조증 삽화의 가능성이 있습니다. 이와 관련하여 1차 필기시험에 출제된 다음의 문제를 풀어보시기 바랍니다.
>
> **다음 중 MMPI의 9번 척도 상승과 관련된 해석으로 가능성이 가장 높은 것은?** `04, 13년 기출`
>
> ① 과잉활동
> ② 사고의 혼란
> ③ 정서적 침체
> ④ 신체증상
>
> 정답 ①

기초심리평가

17 기질 및 성격검사(TCI)는 4가지 기질과 3가지 성격을 측정하는 척도들로 구성되어 있다. 그중 기질척도를 3가지만 쓰고, 각각에 대해 설명하시오. 6점 18, 24년 기출

모범 답안

※ 2024년 1회 15번 기출문제와 동일 또는 매우 유사하므로, 해당 해설을 참조하세요.

18 기초심리평가

바이너(Weiner)는 심리검사를 객관적 검사와 투사적 검사로 구분하고 로샤 검사(Rorschach Test)를 투사적 검사로 분류하는 것에 대해 불만을 제기하였다. 그 이유를 2가지 기술하시오.

4점 18년 기출

모범 답안

① 주관적 검사로의 오명

　로샤 검사를 객관적 검사가 아니라고 분류함으로써 검사자와 수검자에 따라 해석이 달라지는 주관적 검사라는 오명을 쓰게 된다는 것이다. 사실 주관적 해석은 검사 기법에서 비롯되는 문제라기보다는 검사자가 로샤 검사에 미숙하다는 의미이다.

② 비투사 반응에 대한 해석

　투사적 검사는 반응 과정에서 반드시 투사가 작용하며, 그와 같은 투사의 작용으로써 유용한 정보를 얻을 수 있다는 것을 의미한다. 그러나 로샤 검사에서는 항상 투사가 일어나는 것도 아니고, 투사가 검사의 가장 중요한 핵심도 아니다. 수검자는 투사된 자료 없이도 로샤 카드에 반응할 수 있으며, 검사자는 투사된 자료가 없는 프로토콜을 해석할 수도 있다.

> **● 전문가의 한마디 ●**
>
> 로샤 검사의 창시자인 로샤(Rorschach)는 이른바 '심리학적 실험'으로써 객관적인 절차를 강조하였으며, 1921년 발표한 자신의 논문 《Psychodiagnostics : A Diagnostic Test Based on Perception》에서 "지각에 의한 진단 검사"를 부제로 한 것에서 알 수 있듯이 근본적으로 지각을 측정한다는 믿음을 가지고 있었습니다. 그는 표준절차에 따라 수검자의 잉크반점에 대한 반응을 분류하는 구체적인 기준을 마련하였으며, 자신이 관찰한 환자집단과 비환자집단 간의 차이를 기초로 몇 가지 요약점수를 만들고 이를 토대로 성격 특성을 추론할 수 있는 해석지침을 마련하기도 하였습니다.
>
> 요컨대, 로샤는 본인 스스로 로샤 검사의 본질에 대해 단정적인 결론을 내리는 것을 조심스러워했습니다. 그는 초창기 자신의 검사를 주의, 지각, 기억, 의사결정, 논리적 분석 등을 포함하는 인지구조화 과제로 본 반면, 자신의 검사가 무의식을 탐구하는 도구로 오인되어서는 안 된다고 주장하기도 하였습니다. 그러나 1922년 급작스럽게 세상을 떠나기 직전에는 로샤 검사와 정신분석에 관한 연구성과를 발표하기 위해 논문을 집필하고 있었으며, 이 논문을 통해 로샤 검사 반응이 수검자의 무의식에 대한 깊이 있는 통찰을 제공해 줄 수 있다고 주장하기도 하였습니다. 그의 이와 같은 상반된 견해는 이후 로샤 검사를 연구한 많은 학자들에 의해 논쟁거리가 되었으며, 한때 진단의 부정확성, 신뢰도 및 타당도에 관한 부정적인 결과들이 제시되면서 잊히기도 하였습니다. 그러나 엑스너(Exner)를 비롯한 몇몇 학자들의 지속적인 연구에 힘입어 로샤 검사에 대한 관심이 다시 부활하게 되었으며, 특히 엑스너의 종합체계를 통한 실증적 접근은 로샤 검사의 효용성을 부각시켰습니다.

기초심리평가

19 틱(Tic) 장애를 평가하는 척도를 2가지 쓰시오. `4점` `16년 기출`

모범 답안

① 예일 틱 증상 평가척도 또는 예일 전반적 틱 심각도 척도(YGTSS ; Yale Global Tic Severity Scale)
② 뚜렛 증후군 심각도 척도 또는 뚜렛 증후군 증상 평가척도(TSSS ; Tourette Syndrome Severity Scale)
③ 뚜렛 증후군 전반적 척도 또는 뚜렛 증후군 평가척도(TSGS ; Tourette Syndrome Global Scale)
④ 뚜렛 증후군 증상목록(TSSL ; Tourette Syndrome Symptom List)
⑤ 뚜렛 증후군 설문지(TSQ ; Tourette's Syndrome Questionnaire)
⑥ 운동성 틱, 강박사고 및 강박충동, 음성 틱 평가조사표(MOVES ; Motor Tic, Obsessions and Compulsions, Vocal Tic Evaluation Survey)
⑦ 오하이오 뚜렛 조사 설문지(Ohio Tourette Survey Questionnaire)
⑧ 틱 전조감각 충동 척도(PUTS ; Premonitory Urge for Tics Scale)
⑨ 샤피로 뚜렛 증후군 심각도 척도(STSSS ; Shapiro Tourette Syndrome Severity Scale)
⑩ 전반적 틱 평정척도(GTRS ; Global Tic Rating Scale)
⑪ 뚜렛 증후군-전반적 임상 인상척도(TS-CGI ; Tourette Syndrome-Clinical Global Impression)
⑫ 홉킨스 운동성 틱/음성 틱 척도(HMVTS ; Hopkins Motor and Vocal Tic Scale)
⑬ 뚜렛 장애 척도(TODS ; Tourette's Disorder Scale)
⑭ 틱 통합 평정척도(UTRS ; Unified Tic Rating Scale)
⑮ 상파울루 대학 감각 현상 척도(USP-SPS ; University of São Paulo's Sensory Phenomena Scale)

> **• 전문가의 한마디 •**
>
> 틱(Tic) 장애를 평가하는 척도는 그 종류가 매우 많습니다. 다만, 국내에서 가장 널리 알려지고 신뢰도 및 타당도 검증을 통해 한국판으로도 발행된 대표적인 척도는 '예일 틱 증상 평가척도(YGTSS)'입니다. 참고로 틱 장애를 평가하는 척도로 'Tsai, L. Y., 「자폐 및 정서·행동장애 아동의 약물치료에 대한 이해」, 이상복 外 譯, 시그마프레스 刊'에서는 '예일 틱 증상 평가척도 또는 예일 전반적 틱 심각도 척도(YGTSS)', '뚜렛 증후군 심각도 척도(TSSS)', '뚜렛 증후군 전반적 척도(TSGS)'를 제시하고 있으며, '조수철 外, 「틱장애」, 서울대학교출판부 刊'에서는 역시 '예일 틱 증상 평가척도(YGTSS)'와 함께 '뚜렛 증후군 증상목록(TSSL)'을 제시하고 있습니다. 그 밖에 위의 해설로 제시된 다양한 척도들은 'Martino, D. et al., 「Tourette Syndrome」, Oxford 刊'에 소개된 것입니다.

알아두기

예일 틱 증상 평가척도(YGTSS ; Yale Global Tic Severity Scale)

- 1989년 레크먼(Leckman) 등에 의해 개발된 것으로, 숙련된 평가자가 다양한 정보원들과의 반구조화된 면담을 통해 작성한다.
- 일주일 동안 관찰된 틱 증상에 관한 자가평가 설문지와 평가자의 직접 관찰을 통해 평가가 이루어진다.
- 틱 증상의 심각도는 운동성 틱과 음성 틱 각각에 대해 '개수, 빈도, 심한 정도, 복합성, 방해'의 5가지 차원에서 6점 순위척도로 평가한다.
- 5가지 차원에 따라 운동성 틱과 음성 틱에 대해 각각 동일한 방식의 순위척도가 사용되며, 장해도(현재 틱 증상의 심한 정도)에 대해서는 틱의 종류와 무관하게 별도의 채점을 하도록 되어 있다.
- 특히 장해도의 평가는 틱 장애가 일주일 동안 개인에게 미친 영향(예 자기에 대한 인식, 자신감, 가족성원들과의 관계, 사회 또는 또래관계, 학업 또는 직업적 상황에서의 수행정도 등)에 초점을 두며, 마찬가지로 6점의 순위척도에 기반을 둔다.
- 최종적으로 전체 점수는 운동성 틱에 대한 점수, 음성 틱에 대한 점수, 장해도를 합한 값으로 한다.
- 한국판 검사도구는 1999년 정선주 등에 의해 그 신뢰도와 타당도가 검증된 바 있다.

기초심리평가

20 아동 평가에서 특정 문제영역이 아닌 전반적인 광범위한 문제영역에 대해 보호자의 보고를 토대로 평가할 수 있는 평정척도가 있다. 그에 해당하는 평정척도를 2가지 쓰시오.

2점 12, 17, 20년 기출

모범 답안

① 아동·청소년 행동평가척도(K-CBCL 혹은 CBCL)
② 아동인성평정척도(KPRC)

> **전문가의 한마디**
>
> 행동평정척도는 아동 및 청소년의 행동 특성에 관한 종합적인 판단을 부모, 교사 등 그들을 잘 알고 있는 정보제공자에게서 표준화된 형태의 척도를 이용하여 얻는 방식입니다. 즉, 대상 아동 및 청소년에게서 어떤 행동이 존재하는지를 면담자의 직접적인 행동관찰이나 구조화된 행동면접을 통해 일차적으로 측정하는 것이라기보다는 특정 행동에 대한 정보제공자의 지각을 측정하는 것으로, 특정 행동의 유무에 대한 응답만을 하는 단순 체크리스트와 달리, 특정 증상의 유무와 그 정도에 대해서도 평정할 수 있도록 합니다.
>
> 요컨대, 행동평정척도는 여러 가지가 있으므로, 위의 해설로 제시된 2가지 외에 다른 답안도 가능합니다. 다만, 행동평정척도의 명칭과 관련하여 일부 논란이 있을 수 있으므로, 이점 간략히 설명해 드립니다. 우선 'K-CBCL'은 1991년 만 4~18세 아동 및 청소년을 대상으로 개발된 'CBCL 4-18'을 오경자 등이 국내 표준화한 것으로, 이후 'CBCL 4-18'이 만 6~18세 아동 및 청소년을 대상으로 한 'CBCL 6-18'로 개정됨에 따라 우리나라에서는 국내 표준화 버전을 '한국판 CBCL 6-18' 혹은 'CBCL 6-18'의 명칭으로 부르고 있습니다. 그럼에도 불구하고 위의 해설에서 정식 명칭이 아닌 'K-CBCL' 혹은 'CBCL'로 제시한 이유는 개정 이후 버전보다는 개정 이전 버전에 대한 연구가 보다 많이 이루어진 데다가, 해당 명칭이 최근에도 학술논문이나 청소년상담사 등 각종 국가자격시험에서 널리 사용되고 있기 때문입니다.

성인을 대상으로 한 심리검사로 옳은 것을 모두 고른 것은?   〔청소년 2급 22년 21회 기출〕

> ㄱ. MMPI-2
> ㄴ. K-WPPSI
> ㄷ. K-ABC
> ㄹ. MMTIC
> ㅁ. K-CBCL

① ㄱ
② ㄱ, ㄹ
③ ㄴ, ㄷ, ㄹ
④ ㄱ, ㄷ, ㄹ, ㅁ
⑤ ㄱ, ㄴ, ㄷ, ㄹ, ㅁ

정답 ①

초등학교 아동에게 사용하기 적합하지 않은 검사는?   〔임상 2급 19년 1회 기출〕

① SAT
② KPRC
③ CBCL
④ K-Vineland-Ⅱ

정답 ①

따라서 답안 작성 시 개정판 정식 명칭인 '한국판 CBCL 6-18'이나 'CBCL 6-18'로 작성해도 혹은 간단히 'K-CBCL'이나 'CBCL'로 작성해도 정답으로 인정됩니다. 또한 아동인성평정척도(KPRC)는 아동용 인성검사(KPI-C)를 수정·보완한 것입니다. 따라서 답안 작성 시 'KPRC'를 제시해도 혹은 'KPI-C'를 제시해도 정답으로 인정됩니다.

인생은 자전거를 타는 것과 같다.
균형을 잡기 위해서는 계속 움직여야 한다.

- 알버트 아인슈타인 -

좋은 책을 만드는 길, 독자님과 함께 하겠습니다.

2025 시대에듀 임상심리사 2급 2차 실기합격 단기완성 한권으로 끝내기

개정14판1쇄 발행	2025년 03월 05일 (인쇄 2025년 01월 07일)
초 판 발 행	2011년 08월 05일 (인쇄 2011년 06월 23일)
발 행 인	박영일
책 임 편 집	이해욱
편 저	이용석
편 집 진 행	박종옥 · 김희현
표지디자인	박종우
편집디자인	박지은 · 채현주
발 행 처	(주)시대고시기획
출 판 등 록	제10-1521호
주 소	서울시 마포구 큰우물로 75 [도화동 538 성지 B/D] 9F
전 화	1600-3600
팩 스	02-701-8823
홈 페 이 지	www.sdedu.co.kr
I S B N	979-11-383-8497-1 (13180)
정 가	34,000원

※ 이 책은 저작권법의 보호를 받는 저작물이므로 동영상 제작 및 무단전재와 배포를 금합니다.
※ 잘못된 책은 구입하신 서점에서 바꾸어 드립니다.

12년간 15만 독자의 선택!
합격을 향한 로드맵, 시대에듀 임상심리사!

임상심리사 2급 1차
필기합격 단기완성

기출이 답이다 임상심리사
2급 1차 필기합격

임상심리사 2급 2차
실기합격 단기완성

핵심유형 100제 임상심리사
2급 1차 필기합격

기출이 답이다 임상심리사
2급 2차 실기합격

핵심유형 100제 임상심리사
2급 2차 실기합격

※ 도서의 이미지와 구성은 변경될 수 있습니다.
※ 개정판 준비 중입니다.

과목별 핵심이론부터 명쾌한 기출해설까지
한권으로 완성하는
시대에듀 임상심리사 시리즈

12년 연속 임상심리사 부분 판매량/선호도 **1위**

임상심리사 2급 1차 필기합격 단기완성

- 전과목 핵심이론 + 이론별 핵심예제
- OX퀴즈 + 전문가의 한마디로 빈틈없는 학습
- 최신 기출키워드 분석
- 2024년 제1회 · 제2회 필기시험 기출복원문제
- 유료 온라인 동영상 강의교재

임상심리사 2급 2차 실기합격 단기완성

- 전과목 핵심이론 + 이론별 기출복원예제
- OX퀴즈 + 전문가의 한마디로 빈틈없는 학습
- 최신 기출키워드 분석
- 2024년 제1회 · 제2회 · 제3회 실기시험 기출복원문제
- 유료 온라인 동영상 강의교재

※ 도서의 이미지와 구성은 변경될 수 있습니다.

+ 시대에듀 임상심리사 2급 시리즈

- ✓ 임상심리사 2급 1차 필기합격 단기완성
- ✓ 기출이 답이다 임상심리사 2급 1차 필기합격
- ✓ 핵심유형 100제 임상심리사 2급 1차 필기합격
- ✓ 임상심리사 2급 2차 실기합격 단기완성
- ✓ 기출이 답이다 임상심리사 2급 2차 실기합격
- ✓ 핵심유형 100제 임상심리사 2급 2차 실기합격

합격을 위한 최고의 선택
상담심리사 합격도
역시 시대에듀에서!

상담심리사 한권으로 끝내기

- 상담심리사 대비 필수이론 기본서
- 실전대비 핵심문제 + 적중예상문제
- 시험 전에 보는 핵심요약 빨리보는 간단한 키워드 수록
- 부록 상담심리사 윤리강령

상담심리사 최종모의고사

- 상담심리사 및 관련 시험 대비
- 최종모의고사 4회 수록
- 중요한 문제만을 담은 부록 구성
- 키워드로 확인하는 핵심개념

※ 도서의 이미지와 구성은 변경될 수 있습니다.

도서 구매 및 상품 문의
www.sdedu.co.kr | 1600-3600

모든 자격증·공무원·취업의 합격정보
 합격 과  좋아요! 정보 알림설정까지!